U0914314

大国较量

战略博弈的逻辑

王 帆◎著

中共中央党校出版社

图书在版编目（CIP）数据

大国较量：战略博弈的逻辑/王帆著．--北京：中共中央党校出版社，2020.12（2022.6 重印）

ISBN 978-7-5035-6808-4

Ⅰ.①大… Ⅱ.①王… Ⅲ.①国家战略-研究 Ⅳ.①D50

中国版本图书馆 CIP 数据核字（2020）第 089902 号

大国较量——战略博弈的逻辑

策划统筹 任丽娜
责任编辑 桑月月 牛琴琴 马琳婷
责任印制 陈梦楠
责任校对 魏学静
出版发行 中共中央党校出版社
地　　址 北京市海淀区长春桥路 6 号
电　　话 （010）68922815（总编室） （010）68922233（发行部）
传　　真 （010）68922814
经　　销 全国新华书店
印　　刷 北京盛通印刷股份有限公司
开　　本 700 毫米×1000 毫米 1/16
字　　数 645 千字
印　　张 36.25
版　　次 2020 年 12 月第 1 版 2022 年 6 月第 5 次印刷
定　　价 88.00 元

微 信 ID：中共中央党校出版社 **邮 箱**：zydxcbs2018@163.com

版权所有·侵权必究

如有印装质量问题，请与本社发行部联系调换

前 言 <<< Foreword

一位历史学家写道："如果把一只蝎子和一只狼蛛一起放进一个瓶子里，自我保护意识会驱使它们相互厮杀，斗个你死我活。"从这个观点出发，这位历史学家宣称，"冷战是历史发展的必然结果"[①]。大国间的争夺无时不在，无所不在，即使是作为盟国，也概莫能外。

美苏尽管在二战期间并肩战斗，但在战争还未结束时就展开了争夺。希特勒客观上促进了美苏战时合作，而美英在特殊时期不得不与苏联携手则成就了战后苏联。苏联充分利用了战争壮大自己。在决定二战后世界新秩序的一系列重大会议上，美英等国大梦初醒，意识到他们下一步的敌人已经越过了奥得河。

二战后期，美国即着手主导战后世界格局的设计和部署。美国投掷原子弹的战略意义在于独占日本，独占日本是美国在东亚的重要战略支点，为其控制和主导亚洲事务奠定了基础。

从战略布局看，美国利用二战后的"一手好牌"，成功谋划走向世界。从战略规划的角度看，苏联失之于激战之后的重大损失，而且在经济战略上缺少宏观视野，因此，与苏联相比，美国从规划开始即更胜一筹。从全球性的国际秩序、国际组织、国际规则的制定上，美国实现了胜者为王、赢者通吃，并为未来的国际政治经济机制美国化布下了一张大网。

大国之争首先体现在利器之争这一领域，原子弹研制就成为大国之争的重点，人才之争成为明争暗斗的又一战场。

冷战是距离我们当今时代最近的一次大国冲突形态，冷战之中还有

---

① 〔英〕理查德·克罗卡特著，王振西等译：《五十年战争：世界政治中的美国与苏联（1941—1991）》，社会科学文献出版社2015年版，第79页。

些局部热战，很多国家都卷入其中。将冷战视为二战后期大国冲突的变异和延伸也不为过。以美国为首的西方阵营推出杜鲁门主义、马歇尔计划，成立了北约。苏联还之以莫洛托夫计划和华约组织。双方你来我往，针锋相对，对抗与较量充斥着世界政治的舞台。

第一次柏林危机，苏联实施陆上封锁，而美国竟然开始长达近一年的空运。但双方没有勇气再扩大竞争，最后以平局收场。如果说第一次柏林危机双方打了一个平手，那么朝鲜战争则是苏联赢了一局。朝鲜战争战场上的主要对手虽然是中美，但苏联其实为幕后策划者，苏联同意金日成的统一方案，同时又希望中国出兵帮助朝鲜。而美国出兵朝鲜之时，即存在对中国的战略误判，而且误判之深达到令人惊讶的程度——直到美军亲眼所见中国志愿军仍然不愿相信中国已经出兵。也正是美国对中国勇气、尊严、意志和能力的误判才使得中美出现了本不该出现的兵戎相见，其中教训值得决策者深思。

美苏在冷战期间进行了数次难分胜负的较量。每一次较量无不是战略意志、智谋、胆气和灵活应对的竞争。

世事如棋。国际关系的演变亦如此。客观因素难以把握，而人为因素的作用也不可轻视。战略决策具有复杂性，一些决策失误也绝不是想象中那么愚蠢而简单，有些错误似乎是宿命一般难以避免。决策复杂，而决策失误的成因也十分复杂。有时候差之毫厘，谬以千里。

任何重大决策的成功都取决于审时度势和对重大利益的把握。如果把次要利益当成主要利益，把短期利益当成长远利益就会出现战略失误。与战略失误相对的则是战略规划的能力。战略规划能力的高下又能够决定国家的走向和竞争的高下。美国之所以成为全球霸权国家，与马汉、乔治·凯南、基辛格、布热津斯基等大战略家提出的海权战略、遏制战略、均势战略和地缘战略有着密切的关系。从谋霸、称霸到维持其霸权的较量，美国靠战略家们的思想打开了局面，扩大了控制范围，其中虽然有几次战略失误，但总体而言，美国战略的连贯性为其展开冷战和所谓“赢得冷战”提供了有力的支撑。

战略之间的历史承袭也是一个大国能否成功超越前者的关键所在。英国 200 年霸权依靠海权立国，其战略方略却由美国的战略家马汉总结成海权论之说，引导了后来的美国成为世界级大国。德裔美国战略家基辛格依据前普鲁士的梅特涅和俾斯麦纵横捭阖之术形成了美国的均势战略并指导了美国的外交实践，使得美国成功摆脱了越战后遗症的一劫。

苏联的全球战略相对保守，立足自身安全屏障和阵营内部的势力范围，在国际秩序、国际组织的规则制定和利用方面比之西方阵营稍逊一筹。苏联的赫鲁晓夫对时局有了新的判断，于20世纪50年代初即作出世界大战打不起来这一判断——比中国作出这一判断早了约20年。赫鲁晓夫主张和平竞赛，想法出奇但实施不利，原因在于冷战思维已经禁锢了苏联其他决策者尤其是军方决策者的头脑。我们更可以看到，邓小平在20世纪70年代末强调世界大战可以避免，和平与发展是世界主题这一观点多么难能可贵，最为重要的是中国的改革开放不仅有规划而且重实践。这才使中国在冷战后能够脱颖而出成为世界级大国。

20世纪五六十年代，美苏两大阵营出现了裂变现象。中苏同盟名存实亡。在联盟裂变这个问题上，中苏之间走得比较远，美国主导的北约虽然有法国退出军事一体化，但仍然没有彻底闹僵。总之，两大阵营都不像以前那样紧密，还出现了松散化的倾向。

历史之复杂远非一条直线那么简单。战略考量和战略利益犹如魔棒会推动政治家作出出人意料的选择。要把“苏维埃扼杀在摇篮里”的丘吉尔在二战时期不得不与苏联进行军事合作，共同对抗更大的法西斯威胁。一直反对跟美国为敌的山本五十六成了珍珠港事件的策划者。从小就立志要与德国大战100个回合的戴高乐成就了法德和解，一贯以反共著称的尼克松成了美国推动中美关系正常化的开创者和推动者。而没有对波兰人动过一刀一枪的勃兰特却为德国给波兰跪下谢罪。

单纯从领导人的个人经历有时很难作出与决策一致的准确判断。比如，杜鲁门在以往的经历中并没有特别体现出阳刚强硬的一面，但其上任后的政策确实是十分强硬的。而肯尼迪的个人经历有过英雄主义的插曲，但在与苏联的冲突中却是经常妥协的。这一切概因为时势变迁、力量对比出现变化、国家生存安全需要得到维护。

战后日本的复兴战略值得关注。日本在二战期间曾以袭击珍珠港这样的战术招致战略性失败，但二战后的日本则选择了更加精明的务实战略，采取与强者为伍的理性战略选择，胜者为王，认敌为友，与强者为伴，重在发展自身经济，迎来了20世纪70年代的经济高速发展。

群雄逐鹿中的戴高乐坚持独立外交政策，立意高远，怀抱大国志向，以一整套相互配合的独立战略打开了法国大国外交的新局面。

联邦德国坚持新东方政策，冷静面对分治的现实，以缓和、均势和传统联盟为战略指针，强调短期目标与长期目标的一致性，坚持现实和持续性相结合，使得联邦德国重新成为地区内举足轻重的大国。

冷战中，除了美苏，所有其他大国都成了配角，甚至在战略上失去了自主性。

英国虽是胜利者，但是赢得输光了家底。剑桥大学的历史学家曾这样评价丘吉尔，说他是赢了面子，输了整个大英帝国。作为传统大国的英国，在战后没有甘于“无可奈何花落去”的衰落，而是通过战略谋划最大可能地维持英国的大国利益和国家形象，以传统的三环外交战略为轴，突出与美国的特殊关系，在欧洲乱局中置身其中、超然物外，并适时重新加入欧洲一体化，离岸平衡战略的运用可谓颇有心得。

战略困境也是战略转折期，必须通过大的战略调整才能实现。而在这个阶段，美国的主动行动更具有颠覆性。越南战争中美国陷入困境，实力整体下降，却利用了这个机会，调整了战略，从而异军突起。尼克松与基辛格联手果断纠错，结束越南战争，使中美关系由对立走向正常化，大三角关系形成。美国迅速扭转了颓势。

按照国际关系现实主义原则，当一国实力拥有绝对优势的时候，它一定会谋求主导，而当一国实力处于劣势时，它就会联合其他力量来削弱他国的主导。中美苏三角关系的影响在一定程度上遵循了实力运行法则。冷战中的中国也逐渐成为大国较量中的一支不可轻视的建设性力量。中国冷战时的最大困境是同时与两个大国较量。而具有雄韬伟略的毛泽东敏锐地发现了大国合纵连横中的战略机遇，果断实现两个巨人的握手，推进中美正常化，打破了中国的战略困境，使中国在20世纪70年代的国际周边环境为之大变。

冷战中的无形战场也是于无声处听惊雷。间谍战、情报战惊心动魄，并不亚于战场上的大军团作战，而润物于无声的文化战表面上是影响力之争，实质上体现了社会制度、价值观的较量。英雄、道义、美国人优势的生活方式是好莱坞大片的三大符号，外加快餐文化的商业运作。好莱坞的成功为美国打赢了一场文化世界大战。但软实力的较量远未成为历史的终结。而事实上，软实力原本就是各美其美、求同存异、多样共存的进程。

冷战期间所有的步骤都是美国发起，而苏联更多只是应对，但值得重视的是美苏互有攻守的模式却已经形成。当美国陷入越战困境时，苏联发起主动攻势，却落入了美国布设的陷阱。冷战结束，并非美国的不战而胜，而是美国运用了一系列阴谋手段渗透颠覆才取得的。而且在整个冷战期间，美国自身也付出了两场热战和巨大的经济代价，到了20世纪70年代险些失去霸主地位。冷战结束，苏联输了，美国并没有赢才是一个客观的结论。

关于冷战史的研究著作很多，描述性的内容也很详尽，一般是从历史史实的角度分析事件，而本书是从战略的角度来分析历史案例，从历史案例中提炼出战略的经验、战略的思考，并从战略角度进行了全新的且具有独特性的解读。本书着力于对二战后期以来的重大事件进行深入细致的战略层次的分析。考虑到普通读者的阅读需要，也对事件作了基本的交代，并在每章结尾加有结语。本书最重要的特点是比较系统全面地分析重大事件或重大决策的决策过程，论述这些决策背后的战略考量和战略思考，也加入了决策中的一些不同观点的争论，让读者自我辨析，同时让读者感受决策思维中的利弊权衡、情报分析、形势把控、逻辑推断、预测等过程，让读者获取高层次决策的直观和身临其境之感。让他们在历史知识的深度学习中达到知其然后知其所以然的目的。

本书还特别分析了冷战期间的几次重大危机和局部战争。美国的越战决策并非一开始即出现的战略失误，而是一步步滑入战略的陷阱。古巴导弹危机这一场最接近于人类毁灭边缘的大国核危机事件竟然也是充满了战略误判和复杂角力。

本书以比较充实的历史案例阐述了战略规划、战略布局、战略博弈、战略实施以及战略误判的经验、原则指南和历史教训。从中让人透析大国较量的战略逻辑。本书虽然聚焦国家决策，而战略思维对于每个人而言都是必不可少的。小到职业规划大到重要的人生抉择，拥有良好战略思维的人，看问题，眼光高，格局大，视野宽，往往能够作出异乎常人的决定，使自己的人生在竞争中脱颖而出，转危为安。战略判断、战略规划也是漫长人生中必不可少的一环，由国家到个人，再由个人到国家，国家命运与个人命运密不可分。战略思维和历史思维的思考都是很有价值的参考借鉴内容。

战略是刀尖上的哲学，这句话道尽了战略之沉重与惨烈。

意大利哲学家、历史学家克罗齐曾言：所有的历史都是当代史。重读解读和研究冷战的大国战略，对于当今世界具有重要的现实意义和深远的历史意义。本书虽然以二战后期和冷战的历史为鉴，但很多内容和分析都是关照当代的，也很容易联想到中美关系并引发深思。当今世界，比冷战后任何时期都更具有较量和竞争的色彩。虽然我们更愿意这种较量仍然是和平的、理性的，甚至是一种互促的较量——就像运动场上一样，但我们又不得不承认，这种较量的指向和可能趋势也存在危险和不确定性。大国博弈从来不是觥筹交错那么简单，而是充满了复杂尖锐的较量。如果一个国家没有实力和运用实力的勇气，在这种较量中将会处于十分不利的地位。较量绝非蛮干，它是意志和智慧的结合，也是战略的比拼。战略立意更为高远、战略规划更为周全、战略执行更为坚决的大国才能立于不败之地。战略较量不是一时一事的计较，而是立足于长远的目标。

当今的中国特色大国外交方兴未艾。中国的大国外交要更有特点，更有实力，更有进步性和先进性，必须要有更广阔的国际视野，了解国际格局的变迁演变，了解大国关系的复杂纠葛，必须从过往的历史中汲取经验、教训和启示。而大国较量的经验和教训尤其值得汲取。

唯其如此，才能为我们形成更为深厚扎实的历史观、整体观和辩证观打下良好的基础。

如果本书能够为所有有幸参与中华民族伟大复兴的中国人民在中国特色大国外交的实践探索中提供一些有益的借鉴，则善莫大焉。

目 录 <<< Contents

第一编

战略谋划：大战略制定

日本偷袭珍珠港与战略自主性

战略决策是十分复杂的，一些决策失误也绝非想象中那么简单易解，有些错误似乎是宿命一般难以避免。

1941年12月7日，从6艘航空母舰上分批次起飞的351架日本飞机袭击了停泊在珍珠港内的美国舰队，用损失29架飞机和5艘袖珍潜艇、65名士兵阵亡或失踪、一名潜艇乘员被俘的代价，击沉、击毁和击伤美国大型舰只19艘（其中有战列舰8艘）、飞机311架，造成美陆海军官兵2402人阵亡、1282人受伤，停泊在珍珠港的美国太平洋舰队几乎瘫痪。这个精心策划近一年的远洋奔袭取得了重大战果，不能不说是日本战争史上的得意之作。日本突袭珍珠港，战术上近乎完美，但却是缺乏战略考量之举。约翰·托兰认为："从中长期战略来看，珍珠港事件对日本来说是一个彻头彻尾的大灾难。从20世纪内日本对华对美发动战争的历史来看，它都犯了缺乏战略眼光的大病。"①

从国际政治角度看，日本空袭珍珠港改变了战争的实力对比和进程，由于美国是当时世界上实力最强的国家，日本此举等于是向美国宣战。结果不仅改变了太平洋战争的格局，也改变了世界战场的格局。因此可以说，日本赢了一步，却输了全局。

日本为什么发动对珍珠港的袭击？日本为什么要主动攻击实力远在自己之上的美国？日本为什么做出了事后看来无异于飞蛾扑火一般的自杀性行为？有人认为是日本军国主义的疯狂，也有人认为是日本武士尚勇精神的体现，还有人认为是山本五十六的个人野心和赌徒本性驱动。

其实远没有那么简单。这里涉及的是一个深层次的战略问题，即战略自主性。

所谓战略自主性，就是一个国家具有战略选择的空间和灵活性，可以有多

---

① 〔美〕约翰·托兰著，李殿昌等译：《美国的耻辱：珍珠港事件内幕》，中国社会科学出版社2012年版，第1页。

种战略选项以应对不同的情况和形势，而缺少战略自主性就是没有足够的独立方案甚至是别无选择的情况。日本向比自己强大的美国发起主动攻击，实际上是因为各种原因使其失去了足够的战略选择，不得不铤而走险。

为了解释这个问题，我们要从日本的几个重要战略决策说起。

一、日本的“北进”与“南下”之争

日本最高当局曾因“北进”还是“南下”而争论不休，这两个政策是日本法西斯在亚洲和太平洋地区争霸、侵略扩张的基本国策。应该指出，对珍珠港发动偷袭无异于飞蛾扑火，而实际上偷袭珍珠港的举动已经是一系列战略失误的结果。“北进”与“南下”之争才是日本战略选择的关键。

对于长期起主导作用的日本陆军而言，其国防战略中心目标是以苏联为第一假想敌的“北进”，其次才是南方的英美等国。在具体战略步骤上，主张倾尽全力实现以中国大陆为目标的“中间突破”，以此为基础开展“北进”战略，在消除北方威胁后再向太平洋地区扩张。①

然而，日本的“北进”政策遭到了两大限制。第一个限制是日本入侵中国之后，未能实现预期中的“三个月灭亡中国”的计划，反而深陷中国抗战的汪洋大海之中。“到 1938 年底，日军在中国战场的战略进攻已达饱和状态，陆军共有 34 个师团，除各以 1 个师团留驻朝鲜和日本本土外，其余 32 个师团全部投入中国战场，占陆军总兵力的 94%。日军伤亡已达 44 万余人，消耗军费 92.3 亿日元”②，中国使日本难以脱身。第二个限制是日本曾试图率先解决北部苏联威胁后再南下，结果也并未如愿。1937 年初，中日战争爆发之前，苏联政府开始在西伯利亚增兵，以应对日军在中国东北明显的集结行动。日本法西斯在中国初步“得手”之后，曾于 1938 年 7 月至 8 月间，在中苏边境挑起了张鼓峰事件；1939 年 5 月至 8 月，又挑起了哈勒欣河事件（又称诺门坎事件），对苏联发动试探性的进攻。没想到苏联对此早有防范，重兵把守，坚决回击。日本关东军的“北进”尝试遭到了苏军的迎头痛击。后来由于日寇在中国战场上愈陷愈深，欲胜不能，欲退不得，日本陆军被迫由“积极北进”向“消极北进”转变。

① 黄靖皓：《1940—1941 年日本“南进政策”与“北进政策”分析》，《军事历史》2015 年第 3 期。

② 余子道：《中国抗战与日本南进政策》，《江海学刊》1995 年第 2 期。

随着战事的变化，“南下”派的主张占了上风。首先，德国背着日本，突然在1939年8月23日同苏联缔结了互不侵犯条约。这表明，德国已决心先进攻英法，而不愿同日本配合去进攻苏联了。日本平沼内阁承认外交失败，被迫辞职。日本在军事和外交都遭到挫折之后，若仍然单独北上进攻苏联，困难会越来越大。这不能不使“南下”派的势力得到加强。[①]

其次，随着1939年欧战爆发日苏关系出现改善的契机，德国在波兰的胜利助推了日本与轴心国的联合。1940年9月，松冈洋右代表日本政府与德国、意大利签署《德意日三国同盟条约》。日本与德国签订《德意日三国同盟条约》是与苏联结盟的前奏。德意日同盟反过来也促使日本将敌手更加明确地指向英美。于是在日本加入轴心国之后，日苏之间又进行了一次战略交易。为了解除后顾之忧，放手“南下”，日本法西斯一方面在中国战场发动大规模攻势，以迫使蒋介石政府投降；另一方面又主动改善与苏联的关系。

最后，苏联的防范也增加了日本“北进”的难度。“苏德战争开战初期，苏联从远东地区抽调了一些兵力，但对日本可能进攻苏联的主要地点，如阿穆尔州、哈巴罗夫斯克、滨海州等地区，反而增设兵力。而德国在苏德战场上也没有迅速获胜。8月9日，大本营陆军部通过了‘无论德苏战争如何演变，在本年内对苏联不行使武力，专心致力于南方’的方针，在此之前，日本内阁改组，对苏强硬的松冈被解职，新外相丰田向苏联大使表示日本决定履行中立条约的义务”[②]。

从苏联的角度看，苏德虽签订了互不侵犯条约，但德国的迅猛扩张迫使苏联仍将其视为主要防御目标，为避免东西两线吃紧，苏联只能缓和对日关系。日苏两国从各自需要出发，于1941年4月13日在莫斯科签订了《日苏中立条约》。这意味着日本在中国战场陷入困境时，能够缓和与维持同苏联的非对抗现状。日本还希望此举能够使苏联成为一股牵制英美势力的潜在力量，有效遏制英美统治势力的扩张，从而使日本在新的世界秩序中占有一席之地。

在此背景下，日苏就中立事宜频繁展开接触，双方在远东形成利益平衡。日苏关系的妥协给了日本“南下”的契机。这虽是一个机会，但客观上也是一个限制，使得日本终于坚定地放弃了“北进”战略。

从思想渊源上分析，日本联苏排美的选择是岛国战略思维的一种或然反映。

---

① 刘陵、洪育沂：《国际关系史简编——半个世纪世界风云》，世界知识出版社1986年版，第180页。

② 石磊、刘陵等：《国际关系史（1939—1945）》第6卷，世界知识出版社1995年版，第92页。

日本作为岛国，与陆上大国合作共同抗衡另一个远方大国是海洋战略构成的重要组成部分。很明显，苏联被视作东亚的一部分。日本计划驱逐英国在亚洲的势力，并随之削弱美国与法国在亚洲的力量。日本加强与德国的联系，同时竭尽全力避免与苏联爆发战争。[①]

然而，日裔美国历史学家入江昭认为，日本选择向苏联靠拢是一个悲剧性的错误，在战争的关键时期，日本应放弃泛太平洋地区的征伐，使整个国家重归威尔逊主义发展之路。入江昭认为，假如日本选择靠拢华盛顿而非莫斯科，那么它会发现美国是愿意并准备好和谈的。[②]

日德两国基于各自战略考量分别与苏联达成暂时妥协，当德国再度要求日本进攻苏联时，日本没有答应，而是选择南下进攻法属印度支那，这一行动导致日本与美国发生正面冲突。1941 年春天，日本驻美大使村吉三郎与美国国务卿科德尔·赫尔进行非正式会晤，美国政府要求日本撤离法属印度支那和中国，并以石油禁运相威胁，迈开了美国正式干预东亚事务的关键一步。而松冈却希望借助四国联盟和轴心国联盟的力量向美国施加压力，迫使其同意与日本谈判。[③]

希特勒于 1941 年 5 月 10 日在西线发动闪电战，这迫使日本改变了作战方针。

日本军部首脑们为希特勒轻而易举地取得的胜利所陶醉，他们改变了关于对华战争的既有战略，也试图牟取更大的战略收益。此时法国已败北，英国也在为存亡而战，日本认为此时进兵东南亚夺取石油和其他急需的原料已经呈现最佳良机，“几个月前还甘心于对华战争失败的日本人，眼看希特勒在欧洲突然走运，不禁垂涎欲滴，一心也想拿到东南亚的资源”[④]。然而，在这个时候，日本决策层仍在“北进”或“南下”的问题上犹豫不决。因为他们无法实现既进攻苏联，同时又“南下”。于是陆军参谋总长杉山认为如果莫斯科 8 月底前陷落，陆军将进攻西伯利亚。陆军参谋次长冢田攻也指出：“一切取决于时局。我们不能同时齐头并进。”

---

① 〔日〕小代有希子著，张志清译：《躁动的日本：危险而不为人知的日本战略史观》，广东人民出版社 2015 年版，第 40 页。

② 〔日〕小代有希子著，张志清译：《躁动的日本：危险而不为人知的日本战略史观》，广东人民出版社 2015 年版，第 154 页。

③ 〔日〕小代有希子著，张志清译：《躁动的日本：危险而不为人知的日本战略史观》，广东人民出版社 2015 年版，第 42 页。

④ 〔美〕约翰·托兰著，郭伟强译：《日本帝国的衰亡（1936—1945）》（上），新星出版社 2008 年版，第 63—64 页。

日本外相松冈仍然坚持“北进”为上。他争辩说，大岛大使的报告表明，苏联的战事不久就会结束，英国在年底前也得投降。“如果我们在德国击败苏联后再着手讨论苏联问题，在外交上我们将一事无成。假如立即进攻苏联，美国就不能参战。”他说，他坚信能用外交手腕拖住美国3个月到半年。“如果我们像统帅部建议的那样坐等结果，我们就将受到英国、美国和苏联的包围。我们必须先北进，然后南进”[①]。

日本外相的主张没有得到采纳。日本“南下”派认为德国不可能很快拿下苏联，北上西伯利亚，无利可图。而“南下”可以获取战略资源，虽然可能加大与美国的冲突，但美国应该不会与日本开战。“日本最高级人士一致认为，如果德国取胜，日本将能在远东坐收渔人之利，因此日本没有必要攻打苏联。他们觉得，如果德国不能击溃苏维埃政府，并迫使它撤出莫斯科，日本应等待至明春。不管怎样，美国问题和南进问题远比北方问题重要”。[②]

为了让决策者相信“南下”战略的风险是小的，主张“南下”的日本近卫等人向天皇保证：他们将在5个月内结束东南亚的战争。

在1941年7月2日的一次御前会议上，“北进”还是“南下”之争的一项最终解决方案得到正式认可。结果是松冈和加入德国对苏进攻的提倡者们失败。[③]

日本最终选择南下东南亚，即使得战略上最为有利的日本东西合击苏联的计划化为泡影，导致了日本与美国的冲突不可避免。显然，对于日本而言，这确是一次重大的战略失误。

日本的“北进”“南下”之争的一个战略目的是避免两面树敌，但结果是导致美苏共同对日作战，仅从战略上而言，日本与美国作战是战略方向上的错误，但日本似乎又别无选择。

日本“南下”决策除了战略上的判断失误，还有一个无可奈何的因素，那就是日本的能源困境。日本是一个能源缺乏的国家，维持战争需要大量的战略能源，而日本在战略能源方面基本上都依赖于海外。1935—1938年其战略物资对外依赖情况为：石油92%、铜43%、铅92%、锌74%、锡71%、锰68%、

---

① 〔美〕约翰·托兰著，郭伟强译：《日本帝国的衰亡（1936—1945）》（上），新星出版社2008年版，第85页。

② 〔美〕约翰·托兰著，郭伟强译：《日本帝国的衰亡（1936—1945）》（上），新星出版社2008年版，第131页。

③ 〔美〕诺曼·里奇著，时殷弘译：《大国外交：从第一次世界大战至今》，中国人民大学出版社2015年版，第186页。

铝 55%，棉花、羊毛、橡胶等战略物资皆为 100%。[①] 重要战略资源的对外依存度超过 70%以上，也就是说，日本连基本的能源储备都不足。

这个时候，缺少战略自主性的日本的选择困境再次显现。东南亚的战略资源，包括丰富的石油、橡胶、有色金属对于日本这个资源稀缺的国家实在是太具有诱惑力了。法属印度支那出产橡胶和稻米；荷属东印度出产铝矾土、锡、镍、橡胶和最重要的石油。荷属和法属殖民地拥有许多对他们的战争经济来说必不可少的原材料，而那些材料当时正在由美国供应。

日本当局估计，如果没有获得亚洲其他国家的石油和铁矿石使用权，他们将不能坚持 18 个月以上。因此，在经济上，企图攫取南洋丰富的战略物资石油、橡胶、锡、铁、大米和食糖等，以战养战成为日本的重要选项；由于预料英国将被德国打败，英帝国行将瓦解，日本当局开始计划将他们的统治延展到英属缅甸和马来亚、印度、澳大利亚和新西兰。整个扩张计划的主要目的，在于创立一个自给自足的经济区，使日本摆脱对外部强国的经济依赖。

虽然像松冈这样的外交决策者们意识到南下有可能与美英等盎格鲁—撒克逊人发生冲突，但日本政府对于资源的渴求终使他们在所不惜。

在军事上，夺取战略要地，以便同美英争夺亚洲和太平洋地区的霸权；切断国际援华渠道，促进中日战争早日结束成为日本的两大目标。在法西斯德国侵占西欧，特别是灭亡了法国之后，日本独霸亚洲的野心急剧膨胀，叫嚷："不要误了公共汽车。"因此，日本海军主张南下，跟上德国的侵略速度，趁英法之危，在南洋地区趁火打劫。1940 年 7 月，日本帝国主义公开提出了所谓"大东亚共荣圈"的口号，妄图在"共存共荣"的幌子下，建立一个以日本为主宰的囊括印度以东、澳大利亚和新西兰以北的所有地区和国家的殖民大帝国。这一口号的提出表明日本帝国主义已决计"南下"，夺取英、法、荷、美在南洋的殖民地[②]。同时，日本高层还想当然地作出了一个战略判断，认为当德苏开战之后，日本进攻东南亚，美国应该不会干涉。

简而言之，一开始日本试图"北进"与"南下"并举，但"北进"诺门坎一役，探头球被击碎。于是为了获取石油等战略资源，日本开始决定"南下"。与此同时，美国加大了对日本的战略封锁。日本在一步步的限制下，走向了战争的深渊。为了掩饰日本南下的战略意图，日本关东军还进行了武装攻击苏联

① 李凡：《日苏关系史（1917—1991）》，人民出版社 2005 年版，第 104 页。

② 孟艾芳主编：《国外著名决策案例》，山西人民出版社 2002 年版，第 131 页。

的军演。但随后“在国际舆论密切注视苏边界动向时，日军却侵入了印度支那南部，走上通往太平洋战争之路”①。

二、对美作战的决策

一开始日本并不想与美国为敌。但日本在中国和亚洲其他地区的扩张，加剧了它与英美之间的矛盾。只不过，这个时候英美的战略重点在于应付欧洲局势，因此，在亚洲仍然企图通过牺牲中国来取得和日本的妥协。为了缓和它们之间的矛盾，从 1941 年 3 月开始，美国国务卿赫尔与日本驻美大使野村吉三郎举行谈判。美国想以牺牲中国东北为条件，换取日本同意恢复“门户开放”，以维护美国在中国和太平洋地区的殖民利益。由于中国人民坚持持久抗战和日本要价越来越高，日美谈判陷入僵局，“远东慕尼黑阴谋”遂告破产。②

当德国在欧洲战场获得初步胜利及日苏关系稳定后，日本陆军便更为积极地迈开南下的步伐。“1940 年 6 月 16 日，陆军机械化第 5 师团奉命进入法属越南国境，强行断绝法属越南北部的援华交通线。美国对日本进驻印度支那的反应非常强烈；这意味着对滇缅公路的潜在威胁，美国提供给中国的物资是通过这条公路运送的”③。1941 年 7 月 23 日，日本强迫法属越南政府接受日本在印支南部驻军的要求。越南南部位于东南亚的核心位置，金兰湾等战略重地一旦落入日本之手，则整个东南亚地区，尤其是美属菲律宾都面临着日本的直接军事威胁。

如上所言，当时罗斯福对于向日本采取果断行动还比较犹豫。因为在美国崛起的过程中，美国一开始对日本一直采取避让政策。从历史上看，日本的崛起和军事上的胜利，迫使美国在亚太地区节节退让。1905 年日本打败俄国之后，“罗斯福政府在亚洲最为关注的是，避免和日本发生冲突”。这种退让政策，从西奥多·罗斯福到富兰克林·罗斯福，即从 20 世纪初一直延续到太平洋战争爆发。④ 而在此之后，美国也是一直采取扶中抑日的战略。

当二战爆发，亚洲战局尚处于复杂多变的时候，罗斯福认为还不能确定日

① 石磊、刘陵等：《国际关系史（1939—1945）》第 6 卷，世界知识出版社 1995 年版，第 92 页。

② 孟艾芳主编：《国外著名决策案例》，山西人民出版社 2002 年版，第 131 页。

③ 〔美〕约翰·托兰著，郭伟强译：《日本帝国的衰亡（1936—1945）》（上），新星出版社 2008 年版，第 66 页。

④ 张文木：《论中国海权》，海洋出版社 2014 年版，第 24 页。

本是“北进”还是“南下”，欧洲又是重点。罗斯福希望能够维持太平洋稳定，以有利于控制大西洋。美国必须集中力量应对欧洲的危机，不愿太平洋地区的事务影响美国的战略聚焦。另外一点在于美国从战略全局考虑，并不愿意看到日本北进，因为苏联是美国盟友中唯一有可能阻止希特勒称霸欧亚的国家。

美国陆军部长史汀生在希特勒入侵苏联后，再次敦促罗斯福总统立即采取行动；他认为纳粹德国无力东顾，这时候对日本采取行动十分必要而且刻不容缓，说纳粹“将集中全力去打俄国，至少一个月，至多三十月内无暇他顾”。1941 年 7 月 23 日，日本迫使法国维希政府同意日军和平进入法国占领的印度支那，这说明日本决心已定。

1941 年 7 月 26 日夜，罗斯福痛下决心，命令冻结所有日本在美国的财产。

当美日交恶之后，日本的选项再一次被压缩。而这一次日本真的陷入了战略困境。“为回应日本对法属印度支那的威胁，美国终于开始实施它的经济禁运威胁，禁止对日出售高级废钢和航空燃料。美国的经济压力只是使日本人更为孤注一掷：1940 年 7 月初，中国事变以来首次，日本陆海军领导人就日本政策的未来走向达成一致，即帝国的利益能够经采纳一种南进战略得到最有效的加强”①。

美国的态度变得愈发明确而坚决。美国国务卿赫尔当天表示：“日本对南部法属印度支那的侵略可以认为是对西南太平洋发动全面进攻前的最后一步。”7 月 26 日，美国宣布冻结日本在美的资产，禁止所有对日出口，并且不准日本船只使用巴拿马运河。英联邦各国及荷兰等也相继冻结本国的日本资产。当日本军部不顾警告于 7 月 28 日派遣第 25 军在印支南部登陆后，美国于 8 月 1 日宣布对日实行包括石油在内的战略资源禁运。

同时，美英两国还相约购买了中立国家的全部或大部分产品，因此，这在当时相当于世界范围的禁运。

美国对日本采取断油和封锁政策，等于是卡住了日本的咽喉。因为美国控制着日本 93%的石油进口。

日本当局既没有料到美国的反应如此迅疾，也没有料到对日本的影响如此广泛。美国的禁运结束了他们对于“南下”战略最后的犹豫与怀疑，使他们确信已经别无选择——只有夺取东南亚的领土，在那里获取对他们的战争经济来

① 〔美〕诺曼·里奇著，时殷弘译：《大国外交：从第一次世界大战至今》，中国人民大学出版社 2015 年版，第 186 页。

说必不可少的原料。当然，他们仍然希望避免与美国的冲突，希望与美国进行谈判。日本派了一位名叫来栖三郎的职业外交官作为特使去华盛顿，以协助他们的大使野村海军大将说服美国人恢复正常的商业关系，从而避免军事对抗。然而，与美国的谈判成功希望渺茫，而且时间上越来越紧迫。因为随着关键的国外进口被切断，日本已经经不起无限期的外交等待了。

当日本仍试图与美国进行谈判时，美国决策者从情报部门获取的消息是日本的谈判意图实为拖延和战争准备。而日本与美国进行的和平谈判也以美国的怀疑而进展不顺。此时的日本陷入了战略上的两难：一方面，日本不做出反应就等于束手就擒；另一方面，南下之举又会加深与美国的对立和冲突。而日本国力弱于美国。以日本的实力和已经分散的军力，与美国对抗无异于以卵击石。

从军事制造能力而言，两国更是相差悬殊。战前美国造舰能力是日本的四倍，飞机是其六倍，汽车是其百倍，石油是其七百倍，仅半天就能生产日本半年的用量。“1940 年 6 月，美国国会通过了在 1936 年文森（Vinson）法案基础上提出的海军法案。据此，美国海军的规模将很快达到日本舰队的四倍”[①]。当时为日美谅解书奔波的岩畔豪华大佐曾对美国与日本的军事潜力作了一个令人震惊的对比。他指出，钢铁的比例是 20∶1；石油超过 100∶1；煤 10∶1；飞机 5∶1；海运 2∶1；劳动力 5∶10。总的比例是 10∶1。实力如此悬殊，纵有“大和魂”，日本也绝不可能取胜。[②] 对此，历史学家约翰·托兰发出这样的疑问：为什么一个幅员同美国加利福尼亚州那样大小的国家要对珍珠港发动自杀性的进攻，从而使自己与一个国力十倍于己的敌人决一死战呢？两国之间的战争是不是像今天许多人所认为的那样是不可避免和非打不可的？[③]

然而，战争的机器已经无法控制地运转起来，即将脱离正常的轨道。在偷袭珍珠港之前，日本已经确信美日之战不可避免。

当日本在要么选择作战，要么坐以待毙这种两难选择的情况下，美国断然封锁日本的能源供应渠道这一举动等于彻底中止了日本最后一线与美国进行妥协从而通过权宜之计延缓与美国交战的可能性。日本的两个选项只剩下最后一个：作战。

---

① 〔美〕戴尔·科普兰著，金宝译：《经济相互依赖与战争》，社会科学文献出版社 2018 年版，第 205 页。

② 〔美〕约翰·托兰著，郭伟强译：《日本帝国的衰亡（1936—1945）》（上），新星出版社 2008 年版，第 99 页。

③ 〔美〕约翰·托兰著，郭伟强译：《日本帝国的衰亡（1936—1945）》（上），新星出版社 2008 年版，前言，第 1 页。

此时，日本海军部担心当2年后国内石油储备告罄之时，美国一旦发动战争则日本就毫无还手之力。同时，按照日本海军部就日美海战作出的分析，日本获胜的概率在1941年底有七成，1942年则只有六成，到了1943年只剩五成，并且会逐步下调。

显然，日本的战略重点仍是能源，能源是战略的重中之重。所有的决策都围绕这一因素而展开。

在偷袭珍珠港之前，日本每天要消耗12000吨石油，而又无处补充。①

整个最高指挥部也笼罩在歇斯底里之中。海军大将永野警告天皇，日本石油储存只能维持两年，一旦战争爆发，储存只能维持18个月。然后作出结论说：在此情况下，我们先发制人，我们一定能获胜。② 永野还认为日本在短期内有一定优势。美国舰队总体规模较大，但其中四成在大西洋，所以日本拥有7.5∶6的优势。日本枢密院议长原嘉道认为，日本仍应进行外交努力，如果外交努力失败，日本必须接受开战的决定。假如日本错失当前发动战争的机会，日本则可能沦为三流国家，不得不听任美国"发号施令"。③

1941年9月6日，日本御前会议通过《帝国国策施行要领》，批准"完成自存自卫态势以建设大东亚新秩序而决心对美英荷开战"。拟于10月下旬完成对美开战准备。在陆军大臣东条英机等好战派的影响下，日本坚决拒绝了美国提出的"撤军"等要求，迫使犹豫不定的近卫文磨内阁下野，由陆军代表人物东条英机组阁，标志着日本在政治体制上做好了全面南下的准备。至此，日本的"南下战略"正式确立。

于是，我们看到了最为戏剧性的一幕：反对与美国作战的山本五十六来了一个180度的大转弯，成了对美战争的发起和拥护者，他坚定地主张日本应该采取突袭的方式与美国进行一场豪赌。许多日本高层都认为，如果没有海军上将山本五十六，日本领导人甚至不敢想象进行如此大的一场赌博。而实际上他曾是十分冷静的反战分子。山本五十六在1941年9月底警告日本参谋本部说：

---

① 〔美〕约翰·托兰著，郭伟强译：《日本帝国的衰亡（1936—1945）》（上），新星出版社2008年版，第97页。

② 〔美〕约翰·托兰著，李殿昌等译：《美国的耻辱：珍珠港事件内幕》，中国社会科学出版社2012年版，第212页。

③ 〔美〕戴尔·科普兰著，金宝译：《经济相互依赖与战争》，社会科学文献出版社2018年版，第261页。

“不应进行一场获胜希望如此渺茫的战争。”[①]

反对战争的日本海军上将山本五十六曾经在美国的哈佛大学学习过，1935年任日本驻美海军武官。1939年起任日本联合舰队司令。1940年晋升海军上将。他对美国强于日本的军事实力十分清楚，但当美国准备像卡断日本咽喉那样切断日本的能源供应之时，他预料到美日之战迟早会发生。在这一判断前提下，他认为如果与美国的大战不可避免，早打比晚打强。虽然早打也未必能赢，但晚打只能是失败。如果继续拖延，美国在东南亚的势力将变得更为强大。在此分析基础之上，山本五十六作出了冒险的决定，他认为，“如果突然袭击珍珠港，将能够把港内的美国舰队打得不能动弹。在美国重建其舰队之前，日本早已占领了东南亚，并把他的所有资源拿到了手”[②]。

他还期待着如果日本海军以突袭的方式占领夏威夷，捣毁美国太平洋舰队之后，美国或许能够与日本重开和谈。通过突袭的方式，或有一线胜机。虽然是铤而走险，但总比坐以待毙强。至少也可以延缓美国对日本的进攻。日俄战争时期，日本也曾经战胜过强于自己十倍的俄国。因此，山本竭力主张在美国海军力量没有动员起来之前，首先击败美国太平洋舰队，以保证日本“南下”战略的实施。在这个理念指导下，他成为太平洋战争的重要策划者和组织者之一，并于1941年12月策划和指挥了偷袭珍珠港事件，并取得了成功，当时日本决策者还天真地相信这一举措能够保证进攻东南亚日军的侧翼安全。

当时的日本弥散着打败控制日本钢铁和能源的美国的狂热情绪。而山本五十六偷袭珍珠港的主张强化了日本继续南下的战略。他们相信偷袭珍珠港可以打击美国士气，达到以战求和目的，虽然主动进击远强于自己的国家只能视为铤而走险，而且日本若继续南下，美军突袭日本本土的可能性会上升。不过，由于日本超高的对外依存度，日本决策层似乎只得依赖于这一个战略选项了。

显然，从结果上分析，日本这一举措导致了日本战略方向上的转变，也是日本在二战中不断落入深渊的关键一步。日本袭击珍珠港是向美国宣战，把尚未参战的美国拖进来。而且以美国的强者地位也根本不可能像山本五十六设想的那样在遭受到日本的屈辱性攻击后向日本求和。

日本偷袭珍珠港这一事件，立刻和不可逆转地改变了美国人对国际事务的

① 〔美〕堀田江理著，马文博译：《日本大败局：偷袭珍珠港决策始末》，新华出版社2014年版，第17—18页。

② 〔美〕约翰·托兰著，郭伟强译：《日本帝国的衰亡（1936—1945）》（上），新星出版社2008年版，第162页。

看法。珍珠港事件打破了美国的一个幻想，使美国意识到：他们国家的安全受到威胁，因此，美国别无选择，只有承担其全球责任。

美国将12月7日日本偷袭珍珠港列为美国的国耻日，国会顺利通过美国参战的决定。美国的参战瞬间改变了二战的力量对比，也从而改变了胜利的天平。当罗斯福对日宣战的当天，丘吉尔在唐宁街十号大声欢呼：我们赢了。这是丘吉尔一直在竭力恳求而不得的局面，现在由于日本的战略错误而促成了。丘吉尔怎能不欢呼雀跃呢！

从二战的战略全局来看，日本此举等于是多面树敌，是极端不利于轴心国的。

这是日本赢了一招、输了全局之战。

日本无法避免地在错误的道路上一错再错，日本的袭击继续扩大，目标直捣马来半岛英国在亚洲的最重要基地——新加坡。为了解决能源困境，日本将战线拉得过长，完全乱了方寸。

站在日本的角度，应该说山本的冒险逻辑并不是没有一点道理，但这时候的日本已经无力回天。日本的战略错误在于不断压缩自己的战略选择空间，导致日本完全丧失了战略自主性，只剩下拼死一搏一条路。走到这一步，只能说是日本的宿命。

一步一步地走向绝境，一步一步地把自己逼到绝路上，只能采取飞蛾扑火的鲁莽之举。神风敢死队不可谓不神勇，但战略错，侠勇之举也不过是充当炮灰的命运。这期间的教训实在是太过惨烈。

三、结语：战略复盘

日本侵略者铸就其战略错误有其客观性和必然性。从人类正义这一道德层面而论，日本的错误是人类之幸。因为正是日本的错误才带来了二战历史性的胜利。但本文仅从战略的角度进行客观分析以供战略研究者参考。

日本在战略规划中视野有限。在1941年年中，日本领导人分成了两派。一派是日本陆军推崇的“北进”派，目标是打击苏联。另一派是日本海军支持的“南下”派，要求从美国和欧洲宗主手中夺取东南亚的资源。1941年秋天，随着德军逼近莫斯科，日本领导人作出了决定命运的选择，对西方列强宣战。直接原因是美国和欧洲在1940—1941年实施了一系列禁运措施，最重要的是石油禁运，导致日本面临工厂和舰船没有燃料可用的前景。

假如日本没有“南下”，而是下决心采取“北进”战略，结果应该会大有不同。

首先，日军北上，虽无必胜把握，但至少对苏军是一个巨大牵制。而苏联面临东西两线作战，兵力分散，很有可能难以抵挡德日军队的进攻。

日军北上，美日冲突将可能延期，整个二战的战场形势将有利于轴心国。

日军战略上的南北犹豫、战略方向上的不坚决，导致日本对北上战事浅尝辄止。当然，从军事上看，1941 年苏日战争的结果很难确定。虽然俄罗斯在 1904—1905 年的日俄战争中战败，日军在干涉俄国内战期间，曾一路推进到贝加尔湖。但是，在更接近二战的时期，苏联军事装备上的机械化程度更高，1939 年 8 月在中国东北和蒙古边界上的诺门坎战役中，日本人为之骄傲的关东军被红军机械化部队碾压式痛击，遭受惨重损失后被迫撤出边境争端区。日本军队当时尚未达到西方和苏联标准的机械化程度，所以面对苏联的装甲，日本处于不利地位。与此同时，即便日军轻装对一片蛮荒的西伯利亚发动攻势，后勤物资供应也会是个难题。但是日军作战经验丰富，移动迅速，精于渗透战术和夜间战斗。日本还能得到有力的空中和海上支持。如果日本海军不必与美军作战，就可以动用海军火力和精锐的远程零式战斗机中队以确保空中优势，对至关重要的海参崴港发动进攻，则军事形势将大为不同。再者，如果德国攫取苏联的工厂和资源，苏联的供应就会受到影响。在面对保卫莫斯科还是海参崴的抉择中，斯大林会选择首先保卫苏联首都，所以日本也许不太费力就能攻占海参崴和西伯利亚沿岸。

至少，苏日战争会分散苏联用于对抗德国的资源，从而延长欧洲战争的时间。日本对苏攻势，或许可以阻止苏联远东大军调往西线，而这将有利于德国对莫斯科的大力进攻。不仅如此，日本朝北而非朝南的战略很可能避免或至少推迟一场与美国的冲突。

日本选择“北进”而不是“南下”的战略目标，导致苏联可以调动足够的力量西抗德国。如果日本与德国有一个整体性的部署，则苏联将陷入巨大困境。但是日本打了自以为聪明的小算盘，鬼使神差地选择了南下。

当时，日本还有一个错觉，即如果日本与德意结盟，将可能会吓到美国，使美国不得不保持中立，然而，这显然是一厢情愿的想法。在 1940 年 9 月 19 日的一次御前会议上，一些日本领导人质疑德日同盟是否可取，因为他们担心这一同盟会增强来自美国的政治经济压力，但德日同盟的主要提倡者外相松冈强调，盟约的全部目的是遏阻美国。事后证明，与德意结盟共同对抗美国等反法西斯联盟是日本战略方向性的错误。在一定程度上，美国正在寻找合适的时机对日本发起进攻，偷袭珍珠港正好把这个时机送给了美国，给了美国最好的参战理由。

日本另有一个担心，那就是对于盟国德国的不信任。日本担心如果德国在西线速胜，将很有可能不愿在东亚向其让步，反而有可能与英国媾和，《苏德互不侵犯条约》就是一个例证。另外，日本有着更直接的实际考虑。日本急需的石油和其他原材料在东南亚，而不是在西伯利亚。德国许诺在战胜苏联后提供给日本需要的资源，但运输困难等原因使日本并不放心。日本不愿将能源这一对于日本而言至关重要的战略筹码完全押在反复无常的德国身上，他们希望通过自身努力占领东南亚，从而真正解决其经济和能源独立的问题。

日本当时还有一个错误的预期，他们相信珍珠港事件会让美国屈服让步。然而，偷袭的结果却事与愿违。此外，日本认为他们除了战争别无选择，在最初就摧毁美国的舰队是取得成功的最佳机会。实际事后日本高层将领对偷袭珍珠港感到失望，因为这次袭击只是摧毁了美军一些老旧战列舰和其他作战舰，而美国的航空母舰、潜艇和造船厂却毫发未损。由于担心美国海军凭借强大的建造与打击能力最终击败日本海军，珍珠港事件 6 个月后，日本又发起了一次大胆的进攻：中途岛战役。此役，日本损失了偷袭珍珠港时的全部四艘航空母舰。中途岛战役标志着太平洋海域日本海上力量的终结和美国统治的开始，而美国从此控制了太平洋海域。

日本决定采取大陆扩张政策是一个重大的战略举措，但日本既没有考虑到其他国家的反抗因素，也没有充分估计国际战略形势的变化，更没有充分意识到自身资源的不足，结果是一错再错，错上加错。

日本的一个根本性错误在于以战术成功造成战略失误。日本袭击珍珠港，战术上成功战略上逻辑成立，可悲的却是战术与战略的错用，打与不打美国应该是日本需要理性决策的重大战略选择，但日本却把它作为一种策略来使用。日本袭击珍珠港说明其战略连贯性很差，目标不断地游移变化，最后采取了不得已而为之的冒险行动。

日本的战略抵达能力和实力都远逊美国这个对手。突袭已是冒险和赌博，把美国作为战略对手，“邀请”美国参战，更是错上加错。当然，这里也不排除美国不断施压诱引、持续压缩日本的战略选择，从而导致日本困中出乱、犯下战略错误的原因。显然，美国不断在能源等问题上卡住日本脖子，是导致日本陷入难以自拔的战略困境的根本原因。

从深层背景来看，根本原因在于日本对外战略依存度过高，压缩了战略选项。如果没有对于战略能源的过高依赖，日本的战略选择则可以灵活许多。但是最为缺少战略资源的日本却走上了最需要战略资源的战争不归路。

总而言之，日本错误的战略选择，归根结底是战略资源的匮乏，战略资源的匮乏又极大地限制了日本的战略自主性，最后只能铤而走险。

雅尔塔体制与大国的谋篇布局

1945年4月25日，美苏两国军队在易北河畔的德国东部小镇托尔高（Torgau）会师。这是一个历史性的时刻，同时也是一个新的开始。当两国军人拥抱欢呼之时，政治家们却紧锣密鼓地开始了另一场较量。

一战结束时，大国在巴黎召开和会，几经周折签下了《凡尔赛和约》。正当人们以为和平就要来临时，法国的富熙元帅警告，不，这不是和平，而是休战。凡尔赛体系在经历了20年危机后土崩瓦解，世界再次被拖入一场规模更大的第二次世界大战，又经过了几年的鏖战，在战争即将结束的时候，人们不禁又要问，康德所期待的人类的永久和平会到来吗？

在1943—1945年，同盟国首脑举行了几次重大的国际会议，讨论协同作战及战后世界安排问题：一是中美英开罗会议，讨论对日作战和战后对日处置问题，提出将东北、台湾、澎湖等归还中国；二是美英苏德黑兰会议，主要讨论对德作战计划，在德黑兰会议上斯大林提出，苏联在远东没有一个不冻港，罗斯福则提出大连可以成为国际保证下的自由港；三是雅尔塔会议，主要讨论苏联对日作战的条件：外蒙古维持现状，库页岛南部及邻近地区归苏联；大连港国际化，中国与苏联共同经营南满铁路等，主要是保证对日作战；四是波茨坦会议，主要讨论处置战后德国问题，加速打败日本的问题。

这些会议所形成的协议确定了战后世界的划分，统称为雅尔塔体系。显然，雅尔塔体系并不是通过雅尔塔的一次会议直接形成的，而是1943—1945年德黑兰、雅尔塔和波茨坦三次国际会议期间苏、美、英三国首脑间为构建世界战后蓝图，公开或秘密地达成的各项协议的总和。此外，莫斯科三国外长会议、开罗会议、敦巴顿橡树园会议、旧金山会议通过的各项协议和谅解，也是雅尔塔体系的重要组成部分。在这一系列的会议中以雅尔塔会议尤为关键和重要。

众所周知，雅尔塔协议无非是二战后的战胜国重新瓜分世界的开始，那么，大国之间是如何通过战略规划寻求对自己最为有利的战略格局并且又是如何通过妥协或交易形成大国之间势力均衡的呢？

罗斯福原本希望 1944 年 9 月在苏格兰举行雅尔塔会议，但斯大林以对德作战无法远离指挥前线为由没有同意。再往后，美国又进行总统选举，所以就决定把会议延迟到 1945 年 1 月第四任总统罗斯福就职仪式之后。为此，罗斯福和斯大林在会议的地点选择上讨价还价达 7 个月之久，最后罗斯福不得不听从斯大林的意见，选择了雅尔塔这座末代沙皇尼古拉二世的夏宫。其实英国领导人也是反对在这个地方召开会议的。但斯大林坚持需要指挥作战不能离本土太远，美英两国首脑只得妥协同意。

总的来说，雅尔塔会议要比德黑兰会议更加隆重，与会代表团更加庞大，英美代表团共有 700 人，而且有许多关键人员。陪同罗斯福参加会议的有国务卿斯退丁纽斯、莱西海军上将、马歇尔陆军上将、金海军上将、库特少将、迪安少将、麦克法兰将军和驻苏联大使哈里曼，以及翻译波伦。英国代表团除了首相丘吉尔之外，包括外交大臣艾登、布鲁克陆军元帅、波特尔空军元帅、坎宁汉海军上将、亚历山大陆军元帅、伊斯梅将军和伯尔斯少校。斯大林带领的苏联代表团，阵容也非常强大，陪同成员包括外交人民委员莫洛托夫、副总参谋长安东诺夫陆军大将、楚贾科夫空军元帅、库兹涅佐夫海军上将和副外交人民委员维辛斯基、葛罗米科、古谢夫、马伊斯基。

如果说日内瓦是医治政治创伤的医院，那么雅尔塔就是恢复战后元气的疗养院。

三巨头聚集在一起讨论战后安排达 8 天。二战结束时，谁也没有预料到冷战的出现。多数领导人考虑的是预防下一次热战：如何避免第三次世界大战。无论是斯大林、罗斯福还是丘吉尔都是如此。同时，如何在战后世界中谋求更为有利的地位也是大国领导人关注的焦点。尤其是作为二战中崛起的美苏，对于战后秩序的关切更为突出。

一、雅尔塔会议召开的背景

雅尔塔会议召开时，美英苏作为战时同盟面对一个共同的敌人，但当这个共同敌人即将消失的时候，他们之间的矛盾就开始凸显出来。有两个案例可以深刻说明大国之争即使是在合作的时候就已经开始。

二战期间，斯大林一直向盟国施压，希望他们开辟欧洲战场，减轻红军压力。但罗斯福和丘吉尔出于战术考虑没有答应，选择先出兵北非和意大利。到了 1944 年，美英军队决定发动诺曼底登陆战。斯大林虽然仍希望盟军开辟第二条战线，但紧迫性已经不强了。苏联红军把德军赶出了斯大林格勒和莫斯科，并发动反攻。以苏联的军力、作战能力完全可以独家占领柏林甚至是德国，此时的苏联已经谋取到足够的战场先机和战略优势。

尽管美英和苏联面对同样的敌人、拥有同样的作战目标，但西方已经开始盘算战后苏联可能带来的威胁。丘吉尔这样的反共斗士始终担心欧洲被苏联占有。1943 年，德军在库尔斯克会战中失败后，丘吉尔担心东欧国家会被苏联夺走。1944 年初他致信密友，担忧苏联向德国泄露登陆秘密，以让后者有更多时间准备。英国军方甚至建议，战后英国应联合战败的德国对抗苏联集团。丘吉尔虽然没有同意，但他承认，一旦战后苏联成为一个“新的纳粹德国”，那英国就必须考虑德国的地位问题。美英虽然在对德问题上看法有异，但基本认同苏联将会成为下一个威胁。

毫无疑问，美苏发动诺曼底登陆针对的是德国，但它又不只是针对德国，其目的还在于阻止苏联西进。随着东西方争先恐后地挺进柏林，大国之间的矛盾也日益尖锐起来。杜鲁门总统继任后，美国驻苏大使哈里曼建议杜鲁门，他的首要任务是防止苏联野蛮入侵西欧。因此，可以说，冷战是从诺曼底登陆开始的。

更有一种说法认为，苏军不惜一切代价攻克柏林，正是为了震慑英国不要试图在希特勒被打败后向苏联发起新的战争。美国学者浦洛基认为，“尔虞我诈的外交游戏开始上演的同时，百万苏联大军已经向纳粹德国逼近，再没有比这更要紧的了”。丘吉尔急欲了解苏联 1943 年 1 月 12 日于东线全面展开冬季大攻势的主要目标何在。他问斯大林，如果希特勒弃守柏林，转移到别的地方，比如德累斯顿（Dresden），苏联的后续战略究竟如何。斯大林说，红军会追击到底。丘吉尔的目的，或许是查明如果德国领导人弃守首都，红军指挥官是否仍会把占领柏林视为主要目标。

“斯大林对攻势进展相当乐观，苏军用不到三个星期的时间，就已进抵奥德河，距纳粹首都仅 70 公里。他看不起希特勒麾下那批战略家的素质，对于红军往柏林推进时会碰上的德军，觉得已不足为虑。斯大林如此傲慢地看待希特勒及其将领，可能意在警告：如果盟国再不快速、果决地采取行动，苏联自己就可以收拾第三帝国，战利品也就都归他们所有了”①。

1945 年 4 月 16 日至 5 月 2 日，苏联红军经过 16 个昼夜的苦战，一举攻克

① 〔美〕沙希利·浦洛基著，林添贵译：《雅尔塔：改变世界格局的八天》，中信出版集团 2018 年版，第 93 页。

了德国首都柏林，迫使德国在几天后宣布无条件投降。苏军为攻克柏林付出了重大代价。据苏联战后统计，苏军在攻克柏林的过程中共伤亡 30 万人，其中阵亡 10.3 万人。有些历史学家经过统计后认为，柏林战役中苏军实际伤亡 50 余万人。在苏军开始对柏林强攻前，美国军队已经到达易北河，积极准备向柏林推进。当时许多德军部队对美军奉行不抵抗方针，想让美军先于苏军攻占柏林。但是苏军为了抢在美军之前攻克柏林，不顾一切地提前发起了进攻。

苏军为何一定要抢在美军之前攻克柏林，并且不惜付出重大的兵员损失代价呢？

过去的观点认为，斯大林一定要让苏军攻克柏林，是为了证明苏联在打败德国法西斯中所起的决定性作用，以提高苏维埃国家的声望，并有利于与美英争夺在欧洲的势力范围。但是最新解密的资料表明，苏联这样做还是为了震慑美英政府，避免第三次世界大战的爆发。

戈尔巴乔夫的政治顾问、曾任驻德大使的瓦连京·法林披露说，当时苏联间谍机构获得的情报表明：1945 年 3 月，英国首相丘吉尔在对德作战即将结束时，考虑开始新的战争。他在 4 月命令英军参谋长制订一项代号为“难以想象”的对苏作战计划。丘吉尔之所以为这项军事行动计划选定这一代号，是因为在他看来，苏联绝对想象不到盟国将要对苏宣战，届时的军事行动将会使苏联大吃一惊。英国解密的“难以想象”计划表明：英军准备在 1945 年夏季对苏联发动突然袭击。计划中说：“苏联军队此时已非常虚弱，参加欧洲战事的苏军装备也已消耗殆尽，因此，把他们赶回到战前边界、迫使斯大林下台应该没有任何困难。等待我们的将是国家制度的更迭和苏联解体。作为恐吓措施，可以轰炸城市，特别是莫斯科。”①

到二战末期，美英两国已经各自拥有上千万人的武装力量，仅在欧洲战场的盟军部队就有将近 500 万人、上万辆坦克和上万架飞机，丘吉尔在战争末期积极活动，力图将美国拖入反苏战争。在他看来，苏联的国力在战争中已经被极大削弱，眼下是对苏作战、消灭布尔什维克的最佳时机。根据英军制订的计划，第三次世界大战将于 1945 年 7 月 1 日爆发。当时美国总统罗斯福奉行对苏友好政策，并不赞同对苏开战。杜鲁门上台后，以他为首的美国统治集团积极支持英国暗中提出的对苏宣战计划。

斯大林在获悉英国正在准备反苏战争，特别是在得知罗斯福逝世和杜鲁门

① 冷静：《1945 年苏军不惜一切代价抢占柏林的幕后真相》，《军事史林》2005 年第 10 期。

上台的消息后，认为苏联同西方进行战争的可能性大大增强，于是决定一定要抢在盟军之前攻占柏林，向西方显示苏联军队的强大。从 1945 年 4 月 16 日至 5 月 2 日，苏军调动 250 万大军、6250 辆坦克和 7500 架飞机，对第三帝国的首都发起了强大的进攻。久经战争的苏军兵强马壮、士气如虹，很快就一举攻克柏林，粉碎了总数达 100 万人的德军柏林防卫集团。苏军在柏林会战中共歼灭德军 70 个步兵师、23 个坦克师和摩托化师，俘虏德军 48 万人。德国政府在冷战结束后也承认了苏军公布的这些数字的准确性。柏林战役充分表明了苏军的强大作战威力，极大地震撼了西方。西方盟军从未像苏军那样在一次战役中合围、分割和歼灭百万敌军，何况对手还是德军这样装备精良、作战强悍的现代化军队。柏林战役充分展现了苏联军队同美英盟军在地面作战能力方面的巨大差距。积极主张进攻苏联的英国人见状，如同泄了气的皮球，最先软了下来。英军参谋长联席会议在研究了柏林战役后得出结论：英国军队难以战胜苏军。

苏联前驻德大使法林认为，攻克柏林彻底改变了世界历史进程，粉碎了英美对苏宣战的企图，避免了第三次世界大战的爆发。①

这就是大国在二战末期有声有形的较量。在战场上的明争暗斗之后，觥筹交错的外交交锋开始了。

斯大林讲过一句洞穿世事的话：友谊是建立在误会之上的。这句话放在雅尔塔会议等一系列重新瓜分世界的会议中也是适用的。虽然美苏英的战时同盟成了二战的胜利者，但他们之间的较量却在延续。

几大会议表面看起来是讨论如何结束二战、处理战败国议题，但其实有着更为深刻的含义，那就是重新划分世界，同时还包括通过处罚和削弱战败国，形成有利于自身长远安全和政治利益的格局的战略考量。

随着盟军的诺曼底登陆和苏联军队攻入德国境内，消灭远东战场上的日本军国主义也被盟国摆上了日程。为了进一步协调盟国的军事行动，处理战争中的遗留问题，并讨论战后的国际秩序，1945 年 2 月初，美英苏三国首脑在苏联克里米亚半岛上的小镇雅尔塔举行了会议。会上美苏英三强通过了两个重要的文件：《克里米亚会议公报》和《雅尔塔协定》。前者是三国就战后欧洲等问题达成的协议，后者则是就苏联参加对日作战的条件所达成的秘密协议。这两个文件是战后美苏在欧洲和亚洲划分势力范围的重要依据，战后相当长的一段时期内的世界局势与这两个文件的内容是一致的。

---

① 冷静：《1945 年苏军不惜一切代价抢占柏林的幕后真相》，《军事史林》2005 年第 10 期。

雅尔塔会议召开之时，苏军和美英联军对德作战的军事进展已经大体勾勒出了二战后欧洲的地缘政治轮廓，即苏联控制东欧，西欧则在英美的影响下。因此，尽管苏联和美英之间的矛盾仍旧存在，但基于双方对德作战的军事进展，雅尔塔会议上美英苏三国大体上承认了各方在欧洲的利益，并且在继续完成对德作战和战后对德国占领等问题上也达成了一致。从这一点来看，雅尔塔会议对于稳定欧洲和世界稳定具有积极意义。

二、三大国战略谋划

那么，几大国又是如何进行战略谋划的？下面加以分析。

（一）罗斯福的构想

罗斯福谋霸世界的意图早已是司马昭之心，路人皆知。从美国开始参战，罗斯福就决心成为世界级领袖，这可以从美英《大西洋宪章》和《联合国家共同宣言》看出。美国甚至在参加二战之前就有了对于战后世界的构想，“联合国”这一名称就是依据美国国名 United States 而来。

罗斯福的战略构想有着精细的盘算。罗斯福在战争没有结束的时候还不想与苏联闹僵。即使是战后，罗斯福仍想借苏联平衡欧洲大陆。权力平衡术是英国的发明，英国一直以光荣孤立和大陆平衡政策称雄于世。美国则将平衡政策发挥到极致，英国想借美国平衡苏联，美国则想让欧洲形成相互制约，从而可以让美国做一个最后仲裁者。美国这个后起之秀大有赶超大英帝国之势。

罗斯福当时还是想把苏联作为对欧洲大陆的平衡者，利用苏联平衡欧洲大陆，同时扶持英法德削弱和抵消苏联，它们之间进行对抗也符合美国的总体利益，即有利于美国对欧洲的控制。换句话说，如果美苏交恶，美国将可能过早陷入在欧洲和全球的困境而一事无成，“早在 1942 年，罗斯福就面临抉择：要么为一个开放的战后世界（至少要在俄罗斯边界周围）而战，要么同意盟友在东欧问题上的要求。如果他选择前者，俄美关系将很有可能严重受损，以至于针对轴心国的团结努力会化为泡影。至少，美国人和俄罗斯人会作为敌人进入战后世界”[①]。显然，美国的目的是维持一个“不战不和”的一分为二或一分为

---

① 〔美〕沃尔特·拉费伯尔著，牛可等译：《美国、俄国和冷战（1945—2006）》，世界图书出版公司 2011 年版，第 11 页。

三的欧洲。假设苏联一方势力增强，那么英法也可能联手形成另一方势力与苏联抗衡。因此，在这里平衡的关键在于保证任何一方都不能过于强大，以便美国能够加以控制。当然，首先还是防止英国利用其原有的霸权地位在战后继续维持其特殊地位。

进一步分析，这个战略构想可以追溯到关于第二战场的地点选择上。丘吉尔与罗斯福一直在开辟第二战场问题上存在巨大分歧。丘吉尔希望从意大利北展开右翼攻势，直向维也纳。而罗斯福则坚持在英国南部渡海经法国进入德国。在1943年的德黑兰会议中，丘吉尔还力争将进攻兵力重心部署在德黑兰会议地中海一线。经过激烈辩论最终使英方认可以“霸王计划”为重心的开辟欧洲第二的战场方案。丘吉尔无奈地回忆道：“东边是一头被胜利冲昏头脑的熊（苏联），西边是一头蹒跚而行的大象（美国），我们英国好比夹在中间的一头驴。看到我们（英国）的军队远远少于他们（美国）的军队，我非常痛苦。我一直希望英美保持平等，但面对一个强大的、人口比我们多几倍的国家，这怎么可能呢？”[①]

虽然丘吉尔强调他的军事计划是为了“英美盟军向罗马以北推进，将大批德军牵制在意大利以减轻苏联的战争重担”，但罗斯福则认为“进攻巴尔干半岛的计划这一点也可能是以政治考虑为基础的”[②]。对此，学者张文木曾有深刻阐述，他认为“如果盟军从诺曼底登陆开辟第二战场，英国在欧洲大陆的势力范围就会大大缩小，而苏联的势力就会扩展到东欧并形成对西欧的威慑。如果采取丘吉尔的路线，即从意大利罗马攻入德国，则英国就会保持对整个欧洲及其战后政治的实际影响力”[③]。英国的意图是阻止苏联在巴尔干半岛扩张的可能。

丘吉尔考虑的首要任务是保持战后英国帝国的完整和世界霸权地位。正因为如此，罗斯福早在1942年就预见到与英国可能产生的战略分歧。1942年夏罗斯福曾对他的加勒比海问题首席顾问查尔斯·陶西格说：“我们战后将会同英国发生的纠纷，也许比目前同德国发生的纠纷来得大。”[④]“美国考虑的首要任务是如何削弱欧洲，尤其是英国的世界霸权地位。而要做到这一点的关键，就是要保证有一个最好是能够从东面牵制欧洲的国家，显然苏联将是美国实现这项战略目标的最佳搭档。苏联从东面牵制欧洲，就能减轻来自大西洋东岸的对美国

---

① 史春树：《“反美政客”丘吉尔》，《青年参考》2018年10月31日。

② 〔美〕罗伯特·达莱克著，陈启迪等译：《罗斯福与美国对外政策（1932—1945）》，商务印书馆1984年版，第616页。

③ 张文木：《全球视野中的中国国家安全战略》，山东人民出版社2008年版，第43页。

④ 〔美〕罗伯特·达莱克著，陈启迪等译：《罗斯福与美国对外政策（1932—1945）》，商务印书馆1984年版，第616页。

的战略压力；而要做到这一点的关键，则是从地缘政治上将苏联战后的势力范围扩大到东欧；要实现这一目标的关键，就是避免英国军事力量大规模地从东欧切入，而丘吉尔开辟第二战场的方案恰好就是英国实现这一战略意图最有利的选择。”①

罗斯福与斯大林不顾丘吉尔的坚决反对，在德黑兰会议上联手决定实施开辟第二战场的“霸王计划”。这意味着美国决定将东欧交由苏联解放并将东欧划入战后苏联的势力范围。而失去东欧，以英法为首的世界霸权也就失去了存在的基础。

这里，罗斯福希望借力打力，以二战的特殊时机和苏联的力量来削弱英国。“英国的崩溃，至少部分上是美国造成的，而且是故意造成的”。②

从另一个角度来说，尽管斯大林对西方盟国多次推迟开辟第二战场非常不满，但从长远来看，西方盟国的这一做法使斯大林获得了决定性的政治优势。它确保了东欧的大部分将由苏联红军来解放。这一点与罗斯福在战争胜利后再考虑政治问题的倾向结合在一起，形成了一个模式。在这个模式中，军事胜利具有重大的政治影响。罗斯福也因此一直被指责为在政治上太天真，其言外之意是，如果在战争早期就采取更加强硬的措施，使斯大林受制于被解放国家相关政府的协议，那么就可以防止或者至少减弱整个东欧战后的苏联化。这一观点在 1945 年 6 月苏联外交官马克西姆·利维诺夫与美国记者爱德加·斯诺坦率的交谈中讲得很清楚，“为什么你们美国人一直等到现在才开始在巴尔干和东欧反对我们？你们早在三年前就该这样做了。现在你们这样做太晚了，你们的抱怨将只能引起苏联的疑虑”③。但是以罗斯福的精明，不会是过失，而是故意，就是有意将东欧让出来让苏联控制。“诺曼底登陆造成的后果，是苏联势力上升和苏联对欧洲强国的战略空间的大幅挤压，历史上的大欧洲，现在变成夹在苏联和美国之间的‘西欧’，从此，西欧就成了美国的附庸。美国是远交近攻，放大苏联，压缩欧洲”④。美国原本是等苏德两败俱伤时再出手，结果苏联胜局已定时，又想着在苏联和欧洲之间打入楔子，以实现平衡之略。

当然，美国之所以在苏联和英国之间大玩制衡之略，其实还有一个原因，

① 张文木：《全球视野中的中国国家安全战略》，山东人民出版社 2008 年版，第 45—46 页。

② 〔美〕沃尔特·拉塞尔·米德著，曹化银译：《美国外交政策及其如何影响了世界》，中信出版社 2003 年版，第 134 页。

③ Vojtech Mastny, *Russia's Road to the Cold War: Diplomacy Warfare and the Politics of Communism*, 1941—45, Columbia University Press, 1979, p. 218.

④ 张文木：《全球视野中的中国国家安全战略》，山东人民出版社 2008 年版，第 48 页。

斯大林直到1943年年中还在考虑单独与希特勒媾和。为了避免苏联与德国单独媾和这一不利局面的出现，罗斯福支持并同意了斯大林提前就东欧国家的政府组成和边界问题达成协议，以确保美苏合作的延续。如果当时罗斯福就东欧问题向苏联施加强大压力的话，那么很难相信西方还能与苏联保持联盟。显然，对于苏联而言，如果与美国的联盟不能获益更多，那么，苏联就可能与德国妥协。另外，不让苏联获益，苏联还会拼死与德国打仗吗？“事实上，罗斯福关于在德国投降在望之前搁置详细讨论领土问题的主张是有非常清楚的政治动机的。其中一个主要的动机就是罗斯福确信战后重建的最好基础在于大国团结的继续，而在他看来，这取决于迅速胜利地结束战争。过早地讨论领土问题，特别是东欧的领土问题将冒暴露西方盟国与斯大林之间存在严重分歧的风险，不管怎样，罗斯福对苏联谋求在其西部边界建立友好国家的努力并没有多少异议”①。当然，美苏协作并没有深厚的道义基础，不过是权宜之计。英国学者克罗卡特认为，“战前，美国和苏联没有什么共同之处”，“但却有许多使它们分离的东西”，从长远的角度来看，结盟只是它们关系中一时的越轨。马丁·怀特写道：“政治联盟总是为了对付第三方才结成的。”② 从罗斯福二战期间的思考而言，也可以确认这一点。“我的孩子，在严重危难时候你同魔鬼携手同行是可以的，直到你过了难关为止。”③ 罗斯福相信，为了获得全面的胜利，手段的选择是可以有灵活性的。依靠苏联来帮助打败德国和日本才是关键。

很显然，罗斯福是经过慎重的考虑后与苏联进行合作的。这里有两点特别值得寻味：其一是罗斯福没有想到苏联会把东欧完全控制在自己的势力范围内。“如果他能够偷听到斯大林1945年初与米洛万·吉拉斯交谈的那句名言：‘这次战争与以往不同：占领他国领土的国家也将把本国的政治制度强加到本国军队所到达的领土之上’，那么他对避免苏联全盘占领东欧的意图就不会抱什么幻想了”。④

其二是罗斯福可能囿于战时大国合作的战略框架，而没有充分意识到美国自身角色的转变。很显然，美国当局当初并没有想到它后来会在欧洲或世界其他地方承担遏制苏联的前沿政治和军事角色。罗斯福在雅尔塔会议上曾表示，

① 〔英〕理查德·克罗卡特著，王振西等译：《五十年战争：世界政治中的美国与苏联（1941—1991）》，社会科学文献出版社2015年版，第56页。

② Martin Wight, *Power Politics*, Penguin, 1979, p. 122.

③ 张宇燕、高程：《基于利益最大化的美国行为》，《国际经济评论》2007年第9期。

④ 〔英〕理查德·克罗卡特著，王振西等译：《五十年战争：世界政治中的美国与苏联（1941—1991）》，社会科学文献出版社2015年版，第56页。

美国计划在两年内撤出驻欧洲的占领军。在战争后期直至1946年中期，苏联视英国而不是美国为主要对手。正如罗斯福在雅尔塔会议上所做的那样，美国视自己为英国和苏联之间的调停者，尽管这一认识在1946年后逐渐被放弃了。总之，在联盟的西方国家之内，一个微妙的过渡阶段正在发生。在此可引用迪安·艾奇逊的一句话来形容美国战后的两难处境，“1944—1945年，美国发现自己拥有新的力量，但却没有进入能发挥力量的角色”①。

一方面，美国需要一个分裂的欧洲，东西欧的分治对美国是有利的。但另一方面，美国需要在分治的欧洲中扮演重要的角色。布热津斯基对此分析道：“美俄之间的冲突现在已是全球范围的。但是，它开始时并非如此。冷战的开始是一个海洋大国与一个内陆大国争夺欧洲剩余的地盘。第二次世界大战之后，苏联方面显然指望美国从欧洲撤走其部队——其最重要的原因之一是罗斯福总统曾明确地向斯大林保证美国将从欧洲撤军。由于欧洲的所有主要国家不是已经受到摧毁就是筋疲力尽，因此红军在欧洲心脏地带的存在将会在地缘政治方面产生决定性的后果。如果美国撤出了欧洲，西欧将只有听命于莫斯科。”②

这就是雅尔塔时期罗斯福的考虑。既要扶苏抑英，也要利用苏联的力量参与远东战场的搏杀，同时小心谨慎地盘算如何形成有利于美国大国地位的局面。

（二）英国的盘算

二战后期的英国已经今非昔比。英国经历了二战的磨难，早已不再是那个称霸世界的大英帝国。英国一方面希望与美国强化合作以继续保持强国地位，另一方面也希望借美国平衡苏联。英国在雅尔塔外交政策的主要目标，与拿破仑战争以来的一贯立场并无二致，仍旧是保持其对于欧洲大陆的主导能力，防止欧洲由单一大国主宰，尤其是防止西欧被某个大国控制，以防对英国安全构成直接的、生死攸关的挑战。丘吉尔在一系列的演讲中，把这个目标描绘成是英国反暴政、反侵略的斗争。

20世纪以来，英国始终针对最大威胁国展开其战略。20世纪前10年有称霸主宰全欧野心的大国是德国，英国遂与德国的东邻沙皇俄国结盟。德国在一战中战败，共产主义在俄罗斯兴起，苏联取代德国形成了对欧洲原有格局的威

① 〔英〕理查德·克罗卡特著，王振西等译：《五十年战争：世界政治中的美国与苏联（1941—1991）》，社会科学文献出版社2015年版，第58页。

② 〔美〕兹比格涅夫·布热津斯基著，刘晓明等译：《竞赛方案——进行美苏竞争的地缘战略纲领》，中国对外翻译出版公司1988年版，第22页。

胁，丘吉尔因此在国内、国外都极力反共。他认为对欧洲而言，“红色威胁”远比德国帝国主义更加危险。随着德国威胁的复活，他曾将暴政的矛头指向试图称霸欧洲的德国，丘吉尔率先提醒国人，要小心德国国力上升。他在《慕尼黑协定》之后宣称：“我们已经跨越历史上一个可怕的里程碑，欧洲的整个均势已经错乱。”[①] 纳粹于 1941 年 6 月入侵苏联之后，他开始控制自己的反共言论。以捍卫英国利益和安全利益为名，试图以苏制德。所谓以“某甲暴政之力来对付某乙暴政”。

雅尔塔会议开幕之前，有赖苏军大捷，抗德战争已经胜券在握，这时的丘吉尔已敏锐地意识到，战后将出现两个巨人，一个是欧洲的苏联，一个是美洲的美国。随着苏军大捷，他深感东方出现另一个欧洲霸主的可能性大增，且是他一贯反对的共产主义主导的国家。为此，丘吉尔和他的外交顾问们有两点考虑：控制德国，牵制苏联。策略也有两点：其一是解决好波兰议题。试图保证在战后的欧洲政治格局中，波兰能够成为抵制苏联向西扩张的堡垒。其二是强化法国。要让法国承担起抗苏抑德的作用就必须支持法国的强大。最大限度地控制德国，抑德扬法，也就是弱化德国，推动法国和波兰的强大，以此保证复兴后的德国不会再一次打破欧洲的力量平衡。

丘吉尔使尽浑身解数，力图重建一个强大、独立的法国。他认为，法国可以牵制德国在经济和军事上的复兴。为了推动他的策略，丘吉尔和戴高乐结盟。丘吉尔不但协助戴高乐在法国沦陷区号召反纳粹运动，还支持戴高乐在英国重建法国独立政府。为了实现自己对法国在战后欧洲角色的构想，丘吉尔精心促成法国加入欧洲咨询委员会，并使其成为未来的联合国安全理事会的一员。下一步是派给法国一个占领区，并把法国代表纳入占领行政当局。丘吉尔深知，没有美方的支持，这个目标就无法实现。于是，丘吉尔设法让罗斯福同意自己的主张。丘吉尔认为，“波兰、法国都强大，就可以牵制住复兴后的德国。为了保持欧洲的势力均衡，德国必须受到削弱，但又不能完全摧毁或解体。这会是很复杂的棋局”[②]。而要实现这一目标，仅有被战争消耗得千疮百孔的英国已经独木难撑，必须将美国拉进来。而当时的美国似乎既没有兴趣也没有经验卷入欧洲复杂的政治棋局之中。这就是丘吉尔需要纵横捭阖、外交运筹的地方。

---

① 〔英〕理查德·克罗卡特著，王振西等译：《五十年战争：世界政治中的美国与苏联（1941—1991）》，社会科学文献出版社 2015 年版，第 58 页。

② 〔英〕理查德·克罗卡特著，王振西等译：《五十年战争：世界政治中的美国与苏联（1941—1991）》，社会科学文献出版社 2015 年版，第 40 页。

为了联合美国，与美国形成特殊关系，英国必须不断强化苏联的威胁，同时为了与苏联在欧洲形成有利于自身的秩序，又必须与苏联进行交易。英国玩的是权力平衡的两手。一方面仍然需要与美国保持特殊关系，另一方面要做的必须是分离美苏战时同盟关系。对此，英国所要做的就是不断强化与渲染苏联的当前和未来威胁。丘吉尔能够在二战刚刚结束的 1946 年 3 月在美国发表铁幕演说绝非偶然或即兴之举。从铁幕演说到杜鲁门主义的出台，应该说丘吉尔的目的是部分实现了。

而当时，美英之间存在重大利益分歧，美国仍然希望维持与苏联的合作，而英国则希望美英联合控制苏联。罗斯福新政在外交上体现出反对帝国模式的思想，罗斯福政府里许多人和前贤威尔逊总统一样，相信在新的世界秩序中不应再有帝国，而新兴独立国家应把资源和市场开放给所有的全球大国，而不仅是英国。他们怀疑这个美国从前的宗主还有帝国野心，当年美国开国诸贤就是因此发动独立战争反抗英国的。艾登在回忆录中不无遗憾地记下："罗斯福总统与美国民众都对大英帝国不无疑虑。罗斯福并不隐藏他对大英帝国殖民主义的不悦，因为这是他坚信的原则。他希望从前的殖民领地一旦脱离宗主国得到自由，就可以在政治和经济上依赖美国，而不用害怕其他大国可能又成为新的宗主。"① 至于苏联，丘吉尔素无好感。但英国对苏政策充满了功利的考量和灵活的运作。英国十分清楚，指望美英特殊关系已经很难保住 200 年在世界范围内所建立的势力范围和利益，因此，英国虽然十分担心和敌视苏联，但为了维持英国在欧洲的利益，英国不得不与苏联进行一场利益交易。在雅尔塔会议之前，苏联和英国就曾各取所需达成了秘密交易。英国还十分渴望控制住希腊。希腊是地中海运输线的战略要冲，而且关乎战后英国在南亚的统治。英国若想保住印度，希腊所能发挥的战略枢纽地位无可替代。

英国是个老牌大国，权力—实力逻辑是盎格鲁—撒克逊民族外交哲学的核心，而通过国家间的力量均势制衡而不是消灭对手国家，是盎格鲁—撒克逊民族治理世界经验中最为精髓的部分。

几个世代以来，它的领导人都认为划分势力范围是管理世界、保护英国海外利益最自然的方式。1938 年，张伯伦不仅允许希特勒在欧洲取得领土，还预备在非洲给予德国一定的势力范围。在丘吉尔取代张伯伦成为英国政府领导人

① 〔英〕理查德·克罗卡特著，王振西等译：《五十年战争：世界政治中的美国与苏联（1941—1991）》，社会科学文献出版社 2015 年版，第 41 页。

后，这个观点并没有改变。

1941 年苏德战争爆发后，丘吉尔敏锐地感觉到二战的结果将是苏联在欧洲坐大，故决定双管齐下，一是借美国参战，将美国力量全面引入欧洲事务中制衡苏联，二是争取在战争结束之前，尽量与苏联划清双方在中东欧的势力范围，明确战后欧洲的地缘政治格局，从对英国有利的方面来维护欧洲均势。

1943 年秋天，英国这个几个世纪以来最擅长划分势力范围和扩张海外利益的国家，也在 1943 年秋天假模假式地向苏联表示应该发表共同声明放弃势力范围的做法。然而，应该看到，英国这个做法或许更多是担心苏联在东欧拥有更大的势力范围，而又绝不放弃自己的殖民领地。英国虽然不得不就划分势力范围采取了与苏联妥协的做法，但实际上不希望苏联在东欧拥有势力范围。1944 年春天，红军推进到苏联在战前的国界，而在南斯拉夫、希腊和意大利等地的共产党及军队也已取得优势，要和苏联达成协议的时间已经不够。这三个国家都位于地中海北岸，而地中海是对大英帝国而言极具战略重要性的区域。三个国家都有强大的共产党，共产党在大战期间的影响力和党员数量都大幅上升。它们渴望建立政权，因此妨碍了英国在该区域的庞大计划。丘吉尔认为，直接和苏联打交道可以解决这个问题。1944 年 5 月 4 日，他致函艾登表示："很显然，我们差不多要和苏联人就他们在意大利、南斯拉夫和希腊的共产党阴谋摊牌了。"两周之后，艾登召见苏联驻伦敦大使古谢夫，讨论丘吉尔的提议：为换取英国允许苏联在罗马尼亚放手作为，英国要求能在希腊自由行动。英国渴望控制希腊。丘吉尔在给英国驻华盛顿大使哈利法克斯勋爵（Lord Halifax）的一封信中称希腊是英国的老盟友，并说"我们为了希腊在 1941 年牺牲了 4 万人"①。这就有了雅尔塔会议之前丘吉尔和斯大林秘密签署"百分比协定"的事情。

当然，在外交场合，丘吉尔是不可能把其真实的战略考量公之于众的。他提出的口号是必须坚决反对欧洲大陆的暴政和侵略战争。在雅尔塔时期的当务之急是解决好德国和波兰的问题，不使之成为苏联控制的势力范围。

（三）斯大林的战略考量

斯大林是苏联对外战略的总设计师，作为有远见的政治家，早在二战期间，

① 〔英〕理查德·克罗卡特著，王振西等译：《五十年战争：世界政治中的美国与苏联（1941—1991）》，社会科学文献出版社 2015 年版，第 186 页。

斯大林就在认真考虑战后苏联乃至整个世界的各种问题，强调战后继续维持大国合作，以苏美英三大国合作为基础，主张把战时同盟延续到战后。

斯大林非常重视在东欧建立保证苏联安全的屏障，这个问题成为斯大林战略构想的重点。从 1944 年夏天起，苏军在追击法西斯德军的过程中，越出国界进入东欧和中欧等地区。斯大林曾经表明要利用战争进行制度输出，通过建立与苏联友好的盟国来保障其安全。斯大林设想到在东欧、中欧建立一系列对苏友好的国家，把昔日入侵苏联的危险走廊变成保卫苏联的安全地带，形成对苏联有利的国际环境，以确保苏联的安全。苏联外交规划的出发点很简单，就是胜利者决定一切，并且谁在这场胜利中作出的贡献更多，谁就对战后的国际格局和秩序有更大的决定权。

苏联作为胜利者，必须尽可能扩大其领土、战略要地和势力范围。据苏联档案揭示，收复失地和地缘扩张是其作为胜利者的主要任务，并且上升到一洗国耻的程度。苏俄是以极为屈辱的身份结束第一次世界大战的。1918 年 3 月，苏俄与德国签署《布列斯特—立托夫斯克和约》，将沙俄历经 200 年苦心夺取的波罗的海地区、波兰和乌克兰拱手让出，俄国失去了 1/3 的人口和 60%的欧洲领土。俄国边界从来没有离欧洲如此之远，其直接后果就是，“俄国脱离了欧洲并暂时不再作为一个大国而存在”。这样的惨痛教训必然成为新一代苏联外交规划者制定政策方案时的优先考量，即收复所有失地，并最大限度地扩张领土。[①]

西方舆论认为，斯大林在 1945 年时已经能够完全掌握战场。俄国输掉了第一次世界大战，但现在却是个胜利者，斯大林自然有心恢复势力均衡。

德黑兰会议之后，美国观察家强调苏联在欧洲的野心。1943 年 12 月，《时代》周刊的一篇文章《不安全防护区?》道出了美国决策者的忧虑：苏联坚决阻止在苏联和西方之间建立不友好的缓冲国家这个旧的安全防护区复活，而希望建立自己版本的安全防护区。

乔治·凯南在离开 7 年之后，于 1944 年夏天回到美国驻莫斯科大使馆工作。他在 9 月完成了一份长达 35 页的报告《苏联：七年之后》（*Russia-Seven Years Later*），表达了同样的关切。凯南认为，苏联预备实现它在 1939 年的外交目标，这个目标深受沙皇野心的影响。凯南写道：“这个计划意味着重建苏联在芬兰和波罗的海国家、波兰东部、布科维纳北部和比萨拉比亚的力量。这意

① 梁强：《从苏联外交部门档案看二战苏联对战后世界秩序的规划》，《俄罗斯学刊》2016 年第 1 期。

味着要在波兰西部建立保护国，在东普鲁士替帝国找到出海口。这意味着要在中欧及巴尔干所有的斯拉夫人中施加极大的苏联影响力，如果可能的话，还要沿着奥地利和匈牙利边境建立一个从西方到南方斯拉夫族地区的走廊。最后，它意味苏联要通过建立基地的方式控制达达尼尔海峡。”这项构想大致就是莫洛托夫在柏林和希特勒谈话时表达的内容。凯南又说：“就莫斯科而言，某个地区是不是由共产党执政并不重要。重要的是它必须服从于莫斯科的影响力，可能的话顺从莫斯科的权威。”[①]

苏联作为陆上中心国家，几百年来一直渴望拥有南下出海口，冷战开始后苏联的一些战略也与此密切相关。对于斯大林而言，黑海海峡关乎苏联的海权。但要想保证黑海海峡的安全，就需要控制或介入伊斯坦布尔海峡和达达尼尔海峡。最好的办法是在黑海海峡附近建立苏联的军事基地。于是苏联看中了东南欧的罗马尼亚和保加利亚，试图将两国纳入苏联的势力范围。

苏联还竭力主张一劳永逸地消除德国的威胁。苏联官员迈斯基的《关于未来世界的最佳原则》的报告认为，必须在战争结束后 30～50 年内最大化地排除德国的危害，使德国“甚至无法想象对任何国家的任何侵略”。1944 年 1 月，迈斯基编撰完成一份长篇报告，送呈斯大林、莫洛托夫、贝利亚和其他苏联领导人。迈斯基提议，苏联应寻求在欧洲和亚洲建立陆地上的霸权，并且推动社会主义在欧洲的胜利。随着红军节节胜利，在纳粹占领下的欧洲各地兴起了由共产党领导的抵抗运动，鼓舞了迈斯基的宏图大计。欧洲社会主义革命是迈斯基计划的主要目标，本土的共产主义运动则可有助于达成目标。即便如此，苏联的地缘政治利益还是会影响它的战略。1943 年 12 月 12 日，苏联和捷克斯洛伐克签署的《苏捷友好互助和战后合作条约》让迈斯基看到了一种模式。根据这份条约，未来 20 年，两国若遭德国侵略，就必须相互提供军事援助。波兰等国也受邀加入，条件相同。迈斯基认为，签署互助条约显示捷克斯洛伐克“有能力作为我们在中欧及东南欧影响力的重要传导体”[②]。

迈斯基建议尽最大努力削弱匈牙利和土耳其。他也主张加强苏联在伊朗北部的影响力，并通过伊朗南部的港口取得印度洋的出海口。迈斯基的计划远比斯大林和莫洛托夫在 1940 年向希特勒提出的要求更有野心，也比第一次世界大战以来任何俄国战略家所能想到的更具有扩张性。

---

① George F. Kennan, *Memoirs, 1925—1950* , Little, Brown & Co. , 1967, pp. 519—521.

② 〔美〕沙希利·浦洛基著，林添贵译：《雅尔塔：改变世界格局的八天》，中信出版集团 2018 年版，第 184—185 页。

其对战后德国的规划如下：

第一，对德国境内所有战略据点实施长期占领（不少于10年）。

第二，将德国肢解为几个独立的国家。

第三，使其在军事、工业和意识形态上进行彻底裁军，禁止德国拥有除警察之外的任何武装力量。

第四，德国不仅要对苏联在内的所有被其侵略的国家作出战争赔款，还要做出劳动力的赔偿，以削弱其经济和战争潜力。为此，每年要从战败国征收数百万劳动力。

第五，严惩战争罪犯，包括纳粹军事、政治、党卫军、安全等部门的所有高层。

第六，对战败国的内政加以干涉，在战败国建立民主体制，维护对德国和日本的国际孤立。德国在战后应由盟国占领至少十年，将德国肢解为若干个程度各异的独立国家，并从三方面——军事上、工业上和思想意识上解除武装。

报告还认为苏联战后最佳外交政策路线是“巩固同美国和英国的友好关系，根据苏联的利益利用英美矛盾，以便今后同英国建立更加密切的接触”。

苏联领导人主张把美国和英国分别对待，莫洛托夫在20世纪60年代末期和一位旧识谈到美英时说：“我认得他们，这些人全都是资本主义者。但是，丘吉尔是他们之中最强、最聪明的人。”斯大林也认为丘吉尔最危险，他说：“丘吉尔是那种你若不提防，就会从你口袋里偷一分钱的人。罗斯福跟他不一样。他只偷大一点的硬币。可是丘吉尔呢？丘吉尔连一分钱都要偷。”在斯大林心里，丘吉尔和罗斯福在程度上有差别，可他们都是资本主义的小偷。①

总之，在雅尔塔会议期间，苏联的诉求是明确的，即通过解决德国问题，完成包括波兰等国在内的东欧划界，形成有利于苏联的安全屏障，利用战场形势之机，扩大苏联的领土范围，同时在涉及远东作战问题上，尽可能与美国讨价还价谋取更多有利的参战条件，扩大苏联在远东的利益和影响力，以实现战后苏联在远东的政治部署。同时，苏联还十分迫切地渴望美国的经济援助。

三、雅尔塔会议上的大国争夺

从时间上来看，人们很容易将雅尔塔会议理解为是协调二战后期联合作战

---

① Milovan Djilas, *Conversations with Stalin*, Harcourt Brace, 1962, p. 73.

的会议。但事实上远非如此。雅尔塔会议以及其他一些会议是重新洗牌、重新划分世界、重新确定战后格局的重大外交活动。这是轴心国胜局已定的情况下召开的政治会议。从会议结果上来看也是如此，从划分势力范围和战略要点的大国博弈来看，这次会议与凡尔赛会议别无二致。但事后证明雅尔塔会议等所形成的雅尔塔格局的影响更为深远。毫无疑问，战争胜利之后，斗争的对象因为由军事斗争转变为政治斗争而发生了改变，说白了就是三大盟国之间如何瓜分欧洲、瓜分世界，实现各自政治利益的最大化。

这次会议讨论了远东地区苏联参战的问题，参战条件是对远东的重要港口和领土的划分。苏联在远东事务的关键是结束对日作战，解决好日本的问题。对于日本问题，美国的关心程度要大于苏联。因为太平洋战争毕竟是美国付出了更大的代价。太平洋格局或亚太格局的重新确定关乎美国巨大的成本付出和长远的战略利益。

其次是讨论德国问题。对于德国，应该说苏联和欧洲的关注程度要大于美国。毕竟地缘上德国和苏联与相近的欧洲国家利害关系更深，而美国虽有长远的战略考量，但毕竟没有以邻为壑的安全顾虑。

与之相关的还有波兰问题等。迈斯基在《关于未来世界的最佳原则》的报告中认为波兰与俄国历史宿怨极深。二战前苏联最后一次与外国的大规模战争就是1922年的苏波战争。因此，苏联战略规划者担心，波兰的反俄传统无论如何不会消除，至少在一代人的时间内，波兰是否能成为苏联真正的朋友无法确定。

德国之所以能够入侵俄国，就是因为波兰被作为包围苏联的“防疫线”的一部分。在这样的条件下，不是波兰国力弱小，无法抵挡德国，便是波兰有意让德国人自由通过。这样，波兰就成了德国进攻俄国的必经走廊。所以一个强大的、对苏联友好的波兰，对苏联的生死存亡意义重大。①

所有这些问题都不是简单的利益交换，因为它涉及战后秩序的安排，换句话说，就是新的权力分配的开始。几大国各有盘算，于是在谈判上开始了另一场没有硝烟的战争。在会议上，罗斯福以极其巧妙的方式掌握着整个雅尔塔会议。大部分的争论是在丘吉尔与斯大林之间进行。丘吉尔在雅尔塔会议期间精力极其充沛。他全力以赴，维护其大英帝国的利益。这时候的丘吉尔已经快到了其政治生涯的后期了。二战中的盟军“三巨头”是罗斯福、丘吉尔、斯大林。

---

① 丁晓平：《另一半二战史：1945·大国博弈》，华文出版社2015年版，第67页。

罗斯福因病离世换上杜鲁门，丘吉尔在二战落幕时退出政治舞台。“三巨头”从始至终只有斯大林一直坚持到最后。

作为二战胜利者，斯大林占据了战场上的优势。与1943年在德黑兰会议时相比，斯大林更愿意通过谈判达成协议。虽然他知道苏联与美英之间的战略鸿沟是难以逾越的，但是斯大林相信，凭借与罗斯福的战时合作建立起来的信任，他们应该能够在雅尔塔会议上达到各方基本满意的协议。

此时的谈判桌已经不再是以前的谈判桌了。正所谓在战场上拿不到的东西，在谈判桌上也拿不到，而战场上已经唾手可得，谈判桌上就会占据先机。在战场上赢取主动之后，斯大林开始表现出十分从容镇定的态度。他甚至几次电告罗斯福、斯大林，他并不急于召开三大国会议。而且在地点的选择上，苏联也力图表现出主人的优势，无论是德黑兰还是雅尔塔都离苏联较近或就在苏联境内，而离美英较远。结果是罗斯福抱着残病之身不远万里而来。

苏联红军自1942年11月展开冬季大攻势后，经过长达数月的鏖战，于1943年2月已经赢得斯大林格勒保卫战的胜利，随后又赢得库尔斯克会战、高加索会战和第聂伯河会战，实现了战争的根本转折。至1944年秋天，苏联红军已解放了苏联全部失地，开始向东欧迈进，并已打入德国领土，突破德军在东普鲁士的防线。两年前陷入亡国困境的苏联，一跃成为抗击德军的锐不可当的军事力量。而实际上，在苏联赢得斯大林格勒保卫战之前，美国就听到苏联有可能单独与德国签署和平协议的消息。事后，美英的一些政治家认为，雅尔塔会议讨论战后安排的时机已经丧失，最好的时机应该是苏军扭转战场劣势之前。但美国总统罗斯福原本是坚持不在战事结束之前与他国就领土安排问题达成协议的。因为他反对传统帝国秘密外交的做法，但现在情势所迫，苏军即将敲开柏林勃兰登堡的大门，再不采取行动，美国将失去参与谈判的机会。从当时的战争形势来看，斯大林完全有可能甩开美英等盟国，率先结束欧洲战事，在这种情况下，如果罗斯福再不主动采取措施，关于中东欧的政治安排、波兰的划界、对德国的占领以及未来世界秩序的安排都可能无法在世界历史进程的关键时刻达成对美国有利的结果。

在雅尔塔会议上，罗斯福关心的还是尽早结束对日作战的问题，因此，做一些妥协安排，让苏联尽快参加到太平洋战场上来。

与对欧洲的战后安排相比，直到雅尔塔会议时，主要大国对于远东的战后规划却还处于初级阶段。此时欧洲的突出问题集中在地缘政治势力范围的划分上，而远东的问题则相对分散。英国关心的是战后恢复其在远东的殖民地。而美国认为，多年的对日作战不应该是为了帮英国夺回其殖民地。美国原本对于远东战后规划的一个重要内容是发挥中国的大国影响，但又在战争中发现国民党统治下的中国存在诸多问题。到 1945 年初，日本唯独在中国仍旧处于攻势，使国民党正规部队受到沉重打击。对于美国而言，就要对中国在对日作战的最终阶段和战后在远东能发挥多大的作用打问号了。

从战争进程来看，美国认为，只有对日本本土发动大规模的两栖登陆作战才能彻底打垮日本，为此美军需要承担上百万人伤亡的代价，并且即使欧洲战事进展顺利，美军也要等到 1946 年才能登陆日本本土。所以直到雅尔塔会议，美国对于远东关注的重点还是如何结束对日作战。为了减少美军的伤亡，美国把争取苏联加入对日作战作为雅尔塔会议的重要议程。根据当时太平洋战场的形势，开辟对日作战的第二条战线是十分重要的。当时这也是要在欧洲从政治上稳定苏联的另一个原因。更为重要的是，美国需要尽快把部队从欧洲转移到远东，以收紧包围日本诸岛的套索。空军的 B—17 和 B—19 轰炸机正对东京和日本的其他城市进行猛烈轰炸；陆军及海军陆战队在越过太平洋向最终目标进击的途中正浴血奋战；海军——特别是在 1942 年中途岛战役胜利之后已赢得制海权。但是华盛顿认为，仍然需要更多的部队。这种考虑不可避免地影响到美国在欧洲战区的政治决策与军事决策。[①]

而苏联此时却不急于参加对日作战。这固然是因为此时苏联正全力对德作战，也因为苏联待价而沽的心态：它要借对日作战在远东获取最大的利益。苏联明确表示打垮德国后 3 个月可以参加对日作战，但交换条件是苏联要取得在远东的一些特殊利益，比如确认外蒙古独立，苏联在中国东北享有势力范围、取得千岛群岛等。这些交换条件某种程度上是沙俄 40 年前在日俄战争中失去的东西，在美国强调中国大国地位的时候，苏联提出这样的要求，是给罗斯福出了难题。然而，为了争取苏联加入对日作战，罗斯福此时决定满足苏联的要求。中国并没有参加雅尔塔会议，在美苏达成一致的情况下，也只有吞咽这个苦果。

美国参谋长联席会议认为，苏联进入对日战争对于维护美国的利益是绝对必要的。马歇尔以及麦克阿瑟都认为，要征服入侵中国东北的 70 万精锐的日本关东军，如果没有苏联的帮助，美国势必要牺牲几十万人。有少数几个美国海

---

① 〔美〕塔德·舒尔茨著，中国军事科学院外国军事研究部译：《昨与今——战后世界的变迁》，东方出版社 1991 年版，第 53 页。

军情报专家——埃利斯·扎卡赖亚斯上校及其参谋人员曾经猜测这支关东军基本上已名存实亡，因为其精锐部队早已调往莱特及其他吃紧的地区。但他们的意见没有引起注意。[①]

在雅尔塔会议上，斯大林承诺将对日宣战，其目的也不只是收复南库页岛和恢复日俄战争前沙俄的权益这样简单，他还有其他更加重要的政治考虑：在中国和朝鲜获取更大权益，战后在日本拥有和盟国一样的权利，扩大苏联在远东和亚太地区的政治影响等。这些要求不经过对日作战就无法实现。[②]

在 1943 年 10 月德黑兰会议上，斯大林正式承诺德国战败 3 个月后苏联将出兵日本。但这一决定只有莫洛托夫这样位于苏联外交决策最高层的人知晓，洛佐夫斯基、迈斯基、李维诺夫等苏联副外交人民委员被排除在最高机密之外。他们涉及处置日本的规划很少，而且都是从不参加对日作战这一前提出发。

迈斯基的《关于未来世界的最佳原则》报告的主要内容是：

第一，对苏联最为重要的就是收回库页岛，确保苏联自由进入太平洋以及决不允许苏联远东边界毗邻地区和领土，如满洲（中国东北——引者注）、朝鲜、对马岛等从日本转到“另一个强国手中”。

第二，苏联参加对日占领有助于恢复历史的公正和苏联的国际威信。有利于废除包括 1905 年《朴次茅斯和约》在内的日本战败前与俄国签订的所有协议。上述条约废除后，苏联有权获得原来被限制的所有捕鱼权，日本各岛之间的港口均应自由通行，并有可能使日本内海宣布为国际水域和中立。

第三，苏联应获取从日本到中国东海的朝鲜海岸上所有的军事基地，追求对马海峡中立，“或使其成为苏联的海军基地”。

报告的结论是，日本被击败后的亚太国际力量对比决定了在解决亚太大多数国际问题上苏联都有足够的道义和法律基础成为“有分量的甚至是决定性的声音”。

1921—1922 年华盛顿会议未允许苏联代表参加，漠视了苏联在远东和亚太的权益。现在，苏联有足够的理由、可能性、合法性以及必备的国际威信参与解决亚太安全和战后秩序安排问题。[③] 而在会议之后，苏联对朝鲜的野心使美国

① 〔美〕约翰·托兰著，郭伟强译：《日本帝国的衰亡（1936—1945）》（下），新星出版社 2008 年版，第 703 页。

② 梁强：《从苏联外交部门档案看第二次世界大战中苏联对战后世界秩序的规划》，《俄罗斯学刊》2016 年第 1 期。

③ 梁强：《从苏联外交部门档案看第二次世界大战中苏联对战后世界秩序的规划》，《俄罗斯学刊》2016 年第 1 期。

越来越警觉。麦克阿瑟怀疑苏联想将整个中国东北地区和朝鲜据为己有，而陆军部长亨利·史汀生认为“以俄国的军事实力，完全有能力打败日本，并在美军动手占领库页岛、中国东北、华北和朝鲜等区域”。美国前任总统赫伯特·克拉克·胡佛也担心苏联的野心，他甚至在1943年5月15日致信史汀生，美国应立即向日本提出和谈的具体条件，以防苏联从东亚攫取重大战争利益。[①] 但是罗斯福关注的不仅仅是太平洋最后决战的问题，更为重要的美苏合作的问题。为此，罗斯福甚至不顾国内一些人士的反对，不再追究苏联坐视德军屠杀波兰反抗人士的事件，强调这是次要议题，不应阻碍战后和平组织建立的谈判。应该说两个重要的内部文件对罗斯福赴雅尔塔参会产生了重要影响，其一是美国战略情报局研究分析处1943年9月完成的一个文件，题为《苏联对外政策的基础》。文件分析了苏联邀请盟国到欧洲大陆作战的情况，认为苏联并非一定不跟西方合作。

其二美国也希望利用苏联不愿在二战结束后与西方重启战事的战略间隙期，与苏联达成划分欧洲的协议。1945年2月初，美国参谋长联席会议所属联席情报委员会传阅了一份参考备忘录，题为《对于苏联战后能力和意图的估计》。文件认为苏联将会受到“苏维埃和非苏维埃国家之间的冲突是终究不可避免的”这一意识形态的影响。但是，苏联也承认“应当达成妥协以推迟或避免严重冲突”。文件断言，“为了实现最大程度的经济恢复，苏联必须避免跟英、美发生冲突。甚至也要避免关系紧张，以免导致军备竞赛。至少在1952年以前要避免发生上述情况”。据此，罗斯福改变了国内对苏联的对立思想，强调两害相权取其轻，美国应通过强化与苏联的战略合作，从而达到其战略目的。

雅尔塔别墅里的斯大林，表现得谦逊有礼，但他的内心却霸气十足。斯大林在1945年9月2日发表的《告人民书》中说1904年日俄战争中俄军的失败是“奇耻大辱”，今日到了一洗40年之耻的时候了。对于苏联而言，一场被侵略的战争后来演变成了新一轮霸权争夺，苏联在抵抗希特勒围攻的时候可能还想不到转瞬之间有机会瓜分世界。战争很奇妙，战争是一场魔术，战争会带来很多意料不到的戏剧性变化。核时代来临之前的战争无论付出多大代价，终会有一个赢家，而赢者通吃是那时候战争的法则。这就是大国热衷于战争的原因。当然，斯大林面对的是一场强加给他的战争，现在他反客为主了。此时他不仅

① 〔日〕小代有希子著，张志清译：《躁动的日本：危险而不为人知的日本战略史观》，广东人民出版社2015年版，第184页。

要恢复沙皇帝国的威仪，而且想统治欧洲甚至世界更多地区。总之，从历史上看，一有机会，大国的谋权本性是难以掩饰的，霸权是传统大国的本性，雅尔塔会议的大国强权已经峥嵘初露。

丘吉尔来到雅尔塔时，已是七旬老人，但这并未影响他为英争取利益在谈判桌上施展其老谋深算的本领。上面说到，英国丘吉尔和他的外交顾问们有两点考虑：控制德国，牵制苏联。而要实现这两个目标都必须要求美国的参与。

罗斯福的盘算显然与丘吉尔并不完全吻合。美国远在大西洋另一端，欧洲大陆对美国的安全并无直接威胁。起码在罗斯福时期的美国并不想卷入欧洲的政治迷宫之中，为英国式的权力均衡游戏添砖加瓦。从美国的战后安全构想来看，击败德国、消除德国的战争威胁是一项必然的选项。美国一方面需要借助苏联的帮助，另一方面也特别顾忌苏联借击败德国而坐大成为欧洲大陆的主宰。从诺曼底登陆可以看出，美国即使无法阻止苏联抢头功，也绝不能让苏联大功独占。不过，当时美国考虑最多的还是借苏联战胜德国，同时借苏联击败日本。回过头来看，苏联在日本袭击珍珠港事件后，并未向日本宣战，是审慎而高妙的一招。第一可以避免两线作战，第二可以成为向美英讨价还价的筹码。这一点在后面的一系列会议谈判中得到了充分验证。另外，自美国参战之后，从战略全局的进程看，罗斯福更需要借重的力量是斯大林的苏联，而不是丘吉尔的英国。因此，虽然丘吉尔不断与罗斯福显示友谊，而罗斯福却刻意与他保持距离，并且有意让斯大林感受到。

罗斯福为了争取斯大林的信赖，还特意提到他与丘吉尔在西线作战战略上的分歧。罗斯福向斯大林强调美国不仅重视美英合作，更重视美苏合作。罗斯福的这一做法反映了美国政治家对于战后安排的更深层面的考虑。像罗斯福这样的政治家一旦同意美国参战就不会只是考虑战争的胜利，而是开始谋划战后的大局。因此，丘吉尔的英国在某种程度上就不再是美国战后谋霸的伙伴了，反而成为美国需要踢开的障碍了。这在罗斯福之后的美国对外政策中得到了更好的体现。罗斯福强调建立新的国际政治秩序，以反殖民地的名义谋求国际道义主导权，反对传统帝国和殖民主义。主张新兴独立国家把资源和市场开放给所有的全球大国，而非仅是英国。艾登在回忆录中不无遗憾地记录道：“罗斯福总统与美国民众都对大英帝国不无疑虑。罗斯福并不隐藏他对大英帝国殖民主义的不悦，因为这是他坚信的原则。他希望从前的殖民领地一旦脱离主子得到自由，可以在政治上、经济上依赖美国，不用害怕其他大国可能又成为新的殖民主义。”①

显然，美国是想接受大英帝国的帝国遗产的，从而使自己成为一个新的帝国。

美国提出反对势力范围等传统帝国的做法，意在自己能够接盘。其实，指望二战后的这些大国能够脱胎换骨改变传统的帝国做法只是一厢情愿而已。这次会议还是以大国强权政治的做法而流传史册。

丘吉尔与斯大林的“百分比协定”就是大国牺牲小国的秘密外交达成的。

根据西方材料透露，1944 年 10 月斯大林和丘吉尔举行莫斯科会谈。参加会谈的人员受到严格控制。苏方只有斯大林和莫洛托夫，英方只有丘吉尔和艾登，另外还有两名译员。

双方达成了划分巴尔干势力范围的非正式百分比协定，英国承认苏联在罗马尼亚占 90%的统治权，在保加利亚、匈牙利占 80%的统治权，斯大林则同意英国可以控制希腊。这样一来，英国保住了在地中海的生命线，同时却承认苏联对某些东欧国家的“决定性发言权”，这也是丘吉尔独自与斯大林的一笔交易，当时丘吉尔提醒斯大林这次协议最好“以外交术语来表述，而不要用那些划分势力范围”之类的词，以免惊动美国。以百分比界定大国在特定国家的影响力是大国划分世界的一种新的创新，丘吉尔向内阁解释说，这并不是传统地划分势力范围，它具有临时性，不会阻碍自由贸易。

英国之所以急于与苏联达成这一协议，是因为苏军已于 1944 年春天越过边境迅速向中欧和东南欧挺进，到 9 月已经解放罗马尼亚和保加利亚，并经南斯拉夫进入匈牙利。丘吉尔深感必须与苏联达成协议，否则整个东南欧都可能落入苏联的势力范围。而在此之前，丘吉尔一直顽固地反对在西欧打击德国的战略设想，始终坚持通过巴尔干从南面打击敌人的计划。他的目的是通过英美军队进入巴尔干以保证这些地区的国家恢复旧秩序，从而加强英国在这些国家的影响。结果事与愿违。1944 年 8 月底至 10 月初，苏联军队在南线的胜利进军使丘吉尔的“巴尔干战略”破产了，而在意大利的英美联军的进攻速度日渐缓慢。在这种情况下，丘吉尔于 1944 年 10 月 9 日飞抵莫斯科，直接同斯大林商谈并且达到妥协。

斯大林意在谋求安全屏障的战略构想通过巴尔干秘密协定也得以实现。苏联西部边界线向外推进，从芬兰、波兰、德国等国家取得 50 多万平方千米的

---

① Anthony Eden, *The Eden Memoirs*: *The Reckoning*, Cassell, 1965, p. 513.

领土。

美国驻苏大使哈里曼将斯大林与丘吉尔的谈判结果报告本国。他认为谈判结果无碍美国利益。罗斯福表面上反对关于任何势力范围的安排，因为这种做法有违美国的门户开放政策。但罗斯福显然也是一个现实的政治家。在二战后的特定现实下，美苏依据战争后的现实划分势力范围有利于美国的世界影响和国家利益。

除了秘密交易外，雅尔塔等会议就德国问题、对日作战问题等达成了一系列协议，充分体现三大国对于战后格局的设想。

其中对德问题是关键。

苏美英战时有关战后处置德国问题的一系列讨论中，核心是关于德国的处置，即是否肢解德国的问题。正是三国在这个问题上的政策，造成了影响深远的后果。

1945 年 4 月，斯大林告诉他的共产党同志们，另一场战争只是个时间问题。他警告说，德国人“会恢复过来，而且很快”。“给他们 12 到 15 年的时间，他们就会重新站起来。这就是为什么斯拉夫人的团结是如此重要！”① 因此，斯大林同意分化或肢解德国，同时希望从德国获得工业设备和物资的补偿，以重建俄国的工业，同时排除德国在可预见的未来再次威胁俄国的任何可能性。斯大林也坚持领土变更。他想让波兰人得到东德的一部分，作为俄罗斯占领其东部领土的补偿。

美国国内对于战后德国的安排一直存在争议。从 1943 年到 1945 年，罗斯福的态度一直摇摆不定，有时期望干脆摧毁这个国家，有时又觉得应该允许德国在紧密的控制之下重新工业化。史汀生和国务卿科德尔·赫尔极力主张重建德国。他们认为世界的恢复要依赖一个强大的、工业化的欧洲。②

英国则将防止德国军国主义东山再起作为解决德国问题的起点。英国提出了美苏英三大国加上法国对德国分区占领的方案。当然，一开始丘吉尔并不主张美英军队从苏占区撤军，但鉴于美国还希望与苏联保持战时合作和开辟远东战场，丘吉尔不得不同意美英军队从苏占区撤出。但是事后丘吉尔哀叹道：“苏

---

① Milovan Djilas, *Conversations with Stalin*, Harcourt Brace, 1962, p. 114; John S. Curtiss and Alex Inkeles, "Marxim in the U. S. S. R-The Recent Revival", *Political Science Quarterly*, September 1946, pp. 349—364.

② 〔美〕沃尔特·拉费伯尔著，牛可等译：《美国、俄国和冷战（1945—2006）》，世界图书出版公司 2011 年版，第 21 页。

联从此在欧洲的心脏地区站住了脚。这是关乎人类命运的一块里程碑。”[①]

斯大林主张战后盟国要在德国境内的靠近边界处或更远的地方以及在日本附近的一些岛屿控制某些重要战略据点，以防止德日再次走上侵略道路，还主张尽量削弱德日，使其永远无力再把世界拖入战争，通过尽量削弱苏联东西两边的大敌，保障苏联安全。

苏联深受德国侵略战争之害，因此，削弱德国的立场十分坚定。罗斯福自然深知此意。他在途经克里米亚，看到废墟遍地后，与斯大林会面时脱口而出：他比一年前更想痛击德国。而且表示他从感情上认同斯大林在德黑兰晚宴上的说法：至少枪毙5万名德军军官，才能防止德国军国主义再起。据悉，丘吉尔对这番严重违反人道的言论十分不满，当即退席，斯大林追出去解释这只是玩笑话，丘吉尔才肯回来继续开会。

斯大林主张分割德国，因此，当罗斯福在德黑兰会议上提出分割德国的议题时，斯大林马上表示同意。但是斯大林在德国的划分方案上并没有硬性的考虑，无论是将德国一分为三、一分为四，还是一分为五都可以具有弹性，斯大林更为关注的是划分的原则。其实在削弱德国的问题上存在诸多方案：有人主张将德国重新划分为其历史上公国林立的状态，也有人主张鉴于德国是20世纪两次世界大战的策源地，应该对德国的人种进行改良。美国财政部长亨利·摩根索在1944年9月提出来的方案较为合理，也有可操作性。他主张不只是政治上分割德国，还要把它转型为农业国家。他认为这样可把欧洲市场开放给英国的工业产品；同时把德国的重工业设施移到苏联，尤其是西乌克兰，因为他认为当地所受战祸最为惨痛。[②]

总之，各种方案的出发点都是不能让德国再次成为战争的危险之源。但是，美国与英国基于权力制衡的考虑，反对分割德国。英国的反对派詹姆斯·葛里格爵士认为，强迫分割德国会引起抵抗，需要英国投入更多的人力和资源应对抵抗危机，英国已经兵困马乏。美国国务院建议罗斯福支持德国“去集中化”，而不分割，因为分割计划会妨碍德国政府处理社会、经济问题，并提供“煽动民族主义的现成方案”。其实，在各种反对的声音中埋藏着两个重大的战略考量：首先，不能把德国这样的国家推入绝境：其次，不能让苏联一家独大，德国应该成为美英等国用于制衡苏联的工具。英国一直想在二战后联合美国共同

① 于振起：《冷战缩影　战后德国问题》，世界知识出版社2010年版，第59页。

② 〔美〕浦洛基著，林添贵译：《雅尔塔：决定世界格局和历史进程的八天》，江苏文艺出版社2010年版，第121页。

对付苏联，苏联为了阻止这一做法，率先拉开了进攻柏林的序幕。而此时，英国为了应对战后苏联可能的新的威胁，甚至计划联德抗苏了。而苏联希望的则是一个对苏友好的统一的德国。

对于法国对德占领区的安排就反映了老谋深算的英国人抑制苏联的打算。斯大林强调战胜国有特权，认为法国没有资格成为盟国管制委员会的一员。斯大林的逻辑是一个战败国不能分享战胜国的成果，管控战败国的权利应交给坚决对抗德国、牺牲最大的国家。但丘吉尔认为法国虽然是战争期间被迅速击垮而无法作出贡献的国家，“大国的命运不由一国暂时性的技术状况所决定”。换句话说，不论法国在战时是赢家或输家，在邻国眼中仍是大国，理应有权利成为战后的管理者。英国何以突然热衷于提升老对手法国的战略地位，其用意颇耐人寻味。其一，“狡兔死，走狗烹”。英国是在借法国保住自己的战后地位。试想，若法国不能成为战后秩序的参与者，英国这个被战争拖得元气大伤的国家就会迅速成为唯一的二流配角，而拉上一个比自己更弱的传统强国，英国的地位就不至于沦为战胜国中的末流。英国对法国的同情实际上是对自身的同情，英国支持法国实际上等于支持自己。其二，法国、波兰、德国都可以成为抑制苏联的重要因素。英国无法接受或听任苏联成为欧洲大陆的主宰。英国拉上法国，既可以遏制近邻德国，更可以遏制苏联，同时，以丘吉尔的盘算或许还需要把法国作为战略筹码抗衡美国。

按说在这几个国家中，英苏能够坐在一起达成协议实属不易。斯大林显然不会忘记大英帝国祸水东引的阴谋。他不止一次地暗示苏联之所以与德国签署《苏德互不侵犯条约》都是英法等国恶意陷害的结果。斯大林告诉罗斯福和丘吉尔，1934 年的《波德条约》和 1938 年的《慕尼黑协定》驱使德国东侵，导致苏联遭到攻击。当然，斯大林并不愿意提及 1939 年 8 月《苏德互不侵犯条约》签订后，苏联于当年 11 月入侵芬兰的事件。他认为这一切都是被迫之举，因为同年 9 月德国已经率先占领了波兰。《苏德互不侵犯条约》只不过是两国划分东欧的结果。

对德赔偿问题也在这次会议中提出。

关于德国赔偿的问题是三大国争论的焦点之一，也是苏联最为关注的问题。苏联认为自身在战争中损失最大，理应获得最多赔偿。但是具体到赔偿数额，则存在争议。

斯大林提出了物资赔偿及劳动力赔偿问题。物资赔偿应包括各种工厂、通信设备、在国外的投资等。所有赔偿应在 10 年内还清，苏联提出的物资赔偿总额为100亿美元。还提出要削减德国重工业，在德投降后的两年内，80%的德国重工业应予以拆除。

丘吉尔不同意苏联提出的100亿美元的金额。他和罗斯福同意设立赔偿委员会，由该委员会负责对此作进一步研究。丘吉尔表示，100亿美元赔偿是幻想。第一次世界大战之后，战胜国只从德国身上挤出10亿英镑的赔偿，那还是美国借钱给德国，德国才有能力支付的。丘吉尔说，英国在第二次世界大战中也蒙受了惨重损失，它的战争债务已高达30亿英镑。丘吉尔担心，如果赔偿负荷太重，英国就可能不得不替德国人民付账，以免他们忍饥挨饿。罗斯福出来打圆场，美国人并不要德国的钱和设备，也不希望德国人饿肚子。①

联合国的安排问题也是雅尔塔会议的主要议程。

雅尔塔会议除了协调作战部署之外，更为重要的是战后安排。对联合国的安排主要是为了保证战后和平，美国甚至提出要保证至少50年的和平。三大国在维持和平这一点上具有高度共识，当然，“公正、持久的和平”绝非易事。当初的国际联盟记忆犹新，美苏都有惨痛的记忆。因此，关于联合国机制的设置显得格外重要。

联合国的基本核心仍是大国主导。这一点三大国也有共识。但在大国的数量和资格认定上分歧较大。斯大林的脑中充满了大国意识甚至是大国特权意识，在他眼中，二战不过是大国之间的较量，那些小国不是跑龙套就是大国较量的筹码。在由罗斯福做东的晚宴上，他就开宗明义地指出“要相信阿尔巴尼亚会和赢得大战的三强有同样的发言权，那是荒唐的”②。据美方整理的谈话记录看，斯大林还说过那些靠大国流血解放的国家无权责备大国没有考虑他们的利益之类的话语。当时的罗斯福表示认同和平的责任应由大国承担的说法。

苏联主张在未来的联合国中应强调三项原则：其一，成员国应有所选择，限于战时和同盟国一起作战的国家，以免形成对苏不利的大多数；其二，安理会应强有力，拥有武力保护国际安全的某些必要条件；其三，坚持大国一致原则。规定大国拥有广泛的实质性的否决权。以便必要时抵制美英，避免被动不利局面。总之，斯大林希望通过大国合作，保证至少30年的和平，从而确保苏

---

① 〔美〕沙希利·浦洛基著，林添贵译：《雅尔塔：改变世界格局的八天》，中信出版集团2018年版，第148页。

② Tripartite dinner meeting，February 4，1945，8：30 p.m.，Livadia Palace（Documents 331－331），Chapter Ⅲ. The Yalta Conference：February 4－11，1945，Foreign Relations of the United States：Diplomatic Papers，Conferences at Malta and Yalta，1945.

联安全。

斯大林主张三强主宰，他意识到美英并非铁板一块，他们之间的裂痕正是苏联可资利用的地方，而且罗斯福希望接管大英帝国的世界遗产，实现美英之间的权力禅让，也需要苏联适当的配合，至少在这个问题上双方可以达成某些交易。但是他也知道，罗斯福的意图大概不是共治，而是主导。罗斯福把中国扶持成大国，这样斯大林面临的局面将会复杂得多。罗斯福之所以坚持以大国首脑的方式，力挺中国走进大国俱乐部，是因为他充分估计到了中国在未来太平洋战场，以及战后美国在远东的利益——中国可以作为美国在远东利益上与苏联抗衡的缓冲区，是平衡亚洲势力的一张王牌。他对他的儿子说："假如没有中国，假如中国被打垮了，你想一想有多少师团的日本兵可以因此调到其他方面来作战？他们可以马上打下澳洲，打下印度——他们可以毫不费力地把这些地方打下来。他们并且可以一直冲向中东……"说白了，罗斯福的目的就是用中国来牵制日本。"为什么不呢？日本可以和德国配合起来，举行一个大规模的夹攻，在近东会师，把俄国完全隔离起来，割吞埃及，斩断通过地中海的一切交通线"①。

斯大林极力反对罗斯福"四警察"的说法。1943 年 10 月 28 日、11 月 1 日，罗斯福曾两次电邀蒋介石出席埃及的"四巨头"会议，蒋介石也欣然同意，但斯大林坚决反对，这次"四巨头"才没有开成，而是分成了两个会议。即先在埃及开罗开中、美、英首脑会议，然后再在伊朗德黑兰开美、英、苏首脑会议。罗斯福的这一想法得到中、英两国的赞同。

中国虽然在抗日战争牵制了几百万日军，为二战的最终胜利立下了汗马功劳，但在雅尔塔会议"三巨头"面前，不过是美国用于与苏联妥协的一个筹码。至于罗斯福将中国放入战后联合国的"四警察"安排之中，虽然客观上提升了中国的国际地位，但仍不过是美国在联合国平台用于制衡苏联的棋子。美英之外再加上中国，那就是 3∶1，保证美国在联合国胜券在握。正如基辛格所言：罗斯福把中国列入四强之内，部分是出于礼貌，部分是在其全球布局中也需要有个亚洲伙伴。②

斯大林认为以中国的实力，如何可能以世界警察的身份介入欧洲争端而被欧洲国家所接受呢？他认为中国只可能在一个地区委员会承担职责，但罗斯福

① 丁晓平：《另一半二战史：1945·大国博弈》，华文出版社 2015 年版，第 97 页。

② 〔美〕亨利·基辛格著，胡利平等译：《论中国》，中信出版社 2015 年版，第 375 页。

以这样做有类似势力范围之虞，拒绝了这项建议。

最后斯大林把两个加盟共和国塞进联合国，而美国也保证了大国主导体制的实现。

对日作战问题也是雅尔塔会议讨论的重点。

雅尔塔会议中，罗斯福谋求的一个重要目的，就是苏联参与太平洋战争。虽然罗斯福一直想着提升中国的国际地位，但为了苏联参战这个目的，作为中国盟友的美国不惜以牺牲中国作交易。而苏联对外战略的核心就是对于未来扩张必不可少的出海口。

苏联在 1941 年 12 月的莫斯科保卫战击退德军之后，才首度思考苏联参与太平洋战争这个目标。当时，莫洛托夫的副手所罗门·洛佐夫斯基打了个报告给斯大林，建议苏联改善它在远东的地缘战略地位，因为苏联的马加丹港和符拉迪沃斯托克港都因日本拥有千岛群岛及库页岛南部而和太平洋阻绝。洛佐夫斯基写道："日本军舰可以随时切断我们港口和太平洋的交通，封闭拉彼鲁兹海峡（日本称'宗谷海峡'）、千岛海峡、津轻海峡和对马海峡（Tsushima Strait），对此我们再也不能容忍了。"他认为，苏联应该开始思考"我们在远东的国界，以及苏联港口和整个太平洋沿岸港口之间交通往来的自由"①。1944 年秋末冬初，苏联媒体露出迹象，斯大林脑子里盘算的政治问题轮廓开始浮现。"取回"40 年前苏联在日俄战争中"失去"的旅顺港似乎是优先目标。

除了地缘战略因素之外，苏联还希望一洗在日俄战争之后签订《朴次茅斯条约》的"奇耻大辱"，而在战场上与这个昔日敌手作战之前，苏联首先要确认能够拿回 40 年前丢掉的东西。斯大林身边的高级外交顾问迈斯基曾建议即使苏联兼并千岛群岛和库页岛南部，也不一定非要以与日本作战为条件。迈斯基建议以其人之道还治其人之身，当年英国诱引德国与苏联相互厮杀，而今应该让西方盟国自己与日本作战，这也算是对美国欧洲迟迟不开辟第二战场的报复。

斯大林的想法显然比迈斯基这样境界的战术家更具有战略性。他想的是除了一些应该拿回来的岛屿外，还要想办法进占朝鲜半岛，更为重要的是与美国一起进占日本本土。

美国战略规划家派给苏联的角色，是参谋长联席会议于 1944 年 7 月批准的一份进攻日本计划书中的构想。马歇尔代表的陆军认为进攻日本本土是胜战关

---

① *SSSR i germanskiĭ vopros, 1941 — 1949 : Dokumenty iz arkhiva vneshneĭ politiki Rossiĭskoĭ Federatsiĭ*，Mezhdunarodnye otnosheniia，1996，pp. 142—143.

键，金和阿诺德代表的海、空军则认为单凭封锁就能赢得对日战争。他们后来同意了一套两阶段进攻日本的计划。第一阶段进攻九州岛，估计美军死伤人数为10万人；第二阶段进攻本州岛及关东平原，估计美军死伤人数为25万人。11月间，参谋长联席会议的一份研究断定，不论美方的意愿如何，莫斯科基于它本身的战略利益，迟早都会加入对日作战。问题在于美国不能够无限期等待。这份研究希望苏联尽早加入战局，苏军牵制住盘踞在中国东北的百万日本大军，美军才能顺利进攻日本本土。参谋长联席会议于1945年1月23日上呈给罗斯福的备忘录即以这项研究为基础。这份备忘录也纳入了雅尔塔会议资料汇编。①

马歇尔强调美军面临敌人的顽抗，进展十分缓慢，且伤亡惨重。马尼拉之役始于1945年2月3日，进行了整整一个月，美军阵亡1000多人，伤者达5000多人。从这种伤亡率看，美军的确需要苏联助阵，而且是越快越好。

苏联意识到美国要求苏联参加对日作战的意图是明确的，因此，有意拖延，以达到谈判之效。斯大林使用了一些谈判策略，在雅尔塔会议开始之初，一直闭口不谈联合对日作战问题。随后才找准时机，借罗斯福急于要求苏联出兵中国东北的心理，提出了一揽子领土要求：把库页岛南部和千岛群岛“交还”给苏联，使海参崴和太平洋之间能够自由通行。租借中国的旅顺、大港温水不冰港，还有与中国共同管控中东铁路，外蒙古维持独立现状。美国起初还与苏联进行讨价还价。罗斯福表示关于中国的领土问题仍需与中国商量，罗斯福倾向宣布大连为自由港，若是允许苏联租借，恐怕会让丘吉尔有借口，不把香港交还给中国，而这一点实际上恰恰是罗斯福内心的主张。当然，关于中国香港问题，丘吉尔的态度也是十分霸道的。罗斯福曾建议，英国把香港归还中国，再由中国宣布为自由港。丘吉尔当即告诉罗斯福：不通过战争就休想从英国手中夺去任何东西。关于外蒙古独立以及铁路运营权等都需要征得中国蒋介石政府的同意。

罗斯福本人愿意退让，把日本领土让给苏联，但是他反对牺牲中国向苏联让步。中国毕竟是区域盟国，而且他有心把中国打造为大国，成为联合国安全理事会的常任理事国。斯大林十分失望，美国所要的，他几乎全都答应了，回报却比他预期的少了太多。他是个手腕灵活的谈判高手，决定改变战术。他威胁要推翻他的重大让步——苏联参加对日作战的承诺。他对罗斯福说，苏联人民需要明白他们为什么要对日本作战。德国威胁到苏联的生存，而日本并没有。

---

① Tsuyoshi Hasegawa, *Racing the Enemy*: *Stalin*, *Truman and the Surrender of Japan*, Cambridge, 2005, pp. 27—33.

他给罗斯福造成的印象是，如果美国不答应苏联的要求，苏联是不可能在远东参战的。

根据美方的会议记录，斯大林说："如果这些条件不能达成，他和莫洛托夫就很难向苏联人民解释为什么苏联要加入对日战争了。他们很清楚为什么要和德国作战，因为德国威胁到了苏联的生存。可是他们不明白，为什么要和一个并未交恶的国家开战……如果这些政治条件达成了，人民就会了解是为了国家利益，也就十分容易向最高苏维埃解释参战的决定了。"①

斯大林改变对日作战承诺的谈判策略这一招果然有效。

罗斯福想得更多的是太平洋战争尚未结束，而美国进占日本本土将可能付出巨大的人力物力代价，美国还必须尽可能缩短太平洋战争的进程。何况以这些并不属于美国的地方换取苏联参战，与几年前美国的租借法案是一样的有利于美国自身的好主意。也就是说，以一些不涉及美国核心关切的利益来换取苏联参战是美国必须要完成的任务，但美国又实在不愿意苏联在此地区明目张胆地建立势力范围。于是罗斯福想到了秘密外交。斯大林表示心领神会。这样在苏联和英国达成秘密交易之后，美国又与苏联达成了英国当时并不完全知情的秘密交易。罗斯福还提出由美国、苏联、中国共同托管朝鲜。苏联也表示同意了。这样交易达成：苏联参加对日战争，换取从日本划让领土和在中国东北获取重要战略要地。苏联在东北的驻军还有助于确保外蒙古继续独立。

美国给苏联指派的任务是在中国东北击败日本老牌主力关东军，与驻在东部西伯利亚的美国空军合作轰炸日本本土，以最大力量干扰日本与亚洲大陆之间所有的日本海上交通运输。罗斯福不希望英国在美、苏的远东协议上横插一脚，斯大林却想拉英国进来，或许是因为他认为英国是战后苏联的主要竞争者，希望英国接受苏联得到新领土。协议的第一份草稿于 1945 年 2 月 10 日由莫洛托夫提出，已经把英国列为签署国之一。丘吉尔在 2 月 11 日看到协议的定稿版本，虽然是第一次看到协议，但他已经准备好签署了。理由是不签的话会削弱英国在该地区的权威，使伦敦被排除在未来有关远东问题的讨论之外。②

2 月 11 日，在列瓦基宫，罗斯福、丘吉尔、斯大林在《苏联参加对日作战协定》（史称《雅尔塔秘密协定》）上签了字。这个协定关于苏联参加对日本作战的条件中，涉及中国的内容主要是：外蒙古（蒙古人民共和国）现状将予保

---

① 〔美〕沙希利·浦洛基著，林添贵译：《雅尔塔：改变世界格局的八天》，中信出版集团 2018 年版，第 289—290 页。

② Anthony Eden, *The Eden Memoirs: The Reckoning*, Cassell, 1965, pp. 513－514.

持；大连应列为国际港，苏联在该海港内之特别权益将予保障，苏联并得恢复租借旅顺港为其海军基地；中长铁路将由中苏合组之机构共同经营。协定中还写道：三国确认，上述外蒙古、旅大港、中长铁路之各项协议，需征求蒋介石委员长之同意。罗斯福总统在斯大林元帅之建议下，将设法获取蒋委员长之同意。三国领袖并一致协议，在击溃日本之后，苏联之上列要求将毫无疑义地得致达成；苏联表示乐于与中国国民政府签订中苏友好协定，俾得以武力协助中国自日本之压迫下求得解放。

但是，雅尔塔会议后所公开发表的公告，对于苏联出兵对日作战条件等有关内容无一字提及。所以，当时中国方面对此一无所知。①

莫洛托夫曾说过，“作为外交部部长，我认为自己的任务是尽量扩大我们祖国的版图。看起来，这个任务我和斯大林完成得并不坏”。②

通过雅尔塔协议和雅尔塔秘密协定，斯大林对苏联在远东的安全利益作了特殊安排。外蒙古独立地位得到保证，成为苏联在远东的缓冲国；旅顺口成为苏联的军港；中苏共同经营中长铁路；苏联进军朝鲜北部。朝鲜民主主义人民共和国的成立也有助于维护苏联东部的安全。

后人在复盘这段历史时，似乎感觉罗斯福的让步有些大了，而且匪夷所思的是，罗斯福没有预知到原子弹的诞生和使用，虽然曼哈顿计划是他慧眼定夺的，但他实在无法确知究竟何时能够使用这个超级武器。否则，他大概也不会颇费心计地讨价还价给苏联如此众多好处以邀请苏联参战了，也就更不会接受苏联的诸多条件了。更加耐人寻味的是，当美国 1945 年 8 月 8 日向日本投掷第一枚原子弹后，苏联在第二天就宣布了对日作战。因为，这时候急于要求参加对日作战的已经不是美国，而是苏联自己了。对于美国而言，历史制造的一个黑色幽默是使雅尔塔签署了让步过多的协议，这也是后来美国历史学家和政治家不断诟病的地方，否则，美国对于亚洲的控制可能更为得心应手。当然，美国也不可能事事占尽优势。很多人忘记了雅尔塔会议是一个战时会议。目的是力图缩短太平洋战争、减少美国的损失。从这一点而言，罗斯福显然达到了他的目的。罗斯福获得他的两大目标：苏联承诺参加对日作战，以及加入世界和平组织。

签署公报后，苏联虽然强调战时同盟的重要性，但已经预感到同盟可能解体的趋势。

---

① 孔寒冰等：《雅尔塔，怎样影响着东西方的命运》，《世界知识》2015 年第 4 期。

② 〔苏〕费・丘耶夫著，王南枝译：《同莫洛托夫的 140 次谈话》，新华出版社 1992 年版，第 15 页。

四、结　语

雅尔塔会议及雅尔塔体系的形成有其历史意义，是世界反法西斯战争的胜利成果之一。制定了打败德国、日本和战后处置战败国的方式，重新划定了欧亚的政治版图，成立了国际政治中新的国际协调组织联合国。

二战结束和雅尔塔体系的建立敲响了大英帝国和欧洲霸权的丧钟，同时也使得美国重新确立了自身国际地位和角色。1945 年乔治·马歇尔在五角大楼的告别演说强调美国应了解自己在世界上的新地位。美国应该担当起一个世界强国的责任，美国对外政策的视野再也不能局限于美洲了，而应以全球作为美国利益的着眼点。① 二战后期，美苏在各式国际会议上终于形成由雅尔塔会议确定的苏联控制东欧和远东陆地部分、美国控制海洋和整个欧洲的划分，这个划分是战后雅尔塔和平体系的法权基础。②

“战后雅尔塔体系的建立既是大国间反法西斯合作的结果，又是美国通过扶持苏联而削弱欧洲的成果。由于罗斯福总统的深远布局，二战结束后，欧洲一蹶不振，并由此对美国依赖加剧。但这样也造成了因苏欧力量失衡，苏联在欧洲反客为主，过去美国与欧洲抗衡的历史，这时反转为苏美全球对抗的历史。这样的历史又使美国与苏联双方拖得疲惫不堪”。③

布热津斯基评价雅尔塔会议的意义，认为“雅尔塔会议的长远历史意义就在于它暴露了俄国对整个欧洲的长期野心。雅尔塔会议是苏联经过仔细斟酌的外交手腕的最后一招，旨在争取英美默认苏联对整个欧洲占有优势的作用”。“所谓西方在雅尔塔接受了对欧洲的分割之说是个谎话。事实是早在德黑兰会议上，富兰克林·罗斯福和温斯顿·丘吉尔就把东欧事实上让给了约瑟夫·斯大林”。④

雅尔塔会议等大国首脑会议看似纷繁复杂，但其实都是在利益驱动模式下行事，为本国谋取更大利益和长远战略利益布局谋篇。

当时斯大林对跨国事务的思考，仅限于扩大战略纵深，形成安全屏障。罗

---

① 熊伟民：《权利的考验——乔治·C. 马歇尔传记》，武汉大学出版社 2003 年版，第 204 页。

② 张文木：《论中国海权》，海洋出版社 2014 年版，第 124 页。

③ 张文木：《国家战略能力与大国博弈》，山东人民出版社 2012 年版，第 29 页。

④ 〔美〕兹比格涅夫·布热津斯基著，刘晓明等译：《竞赛方案——进行美苏竞争的地缘战略纲领》，中国对外翻译出版公司 1988 年版，第 7 页。

斯福的布局更大一些，考虑到全球层面的安排。双方在战略规划上的较量一见高下。丘吉尔认为罗斯福是美国历史上最伟大的总统，而不是像哈佛大学的排名将罗斯福排在华盛顿与林肯之后，就是因为罗斯福是美国历史上第一位具有全球视野的总统。

大国之争若想达到妥协，各国都只能选择次优解。重新瓜分世界往往以弱国为交易。多边政治平台成为大国控制世界的新手段，关键是规则制定权。

雅尔塔是战时同盟的延续，三大国达成了一定的妥协，同时也有大量的强权政治交易成分。同时，这些妥协并不能保证三大国之间的合作延续下去。因此，从太平洋战争结束开始，三大国的裂痕越来越大，终于导致在1947年出现了美国为一方、苏联为另一方的冷战局面。从这个角度说，雅尔塔会议是化友为敌的开始。

战略规划：美苏冷战战略比较

100多年前，托克·维尔以惊人的洞察力预言，世界的未来掌握在美国和苏联这两个截然不同的国家手中。它们的起点各异，所走的道路也不同，然而似乎是天意要它们各左右半个地球的命运。①

二战过去70多年了，回溯二战期间和战后美苏两大国的战略规划，仍让人感慨良多。

所谓战略规划，应该是明确挑战和服务目标的前提下制定的具有整体性的中远期的系统战略的过程：包括形势发展趋势和判断、威胁指认以及威胁的主次重点分析、目标定位，以及与之相关的有针对性的论证、设计、调动、部署、分配、应对方案。

战略规划重在敏锐把握时代变化，着眼于重长放远。从战略规划的基本构想来看，必须兼具广阔的视野、战略重点突出、切实可行的战略手段和实施路径。

美国比苏联更早考虑对战后世界秩序的安排，而且落到了实处。

美国考虑的不仅是传统势力范围这些帝国旧事，而且从体制、机制和制度层面谋划全球布局，控制国际机制的程序制定和规则制定权，在政治、经济两大国际秩序的重要领域投棋布子，为美国霸权的持续奠定了坚实基础。

美国在合适的时机介入二战，运用联盟，化敌为友，形成了一个有力的多数，把所有发达国家都囊括进来。通过遏制战略削弱苏联，同时在制度层面加强设计和主导国际体系，这几大方面的安排使得美国形成了一个统治全球的霸权战略。

苏联一开始则显得被动一些。苏联是二战的受害者，起点与美国不同，恢复自身经济实力是首要。苏联对于战后国际秩序的谋划不足，更多着眼于区域层面的安排。另外，重安全轻经济，在现代管理的理念上稍逊一筹，没有及时

① 〔美〕尼克松著，王观声等译：《1999：不战而胜》，世界知识出版社1989年版，第14页。

抢占世界经济和治理的主导权，对于美国的战略举措，往往是被动应对。

一、斯大林的战略构想

斯大林早在二战期间就在认真考虑战后苏联以至整个世界的各种问题。苏联是抗击德国的主力军。“到1943年时，丘吉尔还指出，西方盟国仅仅和六个德国师在‘混时间’，而俄国人则面对着一百八十五个师的兵力”。[①] 由于战争给苏联造成了空前浩劫和严重创伤，大批工厂设备被摧毁，大片农田耕地遭破坏。由于当时以大规模集团军地面作战为主，摩托化部队和炮兵的集约化攻势使耕地遭到的破坏十分严重，土地的碱性增加，有些土地化学成分复杂。环境污染加重，2000万青壮年被夺去生命。战后初期苏联经济面临困境，1945年谷物产量仅达1940年的50%钢产量只有1940年的65%，1946年又逢罕见旱灾，苏联面临医治战争创伤、恢复国民经济的严峻任务。斯大林当时战略构想的中心议题便是如何有效防御侵略威胁，确保苏联的国家安全。从1943年到1945年，在德黑兰、雅尔塔、波茨坦举行的三次“三巨头”会谈中以及其他场合，斯大林就战后世界问题阐述了一系列看法，从中可以看出斯大林关于苏联对外战略的一些具体构想。

1. 强调战后继续维持大国合作，以苏美英三大国合作为基础，主张把战时同盟延续到战后。作为大国合作的重要形式，就是建立一个新的国际组织。斯大林开始倾向于设立区域性组织，后来赞同罗斯福关于建立世界性组织的意见，同时对联合国的成员、机构制度等问题提出若干建议。

（1）联合国成员国应有所选择，限于战时和同盟国一起作战的国家，以免形成对苏联不利的大多数。

（2）联合国安理会应强有力，拥有武力保护国际安全的某些必要条件。

（3）坚持大国一致的原则主张。规定大国拥有广泛的实质性的否决权。以便必要时抵制美英，避免被动不利局面。总之，斯大林希望通过大国合作，保证至少30年的和平，从而确保苏联安全。

2. 斯大林非常重视在东欧建立保证苏联安全的屏障。这个问题成为斯大林战略构想中的重点。

---

① 〔美〕戴维·霍罗威茨著，翻译组译：《美国冷战时期的外交政策：从雅尔塔到越南》，上海人民出版社1974年版，第22页。

斯大林在雅尔塔会议时曾说过："过去三十年中我们的敌人德国人曾两次取道这个走廊。俄国的利益在于有一个坚强有力的波兰，能够用它自己的力量来关闭这个走廊的大门。"因此，苏联坚持包括波兰等东欧国家的新政府必须是对苏联"友好"的政府。[①]

将东欧作为其安全走廊是构想安全屏障的关键所在。相比国际组织和集体安全的安排，苏联更加看重自身能够安全掌控的安全机制。历史告诉苏联，在20世纪30年代苏联生死存亡的关头，集体安全条约却无法实施。因此，苏联更加重视自身的周边安全保障机制的建设。而东欧就成为苏联构建安全机制和势力范围的首选。苏联恰好也具备这一条件，苏德战争胜利给苏联提供了机会。苏联一直试图将边界西移，1941年12月，斯大林曾向英国外交大臣艾登提出，要恢复德国入侵苏联之前苏联同芬兰、罗马尼亚的边界，以寇松线为基础确定苏联同波兰的边界，即承认苏联通过建立"东方战线"而大大向西推移了的西部边界，还希望东普鲁士的一部分割让给苏联。他要求在苏英合作条约中，以某种方式对此加以确认。但这一要求遭到美国的强烈反对。美国要求英国不得独自与苏联达成秘密协议。苏联的要求暂时被搁置起来。到1943年战局发生根本转折之后，苏联不仅恢复了德国进攻时的边界，而且整个东欧也成为苏联红军的囊中之物。斯大林格勒战役也成为苏联外交的一个转折点。苏联在领土和边界问题上的要求更加坚决，而且东欧国家政治前途的问题也迫切而现实地提上了日程。苏军的胜利进军，根本改变了苏联在这些问题上讨价还价的地位。处于衰落中的英国和极端务实的丘吉尔政府，为了保住自身关键利益，还是与苏联就东欧和巴尔干地区的安排达成了著名的"百分比协议"。其中，英国承认了罗马尼亚、保加利亚是苏联的势力范围，而换取苏联承认英国在希腊的利益。匈牙利、南斯拉夫则由两家平分秋色。在苏军横扫东欧的形势下，罗斯福也不得不作出让步，换取苏联在其他方面的合作。他曾说："势力范围是美国没有力量消灭的现实问题。""俄国人在东欧有力量，要把他们赶走显然是不可能的。"[②]随后美英承认在罗马尼亚、保加利亚、匈牙利等国的停战安排和管制中，苏联拥有支配地位的事实。

在围绕东欧的争论中，讨论最多、最复杂、斗争最激烈的是波兰问题。苏联非常重视波兰，认为波兰与苏联的安全息息相关。大战之初，苏联出兵波兰

① James F. Byrnes, *Speaking Frankly*, Harper, 1947, pp. 31—32.

② 〔美〕罗伯特·达莱克著，陈启迪等译：《罗斯福与美国对外政策（1932—1945）》，商务印书馆1984年版，第721页。

东部，把苏波边界西移到大体以寇松线为界。1941 年苏德战争爆发后，苏联在讨论苏英条约时，就要英国承认这一变动了的边界。但当时未达目的。苏军于 1944 年初攻入波兰境内。于是苏联不仅仅要求承认苏德战争爆发前夕的边界（寇松线一线），而且要求重组波兰政府。

美英也非常重视波兰。建立一个强大的、亲西方的波兰一直是西方大国努力以求的目标，其目的一是以波制苏，二是以波制德。英、法因德国入侵波兰而参加大战，并不是偶然之举。二战后波兰的安排问题，自然深为美英关注。美英苏围绕波兰的边界和政府组成问题，展开了激烈的斗争。在德黑兰会议，美英基于换取苏联合作和其他问题上让步的考虑，同意了苏联的主张，即波兰的东部边界（苏波边界）西移，而在西部（德波边界）则从德国取得领土补偿。①

当然，苏联控制东欧也绝非建立一个安全屏障那么简单，东欧当时还是苏联的战略抵押之一。在美国独家拥有核武器的时候，美国有战略优势而并没有击垮苏联，其原因就是苏联当时除了东欧之外还准备拿西欧作抵押。苏联利用二战胜利之机，全面掌控东欧，并在一些国家驻军，一旦受到原子弹攻击，整个欧洲大陆都将成为人质。

如上所言，斯大林关于安全地带的战略构想，表现为苏联西部边界线向外的巨大推进，通过二战，苏联从芬兰、波兰、罗马尼亚、捷克、德国等国家取得 50 多万平方公里的领土，其目的也主要是考虑保障苏联的安全。

当然惩处德国也是苏联消除战争隐患的重点。斯大林认为必须处罚德国。他主张战后盟国要在德国境内边界处或更远的地方以及在日本附近的一些岛屿，控制某些重要战略据点，以防止德日再次走上侵略道路，还主张尽量削弱德日，使其永远无力再把世界拖入战争，认为德国赔偿总额应为 200 亿美元，苏联应获得总额的半数，并要拆除德国 80%的重工业设备，其他工厂设备和德国交付产品作为实物赔偿，其目的就是削弱苏联东西两边的大敌，保障苏联安全。

斯大林还对苏联在远东的安全利益作了特殊考虑，从对日作战的雅尔塔秘密协定中体现出来。外蒙古独立地位得到保证，成为苏联在远东的缓冲国；旅顺口成为苏联的军港；中苏共同经营中长铁路；苏联进军朝鲜北部。朝鲜民主主义人民共和国的成立也有助于维护苏联东部的安全。

总之，二战期间，斯大林等苏联领导人已经有了一整套战后苏联对外战略

---

① 黄正柏：《美苏冷战争霸史》，华中师范大学出版社 1997 年版，第 18 页。

的基本构想，其核心是确保国家安全，其基本要素是维护大国合作，建立安全地带，削弱昔日仇敌，获取远东利益。

二战结束，苏联直取柏林，运回了大量工业基础设施。苏联军队的士气、影响和实力都得到空前提高，国际威望也得到加强，成为在国际政治舞台中举足轻重的大国。但战争毕竟付出了巨大代价，苏联面临医治战争创伤、恢复国民经济的严峻任务。即使丘吉尔在美国富尔敦发起挑战，斯大林还公开否认苏美关系的日益紧张，甚至在美国提出“杜鲁门主义”之后，斯大林于 1947 年 4 月 9 日在与美国共和党活动家史塔生谈论中，还强调苏联坚持两种经济制度可能合作的观点，他问道：“两种不同的制度既然在战时合作，和平时期又为什么不能合作呢?”他表示愿意接受美国借款，在回答西方记者提问中，他还肯定美苏合作的可能性不会减少，只会增加。①

因此，这一阶段苏联的对外政策，目标是有限的，主要是保卫二战的胜利果实，在策略上是防御性的，其基本目标是确保国家安全，创造有利的国际环境以迅速重建经济，扩大在国际事务中的影响，固守在东欧的势力范围。

二战后，苏联的战略大致分为两个阶段：从大战结束到 1947 年为第一阶段，苏联希望继续维持战时合作，并在和平的国际环境中，在美国大量低息贷款的帮助下，恢复和发展经济，从大国合作的方针出发，苏联力求维护雅尔塔体制，维持雅尔塔会议划分的势力范围，斯大林曾明确表示苏联不干涉美英势力范围的事务，美英也不干涉苏联在东欧势力范围国的事务。

同时，对于纳入苏联势力范围的东欧地区，苏联则加强控制，不容他人染指，并按安全地带的战略设想，力图在东欧建立一道保卫苏联安全的屏障，但苏联在更多国际问题上还是采取妥协退让的办法，避免与美国直接对抗。

第二阶段从 1947 年春夏之际到 1949 年末，美国继抛出“杜鲁门主义”之后又抛出“马歇尔计划”，全面推行对苏冷战政策，严重威胁到苏联的安全。苏联被迫改变对外政策，以美国为主要敌手，以欧洲为重点地区，从 1947 年夏起频频发动反击，在政治、经济、军事和意识形态方面采取了一系列对抗性政策。

20 世纪的美国善于以最小的损失换得较大收获。早在二战初期美国就利用特殊的地理位置，隔岸观火；又通过《租借法案》让苏联、英国、加拿大和澳大利亚士兵投入战场的厮杀，保护美国的实力。因此，美国得以在拼杀正酣的时候，避开硝烟，筹划战后世界建立自己的霸权地位等问题。

---

① 《斯大林文选》，人民出版社 1962 年版，第 491、482、478 页。

在战斗还在进行的时候，美国的决策者就已经勾画出新秩序的轮廓。美国意识到二战结束后世界各国军事力量和国家地位将发生重要和深刻的变化，这种变化对于美国历史而言是第一次，美国将会第一次以实力大国的身份走向世界舞台。

1941 年 8 月，罗斯福、丘吉尔在北美纽芬兰会晤，商讨苏德战争爆发后的国际形势和对策。会后，两人发表了联合宣言，史称《大西洋宪章》。《大西洋宪章》宣布："美、英两国不谋求领土扩张；反对未经有关民族自由意志所同意的领土变更；在彻底摧毁法西斯暴政后，保障国际和平与各国人民安居乐业；要实现公海航行自由，并促使世界贸易和取得原料的机会均等。"苏联政府同意《大西洋宪章》的基本原则，但同时亦指出，这些原则必须与当前的主要任务相适应：集中所有经济和军事资源，击败希特勒。显然，苏联、英国希望美国能直接参加到反法西斯的战争中来，而在美国未遭到直接攻击的情况下，罗斯福一时还做不到这一点，珍珠港事件使形势出现了转机。

珍珠港事件后，丘吉尔向罗斯福提议：既然美国已卷入战争，就应在反法西斯国家之间建立合作的基础。丘吉尔提出盟国间的合作，其目的是让美国把欧洲战场作为优先考虑的事项。罗斯福自然不反对这种"先欧后亚"的作战方针，但他还有另一考虑，那就是战后的"世界安排"问题。

根据罗斯福指示，1940 年初美国国务院建立了"对外关系问题咨询委员会"，其主要任务是从美国最大利益出发，研究战后美国为建立一个理想的世界秩序所需要的基本原则。丘吉尔到美国后，罗斯福建议美英和一切反法西斯国家签署一项共同宣言，这一建议得到丘吉尔的赞同。罗斯福依据美国国名（United States）定名为联合国家（United Nations），罗斯福依据美国国名来定名一项与战后世界安排有关的宣言，引起了人们的推测。显然，他设想的战后国际组织是一个强有力的机构，甚至类似于一个"世界政府"。这个宣言标志着世界反法西斯同盟已经发展到一个新的阶段，但其中更深刻的意义在于它为未来的世界组织奠定了初步的基础。在宣言中，各签字国确认它们赞同《大西洋宪章》的宗旨和原则，即对未来的普遍安全制度的建立表示认同。罗斯福将这一制度保留下来，使其成为当今世界最大的政府组织——联合国的名称。1943 年以后，随着战争形势朝向有利于盟国方向的根本变化，罗斯福觉得着手安排战后世界秩序的时机到了。保罗·肯尼迪在《大国的兴衰》上写道：1945 年后美国的向外推进并不是一件奇怪的事情。随着传统大国的逐渐衰弱，美国稳步进入了它们所留下的真空；一俟成为头号大国，它就再也不能将自己限制在两个海岸中间，甚至也不能只限于自己这个半球了。肯定地说，战争本身是美国的权力和影响向外伸展的首要原因。比如，正是因为战争，美国才在1945年时在欧洲有69个师，在亚洲和太平洋有26个师，而在美国本土却一个师都没有。因为它承担了重建日本和德国的政治义务，因而也在那里驻军。[①]

鉴于历史的经验教训，罗斯福认为战争结束后，国内外形势都会发生很大变化，必须在战争结束前，利用盟国有求于美国、国内舆论集中于击败法西斯的时机，拟定安排战后世界的具体方案。1943年4月，罗斯福授意雷斯特·戴维斯放出一个试探气球，在《星期六晚邮报》上发表《罗斯福的世界蓝图》一文，透露了罗斯福对战后世界安排的一些设想。

罗斯福的世界蓝图包括以下几个方面：

1. 强调大国合作，尤其是美苏合作

罗斯福预言战后苏联将成为欧亚大陆唯一的军事强国，英国仍不失为在世界上有影响的大国。因此，必须通过“合作”把苏英等其他国家纳入自己的世界蓝图，才能使美国充当世界盟主。罗斯福进一步认为，苏联在战争中遭受重大损失，战后为了取得上百亿美元的美国援助是会愿意继续合作的。罗斯福企图通过“合作”，软化苏联，达到美称霸世界的目的。

2. 建立联合国

罗斯福等人设计的联合国具有明显特点。首先，它是一个单一的全球范围的国际组织。美国认为这样的组织既可防止苏英等国利用区域组织建立自己的势力范围，又可通过操纵多数票，对苏联和其他国家施加压力，从而确立美国的领导地位。

其次，联合国的核心是由大国组成的安理会。罗斯福认为只有美英苏中等几个大国有资格拥有强大的军备，承担“世界警察”的任务。罗斯福还提出“大国一致”原则，强调只有大国拥有否决权，这样，既可使联合国成为大国“合作”对付小国的工具，又可充当苏英之间的“仲裁者”。罗斯福设计的联合国，是用大国“合作”的形式，建立美国在战后国际政治领域中的霸权地位。

3. 设计一套建立战后国际经济秩序的办法，以便控制国际贸易、金融和投资

1944年采取的第一个步骤是为战后世界设计经济结构，并建立维持和平的机构。1944年7月，45个国家派出高级代表前往新罕布什尔州的布雷顿森林起

---

① 〔美〕保罗·肯尼迪著，陈景彪译：《大国的兴衰》，国际文化出版公司2005年版，第353页。

草和签署了两个协定，创设了世界银行（World Bank），由国际复兴和开发银行、国际开发协会、国际金融公司、多边投资担保机构和国际投资争端解决中心五个成员机构组成。美国试图确保战后市场是友好的而不是敌对的。世界银行将会拥有76亿美元的资金（和两倍资金于此的借贷授权），来担保用于重建受战争破坏的欧洲和推动工业化水平较低国家的发展的私人信贷。国际货币基金组织拥有73亿美元资金来稳定货币，这样可以使贸易运转顺畅。①

1944年7月，布雷顿森林会议通过了著名的《布雷顿森林协定》：美元与黄金挂钩，35美元折合1盎司黄金，各国货币与美元挂钩，各国货币必须与美元保持固定比价、固定汇率。一方面稳定了国际金融，另一方面美元等同于黄金，充当了清算货币、储备货币的职能。美国得到很大好处，从而建立了以美元为支撑的战后资本世界的货币体系，国际复兴开发银行则成为美国输出资本的得力工具。

罗斯福把联合国和国际货币基金组织称为实行国际政治合作和经济合作的两块“奠基石”，企图背靠实力通过大国“合作”，采用和平方式，在战后世界建立起霸权地位。

二、美苏战略规划差异比较

从战略规划的角度看，美苏两国的差异何在？

（一）战略规划的起点不同

苏联强调安全，美国谋求综合政治权力。苏联立足应对，而美国则谋划主动，处处下先手棋。在双方的竞争中，总是美国先出手，苏联给予回应。研究战后民主德国史的历史学家诺曼·奈马克总结说：“苏联只是被该地区的具体事件所驱使，他们没有预先的计划或思想意识上的考虑。”②

苏联的战略出发点是建立一个安全走廊，防止战争再度爆发。美国出发点也是防止战争再度爆发，但设计上更加全面综合。

苏联总体实力处于劣势，因此希望采取更加妥协的政策。苏联的这种观念并非出自偶然，而是基于历史的经验。1917年十月革命之后，西方帝国主义包

① 〔美〕沃尔特·拉费伯尔著，牛可等译：《美国、俄国和冷战（1945—2006）》，世界图书出版公司2011年版，第9页。

② 〔美〕托尼·朱特著，林骧华等译：《战后欧洲史》，中信出版社2014年版，第154页。

括美国，先是对苏俄进行了大规模的武装干涉，美国又采取了长期不承认苏联的政策。20 世纪 30 年代苏联面临法西斯和战争威胁，但西方拒绝苏联的集体安全主张，推行纵容法西斯侵略的绥靖政策，企图祸水东引。对此，苏联作出了各种努力，最终未能避免德国法西斯的进攻。美英在大战期间一再拖延开辟欧洲第二战场，也未能及时提供援助。

这样的历史经验，加上苏联的意识形态、信念，都深深地影响了苏联的对外政策。即使在同盟合作高潮时期，斯大林也相信，英美不会放弃敌视和破坏苏联利益的政策，不会甘心苏联“永远是红色的”。为此，苏联必须不断加强自己的经济和国防实力，才能确保自己的安全。同时苏联还认为，必须在自己的周边有一条安全地带，尤其是在苏联的西翼，即东欧地区，是俄国和苏联历史上多次遭受入侵的通道，第一次世界大战后又成为西方帝国主义的反苏“防疫带”。斯大林认为，德国之所以能屡次经过东欧入侵苏联，是因为这些东欧国家当时存在敌视苏联的政府。所以，为了安全，苏联要求在这些国家建立对苏联友好的政府。最好的办法自然是在这些国家建立苏联那样的制度。与此相联系，苏联要保持其在大战初期向西推移的边界，即通过领土变更来谋求苏联的安全。苏联特别担心德国对苏联安全的威胁，总是以德国相威胁要求西方承认其在东欧的政治和领土要求，而且主张彻底打败和严厉制裁德国，希望有一个虚弱的德国和亲苏的波兰与东欧。[①]

苏联在反法西斯联盟中经受了历史上最残酷的战争考验。西方心理学家说，俄国人观察一切问题都念念不忘“第二次大战的惨痛教训”，战争摧毁了 1700 座城市，70000 个村落化为灰烬。2500 万人无家可归，2000 万人丧生，列宁格勒围城中饿死的人有 60 万人之多。[②] 由于机械化作战，苏联大量的土地盐碱化程度很高。实际上，苏联付出的代价远远超过西方的想象。在四年大战中，苏联共有 1800 万人到 2000 万人丧生，其中有 750 万人阵亡。俄国动员的士兵人数和美国不相上下，俄国和美国在作战中死亡的人数之比却为 25∶1。丘吉尔曾说，人类历史上没有一个政府能顶住像希特勒加给俄国那样的伤害。俄国不仅顶住了这种伤害并从中恢复过来，而且还给德国以世界上任何其他力量所不能给予的致命打击，由于苏联在战争中的作用，其威望和影响大大提高。[③]

---

① 黄正柏：《美苏冷战争霸史》，华中师范大学出版社 1997 年版，第 5—6 页。

② 〔美〕沃尔特·拉费贝尔著，牛可等译：《美国、俄国和冷战（1945—2006）》，世界图书出版公司 2011 年版，第 16 页。

③ 王朝文主编：《当代世界经济与政治》，经济科学出版社 1999 年版，第 215 页。

可以说，美国没有充分理解经历过战争重创的苏联对于避免大战从而保障自身安全的忧虑和关切。西方学者将此描述为强烈的扩张愿望与害怕遭到攻击之间那种紧张的情绪。蒙古可汗长达两个世纪的统治使俄罗斯领导人对掠夺成性的邻国感到深深的担忧，说得更恰当一点就是怀疑任何一个邻国都掠夺成性。这样，害怕被包围就形成了20世纪苏联外交政策中一个非常显著的特点。结果是，虽然苏联到处扩大其统治的“使命”常常导致其采取胆大妄为的外交政策，但害怕被包围的心态也同样常常使其谨小慎微。苏联的外交政策同时存在这种二元性。①

因而，苏联对盟友和集团政治十分重视。基于历史传统和地缘政治的考虑以及二战后的现实，苏联对于东欧的安排超乎寻常。

（二）战略视野不同

扩张地盘是苏联朴素的想法。苏联的要求还不仅仅限于东欧，而是超出了东欧，涉及与苏联毗邻的中东和远东。例如，苏联希望趁英国霸权衰落之际，打开黑海通向地中海的通道，在伊朗北部取得石油租让和势力范围等。

再如，在远东收回曾属沙俄的某些权益，将中国的大连港国际化，并将旅顺港租借给苏联作为苏联海军基地；修建一条苏中联营铁路，以使苏联享有直达大连的通路；将千岛群岛并入苏联。所有这些都是旨在加强苏联到达太平洋的通道，并增强苏联对中国的优势地位。②

从整体上看，苏联战后的领土要求揭示了一个三面挺进的战略：西面横穿欧洲的心脏，而其西北侧翼则延伸到斯皮茨伯根群岛，在西南向达达尼尔甚至丹吉尔试探；东面到达千岛群岛，并通过满洲向黄海的港口进逼；南面通过伊朗向波斯湾推进。上述目标都具有鲜明的历史连贯性。如果苏联领导人成功地达到上述目标，将会产生一个决定性的结果：苏联将在欧亚大陆取得一个占优势的地缘政治地位。③ 总之，苏联的战略规划更多集中于尽可能扩大势力范围，抢夺战略制高点。

美国则更多利用二战所创立的难得战略机遇，不断营造舆论环境，强化美

---

① 〔英〕理查德·克罗卡特著，王振西等译：《五十年战争：世界政治中的美国与苏联（1941—1991）》，社会科学文献出版社2015年版，第35页。

② 〔美〕兹比格涅夫·布热津斯基著，刘晓明等译：《竞赛方案——进行美苏竞争的地缘战略纲领》，中国对外翻译出版公司1988年版，第36页。

③ 〔美〕兹比格涅夫·布热津斯基著，刘晓明等译：《竞赛方案——进行美苏竞争的地缘战略纲领》，中国对外翻译出版公司1988年版，第37页。

国领导世界的历史使命。就美国而言，它的战后世界秩序设想是与20世纪以来特别是战时美国实力的巨大膨胀和其称霸世界的野心紧密联系的，也与统治集团对于世界历史的经验的认识相关联。大战初起，美国统治集团就广泛认为，“美国世纪”即将到来，美国应争取在战后创建一个有利于美国的发展、繁荣和安全的世界。[①]

实际上，早在二战期间，美国就开始构想战后美国世界秩序。罗斯福在一次演讲中言称：美国既不愿意“在希特勒极权世界中居于次要地位”，也不甘心“在日本控制之下的亚洲谋求一席之地”，美国的目标在于负起“领导国际社会的责任”。1942年7月，美国国务卿赫尔也说：因为美国有“巨大的经济力量”，所以“必须在走向国际经济新秩序的过程中，取得领导权”[②]。

美国报业巨头亨利·卢斯在其著作《美国世纪》一书中宣称：20世纪是美国世纪……是美国作为世界统治力量出现的第一个世纪，“美国必须全心全意地接受我们作为世界上最强大、最重要的国家的责任和机会，并从而为我们认为合适的那种目标，用我们认为合适的那种手段，对世界施加我们力量的充分影响”。美国统治集团认为，1919年美国失去了一个领导世界的机会，现在美国不应失去“第二次机会”。美国不应再像第一次世界大战后那样退回到孤立主义去，美国的利益早已是全球性的了，它不可能在这个世界上独善其身，而是必须积极地创建一种战后世界秩序，并在其中起“领导作用”[③]。

美国认为其必须主动组织和领导一个和平的国际机制。大战期间，美英苏在合作打败轴心国的时候，也开始考虑打败轴心国之后世界的和平安排问题，正如罗斯福在1945年所说的“建立一种国际新秩序”的问题。

罗斯福的世界蓝图强调两点：一是以大国协调为基础的共管机制；二是建立一个所有国家都参与参加的普遍的安全机制。当然，前提是这两个构想都必须是美国发挥主导作用的。同时，这个体制以美国、英国和苏联甚至中国为核心，这就是罗斯福亲自提出的所谓“四警察”的概念。显然，这样一个构想也是苏联渴望的。因为防止新的大战是美苏战略共识。斯大林在1944年曾说过，唯一能阻止德国再次侵略的方法是“建立一个由爱好和平的国家的代表组成的特别组织，以保卫和平和确保安全。这一组织不应是‘给人留下悲惨记忆的国

① 黄正柏：《美苏冷战争霸史》，华中师范大学出版社1997年版，第1页。

② 肖伟：《战后日本国家安全战略》，新华出版社2000年版，导论，第14页。

③ Henry R. Luce, The American Century, Diplomatic History, Volume 23. issue 2, April 1999, pp. 159—171.

际联盟的复制品’，而应是一个新的、特别的、拥有在必要时保卫和平与防止侵略的一切手段的组织”。他断定，“只有承担反希特勒战争重任的各大国继续以友好与和睦的精神保持合作，这一组织才能有效地运作”[①]。

作为两个具有不同的国家利益、社会政治制度、意识形态、文化历史传统的大国，美国和苏联对于战后世界的安排，既有共同的期望，也有不同的要求。两国都认同战后世界应是一个和平和安全的世界，应是一个有利于经济繁荣和发展的世界，但是对于如何才能达到这样一个新的世界，美苏却存在很大的分歧，各有不同的设想。[②]

苏联更多地关注德国东山再起的可能，而对国际组织的价值则将信将疑。这一点与美国不同。斯大林更信赖大国的领导，而不是一个未经考验的组织。[③]美国的构想则强调更加有效地全面领导世界。美国从二战一开始就被迫采取全球视野，因为它不仅要与德国而且还要同日本作战。苏联在二战中一直保持对日中立，只是在美国于 1945 年 8 月 6 日在日本广岛投下原子弹后才对日宣战。另外，尽管美苏共同目标是打败法西斯德国，但是二者的战争目的与战略有明显的不同。德国入侵苏联所造成的灾难性后果使苏联更专注于国家的存亡，这使苏联领导更倾向于用领土的得失来评估胜利。美国的珍珠港海军基地虽然也受到攻击，但日本不可能占领夏威夷，更谈不上占领美国本土。除了要实现使德国和日本无条件投降这个当前目标外，美国还企图建立国际行为的原则，这些原则在《大西洋宪章》里得到了明确的阐述。[④]

早在 1940 年 1 月，当美国还没有参战时，美国国务院成立了“对外关系问题咨询委员会”，研究如何“从美国最大利益出发”在战后“建立一个理想的世界秩序而需要的基本原则”。1941 年 8 月，罗斯福与丘吉尔发表《大西洋宪章》，把战后世界秩序的一些基本原则进一步具体化了。

《大西洋宪章》的原则，反映或者说符合反法西斯国家和人民打败法西斯暴政，建立和平、民主、繁荣的战后新世界的愿望，适应当时的时代精神，因而

---

① Robert V. Daniels (ed.) *A Documentary History of Communism*: *Vol. 2 Communism and the World*, I. B. Tauris, 1985, p. 128.

② 〔美〕克雷格、乔治著，时殷弘等译：《武力与治国方略：我们时代的外交问题》，商务印书馆 2004 年版，第 152 页。

③ 〔英〕理查德·克罗卡特著，王振西等译：《五十年战争：世界政治中的美国与苏联（1941—1991）》，社会科学文献出版社 2015 年版，第 46 页。

④ 〔英〕理查德·克罗卡特著，王振西等译：《五十年战争：世界政治中的美国与苏联（1941—1991）》，社会科学文献出版社 2015 年版，第 49 页。

被包括苏联在内的反法西斯阵营国家接受为"共同纲领"。美国构想一个普遍性的世界性组织来确保和平与安全。但美国的战后设想的蓝图，是一柄双刃剑。虽然一方面反对旧式外交和欧洲旧式的殖民主义、领土掠夺，但另一方面也反对社会主义。

苏联当然也非常希望建立战后持久的和平、安全和繁荣，但在如何实现这一目标方面，则不同于美国的考虑。苏联之所以宣布接受《大西洋宪章》的原则作为反法西斯联盟的"共同纲领"，是因为这样做有利于争取美英的援助，有利于反法西斯统一战线的形成，但决不等于苏联会毫无保留地按美国所理解的那样执行这些原则。这些原则本来就是相当抽象的，对其解释可以因时因事因人而异。苏联和美国对这些原则的理解，有很大不同。苏联特别指出，这些原则的实际运用"必须与各国的状况、需要和历史特点相适应"，强调各国人民有权建立其认为合理和必要的社会制度和政府形式等。苏联也不认为单靠这些抽象的原则能真正保证苏联战后的和平、安全和繁荣，苏联需要更为具体而有效的安排。斯大林并不想贬低抽象的"代数"，但宁愿要具体的"算术"，尤其对苏联周边地区亦是如此。[①]

（三）战略规划的深度不同

在国际社会中，一个国家所拥有的国际地位与其战略目标的实现之间有着必然的联系，而国际地位与国际影响力密切相关，一国国际影响力的强弱是其在国际体制内的规则制定能力高低的反映。

从历史上来看，美国大国地位的形成与发展与其在国际秩序中的规则制定和控制能力密切相关。二战后美国主要依据两大支柱来控制霸权：其一是安全领域的联合国，其二是经济领域的世界银行、国际货币基金组织和世界贸易组织，形成了以制度为基础的"制度霸权"，制度霸权区别于以往靠枪炮打开世界的"炮艇外交"，因为它依靠的是软性手段，更具有渗透性和持续性。美国霸权有两个基础：一个是其国内基础，即自身的政治、经济、军事、科技和文化实力；另一个是国际基础，即如兹比格涅夫·布热津斯基所说，"美国的全球力量是通过一个明显地由美国设计的全球体系来发挥的"[②]，从这个意义上说，美国霸权表现为由其主导培育的一系列国际合作及其相关机制。比如，美国主导建

---

① 黄正柏：《美苏冷战争霸史》，华中师范大学出版社 1997 年版，第 5 页。

② Zbigniew Brzezinski，*The Grand Chessboard*：*American Primacy and Its Geostrategic Imperatives*，Basic Books，1998，p. 24.

立的全球联盟体系、以美元为主的全球货币体系，以及上面提到的美国主导的世界银行、国际货币基金组织、世界贸易组织等。

简而言之，一个国家文化的普世性以及设置一系列有利于自身且能够主导国际活动领域的规则和制度的能力是权力的重要来源。[①] 正如贝特兰·巴蒂和玛丽克洛德·斯穆茨所言："现在，实力的定义是在国际竞争中一个或数个领域中，控制规则的能力。"[②]

规则制定能力十分重要，在国际机制的规则制定上发挥更大作用，不仅有助于自身利益的追求，也有助于加深他国对本国的理解和认同，形成更加有利的互助合作模式。

美国霸权与英国霸权的最大不同就是制度霸权。军事上靠联盟体系，经济上则建立了一系列美国主导并由美国获利最多的制度，其中就包括布雷顿森林体系。美国在战后所建立的世界主要经济机构中，其中尤为突出的是国际货币基金组织和世界银行占有最大的投资份额，发挥着支配性的影响，而苏联却没有参加上述两个经济机构的任何一个。[③]

与联合国相辅相成的，是国际货币基金组织和国际复兴开发银行（统称世界银行），或称"布雷顿森林体系"。这是按美式原则来创建的战后世界经济新秩序，是美国最有远见、最为独特的设计。战时美国决策者认为，要维持和平，必须有强有力的措施来防止20世纪30年代那种激烈的国际经济战的发生，所以就必须建立一个使各国进入世界市场和取得原料的国际经济体系。美国认为，过去的经验表明，在政治领域里密切而持久的合作，必须置于经济事务中合作的健全基础之上。自然，这首先是从美国经济的持久繁荣和扩张考虑的。

20世纪美国深恐战后重演30年代那种严重的经济危机。为了保证战后美国经济在平时也能持续繁荣和充分就业，美国除了大力扩展海外市场别无他选。美国倡导已久的自由贸易、门户开放、机会均等之类原则，就成了美国建立战后世界经济新秩序的准则。美国学者沃尔特·拉弗贝指出，美国实力大膨胀而别国都焦头烂额，使美国更加相信，"他们同别人'在平等基础上'竞争世界贸

---

① 〔美〕约瑟夫·S. 奈著，刘华译：《美国注定领导——美国权力性质的变迁》，中国人民大学出版社2012年版，第28页。

② 〔法〕帕斯卡尔·博尼法斯著，许铁兵译：《透析分解当代世界》，天津人民出版社2005年版，第62页。

③ 〔英〕理查德·克罗卡特著，王振西等译：《五十年战争：世界政治中的美国与苏联（1941—1991）》，社会科学文献出版社2015年版，第62页。

易时，总会处于最占便宜的地位的”[1]。美国反对帝国特惠制等妨碍进行全球贸易的各种排他性的安排。

为筹划战后世界经济组织，美国财政部从1941年起，就着手草拟战后国际金融合作、稳定货币和建立世界银行的计划。到1943年，美国起草的“怀特计划”公布。同年秋，在华盛顿举行了美英会谈。“怀特计划”战胜了英国的“凯恩斯计划”。双方同意，以“怀特计划”为依据，建立国际货币基金组织。在美英磋商的同时，赫尔在1943年10月莫斯科外长会议上，建议美、英、苏、中、加等国派专家组成委员会，来研究“国际经济合作”，以促进“非歧视贸易”，消除国际贸易的障碍，重建稳定、自由的汇率，建立国际银行等问题。苏联虽然争取到了第三大认捐额，也就是获得第三大投票权份额，但是苏联最终没有批准1944年7月通过的《布雷顿森林协定》，没有参加国际货币基金组织和世界银行。虽然苏联在1944年表示赞成布雷顿森林协议，但却未能在协议规定的最后期限（1945年12月31日）之前批准该协议。美国以没有严格监管的条件为由拒绝向苏联发放战后贷款，加之美国1945年5月突然中断《租借法案》援助，这些因素都使已恶化的美苏关系雪上加霜。苏联退出布雷顿森林体系加速了美苏冷战的展开，而这正是美国的设计之一。从这个意义上讲，正如约翰·加迪斯所说，“苏联退出‘布雷顿森林体系’是冷战的一个结果，而不是冷战爆发的原因”[2]。不管怎么说，苏联退出布雷顿森林体系这个结局有利于建立与正在迅速出现的政治分裂相对应的独立的经济集团。

苏联认为：布雷顿森林体系作出的决定是适应于资本主义经济的，旨在解决资本主义国家的困难。对苏联来说，许多规定是多余的或不适用的。而且，美国在这个体系中占有明显的支配地位，它可以利用这个体系的规定，对其成员国和受援国进行一定的干涉、渗透和控制。例如，布雷顿森林体系确定以美元为中心的世界货币体系，各国货币都与美元挂钩，规定扩大国际贸易，建立多边体系，消除外汇管制，要求成员国提供经济情报，报告储备情况，由世界银行的官员调查贷款项目的可行性，甚至还对贷款附加政治条件等。[3]

布雷顿森林体系的主要设计师之一、美国官员哈里·怀特也承认，美国坚

---

① 〔美〕沃尔特·拉费贝尔著，牛可等译：《美国、俄国和冷战（1945—2006）》，世界图书出版公司2011年版，第8—10页。

② John Lewis Gaddis, *The United States and the Origins of the Cold War, 1941－1947*, Columbia University Press, 1972, p. 23.

③ 黄正柏：《美苏冷战争霸史》，华中师范大学出版社1997年版，第13页。

持控制这两个机构，“极其类似于权力政治行动而非国际合作，只是使用的权力不是军事和政治的，而是财政的”。1946 年 3 月，苏联在美国的要求下（美国以苏联参加国际货币基金组织会议作为提供贷款的条件之一），派观察员出席了这个组织的第一次会议。此后就不再参加其任何活动了。后来经济冷战愈演愈烈，美国对苏联、东欧实行经济禁运，苏联提出“两个平行而互相对立的世界市场”，与美国唱起了对台戏。除此之外，美国还基于制度霸权的考虑，强化战后国际经济新秩序，发起并推动了旨在推行自由贸易和多边原则的《关税与贸易总协定》，苏联自然被排除在外。可以说，在制度设计上美国利用先发经济优势占了便宜，用足了经济这张牌。布雷顿森林体系使美国从制度层面获取了大量实惠，形成了“世界生产商品，而美国只需要生产美元就够了”的世界经济体系。苏联不是设计者，只是被动参与者，因此，开始就处于十分不利的地位，最后不得不退出。

三、结　语

通过以上分析，美苏在战后初期的战略规划是有着明显不同的。美国具有战略规划上的客观优势——由于美国能够利用战时初期苏德争斗而美国置身事外的成本优势以及后来居上的时机和地位优势，因而在战后全球战略布局方面有着更为充足和有利的思考。比较一下同时期的苏联对外战略，显然存在几点不足：第一缺乏世界性的构想，其构想主要限于欧洲范围；当时斯大林对外战略的主要目标就是欧洲，构建安全屏障和安全走廊。第二缺乏经济上的全球意义的安排，甚至没有提出经济构想。第三斯大林没有考虑到美国战略目标可能的变化，而是以惯性思维相信美国会退出欧洲。斯大林试图避免与美国发生冲突，却未能有效抑制美国的世界野心。显然，美国的主动性和变动性更强。美国从一个地区性的大国逐渐成为世界性大国，而苏联即使控制了东欧和东亚的北部，也仍不过是地区性大国。

罗斯福的全球战略承袭了英国的大陆制衡的战略经验，使得苏联作为一支可以利用的力量与西欧相互抵消、相互抵制和相互削弱。这就是美国保留苏联以及东欧这个苏联的势力范围的存在来平衡西欧大陆的原因，而有了苏联这个平衡因素，美国更可以加强与西欧盟国的联合，共同应对苏联。这是美国的一箭双雕。罗斯福的全球战略在一定程度上将苏联作为一枚棋子来加以利用，而苏联却未能够利用美国这一外来因素。

美国在战略设计上一开始即有经济冷战的考量，美国学者考德威尔说，美国决策者“有一种经久不变的观念，即进行冷战应当使用军事的武器，也应当使用经济的武器”。美国认为自己在经济、技术上都处于优越的地位，苏联依赖于美国的地方比美国依赖于苏联的地方多，经济手段是可以用来对苏联施加影响的，而且是可以奏效的。美国还认为，苏联在经济上和技术上强大起来会构成威胁。因此不应当做任何会有利于苏联强大起来的事情。①

随着冷战展开，早在苏联拒绝马歇尔计划后，美国就正式决定对苏联实行出口管制。美国商业部制定了对苏禁运的货单，并且要求西欧国家也对苏联、东欧实行禁运政策。1949 年美国颁布《出口管制法》，这是美国第一部在和平条件下也实行出口管制的立法，对向苏联和东欧的出口严加管制。为促使西方国家协调行动，进行经济冷战，1949 年底，北约成员国在美国的首倡和推动下，决定成立一个多边的出口管制协调机构——巴黎统筹委员会，以确定共同的对苏联集团禁运的货单。所列禁运项目最多时达 1000 余项。朝鲜战争爆发后，在美国国内反共浪潮中，一些人要求对苏联施加更大的经济压力，以迫使其收敛“侵略性行为”。1950 年 9 月，国会通过了对《1948 年对外援助法》的修正案，要求不向那些同苏联进行违反美国利益的贸易的国家提供援助，目的是迫使其他国家进一步同美国保持步调一致，进行经济冷战。②

温斯顿·丘吉尔在 20 世纪 50 年代初认为，由于斯大林晚年开始认识到西方的经济潜力和持久力，因此或许有可能寻求一种全面解决方案的轮廓，而苏联 1952 年 3 月的和平照会提示了在中立基础上统一德国的可能性，这也许是朝此方向迈出的第一步。但是，西方觉得走向政治军事整合的进展将由于谈判的开始而被破坏，因而未予详尽研究便拒绝了这项照会。③

赫鲁晓夫上台后，开始强调与美国开展和平竞赛，一方面是重塑信心，另一方面也是意识到美国是一个经济强大的坐标。

冷战与其说是美国和苏联争夺世界霸权，不如说是美国维护世界霸权。因为自冷战开始直到结束，苏联没有全球领导者的心态，其战略的视野只限于控制其国土周边区域，建立势力范围，更重要的是苏联不像美国那样对于全球秩序具有全盘设想。苏联的设想从来没有超越这个意图：维护第二次世界大战胜

---

① 〔美〕丹·考德威尔著，何立译：《论美苏关系》，世界知识出版社 1984 年版，第 31 页。

② 黄正柏：《美苏冷战争霸史》，华中师范大学出版社 1997 年版，第 92 页。

③ 〔美〕克雷格、乔治著，时殷弘等译：《武力与治国方略：我们时代的外交问题》，商务印书馆 2004 年版，第 155 页。

利的地缘政治成果，或者利用美国的错误，偶尔进行试探性出击。整个冷战期间，苏联都在试图谋求与美国缓和紧张关系，以挑战者的姿态出现只限于个别历史时期。诚然，苏联是唯一可能取代美国世界霸权位置的国家。但冷战本质是美国不断压制苏联，而苏联不断在危机感的催化下反压制地对抗。[①]

苏联在经济制度上与美国相对立，在国际经济关系方面与美国持不同的主张，更不赞成美国利用经济手段来插手苏联及其势力范围内的事务。因此，苏联既未批准《布雷顿森林协定》，也不接受马歇尔计划。在美国推行经济冷战的条件下，苏联也放弃了积极争取同西方进行经济合作的努力，而是转向主要依靠自己的力量，以加强社会主义国家间的经济合作来恢复和发展经济。苏联的主张是无可厚非的，但规划不是全局性的，而是区域性的。

苏联基本上是应对战略，而美国总是处于主动。"战后初期的国际力量对比使美国在确立战后国际关系结构的战略性决定方向处于近乎垄断的地位"[②]。相反，苏联在国际力量对比上处于劣势，苏联只能采取战术性的行动。美国出台马歇尔计划，苏联出台莫洛托夫计划。美国谋求建立北约，苏联才成立华约。1949 年，在原来苏联与东欧的经济合作的基础上，正式成立了苏联、东欧的多边经济合作组织——经济互助委员会，用以加强合作，抗衡美国推行的经济冷战。后来，斯大林又提出"两个平行而且相互对立的世界市场"的理论。他断言资本主义的发展规律表明资本主义迟早会陷入世界性的经济危机，而社会主义的平行市场迟早会壮大并取代资本主义市场。社会主义国家可以凭借自身技术和实力和社会主义市场体制在完全无须与资本主义市场进行交流的过程中谋取发展。在两个平行市场理论的指导下，苏联强化了东欧集团内部的经济联系，并进一步加大了与西方体系的对立。

苏联刚开始比较被动，但随后开始了针锋相对的对抗。赫鲁晓夫时期提出美苏共治以缓解美苏矛盾，但美苏争斗却一直未能停止。苏联由于大战略设计没有充分考虑到综合经济和更大范围的国际经济的发展，在与美国的竞争中只能集全力发展重工业和国防，最后被拖垮。

从根本上说，这原本就不是一次平等的较量。西方发达国家治世经验已经百年，苏联只是刚刚起步，处于追赶阶段。冷战虽是美苏之争，但又是新型发

① 窦国庆：《大国突围：历史上大国突破困境的战略及其现实借鉴》，广东经济出版社 2015 年版，第 75 页。

② 〔美〕戴维·霍罗威茨著，翻译组译：《美国冷战时期的外交政策》，上海人民出版社 1974 年版，第 8 页。

展模式与传统西方发达模式的竞争。苏联式的社会主义发展道路的探索没有先例，虽具有某些优势，但也走了弯路，加之外部西方因素的制约，最终陷入被动困境。

两个大国竞争中综合实力固然重要，但更重要的是如何运用这些实力，如何把这些实力转化为解决问题的能力，从而在竞争中制胜。

从这个意义上来看，战略规划的高下就是竞争起点的高下。

遏制战略的出笼与冷战

说到美国的冷战战略，无法绕开遏制战略，某些时候，冷战战略几乎等同于遏制战略。只有了解了遏制战略，才能够看明白冷战战略，也才能够最终清楚地看到美国对苏战略和苏联解体的原因。值得关注的是，美国对苏战略基本上是延续遏制战略而展开的。

遏制战略是美国自二战后制定的重大战略之一，它首次强调以非军事手段实现重大战略目标。它的核心是不战而胜。它的方式是运用除战争以外的所有综合方式限制抵消对手的活动范围和影响力，其中也包括思想和意识形态的影响力，最终获取战略竞争优势，从而最终改变对方。所以遏制战略能够成为冷战战略的核心指导也就不奇怪了。

遏制战略的设计者乔治·凯南出生于1904年，毕业于普林斯顿大学。美国前外交官，冷战政策的谋士。1945年驻苏使馆公使衔参赞。1946年应美国国务院的要求，撰写了分析苏联行为的八千字电报。1947年7月在《外交季刊》上化名“×先生”发表文章，成为美对苏“遏制政策”的设计者，被称为遏制之父。1953年由于对苏敌视，曾在苏联要求下被召回。20世纪70年代以来，凯南的政治观点发生了变化，认为苏联不事扩张，主张应与苏联促进缓和。1981年获爱因斯坦和平奖。

乔治·凯南是一个在战略史和冷战史中绝不可忽略的人物。他被称为美国冷战时期最为重要的战略谋士，也是冷战时期美国突出的战略家之一。他的两份报告堪称美国战略文献中的经典，他的遏制战略思想为整整几代美国外交战略家奠定了基础。他在许多重大问题上都有着独特而深入的见解，对于马歇尔计划中西德特殊作用的安排、在朝鲜战争中对于中国出兵的判断、对于亚太格局的分析、对于战后处理日本等都极有见地。乔治·凯南实际上不仅是比肩基辛格和布热津斯基的人物，而是远胜于他们两人。因为他不仅是美国冷战战略的设计师和开创者，而且在诸多事件的判断中具有惊人的准确预见力。

一、八千字电报的提出

乔治·凯南在苏联任职期间目睹过苏联大清洗运动，导致凯南对苏联的看法十分负面，长期对苏持悲观态度，但在罗斯福执政时期，由于罗斯福强调对苏合作，他长期受到冷落，郁郁不得志，因为他的美苏已经出现对立的观点难以得到赏识。

二战结束，美苏对抗凸显。凯南的机会终于到来了。杜鲁门上台之后，国际形势发生了根本变化，苏美互为对手的局面形成，需要制定新的战略。美国对苏战略成为重中之重。当时美国驻苏大使哈里曼已经辞去驻苏大使职务。凯南当时任代办，行使馆长的职权。1946 年 2 月 22 日，凯南接到国务馆一封电报，要求他对苏联不愿意参加世界银行和国际货币基金组织的行为动机进行分析。他把长期积累的对苏联问题的看法倾囊而出。在秘书的帮助下迅速完成了八千字的长篇调研报告。这份报告对遏制思想作了初步的阐述，尽管没有使用"遏制"一词。

报告很有分量，有一种力透纸背之感。长期默默无闻的凯南也由此令人刮目相看，一举成为美国俄苏问题的顶级权威。他的仕途也由此出现了转机，从一个对苏临时代办升任美国国务院政策规划司司长。在世界外交史上，几乎没有一篇表述如此具有影响力以致立即改变一国的对外政策方向的调研报告。然而，这就是凯南在 1946 年 2 月 22 日从莫斯科发出的八千字电报的效果。凯南"长电报"的主题在于：二战期间和战后美国对苏政策的整个基础是错误的。不管是罗斯福强调整合的形态，还是哈里曼着重讨价还价的形态。① 他的观点可以说是颠覆性的，而且直指人们心目中的政治巨人罗斯福。在不长的时间里，"长电报"被传阅和评论，而且在决策圈内被认为是关于苏联历史和发展趋势最具有权威性和说服力的论断。因为如此，凯南才能相继赢得美国海军部长詹姆斯·V. 福雷斯特尔和美国国务卿乔治·C. 马歇尔的注意和赏识。

凯南的八千字电报和以×先生署名的文章为美国战后对苏联政策和冷战的形成勾勒了鲜明的路线图。美国战后对苏战略虽然具体方式和手段上千差万别，但思维框架都没有脱离凯南所制定的战略法则。随着冷战的进一步深入和演变，

---

① 〔美〕约翰·加迪斯著，时殷弘等译：《遏制战略：战后美国国家安全政策评析》，世界知识出版社 2005 年版，第 15—16 页。

他的所谓冷静、谨慎和理性的思想已经无法左右日益强硬的美国政府，直到朝鲜战争时，虽然偶尔还会被国务卿咨询，但实际上已经完全边缘化，最终回到普林斯顿大学教书。短短的 4 年，而且就在杜鲁门同一个政府执政时期，乔治·凯南政治生涯起伏变化，先扬后抑，美国战后政策转化之快，从凯南的经历即可见一斑。随着右翼势力迅速成长壮大，杜鲁门政府备受指责，凯南的价值也被迅速贬低。虽然他个人仕途官运短暂，但他的战略思想影响了美国战后冷战战略的几代人，其独特深入、虽带有偏见但自成逻辑的分析观点至今引人深思。

二、乔治·凯南战略思想分析

凯南的思想主要从四个方面来加以描述。

（一）苏联行为的根源

遏制战略体现了大战略规划中的对手意识，也就是通过强调对于战略对手的准确认识和分析，并以此作为制定自身战略的基础。毕竟，战略既然偏重于较量和博弈，那么它就必须具有很强的指向性和针对性。遏制战略体现出很强的竞争和对抗性质，而这一特性是针对战略对手而设计的。换句话说，美国假定了苏联的行为逻辑和行为特征，并对此进行了预防性的规划。

应该说，对苏联的预测和判断绝非易事。美国大使查尔斯·波伦在 1959 年曾对尼克松说："试图猜测苏联领导人对某件事情是否真诚，是徒劳无益之举。"①

温斯顿·丘吉尔曾说："我无法向你预言俄国的行为。俄国的行动是深不可测的谜中之谜；但或许有一把能解开这个谜中之谜的钥匙。这把钥匙就是俄国的国家利益。"②

凯南就试图打出苏联行为的根源。

那么，苏联的行为逻辑是什么呢？凯南基于长期对苏联行为的观察，总结出一个形象的比喻，苏联像一个上紧了发条的玩具，没有阻挡就不会停下来。也就是说，苏联具有一种不断扩展的原始驱动力。

凯南对苏联的行为动机作了深入而全面的分析，甚至运用了心理学的知识，

---

① 〔美〕尼克松著，钟伟云译：《真正的和平》，世界知识出版社 1999 年版，第 21 页。

② 〔美〕尼克松著，钟伟云译：《真正的和平》，世界知识出版社 1999 年版，第 66 页。

他对苏联行为的认知心理学分析是其报告中最为引人注目之处，他对苏联行为根源的分析应该说是十分深入和独特的。

他认为，苏联受到一种狂热思想支配，“世界强国地盘里到处钻”，只有遇到无法对付的力量才会停下。因此，美国必须拥有足够的武力，并准备使用武力才能避免“摊牌”，要用“洁净非共义世界中存在的大片软弱和脆弱地区的办法来遏制苏”，必须把苏联看成政治上的“敌手”而不是“伙伴”。

凯南分析道，苏联官方对外部世界的认识及其行为，是俄国传统的不安全感的产物。他说：“苏联对世界事务神经质的看法，根源于俄国传统的本能的不安全感。最初是一个和平的农业民族在辽阔的无屏障的平原上与凶悍的游牧民族为邻而具有的不安全感。随着俄国同经济上先进的西方进行接触。后一种不安全感与其说是在折磨着俄国人民，不如说是在折磨着俄国的统治者；因为俄国的统治者一贯认为，他们的统治在形式上是陈旧的，其心理基础是脆弱的，人为的，经不起同西方国家的政治制度比较和接触。由于这个原因，他们总是担心外国的渗透，害怕西方世界同它们直接接触，担忧一旦俄国人知道了外界的真相或外国人了解俄国内部的真相，会产生某种后果。”也就是说，消除其固有的不安全感，是苏联的行为动机。电文指出，俄国统治者学到的谋求安全的唯一办法，就是为了彻底毁灭同它竞争的国家而进行耐心、殊死的斗争，绝不同敌手达成妥协或协议。

为此，苏联要大大提高其实力，它包括：最大限度地发展军事力量；在一切认为适时和有希望的地方，努力扩大苏联的势力范围；向殖民地与落后国家渗透势力，扰乱和抑制西方在这些地方发挥影响；采取一切手段破坏西方大国的民族自信心；削弱其国防力量，增加其社会的不安定和挑起各种形式的不和，使西方大国相互争斗等。

八千字电报在分析苏联行为动机的基础上得出结论：美国面对着的苏联是这样一个政治力量，“它狂热地坚信，它同美国之间不可能有永久性的妥协。它坚信，只有破坏和扰乱美国的内部和在国际舞台上的权威，苏联政权才能得到巩固”。同时电文也指出，虽然苏联如此敌视西方，但它同希特勒德国不一样，既没有系统的规划，也不从事冒险的活动，同整个西方世界相比，苏联还是一个比较弱的力量。苏联体制面临着很大的压力包括权力的转移、东欧的负担以及苏共缺乏感召力等。它对理智的逻辑无动于衷，但对力量的逻辑高度敏感。由于这个缘故，当它在任何一点上遇到强大的阻力时，它就会轻易地退却，而且它经常这样做。凯南认为苏联领导人有一种试探邻国“薄弱点”的冲动，竭力弄清他们是否能够以可接受的风险推进苏联权势。他指出：如果他们的试探遭到坚决抵抗，他们就会缩回去；事实上，西方只要坚定，并且努力在非西方世界的重要地区减少潜在“薄弱点”，就能够遏制住它们。[①] 因此，如果针对对手拥有足够的力量和表明准备使用它，而且几乎用不着这样做，就可以达到阻止对方的目的；如果正确地处理形势，就不必进行有损威望的摊牌。

这段话所表达的实际上就是遏制思想的重要内容。第一，美国应当认识到苏联对西方的威胁及其同美国势不两立的现实，改变战时同苏联友好合作的不现实的关系，把它当作敌手而非朋友对待；第二，由于苏联与希特勒德国的不同，当设法阻止苏联的威胁的传播时，不必通过一场全面的军事冲突来解决；第三，八千字电报特别强调，美国在制定对策时，应重视非军事力量的作用，即美国及其盟友解决自己内部的问题，增强西方世界的自信、活力与团结，阻止苏联共产主义向西方渗透。

一年后，凯南又以×先生之名在《外交季刊》发表题为《苏联行为的根源》一文，全面系统地阐述了他的遏制思想。文章认为，苏联在其对外行为中表现出两个政治性格。第一个政治性格是既敌视西方又愿意同西方和平共处。凯南认为，苏联对西方极为敌视，要推翻外部世界的制度，但是在另一方面，苏联并无意同西方作你死我活的斗争，不是要在一个确定期限内推翻西方的社会制度。相反，他们不急于实现这一目标，更关注自身的生存，即愿同西方和平共处。第二个政治性格是既固执又灵活。凯南认为苏联共产党出于策略上的考虑，可以随心所欲地提出某种理论，一旦提出，整个苏联机构就必须忠实地无条件地接受，由此造成苏联政权的目标是“僵硬和固执的”，但是苏联在追求自己的目标时又是谨慎和灵活的，他们富有耐心，不会为了虚幻的未来而冒丧失既得利益的风险，而且敢于在比自己更强大的敌手面前退却，不会因此觉得丢了面子。

与八千字电报相同的是，《苏联行为的根源》把造成上述政治性格的苏联行为动机归结为其内部固有的不安全感。但略有不同的是，后者不仅仅从环境、民族心理素质等方面分析不安全感的根源，而且还从苏联成立30多年中所处环境如内战、外来干涉、权力斗争等说明造成这种不安全感的原因。另外《苏联行为的根源》还强调了意识形态，认为苏联政权的政治性格是意识形态和环境

---

① 〔美〕克雷格、乔治著，时殷弘等译：《武力与治国方略：我们时代的外交问题》，商务印书馆2004年版，第150页。

的产物。但是凯南没有把意识形态看作决定苏联行为的主要因素，他认为即使没有马克思主义的意识形态，俄罗斯民族固有的民族文化和政治制度已造成它对外部世界的恐惧和缺乏妥协性。也就是说，即使苏联是个非社会主义国家，也存在着成为美国和西方其他国家的威胁的可能。

（二）对苏联威胁的认知

乔治凯南对苏联威胁的认知，推动了美国冷战战略的形成。从这个意义上来说，凯南的“长电”是冷战的战略思维形成的起点。同时，对于苏联的威胁除了从俄罗斯的文化的角度给出了解释之外，凯南又从意识形态的角度对这种威胁作出了界定。可以说，从意识形态的角度来界定威胁，是影响美国对国家利益界定的一个重要因素，也是导致美国常常出现对威胁的判断扩大化的基本原因之一。[①] 换句话说，苏联既被界定为物质上的威胁，也被界定为精神上的威胁。而且后者，对于美国而言尤其是致命的因素之一。

二战以后，由于意识形态和地缘政治的矛盾逐步加剧，美国国内，特别是美国国会内开始出现了反苏情绪，一些议员认为美国正面临着苏联扩张的威胁，苏联正在走希特勒的老路，也就是极权主义和侵略扩张。如果对苏联的行为采取姑息态度，将不可避免爆发第三次世界大战。可以说，美国舆论界已经出现了大量与苏联争斗的观点，杜鲁门本人也倾向于改变罗斯福的与苏合作的主张，但是，清晰完整的对苏战略分析和对策建议并没有形成。因此，凯南的报告不仅十分及时，而且适应了美国国内主张对苏联采取强硬立场的需要，成为美国制定对苏联政策的逻辑依据。

凯南还相信苏联的意图是基于与资本主义对立的基础之上的。苏联处在敌对的“资本主义的包围”之中，它必然会作出反应并试图突破这一困境。苏联将会利用各种可能的机会来不断扩大苏联的力量，削弱资本主义国家的力量，直至消灭资本主义。

凯南对苏联的威胁认知的立足点不是从苏联所具有的硬实力——苏联所具有的军事力量和经济力量出发来判断苏联可能对美国所造成的军事威胁，而是从苏联制度的本质和政治、战略意图出发，所得出的结论是：苏联要生存，就

① 周建明：《美国国家安全战略的基本逻辑：遏制战略解析》，社会科学文献出版社 2009 年版，第 11 页。

必定要把“搞垮自由世界”作为前提。[①]

在洋洋洒洒八千字的“长电”中，凯南主要讲的是对苏联威胁的界定。这个界定的结论是这样三种性质：

——扩张性。苏联的势力不管是在俄罗斯民族主义的驱动下，还是在共产主义意识形态的驱动下，都有向外扩张的特点。

——反西方性。凯南认定苏联政府的政策目标是以摧毁西方世界为目的的。

——邪恶性。苏联政府本身就是一个阴谋。苏联是靠极权和暴政来实现对人民和卫星国的统治的。[②]

可以说，凯南的电报和长文系统、全面、深入地论证了苏联威胁的性质、根源和程度，契合了美国政府对苏联威胁和制定对苏战略的迫切需要，阐述了政府部门渴望表述而未能表述的重要观点，因而受到了政府的高度重视，成为政府制定战略和政策的重要指导和依据。

（三）遏制苏联的手段

众所周知，凯南的电报为杜鲁门提供了一整套从政治、经济和军事上遏制苏联的战略。但这一战略并非是对苏联做出简单的直线条式的反应，而是强调运用有层次的、系统配套的综合战略，尤其突出非军事的、心理的、有选择的干预。

凯南的遏制战略思想有着完整连贯的思路，在目标与实施之间具有密切的一致性。

凯南之所以靠一封八千字电报成为美国政府内头号苏联问题专家，并不仅仅是因为他对苏联的分析鞭辟入里，还因为他展现了极强的战略思维。“他的写作和思想中已经有了一种深邃的战略远见——一种认识到目标与能力、渴望与利益、长期优先事项与短期优先事项之间关系的技能，那是在烦扰多多的官僚机构中很少见到的”[③]。

凯南是一个典型的现实主义学者，有着鲜明的理性偏好。他知道苏联并非是一个可以轻易消灭的对手，只有采取耐心细致的工作才能使之改变。而在这

---

① 周建明：《美国国家安全战略的基本逻辑：遏制战略解析》，社会科学文献出版社 2009 年版，第 21 页。

② 周建明：《美国国家安全战略的基本逻辑：遏制战略解析》，社会科学文献出版社 2009 年版，第 22 页。

③ 〔美〕约翰·加迪斯著，时殷弘等译：《遏制战略：战后美国国家安全政策评析》，世界知识出版社 2005 年版，第 25 页。

个过程中，美国必须保持足够的冷静，而不能因为头脑发热而出现战略上的狂热或迷失。

它强调的几个观点是十分关键而重要的：首先，如何制定战略。当一个国家制定战略的时候，需要对国家利益有着明确的认识，要有明确的国家利益边境。他认为最为重要的是要从国家利益制定战略，而不是从威胁来制定战略。一个国家面临的威胁很多很杂，并不是都对美国的国家利益构成了挑战。而美国的战略必须严格按照国家利益而制定。如果针对威胁随时做出反应，不仅会影响国家利益的维护与执行，还可能导致目标扩大化或夸大。应该说凯南的这个思想是极具预见性的。没有先见之明是断不可能做出如此判断的。后来美国出兵朝鲜、越南所导致的战略乱象都是因为美国的国家利益界定出了问题所致。

其次，能力对于世界事务而言永远是有限的、也是不足的，美国必须有所选择与取舍。凯南在冷战刚刚开始的时候，能够拥有如此冷静谨慎的看法实在令人刮目相看。二战结束后，美国已经结束了孤立主义，成为全球性大国，而且就实力而言也是如日中天，另外还独家拥有原子弹，他却告诫美国不能为所欲为。当然，这也是凯南遭到一些人包括基辛格诟病的原因之一，基辛格就认为遏制思想过于保守，缺少主动性，影响了美国在历史上的特殊时期发挥主导作用。“遏制让身处军事优势巅峰的美国扮演一种纯粹反应式的角色，似乎没有给外交主动留下余地。这种战略可能导致坐失良机”[①]。

然而，凯南的战略强调手段与方式必须谨慎而恰当，手段永远是为战略目标服务的，而绝不是相反。

他强调美国对苏政策最主要的方面就是长期、耐心、坚定与警觉地对俄国扩张倾向进行遏制。新战略包含着对过去做法的几项重大背离：（1）不会再做任何进一步的努力来隐瞒同苏联的分歧；相反，这些分歧将被坦率地公开显示出来，不过是以一种并非挑衅性的方式。（2）不会对苏联做新的让步。实际上，美国将“划出界线”，捍卫苏联扩张的所有未来对象，但不做任何尝试来“解放”已经处于莫斯科控制之下的地区。（3）为促进这一目的，美国军事力量将予以重构，而且盟友们提出的经济和军事援助请求将得到充分的考虑。（4）同苏联的谈判会继续下去，然而仅仅是为了替苏联接受美国立场，或者为了将苏联的顽固公之于世的目的，以便在国外赢取盟友和在国内赢取支持。

---

① 〔美〕克雷格、乔治著，时殷弘等译：《武力与治国方略：我们时代的外交问题》，商务印书馆 2004 年版，第 155 页。

正如克拉克·克利福德报告所强调的，美国长期、耐心和坚定的做法，意在达到改变苏联想法的目的："我们的希望是他们会改变自己的想法，在他们认识到我们强大得无法击败、坚决得无法吓倒的时候，同我们一起搞出一种公平和公正的解决方案。"①

凯南主张运用非军事手段应对苏联威胁。美国之所以能够对苏联进行遏制，是因为凯南相信苏联不会诉诸战争。苏联虽然是由威胁能力和敌意共同构成的国家，但苏联并不同于希特勒德国，没有固定的侵略时间表。苏联刚刚经过一次战争灾难，因此不会为了达到它所向往的目的而冒战争风险。既然苏联更多依靠政治而非军事的方式获取利益，美国就有可能运用同样的方式来阻止苏联。正是在这一推论基础上，凯南主张运用心理战的方式来阻止苏联。这应该也算是凯南战略中的独特和深邃之处。

因为凯南将苏联的挑战视为心理性的，所以他为对付这挑战提出的建议也倾向于带有心理特征，目的是在潜在敌手以及潜在盟友和美国人民心中产生如此的看法，它将促进兴起一种更有利于美国利益的国际秩序。到1948年底，凯南已将三大步骤认作为实现这一目的所必需的：（1）通过鼓励受苏联扩张主义威胁的国家的内部自信来恢复均势；（2）利用苏联与国际共产主义运动之间的紧张关系，以减小苏联将势力投射到国境以外的能力；（3）假以时日，逐渐修正苏联的国际关系思想，以期导致谈判解决突出的分歧。②

遏制远非仅仅阻止或限制那么简单。美国进行遏制的方式是通过援助等手段促进有利于美国的均势的形成。而美国正好具有促进均势形成的有利条件，可谓扬美国之长抑对手之短。凯南认为武器和部队水平不是国际权势的唯一决定因素——政治、心理和经济同样起作用。凯南主张，要修正苏联的行为，就需要正反两方面的促进：奖赏苏联的和解态势与抵抗其侵略性态势一样重要。修正苏联行为方式的最有效手段在于威慑与诱导相结合，凯南称之为"反压"。他在1947年2月解释道："苏联权势犹如一棵树，它在幼时被弯曲，曲折地长成了一定的形状。它能够被弄得长成另一种形状；然而，不是靠任何突然或猛烈的强力，而只有靠沿着正确的方向，在一个多年的时期里持续地行使压力。"③

① 〔美〕约翰·加迪斯著，时殷弘等译：《遏制战略：战后美国国家安全政策评析》，世界知识出版社2005年版，第17—18页。

② 〔美〕克雷格、乔治著，时殷弘等译：《武力与治国方略：我们时代的外交问题》，商务印书馆2004年版，第35—36页。

③ 〔美〕克雷格、乔治著，时殷弘等译：《武力与治国方略：我们时代的外交问题》，商务印书馆2004年版，第46页。

可以看出，这种战略步骤正体现了“遏制”的要求：通过威慑和诱导两手，来围堵、削弱苏联的对外影响力，最终促使苏联的国际关系思想发生改变。凯南的遏制战略的主要特点是以修正苏联的行为为主要目的，而不是搞垮、战胜苏联。这个战略思想确有其高明之处。彼时苏联还没有核武器，还是美国独家拥有核武器的时代。凯南已经认识到战略的要义应该从战胜对方变成谋取优势，从而不战而胜。凯南的思想之深邃其实已经把中国孙子兵法的核心精华融会贯通于其中。事后证明，美国的确不是靠战争打垮苏联的，而是运用了一切战争之外的所有手段实现演变的。

凯南战略构想中还有一点尤其值得思考，即运用有限的力量进行更好地干预，那就需要明确战略重点和先后排序。凯南指出，因为能力有限，所以必须确定利益的轻重缓急次序。据此，他提出了五大力量中心的说法，美国、英国、德国与中欧、苏联和日本为五大力量中心。美国的目的在于保障除苏联之外的其他力量中心不沦于苏联的控制之下。凯南的思想显然影响了后来的基辛格和尼克松。尼克松主义的世界多中心说，不过是凯南思想的翻版。

对于美国来说，并非世界的所有各个部分都同等地至关紧要，美国必须有所选择，而不能面面俱到。美国应当优先挑选不能容许落入敌对势力的那些地区。除苏联以外的四大力量中心是美国构建坚固的西半球势力范围的需要，也是原料来源和战略通道的需要。美国需要把战略重点放在军事和工业相结合的权能区域。

凯南能够在美国实力如日中天之时，一直强调美国力量的有限性，应该说表现出了一个战略家的足够理性。凯南重点设计了产生巨大影响的马歇尔计划，其中也包括向苏联、东欧提供援助的方案，还有战后对日本的扶植政策等，都体现了其遏制战略的思想。

显然，凯南遏制战略的第一阶段是恢复均势，它由于德日两国的战败和苏联势力与此同时在欧亚两洲的扩展而大不稳定。凯南开出这一处方的依据在于对美国安全利益的一种特殊主义而非普遍主义的界定：所需的并非按照美国的面貌改造世界，而只是维护其多样性，挫败按照别国面貌改造世界的企图。他还强调由于手段有限，必须确立利益的轻重等级，区分紧要利益与边缘利益。而且，他坚持主张如果竞争不可避免，那就要以美国之长克苏联之短，在经过最佳选择的场所，运用依据最佳谋划的工具来从事竞争，从而在使代价最小化的同时保持主动权。最终目标在于建立一个由各个独立的权势中心组成的国际秩序，在其中，受到苏联压力的各国将既有手段又有意志来自行抵抗这一压力。

（四）遏制的目标

之所以强调凯南的遏制理论是一种战略理论，不仅是因为遏制战略体现了很强的战略思维和战略手段，还在于这个理论具有系统完整的目标设计。

显然，一个国家的战略根本目标就是为维护和实现美国的国家利益服务。那么战后美国对外政策的根本目标是什么？凯南认为有两个根本点：一是保护国家的安全，也就是保证国内生活的发展不受外部大国的干涉或威胁；二是促进一个世界秩序的形成，美国应为这一秩序作出贡献，并以自己的经验和能力获取最大的利益。两个根本点中最为关键的是美国势力的扩张，其基本动力是战后美国成为世界头等强国。战后美国在全球的扩张主要不是谋求领土，而是全面势力的扩张，包括左右战后国际政治舞台，建立以美国为主导的国际经济秩序，以及在全世界推行美国的社会制度、价值观念和生活方式。

在凯南看来，战后能对美国国家利益构成威胁的力量主要是苏联，威胁的认定取决于敌意和能力，而苏联无疑首当其冲。因为从地缘政治上看，苏联是仅次于美国的世界强国，战后国际政治的主要特征是出现美苏两大力量中心相互对峙的雅尔塔格局；从意识形态上看，美苏分别是最大的资本主义国家和社会主义国家。地缘政治和意识形态因素复杂交织在一起，使得苏联成为美国追求国家利益的最大威胁与障碍。

因此，遏制战略的首要任务就是限制和减少直到消除苏联的影响。

凯南将针对苏联的遏制分为三个层次。

第一个层次的目标是把苏联的影响限制在一定的范围内，这也是“遏制”这个词的本义。即把苏联的影响限制在二战结束时苏联的势力范围内。更确切地说，是把苏联的影响限制在其本土以及东欧之内，阻止其进一步向外发展，这是维持现状、防御性的目标。

第二个层次的目标是减少苏联的影响，力图减小苏联未来将势力投射到境外的能力。具体地说是使苏联的盟国（主要是东欧国家）与苏联闹独立，脱离苏联的势力范围。由于战后出现了一系列新兴的社会主义国家，与苏联组成社会主义阵营，是苏联同西方斗争的重要筹码。所以使苏联的盟友（特别是东欧国家）同苏联闹独立，一直是以美国为首的西方所追求的重要目标。促进共产主义世界内部的矛盾，瓦解社会主义阵营，特别是使东欧国家同苏联分裂，是凯南遏制思想的重要组成部分。针对苏联对多样性的排斥，美国于 1949 年 12 月 30 日出台了国家安全委员会 4872 号文件，主要指导原则就是美国应不择手段运用政治手段、心理手段和经济手段，并利用中苏等国家的矛盾，达到分化瓦解苏东阵营的目的。

第三个层次的目标是使苏联按照西方的愿望，改变其内政与外交。或者说就是使苏联政权本身和平演变。凯南在署名×先生的文章中把遏制的目标表述为迫使苏联的行为更温和与明智，从而导致苏联政权的垮台或逐渐软化。他认为，只要西方以足够的资源和力量对苏联政权进行遏制，10—15 年即可达到目标。凯南战略的第三阶段，是试图导致苏联的国际关系理念届时发生变化，亦即使苏联领导人确信，学会在一个多样化的世界上生活，要比力图按照他们自己的面貌改造世界更能促进他们自己的利益。凯南拒绝将战争和绥靖两者当作实现这一点的手段。他认为，这只有通过一个或许可被称作“行为修正”的长期过程才能实现，那就是积极回应出自苏联的任何和解性倡议，同时坚决回击那些并非如此的行为。①

几年之后，由于苏联势力的发展，凯南又将上述目标修改为，一是使苏联改变对世界的看法，不再坚持要推翻与自己不同的政治制度；二是改变苏联的极权主义，不再对内滥用权力；三是苏联承诺民族自决权，不把统治强加在其他民族头上。简而言之，即改变苏联的内政与外交，使它朝着西方希望的方向演变。同时指出，苏联的演变是渐进的、长期的，西方不要操之过急。

在战后初期，凯南强调遏制第一个层次的目标，而当西方局势基本稳定和社会主义国家阵营出现矛盾与分歧之后，他则注重遏制的第二、三个层次的目标。如果说第一个层次的目标是防御性的话，那么第二、三个层次的目标则是进攻性的，第一个层次的目标主要是近期的，而后两个层次的目标却是长期的。

三、结语：遏制战略的影响

凯南的战略理念和战略设计并没有成为主导美国冷战的思想，但却被政府借用和发展成为美国冷战战略的重要思想依据。其中，基于国家利益而不是仅基于威胁来制定战略是凯南战略思想中最为核心的要点。单纯基于威胁，就可能导致政策的扩大化和多样化而失去聚焦，而基于国家利益才能够作出恰当反应。

① 〔美〕约翰·加迪斯著，时殷弘等译：《遏制战略：战后美国国家安全政策评析》，世界知识出版社 2005 年版，第 70 页。

政府的决策并不会完全遵循一个战略学者的思路，最终凯南的遏制战略被扩大化，被片面地理解和应用。乔治·凯南的所谓远见卓识也被轻视、被边缘化。美国此后陷入了一次又一次的危机，不能不说与此有关。其实，有关遏制战略可能导致美国滥用实力的担心早在这个战略刚刚出台时，即有人预料。这个人就是美国著名思想评论家沃尔特·李普曼，“我反对遏制政策，不在于它要用美国力量去对抗苏联，而在于这个政策的设计不对头，它一定会导致滥用美国的力量”①。

从1947年开始，凯南即开始在非正式场合批评杜鲁门主义的全球扩张政策，他认为，不应该把更多的精力放在对希腊和土耳其援助问题上，他同时也将冷战政策视为有限的政策，与苏联的对抗应该限制在政治方面，而不应该涉及军事领域，应该避免与其周边的国家，例如中国等不那么重要的国家开展对抗。到了1948年，随着美苏矛盾对抗愈演愈烈，他也开始寻求缓和这种紧张局势的途径。②

另外，凯南认为，除了继续保留有限的军事基地之外，美英法苏四大战胜国占领德国的状态应该结束，他主张重新统一德国，而不是将其分割成对立的东德、西德。他希望德国的重新统一，能够为苏联从多数东欧国家中撤离铺平道路。显然，这些见解都被历史证明是有预见性的精妙思想。

凯南的思想并没有因为与实际战略的脱离而失去其意义，从战略研究的角度来看，他从认知心理学来分析与判断一个国家的行为，开创了这一领域的先河。他理性、周密地制定战略，充分细致地设计，对美苏关系变化敏锐地把握和预判，从战略长远角度出发，强调意识形态、制度和软实力之争都成为战略史中的独特深远的思考。作为战略家，我们还不能不惊叹其战略预见力，我们看到他的三层遏制目标的设定，与苏联的解体进程准确地吻合在一起。不得不佩服其战略功力之深厚。

战后初期，随着凯南的遏制理论和杜鲁门主义的出台，苏联日益感受到西方国家对其的敌视和威胁，作为对遏制政策不甘示弱的回应，苏联驻美国大使诺维科夫撰写了《战后美国对外政策》的长篇报告。报告明确指出，战后美国的对外政策就是要夺取世界霸权，美国所有的力量都在为这一政策服务，美国将不再奉行与苏联的合作政策，并将在中间地带以及东欧展开与苏联的争

① 〔美〕沃尔特·李普曼著，裘仁达译：《冷战》，商务印书馆1959年版，第12页。

② 〔美〕乔治·凯南著，弗兰克·斯科蒂廖拉编，曹明玉等译：《凯南日记》，中信出版集团2016年版，第193页。

夺。报告最后认定，美国正在计划针对苏联的第三次世界大战。这份报告全面否定了与美国继续战时合作的可能性，成为苏联与美国进行对抗的政策依据。

诺维科夫报告反映了苏联政府的观点与政策，即认为美国是苏联利益的最大威胁，美国试图进攻苏联，发动第三次世界大战，从而高估了对方的目标和国际形势的严重性，为苏联完全抛弃大国合作提供了依据。

旧金山会议与亚洲冷战格局

20世纪50年代，亚洲的形势出现巨变。美国在亚洲需要形成新的力量格局是推动美国亚洲战略进行重大调整的动因，从而也形成了美国战略的重要转向：由一直以来采取的扶植中国、抑制日本转为扶植日本、抑制中国。

旧金山会议与亚洲冷战格局连在一起，亚洲冷战的形成也是大国战略调整的产物。美国亚洲政策出现巨变与冷战开始向亚洲蔓延、亚洲的安全环境的转变有着密切关系。

一、美国东亚战略转型的背景

雅尔塔体系对于远东的战败国日本也有一些安排，如《波茨坦宣言》《开罗宣言》都确认了日本退还通过战争获取的领土。但当时这个体系更多的还是围绕德国问题对欧洲大陆的安排，对亚洲的体系还没有充分考虑。

当时美国的一些高级将领仍在期待亚洲爆发新的战争。1945年末，乔治·巴顿（George Patton）将军在一个主日学校（Sunday school）的课堂上向一群8岁大的孩子发表演讲时，十分肯定地对孩子们说："你们是下一场战争中的士兵和护士，另外一场战争会到来的。战争总是会有的。"[①] 而杜鲁门考虑的问题则比战争更为深远，他考虑的是全球战略重点的维护。他在1945年9月告诉一位顾问："美国未来的海外利益将在西半球和太平洋。"当然，他当时仍然主张继续采取扶中抑日的亚洲战略。杜鲁门认为美国在亚洲的利益有赖于加强蒋介石的国民党政权。美国相信，通过与蒋介石合作，不仅仅中国的巨大市场可以被开发出来，其他亚洲国家也可以成为美国的市场。如果变成现实，为数多达十亿的亚洲消费者将对避免另一场经济危机大有裨益。美国国务院的中国通约

① Lawrence S. Wittner，Rebels Against War：The American Peace Movement，1941—1960，Columbia University Press，1969，p. 98.

翰·卡特·文森特鼓动说，战后贸易的恢复“要开足马力进行。我们正在努力使商人们回到中国，这对这些商人有利，也对中国有利”。能否塑造出一个既强大又符合西方利益的国家，是西方一个世纪以来都未予正视的问题。[①]

到了1946年，中国解放战争爆发，美苏在伊朗、土耳其和欧洲等严重对峙。而中国解放战争的爆发，使美国预感到其在西太平洋的地位有可能受到冲击。

随着冷战在1947年的进一步展开，战后美苏合作出现了重大问题，二者由合作者转为全面的对立者。而中国革命的胜利和亚洲革命运动的高涨，使美国意识到扶持日本的重要性和迫切性。美国欲将日本纳入其战略轨道，作为其在远东进行冷战和实施遏制政策的据点。美国还预料到苏美在亚洲的争夺将会进一步激化，因而表示即使与苏联达不成协议，也要单方面缔结对日和约以实现美国的战略意图。

美苏两国在欧洲划分了势力范围，都将争夺重点聚焦于美苏势力范围之外的中间地带。朝鲜战争正是在这个背景下发生的。从当时的世界格局来看，朝鲜战争并非是单纯的半岛内部之争，而是大国之争。

对于中国而言，1949年新中国成立，采取了一边倒向苏联的政策，与苏联等国形成了社会主义阵营，而美国则组建了以北约为首的资本主义阵营。

美苏双方开始了激烈的较量，展开了一系列争夺以填补战后留下的所谓“权力真空地带”，双方使用的言辞也越来越激烈。美国对苏联的遏制政策使苏联决心放弃大国合作并与美国进行强硬对抗，致使冷战的爆发成为必然的趋势。1949年12月的NSC48/1号文件强调，中国革命之后，如果日本也加入“斯大林主义集团”，那么苏联的亚洲基地就会“改变世界的力量对比”，美国必须把日本纳入“亚洲沿海岛屿链条”，作为“美国战略防卫的第一线”。这一方针由国务卿艾奇逊在1950年1月关于太平洋防御圈的讲话中予以公开。随后，冷战顽固派约翰·福斯特·杜勒斯被任命负责对日媾和事宜，并积极协调国务院和国防部在媾和问题上的分歧，准备对日媾和。[②] 同时，苏联在1950年2月与中国缔结《中苏友好同盟互助条约》，保证两国采取一切必要措施，防止“日本或其他直接或间接在侵略行为上与日本相勾结的任何国家之重新侵略与破坏和平”，其防范目标就是日本和美国，并由此加强苏联在远东的地位。

---

① 〔美〕沃尔特·拉费伯尔著，牛可等译：《美国、俄国和冷战（1945—2006）》，世界图书出版公司2011年版，第28页。

② 黄正柏：《美苏冷战争霸史》，华中师范大学出版社1997年版，第79页。

朝鲜战争的爆发，成为美日强化军事和安全合作的催化剂。美国在亚洲期待建立一个孤立苏联、排斥中国的新的地区秩序，而朝鲜战争正好提供了这样一种可能。朝鲜战争爆发前，美国在东亚的防御圈既不包括朝鲜，也不包括中国台湾，而朝鲜战争爆发后，美国开始扩大其防御圈。“1950 年 1 月，迪安·艾奇逊公布了美国在亚洲必须准备守卫的‘防卫圈’，这个‘防卫圈’不仅不包括中国台湾地区，而且把朝鲜也划在了圈外。美国在亚洲的政策是一项近海政策，它反映了美国人所普遍具有的传统看法：美国应该防止被拉入亚洲的陆地战中。结果，北朝鲜的进攻不但动摇了这项政策的基础，而且扫除了与日本签订和约的所有障碍，为正式结束美日敌对状态和确定日本独立铺平了道路”①。

因此，可以进一步明确指出，亚太地区的冷战是在美苏以欧洲为重点的全球冷战展开之后开始形成的，伴随朝鲜战争的爆发和演进，美国逐步形成扶植日本、遏制中国的冷战战略。

美日是太平洋战场的宿敌，美国还在战争即将结束的时候向日本投下了原子弹，但是为什么二战刚刚结束，美国就急于要扶持日本？并推动签订和平条约？

显然，化解美日复杂纠葛的根源是冷战。冷战最初争夺的热点是欧洲，亚洲则处在冷战的前夜。从对苏冷战的角度，对美国的对日政策进行调整有一个演变的过程。“与同欧洲进行合作的方法不同，美国处理日本的方法是复杂的，这即源自太平洋冲突的怨恨，也源自日本完败的事实”②。美国的东亚冷战政策在 1947 年尚未形成，对日政策也还处在摸索、转换阶段，当时美国还没有在全球冷战中对日本进行准确的战略定位。对日本而言，在美国的东亚战略、对日政策尚未彻底确定的情况下，日本政府在安全保障问题上，虽产生了较为明确的设想，但也只能采取投石问路、逐步试探的方式向美国进行渗透。同时，美国对日占领政策的演变与美国政府不愿介入中国内政太深有关。因为在美国看来，美国能在一定程度上控制日本局势，但却难以控制中国。从另一方面看，在美国政府看来，中国是可以牺牲的，而日本在亚洲却开始扮演着越来越重要的战略角色。③

---

① 〔英〕理查德·克罗卡特著，王振西等译：《五十年战争：世界政治中的美国与苏联（1941—1991）》，社会科学文献出版社 2015 年版，第 123 页。

② 〔日〕孙崎享著，刘林译：《日本的情报与外交》，新华出版社 2014 年版，第 185 页。

③ 〔英〕理查德·克罗卡特著，王振西等译：《五十年战争：世界政治中的美国与苏联（1941—1991）》，社会科学文献出版社 2015 年版，第 123 页。

导致美国在亚洲出现重大战略转向的根本动因是冷战在亚洲的形成和发展，这个转向是美国所确定的战略威胁带动的。随着冷战在亚洲的萌动，美国在亚洲的战略威胁已经不再是日本，而变成了苏联和与苏联结盟的中国。

美国战略转向带动了一个重要的战略理念的实现，即化敌为友。

众所周知，美日在太平洋战争中都付出了巨大的惨痛代价。由于武器上的优势，美军死亡 12 万人，伤亡 43 万人，整体上占了很大优势。“太平洋战争期间美国大约有 426000 人伤亡：其中有 161000 人死亡（111914 人死于战场，49000 人属非战场死亡），248316 人受伤，16368 人被俘。军事物资方面的损失如下：损失了 188 艘军舰，其中包括 5 艘战列舰、11 艘航空母舰、25 艘巡洋舰、84 艘驱逐舰和 63 艘潜水艇及 21255 架飞机。根据日本经济安定本部的调查，日军在太平洋战场上陆军一共死亡 1140429 人，海军一共死亡 14879 人”[①]。

日本还遭受到人类史上第一次核武器的袭击，美日可谓生死对头。但在短短几年间，美日之间的关系出现了翻天覆地的变化——由战场上的敌人迅速转为盟友。

在日本投降后的头两年中，美国拿出了 150 亿美元以上的贷款和赠予来救济日本战时难民。美国还提供了巨大的援助来帮助日本恢复交通和运输。

美国声称一个战胜国愿意复兴战败国和帮助它的同盟者，这在世界历史上还是第一次。为此，杜鲁门还抨击了苏联狭隘的追求民族利益的行为。“俄国人则不分敌友，不管在什么地方，只要有可能，就从他们所占领的国家抢走所有能够运走的东西”。[②]

美国帮助日本，当然不只是大发善心，更有战略上的深远谋划。

二、美国的战略考量

美国的战略转向是根本国际形势和美国战略对手的变化而确立的。

（一）东亚的国际环境出现了巨大变化，给美国重新布局提供了良机

其中一个前提是美国在 1945 年 8 月日本投降后独家占领了日本。美国对日

① 刘庭华编著：《中国抗日战争与第二次世界大战系年要录·统计荟萃（1931—1945）》，海潮出版社 1995 年版，第 367 页。

② Harry S. Truman, *Memoirs by Harry S. Truman. Vol. Ⅱ: Years of Trial and Hope*, Doubleday & Company, Inc., 1955, pp. 110—111.

本使用核武器，是为了尽快结束太平洋战争，也是为了防止苏联染指日本。《波茨坦公告》之后，美国成功试爆核武器，很快决定对日本使用核武器。但是一旦占领日本后，事情出现了变化。

战争末期和战后初期，美国是扶植国民党政府的，当时是想把中国作为轴心纳入美国的势力范围，东亚政策的重心在中国。对于日本主要是保证其非军事化，铲除日本封建基础，防止其再次成为美国的威胁。但是1947年美苏冷战爆发后，情况出现了变化。

显然，美国独家占领日本是美国改变其东亚战略的关键所在。德国战败投降后，美国与苏联都开始谋求更多的势力范围和更大的国家利益。意识形态方面的分歧进一步加深了这种矛盾。1945年7月17日至8月2日在德国波茨坦举行了美苏英三国首脑会议，在有关德国的军事分区占领和战后欧洲和平安排等一系列问题上，尽管三方最终达成协议，但美苏之间的矛盾和猜疑加深。苏联提出，不仅要美国履行雅尔塔会议上有关苏军参加对日作战的条件外，还要参与对日本本土的军事占领和管制，美国却寸步不让。杜鲁门一再强调："坚持对日本和太平洋的完全控制，是美国对日本和远东的基本方针"，"对日本的占领不能重蹈德国的覆辙"。最后《波茨坦宣言》含糊规定，战后日本由"盟国"实行军事占领和管制。

8月11日，即接到日本政府的第一次乞降照会的次日，美国将任命麦克阿瑟为盟军最高司令官的消息通报给苏联。此时苏联宣布对日作战仅仅两天，只能不情愿地接受了美国单独占领日本的既成事实。9月2日，在东京湾的美国战列舰"密苏里号"上，举行了日本正式投降的签字仪式，日本外相重光葵和参谋总长梅津美治朗签署了日本无条件投降书。历时6年的二战宣告正式结束。自此，美国也就顺理成章地把日本纳入了其亚太总体战略的轨道中。

（二）美国确认了新的战略对手

新中国成立并与苏联结盟显然出乎美国意料，并打乱了美国原有的亚洲战略部署即扶中抑日。中苏结盟使美国在东亚的地缘战略失去了重要的支点，美国不得不扶植昔日的敌人日本来抗衡中苏。对于美国而言，这是一种被动的转变。如果中国仍然控制在美国之中，苏联的地位是十分困难的。显然，美国的杜鲁门在对华战略问题上当时是过分看重意识形态的对立而忽略了地缘战略利益的。而苏美均没有看重中国在东亚战略中的地缘政治作用，比如苏联并未全力支持中国共产党的革命，而美国在二战结束后，也没有全力支持蒋介石，致使美国有“丧失了中国”之说。美国让苏联进攻东北以及下注蒋介石，最终使美国在亚洲不得不放弃亚洲大陆而转向岛屿围堵，这并不是美国的成功而只是其无奈的应对。

朝鲜战争之前，美国在二战后的对日战略有两个目的：一是控制日本，防止日本军国主义再度兴起，当时的一个主要症结就是对日媾和同时也要解决对日驻军问题，对日驻军成为媾和的重要条件之一；二是扶植和利用日本，通过给日本和平保障的方式要求日本按照美国的意图和战略行事。

朝鲜战争爆发成为一个新节点。

当欧洲冷战全面形成的时候，亚洲尚处于热战阶段。可以说亚洲的冷战是由于热战转化而来的。“至 1949 年下半年，北约已建立，德国已分裂，欧洲两大集团势力范围已明朗化。亚洲却处于动荡中。中国共产党领导的革命最后胜利在望，菲律宾、马来西亚、印度支那都有共产党领导的武装斗争，南朝鲜李承晚政权面临危机。整个亚洲的发展趋势对美国和西方国家不利”。[①] 由于新中国政权的成立，美国不得不改变原有的扶持中国抑制日本的政策。加之 1950 年爆发朝鲜战争，美国开始在亚洲地区扶日抑中，视中国为亚洲头号敌人。“……杜鲁门逐渐把在中国的失利纳入美苏冷战轨道，继而把美苏冷战又同日本和朝鲜问题相联系。国防部最早提出‘弧形防御带’计划，把日本视为远东冷战遏制政策的基石。不久，美国把驻军南朝鲜看成“美国在全世界的反共信誉问题”[②]，从日本、韩国、中国台湾到东南亚的“一条线”的设想在杜鲁门执政后期大致已经形成。

朝鲜战争的结束，进一步促使美国对亚太地区的决策出现重大转折。“从全球角度看，美国仍把苏联作为冷战主要对手，在亚洲范围，美国逐渐确立以中国为主要对手、以共产主义为主要遏制对象的冷战部署。亚太地区从此成为美国遏制世界共产主义的主战场之一”。[③]

（三）称霸亚洲的战略需要

1948 年初，日本海陆空军已不复存在。美国著名的冷战设计师乔治·凯南于 1948 年 3 月访问日本和冲绳，拟以实地调查为基础制定新的方针。10 月的第 NSC13/2 号文件即是这一新方针的体现。它主张姑且以缓和、占领和复兴经济

---

① 资中筠主编：《战后美国外交史——从杜鲁门到里根》，世界知识出版社 1993 年版，第 159 页。
② 王辑思：《冷战时期美国对东亚政策思想的演变》，《世界历史》1988 年第 2 期。
③ 王绳祖主编：《国际关系史》第 8 卷，世界知识出版社 1995 年版，第 145 页。

为方向，继续占领日本。[①] 它提出了对日政策的新原则。当时国民党政府已经危在旦夕，美国已经确定失去了中国，如果再丢失日本，美国在西太平洋将失去有效防线。

因此，扶植日本、促使日本成为美国的伙伴就成了当务之急。“像在德国问题上那样，凯南担心继续着重于压制先前的敌人只会造成一个权势真空，苏联人可以通过内部颠覆或外部压力填补这个真空”[②]。

自太平洋战争后期，美国即确定了一个方针：阻止苏联染指日本事务，更不允许苏联取得对日本的控制权，美国对日投掷原子弹即有这一方面的考量。在美国看来，苏联控制日本，不仅有军事上的意义，还有可能通过日本的熟练人力和工业潜力，极大地改变世界力量对比。在美国看来，对日本控制权之争将决定美国在亚太地区的地位和角色，决定亚太地区的力量和格局，也决定着太平洋的未来，甚至更决定着冷战的成败。随着冷战的开始，美国政府已经开始认识到日本在对苏战略上的价值。美国认识到，从工业能力、人口、地理位置来看，如果日本落入敌手，对美国的国防势必形成威胁；如果能够将日本作为己方伙伴加以利用，则可以成为非常有效的战略据点。当时，正如美国在德国问题上的政策一样，美国有两种方式阻止苏联控制曾是敌对的工业力量中心：一种是通过谈判实现它们的非军事化和中立化，另一种是采取单方面行动，将它们绑在美国及其盟国的车上。凯南倾向于采取在北约和创建西德国家问题上的立场，即非军事化和中立化，他甚至在 1950 年 8 月建议美国同意日本非军事化和工业化，以交换苏联人在朝鲜安排停火和入侵部队撤离。[③]

1949 年的一些冲击性事件，如新中国成立和苏联成功试爆原子弹，使美国更加意识到亚洲的战略天平向苏东阵营的偏移。凯南认为，维持均势的关键是防止工业——军事力量中心落入敌对势力之手。而美国的战略是必须确保其他任何一个工业中心不倒向苏联。凯南还将西欧和日本置于至关紧要的优先位置。他强调，对日占领政策的重点，“应当在于日本社会最大程度的稳定，以求日本

---

① 〔日〕五百旗头真主编，吴万虹译：《新版战后日本外交史》（1945—2005），世界知识出版社 2007 年版，第 48 页。

② 〔美〕约翰·加迪斯著，时殷弘等译：《遏制战略：战后美国国家安全政策评析》，世界知识出版社 2005 年版，第 75 页。

③ 〔日〕五百旗头真主编，吴万虹译：《新版战后日本外交史》（1945—2005），世界知识出版社 2007 年版，第 85 页。

在保护之手撤回时能够最大程度地自立”[①]。

凯南还从全球战略平衡的角度来分析和看待对日本的战略。他主张“任何世界均势首先意味着欧亚大陆上的均势。只要德国和日本依旧是权势真空，这均势便无法想象”。他还特别强调分寸把握的重要性，必须“将这些民族的实力和意志恢复到如此程度，以至它们能在欧亚大陆均势中起到自己的作用，但同时不进展到使它们能再次威胁西方海权世界的利益的地步”[②]。

凯南上述主张表达了美国政府对苏冷战的主要战略思想，即在全球范围内建立起与工业国家的联盟体系，控制主要资源，形成战略优势，在世界各重要区域构建遏制苏联势力向外扩散的防御链条、地区战略平台。冷战版的对日政策，正是沿着这一战略构想展开的。

1947 年 8 月 11 日，政策计划委员会的主要成员戴维斯在呈交给凯南的一份备忘录中更进一步明晰了对日本的政策：首先，强调日本应稳定，而要保持日本稳定的方法是将日本纳入太平洋经济圈。其次，对日本改造的目的是所谓民主化，而非军事化已经不再重要。战后的日本短期内已经难以成为一流军事大国，但日本归于哪一个势力范围却仍然很重要。最后，与第二点相关联的是，使日本成为能够为美国所用的可靠盟友。这份备忘录，首次清晰地描述出美国对日政策的新目标，是把日本变为一个支撑美国亚太战略的盟友、遏制苏联势力向太平洋扩散在前沿展开的战略基地。“戴维斯这一思路与凯南主张通过结盟构建防御链条遏制苏联势力向外扩散的冷战策略非常吻合。因此，凯南立即将这份备忘录呈交给了主管东亚事务的副国务卿洛维特。洛维特对这份备忘录也表示肯定，并且要求政策计划委员会立即开始拟定新的对日政策。政策计划委员会遂以构建对苏冷战的东亚战略平台为出发点，开始了新的对日政策的制定工作”[③]。

凯南主持的美国国务院政策规划署向国家安全委员会所提出的建议是：日本应该与菲律宾共同作为美国在太平洋地区安全保障体系的基础，这是美国对日政策的中心目标。为此，就必须促进日本经济的复兴，将占领政策的重点从民主化的政治改革转移到经济复兴上来。其手段包括：缓和赔偿，赔偿只限于

---

① 〔日〕五百旗头真主编，吴万虹译：《新版战后日本外交史》（1945—2005），世界知识出版社 2007 年版，第 40 页。

② 〔日〕五百旗头真主编，吴万虹译：《新版战后日本外交史》（1945—2005），世界知识出版社 2007 年版，第 37 页。

③ 肖伟：《战后日本国家安全战略的历史原点》，新华出版社 2009 年版，第 105 页。

先期赔偿计划的30%，不再向日本提出新的民主化改革措施，修改有关整肃军国主义分子和经济力量过度集中排斥法，及早发现并处理乙级、丙级战犯嫌疑中的无罪人员，缓和新闻检查，促进日本文化的亲美倾向等。[①]

1948年，美国国家安全委员会通过13/2号文件，决定转变对日政策，推迟对日媾和，首先使日本在经济和社会方面稳定起来，赔偿问题和远东委员会的问题留待以后再议，[②] 明确了从地区冷战的角度强调日本战略重要性的观点。美国国家安全委员会于1949年12月23日讨论了由国务院起草的NSC 48/1号文件《美国对亚洲的政策》。该文件明确地把对亚洲共产党力量的遏制作为整个遏制战略的重要组成部分，指出："从美国的观点来看，保全从日本到印度支那的海岸沿岸岛屿这一锁链，具有极大的战略重要性"，"东南亚是自日本南下至印度大陆遏制共产主义防线上绝对不可少的一部分"。如果共产党控制了东南亚，那么，中近东和澳大利亚则将被攻陷。美国在亚洲战略的根本目标是"遏制、削弱苏联在亚洲的力量和影响"[③]。而要达到这一目的，就必须建立起亚洲太平洋集体安全保障计划。显然，日本成为这一计划中的重要一环。

自美国全球冷战爆发并延伸到东亚之后，美国的对日战略开始出现根本性变化，即由防范、抑制日本改变为利用日本。根本冷战的需要，激活日本并在一定程度上壮大日本，使日本成为美国全球冷战战略和对抗苏东阵营的马前卒、排头兵。

1948年以后，随着国际形势和美国对日政策的转变，美国将日本视为对抗苏联和中国的战略据点，对日政策由非军事化和民主化改变为扶植日本，对日媾和也改为非惩罚性，希望将日本纳入美国在亚洲的战略轨道。

1950年末，杜鲁门否决了国防部反对早期媾和的提议，任命杜勒斯为对日媾和特使，并确定了媾和的主要原则与目标。首先，应立即对日媾和，无须等待朝鲜战争的结束；其次，美国应使日本在美国的岛屿防卫链条承担相当的军事力量；最后，希望日本逐渐增强本国的自卫能力。[④]

巩固与强化初起的霸权地位是美国冷战战略的关键之一，为了达到这个目的，与苏联争夺战败国就成为主要的任务，美国已经在对日作战中使用原子弹

---

① "Explanatory Notes by Mr. George F. Kennan", FRUS, 1948, Vol. 6, p. 712.

② NSC 13/2, "Recommendations with Respect to U. S. Policy toward Japan". FRUS, 1948, Vol. 6, pp. 857－862. 转引自周建明：《美国国家安全战略的基本逻辑：遏制战略解析》，社会科学文献出版社2009年版，第253页。

③ NSC 48/1, The Position of U. S. with Respect to Asia, FRUS, 1949, Vol. 7, pp. 1215－1220.

④ 肖伟：《战后日本国家安全战略》，新华出版社2000年版，导论，第48页。

而先声夺人，并且从军事上独家控制日本，但要使日本成为抗衡苏东集团的一枚棋子，美国还需要下一番功夫。对于日本这样的昔日敌手，美国的目的并非是一般争取，更希望对日本进行改造。

在化日为友的指导原则下，美国采取了一系列重大举措。

第一，1951 年 10 月 10 日，美国国会通过《共同安全法》，取代了先前的《援外法案》。《共同安全法》的宗旨明确规定，要通过对友好国家提供军事、经济和技术援助，“以增强自由世界的共同安全、个别防务和集体防务”[①]。这意味着美国将根据该法案承担欧洲以外包括亚太地区在内的一切防务任务，为建立亚太军事体系提供物质保证。出于亚洲冷战政策的需要，美国采取了单独扶植日本的政策。

1946—1947 年，丘吉尔与杜鲁门相继发表铁幕反共演说和所谓“遏制共产主义蔓延”的国情咨文，美苏战时同盟完全破裂。由美国牵头的北大西洋公约组织和以苏联为首的华沙条约组织相继成立，冷战格局正式形成。为了适应冷战的新形势，美国整体的亚洲战略和对日政策进入了调整和转变的状态中，对日媾和问题开始被提上议程。1950 年 4 月 6 日，杜勒斯被任命为美国国务院最高顾问，接管国务院远东事务及对日媾和问题。4 月 25 日，日本首相吉田茂派藏相池田勇人作为首相特使访问美国，也传达了其希望早日实现对日媾和的愿望。当时，美国国务院认为，在欧洲冷战加剧，中国局势发生急剧转变的背景之下，早日发起对日媾和可令美国掌握主动权，否则苏联将归咎美国故意推迟媾和，抢先对日提出条件。国防部则认为，日本是构成美国在太平洋防卫阵线的关键一环，此时结束占领会削弱美国在日本的特权。即使出于政治考虑有必要缔结和约，也要有先决条件，即日本有限度地重新武装，美国在日本驻军并建立基地，保证日本的亲西方倾向。

1950 年 4 月 6 日，杜勒斯被任命为美国国务院最高顾问，接管国务院远东事务及对日媾和问题。1950 年 6 月 25 日，朝鲜战争爆发，杜勒斯更确信应及早缔结对日和约。一方面，他紧急致电吉田茂说：“朝鲜战争，不仅给了我一个教训，而且也给了美国一个教训。这就是说，仅仅把日本作为反共的政治上的防线是不够的，一定要使它成为反共的军事基地。”吉田茂随即表态愿把日本变成美国发动朝鲜战争的军事、经济、技术供应基地，并答应“充实并增强警察预备队和海上保安队，由治安省之类的机关予以统辖”。另一方面，杜勒斯答应了

① 王绳祖主编：《国际关系史》第 8 卷，世界知识出版社 1995 年版，第 148—149 页。

美国国防部要在日驻军与建立基地等所有要求，起草了国务院与国防部联合备忘录，并于1950年9月8日由杜鲁门签字通过，成为国家安全委员会NSC60/1号文件。这份文件是美国对日媾和政策的纲领性文件，之后杜勒斯拟定的对日和约草案也遵循了该文件的基本精神。[①] 从1950年10月起，美国提出《对日媾和七原则》加快了美国对日媾和的步伐。日本史学家信夫清三郎认为，贯穿七原则的核心就是要把日本拉进美国阵营，以确保日本同共产党国家隔离。对日媾和七原则的目的是把日本纳入美国的战略轨道，独占日本合法化长期化。[②]

第二，缔结《旧金山和约》。

1951年9月4日，美国单方面邀请了52个国家在旧金山举行对日和会。在美国的强力主导之下，与会的49个国家于9月8日在一份“对日和平条约”上签字，史称《旧金山和约》。该和约美其名曰要解决第二次世界大战后，战败国日本的战后地位问题与厘清战争责任所衍生的国际法律问题。但实际上却是美国为了扶持日本成为其在亚太地区对抗苏联，确立亚洲冷战格局而策划的单方面“媾和条约”。

和约签订的过程中，苏联、波兰和捷克斯洛伐克虽然被邀请出席，但却被排除在和约条款谈判过程之外，所以拒绝签字。抗战28年、蒙受最大战争损失的中国合法代表——中华人民共和国，则从一开始就被美国排除在这一和约之外。

就在《旧金山和约》签字仪式完毕的傍晚，日美两国代表又举行了《日美安保条约》的签署仪式。自此，日本成为美国在亚太地区最重要的盟友和美国亚洲集体安全体系的核心组成部分。而由充满漏洞的《旧金山和约》所确立的旧金山体制，也就在东亚地区埋下了领土争端冲突的伏笔。美国通过《美日安保条约》实现了两个目的：其一是美国对日本驻军合法化。日本一直希望与美国秘密谈判和约，当时其实美国还是有一些担心。1949年吉田茂任首相后，为了避免日本作为战败国的屈辱地位，即竭尽全力对美媾和谈判。大藏相池田勇人访美，美国陆军部副部长说，美国担心的是一旦媾和，美国将不得不撤军，日本将成为“真空”，日本提出了在和约中加入允许美军驻军的条款，美国驻军合法化得以确认。其二美国完成了将二战战争对手转变为冷战合作伙伴的过程。

① 〔日〕五百旗头真主编，吴万虹译：《新版战后日本外交史》（1945—2005），世界知识出版社2007年版，第52页。

② 〔日〕信夫清三郎编，天津社会科学院日本问题研究所译：《日本外交史》（下册），商务印书馆1980年版，第776—777页。

这也是一个战略实施过程。

美国通过主导完成《旧金山和约》，为亚太战略调整奠定了基础，确立了日本作为美国亚太战略主要助手。首先，《旧金山和约》为美国驻军日本提供了条约依据，也为日后美日同盟形成提供了可能。其次，条约重新调整了亚太国家与日本的关系，也优化了美国的亚太战略布局，确立了日本作为美国亚太战略的重心。最后，通过亚太前沿部署，汲取日本能量，美国能更加放心地投入到反共斗争当中。

《旧金山和约》是改造日本、改变美日关系性质的重大举措。从此，亚洲格局在以美日关系为轴的新关系确立后呈现出全新的局面。

旧金山媾和条约正式生效后，日本结束了近 7 年的被占领时期，并从法律上获得了国家独立，重新回到了国际社会。此时，日本已经通过与美国结盟确立了攀附强援、侧重经济、逐渐军备的国家战略的总体框架。[①]《旧金山条约》与日美“安保”体制将日本纳入了美国在远东的“集体保护”与“安全保障”的战略轨道；日本重整军备并参与到美国的反共军事体制中去，成为美国亚洲军事体系的重要组成部分，使日本在冷战格局下被定位为“美国保护下的通商国家”，成为冷战格局的最大受益者。

当然，日本也充当美国的炮灰，成为美国亚洲政策的马前卒。

美国不仅保证了美国军队有权驻扎在日本，把日本作为美国在亚太地区发挥政治、军事作用的核心，加强对日本、远东和亚太地区的控制，而且还把日本也纳入到了美国的世界反共战略之中，作为在东亚地区遏止共产主义链条上的核心地区，协助美国发挥作用。

三、结　语

日美结盟也给日本带来了两个直接影响：一是增加了卷入美国全球战争的危险性；二是为了弥补本国军事力量的不足，为了确保经济优先战略的实施，日本又不得不请求美军驻扎日本，通过结盟而依靠美国的军事力量，以实现自身的安全。当然，美国政府是不会无代价地保护日本，也不会让日本“白乘安全车”的。美国要日本“付费”，日本企望“尽量少付”，这也是承担相互防卫

① 肖伟：《战后日本国家安全战略》，新华出版社 2000 年版，第 71 页。

责任的“再军备”问题。[1]

旧金山和会虽然是一次国际会议，但它并不是这一地区所有国家利益的体现。在关于领土问题的条款中，《旧金山和约》第二项的B、C、F条款均未对一些关于领土的实质性问题作出明确规定，比如，关于台湾属于中国领土在条约中没有写明，中华人民共和国没有在条约中得到承认。条约的第七章第25项声明，它将不授予任何权利、名称或利益给任何没有签署和批准它的国家。苏联拒绝签约，中国未被邀请，这意味着这两个国家没有获得对这些领土的任何权力。分裂的朝鲜半岛的两个政府也没有参加会议。涉及钓鱼岛、澎湖列岛和北方群岛的领土纠纷在条约中也没有给予准确界定。这为未来的纷争留下了隐患。再如，虽然朝鲜的独立在条约中得到确认，却并没有相关条款对分裂的半岛的两个政府的情况进行限定。条约中的这些特征既不是偶然也不是失误，这些问题中的多数是有意制造或遗留不决的，其目的在于保护美国的战略利益，或避免西方联盟间不必要的纷争，也为美国插手这一地区的事务形成有利于美国的冷战部署；与欧洲相比，亚太地区的对抗更具有建立在国家疆界和领土主权的对抗基础之上的特色。在欧洲只有德国被划分为两个部分。而在亚太地区，对势力范围的争夺导致了几个冷战前沿。

美国由二战中的对手到后来的占领控制日本，再到不断给日本松绑解套，都有其特定而明确的战略意图，那就是在东亚地区抑制最有可能挑战美国主导地位的国家。这是美国东亚战略的核心指南。这一战略的核心一直延续至今。美国有效控制冲突的办法就是制造和利用矛盾，美国当初有意留下的矛盾正一次次被美国加以利用。这使得美国可以在冲突各方两边要价，成为仲裁者和离岸平衡者。在地区层面制造并保持主要国家间的对抗是霸权国的目标。关于美国使用英国式的离间计早有证实，这其实也是隔山观虎斗而大国坐拥最后裁判权的大英帝国战略的翻版。从大英帝国殖民撤退开始，英国就在地区层面留下纷争的隐患。美国的想法与英国如出一辙，那就是听任或更多是制造其他地区间的大国较量纷争不断。美国的长久优势地位就是凌驾于他国的矛盾与危机之上。在《旧金山和约》中，有意留下有关领土和领海以及历史遗留问题，以待埋下这一区域国家间的矛盾和危机的引火线，而美国随时可以引燃并坐收危机红利。这是一种典型的把自己的国家利益建立于他国彼此削弱和彼此制衡之上的战略。在中日之间也是如此，任何一方的力量趋于弱小，美国都将加以扶持

① 冯昭奎等：《战后日本外交（1945—1965）》，中国社会科学出版社1996年版，第123页。

或平衡。即使是美国的盟国日本在地区坐大，也是不符合美国利益的。

史料有记录，美国拟定《旧金山和约》初稿的时候，战后日本的国境线曾是十分明确的，但最后定稿时，一些地区却语焉不详了。这一点连日本学者都看得很清楚。日本前防卫大学校长五百旗头真发表于《选择》杂志的文章一针见血地指出：“在冷战时代，美国最担心的是东亚国家结盟把它排挤出这一区域。因此，让东亚国家间出现适度的摩擦，对它在此地立足有益。这些‘冰块’（指领土问题）就是因美国战略而产生的。”①

至此，两个战败国——德国与日本都成为美国的盟友，而且成为抗衡苏东阵营的排头兵和战略支点，美国的全球冷战战略由此确立起来。

亚洲从北到南的一系列热点争端，如朝鲜半岛分治、中日岛争、台湾问题以及南海问题等其实都是战后亚洲遗留问题，这些问题因冷战而起，却并没有因冷战结束而终结，一直到现在都在制约着亚洲的合作与发展。

① 冯玮：《中日岛争升到战略博弈》，http：//www.ftchinese.com/story/001054124？full＝y&full＝y&archive.

第二编

战略博弈之策：抢占先机

美国的二战战略：战略时机和大战略目标选择

在二战爆发初期，美国和苏联这两个未来的超级大国都袖手旁观，这一局面持续了将近两年，直到希特勒 1941 年 6 月入侵苏联，日本于同年 12 月袭击珍珠港，才不可改变地将两国拖入了战争。[①]

1941 年 6 月 22 日凌晨，希特勒德国向苏联发动了闪电式的进攻，苏德战争全面爆发。

1941 年 12 月 7 日，日本偷袭珍珠港。第二天，美国对日本宣战。同日，英国向日本宣战。9 日，中国对日本宣战，10 日，对德宣战。11 日，希特勒对美国宣战。

单纯从时间上看，美国直接参与二战并不晚，也就是在苏德战争爆发半年之后就介入了，但如果了解德国闪电战的效率就会发现，这半年是几乎将苏联置于死地的半年，同时也是苏联起死回生的半年，美国也是在确认了苏联还有抵抗力的情况下提供租借的，正如商人给人贷款需要了解对方是否有偿还能力一样。

美国是一个得天独厚的大国，两洋相隔，地缘安全上有太平洋和大西洋提供天然的屏障，可以高枕无忧地隔岸观火。但罗斯福作为战略家，却并不是一个单纯的旁观者。二战开战前后，罗斯福从来没有停止对于二战的跟踪与思考，而且他看到了传统大国两败俱伤之后可能给美国提供的难得的历史机遇。这一点，从《大西洋宪章》开始已经有所体现。

对于美国国家利益而言，美国介入二战的时机是恰如其分的。这也是承袭英国传统的光荣孤立政策引发而来的。

美国的二战战略分为几个阶段：

① 〔英〕理查德·克罗卡特著，王振西等译：《五十年战争：世界政治中的美国与苏联（1941—1991）》，社会科学文献出版社 2015 年版，第 49 页。

一、独守中立

美国对于欧洲出现的二战，开始持模糊的立场。原为美国参议员，后来成为美国总统的杜鲁门就公开鼓吹美国在德苏战争中保持首鼠两端的态度。他说："如果我们看到德国赢了，我们就去帮助俄国；如果俄国快赢了，我们就去帮助德国，这样就可能让它们更多地遭到损害。"①

因此，当欧战正式开始时，美国一开始只不过是坐山观虎斗。

随着欧洲局势的不断恶化，罗斯福的对外政策逐渐向英法倾斜。1939 年 1 月 4 日，他在致国会咨文中指出：现行《中立法》"可能在实际上有助于侵略者而无助于受害者"。3 月 17 日，即德国吞并捷克斯洛伐克后两天，他对报界说："过去几天内欧洲事态的发展表明，我们需要修改《中立法》。"②

1939 年 1 月 31 日美国总统罗斯福在美国参议院军事委员会协商会议上曾经有过一次内部讲话，面对即将爆发的欧洲大战，罗斯福的立场是，一方面设法维护欧洲国家的独立，另一方面又可以借机向这些需要维护独立的国家出售武器，大发战争财。他计算了一下欧洲还有 20 多个独立国家后说，"如果德国和意大利的军事力量再保持下去，希特勒和墨索里尼共同的或各自的成功步骤再继续下去，它们将不可能独立。它们会失去独立"。他说："如果这种情况果然发生了，英国、法国和其他仍然保持独立的国家决定起而战斗，那时你们就会碰到武器问题。"③

9 月 3 日，即英法对德宣战的当天晚上，他一面宣布美国仍然是个中立国，一面又表示不能要求每个美国人在思想上也保持中立。他利用人民同情英法的趋向，要求国会举行特别会议来讨论废除《中立法》中武器禁运条款问题。他于 9 月 21 日在国会说："我这样要求是因为，在我看来，这些条款对于美国的中立、美国的安全尤其是美国的和平具有致命的极大危险。"④ 他反复宣传废除武器禁运能更好地保证美国不卷入战争，扩大就业机会，改进国防建设，增加

---

① 王俊彦：《铁锤外交家——莫洛托夫》，世界知识出版社 1999 年版，第 132 页。

② 〔美〕富兰克林·D. 罗斯福著，关在汉编译：《罗斯福选集》，商务印书馆 1982 年版，第 230 页。

③ 《美国总统罗斯福同美国参议院军事委员会协商的会议记录》（1939 年 1 月 31 日），李巨廉、王斯德主编：《第二次世界大战起源历史文件资料集（1937.7—1939.8）》，华东师范大学出版社 1985 年版，第 445 页。

④ 〔美〕富兰克林·D. 罗斯福著，关在汉编译：《罗斯福选集》，商务印书馆 1982 年版，第 231—232 页。

黄金库存。罗斯福已抛开了冠冕堂皇的辞令而接触到问题的核心：援助英法就是帮助自己。

9月29日慕尼黑会议后，英国、法国都派人来向美国购买飞机。英国希望购买三四百架飞机，而法国则用500万美元向美国购买武器。

这些订单不仅使美国一些闲置的工厂重要运转起来，还使得英国法国等独立国家能够拥有足够的武器在一线与德国厮杀。英国、法国的独立和抗击能力显然也是有利于美国的安全的。

粗看起来，这个决定有悖于美国的《中立法》。1935年通过的《中立法》，禁止美国公民向国际战争的交战国售卖军火。但实际上所谓中立取决于是否有利于美国的立法。罗斯福的中立只是美国不参战的中立，但并不意味着美国放弃以某种有利可图的方式支持交战国的权利。当罗斯福决定向英法等欧洲国家提供武器的时候，却仍然防止任何军火进入德国、意大利或日本。这样一来，一方面可以支持美国所希望的40～50个国家的独立，更为重要的是利用这些国家继续抗衡德国，又可以获取军火红利。美国可谓真正可以坐收欧战的渔利。更具有深远意义的目标是美国通过欧洲国家尤其是大国之间的两败俱伤，不仅可以利用欧洲的灾难大发横财，还有可能取代欧洲的世界霸权地位。

1939年的《中立法》，为美国发战争财创造了条件。美国派军舰到开普敦要把英国所储黄金悉数运走，让英国低价卖掉科陶尔股份公司，可见一斑。

1939年的《中立法》表明美国对欧政策有所调整，从偏袒德意转为偏袒英法，因为在欧洲的交战双方中，只有英法能进行现金购买并自行运输武器装备，但是美国对欧政策的调整又是有限度的，没有突破中立的框架，束缚了给英法以更有力的援助。

由于对德国破坏欧洲均势的担心，也由于美国政府策略运用得当，美国国会态度发生重大变化。参众两院于1939年10月27日和11月2日先后通过《新中立法》，解除对交战国军火禁运。

随着战事的演变，美国选择的倾向性也更加明显。罗斯福提出了美国要做“民主国家兵工厂”的概念。这又进一步给美国的战略选择带上了所谓正义和道义的色彩。罗斯福是“民主国家兵工厂”概念的先驱和坚定信奉者。这个概念在于：美国可以通过支出技术而非支出人力来最有效地为维持国际秩序作贡献。珍珠港事件以前很久，他就试图将美国的工业生产能力纳入反法西斯事业。他认为美国应当起到一种享有特权的避难所的作用，利用自己在地理上的独处和不易受伤害的物资设备来生产战争物资，让别国提供打仗所需的部队，甚至在积极交战变得必不可免之后，罗斯福及其首要军事战略家乔治·C. 马歇尔将军仍保留了先前方针的一些成分，将美国陆军限为 90 个而非 215 个师，后一数目一直被认为是为了打败德日两国所必需的军力。[①]

当然，所谓“民主国家兵工厂”的概念在后来又有了进一步发展，当苏德战争爆发后，美国又将苏联纳入了可以进行援助的目标国。而苏联虽然并不属于“民主国家”，但这时候美国将更大的战略威胁锁定在德国身上，因此，美国的援助目标又扩大为反法西斯国家。显然，一切概念和政策的提出，都是基于美国战略利益考虑的。形势出现变化，战略利益就会变化，而一切概念和政策都会随之而变。为了反对德国发起的战争，正如马歇尔所强调的，没有苏联的人力就不可能做到这一点。在这个意义上，美国依赖苏联红军恰如——或许还甚于——苏联人依赖美国租借援助。

美国坚守中立的战略选择可以归结为以下几点：

首先，维持欧洲战略平衡，保持欧战的焦灼状态有利于美国保持特殊的战略优势。罗斯福是个积极中立主义者。其战略意图是：一方面，尽量利用美国的经济与军事实力保持欧洲的力量平衡，防止任何国家单独控制欧洲；另一方面，不主张贸然派兵卷入欧战，避免与德国迎头相撞。苏芬战争时，罗斯福除了对苏联表示“公开谴责”外，很少采取直接反苏的措施，以免将苏联推入德国的怀抱。1940 年 2、3 月，他派副国务卿萨姆纳·韦尔斯访问意、德、法、英四国，目的是：通过对四个大国的直接接触，对“奇怪战争”的未来发展作出确切判断；劝阻意大利参战；试探在美国主持下召开有关大国首脑会议以“实现某种公正持久和平”的可能性，以便对内争取选民支持，对外美化美国形象。总之，从欧战爆发到法国投降前的美国对欧政策，具有两重性：既想遏制德国的侵略扩张，又不愿抛弃中立的外衣；既感到和平解决欧洲危机的希望渺茫，又不愿完全放弃充当“和平缔造者”的幻想。[②]

美国的盘算是，既然英国可以绥靖德国以削弱苏联，那美国就不能绥靖德国、意大利和日本以削弱英国吗？当然可以。美国默认德国在欧洲、意大利在地中海、日本在太平洋将英国打到心力交瘁之际，再被美国榨一遍“油水”后，才向英国伸出援助之手。1940 年 9 月 27 日，德意日签订《德意日三国同盟条约》，英国已在大西洋和太平洋被打得遍体鳞伤并绝无反手之力的情况下，丘吉

① 〔美〕约翰·加迪斯著，时殷弘等译：《遏制战略：战后美国国家安全政策评析》，世界知识出版社 2005 年版，第 4 页。

② 石磊、刘陵等：《国际关系史（1939—1945）》第 6 卷，世界知识出版社 1995 年版，第 34 页。

尔于当月请求罗斯福提供武器，罗斯福同意向英皇家海军转让 50 艘超龄驱逐舰，作为交换，英国付出的代价是英国从纽芬兰到特立尼达之间 8 个海军基地的“将以九十九年为期租与合众国”使用权。罗斯福不无得意地在致国会的咨文中向全国宣布这项趁火打劫的交易时说：在纽芬兰和百慕大建立基地的权利是慷慨地赠与和高兴地接受的礼物。上述的其他基地则是以交换我们 50 艘逾龄驱逐舰来获得的。

即使如此，美国还在 1941 年 4 月 16 日与日本签署了《日美两国谅解方案》，称：“美国政府阐明：美国对欧洲战争的态度，不论现在和将来，不受攻击同盟的约束，即决不援助一方面的国家而攻击他方面的国家。美国政府声明：坚持对战争的嫌恶态度，因此，不论现在和将来，对于欧洲战争的态度，只取决于为保卫本国的福利和安全而考虑。”更有甚者，美国与日本置英国、法国国难于不顾，在该方案第七条 A 点共同声明中称：“日、美两国政府不承认欧洲各国将来在东亚和西南太平洋接受领土的割让，或者对现存的国家进行合并。”另一方面又于 8 月 14 日美英两国签署《大西洋宪章》。只是到了 1941 年 12 月 7 日日本袭击珍珠港，1942 年“ABDA”（即美国、英国、荷兰、澳大利亚）防线被日本基本打垮后，美国才真正开展与英国在太平洋上的战略合作。1942 年 2 月 23 日，英国政府与美国政府签订了《联合王国政府与美利坚合众国政府关于在进行反侵略战争中相互援助所适用原则的协定》。[①]

其次，担心美国遭受巨大的损伤。罗斯福曾深受第一次世界大战的影响，也十分了解那场大战。他非常害怕美国部队再次登上欧洲大陆，卷入所谓的堑壕战，给美国带来可怕的伤亡。他认为如果苏联大军能够挡住德国人，美国或许就可能不必卷入地面战，而使美国的介入大致限于海空力量。他顾虑更多的问题是，美国如果伤亡过多，美国的孤立主义将必然占据上风，罗斯福所渴望的利用战争之机成为未来世界强国的梦想将很难实施。“让盟国承担大部分伤亡是个保证将来实行国际主义的途径”[②]。

最后，美国在远东有另一场战争要进行，那就是对日战争，而在这场战争中它肩负着比在欧洲重得多的负担。虽然美国的战略首先是打败德国，但如果美国把过多精力放在德国身上，将可能失去对日战争的优势。“罗斯福认识到，要取得对于大力打击德国的支持，就需要对日战争方面也取得进展；美国人民

---

① 王绳祖等编选：《国际关系史资料选编》，法律出版社 1988 年版，第 284、286 页。

② 〔美〕约翰·加迪斯著，时殷弘等译：《遏制战略：战后美国国家安全政策评析》，世界知识出版社 2005 年版，第 5 页。

不会容忍在武装起来横跨大西洋的同时，在太平洋遭受无休止的失败。因此，罗斯福的战略微妙地逐步演变为一种同时打击德日两国的战略”①。

所以罗斯福在两个战场、二场大战的总原则下，对德日的战略都是谨慎而小心的。对欧洲战场保持中立，依靠苏联的人力来承担在欧洲斗争的主要负担。对日本一开始也是绥靖和阻滞。

二、美国介入二战的时机选择

1941 年 6 月 22 日德国进攻苏联，在同一年的 12 月 8 日，美国对日宣战。但实际上这个时候，美国并不想参战，一直在与日本谈判代表周旋，试图拖延美日之战争的爆发。而日本也恰恰是因为美国没有准备好参战才会对美国发动突袭，以谋取一线生机。可以说是日本对珍珠港的突袭才使得美国被动过早介入了战争。

美国对参战时机的选择是十分考究的。美国参战基于两个前提：第一就是避免德国速胜。如果让德国取胜，那么美国将会面临更大的威胁；第二是美国可以处于有利的战机。因而，二战爆发后半年美国参战已经能够处于有利的战略时机。因为这时候德国已经在战场上厮杀了几个月之多，德方的损失很大，苏军的损失也很大。

史料显示，半年的德苏交战造成的德苏双方的伤亡和损失都是十分巨大的。可以说，如果没有美国对苏联的援助，苏联的伤亡有可能更大，甚至可能面临十分被动的亡国之危。这个时候，美国必将会面临德国的挑战。因此，在大战中哪怕是半年的缓冲也是十分难得的喘息之机。“德国武装部队在（苏德战争开始后的）第一个月内大败红军，并在 1941 年 10 月逼近莫斯科。在当年年底，美国已向苏联运送了 35 万吨物资，以防止苏联的崩溃。到 1945 年为止，美国共向苏联运送了价值大约 26 亿美元的战争物资”②。美英还“不计前嫌”，与苏联结成了战时同盟，其意图都是借苏联抗击和消耗德国，而尽可能保全自身实力。

苏德战争，即二战中的苏德战场，是世界反法西斯战争的重要组成部分，

---

① 〔美〕约翰·加迪斯著，时殷弘等译：《遏制战略：战后美国国家安全政策评析》，世界知识出版社 2005 年版，第 5 页。

② 〔德〕贝恩德·施特弗尔著，孟钟捷译：《冷战 1947—1991：一个极端时代的历史》，漓江出版社 2017 年版，第 26 页。

也是二战中规模最庞大、战况最激烈、伤亡最惨重的战场。

1941年6月22日，纳粹德国撕毁《苏德互不侵犯条约》(《莫洛托夫—里宾特洛甫条约》)，伙同同盟国意大利和仆从国匈牙利、罗马尼亚、保加利亚、芬兰以事先拟订好的一份代号为“巴巴罗萨”的计划，出动190个师550万人、4900架飞机、3700辆坦克、47000门大炮、190艘军舰，划分为三个集团军群，从北方、中央、南方三个方向以闪击战的方式对苏联发动突然袭击，苏德战争全面爆发。

战争爆发初期，由于法西斯的突然袭击，苏军一路溃败。德军凭借局部兵力优势和相对先进的战术长驱直入，并在明斯克、基辅等地发动钳形攻势，大规模歼灭苏军的有生力量，平均深入苏联境内600千米。

6月22日凌晨3时，德军实施其“巴巴罗萨”计划，兵分三路突入苏联。苏联在战前虽然从多个渠道获得过战争可能爆发的情报，但很多情报之间是互相矛盾的，关于具体入侵时间的情报相差非常大，使苏联政府并不知道德国入侵的具体时间，甚至都不知道德国是否会入侵苏联。仅仅在开战前一天，苏联最高统帅部才知道德军的具体进攻时间，但是为时已晚。

在短短10天之内，德军突进苏联600千米。第一天的战斗，苏联红军损失1200架飞机，其中800架还未起飞就被炸毁。希特勒狂言三个月灭亡苏联。

北方战线由德军威廉·里特尔·冯·勒布元帅指挥的北方集团军群负责进攻。两个星期内苏联红军败退450千米，放弃整个波罗的海沿海地区，苏联红军24个师被彻底击溃，20个师损失60%的人员和装备，德军北方集团军群很快进抵列宁格勒城下。中部战线是德军突击的重点地区，德军费多尔·冯·博克元帅指挥的中央集团军群从格罗德诺和布列斯特要塞方向进攻，通过一个双钳攻势完成了对苏联西部军区（西方面军）的合围，白俄罗斯首府明斯克沦陷，苏联红军败退350千米，30个师被歼灭，70个师损失50%以上的人员。随后，德中央集团军群又在斯摩棱斯克地区展开了第二个钳形攻势，由于苏联红军有效地组织了防御，德军进展很慢。但是战役在历经两个月后，德军还是完成了合围，歼灭了苏联红军30万人。

1941年9月15日，德军中央、南方两个集团军群合作，在基辅战役中将苏联西南方面军主力包围。苏联军队70个师血战10天，苏联红军少数突围，66万余人被歼灭，其中有6万名军官，包括西南方面军司令基尔波诺斯上将、参谋长图皮科夫中将在内的多位高级将领。希特勒将这次围歼战称为“史上最大的围歼战”。

苏军虽然在战争初期损失很大，但是德军损失也不小，从6月发动进攻，到8月，德军已经损失了44万人。到9月26日，德军伤亡总数达到53.4万人，约占德军东线编制人数的15%。到1941年11月6日，东线的德国陆军按编制序列共有136个师，但其战斗力仅相当于83个师。随后的莫斯科战役更是让德军损失了90万人。

为了使德军得不到占领区的物资，斯大林采用了当年国内战争时的方法。斯大林于1941年11月17日令苏联红军实行焦土抗战，用大炮、火箭炮，并出动空军摧毁前沿阵地道路两旁40～60千米纵深地区的居民点，组织小分队，放火烧毁村庄、城市。

1941年9月30日，德军集中74个师约100万人，在1700辆坦克、11000门火炮支援下，发起意在夺取莫斯科的攻势，即台风计划（莫斯科会战）。战役的第一阶段以德军在维亚济马地区歼灭苏联红军60余万人的全面胜利而结束。随后德军迅速占领了莫斯科外围，摧毁了数道苏联防线。

1941年12月6日，苏联发起反击，突破德军防御并将其击退200～300千米，莫斯科会战以苏联胜利而结束，德军损失了50多万人和大量的技术装备，这也是不可一世的德国陆军在二战中第一次受到重大损失，希特勒“三个月灭亡苏联”的狂言彻底破灭。莫斯科局势得以稳定。

这个时候，美国一直静观其变。罗斯福采纳了杜鲁门1941年的提议，即让苏联人和德国人互相杀灭。“确实，依据统计指标，实际效果看起来就是如此，与每个在战争中死去的美国人相对而言，有15个德国人和53个苏联人丧命”。①

这也就是美国为什么没有按照苏联的要求，尽早开辟欧洲战场的原因。

当德国发动入侵时，罗斯福考虑最多的还是美国经济，历史上美国是因为战争壮大起来的，但如何利用战争获取霸权则是另一个问题。

美国先用《租借法案》支持苏联和德国相互厮杀、相互损害，然后才直接介入到这场战争中来。但美国选择了最利于美国取胜、最有利于美国在战后称霸的这样的一个时机。换句话说，美国参战的前提，就是为了保证它取得战后霸权。

---

① 〔美〕约翰·加迪斯著，时殷弘等译：《遏制战略：战后美国国家安全政策评析》，世界知识出版社2005年版，第6页。

三、“先欧后亚”大战略目标的确定

在二战爆发之前，美国即确立了自己的大战略选择，即先欧后亚的布局，这一选择从战略的角度来看，是符合美国最大利益的也是符合其全球战略一盘棋的思想的。当这一战略确立后，美国始终坚定地贯彻这一战略部署，并没有因为日本突袭美国，美日开始太平洋战争，就放弃其全球战略的谋划，放弃以欧洲为主战场。可以说，先欧后亚战略是罗斯福为首的政治决策者的深远谋划，关乎美国战后的全球战略。

两次世界大战之间，美国的战争计划主要是针对日英两国的。20 世纪 20 年代初，美国军方制订了单独在太平洋对日打进攻战的“橙色计划”，同时还从坏处着想制订了单独同英作战的“红色计划”，甚至设想了同时对英日两海军强国作战的“红色—橙色计划”。但以日本为最可能的作战对象。1938 年 2 月再次修订“橙色计划”时，首次估计到德意的威胁，但仍没有把欧洲——大西洋作为主要战略方向。1939 年 4 月军方报告指出，如两洋同时受到威胁，则在太平洋取守势。这才放弃长期以来对日打进攻战的指导思想。

1939 年 6 月，军方制订了新的战争计划——“彩虹计划”。“彩虹计划”共 5 个方案。其中“彩虹－5”设想早日派美军到东大西洋，协同英法打败德意；在太平洋则采取战略防御。这个方案最接近战时实际执行的计划。但直到法国投降，美国当局对于究竟执行 5 个方案中的哪一个，仍处在观望之中。

1940 年 9 月 28 日，即德、意、日三国盟约签订的次日，罗斯福在与国务卿和三军首脑举行的会议上说：“我们第一位的忧虑在于大西洋，希特勒是对西半球、大西洋文明的主要威胁。如果三国同盟是希特勒炮制的一个企图将我们从主要目标上引开的东西那它不会得逞。”① 这次会议标志美国“先欧后亚”方针的确立。

1941 年 11 月罗斯福连任总统已胜券在握时，海军作战部长斯塔克在其分析报告中，以提问题的方式列出四点可供选择的行动方案。其中第四点（以英文字母 D 为顺序号）是：“我们是否应作为英国的盟国，把我们的力量用在大西洋上实施决定性的强大攻势，而在太平洋上实施防御?”史称“D 计划”。这正是斯塔克本人心目中的最佳方案。由于陆军参谋长马歇尔持相同观点，便于 11

① 《杜鲁门回忆录》第 1 卷，生活·读书·新知三联书店 1974 年版，第 147 页。

月 13 日将该建议呈送总统。陆海军参谋人员据此于 12 月 21 日完成具体计划的制订。

1941 年 1 月 29 日至 3 月 27 日，英美两国参谋部代表在华盛顿举行协调全球战略的首次秘密会谈。会议就主要问题达成协议，史称《ABC－1 备忘录》。内称："既然双方同意德国是轴心国的主要成员，因而大西洋和欧洲战区被认为是决定性的战区。""如果日本参战，远东的军事战略将是防御性的。"[①] 这是美英两国首次共同明确"先欧后亚"的战略方针，标志着两国军事联盟的建立。

5 月 14 日，美国陆海军联合委员会正式批准《ABC－1 备忘录》和修改后的"彩虹－5"。接着上报总统。罗斯福此后排除各种干扰，坚持到底。

从"橙色计划""红色计划"到"彩虹－5"和"ABC－1"，表明美国从奉行以日本为主要作战对象、以太平洋为主要战场，向以德国为主要敌人、以欧洲—大西洋为主要战场的战略转变；从把英国作为假想敌向同英国结盟的战略转变。

美国在欧亚两地均有重大利益，为什么转而坚持"先欧后亚"的战略方针呢？因为：一是德国力量最强，野心最大。罗斯福认为，打败日本并不等于打败德国，打败德国意味着打败日本；二是英国和后来参战的苏联两大盟国主力在欧洲；三是大西洋交通线比太平洋短得多，且有英国海军协助；四是截至 1941 年底，美国在亚洲、太平洋的投资约 8 亿美元，在欧洲的投资则达 20 亿美元之多。

"先欧后亚"的战略方针，是美国从其本身利益出发制定的，但客观上有利于世界反法西斯战争的全局。处于欧洲反德第一线的英苏表示赞赏和欢迎。中国地处亚洲，面临日本的疯狂侵略，对于美国的战略意图有着各种猜测，毛泽东以战略家的高瞻远瞩明确地分析道："世界反法西斯战争的问题的枢纽在欧洲；欧洲问题解决，就决定了世界法西斯和反法西斯两大阵线的命运。"他还抨击了当时国民党政府鼓吹的"先亚后欧论"和"欧亚平分论"。[②]

随着《租借法案》的实施和 ABC－1 协议的贯彻，美国采取了一系列加强大西洋阵地的措施，美国海军巡逻圈几乎扩大到北海和非洲西岸。美国实际上已处于同德国不宣而战的状态。[③]

① 《第二次世界大战史论文集》，生活·读书·新知三联书店 1985 年版，第 41 页。

② 《毛泽东选集》第 3 卷，人民出版社 1991 年版，第 914 页。

③ 石磊、刘陵等：《国际关系史（1939—1945）》第 6 卷，世界知识出版社 1995 年版，第 39 页。

四、美国对日战略选择

美国巧妙地利用了战争，灵活运用两手策略，在太平洋和大西洋两个战场纵横捭阖。从一方面看是日本造成了美英战略合作，而从另一方面看则是美国利用日本削弱英国和法国。

在美国参战之前，陆军部长史汀生等人主张对日本施加压力，利用希特勒无暇东顾之机，控制太平洋，但罗斯福还是顶住压力避免直接对抗。

史汀生不是没有道理，但罗斯福对于时机的把握思考更深。

史汀生在给罗斯福的信中写道，纳粹“将集中全力去打俄国，至少一个月，至多三十月内无暇他顾”，“这是未预料到的、十分宝贵的喘息时间，应该用来大力推进我们在大西洋战场的行动”。美国应该对日本进行更大的经济制裁，停止向日本运送石油，对其施加压力。7 月 3 日，这位陆军部长又进一步敦促罗斯福立即要求国会批准对德宣战。但罗斯福拒绝采纳。理由有两点：其一，日本仍存在与美国媾和的可能性；其二，日本究竟是北进西伯利亚还是南下东南亚尚处于决策过程之中。这个时候的美国应以防守为主。美国没有理由改变先欧后亚的方针。“谁也不知道他们将作出什么决定，然而，诚如你们所知道的，帮助维持太平洋和平，对我们控制大西洋是极其重要的。我确实没有足够的海军派到各处游弋——而太平洋上每增加一个细小的插曲，就意味着要分散我们在大西洋的舰船”①。

罗斯福的意图是通过放纵日本而诱引日本北上攻击苏联，但事态还在不断发展。7 月 23 日，日本迫使法国维希政府同意日军和平进入法国占领的印度支那，这说明日本南下决心已定。7 月 24 日，日本突然进攻法属印度支那南部，这意味着日本不再纠结于“北进”攻打苏联还是“南下”占领南洋，而是采取了明确的“南下”战略。

美国国务院主持远东事务的政策官员斯坦利·霍恩见克认为，日本是被狂妄的军国主义分子控制的、“掠夺成性的”国家。如果不对日本的侵略行为采取限制措施，局面可能会失去控制。他要求对日本实行经济制裁。在美国内阁其他成员的强烈要求下。7 月 26 日夜，罗斯福命令冻结所有日本在美国的财产，

① 〔美〕约翰·托兰著，李殿昌等译：《美国的耻辱：珍珠港事件内幕》，中国社会科学出版社 2012 年版，第 212 页。

于是日本的主要石油供应被切断了。正是这个举措导致了日本陷入战略困境，只能采取先发制人、铤而走险之策。12 月 7 日，珍珠港事件发生。其实，从罗斯福的战略考量而言，虽然他并不惧怕与日本的战争，但当时还是希望这个过程拖得更久一些，以获取更为有力的参战时机，然而日本的冒进打乱了他的以静制动的战略安排。罗斯福既不得不被国内政策影响或左右，也被形势所裹挟。在欧洲和太平洋形势瞬息万变的情况下，他已经不可能完全无所作为、而只是采取观望的态度。

当然，历史学家们也许有兴趣的是另外一个问题，那就是美国为什么会纵容日本在中国、在东亚做大？在一定程度上等于是扶植了太平洋战场上的一个强大对手。

首先，在东亚格局中，美国基于现实主义权利政治思想扶日抑中。由于中国规模巨大，人口众多，资源丰富。而日本是一个资源匮乏的国家，但日本军力强大，经济发达。这两个国家正好可以相互制衡，以为美国所用。

1931 年日本铁蹄踏入中国东北，美国采取了漠然处之的态度。直到九一八事变爆发后，中国请美国出面主持公道，制止日本侵略。10 月 8 日，史汀生答复道："我们不想去探究谁是谁非……我们保持不偏不倚。"这个貌似中立的表态，在事实上显然是偏袒日本的。美国总统胡佛正为国内经济危机焦头烂额，根本没有心思关心在中国的事务，更不想得罪日本。他认为，公开指责日本或援引国际条约制裁日本都是危险的，这样刺激日本就等于"给老虎扎针"。

1931 年 10 月，胡佛公开发表讲话称："日本为保卫日侨生命财产的安全起见，对满洲的进兵是不可避免的……"①

1932 年 1 月 3 日，日军占领锦州，完成对东北全境的控制。4 天后，美国国务卿史汀生根据总统胡佛的指示，赶忙向中日两国发出照会，对日本以武力改变中国现状表示"无意承认"。初稿本来是"绝不承认"，但定稿改为"无意承认"，为"可能承认"留下了余地，这就是所谓的"不承认主义"。不仅如此，美国还从 1931 年的九一八事变到 1932 年底，向日本提供了高达 1.81 亿美元的军火。

美国的"不承认主义"照会在日本人眼里形同一堆废纸，它既没有阻止日本独吞中国东北，也未能保护美国在华利益。对美国的表现，英国是这样评价

① 许述、赵占豪：《二战时的绥靖政策：美国为什么一开始不摁住日本》，《国防参考》2015 年第 6 期。

的："全世界的新闻记者都清楚，美国在'满洲事变'中屈服于日本。"[①]

1935 年 8 月 31 日，美国国会通过了著名的《中立法》。其核心要旨是禁止向交战国输出军火和放债，实际上却断绝了军事工业落后的中国从美国进口成品武器的可能性，表面的"中立"成了对日本的偏袒。连罗斯福也承认："它可能在实际上援助了侵略者而拒绝援助被侵略者。"

值得注意的是，在美国开列的禁运清单中，钢铁和石油等战略物资不在其中。1937 年，在美国出口日本的物资中，军用物资占 58%；1938 年，在美国出口日本的物资中，军用物资占 67%；1939 年，美国出口日本的军用物资价值总额为 1.869 亿美元，占同年美国对日出口总额的 86%，在日本进口的石油中，来自美国的占 90.8%；1940 年，美国出口日本的军用物资价值总额为 1.9 亿美元，占同年美国对日出口总额的 84%；1937—1940 年，美国出口日本的物资价值总额为 9.867 亿美元，其中军用物资为 7.039 亿美元，占总额的 71%；1941 年底发生了珍珠港事件，但就在同年的头 3 个月，美国卖给日军的飞机汽油与上年同期相比，增加了 131%。

美国十分清楚，维持日本战争机器运转的一半以上的原料，特别是钢铁和石油，都是从美国获得的。如果美国停止向日本输出这些东西，结果会怎么样呢？美国陆军部长史汀生承认："日本的侵略得到了我国大力支持，而且我们的援助是有效，如此举足轻重，如若断绝援助，这种侵略就可能被制止和停止。"[②]

日本是美国的第三大贸易伙伴，美国正是要靠日本解决国内头疼的经济危机问题。因此，美国不打算对日本禁运，反而慷慨地为其提供钢铁和石油等战略物资。美国的生铁废铁源源不断地运到日本，然后在军工厂里变成子弹，再投入中国战场。可以说，日本人杀死中国人的子弹里，也包含着美国人的罪恶。美国已经不是绥靖，甚至也不是纵容，而是帮凶。对美国的绥靖政策，毛泽东洞若观火，他曾一针见血地指出：美国"想在中立的名义之下，暂时不参加战争的任何一方，以便在将来出台活动，争取资本主义世界的领导地位"[③]。

直到 1941 年 7 月 25 日，美国突然停止绥靖日本的政策，宣布冻结日本在美国的全部资产（约 1.31 亿美元），原因在于美国通过绥靖诱引日本北上攻击苏联的图谋已经失效，日本掉头南下等于是拉开了与美国对抗的序幕。

---

① 许述、赵占豪：《二战时的绥靖政策：美国为什么一开始不摁住日本》，《国防参考》2015 年第 6 期。

② 〔苏〕维戈兹基著，大连外院翻译组译：《外交史》第 3 卷，生活·读书·新知三联书店 1982 年版，第 892 页。

③ 《毛泽东选集》第 3 卷，人民出版社 1991 年版，第 581 页。

其次，美国利用复杂的战争形势，希望形成最有利于自身的安全和战略局面。许多人指责美国绥靖日本是养虎遗患，“搬起石头砸了自己的脚”。其实不然，如果不是迫于国内一些人的压力，罗斯福对日禁运的举措可能还会更长一些。因为他的目的很明确，那就是让日本与其他国家相互消耗得越久越好。如果说罗斯福看不到对日本的军火销售等于扶植对手这个简单道理，那肯定是对罗斯福的误判。他自己就曾经说过：“任何人都不能靠抚摸来把老虎驯成小猫。”他之所以这么做，显然是有着更为深远的战略考量。即使日本无法北上进攻苏联，仅在中国战场上的战事，也会对日本的实力造成极大冲击。再有，按照约翰·托兰的分析，他认为美国对日本的容忍和纵容并不是由于其“欧洲第一”的战略，或由于美国国内保守主义对罗斯福的制约。罗斯福的意图还在于通过扶植日本在太平洋甚至还有德国在大西洋上对英国形成冲击。在太平洋上，当日本冲垮东南亚英法势力范围的时候，日本的南下扩张也超越了美国容忍日本南下的底线。只有到这个时候，美国才开始比较彻底地对日本实行石油禁运。[①]

罗斯福的《中立法》在战略上的意图是十分险恶的。早在 20 世纪 30 年代的罗斯福心中就已经形成了日后影响美国全球战略至今的离岸平衡战略。罗斯福深谙大英帝国和欧洲列强擅长的均势战略由此可见一斑。

还有一点值得关注。罗斯福曾试图以战略交易换取日本取消南下战略。那就是在日本采取南下战略之后，罗斯福仍然希望与日本达成妥协。他的方法是如果日本政府放弃军事占领印度支那，或者在占领步骤已经实施的前提下，日本政府如果愿意撤军，美国总统将向日本政府保证，他将尽一切可能让中国、英国、荷兰和美国政府联合发布一项郑重声明，宣布印度支那成为像瑞士那样的中立国，日本也要做出相同的承诺。美国认为这是美国做出的最大让步，因为法属印度支那是美国获取锡、橡胶及其他重要原材料的战略重地。

罗斯福的目的在于尽一切可能让日本与希特勒政权划清界限。由于罗斯福的首要任务是向英国（现在又加上苏联）提供最大帮助，他必须确保太平洋的和平，所以这需要一些变通。值得注意的是，罗斯福很显然没有将日本在印度支那的行动与对华战争这一更大的问题联系起来。这也说明罗斯福渴望他的提议能对日本具有吸引力。

当时，美国对同盟国援助的《租借法案》还没有通过，原因是罗斯福还希

① 〔美〕堀田江理著，马文博译：《日本大败局：偷袭珍珠港决策始末》，新华出版社 2014 年版，第 142 页。

望等一等日本方面作出的反应。虽然他也预计，日本“很可能会拒绝”，但他知道美国政府“至少为避免日本向南太平洋扩张作出了进一步努力”。为了换取日本可能的积极回应，罗斯福想要给日本回应的机会，为了与此精神保持一致，美国对中国发生的一起日本误炸美国炮艇“图图伊拉”号严重外交事件进行了低调回应。美国仍在等待日本对罗斯福提议让法属印度支那中立化的回应。

美国终于在 8 月 6 日得到日本的回应。日本声称，只有中国战事得以解决，日本才会从印度支那撤军。日本再次将中日战争这一长期问题与印度支那占领这一紧迫问题相提并论，而这正是罗斯福想要极力避免的。日本虽然承诺不会向印度支那以外地区进发，但在慕尼黑绥靖政策破产后，罗斯福当然觉得日本的保证不可信。[①]

在日本已然南下的时候，美国仍在试图对日本进行战略交易，但日本南下的决定已经很难更改。其一是天皇的决定，其二是日本民间反西方声音十分强烈。日本南下“帮助”了苏联，使苏联能够集中精力反攻西线德国的进攻。而美国也不得改变对苏联的暧昧态度，开始援助苏联。

五、结 语

在二战早期，美国尽量推迟直接参战，而是在西线抵抗德军，同时在东线游说苏联人与德军浴血奋战，支持英军。此后，美国又利用均势策略成功地阻止了苏联对西欧、中东以及中国的控制。从“铁幕”的出现直到冷战结束，在这一漫长的历史时期中，美国的离间计、三角计与操纵计不仅明智连贯，老谋深算，而且收到了显著的成效。[②]

美国巧妙利用时间差，及时捕捉有利战机，利用《中立法》为借口，使用《租借法案》为理由，置身事外，隔岸观火，促成有利于自身利益最大化的局面。指导美国的战略法则无非就是欧洲几百年历史中日臻成熟的均势平衡之策。其运用之妙、时机把握之独到在美国历史中前无古人。

应该说，在美国发展史中，战略应用滞后于实力壮大。到 19 世纪末和 20 世纪初，美国资本主义工业飞跃发展。1860 年，美国工业生产居世界第四位，

① 〔美〕堀田江理著，马文博译：《日本大败局：偷袭珍珠港决策始末》，新华出版社 2014 年版，第 142—143 页。

② 〔美〕乔治·弗里德曼著，王祖宁等译：《未来十年：谁将实现雄霸梦》，海天出版社 2011 年版，序，第 25 页。

到1894年跃居世界第一位，工业生产量占欧洲各国生产总量的一半左右。1860—1900年，美国工业生产增长了6倍。20世纪初，美国工业优势更加突出，1913年美国工业产品已占世界工业产品总量的1/3以上，比英、德、法、日四国工业产品的总和还要多。其中煤、铁、钢和石油的产量增长尤为显著。19世纪最后30年，美国铁路增加14万英里。从1836年国家独立到1867年购买阿拉斯加，美国从在半个多世纪前版图仅限于阿巴拉契亚山脉以东狭长地带的国家，扩张成为一个拥有位于北纬35°～70°庞大版图的大国。从此一个强大国家——美利坚合众国，在大西洋西岸迅速崛起。①

但这个时候的美国还是一个经济上的巨擘、政治上的矮人。到1900年的时候，美国已经发展成了一个大国，它的两个特点有趣地结合在一起：意识形态上保守，经济上扩张。这样的一种组合并没有鼓励美国追逐霸权。美国对古巴和菲律宾叛乱进行了干涉，随后罗斯福宣称，美国将会在加勒比地区扮演“世界警察”的角色以防止动乱。10年之后，威尔逊使用经济和军事手段对付墨西哥的革命，他采取了美国传统的自由的话语来为自己的行动寻求意识形态上的正当性。② 威尔逊提出了国际联盟的世界主张，但这时候的美国还为孤立主义所束，无法真正走向世界。一直到了罗斯福时期，美国才真正以世界视野谋取全球大局。其间，虽然孤立主义仍然阻挠罗斯福充分施展拳脚，但也客观上给美国以韬光养晦之利，终于在二战中后期，尽天时地利之机，成为世界霸主。

另外一个有利条件在于，“20世纪中，美国没有近忧，只有远虑，于是便以占绝对优势的实力登上世界舞台”③。

---

① 〔法〕菲利普·罗杰著，吴强等译：《美利坚敌人——法国反美主义的来龙去脉》，新华出版社2004年版，第140页。

② 〔美〕沃尔特·拉费伯尔著，牛可等译：《美国、俄国和冷战（1945—2006）》，世界图书出版公司2011年版，第124页。

③ 〔美〕罗伯特·A. 帕斯特编，胡利平译：《世纪之旅：七大国百年外交风云》，上海人民出版社2001年版，第351页。

美国对日本投掷原子弹的战略考量

美国决定对日投掷原子弹的时候，日本败局已定。那么，美国为什么在几乎没有多少军事意义的情况下，下令使用具有大规模杀伤威力的原子弹呢？

实际上，美国决定投掷更多是从战略层面考虑的。1945 年 8 月 6 日，在原子弹刚刚研制成功不到一个月。美国波音 B—29 超级空中堡垒“伊诺拉·盖伊”轰炸机向广岛投掷称为“小男孩”的原子弹，3 天后的 8 月 9 日又向长崎投掷了另一枚称为“胖子”的原子弹。随后苏联出兵中国东北。当时美国一共只有三枚原子弹，两枚核弹投到了日本。8 月 15 日，日本宣布正式投降。

那么，美国为什么要投放原子弹，在战局明显有利于盟军的时候为什么要作出这样一个惊世骇俗的决定？这么重大的决定是如何作出的？是临时决定还是谋划已久的战略？

所有这些问题的核心问题是：美国为何要向日本投掷核武器？

应该说，是否应该对日投掷原子弹在美国决策层也是有争议的，因为核武器的巨大杀伤力既涉及军事也涉及政治和伦理等因素。

从军事上看，到了二战末期，同盟国在军事上已经取得决定性胜利，使用核武器从军事上来看已经意义不大。1960 年，曾任驻日盟军最高司令的麦克阿瑟承认，“1945 年使用原子弹从军事上讲没有任何必要性”。1945 年 7 月 2 日，美军正式攻克冲绳，打开了进攻日本本土的南大门。此时的日本，已步入穷途末路。正如丘吉尔在回忆录中写的，“若假定日本的命运是由原子弹来决定的，那实在是一种错误。在第一颗原子弹投下之前，它的失败早已成为定局。那是压倒性的海权所造成的。专凭海权，即可夺占日本用来发动最后攻击的海洋基地，并迫使其国内陆军自动投降。因为，它的海上航运早已被摧毁”①。有美国学者从另一个角度来论证美国投掷原子弹的军事意义是十分有限的。根据美国

① 〔英〕温斯顿·丘吉尔著，史雪峰译：《第二次世界大战回忆录》（下），中国画报出版社 2015 年版，第 463 页。

战略轰炸调查报告的资料来看，原子弹对长崎和广岛工业生产的影响也不是决定性的。例如，据估计广岛74%的工业生产可以在30天内恢复。至于原子弹的威力："美国官方数字表明，早期类型的原子弹所造成的破坏约相当于两千吨普通炸弹均匀地投掷在同一地区所造成的破坏……要对德国及其占领地区的工业造成像实际投掷的二百七十万吨化学炸弹所造成的那样大的破坏，需要一千颗以上的广岛类型的原子弹。"①

中国军事专家丁晓平认为，在1945年8月的这个时刻，使用原子弹迫使日本投降已经并非出于军事的需要，因为日本的失败实际上是由于法西斯德国的失败和苏联即将参战而决定的，而且美国人完全清楚苏联已经承诺介入远东战争。就连美国史学界也承认，时间进入1945年8月，"日本事实上已经被击败了"，海军失去了制海权，空军失去了制空权，陆军因为苏联的介入在战场上也是风声鹤唳、苟延残喘，美国人只需要"安排签署投降书的仪式"了，因此投掷原子弹已经没有必要了。②

核武器是军事武器，而且是有着巨大威胁的军事武器。既然军事意义已经不大，为什么还要投掷呢?

因此，决定它的投掷与否不能仅仅从军事上去分析，还需要综合各种因素加以分析。

应该说，美国在研制核武器之时，就已经决定在战争中使用这一武器。从军事上而言，核武器从一开始就不是一般性的常规武器，而是有决定胜负意义的撒手锏，尤其是别国拥有它之前。本着既研制则投掷的原则，美国政府为"曼哈顿工程"确定了两个原则：一是造出的原子弹供给军队使用；二是要在德国人之前造出原子弹。但是，美国人作出在日本投掷原子弹的决定之时，它的研制工作并没有完成，离实战还有一段距离。

回答美国对日本投掷原子弹的问题，需要分为几个阶段：

一、研制阶段的决策

当时的决策围绕着是否投掷和对谁投掷展开。

首先在于是否应该投掷。如果投掷原子弹，绕不开两大问题：其一伦理问题，

---

① 〔美〕戴维·霍罗威茨著，翻译组译：《美国冷战时期的外交政策：从雅尔塔到越南》，上海人民出版社1974年版，第246页。

② 丁晓平：《另一半二战史：1945·大国博弈》，华文出版社2015年版，第257页。

这种大规模杀伤性武器必然涉及平民的生命。其二从军事上也不能确保它能够取得巨大成功。这两大问题是美国决策者必须回答的问题。美国决策者最终从政治意义角度，确认投掷的价值将会很大。关于这一点，下面还会加以分析。最终美国决策者还是以足够的理由超越人道伦理和军事上的担心下决心一试身手。

当然，涉及投掷原子弹这一类战略性武器的决策过程，不可能来得那么随意，不是某一个人或部门仓促制定的，而是经过了较长时间的酝酿过程。不过，高层领袖的决断也是十分重要的。美国史学界对于究竟是罗斯福还是杜鲁门做出这一决定的，一直存有争议。如果确认在曼哈顿计划启动之后，美国就决定在战争中使用原子弹的话，从时间点上判断，做出投掷决定的一定是罗斯福。罗斯福儿子的回忆也证明了这一点。1985 年，罗斯福的儿子詹姆斯·罗斯福在接见墨西哥《至上报》特派记者时说，在第二次世界大战期间，是罗斯福作出向日本投原子弹的决定，哈里·杜鲁门副总统只决定了投弹的时间和地点。同时，如果我们说美国在研制的过程中就决定投掷的话，那么杜鲁门做出决定的可能性几乎为零。因为在罗斯福去世之前，杜鲁门几乎不知道美国的曼哈顿计划。作为副总统的他还无权知道美国的核心机密。①

其次是对谁投掷的问题。美国一开始究竟是对德国还是对日本使用这一武器存在争议。据美国战后秘密文件资料证明，美国对日使用原子弹的方针早在 1943 年就确定了，1943 年 5 月 5 日，在军事政策委员会会议上，一种意见认为最好是向特鲁岛的日本舰队投掷，斯特耶将军则提议东京为投掷目标。1943 年 6 月 24 日，罗斯福总统在与科学研究开发局局长布什谈话时，透露了投掷目标不是德国而是日本的想法。放弃对德投掷而选择日本，有两点考虑：其一是担心德国复制技术。德国技术先进，最早的核开发技术就是德国发明的。美国考虑万一在德国投下原子弹不能引爆，被德国人拆卸开，原子弹的制造技术就等于无偿地奉送给敌人。而当时日本不具备这种技术条件，同时日本缺少原料，即使掌握技术，也是无米之炊。

其二对德国投掷已无必要。1944 年初，美国的目标方案是对德日都实施核武器打击。鉴于欧洲战场发展顺利，希特勒节节败退，盟军已稳操胜券。而美国第一批原子弹估计到 1945 年 8 月才能完成。因此，核武器在对德作战中已经派不上用场，美国的突袭计划转向集中研究对日作战方面。因此选定日本为投掷原子弹的唯一目标。

---

① 魏东普、牛俊法主编：《世界经典战例战争卷》，解放军出版社 2010 年版，第 81 页。

二、研制成功前的决策

虽然罗斯福已经作出了投掷决定，但形势出现了变化，领导人也出现了变化，是否投掷重新成为问题。当时的战场形势明显有利于同盟国，苏联在欧洲战场已经占据了优势，德国已经是强弩之末。“狡兔死，走狗烹。”美国已经不那么需要苏联的合作，反而开始把苏联作为对手了。有人要问，美苏关系出现变化与美国向日本投掷核武器有关联吗？这正是我们后面要加以解释的。

1945 年 4 月 12 日，罗斯福因患脑溢血病逝，由副总统杜鲁门递任总统。这个时候，美国对成功研制原子弹已经有了充足的把握。1945 年 4 月中旬，陆军部长史汀生在向杜鲁门总统汇报研制进展时，就表示原子弹大约在 4 个月之内就可以交付使用。

关于美国是否应该向日本投掷原子弹的问题被再次提了出来。

据海军上将李海回忆，“我知道罗斯福会不失时机地使用它，以证明他并没有白白浪费 20 亿美元”[①]。杜鲁门在试验成功后并不想使用它。但是人们告诉他这样做可以缩短战争，美国可以大量减少伤亡，他才同意使用。1945 年 6 月 6 日，史汀生代表临时委员会向杜鲁门建议：美国应该在对日作战中使用原子弹。同时报告还涉及是否在原子弹投掷之前向苏联通报此事。当时报告认为在美国成功投掷之前，不必告诉苏联。因为美国不能保证投掷是否成功。但一些将军认为杜鲁门至少还是应在会议期间以某种形式告知斯大林美国研制成功原子弹的信息，因为如果不在扔弹前告知他们，将置苏联于难堪之境。于是还是决定在波茨坦会议上告知苏联。另外，当时还讨论了对日投掷时，是否应该提前警告日本的问题，多数意见认为不必提前告知。理由是无法保证原子弹武器化和军事应用能够成功。一些保守的将领如海军上将李海就认为，他作为爆炸专家可以断定原子弹投掷不会成功。李海一直向杜鲁门保证，“那该死的玩意儿”决不会起作用。对李海来讲，这是“世界上最大的谎言”[②]。

杜鲁门虽然也不能完全确认这一武器的成功，但他也想到了原子弹成功有可能带来的谈判筹码，他告诉史汀生为了确保原子弹能够研制成功，他已将

① 〔美〕戴维·麦卡洛著，王秋海等译：《杜鲁门传》（上册），世界知识出版社 1996 年版，第 483 页。
② 〔美〕戴维·麦卡洛著，王秋海等译：《杜鲁门传》（上册），世界知识出版社 1996 年版，第 432 页。

“三巨头”会议的时间推迟到7月中旬。而此时，史汀史对于原子弹成功研制已经胜券在握。他甚至已经要求美国空军对日本实施定点轰炸，留一些目标给原子弹使用，而不要把日本都炸光了。

1945年5月7日清晨，美国科学家们成功地引爆了100吨TNT炸药。7月16日，美国第一颗钚原子弹在“三一”试验场试爆成功。随后，美国陆续在1945年7月初制成了三颗原子弹，它们的代号分别是“大男孩”“小男孩”“胖子”。与此同时，美国战略空军也开始了对B—29重型轰炸机的改装，同时又集中509大队千余官兵从事投掷原子弹的各项准备工作。当杜鲁门总统穿越大西洋去参加波茨坦会议时，在新墨西哥州阿拉莫戈多空军基地附近，原子弹爆炸的准备工作也在秘密进行着。

在首次试验成功后，作出用原子弹轰炸日本的最后决定是在7月23日的会上。而此时波茨坦会议正在进行之中。到会的有史汀生、艾森豪威尔、马歇尔、贝尔纳斯、李海等，这时候所有参会的军事将领和政治家们都敦促使用它。7月17日，美国、苏联和英国“三巨头”波茨坦会议召开。7月23日，美国陆军部长史汀生专程赶往波茨坦，将原子弹试爆成功的消息告诉杜鲁门，并同时报告说计划投向日本的原子弹将在8月初完成。

6月，弗兰克主持的一个科学委员会提出最后一次请求：认为原子弹袭击日本，将使美国在道德立场上无法自辩。但是这个请求被拒绝。

此时，美国决策者决定投掷原子弹的意图已经十分明确，控制亚洲的政治意图已经大于军事意图。为此就需要尽快结束对日战争，最好是在苏联参战之前结束对日作战，从军事上讲，美国已经不需要苏联参与亚洲战争了，从政治上更不需要苏联染指亚洲事务。然而，最关键的问题是《雅尔塔协定》已经无法更改了。而美国的目的只能是阻止苏联参加占领日本本岛的战争。

1945年7月4日，美、英签署了一项协定：对日本使用原子弹。

三、投掷原因探析

前面已经分析，美国决策层对于投掷原子弹有两派意义，归纳起来，反对派认为有三个理由：军事上已经没有必要，原子弹在军事上从未使用过，投掷未必会成功；反人道的行为，投掷原子弹必然涉及大量的无辜平民。还有一种反对意见看得更为长远，如出生于匈牙利的芝加哥大学的利奥·西拉德就曾经认为对日本使用原子弹可能引起同苏联的一场原子武器竞赛，并且对避免武器竞赛是否比在这场战争中打败日本这一短期目标更为重要提出疑问。[①] 当然，更多人认为这一点不足为虑，苏联至少需要 10 年到 20 年时间才可能拥有原子弹。但西拉德的预见成真，苏联在 4 年后即成为核国家。

赞同派则有这样的理由：一是减少伤亡；二是向日本施加强大的压力；三是震慑苏联；四是提前结束战争；五是应付国会。

当然，主张投掷的一派最终占了上风。下面，我们就来具体分析一下美国投掷的原因。

（一）减少美军伤亡

美国不惜血本制成了原子弹，当然希望在战争中派上用途，重要的原因就是减少美军的伤亡。二战末期，随着盟军对日作战包围圈的逐渐缩小日军的抵抗越发疯狂，进攻越接近日本本土，日军的抵抗就越强烈。美军在莱特岛登陆作战，美军与日军的死伤比例为 1∶5，而在硫磺岛作战中美军与日军的死伤比例已经达到了 1∶1，驻守硫磺岛的 23000 名日军除被俘的 200 多人之外其余全部战死。美军进攻硫磺岛付出了比原计划多出三倍的时间和数倍的死伤。日军这种拼死抵抗给美军以很大冲击，美国曾经预计如果实施对日登陆作战，战争很可能将要持续到 1946 年的秋季，美军死伤将要超过 100 万人。“计划中 1945 年末登陆日本本土的作战代价太大了，使用原子弹会减少甚至消除美国人付出的鲜血代价”[②]。

随着德国战败投降，能否通过政治手段促使日本早期投降，以避免因实施进攻日本本土而带来美军的大量牺牲，这是华盛顿非常重视的问题。[③] 杜鲁门回忆道，马歇尔再次强调这可以挽救不少人的生命。“我问马歇尔将军，在东京平原或日本的其他地方登陆会损失多少人。他的意见是，这种入侵会给美国造成至少 25 万人的伤亡……”他本人“经过长期认真的考虑后”，才得出自己的使用核弹的结论，他补充说：“我不喜欢这种武器。”[④]

太平洋战争已使得美国付出了重大伤亡。唯一参加过两次投掷原子弹的美国退役空军少将查尔斯·斯文尼认为日本很难自动投降，日本人的顽固与残忍

① 〔美〕戴维·麦卡洛著，王秋海等译：《杜鲁门传》（上册），世界知识出版社 1996 年版，第 431 页。

② 〔美〕沃尔特·拉费伯尔著，牛可等译：《美国、俄国和冷战（1945—2006）》，世界图书出版公司 2011 年版，第 22 页。

③ 肖伟：《战后日本国家安全战略的历史原点》，新华出版社 2009 年版，第 30 页。

④ 〔美〕戴维·麦卡洛著，王秋海等译：《杜鲁门传》（上册），世界知识出版社 1996 年版，第 480 页。

是有名的。日本人认为投降是对自身、对家庭、对祖国、对天皇的污辱。无论战事是多么令人绝望，无论机会是多么渺茫，无论结果是多么确定，日本人都战至最后一人。美军开进的距日本本土越近，日本人的行为就变得越疯狂。在塞班岛：美军阵亡 3000 人，其中在最后几小时就死了 1500 人。硫磺岛：美军阵亡 6000 人，伤 21000 人。冲绳岛：美军阵亡 12000 人，伤 38000 人。①

日本就像一台虽然已经支离破碎，但仍在疯狂运转的机器。

美国参谋长联席会议通过比较此前美军在瓜达尔卡纳尔岛和冲绳岛与日军作战的损失情况，得出的结论是：对日军本土作战，将损失 20 万人左右，陆军参谋长马歇尔认为甚至可能多达 100 万人。战争已接近尾声，如何最大限度地减少美军的伤亡，是美国关注的问题。所以，包括杜鲁门在内的美国高官更愿意使用原子弹。

由陆军部长史汀生任主席、主持研究原子政策的特别委员会的顾问们代表杜鲁门向会议提出一项报告，敦请使用原子弹。建议攻击的目标是有军事设施而又人口庞大的城市，希望达到大量杀伤的效果。

这个委员会相信，使用原子弹将可在登陆日本本土时避免牺牲百万多美国人的生命。据杜鲁门回忆，参谋长们告诉他也是这个数字。但实际上数字远没有那么多。

美国参谋长联席会议在 1945 年估计，美军在日本本土登陆作战，代价大概是 40000 名士兵丧生，150000 人受伤。据当时美军绝密文件《日本登陆作战要纲》（以下简称《要纲》）记载，美国拟在日本进行两场登陆作战。《要纲》中估算的美军伤亡数字是：（1）九州 25000 人；（2）关东平原 40000 人；（3）在九州南部和北部两地登陆并进而展开关东平原作战时死亡 46000 人，加上伤员、失踪者总数计 200000 人。②

参与投掷的美国退役空军少将查尔斯·斯文尼说，即使字数只有几万人，难道这四五万人不是美国人吗?③

---

① Testimony of Major General Charles W. Sweeney on May 11，1995，“The Smithsonian Institution management guidelines for the future：hearings before the Committee on Rules and Administration，United States Senate，One Hundred Fourth Congress，first session... May 11 and 18，1995，” https：//archive. org/stream/smithsonianinsti00unit/smithsonianinsti00unit _ djvu. txt.

② 修义嵩编著：《原子弹秘闻录》，军事科学出版社 1988 年版，第 53 页。

③ Testimony of Major General Charles W. Sweeney on May 11，1995，“The Smithsonian Institution management guidelines for the future：hearings before the Committee on Rules and Administration，United States Senate，One Hundred Fourth Congress，first session... May 11 and 18，1995，” https：//archive. org/stream/smithsonianinsti00unit/smithsonianinsti00unit _ djvu. txt.

无论如何，减少美军伤亡确实是美国在这一时期的重要考虑。为了减少美军的伤亡，美国还计划实施另一个军事行动——“X光计划”。

正当美国科学家加紧执行曼哈顿计划，积极研制原子弹以结束太平洋战争时，另一些科学家却在试制蝙蝠炸弹以炸毁日本城市，迫使日本投降。根据这个代号为“X光计划”的行动，人们将收集200万只蝙蝠，在每只蝙蝠腿上捆绑一个重为1盎司的燃烧装置，然后将这些蝙蝠空投到夜幕降临的日本各城市。200这个数字很有意思，当时美国夸张地认为美国将在日本登陆作战中损失100万美国军人，所以计划用200万只蝙蝠的生命来挽救美国人的生命。这可真谓无所不用其极。日本城市的房屋多系木结构，极易引起大火。于是，当太阳升起时，这些蝙蝠便会飞到附近的房屋去栖息。须臾，定时器就会引爆蝙蝠腿上的燃烧装置，大火就会吞没整个城市。后来由于原子弹即将问世，美国政府下令停止执行“X光计划”。①

无论是“X光计划”还是核袭击计划，其目的都是一致的，那就是减少美国的损失，保护美国的实力。

如果我们考虑到美国在整个二战期间如何隔山观虎斗、利用援助物资的方式以避免美国过早卷入战争，后来又如何步步为营、巧于周旋的参战进程，就会发现美国在充分利用二战的时机下一盘大棋。如果再考虑到美国战后称霸世界的宏愿，就能够更好地理解这一点。试想，如果美国在对日作战中伤亡过大，就会造成鹬蚌相争、渔翁得利的后果。苏联可能占据上风，起码可能会在一定程度上抵消美国在战争期间后发而上的优势。所以，减少美国的伤亡决不仅仅是美国政府的仁慈那么简单。

（二）对日本施以强大的心理压力

二战后期，日本败局已定，1945年7月26日《波茨坦公告》发表。7月27日，日本政府在得悉了《波茨坦公告》的内容后，紧急召开了最高战争指导会议。东乡外相在外务省对公告内容紧急研究的基础上，提出可以把公告看作一种“有条件的媾和”，如果立刻拒绝恐怕将招致严重后果。因而主张应该暂时保持沉默，等待对苏交涉，在确认苏联的态度之后，再采取措施。然而，东乡提出的“暂时保持沉默”的主张却未被采纳。在7月28日举行的宫内情况通报会

① 《日本用气球炸弹轰炸美国本土，美国手段更是匪夷所思》，新浪军事，https：//mil.news.sina.com.cn/jssd/2018－11－02/doc-ihmutuea6213176.shtml.

上，铃木首相发表了无视《波茨坦公告》态度的谈话。1945 年 7 月 28 日，针对敦促日本投降的《波茨坦公告》，日本首相铃木表示："该宣言不过是开罗会议的翻版，本国政府……除了完全不予理睬并坚决把战争进行到胜利结束以外，别无他途。"[①]

铃木首相在军部压力下作出的"默认"公告和继续将战争进行到底的谈话，被美国看作日本政府对公告的公然拒绝。8 月 6 日上午 8 时许，一架美军 B-29 轰炸机在广岛上空投下了人类在战争中首次使用的原子弹，霎时间广岛变成了一片黑色的火海。

即或如此，日本政府仍存侥幸心理。在广岛遭原子弹轰炸一天后，仁科芳雄和荒胜文策等核物理学家被紧急召入一个专家小组，他们得出结论，美国使用的是铀 235 的炸弹。生产铀 235 需要极高的成本，因此认为美国拥有这种类型的炸弹数量十分有限。这个答案让日本政府误以为还可以有时间拖延美国要求的立即无条件投降的问题。甚至在 8 月 6 日广岛遭受原子弹轰炸、9 日黎明苏联宣布对日参战之后，在 9 日上午召开的最高战争指导会议上，阿南惟几陆军大臣还在称"或许美国只有一颗原子弹"，主张以本土决战来加剧敌人损失的方针。要求日本陆军求和，一颗原子弹显然还不够。此后，第二颗原子弹投至长崎，然而陆军还是没有撤回彻底抵抗的官方立场，陆军大臣等到最后依然对投降持反对意见。[②]

8 月 9 日，原子弹在长崎爆炸。日本核物理学家们才相信，美国的这种爆炸物是金属钚。而这些钚只可能来自反应堆，但反应堆可以持续制造钚。日本必须对美国有可能继续使用钚弹做好思想准备，否则日本将可能遭到数倍于此的原子弹的攻击。

事实上，美国之所以决定投掷原子弹，是因为美国通过截获的密码电报得知日本打算拖延时间，以争取有条件的投降。为此，美国军方高层一致同意：应对尽可能多的平民和日本最高决策当局造成极其深刻的心理影响，必须选择一个有军事、政治双重价值的大城市，并且防止日本用盟军战俘作盾牌。

美国摧毁日本士气的努力一直没有停止过。1944 年底，美国对日本的轰炸已经持续不断。日本的防御薄弱，民用庇护设施不足，木头和纸造的建筑根本无法抵御燃烧弹，建筑中缺乏地下室供住户躲避。1945 年 3 月 9 日的夜晚，300

---

① 肖伟：《战后日本国家安全战略的历史原点》，新华出版社 2009 年版，第 35—36 页。

② 〔日〕五百旗头真主编，吴万虹译：《新版战后日本外交史》（1945—2005），世界知识出版社 2007 年版，第 26 页。

多架美国 B—29 突袭了东京的一个遍布小型工厂的工人聚居区。燃烧弹引发熊熊大火，把近 41 平方千米的地区夷为平地，导致近 10 万平民丧生，并让幸存者士气低落。

1945 年 7 月 26 日，杜鲁门和丘吉尔要求日本无条件投降。两人宣称，日本若不放弃抵抗，便将遭受比纳粹德国"更惨重的巨大打击"，日本军队将被彻底消灭，举国将变成焦土。但是日本没有正面回应这一警告，于是美国投掷原子弹。单纯从人数上看，美国对广岛、长崎投掷原子弹造成的死亡人数可能少于美国对东京的持续轰炸，广岛全毁，近 8 万人丧生，不过与同年早些时候美国对东京某次大规模密集轰炸相比，死亡人数还少 2 万人，但却把更大的恐惧传播出去了。

从历史资料统计来看，1945 年 8 月 6 日，美国在广岛投下的第一颗原子弹，炸死 7.8 万人，炸伤 3.7 万人，死伤人数占当时广岛实际人口 24 万人的 48%。8 月 9 日，美国在长崎投下的第二颗原子弹，造成了 2.37 万人死亡，4.3 万人受伤，死伤人数占当时长崎实际人口 23 万人的 29%。此后，这两座城市又有大量人口因患原子病而死亡。据统计，广岛现场死亡和后来因患原子病死亡的总人数达 17 万人；长崎现场死亡加上随后五年因原子弹爆炸死亡的总人数达 14 万人。①

根据研制原子弹的"曼哈顿计划"负责人格罗夫斯中将的证言，"美国早已将日本作为原子弹攻击对象"。也就是说，即便日本最初不对《波茨坦公告》表示"默认"，遭受原子弹的轰炸早已成为日本的"宿命"。因为美国需要最大程度地击毁日本的信心。

可见，向广岛和长崎这样人口密集的城市进行核打击，美国希望达到的主要目的是心理震慑，让日本彻底放弃抵抗的念头。由此可以认为，原子弹是压垮日本的"最后一根稻草"。里根总统军备控制问题特别顾问、78 岁的保罗·尼采是当时参与研究对日本作战计划的人员之一，他回忆说："陆军要求对日入侵作战，海军建议封锁日本，陆军航空队主张以常规轰炸方式摧毁日本。唯有科学家们主张使用原子弹袭击有选择的日本城市，不在于军事效果，而在于制造恐怖气氛。"②

当时，美国军方认为至少需要两颗原子弹。第一颗使日本惊惧这种武器的

① 丁晓平：《另一半二战史：1945·大国博弈》，华文出版社 2015 年版，第 241 页。

② 黄勇主编：《影响人类历史进程的重大事件·世界卷》（十一册），中国戏剧出版社 2005 年版，第 2825 页。

威力，第二颗说明美国拥有很多原子弹。总之，是要发挥心理和实际的双重震慑作用。

（三）威慑苏联和其他国家

政治考量同样重要。因为与普通的军事问题不同，投掷两枚原子弹的决策不是由美国参谋长联席会议作出的。因为决策是由总统杜鲁门、陆军部长亨利·史汀生和新任国务卿詹姆斯·F. 伯恩斯三人联合作出的。而他们当时考虑的不只是日本，还有苏联。

美国和苏联是战时的盟国，罗斯福在世期间始终坚持对德意日作战到底，直至其“无条件投降”的原则，这种原则的根本意义在于彻底消除发动侵略战争的政治、思想根源。正如罗斯福宣称的，“消灭德意日的战斗力量，就是要德意日无条件投降。那意味着未来世界的和平得到合理的保证。它并不意味着毁灭德意日人民，但它却意味着这些国家以征服和奴役别国人民为基础的那种哲学的毁灭”[①]。但是，在富兰克林·D. 罗斯福于 1945 年 4 月 12 日去世后，美国政府对苏联的态度大幅转变，对日无条件投降原则开始松动。杜鲁门继任总统后，主导外交事务的国务院也发生了人事变动。美国前驻日大使、知日派领袖格鲁出任了副国务卿。当时，对日投掷前的战场形势已经出现了巨变。雅尔塔会议结束后，欧洲大陆上的反法西斯战争进展迅速。1945 年 4 月 16 日，苏军开始实施柏林战役。4 月 25 日，苏军两支部队在波茨坦附近会师，彻底完成了对柏林的包围。同日，由东向西进攻的苏军和由西向东进攻的美军在德国中部会师。欧洲战场的局面让美国意识到：如果美军能够独家占领日本，最好就不要让苏联参加了。

从战争进程来看，所有由苏联红军从德国占领军手中解放的国家都建立了共产党领导的政权；苏联红军影响已经直抵易北河。美国认为西欧和南欧国家正面临“苏联扩张”的严重威胁。

美国舆论认为，军事上没有必要向日本投原子弹，杜鲁门之所以这样做，是为了吓唬苏联，为美国战后争霸世界打下有利基础。为了换取苏联对日参战，罗斯福曾经与斯大林秘密签署过一个包括牺牲中国利益在内的《关于苏维埃联邦对日参战的协定》。协定签署后始终对外高度保密，就连负责外交事务的国务院也一无所知。协定文件一直被秘密保存在参谋长联席会议主席李海的手中。

---

① 于群：《美国对日政策研究》，东北师范大学出版社 1996 年版，第 12 页。

罗斯福去世后，李海将这一绝密文件交给了新任总统杜鲁门。格鲁在德国投降前后，得知这一协定的具体内容。有过长期驻日外交经验、熟悉远东地缘关系的格鲁，非常敏锐地意识到这一协定将对美国的远东战略利益产生严重影响。格鲁遂向陆军部长史汀生和海军部长福莱斯特尔提交了一份紧急备忘录，内称："一、对于苏联早期参加对日作战，美国几乎不可能通过交涉从苏联获得遵循美国政府在远东的目的保证，这是否对美国重大利益构成影响。二、是否应该对关于苏联在远东政治要求的雅尔塔协定进行再探讨，这一协定应该全面还是应该部分实施。三、如果苏联要求参加对日本本土的占领，这种要求能否被接受，而这是否会对我们长期的对日政策造成损害。"[①] 从这点看，格鲁可以说是冷战的鼻祖。格鲁认为美国在对日政策问题上必须排除苏联的干扰，防止苏联染指日本。格鲁要求德曼迅速起草一份包含对日暗示的总统声明，就是要赶在苏联对日参战前促使日本早日投降，使《雅尔塔协定》无疾而终。[②]

杜鲁门急于赶在苏联参战之前使用原子弹，是为了成为二战的胜利者，以便日后在解决东亚问题时掌握发言权。影响杜鲁门及其顾问们考虑的第二个重要因素，是他们对苏联的戒惧日益增加。苏联利用对德作战，一步步控制了东欧，并且它还表示要在进攻日本的战争中担任主要角色。时间急迫，美国已经看到日本接近战败边缘，并且正在通过苏联寻找和平谈判的门径。当时，日本政府并不知道苏联已经与其他盟国达成协议，准备在 8 月间参战。

美国对日投掷原子弹之时，苏日之间还处于非交战状态。在美国投掷之前的数周，日本还请处于中立地位的苏联政府从中斡旋，以恢复和平。日本当局打起了如意算盘，争取苏联对日本采取不干涉政策，以便使日本继续进行太平洋战争，等到把美英的主力部队消灭在太平洋上，再回过头来，调动日本关东军，大举进攻苏联。[③] 而这些举动尽在美国的掌控之中，这也是美国加快解决日本问题的内在原因之一。8 月 9 日，亦即在日本投掷第二颗原子弹的那一天，杜鲁门总统解释说，这些炸弹是用来"缩短战争的痛苦的，是为了拯救成千上万美国青年的生命"。他这话所依据的理由似乎是：日本不会投降。"然而，本来就没有计划在 1945 年 11 月 1 日以前对这些岛屿进行任何登陆进攻！况且，在原子弹实际投掷之前一个月，美国就已知道日本政府在通过它的驻莫斯科大

① 〔日〕五百旗头真著：《日美战争与战后日本》，大阪书籍株式会社 1989 年版，第 97—98 页。

② 肖伟：《战后日本国家安全战略的历史原点》，新华出版社 2009 年版，第 31 页。

③ 王俊彦：《铁锤外交家——莫洛托夫》，世界知识出版社 1999 年版，第 282 页。

使求和。斯大林也曾表示担心日本会企图分裂盟国”[①]。

当时的美国国务卿贝尔纳斯曾写道：“至于我自己，我必须直言不讳地承认，鉴于我们知道苏联在东德的所作所为以及在波兰、罗马尼亚和保加利亚的破坏雅尔塔协定，那么如果苏联决定不介入对日战争，我倒是会感到满意的。”贝尔纳斯还曾表示：“他十分希望能在俄国人介入之前结束对日战争，特别是在他们进入大连和旅顺港之前。一旦他们进入那里，贝尔纳斯认为就不易使他们离开……”[②]

然而，苏联迅速对日本开战，打破了日本的所有幻想，也使美国阻止出兵的努力没有得逞。对日本通过苏联进行和谈的努力，美国政府采取冷淡态度。美国军政当局表示：除了接受无条件投降外，不愿意接受日本谈判。

1945 年 7 月 16 日至 8 月 2 日在德国波茨坦举行第二次世界大战期间最后一次“三巨头”会议。

会议开始时，斯大林确认了他在雅尔塔所作的参战承诺，并没要求盟国再做其他让步。杜鲁门在波茨坦会议已经对苏联参战不感兴趣，但原子弹还未投掷，美国并不能就此认定其效力。因此，还是按原计划同意苏联参战。斯大林表示苏联准备在 8 月中旬参加对日作战。在会议之前和刚召开之初，美国已经决定对日投掷原子弹，但此时还是对此秘而不宣。因为美国众多军方高级将领对于原子弹投掷能否真正达到效果还心存怀疑。在波茨坦会议召开之前，美国副国务卿、前驻日本大使约瑟夫·格鲁和美国陆军参谋长道格拉斯·麦克阿瑟主张改变《雅尔塔协定》，苏联对日本作战“已无必要”了。杜鲁门因为对原子弹还无把握，所以没有采纳格鲁、麦克阿瑟等的意见。因此，杜鲁门参加波茨坦会议的主要目的仍然是延续前任的做法：督促苏联对日作战，落实和确认《雅尔塔协定》的相关内容。

其实这时候杜鲁门已经另有盘算。原来，美国急于要求苏联对日参战，在德黑兰和雅尔塔会议上，罗斯福一直谈及这个问题。但是当波茨坦会议召开时，情况已经大不相同，美国已经拥有了核武器，实力今非昔比。在太平洋战场上美国虽然付出惨重，但大势已定。杜鲁门认为，美国可以单独战胜日本，无须以极高的政治代价来换取苏联的帮助。因此，杜鲁门从内心反对苏联参加远东

① 〔美〕戴维·霍罗威茨著，翻译组译：《美国冷战时期的外交政策：从雅尔塔到越南》，上海人民出版社 1974 年版，第 32 页。

② 〔美〕戴维·霍罗威茨著，翻译组译：《美国冷战时期的外交政策：从雅尔塔到越南》，上海人民出版社 1974 年版，第 34 页。

的战争，对于雅尔塔会议的决定感到后悔，原因就是美国成功研制成功了核武器，但杜鲁门这个时候并不能阻止苏联参战。只有靠加快战争进程来减少苏联介入的程度。杜鲁门认为，使用原子弹就可以完全独立地结束远东战争，不需要依靠苏联。一个明显的事实在于，斯大林在雅尔塔许诺要在对德作战结束之后3个月——也就是说在8月的某个时候——进攻日本在中国东北的据点。在1945年初苏联答应进攻日本，美国官员会觉得如释重负。但到了当年仲夏时节，杜鲁门和贝尔纳斯就不再想让斯大林的军队距离日本太近了。1945年8月8日，苏联人对日宣战，并且攻进了中国东北。第二天，另一颗原子弹就摧毁了长崎市。如果说投掷第一颗原子弹有其理由的话，那么后来的观察家很少能发现第二次使用原子弹有什么道理。勉强说得上道理的无非是杜鲁门并没有阻止投掷（后来他的确下令没有他的特别指令不允许再投掷），再就是在美国最高官员看来，由于苏联对中国东北的进攻，日本必须马上向美国人投降才行。①

显然，美国投掷原子弹与威慑苏联有关，而威慑苏联则与美国的战后谋霸连在一起。美国国务卿贝尔纳斯曾表示，苏联没有铀，美国由于拥有原子弹就能“更好地驾驭俄国人”②。日本偷袭珍珠港时，美国已经研制核武器多年，也就是美国还未参战已在研制制胜法宝。而当美国决定参战时，胜利的把握已有七成。也就是说当别的国家相互厮杀、鏖战正酣的时候，美国已经在悄然进行着可以瞬间制胜的武器。这样的时间和机遇的优势终于转化为美国的战略优势。

从太平洋战争的进程来看，原子弹的投掷只是加快了战争结束的时间，对于战争的胜负只具有锦上添花的作用。因为，日本在8月初败局已定。显然这个投掷的政治意义可能更大一些。杜鲁门写道：“我们向日本投放原子弹，迫使苏联重新考虑它在远东的地位。”1946年美国陆军部的一份报告则认为，即使不对广岛和长崎投掷原子弹，苏联能与对日作战也会迫使日本投降。但另一方面，如果不使用核武器，苏联会否在8月9日宣战，也永远无法得知。③ 当时德国投降已经3个月，原子弹有可能加速了苏联对日参战的决策。这从另一个角度表明，美苏都在抢夺远东地区的战略意图已经十分清晰。无疑，美国对日投掷原子弹显然占据了战略心理的优势。

---

① 〔美〕沃尔特·拉费伯尔著，牛可等译：《美国、俄国和冷战（1945—2006）》，世界图书出版公司2002年版，第23页。

② 〔美〕戴维·麦卡洛著，王秋海等译：《杜鲁门传》（上册），世界知识出版社1996年版，第432页。

③ 〔美〕塔德·舒尔茨著，中国军事科学院外国军事研究部译：《昨与今——战后世界的变迁》，东方出版社1991年版，第87页。

许多学者认为美国对日投掷原子弹是为了不让苏联参战和威慑苏联。这一观点在丘吉尔的回忆录中能够找到依据："美国不愿苏联参加对日作战。"确实，原子弹实验成功前，美英两国都曾强烈要求苏联参战，但原子弹实验成功后，美英两国无意让苏联分享对日战争胜利成果。苏联外长莫洛托夫也曾指出：炸弹虽说投在日本，但这些炸弹当然不是针对日本，而是针对苏联的。[①] 另外，对美国和苏联外交档案的最新研究显示，在波茨坦会议上，斯大林要求共同占领日本的要求，使杜鲁门感到非常为难。在7月24日的波茨坦会议上，杜鲁门以非正式方式告诉斯大林："美国已拥有一种具有空前毁灭性能的新式武器。"斯大林面无表情地表示："希望能好好利用它来打击日本。"斯大林的这种态度，令杜鲁门决定使用原子弹，"使苏联变得更好说话"。事实上，由于苏联军队占领了东欧大部分地区，杜鲁门急于想在苏联参战之前使用原子弹，不依靠苏联结束太平洋战争，以便日后在解决东亚问题时掌握主导权。日本历史学家曾公正地指出："美国使用原子弹并不是作为第二次世界大战的最后一个军事行动，而是作为反对俄国的'冷战'的第一次大交战。"它不仅仅是对日本的突击，而主要是对苏联的讹诈。可见，"原子弹从它诞生的第一天起，它就不是一个纯粹的军事武器，而是政治武器"[②]。

果然，在美国投了原子弹后，苏联反而加快了对日作战。美国的两颗原子弹彻底动摇了日本军部的作战决心，也改变了苏联红军出兵东北的时间表。

8月8日下午，日本天皇听取了原子弹轰炸的损失情况及不投降的后果等报告，表示应迅速结束战争，实际已决定投降。苏联政府认定日本即将投降，故立刻改变原计划8月中下旬再对日本宣战的决定。1945年8月9日上午，当第二颗原子弹错过原定长崎2千米在浦上山谷爆炸时，苏军开始对日作战。

8月11日，天皇裕仁召集御前会议，决定由内阁草拟投降诏书。

当时苏军坦克正在向前挺进。在西线渡过了哈勒欣河，在北线越过了黑河，而在东线则已越过了绥芬河站、三岔口和东宁，关东军的第一道防线已被突破。苏军的摩托化部队全速向哈尔滨方向急进。在苏军的进攻面前，关东军四分五裂。

8月14日，裕仁再次召集御前会议，研究投降诏书事宜。日本决定接受波茨坦宣言，无条件投降。

---

① 〔苏〕费·丘耶夫著，王南枝等译：《同莫洛托夫的140次谈话》，新华出版社1992年版，第101页。

② 丁晓平：《另一半二战史：1945·大国博弈》，华文出版社2015年版，第257页。

9月2日上午9时整，日本代表团在外相重光葵和梅津美治郎率领下，登上美国军舰"密苏里"一号，向以盟军最高统帅麦克阿瑟将军为首的联合国代表团签字投降。参加盟军受降的中国代表是徐永昌上将。

杜鲁门本人对使用原子弹的评价还是准确客观的。他说，"自从对日本使用原子弹以来，已将近两个月。原子弹并没有赢得战争，但它无疑缩短了战争的时间。我们知道，原子弹拯救了美国和其他盟国无数士兵的生命，要不是有原子弹，他们是会战死在战场上的"[①]。对于美国而言，迫切需要的是日本的投降，因为日本一天不投降就意味着屠杀还在继续。越接近胜利，血的代价就越高。[②]另外，按照日本的研究表明，在杜鲁门当总统一年半之前即1944年1月时，日本就已经输掉了这场战争。美国需要的是尽快结束战争和伤亡。

原子弹这个庞然大物对于美国外交政策，特别是对苏政策所具有的分量，要比迫使日本投降更大。杜鲁门在8月9日就波茨坦会议向全国发表广播讲话时说："我们感谢上帝让原子弹到了我们手中而不是敌人手中。我们祈祷上帝引导我们以他的方式和为他的目的来使用它。"

（四）国内政治的压力

对美国在日本投掷原子弹的原因，还有第四种看法，即议会的强大压力。1985年夏，日本共同社驻华盛顿的7名记者通过查阅国家图书馆资料和当时美国政府机密文件等认为：在原子弹制造初期，美国就已确定对日本使用，把它作为一种"巨大的实验"。随着原子弹试验成功，他们坚持要实施"有视界爆炸"。把它投掷到没有遭受过普遍轰炸的大城市尤其工厂集中区，才能检验出原子弹的威力。美国为研制原子弹花费了大量的人力、财力、物力，如果不在战争中显示出威力，议员们会在议会中进行激烈的批评。美国海军上将莱希曾表示，"科学家和一些其他的人们想要进行实战试验。因为这个计划耗费了总计20亿美元的经费。"这被认为是美国投放原子弹的另一个理由。一个和"曼哈顿计划"有密切关系的高级官员曾表示："这颗原子弹必须成功——因为在它身上已经用了许多金钱，假使失败，我们对于这样巨大的费用将如何交代？想到人们的批评就会令人感到害怕……当这颗原子弹完成并投下后，一切有关人员感到了巨大安慰，有如释重负之感。"研制这种武器出来，就是预期要使用它

---

① Harry S. Truman, *Memoirs by Harry S. Truman. Vol. Ⅰ: Year of Decisions*, Doubleday & Company, Inc., 1955, p. 581.

② 〔美〕戴维·麦卡洛著，王秋海等译：《杜鲁门传》（上册），世界知识出版社1996年版，第480页。

的。原来首要的目标是纳粹，但当德国人在 1945 年 5 月投降之后，目标自然就变成了日本。鉴于 1945 年初惨烈的战斗中，美军几个月里在太平洋战场上的伤亡数量比过去 3 年还多，杜鲁门要作出不使用原子弹的决定倒是更困难了。[①]

因此，议会的强大压力也是投掷原子弹的原因之一。这种新说法也不无道理。

杜鲁门 1958 年在美国一家电视台播放的访谈节目中说："（如果战争打响）不使用能够获胜的武器是愚蠢的。"

美国投掷这一武器，真是"一箭多雕"，战略意图明显。首先，换取苏联在中国东北对日作战，但又获得了苏联无法参加对日本岛的战争；其次，加快了战争进程，独占日本；最后，就是迫使苏联主动参战。起初苏联并不想参战，原子弹投掷之后，苏联马上表示参战。大规模杀伤性武器的作用真不可低估。

四、结语：良心的拷问

回顾历史，探讨美国投掷原子弹的决策过程仍然是很有参考价值的。因为这绝不是一个一般性的决定，它关乎几十万人甚至是上百万人的身家性命，它也不仅仅是一个涉及局部军事战役的决定，它关乎战争的进程，关乎国际政治格局的走向。当然，也关乎人类道德的评判。虽然战争本身即是非人道的，但战争方式、战争手段的使用仍有某些不可逾越的底线。投掷原子弹真的经受得住道德的拷问吗?

战后关于美国有无必要投掷原子弹在历史学界展开了激烈的争论。有人认为投掷原子弹之时，日本已经强弩之末，没有必要投掷，这一投掷缺乏道义性。一些人认为这一投掷违反了人类天性，而且军事上没有必要，完全是基于政治上的考虑。仅仅因为政治上的目的，而使几十万无辜百姓命丧西天，这是伤天害理之举。

最值得注意的是，一些参与研制核武器的科学家最先感到了良心不安和罪孽深重。曾有提议研制原子弹的科学家表示对原子弹的未来使用十分担心，比如原籍匈牙利的科学家西拉德，他曾是向爱因斯坦进言提议美国进行核武器研究的科学家，但到了原子弹即将研制出来的 1945 年 3 月，他出于科学家的道德

---

① 〔美〕沃尔特·拉费伯尔著，牛可等译：《美国、俄国和冷战（1945—2006）》，世界图书出版公司 2011 年版，第 22 页。

和良心转而采取了不支持的态度。原子弹所造成的骇人听闻的浩劫，使科学家们感到内疚。据说，爱因斯坦事后与另一著名科学家承认，写信向罗斯福推荐原子弹，是他一生中最大的错误。其他参加原子弹研制工作的人员，也有不少人深感自己应受到良心和道义的谴责。一些科学家在原子弹投掷后，纷纷后悔建议或参与核武器研制，其中就包括爱因斯坦和奥本海默等人。罗伯特·奥本海默不无沮丧地说："我们这些核物理学家从未感到自己是那样重要，而又那样无能。"参加原子弹研制的大部分科学家公开宣布：拒绝在研制核武器方面继续合作。奥本海默带头反对美国发展原子弹，并拒绝参加研制氢弹的工作。

从 1953 年起，奥本海默还被以莫须有的罪名站在了美国国家的被告席上。从此他不准参加一切与国防有关的政府计划。

唯一一位参加了两次对日本原子轰炸的飞行员，在对广岛的轰炸中，担任驾驶员蒂贝茨上校的右座领航员，在对长崎的轰炸中，任编队指挥员。美国退役空军少将查尔斯·斯文尼这样回答：《波茨坦公告》要求日本无条件投降。日本人认为这是荒唐可笑而不屑考虑的。我们从截获的密码得知，日本打算拖延时间，争取以可接受的条件经过谈判投降。在 8 月 6 日之前的几个月里，美国飞机开始轰炸日本本土，一个个日本城市化为火海，成千上万的日本人死去。但日军发誓决不投降。他们准备牺牲自己的人民，以换取他们所理解的光荣和荣誉——不管死多少人……即使在用原子弹轰炸了广岛之后，日本军部仍然认为美国只有一枚炸弹，日本可以继续坚持。在 8 月 6 日之后，他们有 3 天的时间用于投降，但他们不。到长崎也受到原子弹轰炸后，日本天皇才最后宣布投降。即使在这种情况下，军方仍声称他们可以而且应该继续战斗。一个陆军军官团体发起叛乱，试图截获并销毁天皇向日本人宣布投降的诏书。

"这些事实有助于说明我们所面临的敌人的本质，有助于认清杜鲁门总统在进行各种选择时所要考虑的背景，有助于理解为什么对日本进行原子弹轰炸是必要的"。①

不可否认，原子弹确实加速了日本的投降，但正如英国首相丘吉尔所说，"原子弹决定了日本命运的观点是错误的"。日本的无条件投降是反法西斯盟国共同浴血奋战的结果，中国在这一过程中发挥了重要作用。

---

① Testimony of Major General Charles W. Sweeney on May 11，1995，"The Smithsonian Institution management guidelines for the future：hearings before the Committee on Rules and Administration，United States Senate，One Hundred Fourth Congress，first session... May 11 and 18，1995，" https：//archive. org/stream/smithsonianinsti00unit/smithsonianinsti00unit _ djvu. txt.

战后几年，有人问杜鲁门是否还有其他选择，他响亮地说：没有。接着他提醒提问者：记住，珍珠港的死难者也没有其他选择。

战争总是代价高昂的，正如罗伯特·李将军所说："战争如此残酷是件好事，否则就会有人喜欢它。"[①]

尽管至今人们对这一问题的认识仍不统一，但有一点可以确定，那就是如果日本不发动侵略战争，原子弹就不会落在广岛和长崎的上空。讨论是否应该投掷原子弹的问题离不开那个时代背景，投掷原子弹是灾难性的，但真正的灾难实际上是战争本身。所有的其他的灾难都是由于战争引发的。美国参联会主席布莱德雷将军写道，"争论一种武器是否比另一种武器更不道德是愚蠢的。因为，从更广泛的意义上来讲，战争本身就是不道德的，这种不道德的耻辱必须由创造敌意的国家来承担"[②]。

阻止战争的爆发是所有人都必须意识到的战略性课题。曾经亲手在长崎投下原子弹的投弹手克米特·比汉上尉在临终前曾经表示："但愿我是世界上最后一个投下原子弹的人!"

---

① Robert E. Lee, "It is well that war is so terrible, or we should grow too fond of it," at Fredericksburg, https://www.brainyquote.com/quotes/robert_e_lee_125498.

② 〔美〕戴维·麦卡洛著，王秋海等译：《杜鲁门传》（下册），世界知识出版社1996年版，第868页。

大战略转型：由地区战略到全球战略——杜鲁门的对外战略

如果说罗斯福是引领美国走向全球的美国总统的话，杜鲁门就是使美国真正拥有全球战略和具有全球影响的美国总统。在杜鲁门时期，美国第一次使用了核武器，第一次在二战后发动了局部战争。杜鲁门需要转变的是将罗斯福时期以美苏合作为基础的全球主义改变为符合美国称霸的真正意义的全球战略。杜鲁门是二战后美国第一位总统，而在这个时候，在西欧地区之外崛起了两大力量，即美国和苏联。世界力量格局呈现出新的两极化特征，代替了以欧洲为中心的旧的多极力量均势。这时候的美国面临着从地区大国成为全球霸主的机会。为了实现这个目标，杜鲁门加快改变其地区战略，实现其战略转型。

大战略转型的标志就是杜鲁门主义。

美国一直是偏安一隅的、孤立主义盛行的国家，杜鲁门要实现这样一个战略转型，其实是有难度的。尤其是他作为罗斯福的继任者，难度就更大。因为罗斯福所确定的方针，基于延续与苏联的合作，而杜鲁门确定的全球战略必须以与苏联对抗为基础。

美国二战后重回孤立主义的思潮再起。包括史汀生这样的许多政治家仍然强调美国应该继续与苏联合作。在他们的心目中，罗斯福定下的战略合作政策不容改变，而且激怒苏联也可能带来巨大危险。但杜鲁门信奉斗争哲学，下决心使美国从地区走向世界。

下面就来看一下这个战略转化的过程。简单说就是“一个基础，四种准备”。一个基础就是美国是基于实力决定意图的原则来进行战略转化准备的。四种准备包括：其一，改变民众的刀枪入库、马放南山的思想；其二，美国进行了一系列的舆论准备；其三，强调苏联威胁的迫切性和现实性；其四，杜鲁门主义出台。

一、美国实力提升和国际形势变化是美国大战略转型的根本原因

实力决定意图是一个重要的战略法则。一战的时候美国只是强调拉美是美国后院，所谓门罗主义，对于其他地区比如亚洲则只是强调门户开放，而到了二战后，杜鲁门就提出了世界期待美国的领导。其中的主要原因就是实力的变化。

二战后，美国的实力又一次空前地膨胀。战后的美国面临一个极其有利的战略地位和战略实力。到 1945 年，美国拥有资本主义世界工业总产量的 2/3、对外贸易的 1/3、黄金储备的 3/4，成了世界最大的资本输出国和债权国。1947—1948 年，美国单独占有资本主义世界工业产量的 53.4%（1947）、出口贸易的 32.4%（1947）、黄金储备的 74.5%（1948）。美国还第一次夺得了最大资本输出国的交椅。① 这时的美国已经可以放心地同别人“在平等基础上”竞争世界贸易了。

1939 年欧战前夕，美国陆军只有 187000 人，当时在世界上排第 19 位。大战期间，美军事实力迅速发展。1939 年，武装部队只有 335000 人，国防预算不过 10 亿美元。1945 年，武装部队总数为 1200 余万人，国防预算超过 800 亿美元。

美国空军在 1939 年时并非独立军种，只是在陆、海军中各有一支小小的航空兵。陆军航空队只有 950 架所谓第一线飞机。海军航空兵则更少。到战争临结束时，美国的军事和经济力量几乎已达全球各个角落。②

战后的美国已取代英国成为海洋统治者。美国拥有庞大而威力强大的海空军，包括拥有 2000 艘战舰和 50000 艘登陆船只。商船的总吨位超过其他资本主义国家之和。截至 1946 年，美国在 56 个国家和地区驻有军队，到 1947 年美国在海外建立了 484 个军事基地，控制远离本土 7000 英里的战略要点，这些基地包括英帝国的传统势力范围地中海地区。1945—1949 年，美国独家垄断了原子弹，成为头号军事强国。几百年来以欧洲为中心的局面宣告结束。世界资本主义的重心转移到美国。

① 黄正柏：《美苏冷战争霸史》，华中师范大学出版社 1997 年版，第 31 页。

② 〔美〕布雷德利·F. 史密斯著，宋静存等译：《美国战略情报局始末》，国际文化出版公司 1988 年版，中文版序，第 1 页。

托马斯·佩特森描述道："战后美国无疑成了世界上最强大的国家。它既拥有破坏的武器——原子弹，又有重建的工具——美元。"总之，美国已成了高居各国之上的超级大国，拥有似乎可以对世界生杀予夺的力量。这使美国获得了空前强大而不可遏止的对外扩张和称霸世界的动力。随着战时美国实力进一步膨胀和国际影响进一步提高，"领导世界"日益成为美国人的口头禅，按美式原则和模式建立战后世界秩序的观念更加强烈了。杜鲁门宣称："美国今天是一个强大的国家，没有任何一个国家比它更强大了……这意味着，我们拥有这样的力量，就得挑起领导的担子并承担责任。"①

正如 1946 年丘吉尔在威斯敏斯特学院的"铁幕"演说中谈到的：美国此时站了起来，站到了世界权力的顶峰。②

美国虽然具备了实力，有了进一步向全球扩张的资本，但不意味着它可以为所欲为。杜鲁门推进其战略转型注重解决几大问题：其一是美国民众的胜利松懈思想；其二是大战略转型需要的舆论准备过程；其三是树立和塑造明确的国家威胁。

杜鲁门着力解决美国国内日益上升的刀枪入库、马放南山的思想。

随着欧洲希特勒法西斯主义和亚洲日本军国主义的相继失败，到了 1945 年 8 月的这个时候，大多数美国人开始坚决反对国际主义的对外政策。过去热心参军的士兵们忙不迭地想尽快离开军队，过去志愿超期服役的人现在都要求早日退役回家。美国士兵正以每小时超过 650 人的速度恢复普通百姓的生活。战争结束以来，陆军复员了 475 万名男女军职人员，350 万海军中已有 125 万人回家恢复平民生活，而总数为 46 万人的海军陆战队已复员 18.3 万人，在 18 万海岸警卫队中就有 7.4 万人复员。

与此同时，五角大楼仓促地解除了大笔的战时合同，在不到 1 个月之内解除的合同额已达 150 亿美元。波音飞机公司解雇了 2.1 万名工人，福特汽车公司则解雇了 5 万人，而此时，成千上万的军人正陆续回归故里，指望找到一份工作。穿制服的男男女女足有 1200 万人之多，他们都希望能尽快重新过上"正常人"的生活。③

当大批的美国士兵回家时，杜鲁门和他的僚属却使美国更加肯定地纠缠于

---

① 〔美〕托马斯·G. 佩特森等著，李庆作译：《美国外交政策》（上），中国社会科学出版社 1999 年版，第 601 页。

② 〔美〕理查德·尼克松著，夏青译：《世界大角逐》，吉林人民出版社 1989 年版，第 339 页。

③ 〔美〕戴维·麦卡洛著，王秋海等译：《杜鲁门传》（下册），世界知识出版社 1996 年版，第 513 页。

国际问题之中。杜鲁门在回忆录中说："对战争的忧虑使人们产生一些天真的想法。以为战争一旦结束，和平与友好立即就会来临，而且不需要费多大力气。对世界各地的人们来说，有这种想法原是很自然的事。然而维护和平是一项艰巨的事业，需要经常保持警惕。"[①]

二、大战略转型的舆论酝酿过程

（一）富尔敦"铁幕"演说

美国国内首先将斯大林的一次讲话解读为重大威胁的信息。1946 年 2 月 4 日斯大林在一次国内讲话中指出，马克思列宁主义原理没有过时，资本主义发展不平衡会造成极大混乱，这将使资本主义世界分裂成"两个敌对阵营，进而打起仗来"。苏联必须对战争重演有所准备，至少得有三个五年计划期间作出重大牺牲，否则和平不会真正到来。对此，美国国内立即作出了激烈反应。美国自由派的领袖之一、最高法院大法官威廉·道格拉斯断定斯大林的演讲是"第三次世界大战的宣言"。《纽约时报》在头版对斯大林的演说予以报道，一上来就宣布斯大林认为战争"序幕已经拉开"[②]。

1946 年 3 月 5 日，丘吉尔在杜鲁门陪同下，在美国密苏里州（Missouri Churchill）富尔敦城威斯敏斯特学院发表题为《和平砥柱》的演说，他指出："从波罗的海的什切青到亚得里亚海的里雅斯特。一幅横贯欧洲大陆的铁幕已经落下来了。"这段话也即"铁幕"一词由来。丘吉尔指责共产党到处构成对基督教文明的日益严重的挑衅和危险，主张成立美英军事同盟，鼓吹加强实力，配备一支国际武装力量，反对所谓"铁幕"后的国家，并反对公开原子弹秘密。这一说法是二战后西方领导人第一次公开发表的冷战信号。

一周之内，斯大林就丘吉尔的演说再次作出回应。宣称他们与希特勒类似，持一种"激进理论"，即讲英语的民族"应该统治世界上其他所有的国家"。斯大林警告说，这是在"策划一场战争，是在号召发动一场对苏联的战争"[③]。

---

① 〔美〕哈里·杜鲁门著，李石译：《杜鲁门回忆录：考验和希望的年代 1946—1953》，生活·读书·新知三联书店 1974 年版，第 516 页。

② 〔美〕沃尔特·拉费伯尔著，牛可等译：《美国、俄国和冷战（1945—2006）》，世界图书出版公司 2011 年版，第 35 页。

③ Interview with "Pravda" Correspondent，https：//www. revolutionarydemocracy. org/Stalin/pravda031346. htm.

斯大林和丘吉尔都发表了震惊世界的演讲。但值得注意的是，杜鲁门对演讲并没有表态。杜鲁门对丘吉尔建立英美伙伴关系的建议反应冷淡，因为美国不愿把自身束缚在一个衰落的、几乎快要破产的英国身上。杜鲁门公开表示不会采取丘吉尔的建议。在整个 1946 年，即使在伊朗和土耳其危机当中，杜鲁门都从未公开地谴责过苏联的政策。

在 1945—1946 年这两年内，杜鲁门已经采取了与苏联对峙的战略，但是，他还没有形成一个一致的方针，也还没有凝聚起国内共识来支持这样一个如此广泛而重大的政策。①

（二）乔治・凯南的八千字电报

1946 年，对于美国人来说战争似乎一触即发。美苏在伊朗、土耳其、欧洲等地对峙，中国的形势也日趋紧张。这使得美国人认为和平是短暂的，应马上做好准备去战胜一个新的更为强大的敌人。②

1946 年 2 月，凯南的八千字电报为美国对苏联采取强硬政策提供了理论根据。可以说，通过“长电”和丘吉尔的演讲，在美国对苏联威胁的认知共识已经形成了。

（三）克拉克・克利福德美苏关系报告

1946 年 9 月 24 日，美国白宫主要助手克拉克・克利福德奉杜鲁门之命提出了《关于美苏关系的报告》，这个报告最关键的内容就在于强调美国的政策目标是将“苏联的势力范围限于目前它所控制的地区”③。首先是承认战后苏联的现状，其次是遏制苏联的影响。这份长篇报告提出的对立的军事集团的构想，以及提出的要组建西方同盟的构想，都是战后初期以来美国对外政策所体现的内容。

从以上舆论准备可以看出，美国这一阶段对外政策的实质，首先是将苏联势力遏制在其本土和东欧的范围内，不准苏联染指、干预其他地区的事务和干

---

① 〔美〕沃尔特・拉费伯尔著，牛可等译：《美国、俄国和冷战（1945—2006）》，世界图书出版公司 2011 年版，第 39 页。

② 于群主编：《新冷战史研究：美国的心理宣传战和情报战》，上海三联书店 2009 年版，第 175 页。

③ Clark Clifford to President Truman，September 24，1946. Clark Clifford Papers，Harry S. Truman Library，in William Chafe and Harvard Sitkoff，eds.，A History of Our Time（Oxford，1991）. Clark Clifford，Memorandum to President Truman，September 24，1946，http：//msgeorgewc. weebly. com/uploads/5/0/9/7/50973469/ _ sources _ the _ world _ the _ war _ created， _ 1945－1952. pdf.

预美国的扩张行动，可称为对苏“钙化”政策；其次是以反苏反共为名控制盟国和镇压各地区的革命运动，即将盟国的对外政策纳入美国的战略轨道，服务于美国的战略利益。

杜鲁门政府为了实现这些图谋，一再制造紧张气氛，叫嚷苏联要发动战争。其实，他们根本不相信苏联于二战结束之初会发动战争。

（四）冷战思维的形成

冷战一词最早见于美国专栏作家李普曼于 1947 年发表的评论文章，此后逐渐成为国际关系中的一个重要术语。冷战是指二战之后以苏联为首的社会主义阵营和以美国为首的西方阵营全面对抗的一种现象，这种对抗除了直接的大规模的军事冲突之外，涉及政治、军事、经济和意识形态等一切领域，是一种埋藏着战争危机的和平状态，也是一种以和平形态表现的战争。简而言之，冷战的形成是以大国的对外政策出现重大调整为标志的，具体而言，美国 1947 年推出杜鲁门主义和马歇尔计划，组建具有军事联盟性质的北大西洋公约组织，苏联改变了战时合作政策，建立与北约抗衡的华沙条约组织，从欧洲开始了与美国针锋相对的较量，标志着冷战拉开了序幕，争夺范围迅速遍及全世界。

冷战思维是在长达 40 多年的两极对峙格局下人们形成的对国际事务和相关国家对外政策的认识框架。冷战思维对世界的基本看法是，对立双方出现了没有任何利益交汇点的全面对抗，这一对抗以全球为争夺范围，在国际社会中存在着在意识形态上具有根本分歧的两大势力集团，在世界事务中相互视对方所得为己方所失，将某一局部利益上的争夺置于全球争夺的框架之下，并以此为基础作出反应，世界处于所谓安全困境之中。冷战思维过分强调国家间意识形态和价值观念的对立，并将其提升到在制度上互不相融的较量；在冷战思维的视角中，非敌即友，非彼即此，界限分明，彼此以对方已经出现或可能出现的威胁作为制定对外战略的依据；经济利益为国家的政治、军事安全利益服务，国家的发展、人类共同利益的维护让位于军事、政治安全对抗的基本目标。应该指出的是，在很多情况下，冷战思维并未完全反映对外政策的基本思路，但在这一认识模式之内，原有的真实思维可能被扭曲、夸大或误解了，因此，冷战思维带有明显的推测、假想的成分，潜在的可能威胁被视为现实威胁，甚至某些不成其为威胁或完全可能避免的冲突被明确为不可调和的危险因素，用来作为制定政策确定敌手的当然依据。

三、确定新的明确而可见的威胁

杜鲁门认为这个时候必须强调美国的外在危险，树立一个现实而具体的敌人，只有这样才能扭转美国的松懈麻痹心态。缺少民众的支持，杜鲁门是很难推行他的新政的。就连强如罗斯福这样的政治巨人也只有在日本打到美国本土之后才能摆脱孤立主义的束缚。他这样一位长期生活在巨人阴影下的政治新人想要摆脱传统政治思潮的窠臼更非一件易事。

罗斯福是主张继续美苏联盟的。1945 年 4 月 12 日，罗斯福临终前一小时还在就对苏关系问题给温斯顿·丘吉尔的最后一封信中强调："我想把总的苏联问题尽可能缩小到最低限度，然而，我们必须是坚定的。我们的方针直至今日是正确的。"①

对于杜鲁门而言，为了通过他的新纲领，他需要向公众解释其行为动机，需要超越罗斯福设下的美苏合作的纲领，需要让公众意识到在战后美国面临新的威胁，不及时作出有利的反应是危险的。从 1945 年开始，美苏关系已经因为波兰问题、停止向苏联"租借物资"问题而恶化。7 月的波茨坦会议使矛盾更加明显，原子弹的投入使用，加剧了杜鲁门的紧迫感，他知道美国不会长时间垄断核武器，战后世界在进入核竞争时代的同时，也使得大规模热战可能将从此消失。美国需要一个全新的防务、安全体系。1945 年 12 月，杜鲁门提出了"以实力求和平"的思想，要进行"总体安全规划"，将来美国利益的实现和保证，以军事实力为基础，却要以武力以外的手段来实现。②

他在自己的回忆录中不厌其烦地强调苏联在伊朗、土耳其的行为是多么具有进攻性和侵略性，苏联又有着怎样的全盘计划来推进共产主义扩张。总之，通过不断地渲染和夸大，它成功地将苏联树立为威胁的制造者、美国的敌人。

杜鲁门看到了苏联扩张的危险，意识到他必须冒政治风险，以便使美国人民相信，我们不得不同苏联人竞争，否则和平与自由就要受到危害。③

他重点强调了两点：其一是苏联威胁已经形成；其二是国际社会出现了危

---

① Herbert Feis:《Churchill, Roosevelt, and Stalin》, Princeton and OxfordUniversity Press, 1957, p. 596.

② 于群主编：《新冷战史研究：美国的心理宣传战和情报战》，上海三联书店 2009 年版，第 166 页。

③〔美〕克劳莉著，吴乃华译：《不在案的记录：尼克松晚年私人谈话》，中央编译出版社 1998 年版，第 52 页。

险的思想和政治倾向。

关于苏联威胁。

美国的这种世界新秩序亦即美国霸权面临着严重的障碍。这首先是苏联力量的崛起。苏联承担了打败德国法西斯的重任，在战争中显示了非凡的韧性和顽强的战斗精神，在战后恢复中又显示出非凡的反弹能力。这些都使人们相信，苏联及其社会主义制度是经得起严峻考验的，是有极大生命力的。尤为重要的是，战争使苏联的军事力量空前增长，在欧亚大陆首屈一指。1945 年，苏联武装力量达到 1200 万人，经过复员后，仍是欧亚大陆上无可匹敌的军事力量。苏联军民浴血苦战的业绩，赢得了反法西斯战争中流砥柱的荣誉，空前提高了苏联的国际政治地位。苏联军队推出国境，直达中欧、巴尔干、中国东北、朝鲜半岛等地，大大加强了苏联在战后世界安排问题上的发言权。于是苏联成了在世界事务中仅次于美国，并在一系列问题上可以与美国分庭抗礼的强大力量。

而在苏联军队所到之处，更成为决定性的力量。苏联也明确地意识到了这一地位。1946 年，苏联外长莫洛托夫宣称："苏联现在是世界上最强大的国家之一。没有苏联的参与，谁也不可能就国际关系中的任何重大问题作出决定。"面对这样一个军力强大，又有着不同的社会制度和意识形态的大国的崛起，美国很自然地把苏联视为在实现战后世界新秩序时首先需要打交道的国家——或作伙伴，或作敌人。[①]

二战时期，罗斯福大权在握，更兼大敌当前，美国采取了努力争取苏联在战时和战后合作的方针，必要时还对苏联的要求予以一定的满足。但随着战争进入最后胜利阶段，以国务院为基地的对苏强硬派的影响重新上升。罗斯福恰在胜利前夕去世，杜鲁门就任总统，提供了美国转变政策的契机。杜鲁门对外交事务本不在行，却有比罗斯福强烈得多的反苏反共意识。加之战争胜利，原子弹成功，美国处于其实力顶峰，这就使他更强烈而自信地意识到美国的实力地位。杜鲁门上台不久，对苏强硬方针就逐渐占据优势。

杜鲁门上任后，哈里曼、波伦等一帮谋士就抓紧时机给新总统上课，极力说服杜鲁门对苏强硬。哈里曼说，苏联实行的是双轨致策：一方面与美英合作，同时又单方面行动以扩大对邻国的控制。他说：现在面临着"野蛮人入侵欧洲"，美国必须迅速决定怎么办。他认为苏联还很落后，在重建中有求于美国。美国可以采取坚决态度去压苏联让步。杜鲁门对此表示认可。他一再表示将对

① 黄正柏：《美苏冷战争霸史》，华中师范大学出版社 1997 年版，第 32 页。

苏联采取坚定态度，说苏联有求于美国甚于美国有求于苏联。[①] 杜鲁门表示美国不应妥协，不必笼络苏联，推动美国政策的转变。美国为了强调苏联威胁的现实性、真实性和迫切性，突出强调了几个事件。

其一，苏土关系的危机。

土耳其位于欧亚大陆的交界处，博斯普鲁斯海峡和达达尼尔海峡扼守着黑海与地中海的出口，战略地位非常重要。苏联一心要实现连接地中海和苏联黑海港口的咽喉要道——土耳其的达达尼尔海峡的共管，1945 年 3 月 19 日，苏联照会土耳其，宣布单方面废除 1925 年签订的《苏土中立和互不侵犯条约》，此举引起了土耳其政府的恐慌。1945 年 6 月，苏联照会土耳其政府，希望签订允许苏联参加对海峡地区的监管，苏联在海峡地区拥有建立海军基地的权利新条约。此举引发土耳其的紧张和美国的关注。1946 年 8 月 8 日，苏联再次照会土耳其，重新提出与土耳其共管海峡和在海峡建立海军基地的要求。此后，苏联又以军事演习为由，在土苏边境集结重兵，企图以军事压力迫使土耳其就范。

美国国务卿迪安·艾奇逊解释为苏联试图要主宰土耳其，威胁希腊，恫吓中东其他国家。[②]

面对苏联向地中海地区的扩张，美国国务院和参谋长联席会议进行了紧急磋商，并向杜鲁门总统提交了一份备忘录。该备忘录认为：苏联在该地区的行动意图在于控制土耳其，并认为“土耳其本身是东地中海和中东最重要的军事基地”，一旦苏联得手，美国今后就将难以阻止苏联向中东地区渗透。

8 月 19 日，美国直接对苏联发出照会，一方面重申 1945 年 11 月的立场，另一方面则提出了土耳其应是海峡防卫的主要承担者，任何对海峡的攻击，都将受到联合国安理会的过问。9 月，美国向地中海派遣了以“罗斯福号”航空母舰为首的舰队，向苏联表明了强硬立场。随后，美国又向土耳其政府提供了 2500 万美元的紧急贷款，以加强土耳其的军事防御。面对美国的强硬立场，苏联被迫退让了。但这次事件构成了战后美苏进行势力争夺的首次较量。[③]

其二，伊朗事件对美国构成了严重刺激。

美国宣布 1946 年初苏联在伊朗的行动威胁着世界和平。

---

① 〔美〕W. 艾夫里尔·哈里曼、伊利·艾贝尔著，吴世民等译：《哈里曼回忆录》，东方出版社 2007 年版，第 533—534 页。

② 〔美〕沃尔特·拉费伯尔著，牛可等译：《美国、俄国和冷战（1945—2006）》，世界图书出版公司 2011 年版，第 34 页。

③ 肖伟：《战后日本国家安全战略》，新华出版社 2000 年版，导论，第 16 页。

苏联和英国于1942年曾和伊朗签订了一项协议，该项协议允许苏联和英国军队在战争结束后驻在伊朗领土上6个月。在1945年9月的伦敦外长会议上，贝文和莫洛托夫都同意这个协议，意味着一切外国军队均应在不迟于1946年3月2日之前撤出伊朗。但美国政府收到报告宣称，苏联不准备撤出在伊朗的军队而且还准备增兵。据报告说，有两支很大的俄国军队正在前进中，一支开往首都德黑兰，一支向东移动，开往土耳其和伊朗的边境。

美国要求苏联同意在1946年1月1日从该国撤出一切外国军队。但是苏联在1945年12月3日拒绝了美国的建议。面对美国、英国和伊朗政府的撤军要求，苏联非但没有采取相应措施的准备，反而在自身控制的北部地区，支持库尔德人和阿塞拜疆人的反政府活动。苏联希望以此迫使伊朗政府接受其提出的成立苏伊石油公司的要求。

美国宣称12月下旬美国国务卿贝尔纳斯在莫斯科参加外长会议时，苏联甚至拒绝讨论从伊朗撤军的问题。

据美国看来，这牵涉三件事。第一就是土耳其的安全。苏联几个月来在向土耳其施加压力，要求取得一些特权和土地上的让步。如果土耳其东部被苏联包围，那么土耳其的处境肯定更加艰难。第二是控制伊朗石油资源。如果苏联直接或间接地控制了伊朗的石油，那么世界的原料平衡将会发生一个极大的变化，这对西方世界的经济来说将是一个严重的损失。第三是苏联若无其事地漠视小国的权利和它自己庄严的承诺。如果国际义务被置之不顾，而联合国也采取视而不见的态度，那么便谈不到国际合作了。①

1946年1月，在美国政府的唆使下，伊朗政府向联合国指控苏联违背撤军条约，制造伊朗分裂。但是，在苏联外交的压力下，伊朗态度开始软化，不再坚持对苏指控。然而，此时美、英的态度却强硬起来。美国国务卿贝尔纳斯甚至扬言：在必要的时候，美国将直接动用军事力量。杜鲁门也致函斯大林，措辞极为强硬。在美国政府的干预下，苏联政府再次退却，同意撤军。4月4日，苏伊通过谈判达成撤军协议，交换条件是伊朗要将北部的石油开采权长期租赁给苏联。5月6日，苏联军队全部撤离，伊朗政府在美英支持下，恢复了对北部地区的控制。②

其三，希腊、土耳其危机。

---

① Harry S. Truman, *Memoirs by Harry S. Truman. Vol. Ⅱ : Years of Trial and Hope*, Doubleday & Company, Inc., 1955, p. 95.

② 肖伟：《战后日本国家安全战略》，新华出版社2000年版，导论，第17页。

如果说前两个危机还只是插曲的话，这个危机则成为美国杜鲁门政府期待已久的时机。

希腊问题本身并没有直接关系到美国的安全，但是，在美苏对峙不断加深的情况下，为实现防止“共产主义威胁”这个大的战略目标，杜鲁门完全从意识形态出发，承担了作为“自由世界”领导者的责任，决定对希腊进行援助。

美苏之间的上述矛盾逐步升级，并迅速从中东扩展到欧洲，其具体表现就是所谓的希腊危机。希腊地处巴尔干半岛，扼守地中海的交通要道，是欧亚的桥梁地带。二战期间，德国为了切断英国通往东方的交通要道，侵占了希腊。希腊国王与政府先后在开罗、伦敦建立流亡政府，只有希腊共产党在国内领导民族抵抗运动。

1944 年，当二战在希腊结束时，希腊民族解放阵线几乎控制了全国。用一位权威人士的话来说：“到解放时，在希腊七百多万的总人口中，民族解放阵线的成员占两百万人左右。在组织性和积极性方面，他们无可比拟地较之所有对手要强得多，并有一切理由相信，一旦德国人离去，他们就能取得无可争辩的控制权。”[①] 英国派兵进驻希腊，并扶持傀儡政权，力图控制局面，但仍难扑灭希腊人民的斗争。在战后的头三年中，英国向希腊倾注了价值达 7.6 亿美元的援助。1947 年，英国派兵 4 万人，并提供 4.6 亿美元的援助，但仍无法控制局面。英国当局力不从心，向美国求援，希望美国提供经济援助。

1947 年 2 月 27 日，英国大使英弗查佩尔勋爵发出的一份紧急的正式咨文，即所谓的“蓝皮书”，被递交到美国国务院。英国由于财政状况恶化，不能再向希腊和土耳其提供经济和军事援助。艾德礼政府将从希腊撤出 4 万人的军队，所有的经济援助到 3 月 31 日时将停止。[②] 当英国通知美国他们准备撤离希腊时，杜鲁门发现一个适合于他的“怀抱已久的目的”的局势已经到来。[③]

美国国务卿马歇尔认为，英国宣布从希腊撤退就等于是它从整个中东地区撤退，而这种形势是极端严重的。马歇尔认为，希腊需要紧急援助。单是 1947 年剩余的时间里，希腊所需的援助数额就达 2.5 亿美元。

杜鲁门非常认可甚至是对这一观点进行了推波助澜：希腊需要援助，需要得很急迫，而且数量很大。否则希腊便会陷落，铁幕便会从东地中海伸展过来。

---

① William H. McNeill, *The Greek Dilemma*, J. B. Lippincott, 1947, p. 111.

② 〔美〕戴维·麦卡洛著，王秋海等译：《杜鲁门传》（下册），世界知识出版社 1996 年版，第 600 页。

③ 〔美〕戴维·霍罗威茨著，翻译组译：《美国冷战时期的外交政策：从雅尔塔到越南》，上海人民出版社 1974 年版，第 49 页。

如果希腊陷落了，土耳其将成为共产主义大海中的一个无法防守的前哨。同样地，如果土耳其送给了苏联，希腊的处境将十分危险。“美国不能也不应该让这些国家孤立无援。这样做将在中东、意大利、德国和法国树立一个鲜明的榜样。我国的理想和传统要求我们去援助希腊和土耳其，要求我们让全世界知道，我们的政策就是不管在什么地方，如果自由受到威胁，我们就要加以援助”[①]。

同时，杜鲁门政府将希腊危机同样视为美苏较量的问题。而美国必须表现出一种救世主的心态，“我很清楚地认识到美国孤立主义的复活对世界所产生的影响。显然，第二次世界大战以后，如果没有美国的参加，就没有哪个国家能对付得了俄国。如果我们置世界事务于不顾，像希腊这个被战争削弱和分裂的地区就会在俄国人不费多大气力之下陷入苏联虎口。俄国人在这些地区的胜利和我们公开表示不关心，就会使得在欧洲国家（如法国和意大利等）内已形成很大威胁的共产党更加壮大”[②]。

通过这几件事，一方面强调了苏联挑战的危险性，另一方面也表明了美国只要对苏联行为进行阻拦，苏联就会停下来，而美国不表明其态度，苏联就有可能不断扩张。

在杜鲁门主义提出之前，1947 年 2 月 27 日，当时的副国务卿艾奇逊在国会发言强调世界上只剩下两大强国——美国和苏联。美国已面临自古以来未曾有过的局面。自从罗马和迦太基以来，地球上从未出现过这样的两极对立……因此，美国采取措施以加强那些受到苏联侵略或共产党颠覆活动威胁的国家，就不是什么为英国火中取栗，而是保卫美国的安全，保卫自由本身。

1947 年 3 月，美国国家安全委员会 7 号文件对苏联的评估是：“苏联领导的国际共产主义运动的最终目的是征服世界。”为了最终实现这个目的，苏联不仅利用各种合法、非法的政治、经济手段，“如果有必要还可能诉诸战争”；对苏联的防御政策决不是有效手段，美国必须组织“世界规模的反击”。由于美国自身以意识形态来统率对安全利益和威胁的认知，因此从这个角度来看苏联，必然会把来自苏联的威胁扩大化，使美国自己除了冷战之外，没有任何其他的选择。[③]

---

① Harry S. Truman, *Memoirs by Harry S. Truman. Vol. Ⅱ: Years of Trial and Hope*, Doubleday & Company, Inc., 1955, p. 101.

② Harry S. Truman, *Memoirs by Harry S. Truman. Vol. Ⅱ: Years of Trial and Hope*, Doubleday & Company, Inc., 1955, p. 102.

③ 周建明：《美国国家安全战略的基本逻辑：遏制战略解析》，社会科学文献出版社 2009 年版，第 79 页。

杜鲁门经过近两年的组织准备和思想舆论准备，于 1947 年 3 月乘希腊土耳其危机，才提出了杜鲁门主义。这个宣言也被称为美国战略转型的重要标志。

四、大战略转型：杜鲁门的全球战略

罗斯福摆脱孤立主义利用的是一个特殊的战略机遇，那就是日本袭击珍珠港。虽然在这个过程中，美国也利用对日本的施压，迫使日本采取了极端的做法。

而杜鲁门的由地区走向全球的战略，等待的是另一个貌似平淡、实则暗藏杀机的危机事件，而且这个事件的处理权还似乎是英国转让给他的。当然，美英之间的这种权力转让看来已经成为战后的必然选择。

杜鲁门主义是在苏联威胁日益临近、希腊等国面临困境的情况下出台的。杜鲁门主义意味着美国全球战略的初步形成，意味着美国从此走向世界。

（一）杜鲁门主义的提出

1945—1946 年，美国与苏联已形成对峙之势，但美国并没有制定出前后一贯的政策。1947 年 2 月 21 日，英国大使馆表示，由于英国经济危机，一半以上的工业已经停产，英国无力提供希腊、土耳其需要的 2.5 亿美元的军事经济援助了。这个信息表明英国准备出让巴尔干半岛和地中海的战略要地了。而杜鲁门也终于决定出手了。当时美国近东和非洲司司长洛伊·亨德森评论道，“在这一小时内英国已把领导世界的任务连同其全部负担和全部荣誉都交给美国了”①。

1947 年 3 月 12 日，杜鲁门终于在国会发表咨文，这个讲话的主要内容包括：①宣称美国有领导自由世界、援助他国复兴的使命；②诬指任何国家的人民革命运动和民族解放运动都会“危害美国的安全”；③美国将援助各国自由人民。要求国会拨款 4 亿美元援助希腊、土耳其，并选派美军事人员前往那里执行任务，以防止共产主义威胁。

杜鲁门在讲话中提到两点理由：首先，除了美国以外，希腊无人可求，除了美国以外，更没有人愿意及能够向希腊的民主政府提供必要的支持；其次，

① 〔美〕戴维·哈尔伯斯坦著，齐沛合译：《出类拔萃之辈》（中），生活·读书·新知三联书店，第 605 页。

全世界自由的人民期待美国捍卫他们的自由，如果美国的领导地位动摇了，不仅会危害世界和平，而且一定会危害国家的安全。这个讲话并未直接提到苏联，而只是说希腊正受到几千人的恐怖主义活动的威胁，这个威胁是由共产主义领导的、向希腊政府进行的挑战。

这个讲话强调安全的联系性，即使在欧洲出现危机，也与美国的安全相联系。但同时这个讲话指出美国的方式主要是以援助为主，即使是军事人员的援助也并不是为了直接的军事作战。

这是二战以后，美国政府第一次正式宣布把“冷战”作为国策，它和“马歇尔计划”共同构成美国在发动侵朝战争以前，以“援助”为主的侵略政策的基础。杜鲁门主义充分暴露了美国借反共的幌子排斥英、法势力，遏制苏联占领中间地带，实现世界霸权的野心。

杜鲁门主义正式地改变了美国对欧洲事务长期奉行的孤立主义立场，它使美国承诺从西欧到东亚实行种种干涉主义的政策与计划。

杜鲁门主义包含美国对外战略的新特征：

首先，杜鲁门主义包含的目标是向全世界宣告，美国准备接受基于它的实力及影响的领导地位。美国人长期存在的“一个世界”的梦想已经破灭。二战后显然存在着“两个世界”：一个由苏联控制，另一个则是非共产主义世界。如果没有保护，西方世界的安全与独立将处于极度危机之中。

其次，杜鲁门主义是一项有利于美国对外干涉的普遍的和无限的政策，而不是特定的援助希腊和土耳其的政策决定。美国的战略并没有对遏制范围有任何限制。

杜鲁门主义并非美国政策中的一个突然的激烈的转折，它不过是一个原则的宣言。它是自波茨坦会议以来一项持续变化的政策的继续，其精髓可以在凯南的长电文及比之更为有力的克利福德报告中找到。

杜鲁门主义是美国公开推行对苏冷战的重要步骤，它用援助盟友、遏制苏联代替“大国合作”，从而使美苏关系发生根本变化，即由盟友变成敌人。它是美苏战时同盟正式破裂、美苏冷战全面展开的重要标志。此后，美苏间及两大阵营对抗与较量进一步发展。

1947 年 4 月 22 日，参议院以 67 票对 23 票的压倒多数同意向希腊和土耳其提供援助。5 月 9 日，众议院像参议院一样，以将近 3∶1 的票数：287 票比 107 票通过了这项法案。杜鲁门主义在参众两院获得了认可。

克拉克·克利福德在回忆 1947 年和 1948 年的事件时曾说，不可能有比这更激动人心或更重要的时期了。“我认为这是美国历史上最值得骄傲的时期之一。在那个时期中所发生的事情就是哈里·杜鲁门和美国拯救了自由世界”[①]。

当然，美国国内也产生了反对杜鲁门主义的声音。参议院共和党领袖、俄亥俄州的罗伯特·塔夫脱指责杜鲁门把世界分裂为共产主义和非共产主义地区，然后直白地说：“我不想和俄国打仗。”正在欧洲访问的亨利·华莱士谴责杜鲁门是在“不计后果地冒险”，而这会让世界付出“一个世纪的恐惧”的代价。杜鲁门国会演讲之前不久，艾奇逊告诉曼哈顿计划领导者罗伯特·奥本海默：“我们正进入与苏联敌对的关系”，在制订原子弹计划的时候“我们应该牢记这一点”[②]。

（二）杜鲁门主义的评析

杜鲁门主义是美国全球干涉主义的开始，也是美国作为“世界警察”介入世界事务的开始。正因为如此，杜鲁门主义被认为是美国对外政策的转折点。

1. 政策动因

（1）美国意欲领导世界。

杜鲁门主义是美国战后全面调整对外政策的重要标志。杜鲁门上台之初就在国情咨文中强调美国有经常而迫切的必要来领导世界，世界期待着美国领导，并说这是历史赋予的责任。杜鲁门号召采取行动使美国开始施行一项新的积极的外交政策，承担起维护和平与秩序这一世界性的责任。而这与美国国内兴起的美国应该领导世界的思潮相一致。比如，美国的《时代》杂志的老板亨利·卢斯在1941年发表文章说20世纪是美国的世纪，是美国作为世界统治力量出现的第一个世纪。

（2）美苏分裂。

杜鲁门主义的提出也表明战时的美苏合作开始出现裂变。丘吉尔说：德国军事力量的毁灭已经给共产党俄国和西方民主国家的关系带来了一个根本的变化。双方已经失去了共同敌人，那个共同敌人差不多是他们之间的唯一的纽带。[③]

---

① 〔美〕戴维·麦卡洛著，王秋海等译：《杜鲁门传》（下册），世界知识出版社1996年版，第615页。

② 〔美〕沃尔特·拉费伯尔著，牛可等译：《美国、俄国和冷战（1945—2006）》，世界图书出版公司2011年版，第50页。

③ 〔英〕温斯顿·S. 丘吉尔著，史雪峰译：《第二次世界大战回忆录》（下），中国画报出版社2015年版，第424页。

（3）反苏反共是其鲜明特征。

美国外交的意识形态显著特点尤其在战后集中表现为反共产主义。而极为鲜明的反苏反共的特性正是杜鲁门主义的灵魂。杜鲁门在国会的演讲中强调美国正面临着如同第二次世界大战一样对其安全的一次“严重挑战”，如果不能有效地回答这些挑战，那就无异于把世界的大片地区拱手让给苏联。还说什么世界各国的自由人民都在期待美国的支持，以维护他们的自由，倘若美国在领导方面举棋不定，美国就会使国际和平受到危害，也必然危及美国的繁荣和安全。

（4）强调间接侵略的概念。

杜鲁门主义提出了一个“间接侵略”的逻辑。所谓间接侵略，就是把任何一个国家的共产党所领导的革命，或者美国凭借自己的判断认定对美国不友好而对苏联友好的民族运动，一律称为苏联的“间接侵略”，都是对国际和平和美国自由安全的破坏，因此美国就必须帮助这些国家维护自由体制。这样，维持自由与反共成了同义词，而又把这一点放在其他一切国际准则和美国自己所标榜的民主、自决等原则之上。

（5）全球战略与世界霸权。

杜鲁门主义突出了其全球性。杜鲁门还强调美国的挑战是全球范围的，因此也需要一项全球战略来回击。杜鲁门主义把当时的美国对外遏制战略概括成这样的公式，即美国必须依靠其无比强大的实力，在全球范围内帮助自由国家遏制共产主义的扩张，以确保美国的安全，实际是保障美国的霸主地位。这样，杜鲁门主义就把威尔逊的理想主义外交、建立世界霸权与反共紧密结合起来了。杜鲁门主义是战后美国全球霸权战略的高度概括，是美国谋求战后世界霸权计划的总纲，而不只是为了消除希腊和土耳其的危机。

杜鲁门的上述观点当时在美国有一定的市场。美国不少学者和政界人士由于对战后斯大林领导下的社会主义苏联的制度深怀敌意和偏见，把杜鲁门主义的提出和把美苏冷战的爆发都归罪于苏联，认为杜鲁门不过是被动地作出反应，认为美国战后奉行的是力图在全世界建立民主政体和健全经济的利他主义政策。这一政策受到了苏联扩张主义外交政策的阻挠，在这种扩张威胁的压力下，杜鲁门外交不得不作出强烈反应，从而导致美苏冷战对抗局面的出现。按照这种观点，以杜鲁门主义为标志的冷战和遏制战略，是美国针对苏联扩张主义所作的回答。

2. 政策实质

美国在发起冷战的过程中，首先不是在国家利益的界定上发生了变化，而是对威胁的界定发生了重大的变化。二战中的盟友成了美国最大的威胁。

杜鲁门的这个演讲是冷战的宣言书。它明确地界定了美国“安全”的内涵——不仅要保卫美国不受侵犯，而且必须在全世界支持反对极权主义的斗争；而这个极权者所指的就是苏联，遏制苏联成为美国战略的具体内容。

当时的副国务卿艾奇逊很明确地说，美国采取步骤以保护那些受到苏联侵略或共产党颠覆威胁的国家，“这是保卫美国的安全——也就是保卫自由本身”。假如苏联控制了世界 2/3 的土地和 3/4 的人口，“美国就没有安全可言，世界上任何地方的自由也都要保不住了”[①]。

杜鲁门主义实际上是美国发动冷战的宣言书。它标志着美国正式以谋求世界性的霸权为目标，并把意识形态作为美国认知国家利益和界定战略目标的基本准则。根据杜鲁门主义，1947 年 11 月，美国和希腊成立联合总参谋部，美国向希腊派出了 1800 人。美国帮助希腊政府武装了 20 万军队、5 万名宪兵以及 1.1 万名海军和 8000 名空军。到 1949 年末，美国向希腊提供了 6.48 亿美元的援助，其中军事物资达 5.29 亿美元。更重要的是，在战略上冷战的逻辑已经形成。向希腊提供援助的后果，是美国在战略上走入了以意识形态为准则来确定自己战略方向的路径。[②]

（1）这是一项遏制苏联的全球战略。

有的学者把杜鲁门主义的目标说成仅仅是为了获得美国国会同意拨款，解决希腊、土耳其危机。比如美国后修正派就认为杜鲁门主义谋求的仅仅是有限的目标，仅仅是为消除希腊、土耳其危机，或者说仅仅是为了解决欧洲的问题。上述说法实际上掩盖了杜鲁门主义的实质。

诚然，希腊和土耳其当时确实处在严重危机之中。希腊、土耳其这两个国家战略地位也确实非常重要，而且美国早就觊觎这一地区，并企图将其牢牢加以控制。但是，美国早在杜鲁门主义宣布之前已经进行过对外援助，当时如果需要对希腊、土耳其增加援助，也完全不必要像提出杜鲁门主义那样大张旗鼓。杜鲁门之所以那样狠抓希腊、土耳其危机不放，显然“醉翁之意不在酒”，这主要是因为美国当局在战后新局势下，已意识到有必要对外交战略作全面调整。当时的希腊、土耳其危机的爆发只是为杜鲁门主义的出台提供了最佳的时机和

---

① 周建明：《美国国家安全战略的基本逻辑：遏制战略解析》，社会科学文献出版社 2009 年版，第 28 页。

② 周建明：《美国国家安全战略的基本逻辑：遏制战略解析》，社会科学文献出版社 2009 年版，第 71 页。

借口。美国学者戴维·霍罗威茨指出：为了理解成为战后时期决定性转折点的1947年的各种事件，必须以希腊的内战为背景来观察它们，因为就是希腊的内战为杜鲁门提供了机会来宣布世界已经分为两个互不相容的生活方式，并声明要对非美国的生活方式进行一场意识形态方面的圣战。[①] 在此之前已经有许多次，杜鲁门认为时机已到，但为他的一些重要顾问所劝阻，只有当英国通知美国他们撤离希腊时，杜鲁门认为这个时机终于到来。

可见，解决希腊、土耳其危机成了杜鲁门主义提出的诱发点。但杜鲁门主义的公布绝不只是为解决希腊、土耳其危机。后来的历史发展已经证实，这是美国提出的一项遏制苏联的全球性的战略宣言，成了战后美苏战时同盟公开破裂、冷战全面展开的标志。1947年4月1日，李普曼在《纽约先驱论坛报》写道：美国选择土耳其和希腊并不是因为它们特别需要援助，也不是因为它们是民主的光辉典范，而是因为它们是通向黑海和苏联心脏的战略大门。[②] 虽然杜鲁门出于国内因素考虑，将杜鲁门主义表述为赤裸裸的意识形态话语，但美国之所以加大力度保护边缘地区，原因却是"根深蒂固的地缘政治信念，其中对国家利益的定义，是以控制关键资源、基地、工业基础设施为基础的权力相互关系"。譬如，在1947年4月，"国务院—陆军部—海军部协调委员会"（"国家安全委员会"的前身）强调了全球经济军事援助的意义。其报告提出："含有或保护金属、石油及其他自然资源的地区"，以及拥有"巨大工业潜力"的地区，"必须让友好国家控制"[③]。

当然，杜鲁门主义最直接也是最首要的目标是加强希腊和土耳其的安全，从而使这两个国家仍置身于苏联的势力范围之外。……但从更广阔的全球范围来看，杜鲁门主义还试图调整实力的均衡。在许多评论家看来，这才是杜鲁门总统新的外交政策的主要战略目标。二战结束后，艾奇逊等一批有影响力的美国政界人物都认为，德国和日本战败，英国大为衰落，从而造成了战后全球各种力量的严重失衡。杜鲁门认为只有靠美国采取一种新外交战略来平衡国际上

---

① 〔美〕戴维·霍罗威茨著，上海市"五七"干校六连翻译组译：《美国冷战时期的外交政策——从雅尔塔到越南》，上海人民出版社1974年版，第43页。

② Walter Lippmann in the herald Tribune, April 1, 1947, reprinted in S. Rousseas, The death of a Democracy: Greece and the American conscience (New York: Grove Press, 1967), p. 84. Or Nicholas V. Gianaris, Geopolitical and Economic changes in the Balkan Countries (Westporg: Praeger Publisher, 1996), p. 52.

③ 〔美〕戴尔·科普兰著，金宝译：《经济相互依赖与战争》，社会科学文献出版社2018年版，第307页。

各种力量。也正如乔治·凯南所说的苏联战后到处扩张，只有美国遏制战略，才能抵消苏联力量，才能约束苏联的扩张主义。像任何其他的概念一样，杜鲁门主义当中所表达的遏制思想是美国战后对苏联、对西欧、对中东、对第三世界及对几乎所有的美国在外交事务中所面临的主要挑战的综合外交原则。

尽管当时美苏冷战对抗的战略重点是欧洲，但杜鲁门主义的目标并非仅仅适用于欧洲地区，而是美国全球性扩张和干涉的全面纲领。杜鲁门主义明确地把美国摆到整个世界领导者的地位，并公开宣布美国应在全球范围内承担义务。因此，杜鲁门主义对于美国外交战略的意义是巨大的，它使美国在冷战中发起了遏制共产主义的攻势，而且直接通向马歇尔计划和北大西洋公约组织。杜鲁门主义相当于某种《租借法案》，不过这一回是对准共产主义，而不是对准法西斯主义。

（2）杜鲁门主义是一项进攻性而不是防御性的战略。

无论从理论、战略、政策还是从外交活动实践等各个领域分析，战后的以杜鲁门主义为纲的美国对外战略都是进攻性的，而不是防御性的。尽管美国政府表示这是防御性的，但杜鲁门的演说表明美国不仅要在东地中海地区进行干涉，而且还借此打着意识形态的旗号去讨伐一个敌对的国家，而且它所涉及的范围远离美国本土。苏联在当时并没有构成对美国的直接威胁，美国却开始在欧洲及其他地区试图削弱和压缩苏联的影响。当然即使是进攻性的政策也并不是以直接的军事行动来体现，而是施以冷战的综合方式。

（3）杜鲁门主义是美国实施冷战干涉主义政策的重要依据。

杜鲁门主义是对美国传统的孤立主义的反叛。孤立主义源于乔治·华盛顿1797年的“告别演说”。他在演说中如此谆谆教导未来的美国行政部门，“我们与外国打交道的行为准则是，在扩大我们的贸易关系的同时，尽可能少地与他们保持政治联系”。4年之后，托马斯·杰弗逊遵循这一教导，敦促“平等公正地对待所有人，无论其贵贱，无论其宗教或政治立场；与所有国家建立和平、进行贸易和发展真正的友谊关系，但不与任何国家结盟”[①]。

而自1947年以来，杜鲁门主义起到了为美国全球的经济和军事干涉进行辩护的作用。20世纪70年代初，美国学者德康德·亚历山大在其著作中写道：杜鲁门造成了支配国家政治达25年之久的冷战舆论，在这整个时期，历任总统都把杜鲁门主义作为证明向国会要求越来越多的对外援助的合理性工具。

---

① Saul K. Padover (ed.) *The Complete Jefferson*, Duell, Sloane and Pearce, 1943, pp. 384－386.

五、结语：美国战略转型的影响

杜鲁门主义在美国历史上成为重要的里程碑，理由至少有三条：第一，它标志着转折点，杜鲁门利用美国人害怕国内外共产主义的心理，说服美国人必须开始执行冷战外交政策。如果说罗斯福是被迫卷入战争，那么这是美国政府的一次面向世界的主动行动。第二，战后时期，美国第一次大规模介入其他国家内战。美国在卷入越战之前 20 年，差一点就大规模卷入希腊内战了。第三，杜鲁门利用了这个主义来证明：以一个巨大的援助计划来防止欧和美经济崩溃是行之有效的，随后他将这类计划在全球广泛实行。实际上，杜鲁门的反共论点是混乱的，因为不论共产主义是否存在，西方经济都会陷入困境，美国人认为杜鲁门主义成了美国大力重建西方政治经济制度反对激进左派思想意识上的挡箭牌，因此从 1947 年以后，任何对西方制度的威胁，都可随意说成是共产党鼓动的，而不认为是制度本身引起的问题，这正是杜鲁门主义影响深远的结果。[①]

西方学者对杜鲁门主义评价颇高，直到 20 世纪 60 年代后期，杜鲁门还几乎是美政策和思想的金科玉律，有学者指出："杜鲁门主义正式地改变了美国对欧洲事务长期奉行的'孤立主义'立场，使美国承诺从西欧到东亚实行种种干涉主义的政策与计划。杜鲁门主义和门罗主义一起构成美国外交编年史上的两个最有影响的对外政策宣言，杜鲁门表明，并集中体现了自第二次世界大战以来美对外关系中的'干涉主义'或'全球主义'的倾向，尤其是致力于迎接苏联挑战的时候，尽管在挑战之后，美外交政策收缩了若干年，但 1980 年罗纳德·里根为首的共和党人赢得选举，清楚表明了大多数美国公众仍信奉遏制主义。"[②]

总之，自杜鲁门主义提出后，美苏冷战全面展开。美冷战政策的主要内容，包括杜鲁门主义（1947）、马歇尔计划（1948）和北大西洋联盟（1949）三大支柱，意味着美国从政治、经济、军事三管齐下对苏东阵营实行政治上的打击、经济上的封锁、军事上的包围。

---

① 〔美〕沃尔特·拉弗贝尔著，游燮诞译：《美苏冷战史话（1945—1975）》，商务印书馆 1980 年版，第 64—65 页。

② Cecil V. Crabb. Jr.，The doctrines of American Foreign Policy：Their Meaning，Role，and Future (Baton Rouge and London：Louisiana state Univ. Press)，239.

从历史上来看，美国经历了从早期孤立主义向南美大陆扩张的门罗主义；然后是向海外扩张包括向中国扩张的“门户开放”政策；第三阶段是一战和二战初期的传统孤立主义；第四阶段则是向全球扩张的杜鲁门主义。

杜鲁门主义是美国战后的重大转型战略，意味着美国利用其二战积累起来的巨大实力，放弃了与战时同盟苏联的合作，由地区走向世界，成为全球霸主。

美国倚仗自己的实力，宣称领导世界是历史赋予美国的“责任”，美从战前的孤立主义迅速转向以称霸世界为宗旨的所谓世界主义，战略态势也从守卫美洲发展到把全球作为扩张目标。美国走向世界是基于实力的驱动，同时也来自长期的舆论积累。从理念支撑的角度看，美国有几个重要的理论概念支撑其由地区主义走向全球，首先是门罗主义。1823 年，由詹姆斯·门罗总统提出。表明美利坚合众国当时的观点，即欧洲列强不应再殖民美洲，或涉足美国与墨西哥等美洲国家之主权相关事务。而对于欧洲各国之间的争端，或各国与其美洲殖民地之间的战事，美国保持中立。相关战事若发生于美洲，美国将视为具敌意之行为。其次天赋使命和天定命运说。[①] 1845 年 7 月由美国民主党人奥萨利提出。他认为北美洲向外征伐是上天注定的，上帝下令消灭印第安人。再次是美国世纪的提出。20 世纪 30 年代，美国历史学家亚当斯提出美国梦和 1941 年美国《时代周刊》共同创办人亨利·卢斯提出美国世纪已经到来。最后是美国的世界主义。即以杜鲁门主义为标志，强调共产主义威胁和世界期待美国的领导。

杜鲁门主义的战略含义在于，美国首次从地区大国变成了全球大国，他的视野和战略布局由地区转向了全世界。美国的战略终于由地区走向全球。美国历史上第一次形成了其全球战略。杜鲁门主义引发的战略转型是美国战略史上的重大变化：首先，首次实施了跨洋跨州结盟，背离了华盛顿立国之初时的遗训。其次，确定了新的战略对手，而且这个战略对手曾经是美国的战时同盟。战略转型本身也包括目标和对手的重新界定，杜鲁门主义表明，美国对于苏联将进行化友为敌的转变。值得注意的是，对苏联的化友为敌与美国对包括日本、德国在内的昔日敌手的化敌为友几乎是同步进行的。最后，美国确立了新的较量方式即冷战，运用除了直接战争之外的所有方式。

杜鲁门宣布世界上任何一个地方的事务都与美国相关，这是超越门罗主义的第一次。如果说罗斯福开始构想了美国的全球战略的话，杜鲁门则是真正的

① 唐贤兴：《近现代国际关系史》，复旦大学出版社 2012 年版，第 149 页。

落实者。

1947 年 3 月美国抛出了杜鲁门主义，6 月，提出了援助欧洲的马歇尔计划，苏联则针对性地提出了莫洛托夫计划，并分别同保加利亚等东欧各国签订了贸易协定，形成一个与西方资本主义阵营相抗衡的苏联东欧经济圈。9 月 22 日到 28 日，苏联召集 9 国共产党、工人党在波兰秘密召开会议，成立共产党情报局。之后，共产党情报局积极开展活动，猛烈抨击“美帝国主义”提出马歇尔计划的险恶用心，宣传“美帝国主义”妄图占领世界，准备发动新的战争，要求各国人民提防帝国主义的野心，维护世界的和平。①

① 于群主编：《新冷战史研究：美国的心理宣传战和情报战》，上海三联书店 2009 年版，第 185—186 页。

战略布局："复兴欧洲"的马歇尔计划

战略布局可能是个远投之子，一开始不显山不露水，落入水中，却溅起巨大的浪花。美国的马歇尔计划就是城府极深的战略上的先手谋划。

美国为什么要扶植他未来的经济竞争对手？一方面，美国强调美国的繁荣不能建立在欧洲的贫困基础之上，何况这个地区还是用来抗衡苏联的前哨阵地。另一方面，美国是为了应对政治上的对手而扶植经济上的未来竞争者，这显然不是一个简单的经济援助计划所能概括和描述的。

一、政策实施背景

（一）欧洲陷入困境

1946 年的欧洲，战争尽管已经结束，但战争的后续影响没有消除，遍地废墟、满目疮痍。

二战使西欧列强遭到重创，德国、意大利被彻底战败，英法遭到严重削弱，经济面临崩溃边缘。英国赢了战争，但打得筋疲力尽，财富损失了 1/4，战前的黄金和外汇储备化为乌有，海外资产出售达 42 亿英镑，船舶吨位减少了 3/4，外债达 34 亿英镑。曾经显赫长达两个世纪的大英帝国已是千疮百孔、日薄西山。丘吉尔在二战期间向外借债，并拍卖英国的海外资产，以维持货币和物资流通。英国在二战中的损失是一战中的两倍，英国从世界上最大的债权国变成了世界上最大的债务国。法国遭受了法西斯铁蹄的践踏更是伤痕累累，虚弱不堪。法国财富损失了 1/3，100 万公顷土地无法耕种，黄金外汇储备枯竭，资金拮据，债台高筑。1946 年，西欧又遭百年罕见严寒风雪，接连几场猛烈的暴风雪之后是汹涌而至的洪水，使原料、燃料和生活必需品已经奇缺的西欧国家陷入新的生存危机。工厂关闭，城市瘫痪，工人失业，农业绝收。煤荒、粮荒，紧接着便是无力支付从美国进口的"美元荒"。老百姓啼饥号寒，政府一筹莫展。饥饿、寒冷、贫穷的欧洲人在战争之后仍没有看到生的希望，有些人开始挖掘墓穴，以备来年春天掩埋冻死、饿死的亲人。

这年，英国首相艾德礼给杜鲁门写了一封信，信中描述了当时英国的“惨状”：“我们不得不把我们的粮食储备量减少到远远低于安全保障水平线以下，一旦粮食进口出现不正常，我们将冒对国内面粉和面包进行干预的风险。”[①]

英国失业人数达600万人以上，农业退至19世纪的水平。工业一半以上瘫痪。法国损失了320万亩小麦，生产总值退回1910年的水平。英国将煤配给额削减一半，法国决定将居民口粮减为每天六英两，黑市猖獗。

在欧洲大陆，田地里的地雷和炸药使农民无法耕种土地，美国农业部的专家对杜鲁门说，仅欧洲大陆在1946年就需要1200万吨食品，才能防止大规模饥荒的发生。仅以柏林为例，“在西方占领区，盟国不得不为1300万到1400万难民和战俘提供食物、最低限度的医疗保障以及藏身之处。此外，盟国还要考虑他们的将来。盟国还不得不为4000万德国百姓提供维持生存的食品，由于德国的国民经济已经崩溃，他们中的大部分人都是从战败的德国各地跑来的难民。艾森豪威尔估计，难民和德国人每月大约需要17.5万吨小麦和面粉，才不至于饿死”[②]。

战后经济困境引发社会危机。工人运动蓬勃发展，罢工、抗议，甚至暴动使各国政府惶惶不安。欧洲濒于崩溃的边缘。恢复建设所需要的绝大多数东西如小麦、棉花、机器和原料都只有从美国才能得到足够的供应。然而欧洲经济停滞不前，没有办法赚得购买这些东西所需要的美元。结果出现了一种“美元差额”，这个词像“冷战”那样使欧洲人害怕。

二战后西欧严峻的经济形势、社会的动荡不安和共产党力量的壮大，不仅引起了西欧各国政府的恐慌，也令大西洋彼岸的白宫坐卧不宁。1947年1月28日，美国驻法大使杰斐逊·卡弗里电告刚刚走马上任的乔治·马歇尔国务卿，称法国外长乔治·皮杜尔“十分担心共产党人国防部部长比尤。这位颇得人心但又极其危险的共产党前游击队员在国防部的存在对法国军队没好处”。2月27日，美国国务院副国务卿迪安·艾奇逊在白宫秘密会议上提出了问题的严重性：“共产党控制着最大的工会，并在政府各部、工厂、军队中安插大量人员；法国选民将近1/3投共产党的票；在法国经济如此糟糕的情况下，俄国人随时都可

① 任向群：《冷战对峙》，世界知识出版社1999年版，第79页。

② 〔美〕塔德·舒尔茨著，中国军事科学院外国军事研究部译：《昨与今——战后世界的变迁》，东方出版社1991年版，第56—57页。

能下手。”在意大利也存在着类似的情况。马歇尔随即警告美国政府：“如果美国不支持欧洲进行自助，（欧洲）走向暴政统治很可能是不可避免的。”[①] 尽管这些言辞多有危言耸听、别有用心之嫌，但在严重的经济困境面前，西欧各国资产阶级的统治岌岌可危，共产党的影响不断扩大，则是毋庸置疑的事实。

（二）美国对欧政策的政治考量

杜鲁门在他的回忆录中强调指出：“如果我们让欧洲人受冻挨饿，我们就会破坏维持世界秩序的部分基础，而全世界和平的希望就是建立在这种基础之上的。”杜鲁门主义强调：“不论什么地方，不论直接或间接侵略威胁了和平，都与美国的安全有关。”为实施对欧洲的援助，杜鲁门给前总统胡佛配备了一个庞大的工作班子，委托他对欧洲经济问题进行专门调查。1947 年春天，胡佛带代表团访问德国和奥地利，写出胡佛报告。胡佛报告指出：德国由于割地给波兰以及萨尔区的经济脱离德国，使它与 1936 年相比，丧失了粮食生产的 25%、煤炭生产的 30%和消费品生产的 20%，而德国人口却在增长：1936 年德国的人口总数为 6800 万人，1949 年的德国人口（包括苏占区）将会上升到约 7100 万人。与欧洲其他国家相比，目前欧洲的意大利、法国、比利时、荷兰及英国的粮食状况几乎已达到战争爆发前水平，而德国人的粮食供应水平却明显低于欧洲其他国家。

胡佛报告还特别强调恢复德国经济的重要性。胡佛说：美国的战略急需复兴欧洲，并要将此作为维护和平的首要手段，而复兴欧洲只有一条途径：生产。但是，欧洲的整个经济是通过原料和成品的交换而同德国经济相互交织在一起的，因而，“没有德国作为一个成员的经济力量的恢复，就不可能有整个欧洲经济力量的恢复”。胡佛警告美国人，说人们可以继续把德国拴在铁链上，但必须估计到，这样，欧洲也将是衣衫褴褛。

胡佛报告促使美国政府下决心将德国的复兴纳入马歇尔计划，并将其作为其中的重要组成部分。杜鲁门给美国驻欧司令发出指令：“除非被解放的欧洲在今后几个月可以得到大量的煤，否则就有发生政治和经济混乱的严重危险，这种混乱将危害盟军的重新部署并妨碍经济稳定的恢复，而经济稳定是巩固的和正义的和平的必要基础。”实际上，除了从德国之外，绝大部分欧洲地区无法从

---

① 〔美〕约翰·加迪斯著，时殷弘等译：《遏制战略：战后美国国家安全政策评析》，世界知识出版社 2005 年版，第 67 页。

其他任何来源得到足够的煤。因此迫切需要使德国能够生产煤以向其他欧洲国家输出，这些国家必须有这些煤以便至少是在最低限度的基础上维持经济生活。

1947年5月，主管经济事务的副国务卿威廉·克莱顿实地调查回来后宣称，“现在看来，我们显然是低估了战争对欧洲经济的破坏程度……欧洲的局势正在持续恶化”。形势比任何人预料的都更糟。数百万人正经历着慢性饥荒。欧洲的崩溃将意味着革命，也意味着美国经济的混乱。①

然而，欧洲的境况不是他唯一关注的问题。他写道，欧洲崩溃除了会牵涉未来的世界和平与安全之外，“它也将给我国经济带来灾难性的直接影响，如剩余产品市场的丧失，失业，经济萧条和巨额战争债务所导致的严重入不敷出。我们绝不能允许这些情况发生”。因此，他认为，美国必须制订一个实质性的援助计划，并强调，“美国必须出面来总揽全局”②。

美国主动提出援助欧洲的首要考虑是清楚的，那就是1947年初欧洲经济形势的急剧恶化，美国对西欧经济崩溃可能造成的政治后果的预见，以及美国对自身经济危机的担心和转嫁经济危机的现实需要。

显然，美国对欧洲出现的困难局面是有深刻透彻的认识的，看到了这个事件与美国的联系性和可能出现的衍生及外溢效应。战后初期西欧如此局势，为美国控制西欧创造了有利条件。美国中央情报局在1947年的一份报告中提出：“对美国安全构成最大威胁的是西欧经济有可能崩溃，结果使政权落到共产主义分子手里。”美国的一个专门小组——国防部与海军部的协调委员会在1947年4月21日的报告中更完整地解释了这个观点：“重要的是使一些地区仍然保留在友好国家的手中，这些地区拥有或保护着金属、石油等自然资源，含有战略意义或占有战略地位，具有重大的工业潜力，拥有大量劳动力和有组织的军事力量，或者出于政治方面和心理方面的原因，能使美国在世界稳定、安全与和平方面产生更大的影响。”这就是马歇尔计划的更大背景，在这样一个政治地位和安全程度都下降的地方，美国的利益同脆弱患病的欧洲次大陆复杂地交织在一起。③

显然，美国在杜鲁门主义尚处于构想阶段、欧洲社会和政治生活出现了巨大的危机之时，已经开始讨论欧洲复兴计划。实际上，在杜鲁门政府看来，

---

① 〔美〕戴维·麦卡洛著，王秋海等译：《杜鲁门传》（下册），世界知识出版社1996年版，第627页。

② 〔英〕理查德·克罗卡特著，王振西等译：《五十年战争：世界政治中的美国与苏联（1941—1991）》，社会科学文献出版社2015年版，第95页。

③ 〔美〕托尼·朱特著，林骧华等译：《战后欧洲史》，中信出版社2014年版，第122页。

这两项政策从一开始就是相互关联的，用杜鲁门的话说，是“一个核桃的两半边”。美国之所以会重新考虑对欧政策，是基于三方面的因素：东欧政府中共产党力量的稳固令美国日益沮丧；在德国问题的安排上没有达成一致意见；西欧经济秩序的混乱显然威胁到了政治的稳定，其中法国和意大利的情况最为糟糕。

1947 年法国共产党在议会中成为第二大党，随后，意大利、英国、比利时及丹麦等 8 个西欧国家的共产党也进入了各自的联合政府。美国认为，这将使苏联的势力由东欧扩展至西欧，那样，北美几乎就变成了“孤岛”，美国的利益将受到致命的威胁。于是美国的利益与西欧的复兴联系在一起了。要制订一项全面的援欧计划以防止欧洲经济、社会和政治的极度恶化，成为美国决策集团中许多人的共识；1947 年 3 月 10 日至 4 月 24 日，美国新任国务卿马歇尔在长达数天的莫斯科外长会议上与苏联对手就欧洲问题进行了激烈的论战与较量，马歇尔强调苏联似乎很愿意看到不稳定和混乱充斥于欧洲。苏联正在等着西欧的垮台。让事情放任自流符合他们的目标。他们尤其不希望德国恢复秩序和稳定，更不要说在那里恢复繁荣了。[①]

马歇尔认为，如果美国不对欧洲进行大规模的援助，欧洲各国政府将无法维持，共产主义很快会在西欧国家蔓延。因此，美国必须立即行动起来，否则苏联就会赢得时间。杜鲁门事后这样评价马歇尔计划，他认为“马歇尔计划将作为美国对于世界和平的最大贡献而载入史册。我相信，全世界现在已经认识到，如果没有马歇尔计划，西欧是很难避免共产主义的统治的”[②]。

（三）美国对欧政策的经济考量

当时美国自身也面临问题：由于数百万军人回到劳工队伍中来，工商业界的工人便面临着疏散人力、减少加班工资、削减战时生产以及随之而来的职业竞争的威胁。

西欧的窘境使美国忧心忡忡。西欧数十亿美元的赤字对美国构成真正的威胁。如果欧洲人无钱购买美国产品，那么最终也将殃及美国经济的复苏与振兴。到 1947 年，美国已经向西欧提供了大约 90 万美元的赠款和贷款，以重建欧洲崩溃的经济，促进西欧国家同美国的贸易，但是西欧依然虚弱不堪。

---

① 〔美〕戴维·麦卡洛著，王秋海等译：《杜鲁门传》（下册），世界知识出版社 1996 年版，第 623 页。
② 沈志华等：《冷战时期美国重大外交政策案例研究》，经济科学出版社 2014 年版，第 21—24 页。

美国经济的迅猛发展，要求取得新的原料基地以便为出口商品寻找新的市场和在国外发现新的劳动力来源。在杜鲁门当政时，外交行动虽然并不全都直接关系到现实的经济考虑，但外交和经济总是难以分开的。例如，杜鲁门把国内充分就业作为他的两大政策目标之一，这就使外交政策不能不受到经济的影响。在1946年，杜鲁门当局内定的外贸目标是每年140亿美元，等于战前1936—1939年平均出口额的6倍。杜鲁门主义高唱反对邪恶的调子，而其目的之一则是"为美国市场的经营和销售"服务。一位幕僚说："希腊本身并不大，但是加上英、法、比、捷和占领军的采购，便会达到比《租借法案》小不了多少的数目。不管发生什么别的情况，这一计划都能使我国保持高就业水平。"1949年时，杜鲁门当局迫切设法让公众理解：马歇尔援欧计划中的"每一块美元到头来都只能在美国花掉"，"在当前西欧大量需要美国货的情况下，美元会很快就回到美国来"，"这笔钱是要在我国国内花掉的。它将用来购买我国农民在农场上和我国工人在我国工厂里生产的东西"①。

1947年12月19日，杜鲁门送交国会一份咨文，说明美国在一个复兴欧洲的广泛计划中所应担任的角色。在拟订这个计划的过程中，美国始终遵循下列基本原则："第一，制订这个计划是为了使欧洲在一定时期内能够获得真正的复兴，而不仅仅是漫无止境地继续进行救济；第二，制订这个计划是为了保证我们提供的基金和物资最有效地用来复兴欧洲；第三，制订这个计划是为了使美国的财政负担减少到最低限度，同时也避免把长期无法偿还的毁灭性的财政负担加在欧洲国家身上；第四，制订这个计划时，适当地考虑到保存美国的物质资源，并且尽量减轻由于援助欧洲对我国经济所起的影响；第五，这个计划必须同我国的国际关系和其他方面的责任协调一致。第六，执行这个计划是为了明智而有效地实现我国外交政策上的伟大事业。"②

二、马歇尔计划的战略构想

美国显然敏锐地意识到欧洲的衰落对于美国的盟国而言虽然存在着危险，但也是美国难得的机遇，关键取决于美国怎么做。

马歇尔计划缘于马歇尔参加的在苏联莫斯科举办的多国外长会。他从莫斯

① 华庆昭：《从雅尔塔到板门店》，中国社会科学出版社1992年版，第230页。

② Harry S. Truman, *Memoirs by Harry S. Truman. Vol. II: Years of Trial and Hope*, Doubleday & Company, Inc., 1955, pp. 117—118.

科回华盛顿的飞机上谈论的唯一话题就是拯救西欧。马歇尔向杜鲁门强调说，时间是最重要的。在1947年4月28日的一次广播讲话中，他告诉全国："病人危在旦夕，医生们在不慌不忙地会谈。""欧洲的复兴比期望的要慢得多。分化瓦解的力量日益明显。"

他回顾了世界大战给世界各国造成的创伤。战争摧毁了欧洲人的生存机制。它毁坏了煤矿，炸平了钢铁厂，破坏了运输线路和设备，毁灭了牲畜，夷平了化肥厂，毒化了土地；商船被烧掉或沉没，海运收入化为乌有。国外的投资及其收益都不存在了；周转资金和存货消失了；商业网支离破碎，原料的流通和贸易奄奄一息；工业生产不能满足新的需求，特别是因为外来的难民使人口膨胀。这些问题将促使意识形态的斗争复杂化。苏联及欧洲其他地方的共产党政权反对西欧复兴，它们要利用经济萧条来达到其政治目的。

很快马歇尔指示凯南"立即"组建一个特别班子，"毫不拖延"地就为拯救欧洲应做些什么事情的问题提出报告。

凯南和他的特别班子一直在准备他们的报告，而杜鲁门根据马歇尔从莫斯科返回后所谈的情况，已经决定必须尽快地救助欧洲。艾奇逊强调说，财政援助是绝对必要的，但目的却不是为了救济，而是为了工业、农业和商业的复兴。欧洲自身复兴的余地如此狭窄。如果想要拯救欧洲，必须提供大量资金。"这对保存我们自己的自由……对我们国家的安全是完全必要的。这是我们的职责和作为人类的荣幸"①。

凯南工作组在起草马歇尔计划的时候，一方面吸取了美国政府高层的意见精神，另一方面也进行了全面的战略思考。

（一）地缘战略的考虑

首先，凯南的战略谋划首先考虑的是欧亚大陆形成战略制衡的问题。凯南对美国1947年至20世纪50年代中期的战后政策和马歇尔计划的全貌作过一番说明。凯南说，除了美国以外，以世界战略实现即军事和工业潜力观点来看，只有四家称得上是大国，两家在欧亚大陆之外，即日本和英国。欧亚大陆则是苏联和中欧。从绝对意义上说，对美安全最大的威胁是，中欧和俄军事工业潜力联合起来与美国作对。他们有可能连成一体，从战略上说，苏联甚至会超过美国的力量。这个地缘战略构想受到两种战略思维的影响，其一是麦金德的心

① 〔美〕戴维·麦卡洛著，王秋海等译：《杜鲁门传》（下册），世界知识出版社1996年版，第624页。

脏地带说。麦金德强调从东欧到中西伯利亚平原内陆地区为心脏地带，欧洲大陆和非洲为世界岛。谁控制了心脏地带，就可以控制世界岛，谁控制了世界岛，就可以控制世界。其二是大英帝国的平衡战略。即让欧洲大陆形成西欧力量与苏东力量的相互制衡，从而避免形成超越美国的联合力量。凯南在 1947 年末写道："我们的政策必须指向在欧洲和亚洲恢复均势。"实现这一点的最佳办法"看来是加强在共产党人正在攻击的各个国家内部的、自然的抵抗力量，而这在根本上已经是我们政策的基础"。在易受苏联扩张之害的地区削弱了抵抗力，更多的是上次战争的持续的影响——"物质资材和精神活力的耗竭"，而不是那么一场新战争的威胁。所需要的是足够戏剧性的行动，以造成立竿见影的心理印象，但同时又是足够实质性的行动，以开始处理所涉及的根本问题。经济援助是凯南主要指望来产生这一效果的东西。①

凯南构想的基本前提在于，如果欧亚大陆"心脏地带"处于单独一个敌对强国的控制之下，那么世界任何"边缘地带"都不可能安全。1948 年 3 月，新近成立的国家安全委员会的工作班子起草了它的最初文件之一，其中警告"在美国和苏联之间，有着位于欧亚两洲的一些潜在强国，它们一旦被添入现存的苏联势力范围，将使之能够在人力、资源和领土方面占有如此巨大的优势，以至于美国作为一个自由国家生存下去的前景就将渺茫暗淡"。8 个月后，在就对苏政策作了该机构的首次全面审视后，总统签署了国家安全委员会 20/4 号文件，它断定"苏联对欧亚大陆潜在力量的控制，无论是靠武装入侵还是靠政治途径和颠覆手段取得，都是美国在战略上和政治上不能接受的"。

因此，凯南已经开始转向另一种选择——"要点防御"，即集中力量守卫特定地区，连同前往这些地区的通道，而不是专注于守卫一条条固定的防线。②

值得注意的是，凯南建议美国政府中止对苏联的租借援助。杜鲁门于 1945 年 5 月 11 日即欧战胜利的 3 天之后中止了对苏联援助。显然，凯南希望通过中止援助来削弱苏联的军事力量。凯南强调，"无论是从经济的还是从政治的角度看，我都认为，我们没有任何正当理由向苏联进一步提供租借援助，我们也没有任何正当理由就苏联（它不是联合国善后救济总署援助的捐助国）接受大量联合国善后救济总署的援助达成协议"；对于苏联，最好是"既不帮助也不伤害

① 〔美〕约翰·加迪斯著，时殷弘等译：《遏制战略：战后美国国家安全政策评析》，世界知识出版社 2005 年版，第 36 页。

② 〔美〕约翰·加迪斯著，时殷弘等译：《遏制战略：战后美国国家安全政策评析》，世界知识出版社 2005 年版，第 59 页。

苏联人民，让他们自己照顾自己”。苏联指责这个举动是“令人遗憾的，甚至是残忍的”[①]。

（二）扶植对手与战略全局的考虑

在竞争法则下，削弱对手是必然的选择。但美国却有不同的认识。从这一点可以看出美国当时战略界人士的别有用心。西欧与美国都是市场经济国家，必然是未来市场上的竞争对手。欧洲有着良好的经济基础和市场潜力，把钱投给他们，就是扶植未来的战略对手。一般人们不会这样做。而西欧处于经济困境之中，对美国是有利还是有弊呢？显然两者兼而有之。美国这时候的战略考量是耐人寻味的，美国的做法是在美国的主导和控制下繁荣西欧经济，使西欧成为美国有力市场和政治上的同盟。当时的美国已经具备了超强的实力。战争的破坏使世界的工业力量结构处于异常不平衡的状态。全世界资本总额的3/4和工业能力的2/3集中在一个国家之内，它就是美国；其余的资本和工业能力则分散在占地球上有人居住的总面积95%以上的地区里。“一个国家对人类生活所需的最重要因素取得了近乎独占的地位”[②]。

虽然如此，美国仍然相信美国的繁荣不能建立在西欧的贫困基础上这一认识是更加深刻的经济战略思维。杜鲁门和他的高级顾问以及国会领导人都认识到，在一个贫困的世界上却有一个非常富有的美国，这从经济学和社会学的角度看都是十分荒谬的。因此，外援成为他们优先考虑的事情之一。美国需要为自己的商品寻找国外市场，因而不得不帮助外国发展经济，以便让它们从美国购买东西。[③] 美国在海外实施大规模复兴计划，这既出于人道主义的感情，也为了维护美国的实际利益。在这个意义上来说，扶植对手就等于帮助自身。前法国外交部部长米歇尔·若贝尔认为，“如果不提供信贷，美国繁荣就会被孤立在一个充满战争和贫困的世界上……此举别有用心。明天的欧洲繁荣兴旺而具有竞争力，同今天的欧洲悲观绝望而在美国缺乏购买力相比，更为有力”[④]。再者

---

① 〔美〕塔德·舒尔茨著，中国军事科学院外国军事研究部译：《昨与今——战后世界的变迁》，东方出版社1991年版，第106—108页。

② 〔美〕戴维·霍罗威茨著，翻译组译：《美国冷战时期的外交政策：从雅尔塔到越南》，上海人民出版社1974年版，第54—55页。

③ 〔美〕塔德·舒尔茨著，中国军事科学院外国军事研究部译：《昨与今——战后世界的变迁》，东方出版社1991年版，第73页。

④ 〔美〕塔德·舒尔茨著，中国军事科学院外国军事研究部译：《昨与今——战后世界的变迁》，东方出版社1991年版，第150页。

美国需要盟友。美国的联盟体系是精心打造的，将世界上所有发达国家囊括其中。美国是从全球战略竞争层面来考虑欧洲问题的，也是从这样一种竞争的视角来制订马歇尔计划的。欧洲只有强大起来才能够更好地制衡苏联。

战后初期的西欧已找不到一个在政治上称雄、在经济上称强、在军事上称霸的大国。19 世纪以来，欧洲同时存在几个势均力敌的大国，保持平衡的传统均势格局被打破了，欧洲列强在近现代史上控制世界、决定世界事务的中心地位一去不复返了。为了尽快实现欧洲的复兴，西欧国家不得不寻求"联合"与"统一"之路。而对美国来说，联合起来的西欧国家有利于抵御苏联咄咄逼人的攻势。于是，美国顺水推舟，当了西欧国家的盟主。换句话说，群龙无首又陷入危机的欧洲，需要一个领导者，但欧洲自身已经很难产生这样一个领导者，美国又一次把握住了这次机会，而且精明地运用好了这次机会。

在美国的主导下，西欧实现经济复兴，才可以将欧洲作为一支有力的抗衡苏联威胁的力量，以此形成一个美国能够成为仲裁者的欧洲均势局面。若无美国的及时援助，欧洲的复兴将经历更加漫长而且曲折的过程，同时，在没有美国援助下，如果苏联运用恰当的政策则有可能拼盘掌控欧洲的局势，而这正是美国担心的。所以欧洲的困局对于美国而言，也被置于与苏联较量的战略层面来加以应对。如果失去这一考量，美国的慷慨将会大打折扣。对欧援助也是基于与苏联对抗的大目标而制定的，所有的冷战重大战略决策都可以与遏制共产主义扩张相联系。

马歇尔计划特别强调自助与救援的关系。马歇尔回顾道，美国并没有具体的欧洲复兴计划，欧洲国家必须准备自己制订计划，我们的主要目标是，使主要的欧洲国家能够不靠外援而生存。他着重谈了美国的开明的自我利益，提出必须：①使欧洲能够支付美国的出口货；②使欧洲有足够的自信来"顶住外来的压力"[①]。

（三）意识形态和制度的示范作用

冷战是制度之争。凯南认为，"苏美关系问题，从本质上讲是对美国作为一个国家的总体价值的检验"[②]。因此，在凯南的设计中，西德是一个重点，凯南

① 〔美〕福雷斯特·C. 波格著，黄友义译：《马歇尔传（1945—1959）》，世界知识出版社 1992 年版，第 236 页。

② George F. Kennan. The Source of Soviet Conduct，*Foreign Affairs* 25，1947，July，pp. 566－578，580－582.

希望把西德作为一个民主橱窗用以吸引铁幕对面的国家。事后证明这个构想是奏效的，东德曾经出现了移民潮，大量技术人才流失到西德，以至于东德通过人为建立柏林墙来阻止东德公民外逃。

显然，凯南对欧援助的设计远远超出一般经济援助的概念，而是野心勃勃的宏大而深远的战略构想。他认为这个计划不是单纯的经济援助，而是恢复欧洲信心的问题。这不单是一个经济问题，而是将欧洲连在一起成为整体的问题。这是一个事关美国与苏联冷战较量从长计议的遏制战略全局的问题。乔治·凯南早在1947年5月就着重指出，人们必须提供这种援助，以便让苏联的卫星国面对西方所提供的条件，要么把自己排除在援助之外，要么在接受援助的同时迫使自己也接纳西方的政治构想。[①]

凯南将苏联的挑战视为大致是心理性的，所以他为对付这挑战提出的建议也倾向于带有心理特征，目的是在潜在敌手以及潜在盟友和美国人民心中产生如此的看法，它将促进兴起一种更有利于美国利益的国际秩序。到1948年底，凯南已将三大步骤作为实现这一目的所必需的：①通过鼓励受苏联扩张主义威胁的国家的内部自信来恢复均势；②利用莫斯科与国际共产主义运动之间的紧张关系，以减小苏联将势力投射到国境以外的能力；③借以时日，逐渐修正苏联的国际关系思想，以期导致谈判解决突出的分歧。

凯南认为武器和部队水平不是国际权势的唯一决定因素——政治、心理和经济同样起作用。正是在这最后一个领域，美国拥有特殊的优势：通过贷款和无偿赠予，只有美国才处于一种影响其他国家重建经济或使之（具有）现代化的速度的地位，因此，凯南抓住这个工具，将其当作恢复世界均势的主要（而非唯一）手段。[②] 这也是遏制的深刻含义。

凯南坚决主张：共产党的活动不是西欧困难的根源，而是“战争在欧洲的政治、经济、社会组成方面造成破坏的结果”。换句话说，如果欧洲的经济得以恢复，社会稳定就会出现，共产党的活动就会自然得到抵制。

克莱顿代表了马歇尔计划务实的一面，即对基本经济情况的考虑，而以凯南为首的国务院政策研究室对欧洲经济衰败给美国经济带来的后果却不大注意，他们所强调的是如何帮助欧洲恢复对未来的信心。凯南在马歇尔1947年6月公

---

① “Kennan an Acheson，23.5.1947”，FRUS，1947. Bd. Ⅲ：The British Commonwealth，Europe，Washington 1972. p. 229.

② 〔美〕约翰·加迪斯著，时殷弘等译：《遏制战略：战后美国国家安全政策评析》，世界知识出版社2005年版，第35—38页。

开宣布欧洲复兴计划时大量引用的一份文件中煞费苦心地强调，“美国援助欧洲不应该旨在与共产党做斗争，而应该致力于恢复欧洲社会稳定而有活力的经济秩序”。他还认为，这一倡议必须由欧洲提出，而且所有参加国都要参与谋划。因此，这个构想不仅是一个促进欧洲经济复苏的计划，而且也是推动欧洲团结的计划，它的总体目标是建立稳定而独立的欧洲集团。①

1947年5月25日，凯南的报告《从美国的观点看欧洲复兴的几方面问题》提交给马歇尔。报告称，美国对世界问题的回答必须超出对共产主义压力的防御性反应。美国对欧援助的努力“不应因此以同共产主义的战斗为目标，而应致力于恢复欧洲社会的经济健康及其活力”②。

凯南相信，公开宣布一项美国长期经援计划这一举动本身，就将大大有助于恢复在西欧的自信。凯南在一份给艾奇逊的信件中总结了这个中心问题。“西欧困难的根源”不在于“共产党的活动”，而在于“战争对欧洲造成的经济、政治、社会结构方面的破坏性影响”。所以，在最后的计划中，有着欧洲最大的共产党的意大利反而比其他经济上更重要的国家得到的援助更少。③

德国问题与马歇尔计划同样密不可分。1947年1月，英美两国正式合并了各自在德国的占领区，这等于承认四国对德国实行管制这一安排行不通，也不可能行得通了。如今美国便可堂而皇之地以重建德国经济为政策目标了。马歇尔计划的一个重要目标是平息法国人的恐惧情绪，他们担心西德被纳入欧洲范围的体系后会导致德国东山再起。美国辩称，德国的复兴对欧洲经济的健康发展至关重要。随后，美国与西欧五国于1948年2月在伦敦召开会议，迈出了重要的两步：一是决定在德国西部流通新币，在财政上为经济复苏提供稳固的依托；二是向联邦德国立国迈出尚属尝试性的一步。这一来法国又开始为德国的复仇主义而忧虑了，直到美国答应在欧洲无限期驻军，法国才放下心来。虽然美国屯兵的目的在于遏制德国而不是苏联，但这一决定的作出却恰巧与建立北大西洋公约组织的讨论在同一时间发生。1947—1948年作出的政治与经济决定，必然会导致遏制政策的军事化。④

---

① 〔英〕理查德·克罗卡特著，王振西等译：《五十年战争：世界政治中的美国与苏联（1941—1991）》，社会科学文献出版社2015年版，第95页。

② 〔美〕戴维·麦卡洛著，王秋海等译：《杜鲁门传》（下册），世界知识出版社1996年版，第627页。

③ 〔美〕沃尔特·拉费伯尔著，牛可等译：《美国、俄国和冷战（1945—2006）》，世界图书出版公司2011年版，第54页。

④ 〔英〕理查德·克罗卡特著，王振西等译：《五十年战争：世界政治中的美国与苏联（1941—1991）》，社会科学文献出版社2015年版，第97页。

马歇尔计划是围绕着一个复兴的和自主的德国做文章的。正如国务卿马歇尔告诉国会的，“欧洲的重建包括德国的重建。没有德国生产能力的恢复便没有欧洲经济的恢复。但是我们必须对德国加以密切管制，使其在复兴后不再威胁整个欧洲社会”。马歇尔计划提供了一种绕开盟国对德国发展的限制的途径，因为该计划把德国绑定在了一个总体的欧洲计划上，然后向诸如法国这样原本非常不愿意支持重建德国的国家提供大量资金。[①]

1947 年 5 月 5 日，以凯南为首的政策设计委员会正式宣告成立，随即投入紧张的工作。5 月 15 日，凯南召集政策设计委员会班子会议，讨论了涉及欧洲复兴的若干重要问题。根据这次会议精神，凯南于第二天拟出了著名的《五一六备忘录》，对美国的援助原则和当务之急进行了详细叙述。强调最紧迫的问题是恢复西欧的信心，美国的总援助计划必须基于欧洲国家确保共产党不进行暗中破坏或避免援助使用不当等。[②]

凯南认为只要它将该区域当作一个整体对待，并且让受援者对规划和执行负相当大的责任，才能达到更好的效果。美国援助不是零敲碎打地援助某一个国家，而是推动欧洲作为一个整体的存在，而这个整体的整合是美国主导的。凯南坚持主张将西欧当作一个单位对待，反映了一个明显的道理，即那个区域的各国联合起来，比它们一个个独自行事更能够抵抗苏联的压力，然而这也是一个将德国重新整合到欧洲社会中去的间接的手段。凯南推断，如果能把援助供给作为一个整体的西欧，在德国的英占区、法占区和美占区就也能被包括进去。关键是坚持不让主要位于这些占领区的德国工业落到苏联人手里。倘若能够将德国经济同西欧经济交织起来，便可以导致德国人“摆脱他们集体的自我中心主义，（鼓励）他们以较宽广的眼光看待世事，学会把他们自己想成世界公民，而非仅仅是德国人”。这么一种政策将要求取消占领政策的较为惩罚性的方面；它还将使得同德国的西欧邻邦的仔细协调成为必要的。“然而，没有德国人，就无法想象任何真正的欧洲联邦，而没有欧洲联邦，欧洲的其他国家便无法获得保护来免遭新的外国统治图谋”[③]。

经过紧张的讨论和研究，凯南领导的政策设计办公室提出了美国对外援助

---

① 〔美〕沃尔特·拉费伯尔著，牛可等译：《美国、俄国和冷战（1945—2006）》，世界图书出版公司 2011 年版，第 54 页。

② 沈志华等：《冷战时期美国重大外交政策案例研究》，经济科学出版社 2014 年版，第 21—24 页。

③ 〔美〕约翰·加迪斯著，时殷弘等译：《遏制战略：战后美国国家安全政策评析》，世界知识出版社 2005 年版，第 37 页。

政策应该遵循的下列主要原则：

（1）最大最关键的问题在于西欧。有关西欧的行动对于其他地区的政策将具有支配性意义。也就是西欧的援助的示范作用和带动作用。

（2）问题的性质是政治性和经济性的，而不是军事性的；目前解决政治问题的方式必须是经济性的。

（3）美国的援助计划应当是西欧国家间一项内部经济合作计划的补充，这个计划应制订成能够鼓励和有助于形成西欧国家间某种形式的区域性政治联合，必须使德国西占区能对整个西欧的经济恢复作出最大贡献。

（4）保证着眼于西欧的计划能为捷克斯洛伐克和俄国控制下的其他国家在作出他们的参加将是建设性的保证后立即加入该计划打开大门。①

5 月 23 日，凯南向艾奇逊和马歇尔正式提出了由他执笔的政策设计办公室的报告——《关于美国援助西欧的政策》。凯南报告认为，美国援助西欧是政策设计室的第一个课题，因为西欧是个关键地区，如果不在那里采取行动就会产生特别严重的后果。

凯南提醒马歇尔，法国担心马歇尔计划会把德国的复兴置于法国之上。但是，帮助德国复兴是必要的，这样可使美国纳税人削减占领费用，并能确保德国对全欧洲的复兴作出贡献。同时，凯南也承认法国会担心由于现政府宽恕德国而遭受法国共产党的猛烈攻击。②

凯南的设计中不希望马歇尔计划以单纯地与苏联对抗的面貌出现，避免欧洲复兴计划被人指责为反共策略，担心这样的方案出台可能会过度刺激苏联的反应。因此，他强调的是对西欧的经济援助，而且是以西欧主动申请的方式来展开。同时也对苏联等国开放。

他们认为也有必要考虑苏联和东欧参与的可能性。他们对苏联集团的参与问题进行了讨论。但这一讨论反而暴露出他们既不真心希望与苏联集团合作，也不真正期望他们会参与。凯南认为，欧洲普遍合作倡议必须得“搞成这样：苏联的卫星国要么因不愿意接受提出的条件自行将自己排除在外，要么就得抛弃其经济上的排外倾向”③。

这个安排使苏联陷入两难。如果苏联拒绝提议，就将欧洲分裂的责任完全

---

① 陈开仁：《冷战——实力与谋略的较量》，中共党史出版社 1997 年版，第 145 页。

② 〔美〕福雷斯特·C. 波格著，黄友义译：《马歇尔传（1945—1959）》，世界知识出版社 1992 年版，第 236 页。

③ FRUS（1947）Vol. Ⅲ，British Commonwealth/Europe，p. 228.

推在他们身上；如果苏联同意，则可以使东欧脱离苏联的经济控制。

美国制订马歇尔计划是有其所谓神圣的使命感的。马歇尔在演说中巧妙地把美国的地位同拿破仑战争以后的英国的地位相比：当时英国拥有世界上30%的财富，而现在美国拥有50%。马歇尔说："你们应该充分理解美国在地理上、财政上、军事上以及科学技术上在世界所占的特殊地位及其含义。要建立起为世界秩序和安全而努力的责任感；要建立起一种信念，即美国在维护世界秩序和安全方面是否有所作为，具有压倒一切的重要意义。——在我看来，这些就是你们这一代人伟大的'必需'。"①

因此，整合欧洲的力量、平衡苏联、美国隐身其后的战略就这样出台了。同时，从策略上看，它又是一个欧洲主动提出的欧洲请求援助的自救计划。

三、马歇尔计划出台

尽管美国战略精英进行了周密而详尽的谋划，但要获得国会通过这样一笔数额不菲的对外援助并非易事。

恰在此时，戏剧性的事件成了助推马歇尔计划出台的诱因。1948年2月，捷克斯洛伐克发生了政变，东欧最后一个非共产党领导人从此被赶下了台。

当时捷克斯洛伐克边境集结了苏军，斯大林高级代表团飞抵布拉格，控制捷克斯洛伐克要求总统贝奈斯交出权力。外长马萨里克跳楼自杀。

杜鲁门立刻着力渲染这一事件，声称这是一场令整个文明世界震惊的政变，他说我们面临的局势和1935—1939年英、法面临希特勒的局势一模一样。"情报部门也创造紧张空气，认为战争也许会十分突然地发生，只肯保证在66天内打不起来，杜鲁门决定亲自出席国会，强调局势对迅速实施马歇尔计划的迫切性。"

在一片"苏联威胁欧洲"的鼓噪中，1948年2月，美国国会通过了《1948年对外援助法》。4月3日，马歇尔计划正式执行。该法规定，美国在头13个月内拨款53亿美元，其中40亿美元用于"复兴"西欧，并坚持逐年审批，不确定为期四年的总数。还规定西欧国家当需与欧美签订多边和双边协定，才有资格取得援助，从1948年4月到1952年6月，美国拨款131.5亿美元，其中

① 〔美〕福雷斯特·C. 波格著，黄友义译：《马歇尔传（1945—1959）》，世界知识出版社1992年版，第169页。

90%为赠予，10%为贷款，英、法、西德和意四国获全部援助的近60%。

虽然这是一笔不小的数字，但杜鲁门后来强调说，这笔钱只相当于打败轴心国家所花费的钱的5%；而且只相当于这个计划实施期间美国的全部国民收入的3%还不到。[①] 因此，马歇尔计划是一次重大胜利，一种形象的说法是它的代价是4年国民收入的极小部分，它比美国人在这几年中花的喝酒钱还少。

同时，最终出台的这一援助的政治色彩是强烈的。美国政府的援助附加了鲜明的条件。为了获得选民支持对外援助，国会规定欧洲人必须将马歇尔计划中大约70%的钱用于购买美国商品。冷战的需要使美国提出另外一项要求——接受援助的政府应从执政联盟中排除所有共产党员。

事实表明，马歇尔计划确实是美国冷战战略中十分精妙的一笔。美国实行马歇尔计划首先在经济上增加了美国商品和资本输出，为它过剩的经济能力找到了出路，缓和了国内经济发展中的困难，同时可乘机削弱西欧的关税和贸易壁垒，直接插手受援国经济，为美国用经济手段控制西欧铺平了道路，并促使西欧恢复经济，减轻美国负担；其次，通过经济手段，美在政治上推动西德复兴和法德接近，有利于改变西欧分散无力的局面，增强了美国对抗苏联的力量，并为西方正式的政治军事联盟形成奠定了基础；最后，还有利于平衡西欧各国的关系，让西德等西欧国家发展，以制约英法。总之，美国为了遏制苏联，需要一个统一的强有力的西欧作为盟友，为了保持本国经济繁荣，需要一个广阔的自由的欧洲市场。

凯南认为在遏制战略的实施中，马歇尔计划最为成功，但这个计划的立足点，即和平与经济发展的观点，很快演化成为军事同盟，这证明杜鲁门主义和马歇尔计划是“一个核桃的两个半边”。

必须承认，马歇尔计划对于西欧复兴的作用也是无可否认的，确是促使西欧经济恢复和发展的一个重要因素。到1950年，西欧各国经济已恢复到战前水平，西欧联合的势头加大了。马歇尔计划在欧洲经济复兴中的最大贡献是美元信贷，贷款保障了大规模进口急需的原材料，因此使西欧度过了1947年中期的危机。“马歇尔计划是一个经济项目，但它扭转了政治危机”[②]。“这份欧洲复兴计划连同其规模浩大的宣传攻势，后来成为西欧（特别是西德）在政治上同美国联系在一起的最为重要的心理起点。不过，尽管复兴计划的规模比原来设想

---

① Harry S. Truman, *Memoirs by Harry S. Truman. Vol. II: Years of Trial and Hope*, Doubleday & Company, Inc., 1955, p. 118.

② 〔美〕托尼·朱特著，林骧华等译：《战后欧洲史》，中信出版社2014年版，第124页。

的大得多，但经济成就本身同样不能被低估。与当时人们的负面感觉不同，经济起飞从1947年便已开始。人们后来发现，从1948年起，提供给欧洲的大约170亿美元根本没有被提取，因为人们已经不再急需这笔钱。尽管如此，到1947年底，美国促成了马歇尔计划在心理上的成功”[①]。

当时，在美国国内还开出了一辆“友谊列车”，横穿全国，收集成千上万个美国家庭为支援欧洲送来的食物和衣服。

对苏联来说，马歇尔计划是美国给苏联设下的圈套，由于美国邀请所有欧洲国家参加该计划，苏联面临的困境是要么接受资本主义的解决办法，要么把这当作原则问题而拒之门外。苏联外长莫洛托夫参加了巴黎会议，主要是去了解美国的意图，回国后便对这个计划大加指责。由联合政府执政的波兰和捷克斯洛伐克都表示愿意接受马歇尔计划。苏联认为这可能导致他们与西方结盟，因此强迫他们放弃这一决定。许多历史学家认为，马歇尔计划使斯大林最终认识到，冷战是对付美国和西方的唯一可行的政策。

很显然，围绕着欧洲复兴，美国把它看作与苏联在战略上的一场较量。马歇尔计划的出台是美国与苏联公开进行冷战的标志。这个计划一经提出，就得到了英、法等西欧国家的热烈反应。

从表面看来，马歇尔计划并不是为分裂欧洲而拟订的，但它与苏联的行为结合起来，却导致了欧洲的分裂。马歇尔计划加速了可耻的“势力范围”的发展，德国的分裂和北大西洋公约组织的成立更是起到了巩固这一局面的作用。[②]

莫洛托夫尖锐地指出，“马歇尔计划中规定的美国贷款，不是为了恢复欧洲的经济，而是为了利用一些欧洲国家反对另一些欧洲国家，因为一些力图夺取世界霸权的强国认为这对它们是有利的。这样，情况就已经很清楚，这个指导委员会将成为美国试图使欧洲国家的经济依赖于它自己的工具，所以苏联代表团不能同意英法两国代表关于成立这个委员会的建议”[③]。

莫洛托夫返回莫斯科后一周之内，苏联人就制订了他们自己的“莫洛托夫计划”。曾经表示对马歇尔计划感兴趣的波兰人和捷克斯洛伐克人随后通知巴黎会议，他们不能参加该会议了，因为这“可能会被当作是反对苏联的行动”。

---

① 〔德〕贝恩德·施特弗尔著，孟钟捷译：《冷战1947—1991：一个极端时代的历史》，漓江出版社2017年版，第68—69页。

② 〔英〕理查德·克罗卡特著，王振西等译：《五十年战争：世界政治中的美国与苏联（1941—1991）》，社会科学文献出版社2015年版，第93页。

③ 王俊彦：《铁锤外交家——莫洛托夫》，世界知识出版社1999年版，第323页。

四、结　语

战略方案绝非表述中那么简单，往往是“功夫在诗外”。马歇尔计划绝非经济援助那样单纯，而是有多重战略目的——从凯南的设计初衷就可以得到证实。使用援助是为美国战略大目标服务的，通过援助扶植盟友，培育市场，让他们成为美国的强大帮手。

马歇尔计划是体现美国战略深谋的经典案例。马歇尔计划是两个杰出的战略人士共同合作的杰作。其中，凯南还被杜鲁门称为具有莎士比亚一样的洞察力和想象力的人。[①]

事后看来，马歇尔计划实际上是一个财政冒险计划，因为这个计划要求美国在重建欧洲的过程中花费美国政府几乎10%的年支出。很显然，在财政平衡、扩军和恢复欧洲这三大目标中，不可能兼得，但恢复欧洲经济和社会信心还是达到了战略上的效果。马歇尔计划对于欧洲而言是要不要得到美国援助的问题，而对于美国而言，还有资金管理方面做主的问题，援助资金覆盖多年，显然有利于美国逐渐强化对欧洲的控制。“因此从一开始马歇尔计划就是一种战略性的复兴和发展计划，而不是一种救灾经费”[②]。

美国在与苏联进行全面较量的政治驱动下，通过马歇尔计划从经济入手下了一步意义深远的先手棋，以帮助西欧国家脱困而联合它们，以凝聚共同威胁来团结它们。当苏联忙于搭建防御安全屏障时，美国则致力于带动一批国家发展。美国此举真可谓一石多鸟。马歇尔计划开创了美国有条件援助以及如何实施有效援助的先例：美国援助有条件，而且有政治条件；政治与经济挂钩。美国以一个巨大的援助计划，既塑造了美国的“负责任”国家形象，也培育了经济合作伙伴和市场，抢占了道义制高点；既有现实的利益，更有深远的战略效果。

马歇尔计划的主要思路是以不惜在经济上扶持竞争对手的方式应对一个更强大的战略对手。欧洲格局因雅尔塔而出现的对西方不利的不对称局面扭转了，新的有利于美国的平衡出现了，而且渐渐有利于西方。这是一个主动出击的战略性举措。这一战略布局的高妙之处在于：一是使苏联进退两难；二是有效离

---

① 〔美〕戴维·麦卡洛著，王秋海等译：《杜鲁门传》（下册），世界知识出版社1996年版，第627页。

② 〔美〕托尼朱特著，林骧华等译：《战后欧洲史》，新星出版社2010年版，第71页。

间了苏东阵营内部。马歇尔计划一出台，确实打击了斯大林的外交部署。苏联随后出台了莫洛托夫计划，但这带有明显的被动应对的意味。苏联对于苏东阵营内部的控制虽然一时稳住了内部，但还是留下了较大隐患，加之苏联在东欧的一些所作所为大有强权色彩，导致离心倾向分阶段地加剧。

而美国通过马歇尔计划则有可能成功地控制住欧洲。更耐人寻味的是，按照凯南的设计，西欧尤其是西德将成为一个民主橱窗，成为两种制度竞争的前哨阵地，成为演变另一阵营即苏东阵营的重要的桥头堡。事实上，这一设计也确实取得了成效，才有了后来东德为了阻止人才流失建柏林墙的举措。由此可看出凯南设计的精妙之处，让西德经济发展更是为了竞争中的示范和样板，从精神上打击苏东阵营，让西德成为前哨阵营与苏联较量和争夺。美国为了达到这个目标甚至动用了中央情报局的秘密拨款为西德修建大学、图书馆、广播站等。

竞争不是一厢情愿，而是实打实地较量。而人心向背又是最为关键的。在经济发展模式的争夺中，人心向背是检验的标准。这一点苏联在 20 世纪 50 年代已经处于劣势。“马歇尔计划不是美国送给欧洲的礼物，而是遏制苏联扩张的努力”①。

自此，冷战的棋盘再次由美国率先出棋，而苏联又不得不被动回应。

① 〔美〕罗伯特·D. 卡普兰著，丁力译：《武士政治：领导层为什么需要异教徒的精神气质》，山西出版传媒集团 2014 年版，第 14 页。

第三编

战略博弈之策：避错与纠错

基辛格的均势战略与大战略调整

基辛格在1972年盖洛普民意测验“最受崇拜的人索引”中排名第四位，1973年跃居第一位。1973年5月，78％的美国人能认出基辛格，而一般只有总统、总统候选人、大牌体育明星和影视明星能达到这种知名度。到1974年年中，根据哈里斯调查中心的常规调查结果，他的支持率已达85％，着实惊人。[①]

基辛格是国际关系研究领域建树颇多的一位战略思想家，被德国列为世界八大战略家之一。基辛格笃信权力，对人性悲观。一方面相信权力，另一方面又强调权力必须被限制。他参与的战略谋划，改变了世界格局，也帮助美国摆脱了越南战争后的困境。他既是一个战略理论家，也是少有的能够真正实现自己理论主张的人。

一、基辛格其人

亨利·艾尔弗雷德·基辛格是美国的卓越外交家和战略家、著名国际关系及历史学家。基辛格在1923年5月出生于德国，1938年为逃避纳粹对犹太人的迫害而移居美国，1943年加入美国国籍并随即参加二战。1947—1954年，基辛格在哈佛大学政治系完成了本科、硕士、博士学位的学习。1957—1969年，基辛格在哈佛大学任教，并从讲师一直升任至教授职位。自1969年至1973年，基辛格担任国家安全顾问，自1973年到1977年，基辛格同时兼任国务卿一职，因而实质性地影响或主导了1969年至1977年美国外交政策的制定。1973年，基辛格因其在解决越南战争的谈判中的突出表现而获得诺贝尔和平奖。在政府任职期间，基辛格大力倡导并实践多级均势外交理念，打开了与中国关系正常化的大门，实现了与苏联的缓和，全面扭转了因卷入越南战争而使得自身实力

① 〔英〕尼尔·弗格森著，陈毅平译：《基辛格：理想主义者（1923—1968）》，中信出版社2018年版，导言XV。

处于衰退局势中的美国在全球的被动局面，成为美国史中成就斐然的外交家。

二、基辛格的均势战略

均势理论是现实主义者推崇的理论之一，也是现实主义权力政治理论的一个重要组成部分。在现实主义者看来，均势反映了国际关系中权力均衡和不均衡的各种态势，而均势理论则是一种研究权力均势转变之特点、规律、原则、手段和形式的分析理论，同时也是一种处理国际关系的特殊政策。

基辛格也是均势理论的积极倡导者。这位被称为“均势大师”的前美国国务卿，承袭和发挥了19世纪初梅特涅和卡斯尔雷的均势思想，进而提出依靠均势建立一种适合美国霸权需要的“和平结构”的主张。他认为，这种“和平结构”是“外交哲学”的重要目标，而均势政策则是实现这一目标的重要手段。他在回忆录中写道：“如果说历史能给人以什么教训的话，那就是不可能没有平衡而取得和平，也不可能没有克制而实现正义。”

基辛格向来对研究建筑比例和空间关系津津乐道，所以当他决定再添一个侧屋用作卧室和书房时，他选取的尺寸刚好可以平衡整个设计。他的房子处处可以看出他对秩序、结构、框架和平衡的关注。①

他写道，“权力平衡取决于以下因素”：①地理上一个确定的地区；②那个地区各方实力均衡；③一个外来的平衡方，它对国家战略有深入了解，不受意识形态的妨碍；④在“大国协调合作”中就基本价值存在广泛一致……要想取得权力平衡，首先要有被平衡的权力。平衡方自身不能是均势的一部分，除非要让天平倾斜。首要的一点是，必须把政策想象成一个连续的过程，战争不过是实现确定目标的一个工具。权力平衡与宣称绝对价值是不兼容的。②

在基辛格的思想中，战争的逻辑是威力，和平的逻辑是均衡。基辛格认为要在同时存在不止一个对手的大国之间推行纵横捭阖的“均势”外交，以便巧妙地利用它们相互制约和争斗的均势，来建立一个所谓的“和平结构”。其战略是巧妙地利用相互争斗的势力之间的均势，其手段是把秘密谈判同必要时不惜使用军事力量二者结合起来。

---

① 〔美〕沃尔特·艾萨克隆著，刘汉生等译：《基辛格：大国博弈的背后》，国际文化出版公司2012年版，第557页。

② 〔英〕尼尔·弗格森著，陈毅平译：《基辛格：理想主义者（1923—1968）》，中信出版社2018年版，第286—287页。

实力是有限的。在许多情况下，寻求权力的最大化不如寻求权力的制衡更为有效。因为寻求权力最大化所带来的代价十分巨大，远不如权力制衡来得省事。

基辛格相信权力高于道义。

基辛格强调俾斯麦极力主张外交政策不能建立在情感上，必须建立在实力评估上。政策取决于计算，不是感情。国家利益就是客观命令，高于个人偏好。基辛格的世界里只有“权力”二字，平衡不仅是秩序的先决条件，不仅是正义的前提条件，平衡就是秩序，就等于正义。基辛格认为：过度沉溺于意识形态可能导致误解自己的或对手的力量；它还可能排斥达成一些符合双方共同利益的协议。他提出，一个更合理的目标“应是基于力量平衡的稳定秩序”。[①]

均势战略的核心还是实力至上。“外交政策必须建立在对力量的评估基础上，不能感情用事”。在国与国的力量均衡上，他往往能够感觉到力量的平衡和范围以及和现实政治的关系。

基辛格着力强调国家之间的利益和交易之中一定要有一个力量平衡。这个平衡一定要在理智的情况下才能发挥最大的作用。[②] 建立均势不仅依靠实力，还必须有利用均势的决心。再者他强调利用敌手或对手的矛盾是均势的关键所在。在基辛格看来，俾斯麦的天才在于能“操纵和利用敌对势力间的怨恨”[③]。

三、实施均势战略的动因

基辛格登上权力舞台之时，正值历史发展的各种力量风云激荡的大时代。均势战略的实施是在美国面临自设的越南战争危机和国内经济危机的困境下提出的。

刚刚上任的尼克松接下了美国外交的烂摊子，面对四大难题：

第一，美国实力大幅下降。二战结束时，美国的工业生产占世界工业生产的一半多。而到了20世纪70年代这个数字已降至不足1/3。美国实力地位严重下降。美国在世界国内生产总值中占的分量，每10年下降10个百分点：1950

① 〔美〕沃尔特·艾萨克隆著，刘汉生等译：《基辛格：大国博弈的背后》，国际文化出版公司2012年版，第63页。

② 〔美〕沃尔特·艾萨克隆著，刘汉生等译：《基辛格：大国博弈的背后》，国际文化出版公司2012年版，第3页。

③ 〔美〕沃尔特·艾萨克隆著，刘汉生等译：《基辛格：大国博弈的背后》，国际文化出版公司2012年版，第87页。

年为52%，1960年为40%，1970年为30%左右。日益扩大的侵越战争，在全球广泛承担的各种义务，都日益成为沉重的负担。1964—1968年，连续4年财政赤字，总数达近400亿美元，超过以往19年的总和。通货膨胀加剧，黄金储备下降，美元危机随之频繁发生，终于导致以美元为中心的资本主义世界货币金融体系——布雷顿森林体系的崩溃。与此同时，西方发达国家经济大幅提升，已经形成了与美国平起平坐的局面。在西方世界，西欧经济和日本经济在经历战后的恢复期之后，都得到了迅速的发展。西欧已经成为美国最大的贸易伙伴，并发展成资本主义世界最大的金融集团，它的外汇和黄金储备都占西方世界的一半以上。

第二，美苏军备竞赛陷入僵局。20世纪60年代末70年代初，美苏军事实力对比发生巨大变化，尤其是在战略核武器方面，第一次形成了美苏大体均势。据权威的伦敦国际战略研究所的研究，在1963年部分禁止核试验条约签订前，美国拥有各种战略武器（洲际导弹、潜艇发射的导弹和战略轰炸机）共1278件，苏联却只有390件。到1969年美苏限制战略武器谈判开始前，美国拥有各类战略武器共2270件，苏联有1360件，距离大为缩短。而在其中的洲际导弹方面，苏联已在数量上与美国持平（苏联1050枚，美国1054枚）。到1972年5月，美国拥有各类战略武器总数为2165件，苏联则达到了2227件。苏联的数量已略多于美国。在常规军备方面，苏联本是陆军强国，但海上却是美国长期居于优势。然而到20世纪60年代末70年代初，苏联不仅常规部队兵员有相当大的增加，而且海军开始向远洋进攻型转变。其舰队频繁出入游弋于地中海、印度洋、大西洋等各大海域。苏联海军总司令戈尔什科夫在70年代曾夸耀："我们光荣的海军旗帜现在已在世界各海洋的遥远角落飘扬。"① 美苏两国大致相当的核武库也让美国历来尊奉的遏制政策失去了可信度：美国的核威慑优势已不复存在。20年的军备竞赛后，军备控制进程应成为超级大国关系的主旋律。

第三，越南战争进退维谷。此时已有30000多名美国士兵在距美国万里之外的越南丛林里送了命，美国国内反战声浪高涨。到了1969年，美国越来越发现美国的越战决策存在重大战略失误。20世纪60年代初肯尼迪信誓旦旦地称美国要承担起保护全世界自由义务的承诺，而现在不得不面对美国力量有限的现实。受越南战争影响，美国国内的孤立主义思潮正蓬勃兴起。国会和民众没有兴趣为越南战场花钱买新的武器，也不愿在第三世界和苏联一争高下。

---

① 黄正柏：《美苏冷战争霸史》，华中师范大学出版社1997年版，第202页。

第四，中东和平进程停滞不前。1967 年的“六天战争”后，美国在中东的地位岌岌可危，而苏联的影响日增，特别是埃及和叙利亚成为苏联的马前卒。这一状况不符合美国利益，最终对以色列和地区和平也不利。[①]

总之，美国参与了两场局部战争使美国的势力从世界的顶级降到了衰落的边缘。而苏联实力和对外战略由防御转向扩张。

美国在陷入战略上困境的同时，世界也正发生着深刻的变化。20 世纪 60 年代末 70 年代初，一种新的国际格局已显露端倪。尼克松在他对国会作的第一个外交政策报告中说：“国际关系中的战后时期已经结束。”亨利・基辛格在他于 1969 年出版的《美国对外政策》中指出：超级大国的时代现在正接近结束。后来尼克松和基辛格在一系列场合进一步阐述了他们认为当时世界走向多极化的“五个力量中心”的观点，并指出：“同我们在第二次世界大战结束以后不久所处的地位相比，美国遇到了我们连做梦也没有想到的那种挑战。”[②] 尼克松、基辛格的分析是有根据的，美国此时确实面临着一个与战后初期很不相同的世界，遇到了战后从未遇到过的严重挑战。

与此同时，中苏关系出现裂变。从 1960 年起，中国开始批判苏联的“修正主义”，苏联则撤回专家、中止援助。两国旧有的边界争端再度激化。美国面临着运筹一场实力均衡游戏的挑战和机遇。

四、均势战略的实施要点

缓和与中国的关系，结束越南战争，通过推动美中苏三角关系形成有利于美国的均势平衡局面是美国均势战略的实施要点。

根据尼克松主义的“和平新战略”，美国改变了“不加区分的全球主义”，实行了战略态势的收缩，由四面出击改为确保重点。结束了旷日持久、代价沉重而又取胜无量的越南战争。

为了加强对苏态势，美国调整与盟国的关系，努力弥合西方联盟中 20 世纪 60 年代以来日益发展的裂痕，建立巩固的“伙伴关系”，同时努力推行多极均势外交。尼克松、基辛格认为，由于政治上多极的世界正在形成，美国应努力使各种力量之间形成一种平衡，互相牵制，并在此基础上形成稳定的世界秩序

① 〔美〕沃尔特・艾萨克隆著，刘汉生等译：《基辛格：大国博弈的背后》，国际文化出版公司 2012 年版，第 130 页。

② 黄正柏：《美苏冷战争霸史》，华中师范大学出版社 1997 年版，第 200 页。

和均势结构。尼克松、基辛格提出“多极外交的新时代”，就是要在多个力量中心之间纵横捭阖，造成有利于制约苏联的“势”，达到维护美国利益的目的。[①]利用他国的冲突使他国保持冲突的态势并从中获益始终是均势战略的关键，也是基辛格均势战略的核心。1969年中苏关系破裂，触动了基辛格等美国战略家的神经。他们发现中美苏大三角外交的局面已经到了，在两个敌对的伙伴之中，联合弱的一方更有利，因为这样可以遏制强者。美国必须利用中苏交恶，在三角关系中发挥主动制衡作用，调动中国，牵制苏联，“既干茅台酒又喝伏特加”，强化已经衰落的美国地位。

基辛格通过尼克松解释他的均势思想，“我们必须记住，在世界中我们享有长期和平的时期，只是在存在力量均势的时候”。“那些嘲笑在世界舞台上实行‘均势外交’的人应该认识到，代替均势政策的唯一办法是力量的不平衡——而历史向我们表明，任何情况都不会比这样的不平衡如此剧烈地加剧战争的危险。正是由于目前存在着一些均势因素，才使我们得到一个稀有的机会来建立一个稳定的体系”。

在基辛格看来，原先以美苏“两极”为中心的力量，现在变化和分散成为“五个力量中心”，出现了一种“多极均势”的局面。这种“均势”并非单单以军事力量来衡量，而是由多方面因素构成的一种错综复杂的综合“均衡”。[②] 在这种“均势”局面下，各种力量虽然各有强弱，但哪一个国家或国家集团都不可能处于绝对优势的地位，都没有在军事上制服对手的绝对把握或屈从于对手的绝对可能。它们在整个国际格局中都不能不受各种牵制而无法支配全局。各自都要为了保持有利地位而利用对手之间的矛盾来制约、削弱和对付自己的主要对手。因此，基辛格认为，虽然一方面美国已经丧失了它原有的“优势”，但另一方面，它却有着在“多极均势”的局面下推行“均势”政策、创造利己“均势”的机会。他甚至预测说，“这种机会是一个世纪中不可多得的，是由于一些不是非得重复的历史性事件结合在一起造成的”[③]。

基辛格认为均势应是美国决策者构建世界新秩序中的核心考虑要素。按照基辛格的观点，在各国实力大致相当及彼此间联系紧密的前提下，协调拥有不同价值观与历史经验的国家以适应行将出现的世界新秩序对美国及世界各国而

---

① 黄正柏：《美苏冷战争霸史》，华中师范大学出版社1997年版，第204页。

② 古越：《旷代智囊智谋大师基辛格》，中原农民出版社1997年版，第118页。

③〔美〕克雷格、乔治著，时殷弘等译：《武力与治国方略：我们时代的外交问题》，商务印书馆2004年版，第208页。

言都是崭新经历。美国在一段时间内将亚洲的重点放在中国威胁上，是犯了战略性错误。美国必须成为中苏关系中的平衡力量。

基辛格的均势外交的关键之处在于，强化与一个大国的关系时并不以牺牲另一个大国为代价。当美国与中国交往的时候，绝对不是断绝与苏联的关系，反而是利用中国，来加强对苏联的联系，从而向苏联施加压力，从而实现三角外交的真正目的，这个三角外交的核心是由美国来主导这个三边关系。这就是基辛格的如意算盘。“基辛格希望通过缓和与中国的关系，增加抗衡苏联的筹码，这是大家都能够意识到的，但其实还有一层，那就是缓和与中国的关系，反而可以进一步维持与苏联的某种合作，只有与苏联保持正常关系，与中国缓和关系才能达到一箭多雕的效果”[①]。这才是他精心设计的高妙之处。

基辛格在洛克菲勒的演讲稿中写道，“鼓励或助长伟大的中国人民进一步自我孤立”，美国将一事无成。“在美、中、苏的微妙三角中，美国最终能够提升和两国的关系，并且考验他们向往和平的意志。”这正是基辛格三年后倡导的“三角外交”的思想内涵。[②]“发展美中关系，可以赋予美国一种平衡者的角色，以求得建设性的结局——让两国都看到和美国发展更好的关系和他们是利益攸关的。”[③]

中苏之间在珍宝岛以及新疆一带发生的大规模武装冲突，彻底改变了美国的看法。美国开始从地缘政治的角度来确定对华的政策，用基辛格的话说，“从那时起，一切朦胧不清都消失了，我们毫不犹豫地走向世界外交的重大变化”[④]。

起初，基辛格对中国存有历史性的偏见，认为中国是一个好战的国家，中国也是挑起中苏冲突的一方。但当中苏边境冲突爆发后，基辛格查看了一份详细地图，发现新疆战斗发生的地点离苏联的铁路终点只有几英里，而离中国的任何一个铁路终点却有几百英里。这使他意识到，中国军方决不会选择这样不利的地点发起主动进攻。在基辛格看来，如果苏联是进攻者，那么对美国来说则既是问题，又是机会。问题是，苏联对中国的威胁如果得逞，就会打破国际战略格局的平衡，甚至会出现苏联势力无法阻挡的严重局面。而机会在于，中

---

① 〔美〕克雷格、乔治著，时殷弘等译：《武力与治国方略：我们时代的外交问题》，商务印书馆 2004 年版，第 170 页。

② 〔美〕沃尔特·艾萨克隆著，刘汉生等译：《基辛格：大国博弈的背后》，国际文化出版公司 2012 年版，第 102 页。

③ 〔美〕沃尔特·艾萨克隆著，刘汉生等译：《基辛格：大国博弈的背后》，国际文化出版公司 2012 年版，第 264 页。

④ 邓力群主编：《外交战略家毛泽东》（下册），中央民族大学出版社 2004 年版，第 439 页。

国可能由此愿意缓和同美国的紧张关系。同时，中苏冲突加剧也会减轻欧洲受到的压力。

基辛格推动中美关系，不仅是让美国成为中苏之间的仲裁者，还是希望中苏之间的矛盾进一步加剧。美国希望的是利用这种矛盾来强化中美联合制苏的这样的一个局面，因为这时候美国的力量已经在衰弱，美国需要一个力量来协助它平衡苏联。中国所感受到的来自苏联造成的不安全，正在被美国所利用。美国自身也感受到来自苏联的强大的压力。中美都明确地感觉到了来自苏联的共同威胁。这种共同威胁成为中美建立正常关系的一个驱动力。

美国实力下降，美国需要一支力量来帮助它平衡另外的威胁，这就是中美建交的一个均势战略。均势需要相互平衡，依靠的是力量，而非意识形态。美国意识到超越意识形态而从地缘战略的角度看待中美关系。这才是基辛格和尼克松在 20 世纪 70 年代多次访问中国的战略动因。

五、结　语

中美改善关系的直接动因之一是越南战争问题，但更深层的原因绝不仅仅是那么简单，而是大国关系和总体国际格局的改变。越南战争使美国实力下降，美国不可能再像以往那样为所欲为，二战后建立起来的美国霸权地位受到了很大程度的削弱。美国需要更多依靠相互协调和相互制衡才能够摆脱实力下降后带动的战略困境。除了传统的西欧、日本之外，中国就成为美国可以选择的一种合作力量，而这个时候也提供了某种契机，即中苏不再是铁板一块。美国利用中国可以削弱苏联，同时还继续保持与苏联的缓和，这样美国在所谓的三角关系中就可以腾挪闪躲，应付自如。美国保持特殊地位，可以在中苏之间打下楔子，又可以利用中苏矛盾为美国利益服务。

基辛格是典型的现实主义者，改善中美关系不是基于美国和他本人对中国的善意，而是基于美国的国家利益。他的《大外交》一书中阐发的一个核心观点就是加强中美关系合乎美国利益。尼克松与基辛格力排众议，坚持“将开始与共产党中国对话”，“不能让中国永久排除在国际大家庭之外”①。而两人的共识是：中国的独立是维持全球均势不可少的因素，美国需要推动美苏两极对抗格局演变为战略性三角关系，增强处于内外交困局面下的美国的外交灵活度。

① 邓力群主编：《外交战略家毛泽东》（下册），中央民族大学出版社 2004 年版，第 666 页。

为全力提升中国在国际关系中的地位，尼克松甚至不惜向苏联发出“如其进攻中国，美国不会视若无睹”的警告。[①]

美国希望达到的目标是在中苏两国交恶的情况下，却能够争相与美国维持良好关系的状态，从而彻底扭转此前的力量博弈格局。在基辛格均势战略的指导和谋划下，美国构建了一个最有利于美国发挥作用的大三角关系，重新塑造了美国的国家实力和在全球的影响力。“自 1945 年波茨坦会议后，美国与苏联和中国的竞争与合作关系有史以来第一次同时成为美国大国博弈战略的一部分。仅此一点，足可称现实主义大获全胜，令基辛格与梅特涅并肩齐名”[②]。

美国是在实力衰退、力量对比不利的情况下开始调整其对外战略的，却能够基于对于美国自身实力限度的理性客观认知，通过精心谋划，利用他国矛盾，纵横捭阖，对苏联保持遏制和合作两手政策，对中国实行务实政策，既维持中美苏三角平衡，又给美国更多针对苏联的运作空间，使美国终于化被动为主动，化劣势为优势，终于摆脱了战略困境。战略谋划之神奇，由此可见一斑。

---

① 邓力群主编：《外交战略家毛泽东》（下册），中央民族大学出版社 2004 年版，第 668 页。

② 〔美〕沃尔特·艾萨克隆著，刘汉生等译：《基辛格：大国博弈的背后》，国际文化出版公司 2012 年版，第 599 页。

战略决策：中美关系正常化

战略决策，即影响战略全局的决策。好的战略决策是顾他的，是充分意识到此与彼的关系和互动影响的，必须基于全局性的考量，在全局中做好区域与区域的安排、重点与次重点的兼顾与呼应。

两个大国关系正常化不能凭借任何一个国家的一厢情愿，必须是两个国家都意识到他们的合作有利于两国也有利于自身战略利益。

中美关系正常化是在一个特殊时期双边战略关系的历史性调整，也是双方战略家在当时的特定背景下所能达成的有利于两国的高度共识，若无战略家的非凡见识和默契，这一历史性的转变是难以实现的。

一、美国改善中美关系的政策缘起

首先，20 世纪 60 年代国际形势出现了新的变化。20 世纪 60 年代以两大阵营为标志的冷战结构发生了重大变化。中苏之间在意识形态和政治上的分歧，使彼此之间的国家关系日益恶化，以致最后发展到敌对。中国走上了反帝、反霸两条战线作战的道路，并发展出自己的核武器。法国在 20 世纪 60 年代初也宣布发展独立的核力量，并于 1966 年从北约撤出自己的军队。联邦德国也在北约组织的框架内寻找改善与苏联、东欧关系的途径。国际格局的这种演变，使美国不得不面对一个更为复杂的局面。①

其次，在尼克松政府之前，美国已经开始调整对华政策。20 世纪 50 年代末，美国发布的《康农报告》曾最早提出了美国不能忽视拥有 7 亿人口的中国。在 20 世纪 60 年代初中国发生经济困难的情况下，美国政策部门也考虑过调整对华政策。这种政策主张的立足点仍是对中国的遏制，但希望利用中国的经济困难

① 周建明：《美国国家安全战略的基本逻辑：遏制战略解析》，社会科学文献出版社 2009 年版，第 276 页。

来促使中国把国门打开一道缝，通过交往来使中国发生美国所希望的变化。[①]

肯尼迪政府最早于1961年3月第103次华沙会谈中释放出对华试探气球。遵照指示，美国驻波兰大使比姆尝试采取更灵活的谈判策略，以改变中国的拒绝态度。但中国并未接受美国避重就轻的缓和建议。肯尼迪在遇刺前最后一次记者招待会上表示："如果中国希望同美国，同其周边国家和平共处，那么美国很明显将重新评估对华政策。我们并未与一项敌视中国的政策结下不解之缘。"但是，中国领导人"觉得该讲话毫无实质突破，所以予以拒绝"。中国的态度导致肯尼迪政府对华灵活的楔子战略试探半路折返，这主要还是在导致中美关系紧张的台湾问题上，肯尼迪没有任何根本改变。[②]

约翰逊政府时期，对华政策调整的意向更为明确。鲍大可、费正清、汉斯·摩根索等学者在1966年3月参议院外交委员会举办的听证会上提出对中国"遏制而不孤立"（containment without isolation）的政策。1966年7月12日，约翰逊总统在白宫剧场发表《美国的亚洲政策》的讲话，正式提出了调整对华政策的政策意向：与被称为敌人的国家进行和解；一个被误导的中国必须鼓励朝向理解外部世界和朝向和平合作的政策；打开封闭的头脑。[③] 值得重视的是，约翰逊不仅在这里使用了对中国"和解"这个概念，发出强烈的改善对华关系的信号，而且强调了贸易服务于遏制战略的另一功能：改变对手。

另一个更详细地提出对华战略设计的是1966年6月美国国务院和国防部特别研究小组的研究报告《共产党中国：长期研究》。报告认为美国对中国的政策有三种选择：脱身、遏制和摊牌。在这三种选择中，脱身和摊牌都不是美国可以接受的选择，最后剩下的只有对中国继续实行遏制。但是，这种遏制不再是军事遏制、外交孤立、经济封锁政策的组合。"它同时能制止中国共产党权力的扩散和影响，又诱导北京缓和现在的扩张政策。遏制并不应是消极的防御战略，而要求有活力而富有想象力地运用广泛的多种政治、军事、经济和心理的手段。"换句话说，遏制可以是有不同的形式，使用多种手段。[④]

---

① 周建明：《美国国家安全战略的基本逻辑：遏制战略解析》，社会科学文献出版社2009年版，第328页。

② 沈志华等：《冷战时期美国重大外交政策案例研究》，经济科学出版社2014年版，第337页。

③ "Draft Paper Prepared in the Policy Planning Council，U. S. Policy toward China"，FRUS，1961－1963. Vol. 22，pp. 162－167.

④ "Study Prepared by the Special State-Defense Study Group，Communist China：Long Range Study". 转引自周建明：《美国国家安全战略的基本逻辑：遏制战略解析》，社会科学文献出版社2009年版，第330页。

肯尼迪和约翰逊政府虽然没有直接提出改善对华关系的办法，但其改变以往美国对华战略的意识已经十分鲜明。这些思想无疑也给尼克松改善中美关系打下了一定的思想基础。

最后，欧洲政治家戴高乐对尼克松的建议也对尼克松改善与中国的关系产生了重要影响。尼克松对戴高乐十分崇敬，一直持弟子礼。在他曾经是副总统的时候就得到过戴高乐的指点。在尼克松所著《领袖们》一书中，尼克松对戴高乐的评价很高，说他是具有远见卓识的政治家。尼克松当选后，他再次到法国向戴高乐求教。戴高乐给他三点劝告，后来他都一一照办了。这三点劝告是：一是与苏联讲和。西方要么准备同苏联打仗，要么同苏联搞缓和。如果还没有做好打仗的准备，那只有同对方和解。欧洲的最大威胁是苏联，而苏联已经全神贯注于中国。西方国家要尽可能利用中苏分歧，让中国牵制苏联，以减轻苏联对欧洲的压力；二是西方应与中国接触。谈到中国时，戴高乐说："我对他们的意识形态不抱任何幻想，但是我们不应让他们怒气冲冲地与世隔绝。西方应力图了解中国，同它接触，对它产生影响。"不出10年，中国将成为重要的核大国，现在承认中国比将来中国强大后被迫承认更好。西方与中国的交往必须比以前更多；三是结束越南战争的唯一办法是同时进行政治问题和军事问题的谈判，直接同越南对话是取得进展的最好办法，并且还要规定一个撤军的时间表。但是，他不赞成美国过分仓促地撤出。[①] 其中第三点的核心是体面地撤军，而要做到这一点，也需要与中国进行合作。

这三个劝告都与中国直接或间接相关。显然，戴高乐的三点建议对尼克松产生了重要影响。随后尼克松出台的对华政策基于以下三点考虑：其一，利用中苏矛盾，以接近中国作为对苏施加压力和牵制的杠杆，诱使苏联对美国让步；其二，不同中国取得谅解就很难结束越南战争；其三，鉴于中国力量和影响的增长，中美对立的时间越长，美国付出的代价就越大，不利于美国稳定亚太地区的形势，更难集中力量对付主要对手苏联。[②]

二、战略调整的原因

美国改善中美关系的战略思路在上节已经有过论证，即利用他国的冲突并

① 啸天：《尼克松》，浙江人民出版社1987年版，第83—84页。

② 啸天：《尼克松》，浙江人民出版社1987年版，第126页。

从中获益始终是均势战略的关键，也是基辛格均势战略的核心，必须让他国保持冲突的态势。这里再补充说明。

实力的改变和形势的变化是美国改变对华政策的根本原因，与尼克松意识形态的认识没有关系。1971 年 7 月 6 日，尼克松在堪萨斯城的讲话更明确地阐述了他对国际形势变化和美国地位相对衰落的认识，并由此指出美国改变对华政策在战略和策略上的重要性和必要性。他说："由于我们的视线被越南问题挡住了，我们看不到在过去二十五年中，即第二次世界大战以来的这个时期，世界上发生的非常重大的变化，看不到或许在过去的五年到十年的时间里甚至更加引人注目地发生的变化，看不到可能在酝酿之中的变化。""我们在军事上曾经是世界第一位，甚至没有人向我们挑战，因为我们垄断着原子武器。那时在经济上也远远处于第一位，那时美国实际上生产全世界全部产品的百分之五十以上。""过去二十五年已经发生了非常巨大的变化"，"同我们在第二次世界大战结束以后不久所处的地位相比，美国遇到了甚至连做梦也想不到的那些挑战"。①

20 世纪 70 年代美国推行新政策，新政策标志着 1944 年布雷顿森林会议作出的以 35 美元兑换一盎司黄金的规定的结束，美元再也不是唯一的世界储备手段了，美元的霸权主义时代已过去。

从军事上看，苏联已经最终实现了与美国的战略均势，而且在导弹发展方面让美国感受到了"导弹力量差距"。

换言之，美国无论在经济、金融和军事上都不再是世界上最强大的国家。这是美国不得不面对的现实。美国需要借助与他国的合作来改变美国自身实力的不足，以抗衡日益增长的苏联力量。

在美国的心目中，主要对手仍是苏联。由于美苏军事力量对比发生了不利于美国的变化，特别是美国陷于越南战争的泥潭而处于被动地位。为了改善自身的处境，美国需要联合西欧、日本和中国来抵御力量日益膨胀的苏联，以建立世界均势。这就是尼克松、基辛格外交哲学的实质，也是他们感到必须改变对华政策的出发点。

由于美国在越南战争中陷入泥潭，实力受损，不得不进行战略收缩，而处于军事实力增强阶段的苏联则利用美国进行战略收缩的时机急剧向全球扩张，这就对美国的利益构成威胁。另外，苏联挑起中苏边境的流血武装冲突，更加

① 啸天：《尼克松》，浙江人民出版社 1987 年版，第 127—128 页。

引起了美国的警惕。如果中国失去了对苏联的威慑，那么美国要对付苏联也就更加困难了。

中国已经成为核国家，实力在不断壮大。中国拥有原子弹、发射卫星成功以及自身实力的提升，是美国看重中国的真正原因。中国成为美国遏制苏联势力的棋子——当然中国也利用美国来改善自身战略环境。中苏关系裂变也为美国改善中美关系提供了一个契机。否则，两个20年敌对的国家是很难突然走近的。

三、中国的战略谋划与决断

20世纪50年代末到60年代，中国处于两面受敌的困境——同时与世界上最大的两个超级大国为敌。

不能两面树敌，是战略法则之一。毛泽东经历过多年战争的考验，当然明白个中道理。两面树敌已经是威胁，而两个大国联手攻击中国则是危中有危——中国还险些遭到美苏两个大国的核打击。这样的局面显然是中国不愿看到的，也是对于中国安全的最大隐患。不能两面树敌，如何各个击破？这时候就必须区分出谁最危险，谁更危险。

（一）国际形势的复杂变化

20世纪60年代中期，中苏关系严重恶化，从意识形态的分歧逐步发展到两党和两国关系的破裂。中苏关系恶化后，苏联采取了一系列行动，对中国实行战略性包围，试图压服中国。主要表现在以下两个方面：

一是在北面，陈兵百万于中苏、中蒙边界，对中国直接进行军事威胁。1964年，苏联开始在以往没有驻军的中苏、中蒙边界陈兵布阵，总数达到54个师，共计100万军队，并配备了包括核导弹在内的大量先进武器。1969年3月，中苏在两国边界乌苏里江珍宝岛爆发了严重的武装冲突。进入20世纪70年代后，苏联除继续加强在中苏、中蒙边界的军事力量外，还不断强化它在远东地区的战略部署，并于1978年底建立远东战区司令部，统一指挥远东、后贝加尔和西伯利亚三个军区以及不断扩充的太平洋舰队，做好了在远东地区打常规战争和核战争的准备。用邓小平的话说，来自北方的强大军事压力，“对中国构成了直接威胁”。

二是在南面，试图建立“亚洲集体安全体系”，利用印度、越南、阿富汗等对中国进行战略包围。1971年8月，苏联同印度签订了《和平友好合作条约》，在涉及"第三国"的条款中约定，在任何一方遭到进攻或进攻威胁时，双方进行协商并"采取有效措施来保证两国的和平与安全"；1978年11月，苏联又分别同越南和阿富汗签订了含有同样条款的条约。上述条约都带有军事同盟性质，事实上形成对付中国的军事联盟。

根据这种判断，毛泽东、周恩来等认为对付苏联，"中国不能只从自己的角度，而要从全球战略角度来考虑这个问题"，在战略上要做好内外两方面的准备。对内，备战防御。对外，建立广泛的统一战线。

基于此，在联合问题上，毛泽东等对应该依靠谁、争取谁、团结谁、打击谁，在战略思路上也有一个不断调整的过程。中国不再是一边倒的时候了，中国也需要有更多的合作面。

第一阶段，从20世纪60年代中期到60年代末。这个阶段毛泽东提出了"两个中间地带"理论。毛泽东指出："中间地带有两部分：一部分是指亚洲、非洲和拉丁美洲的广大经济落后的国家，一部分是指以欧洲为代表的帝国主义国家和发达的资本主义国家。这两部分都反对美国的控制。在东欧各国则发生反对苏联控制的问题。"根据毛泽东的分析，第一中间地带国家是中国反对苏美两霸的直接同盟军，第二中间地带是间接同盟军。中国的外交战略是依靠第一中间地带国家，争取第二中间地带国家，反对美帝国主义和苏联霸权主义。

第二个阶段，从20世纪70年代初到70年代末。这个阶段中国的战略重点，从同时反对"两霸"变为主要对付苏联一方。在联合问题上，毛泽东根据形势的变化，提出了"一条线""一大片"的外交战略，他说："要搞一条横线，就是纬度，美国、日本、中国、巴基斯坦、伊朗、土耳其、欧洲。"要团结这条线周围的国家，共同对付苏联的扩张。邓小平后来告诉美国朋友，毛泽东制定的这个战略方针"是从东到西建立一条反苏霸的统一战线"[①]。

1969年3月2日早晨，苏联和中国军队在珍宝岛发生武装冲突事件。中苏边境珍宝岛的枪声使本来已恶化的中苏关系到了一触即发的地步。苏联在中苏边境陈兵百万，已构成了对中国安全的严重威胁。苏联至少有一部分实权人物在考虑对中国进行核轰炸，或是外科手术式的打击。

为了有效抗衡苏联，中国也需同时改变与两个超级大国尖锐对立的局面。

---

① 廖心文：《二十世纪六七十年代毛泽东、邓小平打破苏联包围的战略决策》，《党的文献》2010年第6期。

（二）四大元帅的战略建议

20世纪60年代末，社会主义阵营与资本主义阵营内部都存在着重重矛盾，各国都力图从各自国家利益出发，制定外交政策，都强调维护本国的安全。中国此时正面临着来自美国与苏联两个超级大国从南北两个方向施加的压力，在南边，美国与越南激战正酣；在北边，苏联大兵压境，中国的国家安全环境变得十分严峻。中国面临南北夹击之势。

1969年3月2日，中苏之间爆发了珍宝岛战斗，两国边防部队发生了激烈交火，战争气氛越来越浓，分析战争的可能性以及中国的应对措施已经成为当时中国政府面临的紧迫任务。

为了准确判断国际形势，毛泽东提出让陈毅、叶剑英、徐向前、聂荣臻四位久经沙场的老元帅研究国际局势，由陈毅具体负责，密议国家安全问题。核心问题是美苏两国对华战略的危害性问题，苏联在中国北部磨刀霍霍，会否对华发动大规模入侵？美国在中国南部的越南，会否扩大战争危及中国？何者对华带来的危害更大？更为迫切？这些都是战略性的问题，事关中国的生存安危。

1969年6月7日至7月10日，四位元帅先后进行了六次共19个小时的研讨，写出了一份名为《对战争形势的初步估计》的报告。7月11日，陈毅将报告交给周恩来审阅。这份报告主要阐述了中、美、苏三大力量之间的斗争，指出国际上两大阵营的对抗，集中地表现为中、美、苏三大力量之间的斗争，这既不同于第二次世界大战前的“七强”并立，也不同于战后初期的美苏两极对峙格局。报告同时还强调，美帝与苏联都在布局，苏联要向西欧伸手，美帝要向东欧插足，真正的、现实的利害矛盾还是在它们之间。报告指出：中苏矛盾大于中美矛盾，美苏矛盾大于中苏矛盾。在可预见的时期内，美帝、苏联单独或联合发动大规模侵华战争的可能性都不大。

8月13日上午，苏军侵入新疆裕民县铁列克提地区制造流血事件，中国政府向苏联政府提出强烈抗议。针对时局变化，四位元帅反复研究一旦苏联对中国发动大规模战争，中国能否在战略上打美国牌的问题。为此，四位元帅从7月29日至9月16日，又进行了十次共29个半小时的研讨。17日，四位元帅将一份新的报告《对目前局势的看法》交给周恩来审阅。

这份报告指出，苏联确有发动侵华战争的打算，并且也作出了相应的军事部署，但它还下不了政治决心。因为“对华作战的决策，在很大程度上取决于美帝的态度。迄今美帝的态度不但未能使它放心，而且成为它最大的战略顾虑”。美国也“绝不愿苏联在中苏战争中取胜，建立资源、人力超过美帝的大帝国”。

苏联生怕中国联合美国对付它，于是在 7 月 26 日尼克松出访亚洲的第一天，就迫不及待地向中方交出其部长会议给中国政府的声明，这充分表明苏联惶惑不安的心情。报告在列举种种有关战争因素的基础上，最终认为“苏联不敢挑起反华大战”[①]。

四位元帅经反复研究写出的《对战争形势的初步估计》和《对目前局势的看法》以及陈毅对缓和中美关系的设想，具有十分重要的战略指导意义。

报告有几个重要的战略分析要点值得反复体味：

一是美苏关系十分尖锐，无法真正得到调和。对于美帝和苏联，现实的威胁是在它们相互之间。对于其他各国，现实的威胁更是来自美帝、苏联。美帝、苏联互相勾结和互相争夺，往往在反华的掩护下进行，并不因为它们的互相勾结而使它们的矛盾有所缓和。相反，它们的互相敌对更为剧烈了。

二是美帝、苏联在政治上难以组成反华的统一战线，在军事上难以找到反华的打手。其他国家，或主要受制于美，或主要受制于苏，尚未形成匹敌美、苏的力量。它们基于各自的利害，在对中国的国家关系上，除少数追随美帝、苏联反华者外，多数采取不同于美帝、苏联的态度：或要两面手法；或持旁观立场；或对中国表示友好，借以抵抗美帝或苏联的控制和压榨；或对美苏重新瓜分世界心怀不满，甚至公然反抗。[②]

三是美帝不敢轻易进攻中国。主要理由是：

(1) 中美之间隔着辽阔的太平洋。美帝侵朝、侵越两次战争的失败，加深了它的内外困境，使它有了沉痛教训，申言不再参与朝鲜式或越南式的战争。中国不同于朝鲜、越南，美帝更不敢贸然动手。

(2) 美帝战略重点在西方。美帝长期陷在南越，已使它在西方的地位大为削弱。如与中国作战，需时更长，结局更惨。美帝尤其不愿单独和中国打，使苏联渔利。

(3) 美帝想把亚洲人推上反华大战第一线，特别想利用日本打先锋，但日本自己有侵华失败的切肤之痛。新中国远非昔比，日本反动派对中国不敢轻举

---

① 刘德斌等主编：《大国风范：中华人民共和国外交历程》，世界知识出版社 2013 年版，第 102—103 页。

② 熊向晖：《我的情报与外交生涯》（增订新版），中共党史出版社 2006 年版，第 188 页。

妄动。日本不愿当反华炮灰，美帝就更不会亲自上阵。[①]

四是苏联并不敢与中国真打大打。

苏联把中国当成主要敌人，它对中国安全的威胁比美帝大。在中苏漫长的边境，苏联不断制造紧张，发动武装入侵，集结大量兵力。它大造反华舆论，在国际上呼号奔走，对一些亚洲国家软硬兼施，企图建立反华包围圈。这都是苏联准备挑起侵华战争的严重步骤。但真和中国大打，苏联还有很大顾虑和困难。

（1）中美都各以苏联为敌，苏联不敢同时进行两面作战。

美帝对中苏矛盾故作超然，宣称不表态，不介入。实际上它在西边和苏联搞和缓，力求把苏联推上反华大战第一线，自己坐山观虎斗，使中、苏互相削弱，便于它乘虚接管东欧，甚至直捣苏联的老巢。

（2）如果苏联决心大举进攻中国，它将力图速战速决；或仿效日本侵华的故技，采取对中国逐步蚕食的作战方案，以便及时休整，随时观察美帝及各方动静，保持机动。但它一旦大打，中国绝不会让它速战速决，绝不会给它喘息的时间和行动的自由。这就造成苏联极大的困难：第一，苏联反华大失人心。如它大举进攻中国，更会引起人民的反对。苏联多年来进行战争恐怖宣传，对它发动战争也有不利影响。第二，苏联工业布局都在欧洲部分，西伯利亚补给困难，一切要从欧洲运来，只有一条铁路线，劳师远征，不能持久。目前苏联生活必需品已经奇缺，打起仗来更难维持。第三，作战要有巩固的后方，苏联后方不巩固，国内阶级矛盾、民族矛盾很尖锐。侵华战争必是长期战争，长期中必有变化，主要是它后方出乱子。前方未解决，后方祸起萧墙。一旦欧洲部分被美军突破，更使它进退失据。第四，和美帝一样，苏联兵力东移，并不意味着它的战略东移，苏联的战略重点仍在欧洲。东欧各国是它的主要市场和重要屏障，它不会掉以轻心。

鉴于以上分析，元帅们认为，美苏两个国家都不可能入侵中国。比较而言，苏联的威胁就在眼前，而且存在入侵中国的可能性，在这一前提下，中国必须有一个战略伙伴以应对重大战争威胁。四大元帅一致认为：美国要利用中苏矛盾，苏联要利用中美矛盾，我应有意识地利用美苏矛盾。[②]

与此同时，四大元帅支持中苏会谈，同时告诉苏联，中国准备恢复中美大

---

① 熊向晖：《我的情报与外交生涯》（增订新版），中共党史出版社 2006 年版，第 187 页。

② 熊向晖：《我的情报与外交生涯》（增订新版），中共党史出版社 2006 年版，第 194—195 页。

使级谈判。四位元帅敏锐地意识到中国在中美苏大三角关系的特殊地位和作用以及美苏两个大国的心态。柯西金所谓“屈尊就教”于周总理，表明苏联对中国与美国缓和十分担心，想借中压美，而美国情报部门急于收集中苏领导人会晤信息，也表明美国不愿看到中苏关系重新缓和，而使美国失去借中抗苏的良机。因此，四大元帅建议在中苏首脑会晤之后，一定要举行更具有全球影响力的中美会谈。显然，这是借苏调美又是借美压苏，利用美苏两国均担心中国的走向，均担心中国偏向于对方的心理，形成美苏改变对华政策的互促局面。在现阶段，要充分利用美国急于拉中国对付苏联的战略考虑，从战略上利用美苏矛盾，打开中美关系正常化大门。中美举行高级会谈，本身就是能够牵动大国各方因素的战略性举措。

四位元帅的构想得到了毛泽东的认可。中美关系改善的大门终于拉开。四大元帅的报告体现了战略转变的重要内涵，即在事务复杂变化的过程中一定要抓主要矛盾。所谓牵一发而动全身，纲举目张。从“一边倒”到与美国合作，这个转变不可谓不大，而且不是权宜之计，而是战略性转变。美国是昔日战场之敌，相互对抗几十年，终于因为各自的利益和共同的威胁化敌为友。中美关系和国际格局最具戏剧性的一幕终于开启。

四、结　语

毛泽东曾说，中美关系正常化“是一把钥匙。这个问题解决了，其他的问题就迎刃而解了”。这就是大战略决策的重大意义。中美关系正常化是破局之略，中国自与苏联关系恶化所面临的美苏两超两面受敌的被动局面彻底改观了。

正如毛泽东所判断的那样，中美关系的改变，带来了中国同西方国家关系的重大变化。中国同英国、荷兰、希腊、联邦德国等国家相继正式建交或实现外交关系升格。仅 1972 年一年，中国就先后同包括日本在内的 18 个国家建立了外交关系或实现外交机构升格。

比之美国的政治家们，毛泽东更加深谙大国合纵连横之道。

毛泽东曾用极富战略雄辩的思维告诉基辛格，“苏联的政策是声东击西的，口里讲要打中国，实际上想要吞并欧洲”[①]。毛泽东告诫美国和其他西方国家应

---

① 廖心文：《二十世纪六七十年代毛泽东、邓小平打破苏联包围的战略决策》，《党的文献》2010 年第 6 期。

当抵制“祸水东引”的诱惑，这是要不得的害人害己的战略。他指出：“你们西方历来有条政策，两次世界大战开始都是推动德国打俄国。”

对此，基辛格解释说：“推动俄国打中国不是我们的政策。因为，如果在中国爆发战争对我们来说，其危险性和在欧洲爆发战争一样。”

“是不是你们现在是推动西德跟俄国讲和，”毛泽东接着发问道，“然后又推动俄国向东进。我怀疑整个西方有这么一条路线。向东，主要向我们，而且向日本，也有一部分向你们，在太平洋和印度洋。”

基辛格解释说：“我们并不赞成德国的政策，我们宁愿德国的反对党上台，德国的反对党不奉行这个政策。”

鉴于来自苏联霸权主义的威胁与日俱增，毛泽东认为有必要在国际上孤立苏联。他对基辛格说：“我跟一个外国朋友谈过，我说搞一条横线，就是纬度，美国、日本、中国、巴基斯坦、伊朗、土耳其、欧洲。”毛泽东实际上是提出了一个联合抗苏的国际统一战线构想，称为“一条线”思想。[①]

中美关系正常化，是基于中国在欧亚大陆东端的重要影响力和解决地区问题中的特殊作用。美国人承认中国通过几千年在亚洲厚积起来的“威望”是让美国望尘莫及的，也正是这种“威望”，是美国解决亚太地区棘手问题所必须借助的。如果美国能够利用中国影响力和特殊作用，不仅可以介入地区事务，而且还可以增强自身在地区事务中的主动权和灵活性。全球性大国必须要重视与地区性大国的关系，充分发挥其作用。如果让地区性大国孤立于全球之外，全球性大国也不可能具有全球性影响。[②]

如果研究中美建交的决策就会发现，在两大战略层面中美都已经具有共识，其一是苏联威胁，两国有一个共同的战略威胁。其二是越南战争，两国都需要摆脱这场局部战争的困境。美国开启中美关系正常化之旅是基于总体的战略设计的需要的。美国实力下降，就需要减少威胁，删繁就简，卸掉包袱。越南战争就是美国的一个大包袱。美国实力下降，就不能四面树敌。在美国的战略排序中，中国与苏联曾都是美国的敌手，而现在苏联的威胁更大。其三是中国与苏联出现关系恶化，这也为美国提供了有利的战略机遇。再有，中美关系改善可为美国顺利撤离越南提供有利条件。其四是美国通过改善对华关系还可以向最大的劲敌苏联施压，迫使其让步。美国通过改善对华关系，还促成了与苏联

① 古越：《旷代智囊：智谋大师基辛格》，中原农民出版社 1997 年版，第 186—187 页。

② 窦国庆：《大国突围：历史上大国突破困境的战略及其现实借鉴》，广东经济出版社 2015 年版，第 83 页。

的交易。与苏联达成了限制战略武器会谈协定，也签署了越南战争的和平协议。“他们没有首先想到这种政策。但是他们很快看到，它是多么契合一个更大的战略：经济上的迫切需求可以同打开对华关系大门一道，迫使苏联与美国在一系列问题上进行谈判——限制战略性武器、谈判结束越战、增加东西方贸易，并且同时还能够平息约翰逊总统末期和尼克松任职初期在国内出现的种种批评，这些批评险些使美国的对外政策陷于瘫痪。总之，这些情况适合于一种新的遏制战略。”①

① 〔美〕约翰·刘易斯·加迪斯著，翟强等译：《冷战》，社会科学文献出版社 2013 年版，第 179 页。

大三角关系的演变与楔子战略

本文的重点在于讨论在中苏关系的聚合与裂变的过程中，有没有第三方因素的存在。换句话说，美国在三角关系的演变过程中，扮演了什么角色？使用了什么战略？

历史已经表明，美国在中苏关系裂变的过程中，使用了一种称为楔子战略的谋略，也确实对中苏关系的演变产生了直接或间接的影响。诚然，楔子战略并非十分成功，中苏关系的演变有其客观性和意外性，也有其深刻复杂的背景和现实因素，但楔子战略这一做法仍是值得探究的。最为耐人寻味的是，这一战略的思路与常规思路不同，楔子战略最引人深思之处在于反向用力。想要缓和与一个国家的关系不是向其示好而是向其施加更大压力，也许正应合中国古语所谓欲擒故纵。

一、楔子战略简介

蒂莫西·克劳福德最初将其界定为“通过分化敌对联盟或阻止潜在的敌对联盟的形成，被认为是一种楔子战略的运用”①。后来通过进一步研究，将楔子战略的概念界定为“一个国家以可接受的成本去阻止、破坏或弱化一个威胁性或围堵性联盟”②。简单的理解就是如何拆解敌对联盟或阻止敌对联盟的形成。

由此可见，楔子战略的核心在于削弱敌对联盟的力量。楔子战略的实施手段大体上分为选择性调适（包括绥靖、安抚、收买、补偿）和对抗（主要是施加经济、安全、心理等方面的压力）两大类。出于不同程度的楔子战略目标考虑，基于战略资源约束可以采取不同的楔子战略手段。楔子战略的实施者被称

---

① Timothy W. Craw ford，“Wedge Strategy，Balancing，and the Deviant Case of Spain”，1940—1941，Security Studiest Vol. 17，No. 1，2008，p. 1.

② Timothy W. Craw ford，“Preventing Enemy Coalitions：How Wedge Strategies Shape Power Politics”，MInternational Security，Vol. 35，No. 4，2011，p. 156.

作分化者，实施对象被视为目标国，其发生作用的核心机制是加剧敌对联盟的联盟困境，使得敌对联盟内部就联盟的成本与收益发生分歧，从而导致联盟合作下降，联盟威胁降低。

尽管对楔子战略进行理论研究是近年兴起的事情，但该战略的运用却是历史悠久，在古今中外存在不少案例。如拿破仑针对反法同盟的分化策略，希特勒阻止英法俄同盟的形成，中国古代的合纵连横战略、治边战略中的各个击破等。不过冷战时期堪称楔子战略运用的黄金时期，在美苏争霸的两极格局中，世界的主要力量都被纳入两大阵营当中，并且美苏双方对于均势的细微变化更易敏感，经常患上“多米诺效应”恐惧症，为此，美苏双方在巩固本方阵营的同时，经常担心对方对其团结的分化与破坏，同时也不断尝试分化、弱化对方阵营。美苏在避免直接战争冲突的前提下都极尽所能地分化、削弱对方，这也成为他们彼此的重要战略目标。分而制胜成为美国赢得冷战的成功法宝。楔子战略是冷战时期美国执行遏制大战略的一项重要战略选择，在分化苏东关系、瓦解中苏同盟、限制苏联在第三世界的影响当中都发挥了一定的作用。①

根据目前已经解密的美国方面档案，可以发现美国事实上一直密切地关注中苏同盟的发展，并尝试采用各种手段来阻止中苏同盟的形成、分化中苏同盟等。尽管阻止中苏同盟形成未获成功，但美国并未就此放弃。分化、削弱中苏同盟无疑符合美国的国家利益，而在现实中，美国也确实采用楔子战略来分化中苏同盟，成为促成其分裂不容忽视的原因。

二、美国为何要分化中苏同盟

中苏同盟形成于 1950 年，终结于 1980 年。在此期间，中苏同盟关系经历了几个阶段。有学者将 1950—1955 年界定为友好合作时期，1956—1959 年为分歧初期，1960—1962 年为公开争论阶段，1962—1963 年为冲突加剧时期，1963—1964 年为双方尝试缓和的失败时期。此后中苏同盟关系几乎名存实亡，甚至还处于敌对状态。因此，美国实施楔子战略主要集中于 1949—1964 年。

那么，美国为什么要分化中苏同盟呢？

首先，冷战期间中美苏三国间存在战略互动，美国因素对中苏同盟的影响显而易见。中美苏三国是冷战期间的重要力量，它们之间的力量组合模式对冷

① 凌胜利：《分而制胜：冷战时期美国的楔子战略》，世界知识出版社 2015 年版，内容提要，第 3 页。

战的影响尤为关键。在美苏争霸的两极格局中，中国的价值十分重要，中美苏的互动贯穿中苏同盟始终。无论是中苏同盟缔约谈判，还是中苏同盟的强化、分化和破裂，美国的影响无处不在。俄罗斯学者奥·维斯塔认为："对于中苏联盟来说，与美国之间的冲突既是产生内聚力的要素，又是出现争论的焦点。朝鲜战争加强了中苏同盟，这是苏联和中国在1950年时都没有预料到的。另一方面，从1958年起，与华盛顿进行全球性对抗的战略分歧，导致了中苏联盟的分裂。"①

其次，冷战初期，美国仍然延续先欧后亚之策。美国的战略重点虽然仍在欧洲，但中国所处的远东地区对美国仍有极其重要的利益。新中国成立后，中国采取与苏联结盟之策。中国与苏联结盟等于是在欧洲、亚洲与苏联连成了对抗美国的整体。美国想要争取中国难乎其难，但苏联作为美国最大的战略对手构成了美国的最大威胁，分化中苏同盟就等于是分化和削弱苏东阵营在亚洲的统一战线。美国只能采取分而治之之策才能消除隐患，而分化中苏同盟就成为政策首选。美国主要采用对抗性楔子战略来分化中苏同盟，突出特点是持续对华施压，具体路径是从经济和军事两个方面同时施压。

三、美国楔子战略的实施

美国的楔子战略加速了中苏同盟的分裂。美国未能阻止中苏结盟，随后实施了全方位战略，希望借此促成中苏同盟的分裂。有学者认为："中苏关系的逐步恶化固然与两国的国家利益和意识形态的'内在'冲突有重要关联，但同时美国因素的'外在'作用亦不容低估。在一定程度上，正是美国的'楔子战略'所起的破坏作用，中苏两国最终由结盟友好走向了分裂对抗，导致了中苏同盟的实际破裂。"②

下面将美国离间中苏联盟的战略分为三个阶段来进行分析。

（一）美国阻止中苏结盟第一阶段（1949—1950年）

中苏同盟的形成有其特定的历史背景，也并非双方完全自愿的选择。当然，在二战后和新中国成立之初，中国对苏联的战略需求显然更多一些。加之，美

① 李丹慧主编：《北京与莫斯科：从联盟走向对抗》，广西师范大学出版社2002年版，第175页。

② 胡晓丽：《美国的"楔子战略"与中苏分裂》，《山东师范大学学报（人文社会科学版）》2007年第4期。

国拒绝承认新中国等一系列原因，中国主动采取了一边倒向苏联的政策。而1947年美国采取冷战战略之后，苏联也需要中国这样的战略盟友以强化苏东阵营和苏联在远东的影响。因此，可以说是国际格局的力量变迁与战略互动推动了中苏同盟的形成。中苏同盟的建立显然对于双方而言都有其战略上的收益。中国获得了二战后最大的国家苏联的支持，不仅在政治安全上，而且在经济和军事上都可能获得重要的援助。对于苏联而言，既可以强化苏东阵营的实力，也可以强化苏联在远东地区的政治影响力和国际威望。而这一切是美国最不愿意看到的，中国的解放战争使美国有丢失中国之说，中苏结盟使冷战另一阵营的力量得到增强，更是美国不愿接受的。因此，随着国民党在解放战争中的溃败，如何确保中国不倒向苏联成为美国对华甚至是远东的重要战略目标，阻止中苏结盟成为这一时期美国对华政策的核心内容。

美国政府认为，由于斯大林并不完全认同新中国和毛泽东的领导，认为毛泽东搞的是农民运动，在国际共运的合作中中国共产党与斯大林领导的苏联也存在复杂的矛盾。另外，美国政府还认为中国具有强烈的民族主义情绪，不可能完全接受苏联的领导。"而中国在经济上依附于美国，中共会因巨大的国内经济压力而屈服于美国。"①

美国国家安全委员会提出在避免干涉中国的同时，可以采取政治、经济手段利用中苏两党两国之间的矛盾。这实际上就是采用楔子战略离间中苏关系，阻止中苏结盟的开始。美国政府为此采取了一系列行动。一是增加与中共的接触。随着中国共产党不断夺取全国胜利，美国的驻华领事馆承担了越来越多的情报与信息传递任务。并且司徒雷登与中共方面的接触也是美国尝试与中共加强接触的重要证明；二是向中共释放善意。美国不仅努力与国民党划清界限，还在中苏同盟缔约谈判期间表明了其暂时放弃台湾的态度。在对华承认上持观望态度，以免把中国进一步推向莫斯科的怀抱，在经济贸易上继续与中国保持联系。几乎同时出台的《美国对华贸易政策》NSC41号文件，详细阐述了美国应当如何利用各种贸易手段防止苏联控制中国，基本上持一种相对柔和的对华贸易政策；三是针对中苏同盟缔约谈判施加影响。"在中苏谈判期间，美国不断公开抨击苏联对华政策的帝国主义企图，涉及领土问题与在华特权。"②

当然，美国阻止中苏同盟形成的楔子战略以失败告终。原因在于美国对于

① 张曙光：《美国遏制战略与冷战起源再探》，上海外语教育出版社2007年版，第79—80页。

② 资中筠：《追根溯源——战后美国对华政策的缘起与发展（1945—1950）》，中国社会科学出版社2007年版，第249页。

接触还是孤立中国态度不明，导致政策上前后不一。比如，对于司徒雷登与中共的接触，美国一开始同意后来又下令中断联系。这使得中国相信美国对新中国采取了敌对政策，从而更加坚定地一边倒向苏联。而且美国出于国际共运的有限了解，认为中苏结盟的可能性短期内难以实现，因此美国可以观望一段时间。既然美国国内反对与中国接触的势力强大，美国接触中国难度大，但中国如果保持中立，却是美国可以接受的。然而，中苏结盟之快超出美国的预料。还有一点，美国阻止中苏结盟的战略目标相对较高、难度较大，特别是在中苏之间存在巨大结盟利益的情况下。美国的战略目标并不明确，阻止中苏结盟的战略目标存在诸多变数。从其所采取的观望政策可见美国的复杂态度：既不愿意中苏结盟，又不愿意给予中国大量援助以阻止这一趋势。

（二）美国离间中苏同盟的第二个阶段（1950—1956 年）

当中苏结盟之后，美国强调需要使用离间之计改变中苏合作的局面。

中苏同盟的形成导致美国对华政策趋向强硬。由于阻止中苏结盟失败，美国为此制定了分化中苏同盟的总体方针，将原有的对华政策的强硬一面延续并强化。在这一时期，美国找不到中苏之间明显的分歧，因此对中苏采取了对等施压的战略。中苏签署同盟条约和朝鲜战争都是促使美国对华政策调整的重要事件，也是推动美国对华政策日趋强硬的重要原因。美国虽然认为短期内分化中苏同盟的希望渺茫，但美国并没有放弃分离中苏同盟的战略理念，只是一直设法寻找合适的时机而已。

即使到了朝鲜战争时期，中美在战场上兵戎相见，中苏同盟也因为战争变得更加紧密，美国仍然没有放弃分化中苏的意图，而是采取措施来促成这一变化。美国政策评估和情报评估的专家认为：朝鲜战争虽然增加了中共对苏联的依赖性，但中苏同盟之间固有的矛盾和可能引发冲突的领域依然存在。中苏之间缺少文化和传统上的共享，从思想上缺少基本性的认可感。而且中苏是邻国，历史上一直存在边界之争。苏共与中共之间会因为领导权的问题而引发冲突。更为重要的是，新中国成立后，中国经济百废待兴，对苏联的经济援助的期待必然会超出苏联可能给予的程度等。1953 年 4 月 6 日，美国国安委 NSC148 号文件《美国对远东的政策》指出，“美国在远东的中期目标是通过分裂中苏关系，使中国不再成为苏联政策的一个有效工具，减少苏联在该地区的力量和影响。美国在中国的最终目标是在中国产生一个对美国友好的、非共产党的政府……”文件认为，美国目前不一定非要在两者之中选择一种方案，明智的办法是在不直接对共产党中国进行干涉的条件下，增加对共产党中国的政治、军事和经济压力。[①] 基于对中苏同盟的评估，美国决定采取对抗性楔子战略分化中苏同盟。美国分化中苏同盟的政策设计者杜勒斯认为："加剧共产党中国与俄国之间的紧张和异议的最大希望是使中国人处在最大限度的压力之下，而不是通过减轻这种压力……压力和紧张将迫使他们向苏联提出更多的、苏联无法满足的要求，结果使紧张进一步加剧，这才是应该遵循的路线，而不应该通过与俄国展开某种看谁对中国最好的竞争来试图分裂中国人和苏联人。"[②] 1954 年底，美国国家安全委员会的报告表达了类似看法，认为分化中苏同盟的最佳途径是最大限度地增加中共对苏联的依赖。[③] 至此，美国分裂中苏同盟的对抗性楔子战略也基本确立。

美国之所以一直对华采取高度施压的楔子战略，主要是出于无奈。当美国在战场上与中国进行直接军事较量的时候，中国的军事行动还得到了苏联的支持，中苏同盟在这一时候没有给美国提供任何可以让美国采取温和政策的机会。虽然在这个时候中苏之间也因为军事指挥和空中援助等问题而存在着矛盾，但在大方向上中苏朝三方都是同仇敌忾的。美国除了采取更为强硬的政策外别无选择。

朝鲜战争爆发后，美国国内主流意见认为中苏同盟不会由于西方国家对华利诱、妥协而减弱，却会因为西方的不断施压而受到削弱。[④] 杜勒斯也认为，分裂中苏的最佳途径是保持继续对中共施压，只要中国与苏联还保持同盟关系，对中国的压力就将不断增强。铁托之所以与斯大林决裂，不是因为美国对铁托很好，正好相反，美国对铁托十分粗鲁苛刻。[⑤] 戴维·梅耶斯的《打破磐石》一书系统论证了美国反对中苏同盟的政策，其中指出，杜勒斯和艾森豪威尔希望通过在经济、外交、军事等方面向中国施加压力，迫使它向苏联提出不能得到满足的要求，以此削弱中苏同盟，且这一策略不会触犯保守派。加迪斯发挥和深化了梅耶斯的论述和主题，他指出，杜勒斯的战略比人们想象的要复杂得多，

---

① FRUS，1952－1954，Vol. 12，pp. 287－289，p. 294.

② Dwight D. Eisenhow er Papers，Ann Whitman File，International Meetings Series，Boxltl Berm uda-State Department Report，M Dwight D. Eisenhow er Library. FRUSt 1952－1954，Vol. 5，pp. 1808－1818，袁明、〔美〕哈里·哈丁主编：《中美关系史上沉重的一页》，北京大学出版社 1989 年版，第 248 页。

③ FRUS，1952－1954，Vol. 9，pp. 911－919.

④ FRUS，1952—1954，Vol. 9，pp. 97－104.

⑤ 〔美〕张少书著，顾宁等译：《朋友还是敌人？——1948—1972 年的美国、中国和苏联》，中央编译出版社 2014 年版，第 85 页。

他是通过向中国施压而不是讨好中国来促使中苏分裂的。[①]

为了实施分化中苏同盟的楔子战略，在具体政策方面，美国政府对中苏均采取了施压与遏制。对中国实施了政治孤立、军事包围、经济封锁等战略手段。

一是政治上拒绝承认中华人民共和国的合法性。在中国台湾问题上，美国放弃了此前的“台湾地位未定论”，转而支持扶植国民党政权。

二是军事上不断施加压力。首先通过组建“东南亚条约组织”等加强对华军事围堵。其次对华采取核威慑政策，是美国对华军事施压的典型代表。美国多次对华进行核威慑——这也成为中国发展核武器的直接动因之一，同时也间接造成中苏在核合作方面的分歧和冲突。

三是经济上加强封锁和贸易管制。美国认为对华经济制裁在敌对和战争时期都应该严厉执行。保持严格的经济封锁、对海外支持共产党中国的情况进行严格限制；阻止中国获取用来改善其国际贸易地位的海外资产。美国的经济封锁和限制是十分严厉的，甚至高于美国对苏东国家的贸易管制。这也客观上增加了中国对苏联的依赖，为日后经济上的摩擦埋下了伏笔。

总体来看，中苏同盟形成后，美国分裂中苏关系的楔子战略经历了第一次调整，其战略重点由“拉”转向“压”，其对华政策由“等待”“观望”转向敌视、遏制、封锁和包围，即实施“以压促变”的楔子战略，以高压政策促使中苏分裂。[②] 至此，美国分化中苏同盟的楔子战略的思路和做法已经相对清晰了，即通过不断向中国施加各种压力，增加中国的困难，导致中国更多寻求苏联的帮助，而苏联由于无法有求必应，从而引发中苏出现供需方面的矛盾。应该说，这一做法在朝鲜战争期间也许效果并不十分明显，而在斯大林去世后以及朝鲜战争结束之后效果就开始显现。

（三）美国分化中苏同盟的第三阶段（1956—1964 年）

当最为艰难的战争危机渡过之后，中苏之间潜藏的矛盾开始不断显现出来。苏联的大国沙文主义做法、中苏两党的意识形态分歧、苏联大国战略的调整等使得中苏关系进入了冲突多发期。中苏矛盾的爆发给美国实施楔子战略提供了千载难逢的机会。与此前美国分化中苏同盟的楔子战略以中国为突破口、通过全面施压致力于分裂中苏同盟不同。1956—1964 年，美国分化中苏同盟的楔子

① 石斌：《杜勒斯与美国对苏战略》，中国社会科学出版社 2004 年版，第 19 页。

② 胡晓丽：《美国的“楔子战略”与中苏分裂》，《山东师范大学学报》2017 年第 4 期。

战略调整为对中苏采取了区别对待的政策，一拉一打导致美苏缓和、中苏交恶、中苏战略分歧加剧，已经矛盾重重的中苏关系在美国的暗中离间之下更是雪上加霜。中苏同盟深受重创。

1953年，赫鲁晓夫上台后，推行三和路线，力图与美共同主宰世界，与美国大搞越顶外交，完全置中国的利益于不顾，使得中苏在战略层面的分歧公开化、扩大化。而苏联在涉及中国敏感的主权问题上大搞大国沙文主义更是加剧了中国对苏联强加于人的做法的反感。1958年中苏关系因联合舰队和长波电台出现分歧，反映了中苏之间控制与反控制的矛盾。这种矛盾在中国炮击金门事件中更加得到显现。苏联认为在其意欲缓和美苏关系的时候，中国独自挑起中美关系紧张是对苏联大国战略的极大破坏。因而进一步向中国施压，反过来又导致中国的强烈反弹。布热津斯基在谈到这个问题时认为，“从20世纪50年代以来到60年代后期爆发的小规模然而公开的暴力冲突，中苏破裂经历了十年多的演变过程。鉴于苏联对待它的新的但却不顺从的伙伴的高压态度，冲突也许是不可避免的，但在观点和利益上的真正分歧进一步加剧了这种冲突。最初触发这一分裂的主要事件是1958年在金门和马祖岛问题上发生的危机。中国共产党人对这个近海岛屿发起了猛烈炮击，而这些岛屿保卫着从中国大陆到国民党控制的台湾岛的通道。美国做出的反应是威胁要进行军事反击。这反过来促使中国强烈要求苏联提供援助，包括向中国提供核力量。苏联领导集团对这些要求均予以拒绝，这种总的谨慎态度使中国被压抑的愤怒迸发出来，触发了中苏之间尖锐的（虽然当时尚未公开的）论战，使苏中两国领导人之间的个人关系长期疏远下去”①。

随着1958年台海危机和1960年国际共运的布加勒斯特会议的召开，中苏矛盾进一步加剧。美国试图用区别对待的办法加大中苏分歧，从而使苏联因对中国的不满增加而“抛弃”中国。

1960年4月，肯尼迪在大选时期的外交顾问鲍尔斯在《外交》杂志上撰文指出，“源于两国文化、经历和领导风格的巨大差异”，中苏两党存在着“潜在的深刻分歧”，中苏关系不是“牢不可破、坚如磐石和永不改变的”②。

此时，苏联为了继续缓和与美国的关系，投美国所好，加大了与中国交恶的做法。苏联采取了两个做法使中苏关系的裂变出现了难以恢复的状态：一是

---

① 〔美〕兹比格涅夫·布热津斯基著，刘晓明等译：《竞赛方案——进行美苏竞争的地缘战略纲领》，中国对外翻译出版公司1988年版，第42页。

② 沈志华等：《冷战时期美国重大外交政策案例研究》，经济科学出版社2014年版，第327页。

中断与中国的核合作；二是在中印边界冲突上指责中国。赫鲁晓夫还想以此作为向美国追求缓和的见面礼，但殊不知却完全被美国所利用。美国一方面使中苏关系进一步恶化，另一方面也通过缓和与苏的关系来挑拨中苏。这也是一种反向用力，利用中国对美国的敌对来增加中国对苏美缓和关系的仇恨，继续向中国施压，同时缓和与苏联的关系，确实使陷入困境的中苏关系难以自拔。但老道的美国政客们却不动声色。

在1960年6月的布加勒斯特会议上，中苏两党进行了公开的争吵，意识形态分歧公开化。由于中苏两党都是执政党，两党分歧必然影响到两国关系。苏联随后撤走了在华专家和撕毁合同，中苏同盟深受重创。1961年12月，美国国务院政策研究室的报告认为，社会主义阵营坚如磐石的团结与控制已不复存在，中苏分歧尖锐化已影响国际共运。由凯南牵头的国务院政策设计室在1961年底完成的《中苏分歧与美国政策》报告认为：中苏表面是意识形态之争，实际上是围绕国家利益的冲突，因此难以弥合与修复；从长远观点看，中苏分歧符合美国利益。[①] 1963年7月，美、英、苏在莫斯科签署了《部分禁止核试验条约》。中国自始至终都反对三国试图以此阻止其他国家发展核武器的企图，该条约无疑也成为加速中苏分裂的重要诱因。随着时间流逝，美国日益相信中苏不再有根本解决分歧的机会。

在这个阶段，由于苏联对中国的限制，中国放弃了获取苏联援助的幻想，采取了自力更生的政策，独立自主性得到增强，成功研制出了原子弹，军事实力得到跃升，国际地位得到提高。在中苏战略分歧增大、中国自主能力得到提升的情况下，中苏两国均不可能以让步缓和两国关系。战略同盟的破裂愈加不可避免。对于这一阶段美国分化中苏同盟的楔子战略而言，通过对中苏的区别对待，美国促使中苏战略分歧加剧，而在中国独立自主能力有所提升的情况下，中国对苏联的忍耐度有所下降，导致中苏同盟内部矛盾加剧，同盟分裂加速。美国适时地调整了其分化中苏同盟的楔子战略，进一步加剧了中苏同盟在战争与和平等“三和”问题上的战略分歧，进而加剧了同盟的分裂，其中在中国发展核武器问题上表现得尤为明显。

美国采取以压促变的楔子战略分化中苏同盟，多次对华实施核威慑，刺激中国增强拥核意愿并加速核武器研发进程。而由于中苏在重大战略上的分歧，

---

① “The Sino-Soviet Conflict and U. S. Policy”, December 19, 1961, Thomson Papers. Box 14. Kennedy Library.

核战略合作的可能性越来越小，直至中止。美苏缓和以及美苏英签署《部分禁止核试验条约》，进一步压缩了中苏合作的空间，中苏同盟的对立性质不断上升。“赫鲁晓夫上台后寻求对美缓和与美苏合作，中国则主张联合一切可以联合的力量打击美国，反对美苏合作主宰世界。事实上，赫鲁晓夫希望的美苏和解并未真正出现，不过美苏缓和与中苏分裂的确存在很大关联。当美苏关系紧张时，中苏矛盾就相对缓解；而当美苏新一轮缓和开始时，中苏矛盾也就随之加剧。中国‘反帝必反修’口号以最简洁方式说明了楔子战略在分化中苏关系时的作用。”[①]

从中美苏三角关系的角度看，中苏关系受到双方对美国态度和立场的影响，已是不争的事实。20 世纪 50 年代末 60 年代初，中苏对美的观念与政策分歧导致矛盾产生。当美苏对抗居主导地位时，中苏共同战略利益也成为主导，两党观念、政策分歧就暂时得到控制；当美苏妥协居于主导地位时，中苏战略利益冲突、两党分歧随之凸显。[②]

美国在对华施压的同时，却与苏联进行缓和，通过拉打结合、区别对待，加深中苏同盟的裂缝。美国认为，美苏缓和从心理方面可以分化中苏同盟。“通过利用中国对‘外国的西方人’之间可能以中国的牺牲作为筹码的交易的恐惧，华盛顿能够严重破坏北京对苏联的信心。”[③] 现实情况也印证了这些，“苏联对发展西方关系的兴趣损害了中苏关系。苏联为了跟美国缓和，竭力表现温和的一面，这也导致莫斯科对中国的好斗姿态非常担忧。中国则告诫苏联，苏联人与美国关系的进展只能是以与中国的进一步疏远为代价”。[④]

随着中苏同盟的战略分歧加深，中美苏的三角关系已显雏形，在美国持续施压的情况下，美苏缓和必然引发中国的不满，中苏对国际问题的不同认识和对美政策分歧，也深刻地影响了联盟信任，使得中苏同盟矛盾增多，不断走向分裂。[⑤]

1969 年中苏边境发生了几起严重冲突，迫使苏联在 1969—1973 年将远东地区的兵力从 25 个师增加到 45 个师，并部署了新型核导弹和作战飞机以对付中

---

① 沈志华等：《冷战时期美国重大外交政策案例研究》，经济科学出版社 2014 年版，第 336 页。

② 沈志华等：《冷战时期美国重大外交政策案例研究》，经济科学出版社 2014 年版，第 324 页。

③ 〔美〕张少书著，顾宁等译：《朋友还是敌人？——1948—1972 年的美国、中国和苏联》，中央编译局出版社 2014 年版，第 154 页。

④ 〔美〕张少书著，顾宁等译：《朋友还是敌人？——1948—1972 年的美国、中国和苏联》，中央编译局出版社 2014 年版，第 198 页。

⑤ 凌胜利：《美国的楔子战略与中苏同盟的分裂》，《国际政治科学》2015 年第 3 期。

国。在这个关键节点上，中国开始与美国进行接触。这一新的挑战在这个大国之间形成了复杂的三角关系，而美国在其中具有一定的主动地位，它可以与另外两个国家一起搞缓和，也可以在它们中间挑拨离间，从中渔利。

总之，20世纪70年代初，大三角由于中美关系正常化的开始而出现了新的戏剧性演变，由中苏结盟转向中美松散结盟。

四、结　语

回首中美苏三角关系，我们发现这种关系的变化从开始就已经注定。中国的“一边倒”是一种迫于时事的无奈的选择，当然也是一种明智的选择。但“一边倒”也带来了选项的压缩，对中国外交空间的发展不利。当然中苏合作有其特定的历史意义，但由于复杂的历史、国家利益冲突、意识形态分歧、领导人特性和苏联大国沙文主义的原因，两国的关系演变出现了越来越多的问题，两国终由合作联盟裂变为战略上的对手。这个过程中也带来了中美苏大三角关系的成形。本文讨论的不是由于中苏合作存在的潜在问题而导致的中苏关系裂变，而是美国在这一过程中究竟扮演了什么角色？美国如何在中苏关系的复杂演进过程中加入了美国因素，从而使大三角关系的变化更有利于美国的利益。

对于美苏两个大国而言，当一国实力拥有绝对优势的时候，它一定会谋求主导，而当一国实力处于劣势时，它就会联合其他力量来削弱他国的主导。这就是所谓的合纵连横之术。中美苏三角关系的演绎在一定程度上遵循了实力运行法则。中国成为美苏两大国竞相争夺的筹码，而中国在这个过程中也由于自身分量的增长，成为三国关系中不可替代的一支举足轻重的力量。

美国多数官员赞成楔子战略，肯尼迪非常看重凯南等“俄国通”的观点。他们认为中苏分裂实实在在，楔子战略具备实施环境和可借助的手段。肯尼迪抓住20世纪60年代初的东南亚问题、中苏边界冲突、中印边界战争、古巴导弹危机、核禁试谈判等契机联苏制华，在这一过程中，使中苏分裂正式化的政策取向暴露无遗。肯尼迪政府的主流看法是，中苏本质上都敌视以美国为首的西方国家，这并未因中苏分裂而改变。美苏对中国“威胁”的看法也存在天壤之别，美国出于反共本能要颠覆中共统治；而苏联无论如何不能容忍共产党失去中国大陆的统治权。肯尼迪在实施楔子战略时明知“很难为而为之”，乃是“两害相权取其轻”的思想使然。由于上述诸多结构性困境，他在实际操作中实质上对中苏采取了双重遏制。而恰好在此期间，对华采取不孤立政策的思想有所发展。[1]

当然，这里仍有更多的问题值得我们去关注。比如，美国在中国内战时采取不干涉政策是为了防止新中国倒向苏联吗？当新中国试图与苏联结盟之前，美国采取了阻挠之策，但又为什么拒绝与新中国的试探接触？美国放弃与苏联共同炸毁中国核设施，是因为担心中国被削弱，等于是减少了对苏联的制衡吗？显然，楔子战略的复杂性和高深性仍有诸多待解之谜。

有一点是确定的，大国战略中无论是离间还是结盟，都是寻求有利于自身安全和国家利益的，当这一目的出现变化，联盟就会变得不再牢靠。正如英国前首相帕麦斯顿所言：没有永恒的朋友，只有永恒的利益。大国关系中无论是聚合还是裂变，虽有明确的演进轨迹，但大国战略却是追求权力和利益的最优或最大化的。战略思想学者张文木先生说：战略哲学研究的是战略对手向战略伙伴转化的边际。明智的战略是对手越打越少，而不是相反，更不是战事未开已是四面楚歌，朋友和对手在不同的战略时空中总是不停转化的：从哲学意义上说，战略是将敌人打为朋友，从而将战争转化为和平的工作。[2]

---

① 沈志华等：《冷战时期美国重大外交政策案例研究》，经济科学出版社 2014 年版，第 339 页。

② 张文木：《论中国海权》，海洋出版社 2014 年版，第 194 页。

阿富汗战争：苏联帝国战略的陷阱

冷战中，美苏两个国家都想当世界霸主，这是一种相互替代为目标的关系。

一开始两个国家都想置对方于死地，但发现很难做到这一点，就进入了僵持阶段。僵持阶段最为重要的就是迫使对方犯错，而自己尽可能利用对方的错误。

战略相持阶段的关键不是胜出，而是少犯错。可以说战略相持阶段的避错纠错能力也决定着两个大国在长期的竞争中的最终成败。美国在越战中率先犯下战略性错误，使美国深陷越战达十年之久，到了尼克松时期才得以纠正。而随之苏联又犯下入侵阿富汗的错误，却未能及时有效纠错，导致苏联在漫长的此起彼伏的美苏较量中，最终处于下风。

一个大国往往要为自己的软弱付出极高的代价，然而何时应该进攻，何时应该保持克制却是十分复杂的问题。相持的关头，都需要顶住，也都需要跟住，但更想超越对方。因此，这里的分寸、力度把握就变得格外重要。如何把握，需要高超的战略艺术。当双方陷于僵持的时候，一方总想率先占据优势，而这种努力又往往会导致出错，或者用力不当，或者战略透支。因此，就要看谁沉得住气，看谁有更好的战略定力。在这个微妙较量的过程中，其中某一方也往往采取一些办法，诱使对方采取行动，从而增加对方犯错的可能性。

在美国深陷越南战争的困境之后，美苏战略态势由美攻苏守转变为苏攻美守。对于苏联而言，仿佛原本遥远的胜利就在眼前，只需一个冲刺就可以超越对方，却没有想到所谓超越的陷阱正等待着它——当苏联采取进攻态势的时候，它比任何时候都想要解决其地缘战略上的难题，也认为有能力解决这一难题。把美国的退却视为最佳的战略机遇，终于陷在阿富汗战争的泥潭中难以自拔。

在 1979 年 12 月 12 日举行的苏共政治局特别会议上，勃列日涅夫最信任的助手契尔年科匆匆草拟了一张非同寻常的“便条”。在这张题为《关于“A”国的局势》的便条里谈到了即将采取的措施，与会的政治局委员都在上面签了字。戈尔巴乔夫当时是政治局候补委员，他后来声称，这件事没有征求过他的意见。

12 月 26 日，苏共中央政治局再次召开会议讨论此事。勃列日涅夫坚持改变以往口头表决的做法，以记名的方式进行表决。这种表决方式在苏共中央的历史上是少有的，苏联国家安全委员会主席克留奇克夫 1996 年在其回忆录《阿富汗战争的秘密》中谈到当时的情况时说："这是我国历史上作出的困难最大、最富有戏剧性的决定之一。问题提得如此突然，形势发展得如此迅速，容不得进行长时间的考虑。出兵阿富汗的建议不是安德罗波夫提出来的，而且谁都谈不上是决定的起草人。可以说，从苏联、阿富汗本身和苏阿关系的战略利益考虑，作出这一重大决定是不可避免的。勃列日涅夫、葛罗米柯、乌斯季诺夫和安德罗波夫均认为苏联对阿富汗形势的发展不能漠不关心。因此，他们谁也不劝说对方放弃对阿富汗直接提供军事援助的想法，分歧只在于如何实施军事援助。"①

15 天以后，克格勃属下的精锐特种部队——阿尔法部队攻进了喀布尔阿明的总统府，阿明被乱枪打死，数年来一直在苏联"养病"的阿富汗人民民主党旗帜派头目卡尔迈勒被扶持上台。此后，苏联深陷阿富汗战争长达九年之久。

史料表明，苏联入侵阿富汗的决策是轻率的，使苏联陷入战争泥潭的决策来自苏联高层少数人。起初，包括勃列日涅夫在内的苏联领导人一直抵制阿富汗共产党人要苏联进行军事干涉的要求。1979 年 3 月，当时阿富汗的领导人穆罕默德·塔拉基一再呼吁苏联投入地面部队同反共的圣战者们作战。对此，勃列日涅夫斩钉截铁地回答："我们从各个方面对这个问题仔细进行了研究，权衡了利弊，现在我要坦率地告诉你：我们不可以那样做，那样做只会有利于敌人——你们的敌人和我们的敌人。"② 可是，不到 10 个月他却走上了发誓要避免的道路。苏联决策层阴差阳错地违背了自己正确的判断，跌进了战争的泥淖。

到 1980 年 1 月初，苏联军队已经基本上控制了阿富汗全国重要的城市和交通干线，入侵作战的第一阶段取得了令苏军振奋的胜利。1980 年 1 月 20 日，苏共政治局正式授权把驻阿富汗的"有限的"苏联派遣军兵力增加到 5 万人，外加 2000 名克格勃特种人员。直到 1987 年戈尔巴乔夫决定从阿富汗撤军。

显然，苏联入侵阿富汗是苏联走向衰败的重要因素之一。那么，苏联为什么要决定出兵阿富汗？作为当时最大的超级大国之一，苏联入侵阿富汗的决定是在美国发动朝鲜战争和越南战争失败后作出的，前车之鉴不远，苏联难道不知道在阿富汗这样的国家发动战争的危险吗？下面就来进行相关探讨。

---

① 刘温国、郭辉：《强弩之末：前苏联入侵阿富汗秘闻》，社会科学文献出版社 2001 年版，第 123 页。

② 《勃列日涅夫与塔拉基在 1979 年 3 月 20 日的会谈记录》。见沈志华：《苏联历史档案选编》第 32 卷，社会科学文献出版社 2002 年版，第 115 页。

一、苏联入侵阿富汗的战略决策分析

初看，这是一个突如其来的决策，但实际上驱动苏联入侵的因素却有许多，虽然是短期内作出的一个决策，却有着长期的考量：苏美争夺的冷战大背景、此得彼失的冷战思维、苏攻美守的战略诱惑、由来已久的帝国构想、苏联长期的投入、苏联在地缘上的战略需要等，种种因素相互交织促成了苏联入侵阿富汗的决定。

第一，阿富汗具有地缘战略重要性。阿富汗位于亚洲中西部，地处北纬 30～40 度。北邻土库曼斯坦、乌兹别克斯坦和塔吉克斯坦，边界线长 2384 公里；东南接巴基斯坦，边界线长 2180 公里；西临伊朗，边界线长 820 公里；东北端瓦罕走廊与中国新疆接连，边界线长 93 公里。阿富汗全国面积为 652626 平方公里。

阿富汗是一个内陆国家，介于帕米尔高原和伊朗高原之间，历史上曾是欧亚两大洲的陆上交通要道。境内高山纵横，沙漠广阔。山地与高原约占全国总面积的 4/5，平原海拔高度为 900～1200 米，属伊朗高原的东北部分；平原只占总面积的 1/5，分布在西南部和北部。阿富汗虽然是一个小国，而国土面积比法国还大。共有 2000 多万人口。

从地缘战略的角度来看，印度洋是世界海权的要冲之一，世界海上交通要塞马六甲海峡和曼德海峡居于印度洋。而阿富汗是苏联南下印度洋的最近通道。历史上谁占据了阿富汗，谁也就占据了中亚；谁占据了中亚，谁也就占据了世界。而历史留下的悖论是：中亚既是世界政治的中枢，也是世界霸权的坟墓。[①]

由于阿富汗位于地中海和里海至印度洋之间的枢纽地带，是亚洲西部通往印度的门户，因而历来是兵家必争之地。从历史上看，除了英国为控制阿富汗曾三次发动侵阿战争、马其顿皇帝亚历山大和波斯王纳第尔·汗将阿富汗作为向印度进军的通道外，沙皇俄国及后来的苏联为了实现其南下印度洋的目的，也一直在设法对阿富汗进行渗透和控制。[②] 马汉曾从美国人的视角对俄国在印度洋的意图有过分析，他说："不少人猜测俄国对印度也有野心。这如果是真的，那它就是从中间地带而不是两翼发起推进了，研究一下地图就可知道，俄国在

① 张文木：《论中国海权》，海洋出版社 2014 年版，第 74 页。

② 刘温国、郭辉：《强弩之末：前苏联入侵阿富汗秘闻》，社会科学文献出版社 2001 年版，第 19 页。

波斯的进展不仅会使它靠近海湾，也可能使它跨越阿富汗的山脉，如果暂不考虑阿富汗的艰辛环境和居民强悍性格所造成的困难。这样，俄国就能在阿富汗及其与北部地区的交通方面获取良好区位，从而便于进行针对印度的行动。”①

第二，苏联入侵阿富汗是沙皇帝国战略的传承。苏联对阿富汗的入侵具有历史传承性，只是一直在寻找机会。早在1775年即彼得大帝死后50年，莫斯科曾公布了一份彼得大帝的遗嘱。他在这份遗嘱中说：“不论谁继位，都应向南推进到君士坦丁堡的印度，因为不管谁在那里统治，谁都将主宰世界。”他设想俄国南下的三条路线中，以经过阿富汗这条通道为最近。

在夺取阿富汗、进而控制海湾地区、南下印度洋这一战略目标上，新老沙皇一脉相承，如出一辙。

在19世纪，英国殖民主义者曾谈论近东地区的所谓“帝国大棋局”，英国人和俄罗斯人在这场棋局中争来夺去，而阿富汗因为其至关重要的地理位置成为两个帝国必争的赌注。② 沙皇俄国对于阿富汗的渗透始于19世纪初。当时，向东扩张的沙皇俄国和自印度向西扩张的大英帝国在阿富汗相遇。英国作为老牌的殖民主义者，虽然此时已在南亚地区站稳了脚跟，但对沙皇俄国的扩张意图不得不戒备十足。英国相信，沙皇俄国在控制了中亚地区后，会进一步南下控制阿富汗，威胁到英国在这一地区的既得利益。而沙皇俄国则认为英国控制阿富汗后会进一步向中亚地区扩张，攫取俄国在中亚地区的利益。因此，沙皇俄国为了同大英帝国抗衡，便开始了对阿富汗的控制与渗透。

1826—1828年，沙皇俄国打败伊朗军队，控制了波斯王国，进而吞并亚美尼亚，直接威逼阿富汗。1837年11月，沙皇俄国唆使伊朗军队进攻占领了赫拉特，后由于英国以战争相威胁，沙俄不得不迫使伊朗从赫拉特撤军。

19世纪60年代以后，沙皇俄国在中亚地区的扩张步子加快，公开占领了希瓦和浩罕，使英国企图建立英俄势力缓冲区的计划失败，两国围绕阿富汗的争夺进一步加剧。1877—1888年，沙皇俄国发动对土耳其的战争，夺取了巴统和比萨拉比亚地区，将黑海沿岸、高加索地区的大片土地据为己有。19世纪80年代，沙俄政府确定了两条从中亚西部地区南下的路线，一条经阿富汗的赫拉特直通印度，一条经伊朗直至阿拉伯海北岸。

1885年3月，沙皇俄国出兵占领了阿富汗西部的潘杰德绿洲，将其作为南

---

① 〔美〕阿尔弗雷德·费耶·马汉著，萧伟中等译：《海权沦》，中国言实出版社1997年版，第231页。

② 〔美〕沃尔特·拉费伯尔著，牛可等译：《美国、俄国和冷战（1945—2006）》，世界图书出版公司2011年版，第244页。

下的第一步，并公开宣布将其并入俄罗斯版图。沙俄原计划进一步向阿富汗纵深进攻，但由于惹怒了英国，不得不放弃计划，于同年 9 月同英国签署《圣彼得堡议定书》，划定沙俄同阿富汗的边界。

19 世纪末至 20 世纪初，沙皇俄国仍在想方设法控制阿富汗，但由于阿富汗的统治者都对沙俄抱有很大的戒备心理，加之阿富汗作为一个殖民地国家，在国防、政治、外交上受宗主国英国的控制，沙俄对阿富汗未再进行新的侵略行动。第一次世界大战期间，沙皇俄国的目标转向欧洲，因而无暇顾及对阿富汗的扩张。

1917 年 11 月 7 日，俄国爆发了震惊世界的十月革命，列宁领导的布尔什维克党夺取了政权。列宁领导的苏维埃政权，不仅废除了统治俄国数百年之久的罗曼诺夫王朝的政策，而且也废除了沙皇俄国与世界各国签订的一切不平等条约，宣布与世界各民族国家平等相处。同对其他国家一样，苏维埃政府对阿富汗也奉行友好睦邻政策。1919 年 4 月，苏维埃政府宣布承认阿富汗的独立。1921 年，苏联与阿富汗签订和平友好条约，两国正式建立外交关系。1931 年又签订了互不侵犯条约，条约规定“缔约一方不得参加旨在反对另一方的军事和政治性联盟”。1946 年 6 月，两国又签订了以阿姆河主航道中心线为国界线的边界协定。

随着冷战的展开与美苏地缘争夺的加剧，苏联一直试图改变其地缘出海口缺乏的限制。

苏联寻求出海口是其战略驱动力之一，苏联以前从未南下过，但南下一直是其战略考量。

从 1946 年苏联撤出伊朗和 1947 年杜鲁门主义问世以后的大约 25 年的时间里，苏联以南的地区未曾卷入美苏直接冲突。苏联人没有越过从土耳其东北边境经伊朗北部边界到巴基斯坦西北边界形成的一条界线。阿富汗曾是一个真正的中立缓冲国，由于它还与中国交界而使巴基斯坦得以直接暴露于苏联的威胁之下。[①]

从美国的态度也可以看到苏联入侵阿富汗对于大国之争的重要意义。20 世纪 70 年代末，当勃列日涅夫发动自斯大林时代以来最大胆和最直接的行动：直接出兵占领阿富汗之后，尼克松写道：“莫斯科已经打到离霍尔木兹海峡——西

① 〔美〕兹比格涅夫·布热津斯基著，刘晓明等译：《竞赛方案——进行美苏竞争的地缘战略纲领》，中国对外翻译出版公司 1988 年版，第 44 页。

方石油咽喉上的战略性控制点——不到300英里的地方，从阿富汗西南部的基地，米格战斗机能够飞到海峡，而在这以前，它们是飞不到这个地方的。”尼克松在其《真正的战争》一书中，对阿富汗地缘政治位势的分析可视为美国中东中亚政策最到位的注脚。他把波斯湾称为西方的“石油咽喉”，尼克松曾写道，“如果有朝一日苏联控制了波斯湾地区的石油资源，克里姆林宫就可以通过威胁扼杀以石油为动力的西方经济，来对西方进行讹诈，今天的情况仍然如此——至少在本世纪剩余的年月里，这种情况仍然将继续下去”。他还写道：“波斯湾的战略重要意义今天集中于两个因素：它的位置和它的石油。军事力量和经济力量现存都有赖于石油，这个基本事实在20世纪最后这几十年里使波斯湾成了全球风暴的风眼。”[①] 1988年，尼克松出版《1999：不战而胜》，再次强调美国必须在“心脏地带”遏制俄国人的极端重要性。[②]

尼克松分析说：“整个西方联盟战略地位取决于可靠地获得波斯湾的原油，而这需要我们成功地制止苏联为在这个地区获得占统治地位的影响所作的努力。”最后，尼克松呼吁美国政府“不仅必须做好准备，而且还必须使人们看到我们做好了准备。我们必须表示这种意志。我们还必须拥有可以使用的力量。我们在保卫我们的波斯湾的利益时可能冒有风险。可是，如果我们不去保卫这些利益，我们就会冒大得多的风险”[③]。

显然，在新的战略形势下，苏联南下阿富汗既是霸权争夺所需，也是大国地缘战略争夺的选择。

第三，入侵阿富汗是一种战略递进的产物。冷战开始之后，苏联的干涉和扩张基本上限于东欧和其他与苏联毗邻的地区。随着冷战的深入，苏联的扩张范围也进一步得到延伸，成为一种具有全球性质的扩张。勃列日涅夫在苏共二十五大后告诉美国总统卡特说，苏联有“广泛的全球利益应当加以保护”。“地球上没有哪个角落，不在苏联制定对外政策的考虑之列”。到20世纪70年代，苏联的干涉和扩张远及全球许多苏联势力几乎从未到达的遥远地区，尤其是非洲地区。它到处攫取战略要地，控制战略通道。这种干涉和扩张具有更突出的军事性质。1969—1979年，苏联对外军援已高达207亿美元，为1955—1968年间的四倍多。1975—1979年向第三世界出售军火物资达260亿美元，超过同一时期的美国。苏联还与众多处于苏美中间地带的国家结成联盟。20世纪70年

① 〔美〕尼克松著，常铮译：《真正的战争》，新华出版社1980年版，第88—89页。

② 〔美〕尼克松著，王观声等译：《1999：不战而胜》，世界知识出版社1989年版，第137页。

③ 〔美〕尼克松著，常铮译：《真正的战争》，新华出版社1980年版，第108、115—116页。

代，苏联先后同印度、埃及、伊拉克、叙利亚、索马里、埃塞俄比亚、安哥拉、刚果、莫桑比克、越南、阿富汗等一大批国家缔结了友好合作条约。再有就是形成了一个强劲的南下态势，其矛头指向西方命运攸关的原料和能源产地中东、波斯湾和非洲，威胁对西方极端重要的大西洋、印度洋、红海、波斯湾、马六甲等海上交通要道。[①]

苏联入侵阿富汗之前曾武装干预在非洲之角安哥拉的事务，以超级大国在第三世界得失的大体平衡为结局。苏联对阿富汗的入侵并不是孤立的现象，是和它对印度支那、安哥拉、莫桑比克、埃塞俄比亚和南也门的干涉一样，都是那条长长的干涉链条上的一个环节。这个干涉链条并非一定以布热津斯基所称的"由印度洋海岸构成的危机圈"为界。[②] 显然，入侵阿富汗是苏联推行全球扩张的"勃列日涅夫主义"的必然结果，也是其战略递进的产物，是在苏联不断的战略积累后的冒进行动。

布热津斯基认为，英国在 20 世纪 60 年代后半期撤离苏伊士以东，使波斯湾出现一个安全真空。华盛顿试图通过支持沙特阿拉伯和伊朗这两个地区安全的支柱来填补真空。当伊朗的亲美政权于 1978 年崩溃时，这个不稳定的地区性安排也随之解体。伊朗巴列维王朝的倒台结束了美国促使伊朗成为一个占支配地位的地区大国和南部安全纽带上的中心环节的努力。毫无疑问，伊朗的崩溃使苏联有可能对阿富汗采取决定性的行动。[③]

如哈里·格尔曼所指出的，入侵阿富汗是一种先发制人的行动，旨在保住刚刚取得的却又是十分脆弱的胜利，即 1978 年的阿富汗革命。[④] 如此说来，这一行动是防御性的，因为不采取行动就会影响苏联的安全，也会在国际上被看作苏联的失败；这一行动又是进攻性的，因为满足了苏联的需要就意味着可以单方面突然改变地区的乃至"全球的"力量对比。[⑤]

苏联这次干涉背离了在第三世界的常规。军事卷入的规模空前，而且不同于干涉安哥拉和非洲之角，苏联把阿富汗看作与自身利益息息相关，因此干涉

---

① 黄正柏：《美苏冷战争霸史》，华中师范大学出版社 1997 年版，第 254—255 页。

② 〔法〕安德烈·方丹著，康新文等译：《同床异梦——纷纭世事二十年（1962—1981）》，新华出版社 1986 年版，第 444 页。

③ 〔美〕兹比格涅夫·布热津斯基著，刘晓明等译：《竞赛方案——进行美苏竞争的地缘战略纲领》，中国对外翻译出版公司 1988 年版，第 45 页。

④ Harry Gelman, *The Brezhnev Politburo and the Decline of Detente*, Cornell University Press, 1984, pp. 169－170.

⑤ 〔英〕理查德·克罗卡特著，王振西等译：《五十年战争：世界政治中的美国与苏联（1941—1991）》，社会科学文献出版社 2015 年版，第 351 页。

的目的是苏联谋求直接控制阿富汗政府，也引发国际社会对苏联入侵干预是否会推广到其他地方的担心。葛罗米柯强调：苏联入侵阿富汗是根据 1978 年的《苏阿睦邻友好合作条约》而采取的措施，而且阿方不断要求苏联出兵援助处于紧张混乱局面的阿富汗。[①]

苏联入侵阿富汗是战略积累的结果，还在于苏联长期以来对阿富汗投入很多，如果失去对阿富汗的控制，所有的投入都将难以收回。为了保持对达乌德的控制，仅 1974 年，苏联向阿富汗提供经济援助 4.28 亿美元、军事援助 1 亿美元。在 1955—1965 年的 10 年间，苏联共向阿富汗提供了 5 亿美元的援助。而在 1966—1977 年的 12 年间，这种援助则猛增到 7.5 亿美元。但是，达乌德是一个“民族主义者”，不甘心长期仰苏联之鼻息。自 1975 年起，开始对苏联表现出离心倾向。[②]

随着达乌德对苏联的离心倾向不断发展，苏联感到阿富汗政府已成为其南下扩张的障碍，因而决定在阿富汗“换马”。1978 年，人民民主党激进分子推翻阿富汗政府，暗杀了第一任领导人，组织新政府，并由党总书记努尔·穆罕默德·塔拉基出任国家元首（革命委员会主席），但在 1979 年 9 月又被其副手部长会议主席哈菲佐拉·阿明所取代。苏联很不喜欢阿明，因为他一方面“发表激进的革命言论”，另一方面“他的代理人却同华盛顿的代理人进行秘密接触”。阿明政府官员中还有人指责苏联干涉内政。苏联担心，阿明政府如不改弦更张，阿富汗局势可能失控，可能出现伊朗式的伊斯兰政权或亲西方的政权，使苏联 20 世纪 70 年代以来在阿富汗取得的特殊地位和利益丧失殆尽。勃列日涅夫终于决定，直接出兵阿富汗，把事态扭转到可以控制的轨道上来。而当时阿明政府正在不断要求苏联增加军援以镇压国内的穆斯林反叛。于是 1979 年 12 月下旬，苏军借机大举进入阿富汗，打死阿明，建立了以人民党另一派旗帜派领导人卡尔迈勒为首的新政府。[③]

当卡尔迈勒推行俄国化的企图遭到武装反对时，他要求并接受苏联援助，对反对派进行镇压，导致阿富汗战争的爆发。

可以说苏联面临着战略选择的难题。已经投入很多，担心投入白费。苏联陷入了越战式的困境，不增兵无法把控局面，而增兵就会导致成本过大而无力承受。对此，美国专家推测，阿富汗会变成苏联的越南。苏联对阿富汗所作出

① 〔俄〕谢尔盖·谢曼诺夫著，孙静萱译：《勃列日涅夫传》，东方出版社 2010 年版，第 254 页。

② 刘温国、郭辉：《强弩之末：前苏联入侵阿富汗秘闻》，社会科学文献出版社 2001 年版，第 36 页。

③ 黄正柏：《美苏冷战争霸史》，华中师范大学出版社 1997 年版，第 264 页。

的承诺越是增加，苏联人在阿富汗的伤亡也就会越多，苏联政府的战争负担也就会越重。这场战争将是砸向苏联灵魂深处的一只强有力的铁锤。在国家安全委员会内部，唐维德·福捷认为，苏联的战线拉得太长了，存在着较多的裂隙。对阿富汗的占领，意味着要拖住苏联越来越多的兵力。如果美国政府能够提出一种既能够击退苏联的挑战又能够真正获胜的战略，那么就能够对克里姆林宫造成毁灭性的影响。[①] 面对阿富汗出现久拖不决的形势，苏联的决策者们可以说是左右为难。为了不丧失阿富汗这一耗费巨大代价换来的阵地，苏共中央政治局自 1979 年 3 月 17 日起连续召开会议，分析形势，商讨对策。最终在进退两难的处境下，只能继续保持在阿富汗军事干预的态势。

第四，美苏争夺本身也给苏联入侵阿富汗埋下伏笔。赫鲁晓夫在古巴导弹危机中退让，美国全面介入越南。赫鲁晓夫下台后，勃列日涅夫以牙还牙，实行全面扩张的政策。大国间的进退呈现出交替的状况。

二战结束以后，美苏两大联盟开始分庭抗礼，两极格局逐步形成，世界进入冷战时期，双方的争夺从欧洲中心地带柏林，继而到远东的朝鲜战争，再到中南半岛和中东地区，苏联同美国加强了对第三世界中间地带的争夺。最终为争夺印度洋双方在阿富汗一决胜负。这与 19 世纪英俄争霸的路径和结局大体吻合，阿富汗几次成了俄国人的“失乐园”[②]。

在冷战思维主导下，美国的衰落被苏联视为机遇。苏联相信战略态势有利于苏联，苏联在这个时候必须有所作为，抓住其战略时机。美国史学家孔华润写道，“勃列日涅夫认为，美国于越南战争和水门事件丑闻而遭到削弱，而且由一位优柔寡断和懵懂无知的总统领导着，此时此刻正是苏联加紧谋取优势的大好机会”[③]。

在 20 世纪 70 年代，随着苏联在世界上影响的扩大及美国势力的衰落，莫斯科的胆子越来越大了。1979 年，勃列日涅夫公开宣称，从越南到伊朗所发生的一系列事件预示着一个时代的诞生，在这个时代里，“力量的天平正在偏向反对资本主义的一边”。“当时美国仍然处于越南战争的阴影之中，而莫斯科却在进行冒险与侵略活动。苏联人通过一系列的外交行动在北非取得了一个立足点。现在他们在中美洲也有了潜在的盟友。1979 年 12 月，克里姆林宫对自己控制局势的能力很自信，于是就入侵了它的一个邻国——阿富汗，当时该国政府由于

① 〔美〕施魏策尔著，殷雄译：《里根政府是怎样搞垮苏联的》，新华出版社 2001 年版，第 220 页。
② 张文木：《论中国海权》，海洋出版社 2014 年版，第 48 页。
③ 〔美〕孔华润著，王琛等译：《剑桥美国对外关系史》（下），新华出版社 2004 年版，第 433 页。

两败俱伤的内讧而摇摇欲坠。”①

从另一个角度看，苏联之所以加强对阿富汗的介入，是因为美国一直试图将阿富汗拉入自身阵营的争夺。战后初期，美国要阿富汗像巴基斯坦、伊朗等邻国一样与美国签订共同安全条约，并为此向阿施加压力，声称如果阿富汗不加入该条约，美国不仅将拒绝提供军事和经济援助，而且阿富汗经由巴基斯坦卡拉奇港的进出口贸易也将受到影响。苏联为了防止阿富汗落入美国等西方国家的势力范围，针对美国对阿富汗的威胁在阿富汗建立自己的势力范围，目的在于有朝一日能把当地的共产党扶植上台。从这一目的出发，苏联对阿富汗的官方援助始终有增无减。在此期间，美国对阿富汗的援助却逐年减少，自1965—1977年只向阿富汗提供了1.5亿美元。

20世纪50年代中期以后，美苏两国对阿富汗的争夺进一步加剧。苏联除从政治、军事和外交等方面加紧对阿富汗进行控制外，已开始为通过阿富汗南下做准备，先后帮助阿富汗开凿了通过兴都库什山脉的萨兰隧道，修建了从苏联边境通往赫拉特、坎大哈的全天候公路。美国为了把阿富汗变成进攻苏联的前哨基地，在向阿富汗提供大量经济援助的同时，帮助阿富汗改进了从喀布尔、坎大哈到巴基斯坦的交通线，并为阿富汗建立了空中交通网。经过10多年的争夺，结果苏联占了上风，阿富汗完全倒向苏联的怀抱。②

在美苏两国不断胶着的争夺中，美国无论是出于主观还是客观的原因突然作出了让步，而这种让步往往会被对方视为机会。苏联入侵阿富汗也可以被视为美国无意间做下的一个圈套。美国从自身经验来看，深知大国陷入局部战争往往难以自拔，因而诱使苏联进入。布热津斯基想到了几个杀人不见血的“阴招”。比如他主张，“要继续向阿富汗抵抗运动提供资金、武器和军火，并且必须更新阿富汗圣战者的武器装备”，这不过是在他辅佐卡特期间，美国引诱苏联出兵阿富汗政策的延伸。当年他作为国家安全事务助理，曾向卡特进言要秘密帮助武装阿富汗反政府、反苏联的民兵组织，以激怒苏联对阿富汗用兵，后来苏联果然中计陷入阿富汗战争泥潭——也即布热津斯基所说的，“让苏联也蹚入一场越战”，这种战略欺骗或说“阴谋”，不可谓不毒辣。③

虽然勃列日涅夫一开始也希望速胜，以避免在大国争夺中因为局部困境而落下风。他坚定地表示入侵阿富汗的行动将在三到四周内结束。但事与愿违，

① 〔美〕施魏策尔著，殷雄译：《里根政府是怎样搞垮苏联的》，新华出版社2001年版，第19页。

② 刘温国、郭辉：《强弩之末：前苏联入侵阿富汗秘闻》，社会科学文献出版社2001年版，第35页。

③ 程亚文：《美国前国家安全顾问布热津斯基之“过”》，《读书》2012年第10期。

阿富汗战争不仅不可能在短期内结束，而且一打就是 9 年多。勃列日涅夫本人只看到了苏军的出征，却没有看到苏军的凯旋。安德罗波夫、契尔年科、戈尔巴乔夫也都没有看到阿富汗战争胜利的到来。

二、阿富汗事件和“卡特主义”

阿富汗事件给卡特政府以震撼和借口，借此扭转伊朗人质危机出现的被动。美国同时借阿富汗事件不断牵制苏联，使苏联陷入困境难以自拔。

面对苏联的扩张势头，卡特政府开始逐渐加强军事上抗衡苏联的准备。卡特放弃了他在 1976 年竞选时许下的削减国防开支的诺言。1979 年 12 月，卡特宣布一项五年扩军计划，要求今后五年美国实际军费每年将增长 4.5%。从 1978 年起，卡特政府对苏联行为的批评和指责也日渐强烈，指责苏联利用缓和来争夺优势，“企图输出极权主义”，要求苏联“克制”。美国不能允许苏联的扩张进一步损及自己的全球霸权地位。美国也通过巴基斯坦向阿富汗反政府的穆斯林武装提供武器，以抗衡苏联。苏联认为，美、巴等国的目的是“扼杀阿富汗革命”，并在苏阿边界上“建立新的反苏据点，使它能取代美国在伊朗失去的基地”①。

美国之所以对苏联入侵阿富汗反应强烈，有三个原因：其一，苏联扩张的危险升级。因为这是苏联第一次对一个非东欧集团的不结盟的第三世界国家实行军事占领，超出了原有的苏联势力范围，是一个新的突破。其二，伊朗革命和中央条约组织解体后，美国在此多年经营的遏制防线被破坏，中东和波斯湾地区就成了美国和西方所谓的“弧形危机带”。其三，苏联入侵阿富汗之后，苏联的军事力量向海湾的西方石油命脉推进了几百公里。当时美国石油进口中约有 1/3、日本和西欧石油进口中分别有 3/4 和 2/3 是来自海湾地区。自 20 世纪 70 年代以来，石油斗争早已使整个西方对石油的重要性过分敏感。伊朗革命已使美国十分被动，苏联在邻近波斯湾的南也门和非洲之角已建立基地，并与伊拉克、叙利亚有盟友关系。这都使西方感受到其石油来源受到了威胁。苏联入侵阿富汗则更无异于雪上加霜，形成对波斯湾的钳形包抄态势，不能不使美国

① Terence Smith, “President Calls for 4.5% Increases in Military Budgets for Five Years” New York Times, Dec. 13, 1979, https://www.nytimes.com/1979/12/13/archives/president-calls-for-45-increases-in-military-budgets-for-five-years.html.

和西方空前震惊。①

对于美国国内来说，一直把苏联作为自己头号敌人的美国人却在无形之中夸大了苏联的威胁。卡特也想利用这次机会一改过去自己在人民印象中过于软弱的形象。

苏军入侵阿富汗一发生，卡特立即启用热线，向勃列日涅夫发出他任总统以来“最强硬的信息”，宣称苏联此举“可能标志着我们两国关系上一个根本性的、长期的转折点”。他强烈要求苏联改弦更张，撤回军队，停止干涉阿富汗，否则必将危及美苏关系的整个发展方向。但勃列日涅夫却坚持说，苏军的行动是“应邀”的。卡特恼怒地对人说，苏联这一行动“极大地改变了我对苏联人的最终目的的看法”。1980 年 1 月 4 日，卡特发表声明，宣布“不能允许苏联采取这一行动而不受惩罚”。卡特宣布了一系列制裁措施，比如召回美国驻苏大使，要求国会推迟审议第二阶段限制战略武器条约、禁止向苏联出售先进技术和其他战略项目，停止提供苏联已经购买但尚未运走的一批谷物，严格限制苏联船只在美国领海捕鱼的优惠等，美国与盟国紧急磋商，力促其他国家也谴责和制裁苏联。

在这次讲话中，很明显，卡特过分夸大了苏联的威胁。他将苏联入侵阿富汗称为二战后对和平的最大威胁，不仅世界各国不以为然，而且美国政界也对此耻笑。但卡特决心已定，他已决意利用这次机会改变自己的形象。随后，布热津斯基开始趁势宣扬苏联南部是一个不稳定的“弧形的危机地带”，苏联入侵阿富汗对美国已经构成了范围较大的地理政治挑战。前国务卿基辛格也在不断地提醒人们注意，当前的世界局势与二战前几年极为相似。1 月 15 日，美国国防部长哈罗德·布朗说，只要代价合适，苏联就会出兵伊朗和巴基斯坦。1 月 22 日，当前危险委员会也在火上浇油，宣布国际形势已出现了把世界推向全面战争的趋势。接下来，一些政治人物也把自己的推测理所当然地作为事实来向人们公布：苏联入侵阿富汗标志着针对美国的某种宏大战略计划的开始，该计划远远超出了阿富汗本身。②

在这种气氛中，卡特于 1 月 23 日发表了国情咨文，布热津斯基的观点在卡特的发言中占据了绝对的上风。卡特在讲话中正式将以后被称为“卡特主义”的政策公之于众。卡特在国情咨文中提出了用武力遏制苏联南下的新政策，即

① 黄正柏：《美苏冷战争霸史》，华中师范大学出版社 1997 年版，第 265 页。

② 刘温国、郭辉：《强弩之末：前苏联入侵阿富汗秘闻》，社会科学文献出版社 2001 年版，第 159 页。

所谓“卡特主义”。“任何外部势力想控制波斯湾地区的任何企图，都将被视为对美利坚合众国切身利益的侵犯，对于这种侵犯，将用包括军事力量在内的一切必要手段予以击退”。卡特提出一系列措施加强中东和波斯湾地区的军事部署，加紧组建快速部署部队，把在战时调拨亚太美军增援欧洲的“调拨战略”，改为以中东、波斯湾为重点。1980 年第 51 号总统令还允许必要时在波斯湾地区使用战术核武器。

如果美国借阿富汗拉苏联深度卷入的阴谋这一推断成立的话，美国对苏联作出强烈反应也不难理解。因为只有充分表现出美国对苏联入侵的担心和愤怒，才会使苏联意识到它的行为是针对性强、有利于苏联利益的。冷战思维的逻辑之一就是你得我失、非此即彼。敌人担心和反对的，就是对手应该去实施的。

为了深化美国在波斯湾地区的冷战格局，美国借苏联入侵阿富汗之机，将目标锁定在了巴基斯坦。巴基斯坦是美国援助得以进入阿富汗的唯一通道。

1980 年 1 月，美国国家安全顾问兹比格涅夫·布热津斯基乘飞机赶到巴基斯坦，向齐亚·哈克主动伸出了橄榄枝。

在巴基斯坦，美巴几经商谈，齐亚·哈克终于答应了美国为其提供运输通道的要求。于是，美国马上开启这条巴基斯坦武器通道，在 1980 年余下不到 10 个月的时间里，足足向阿富汗游击队运出了 3000 万美元的武器，以后又把每年的输送额增加到 1 亿、5 亿和 7 亿美元。据统计，美国在整个 20 世纪 80 年代为了向阿富汗提供武器，共支出了近 30 亿美元，而沙特阿拉伯、埃及、利比亚等其他国家的援助也尾随美国而来，最后都集中在巴基斯坦的白沙瓦。①

现在回想起来，勃列日涅夫时期的对美政策确实打到美国的“七寸”即石油控制权上，也正因此造成了美国对苏联有史以来最直接也是最强烈的反弹，美国转而扶持和联手欧洲对付苏联。切入点就是波兰事件。与 1956 年的波匈事件中美国不介入的政策不同，1980 年的波兰事件中美国真正插手波兰，利用天主教的力量，整体性地煽动东欧国家的反苏情绪，最终促成了苏联的逐渐“改革”和最终解体。②

从苏联的角度来看，入侵阿富汗使苏联原本落入低谷的经济雪上加霜。到 20 世纪 70 年代后期，苏联的经济已经明显地走过了高峰期，正在向低谷中跌落。在赫鲁晓夫对苏联进行经济改革失败之后，勃列日涅夫时期苏联的经济一

---

① 刘温国、郭辉：《强弩之末：前苏联入侵阿富汗秘闻》，社会科学文献出版社 2001 年版，第 213—214 页。

② 张文木：《论中国海权》，海洋出版社 2014 年版，第 140 页。

直处于漫长的停滞阶段。在国际上，自 20 世纪 70 年代以来，一场新的技术革命正在兴起，美国和日本都走在了前面，它们先后制定了着眼于 21 世纪的国家战略，如日本的“科技兴国”战略、美国的“高边疆”战略、欧洲的“尤里卡”战略。据西方专家估计，由于经济跟不上，苏联的科学技术水平至少比西方落后 15 年。就在这种情况下，苏联入侵阿富汗后，为了扶植卡尔迈勒政府，却不得不源源不断地向阿富汗政府提供大批的经济援助。[①]“苏联在阿富汗战争中陷入困境，而且短期内毫无取胜的希望。入侵阿富汗 8 年来，克里姆林宫如果不使喀布尔共产党政府倒台的话，就难以撤出它的 12 万军队，已有二万五千多名苏联官兵阵亡于阿富汗。投入战争的费用达四百多亿美元，每年耗资高达一百多亿美元。越南使苏联每年耗资三十亿五千多万美元，古巴四十亿几千多万美元，安哥拉、莫桑比克和埃塞俄比亚共三十多亿美元，而且尼加拉瓜还要耗资十亿多美元”[②]。

苏联在全球范围内每天干预所支出的费用高达 350 多万美元。在这场战争中，苏联总共耗费多少财力物力，由于预算出自多个部门，迄今仍无准确的官方数字。但据西方计算，每年的花费约达 50 亿美元。在苏联经济每况愈下的时候，不能不说是苏联财政的沉重负担。俄罗斯 2011 年发布的官方数字表明：苏联对阿富汗进行的干涉是它人员损失最大的一次对外干涉。这次干涉在 10 年（1979 年至 1989 年）中使苏联军队损失了 14453 名士兵。更加具体地说，“在这场延续 9 年 2 个月 19 天的战争中，先后参战的苏联军人共约 90 万人。其中 49985 人受伤，6669 人致残，13833 人阵亡，312 人失踪”。[③]

显然，干涉的代价也成为苏联解体的原因之一。不仅如此，阿富汗战争毁掉了苏军的声誉，打击了苏军的士气，激化了苏军内部的矛盾。这种矛盾体现在党的官僚和军队干部、军官和士兵以及不同民族军人、军队和平民之间。这也为后来的苏联解体留下了隐患。

在 1986 年苏共政治局的一次会议上，苏共政治局终于改变了它早些时候关于战争可以打赢的想法，同意以两年为期从阿富汗全部撤军。实际上，最后一名苏联作战兵员是在 1989 年 2 月 15 日越过边界的，比规定的最后期限拖了 3 个月。

---

① 刘温国、郭辉：《强弩之末：前苏联入侵阿富汗秘闻》，社会科学文献出版社 2001 年版，第 267—268 页。

② 〔美〕理查德·尼克松著，夏青等译：《世界大角逐》，吉林人民出版社 1989 年版，第 28 页。

③ 韩克敌：《美国与苏联解体》，经济管理出版社 2011 年版，第 248 页。

三、结　语

在所谓美国收缩的战略机遇期内，苏联采取了进攻战略，其举措是南下寻找出海口，获得地缘战略优势。应该说方向没有问题，但问题出在什么地方？

有些时候战略逻辑的正确，并不意味着战略规划的正确，更不意味着战略实施的成功。苏联一直渴望南下出海口，入侵阿富汗意味着有利于扩展出海口，而此时出兵美国总体上处于守势，一个正确的方向，两个合理的理由，苏联出兵阿富汗的决策就这样定下来了。但这里还是一个大战略方向和战略态势上的问题。20 世纪 70 年代，美国苦陷越战十年，国力衰竭。1973 年中东战争爆发，导致石油危机，美国可以说是危机四伏。此时的苏联应该说处于攻守易位之有利态势，若能把握好这一外部安全压力减少之战机，借机埋头于经济变革与发展，则可能从整体实力上后来居上，超越美国。但苏联领导人无法超越其时代局限性，认定这是资本主义总危机爆发的时刻，采取了支持世界革命的做法。从古巴到安哥拉，到处伸展扩张，直到 1979 年 20 万大军入侵阿富汗。令人奇怪的是，美国刚刚出现的前车之鉴，苏联不仅没有吸取教训，反而如法炮制，犯了美国刚刚犯过的付出巨大代价的战略失误。这不能不说是一个巨大的遗憾和战略警示。这里面最根本的战略错误是什么呢？是方向性的，因为苏联战略的目标不是发展和壮大自身，而是在现有实力下与美国争夺。美国战略收缩成为了苏联战略扩展的必然选择。这就造成了美国刚刚掉到了一个坑里还没有爬起，苏联又在同一个方向上掉到了另一个坑里。

美苏攻守易位，看似对苏联有利，但处理不当却也可能是真正的悲剧的开始。处于进攻的一方往往易于盲目乐观而被冲昏了头脑。对于政治家而言，战略诱惑有时确实是难以抗拒的。卡特执政期间，“苏联强权无论在何处都能所向披靡。苏联政治局成员们踌躇满志，认为不需要再出台什么新方针了”。当时苏联攻势不知节制，差点将美国赶出印度洋。[①] 结果是苏联落入了衰落的深渊。大国卷入局部战争，都想速胜，但可能性式微，而决策者往往在巨大诱惑面前忘记了这一点。一旦不得不深度介入，这样的战争就会成为无底的深渊，巨额的负担就会成为拖垮大国的可怕魔咒。美国如此，苏联亦如此，能够摆脱的国家寥寥无几。保罗·肯尼迪曾经预言一个大国的成败与盛衰取决于其成本与收益

---

① 〔美〕孔华润著，王琛等译：《剑桥美国对外关系史》（下），新华出版社 2004 年版，第 433 页。

的平衡，如果成本大于收益，国家的衰败则难以避免。苏联违背了这一战略法则，其衰落及至解体便难以避免。

相比之下，苏联在两强对抗中的失败，不仅是实力竞争中的失败，也是苏联在战略的研究、决策和执行机制竞争中的失败，最后表现为战略能力上的失败。实际上，在20世纪60年代中苏分裂、20世纪70年代末勃列日涅夫决定出兵阿富汗时，美苏之间争霸的最后命运实际上就已经难以改变了。苏联驻美国大使多勃雷宁在苏联出兵阿富汗时并不知情，冷战结束以后，从他所能了解到的情况使他对苏联当时的决策十分失望："是什么原因促使克里姆林宫决定入侵阿富汗？迄今我们尚未发现任何书面证据来肯定地说明最初的动机，但是间接证据以及那些与事件密切相关者的证言清楚地表明，莫斯科并未制订任何宏大的战略计划，以建立通向中东石油富国的新的立足点和由此获得对美国的全球优势，这与美国最顽固的反苏分子的主张，其中包括白宫卡特那些人的主张形成对比。如果苏联领导人拥有这样一种计划，他们将会更加注意华盛顿可能作出的反应，将会采取先发制人的外交措施。但在苏联档案馆，无任何确凿证据证实这种征服战略理论。"① 没有战略研究的支撑而贸然对外出兵，苏联必然会因此陷入被动。从美苏两国来看，不管是决策机制的稳定性，还是战略决策的质量，苏联都没有明显的优势。苏联的解体不仅由于戈尔巴乔夫在意识形态上的投降和战略思路上陷入了混乱，而且因为苏联决策机制中的纠错能力之差。如果拿苏联陷入阿富汗战争和美国陷入越南战争相比较，就可以看出美国在战略上的纠错能力或许略胜一筹。对苏联而言，全球战略目标与苏联所具有的战略能力之间显得不相匹配。相应地，美国战略决策机制的稳定性和运行质量都要强得多。在这种条件下，冷战的结果以苏联的解体而告终并不令人意外。②

① 〔俄〕阿纳托利·多勃雷宁著，肖敏等译：《信赖——多勃雷宁回忆录》，世界知识出版社1997年版，第504页。

② 周建明：《美国国家安全战略的基本逻辑：遏制战略解析》，社会科学文献出版社2009年版，第383页。

第四编

战略博弈之策：危机冲突与化解

战略博弈：两次柏林危机的较量

1961 年 10 月 27 日，柏林出现了冷战开始以来最为紧张的时刻。美国的 M48 巴顿坦克和苏联的 T—54 坦克咫尺相隔，炮口列阵对峙。对峙双方各有 10 辆坦克，另有 20 余辆在附近待命。这是美苏双方自冷战以来最接近武装冲突的时刻。一些媒体预料，柏林就要开战，甚至会打响核战争的第一枪。路透社记者描述为"某个坦克兵的手一抖，第三次世界大战就可能爆发"[①]。为什么会在柏林出现美苏之间的紧张冲突？是什么原因酿成如此尖锐的危机冲突？冲突又会如何收场？

其实，1961 年的柏林危机已经是第二次危机。早在 1948 年就已经出现了第一次柏林危机。柏林危机由来已久，错综复杂。

1948 年的柏林危机是冷战开始后美苏双方以战败的德国为舞台，围绕柏林问题而展开的以军事对峙为背景的一次激烈的对抗。在柏林危机爆发前，苏联同美国等西方国家的关系已严重恶化，并且已朝着集团对立的方向发展。冷战伊始，美苏便首先在柏林迎头相撞，乃是因为德国作为一个被分区占领的国家，集中体现了美苏双方在争夺德国和欧洲中的各种复杂的矛盾。在柏林危机中美国和苏联进行强硬的对抗，使人们第一次真正看到了美苏冷战对战后和平与安全可能产生的可怕的危险后果。

柏林危机是苏联在冷战开始后对以美国为首的西方国家展开的一次主动出击，目的是通过切断柏林的交通向美国等西方国家施加强大的压力，以迫使它们或者停止建立独立的西德国家，或者把它们赶出西柏林。由于对德国问题的错误判断和对西方实力和决心的错误估计，苏联采取了封锁柏林的极端措施，导致了柏林危机的爆发，从而进一步强化了冷战的局面。[②]

---

① 〔美〕弗雷德里克·肯普著，武凤君译：《柏林 1961：肯尼迪、赫鲁晓夫和世界上最危险的地方》，中国青年出版社 2014 年版，序言，第 7 页。

② 张盛发：《再论与 1948 年柏林危机：缘起与结果》，冷战中国网，http：//fj. china. com. cn/t/%E5%86%B7%E6%88%98.

一、柏林问题的产生

在探讨柏林问题的起因之前，需要首先说明什么是柏林问题。这是一项非常艰巨的工作。因为柏林问题异常复杂，用勃兰特的话来说，这是一个“像神学一样难解的问题，而对门外汉简直是无法讲清楚的”[①]。

苏联认为，柏林是德国苏联占领区的一部分。民主德国建国后，柏林理应成为它的领土。早在四国共管柏林的局面结束之后，西方三国军队便失去了留驻西柏林的权利。苏联和民主德国之所以没有提出把西柏林转交给民主德国的要求，甚至容忍西方三国军队继续留驻在西柏林，“是为了和平利益”而作出的“让步”。因此，柏林问题只存在于民主德国建立以前。而在此之后，“柏林问题早已不存在了，现在只有西柏林问题”。

美英法三国则认为，战后整个柏林始终处于被苏美英法四国共同占领和管理的“四方地位”；苏联把东柏林转交给东德违背了四国有关柏林的协议；西方三国军队留驻西柏林的权利仍然有效。与此同时，西方三国始终坚持西柏林不属于联邦德国的立场。

由于东柏林自 1945 年起事实上已与苏占区融为一体，后来又成为民主德国的首都，而西柏林则始终处于归属未定的状态，所以，上述关于柏林问题的彼此相左的立场便集中表现为有关西柏林的三个问题上的争论：一是关于西柏林的归属问题。二是关于西方三国留驻西柏林的权利问题。这两个问题的实质是西柏林的地位问题。三是关于西柏林与西德之间的交通保障问题。[②]

柏林问题产生的原因按性质来分有两个：一个是政治原因，即战后苏联与美英法之间战时联盟关系的破裂和冷战关系的形成，以及德国本身的一分为二；另一个是法律原因，即苏联与美英法双方从国际法角度对原有关于柏林的协议的不同解释和争论。第一个原因是根本性的，第二个原因则带有表象性，在很大程度上是前者的一种反应。

苏美英的战时联盟是以共同对付希特勒为基础的，而它们在战时对战后德国的安排达成的协议则是基于对战后德国东山再起的担心。正如丘吉尔所说：“我们大家都担心一个统一的德国的力量。”[③]

---

① 于振起：《冷战缩影——战后德国问题》，世界知识出版社 2010 年版，第 139 页。

② 于振起：《冷战缩影——战后德国问题》，世界知识出版社 2010 年版，第 139—140 页。

③ 于振起：《冷战缩影——战后德国问题》，世界知识出版社 2010 年版，第 147 页。

但是，随着冷战的展开，西方三国对苏联的担心已经大于对德国统一的担心。因此，西方一方面阻止德国的统一，而这是有可能实现的。另一方面围绕德国问题与苏联展开惊心动魄的较量。战时同盟在这种较量中早已名存实亡。

二、第一次柏林危机

战后欧洲最重要的问题是如何处理战败国德国，这个问题越来越成为斗争的焦点。

德国投降后，苏、美、英、法四国分区占领德国，四国总司令组成盟国管制委员会，1945 年 11 月至 1946 年 4 月，设在纽伦堡的国际军事法庭审判了纳粹战犯，这是盟国对德国的两项重要的共同国际行动。但是，由于各占领国都想把对德国问题的处理纳入本国战略轨道，盟国管制委员会形同虚设。在非军国主义化，非纳粹化，非卡特尔化、政治民主化以及赔偿等问题上，美苏在盟国管制委员会上提出了不同的主张，并在各自占领区实行了不同的政策措施，苏联在苏占区惩办纳粹骨干，解散垄断组织，实行国有化和土改，同时，还拆迁大批工厂设备。西方三国在其占领区内对德国垄断组织既削弱限制，又利用扶植，未能彻底肃清纳粹分子。尤其是美国，想借助德国的实力和战略地位，为自己的霸权政策服务。各占领区实际上变成了独立的政治实体，形成了德国事实上的初步分裂。

美国逐步对德国采取分裂和扶植的政策。美国的立场是逐步转向统一西方各占领区，承认德国的分裂，苏联则强调政治统一，建立全德政府。在此情况下，美国加紧了分裂德国的活动。1946 年 7 月 20 日，美国提出占领区的建议，得到英国同意；12 月 2 日签订了美英占领区经济合并协定。双占区的建立是美国分裂德国的重要一步。

进入 1947 年以后，美苏冷战日益激烈。对有关德国统一问题没有达成任何协议。美国加速扶植双占区，并积极酝酿双占区与法占区合并。

在 1947 年 11 月至 12 月的伦敦外长会议上，美苏就德国问题再次交锋，由于双方在德国统一和对德和约等问题上存在根本分歧，最后公开决裂。这是冷战全面展开的必然结果。

伦敦外长会议破裂后，美国加快了分裂德国的步伐。1948 年 2 月至 6 月召开了美、英、法、比、荷、卢六国伦敦会议，抛出了分裂德国的伦敦建议，主要内容是：双占区与法占区协调统一经济与对外贸易；西占区实行货币改革，参加马歇尔计划；国际共管鲁尔等。伦敦建议的中心是分裂德国，并以西占区为中心复兴西欧，达到把整个西欧全面纳入美国战略轨道的目的。

针对美国分裂德国的计划，苏联采取了针锋相对的反击。1948 年 2 月，苏联改组苏占区经济委员会，使其成为准政府性组织；3 月，宣布退出盟国管制委员会；3 月 25 日，索科洛夫斯基颁布了《关于加强保护和控制德国苏占区分界线的命令》。苏联驻德国军事当局的交通局局长特别受命把客运和美英法三国军队的交通运输减少到最低限度。[①]

从 4 月 1 日起，苏联开始实施其封锁柏林的最初步骤。先是美国继而是英国的客车在苏占区边界被拦截。当它们拒绝接受苏方检查时，苏联便阻止其通行。4 月 3 日，苏联封锁了从西占区的汉堡和巴伐利亚至柏林的交通。柏林危机的帷幕拉开。柏林地区出现了对抗性的紧张形势。

在苏联对柏林交通实施限制的同时，苏联与西方国家在德国货币改革问题上的争端进一步加剧。当西占区实施货币改革之时，苏联政府指示苏联军事当局争取在整个大柏林地区发行苏占区新货币。

随后，苏联加紧对柏林的封锁，将原有的交通限制改为全面切断西德和柏林的水陆交通。6 月 19 日，苏联宣布对西方进入柏林的道路实施下列管制：①停止火车客运交通；②禁止西占区汽车和马匹进入苏占区；③水路运输须经许可并彻底检查始可放行；④个人通行证无效；⑤货运列车须经彻底检查始可通行。空中交通却没有涉及。

6 月 22 日，苏、美、英、法四国财政专家就货币问题进行谈判未果。同一天，索科洛夫斯基通知西方三国驻德军事长官，苏联已在苏占区和大柏林地区进行货币改革。6 月 23 日，美英法三国决定把西占区的货币改革扩大到柏林西区。6 月 23 日大清早，柏林市民面对着两种对立的新货币，经济生活顿时陷入混乱。第二天，西德和西柏林之间的水陆运输中断。

6 月 24 日，苏联当局以“技术原因”为理由，完全切断了西占区与柏林的水陆交通联系，使柏林危机进入高潮。[②] 美国一面宣称苏联只有通过战争才能迫使美国放弃柏林，一面拒绝苏联愿向西柏林居民供应粮食和用水等必需品的意向，同时和英国一起封锁苏占区，如中断运往苏占区的煤、钢，进一步限制苏占区的贸易等。[③]

---

① Harry S. Truman, *Memoirs by Harry S. Truman. Vol. II: Years of Trial and Hope*, Doubleday & Company, Inc., 1955, p. 122.

② 人民出版社编：《德国问题文件汇编》，人民出版社 1953 年版，第 45、51 页。

③ 刘同舜、刘星汉：《国际关系史》第 7 卷，世界知识出版社 1995 年版，第 173—174 页。

西方面临着困难的抉择：或者对西柏林见死不救，那将意味着整个柏林将第二次落入苏联手中，而且局面将会难以改变；或者不惜任何代价，甚至冒与苏联发生冲突的危险来保证西柏林的物资供应。杜鲁门决定用架设“空中桥梁”的办法保住西方三国在柏林的地位。6 月 26 日，杜鲁门发布了动用一切可以动用的飞机全面组织对西柏林空运的命令。同一天，首批 32 架 C—47 型飞机载着 80 吨重的牛奶、面粉和药品从位于威斯巴登的美国空军基地飞抵西柏林美占区的坦波豪夫机场。从此，苏联与美英法之间开始了一场历时近 11 个月的封锁与反封锁的斗争。

美国对柏林开始了大规模空运，前后持续 324 天之久，事发不久，每天运送的补给品就达到 13000 吨，飞机每隔三分钟降一次，7 月，杜鲁门把两个大队的 B—29 轰炸机（运载原子弹的飞机）调到英格兰，杜鲁门强调说希望不至于动用原子弹，但如果必要，他一定要用的。杜鲁门发表这番讲话之后，各大报社的老板开会一致认为如果在柏林问题上发生战争，美国会投掷原子弹。军方听了信以为真，便请求将原子弹的控制权从总统手中交给军队。这样才好进行准备工作，但杜鲁门对此作了明确回答：他不想某个勇猛的中校来决定何时投掷原子弹合适。然而，情况确实是紧急的。

然而，美苏双方都不愿冒全面战争的危险，所以从一开始就决定了这种冲突的方式。当西方列强准备重新打开通往柏林的走廊时，差不多一开始就决定排除法军队和坦克向红军挑战的打算。“虽然第一次柏林危机并未引发直接的军事冲突。但是人们仍然能够从中发现战争的某种形式：半座城市的居民，大约有 210 万人，被禁止获得极为重要的生活品，被禁止处理污水，被禁止获得能源。这座被包围城市的居民成为人质。从该事件背后，人们可以看出军事冲突。”①

经过美苏斗争的较量与妥协，1949 年 5 月达成协议，双方于 5 月 12 日取消封锁，至此，延缓 11 月的柏林危机趋于缓和。

三、苏联的战略考量

美苏双方进入冷战模式之后，均视对方的行为是针对自身的巨大挑战，并对此采取针锋相对的斗争。

---

① 〔德〕贝恩德·施特弗尔著，孟钟捷译：《冷战 1947—1991：一个极端时代的历史》，漓江出版社 2017 年版，第 79 页。

（一）美苏都试图在德国问题上谋取先机，同时谋取优势

苏联具有在德国问题上的先机，不希望失去。

战后，按照雅尔塔会议的决定，战败的德国被分区占领。苏联在占领和管制德国中的地位是有利的和牢固的。因为，苏占区的面积占全德的40%，人口占36%，生产资源占33%。大柏林的面积为889平方公里，苏占区占409平方公里；大柏林的人口约为350万人，苏占区拥有100万；美、英、法三国算在一起的西占区的面积是480平方公里，人口250万人。而且整个大柏林又位于苏占区之内。根据波茨坦会议的规定，苏联可以在苏占区内自行其是已不必待说，就是在盟国管制委员会里，它也拥有不容置疑的重大权力。因为委员会实行的是一致性原则，这就使苏联处于以一抵三（美、英、法）的举足轻重的地位。苏联对德国问题政策的基本考虑，就是要在巩固苏占区的基础上，加强对全德事务的影响，并借以增强苏联在整个欧洲的地位。[①]

还有一点，虽然英国、法国和美国军队在柏林同苏联军队近在咫尺。但柏林的每一个单独的占领区都完全处在苏联所占领的德国领土的包围之中，同时所有美国、英国和法国的人员和供应物资都得通过一条为俄国人所控制的走廊，才能到达西占区。

（二）美国推出杜鲁门主义、马歇尔计划被苏联视为是针对苏联势力范围的挑战，尤其是针对德国问题的挑战

1946年5月，美国宣布停止从美国的德占区拆迁设备用于支付赔偿。1947年1月，美英占领区合并为双占区。最为关键的是美国推出遏制苏联的杜鲁门主义和振兴欧洲的马歇尔计划，苏联以莫洛托夫计划和共产党情报局加以回应。冷战局面在欧洲形成。而在这一背景下，被分区占领的德国就成为冷战的前沿阵地。欧洲及至德国的分裂已经难以逆转。

1947年7月，在美国政府给美占区军事长官克莱的新指令中，提出要让德国的州享有更大限度的政治独立和使德国的经济更能自给自足。[②] 美国的意图已经十分清楚，那就是把西占区变为依附于西方的单独国家。

对于西方国家组建单独的西德国家的企图，苏联方面已经有所觉察。苏联

---

① 张盛发：《再论与1948年柏林危机：缘起与结果》，冷战中国网，http://fj.china.com.cn/t/%E5%86%B7%E6%88%98.

② 汤季芳：《冷战的起源与战后欧洲》，兰州大学出版社1987年版，第282页。

认为美英分裂德国的措施已经不是宣传手段或政治讹诈，而是对德国进行切实的政治和经济肢解，把西德及其所拥有的资源并入美国建立的西方集团中去的实际威胁，于是苏联决心阻止西方国家的这一企图。因为一个独立的西德国家的建立，不仅会使苏联失去对整个德国问题的影响，而且更重要的是，一个在美国等西方国家扶植起来的西德将会加入并且增强西方集团的力量。1947 年 11 月 21 日，联共（布）中央政治局在给参加外长会议的苏联代表团的指示中，特别强调要把签订对德和约放在首位，使和约与“恢复统一的民主的德国”联系起来。

（三）苏联试图把德国统一问题纳入德国问题解决框架，防止美国分裂德国的图谋

对苏联而言，一个复兴了的德国的真正危险就在于，一旦德国力量同美及其盟国力量合在一起，就会明显地巩固西欧的地位，反过来看，这种情况会妨碍苏联的两个目标：第一是要求撤走美军和消除欧大陆上的美军基地；第二是争取使德国成为依附自己的伙伴。苏占区如果能够通过武力的威慑将盟国逐出柏林，德国对美国等西方力量的信心就会动摇，德国就不大可能投靠一个不能保护他的朋友，事实上，如果美国的意志在苏联压力下屈服，法英也可能重新考虑它们同北约的关系。这就是苏联决定实施封锁的动机。

苏联制造这场柏林危机有两个基本目的：

第一，迫使西方三国在解决整个德国的问题上作出让步，具体来说，就是让西方放弃、至少是推迟执行伦敦会议分裂德国的决议，重新考虑苏联的统一德国的方案。

1948 年 6 月 24 日，亦即苏联完全封锁西柏林对外水陆通道的同一天，在华沙举行会议的苏联东欧八国就伦敦会议关于德国的决议发表声明，“拒绝承认伦敦会议决议的法律效力”，并提出了迫切需要解决的五个德国问题：①根据四国协议采取使德国非军国主义化的措施；②在一定时期内建立四国对鲁尔重工业的管制；③根据四国协议组织全德临时政府；④按照波茨坦决议缔结对德和约。缔结和约后一年之内从德国撤出所有占领军；⑤制定使德国履行赔偿义务的措施。

这五点方案是苏联在巴黎外长会议、莫斯科外长会议和伦敦外长会议上一直坚持的德国问题一揽子计划的再版。值得注意的是，苏联又提出了它在伦敦外长会议已放弃不提的四国共管鲁尔的要求，这说明，它对这次封锁所能起到

的作用估计是比较乐观的。

在 1948 年 7 月与西方三国举行的谈判中，苏联要求西方三国暂缓实施伦敦决议，坚持把柏林问题与整个德国问题的谈判联系起来，并拒绝西方提出的先解除封锁再进行谈判的要求。[①]

第二，向西方三国施加压力，试图挤走他们。

苏联这时采取的局部封锁行动的主要目的是迫使美国等西方国家停止建立西德，恢复德国问题的原状。但是如果有可能的话，则将把西方国家的包括军队在内的一切人员从柏林赶出去，使整个柏林并入苏占区。

必须指出的是，在冷战已经开始的背景下，美、英、法三国的西占区和苏联的苏占区分别成为依附于各自占领国的单独国家，已成难以扭转的定势。实际上，德国分为两个国家乃是当时解决旷日持久的德国问题的无奈选择。在这种情况下，任何一方维持重建统一都是难乎其难的事情。

四、美国的战略反应

美国认为马歇尔计划的实施、联合管制德国的失败是苏联决定封锁柏林的直接原因。其目的在于切断已经恢复了的东西欧之间的一切贸易往来，阻止这些欧洲国家恢复正常的战前贸易往来。

美国之所以作出强烈反应，也有其战略逻辑。

（一）美国认为占领德战区具有特殊的政治意义

柏林的斗争是为了德国，在更广泛的意义上来说，是为了欧洲。

美国军事专家认为，一旦美国进攻德国的部队把德国的力量从东线吸引过来，苏联的力量就能够深入德国。因此，远在战斗结束之前达成协议的界线，正反映了盟国的军事计划人员所预料到的在战争结束时苏联的军队会伸展到什么地方。

美国认为苏联会把苏联控制的德占区作为苏联所征服的领土来看待。这有可能逐渐侵蚀美国在欧洲的影响。杜鲁门强调，“放弃柏林将对我们的西德计划产生灾难性的后果。它将推迟欧洲的复兴，而欧洲是否能够复兴则决定于更多的生产，特别是西德的生产。一般德国人对于我们撤离柏林的可能性比盟国更

① 于振起：《冷战缩影——战后德国问题》，世界知识出版社 2010 年版，第 156—157 页。

为关心。我们应该尽一切努力争取局势的和平解决，但是我们必须留在柏林”[①]。美国等国不仅不愿撤出柏林，他们甚至不愿接受把西柏林交给西德。

至少有以下几个原因使西方三国不愿把西柏林转交给它们一手扶植起来的联邦德国：①西方三国要把西柏林这个位于民主德国心脏的极其重要的战略据点直接掌握在自己手中，以便利用这个难得的前沿阵地来为其针对苏联东欧的包括政治、军事、经济各方面的总体战略计划服务。如果把西柏林交给波恩，那么西方三国在西柏林的行动就将受制于波恩，这显然不利于它们在西柏林实现自己的战略意图。②维持四国协议所确定的西柏林的原状，使西方三国在西柏林的存在具有某种国际法的依据，使其在西柏林部署军队合法化。如果西柏林并入联邦德国，就意味着美英法失去了在西柏林的占领国地位，它们的军队也就不能再以占领军身份留在该地。③西方三国把西柏林掌握在自己手中，就可以用它作为与苏联谈判德国问题和争取达成有利于己的解决方案的一个重要筹码。同时，也可以用手中掌握的西柏林的归属权来对两个德国施加影响。④联邦德国如果合并了西柏林，苏联和民主德国肯定会给西柏林制造麻烦，在这种情况下，如果没有西方的援助，联邦德国将难以在西柏林站住脚。而美英法如果对西柏林承担义务，就将使自己在西柏林的行动选择受波恩的决策左右，而这是违背它们一贯的外交政策原则的。因此，与其为了属于联邦德国的西柏林承担义务，还不如由自己直接保卫西柏林。[②]

（二）美国必须显示力量和存在

杜鲁门认为，苏联对柏林的封锁，是一次军事冒险事件，目的在试探美国的决心和耐心。[③]

杜鲁门对此的认识是：“柏林的斗争是为了德国，在更广泛的意义上来说，是为了欧洲，而并不是为了合法权利，因为我们的立场在国际法上是完全站得住脚的。克里姆林宫看到我们开始实行的马歇尔计划，就企图迷惑欧洲人民，使他们相信我们所关心和支持的只限于经济事务，在碰到任何军事冒险时我们就会缩回去。”“如果我们不能保持在柏林的地位，共产主义就会在德国人中间

---

① Harry S. Truman, *Memoirs by Harry S. Truman. Vol. Ⅱ: Years of Trial and Hope*, Doubleday & Company, Inc., 1955, p. 124.

② 于振起：《冷战缩影——战后德国问题》，世界知识出版社 2010 年版，第 153 页。

③ Harry S. Truman, *Memoirs by Harry S. Truman. Vol. Ⅱ: Years of Trial and Hope*, Doubleday & Company, Inc., 1955, p. 120.

扩张势力。我们在柏林的地位是风雨飘摇的。如果我们想要留在那里，我们就必须显示力量。”杜鲁门意识到这场斗争关系到美国的威望、决心和力量的可信度，它将对以后的冷战产生深远的影响。杜鲁门相信苏联封锁柏林是国际共产主义的反攻，柏林是欧洲的敏感中心，是德国的象征，失去柏林就是失去德国，也就失去了欧洲。

根据这些情况，杜鲁门所得出的结论是：“如果我们撤出柏林，我们就会丧失我们正在为之斗争的一切。”在明确了不能从柏林撤出之后，杜鲁门认为所要解决的是：“主要问题是我们怎样才能继续留在柏林而又不致冒全面战争的危险？”[①]

实际上在当时，美苏双方“哪一方都不希望被错误的估计驱向全面的战争或屈辱”。这决定了这场较量将是一场除了战争手段之外的较量。既要展现坚定意志，又要避免战争。越强硬，越有可能避免战争。杜鲁门清楚，“封锁柏林事件是试探我们进行抵抗的能力和决心的一种行动。这一行动和他们过去想夺取希腊和土耳其的企图，都是俄国人刺探在他们周围的西方盟国阵地弱点的计划的一部分”[②]。“俄国人对于我们行动的反应又经常存在着引起战争的危险。我们必须正视俄国有可能蓄意选择柏林来制造战争的借口，而更大的危险是以杀人取乐的俄国飞机驾驶员或头脑发热的共产党人坦克指挥官可能制造一个偶然事件而燃起战火”[③]。

换句话说，美国面临的问题是如何体现美国的存在和支持，又不至于引发美苏战争。美国如何以巧妙的方式破解苏联的封锁呢？

美国考虑的第一个办法是武装护送供应物资。但苏联有可能动用武装部队来对付武装护送。这很有可能引发不确定的冲突风险。第二个办法是空运，但也有可能导致苏联出动战斗机进行拦截。

在权衡得失与考虑了主客观条件之后，杜鲁门采取的是用对西柏林空运来对抗苏联封锁的对策。

美国实施空运其实也面临几大问题。

首先，空运需要大量飞机。克莱报告说，每天空运平均约 2200 吨到 2500

---

① Harry S. Truman, *Memoirs by Harry S. Truman. Vol. Ⅱ: Years of Trial and Hope*, Doubleday & Company, Inc., 1955, p. 125.

② Harry S. Truman, *Memoirs by Harry S. Truman. Vol. Ⅱ: Years of Trial and Hope*, Doubleday & Company, Inc., 1955, p. 131.

③ Harry S. Truman, *Memoirs by Harry S. Truman. Vol. Ⅱ: Years of Trial and Hope*, Doubleday & Company, Inc., 1955, p. 124.

吨，这个数字足够供应粮食的需要，但还不能包括必需数量的煤。为了维持柏林的需要，使其不出现困境，估计最低限度每天需要 4500 吨。在夏季，每天 3500 吨可能够用，但是在冬季就需要更多的吨数。

那时参加空运的包括 52 架 C—54 型飞机和 80 架 C—47 型飞机。每天来回两次，降落 250 次以上。如果每天达到运送 3500 吨，就需要 75 架 C—47 型飞机。最大限度的空运必然要使用原来备作紧急之用的飞机，而其中很多可能在发生敌对行动时被毁。这样就会对美国空军的战略作战能力产生不利影响。为了把所需的一切供应空运给柏林而将必要数量的飞机集中起来，将意味着要在其他地方在飞机和人员方面削弱空军力量。一旦遇到紧急情况，就会使美国全球范围空中打击能力受损。如果美国的大部分飞机遭到袭击和毁灭，就会阻碍美国供应部队和防守海外基地的能力。同时这样大规模的空运，美国还需要更大的巨型飞机场。①

杜鲁门认为即使从陆路护送，苏联如果进行武装干预，美国也必须出动空军。杜鲁门的观点是空运比陆路武装护送危险性较小。杜鲁门答应了空军司令范登堡将军提出的修建机场设备的建议。于是范登堡将军向杜鲁门保证，空军将尽全力执行命令。

杜鲁门和许多高级官员明知空运不能长期保证西柏林的需要，但作为赢得时间打开僵局的手段值得一试。同时，美国采取两项措施：一是利用柏林危机，迫使英国同意在英国建立美国战略空军基地，派去 60 架 B—29 型飞机；二是开动一切宣传机器，指责苏联为了达到政治目的，将 200 多万西柏林居民当作人质，从而把制造紧张局势和分裂德国的责任推给苏联。1948 年 6 月 29 日起，美国加强了对柏林的空运。②

其次，美国可能面临苏联使用战斗机巡逻或其他办法来阻止美国运输飞机的可能性。如果出现这种情况，那就意味着两国战争。当然，美国通过分析判断认为，苏联不想发动战争，因此不可能采取过分冒险的行动。如果苏联不想扩大和激发战争，他们对于空运会相对容忍。美国认为，苏联的目的是把美国赶出柏林，苏联相信在秋后或者冬天，由于气候的原因，美国的空运将会不得不削减甚至是中断。

因此，面对苏联的封锁，美国采取了空运的做法，既体现对于德国的坚定

---

① Harry S. Truman, *Memoirs by Harry S. Truman. Vol. Ⅱ*: *Years of Trial and Hope*, Doubleday & Company, Inc., 1955, p. 124.

② 刘同舜、刘星汉：《国际关系史》第 7 卷，世界知识出版社 1995 年版，第 174 页。

支持，又避免在苏联封锁控制的陆地交通线上与苏联直接冲突对抗。

这是一个排除战争的可能，也谨慎地防止危机升级为战争，但又具有针对性的对抗性措施。虽然实施对西柏林空运的成本很高，如果只是保证西柏林的粮食供应，每天需要的空运量为2400～2500吨，如果包括必须数量的煤，夏天为3500吨，冬天要4500吨。而运送3500吨物资，需要52架C—54型飞机和155架C—47型飞机每天来回运两次，为此还需要在柏林修建新的机场。很显然，这是一个成本巨大的工程。但是，正是依靠着这种大量的空中运输，美国突破了苏联所设置的对西柏林的封锁。据统计，美国共空运了140余万吨物资，航次195000余次。空运费达25000万美元，飞机失事24架，机上人员死亡48人。美国对西柏林的空运持续了一年多，到1949年春天，空运每天能达到8000吨的运输量，这是苏联实行封锁前每天通过铁路和水路运往柏林的运输量。它使得苏联当初所设想的迫使美、英、法三国放弃建立西德的设想化为泡影。在这个基础上，美国取得了与苏联谈判的筹码。最后，苏联不得不选择了妥协，从1949年5月12日起结束柏林封锁。以后，美国、英国、法国关于德国问题的方案得以顺利推行。

柏林封锁和反封锁的较量，是一场双方都排除使用战争手段的较量，因而是一场非军事性对抗。在这场较量过程中，很显然，苏联的事前考虑并不充分，在不准备采用军事冲突的条件下，使用冲突性的封锁方式来试图迫使对方退却。然而，苏联没有对可能出现的不同后果作出充分的评估。固然在常态下，美国等西方国家要突破苏联对西柏林的封锁十分困难，但是如果西方国家决心对抗，甚至不惜对抗升级的话将会出现什么局面，苏联对此并没有预案，苏联当局没有想到美国会采用不计成本实行空运的办法来对付封锁，而一旦封锁不能奏效，苏联又没有其他办法能够阻止西方国家实施对德国的方案。而且，封锁是带有风险的。虽然苏联明白美国不想战争，但是如果一旦美国用不惜军事冲突的办法来强行突破封锁，所带来的后果也是苏联所难以承受的。①

杜鲁门是这样评价反封锁行动的："当我们拒绝被赶出柏林的时候，我们向欧洲人民证明了，当他们的自由受到威胁时，我们就会在他们的合作下行动起来，而且是坚决地行动起来。从政治上来说，对柏林进行空运使欧洲各国人民

① 周建明：《美国国家安全战略的基本逻辑：遏制战略解析》，社会科学文献出版社2009年版，第190页。

更加靠拢我们。”①

自从苏联采取限制措施以来，空运超过了一年时间。从技术上来说，对柏林进行空运是一个极为困难的任务，甚至连美国空军的领导人员最初也怀疑这一方式的可行性。但是美国还是付出了巨大的成本完成了这项任务。从某种程度上，空运不仅是美苏战略意志的较量，也是经济成本和实力的比拼。

应该说在这种暗中的较量与比拼中，美国又占据了上风。苏联的封锁在一定程度上只是增加了美国的成本，却没有达到他们所希望达到的效果。

五、危机的结束及其后果

从柏林危机爆发的过程来看，苏联强硬地封锁柏林的交通无疑是引爆危机的直接催化剂。在这一过程中，苏联首先展现了强硬的姿态，在陆路和水陆封锁中毫不退让。但当美国想出空运的方式后，苏联却没有拿出继续强硬以对的措施来。当冲突再加剧，就可能引发战争的风险时，苏联采取了放美国一马的做法，听任对柏林的空运持续达一年之久。由此可以看出，美苏两方都在试探对方冷战战略的底线，随后都确定了任何一方都不敢轻易由于第三方因素而诉诸直接对抗的冷战心理。虽然苏联与美国等西方国家在危机中尖锐地对抗着，但双方都没有也不敢下决心走向武装冲突。苏联提出由于“技术原因”而采取封锁柏林的措施，显然也是一个明显的借口和外交托词。在这个问题上，双方都在猜测对方的意图，但都没有明确直接的沟通。

当然，在这以硬碰硬的较量中，苏联绝非一无所得。西方国家在货币问题上还是作出了让步和妥协。根据在莫斯科制定的四国政府协议，建立了由四国驻德军事长官组成的财政委员会以监督实行有关在柏林发行统一货币的措施。但是苏联在谈判中没有抓住这一机会与西方国家达成妥协，而是拖延谈判，坐等“空中桥梁”行动失败后西方国家最终屈服和让步。在这一方面，苏联再次低估了美国等国基于冷战较量的战略意志和组织能力。在美国看来，这是一场必须坚守的较量，是一场非此即彼、你得我失的零和博弈，美国不惜代价也要采取第三条道理以支持美西方在柏林的存在。

第一次柏林危机后，四国共管柏林的机制已经失效。美国的空运保障了西

---

① Harry S. Truman, *Memoirs by Harry S. Truman. Vol. Ⅱ: Years of Trial and Hope*, Doubleday & Company, Inc., 1955, p. 131.

柏林的物品供应维持在封锁之前的水平，美国展示了所谓盟主的责任形象。反过来美英等的反封锁对苏占区和东柏林产生了严重的影响。由于反封锁，苏占区和东柏林无法从西占区和西柏林得到其所需要的商品，尤其是煤和钢等重工业原料。苏占区和东柏林的许多企业甚至被迫关闭。由此而引起的失业加剧了社会局势的动荡和紧张，东柏林居民逃往西柏林的事件频频发生。美占区军事长官克莱说，“可以肯定，我们的反封锁对东德所造成的损害要大于西德”。这确实并非夸大之词。[①]

局势的这种演变，是苏联始料未及的。苏联发现，在封锁与反封锁的较量中，它已明显处于下风。这就迫使苏联在柏林危机的谈判中作出最后的让步。1949 年 5 月 5 日，苏、美、英、法四国终于达成了协议。协议宣布自 5 月 12 日起，取消从 1948 年 4 月 1 日起实施的封锁和反封锁。根据协议的规定，四国于 5 月 23 日在巴黎召开了外长会议。但除了肯定解除封锁外，没有任何具体成果。而一场柏林危机的最终结果是形成了两个德国的分裂局面。

第一次柏林危机是美苏冷战开始后第一次真正意义的较量。其结果是双方试探了对方的战略底线和能力，但同时也意识到双方进入到相互对抗、互不相让的零和博弈的冷战模式之中。柏林危机深化了冷战格局，加快了欧洲两大军事集团的形成和对峙。美国利用柏林危机大做文章，加紧建立西方政治军事集团，1949 年 4 月，北大西洋公约组织成立。1949 年 8 月德意志联邦共和国成立。同时，苏占区也于 10 月 7 日成立德意志民主共和国。从此，德国出现两个德国，不久联邦德国加入北约，民主德国参加华约。德国的分裂是美苏冷战的产物，它对欧洲和整个国际局势都产生了深刻影响。而美国利用危机强化了在欧洲的军事存在和影响。

六、第二次柏林危机

冷战中的西柏林一直被称为“前线城市”。西方利用西柏林的地位优势，作为向民主德国和东欧进行渗透活动的基地，苏联则把西柏林看作西方争夺欧洲的重要筹码。1958 年 11 月 27 日，苏联政府照会美、英、法、苏决定消除西柏林的占领状态，要对西方实行 6 个月内撤军，把西柏林变成一个“非军事化的

---

① 张盛发：《再论与 1948 年柏林危机：缘起与结果》，冷战中国网，http：//fj. china. com. cn/t/%E5%86%B7%E6%88%98.

自由城市”。实际上是希望把西柏林并入民主德国。30 日，西方拒绝了苏联的建议，从而引起了东西方关系的紧张，在美国的强硬立场下，苏开始退缩，接受西方放弃 6 个月撤军的立场，接受西方建议举行四国外长谈判，第二次柏林危机和平解决。

（一）危机爆发的原因

与第一次柏林危机一样，第二次柏林危机也是苏联引发的。所不同的是，第一次柏林危机苏联希望谋求德国统一，而第二次柏林危机苏联则希望能够使德国分裂固定化。

和斯大林一样，赫鲁晓夫想利用西柏林问题迫使西方三国就德国问题进行谈判时作出让步，从而实现苏联的对德政策目标。不同之处在于，斯大林封锁西柏林是为了阻止西方执行分裂德国的伦敦会议决议，而赫鲁晓夫限期解决西柏林问题则是为了让西方确认德国的分裂现状，即接受两个德国的现实，承认民主德国的主权，放弃支持波恩政府代表整个德国的立场。[①]

德国问题是美苏在欧洲斗争的焦点。20 世纪 50 年代后期，这一斗争进入了一个新阶段。苏联由于未能阻止西德重新武装和加入西方军事集团，因而把对德政策的重点转向争取承认两个德国和在此基础上实现欧洲安全。苏联强调由于西德重新武装并加入了北约，德国统一的条件就不再具备；两德已走上了不同的发展道路，不能牺牲东德的社会主义成果去换取德国的统一；只有在承认现状的基础上建立欧洲集体安全体系，取消两大军事集团，缓和紧张局势，才能为德国的统一创造条件。其实质是要冻结欧洲东西分治的现状，在此基础上巩固苏联的安全和它在东欧的阵地。

西方与苏联的想法尖锐对立。西方坚持只有实现了德国统一，才有欧洲安全；而德国统一又必须按照西方的条件进行“自由选举”来实现，不能采取其他方式。其实质是要以西统东，削弱甚至打破苏联在东欧的既有阵地，打破欧洲的雅尔塔格局。为此，美国大力帮助阿登纳政府重新武装，推行“建立实力地位”的政策，使西德成为西方集团在欧洲推行“冷战”和“遏制”政策的主要力量基地。其中美国还积极准备向北约部队（包括其中的西德部队）提供火箭——核武器。这自然只能加剧苏联东欧阵营对自己安全的担心，使欧洲紧张局势有增无减。苏联和东欧国家曾提出过建立中欧无核区、签订两大集团互不

① 于振起：《冷战缩影——战后德国问题》，世界知识出版社 2010 年版，第 164 页。

侵犯公约、成立两德邦联并约定不在德国领土上部署核武器、尽速解决对德缔和等建议，旨在阻止美国和北约的计划。

苏联认为德国和平安排问题久悬不决，成了欧洲紧张局势的渊薮，使得"不珍视欧洲和平命运的人"得以利用这种情况"把德国西部拖入核战争的准备中"。西方利用西柏林的地理位置和西方在那里的占领权利，使之成为一个"国中之国"，一个"自由世界的橱窗"，一个对东德乃至东欧进行间谍、破坏、颠覆活动的据点和吸引东德居民西逃、破坏东德经济和政治稳定的渠道。而西柏林的地理位置及特殊的政治和法律地位，又使它似乎是一个易于施加压力的地方。苏联因此希望通过在柏林施加压力，迫使西方同意在德国和柏林问题上达成某种解决方案，以实现承认德国和欧洲现状，消除西柏林这个西方在东欧范围内的桥头堡，巩固苏联在东欧的阵地。①

（二）过程与影响

1958 年 3 月，联邦德国议院通过了以核武器武装西德军队的决议。10 月 27 日，民主德国领导人乌布利希发表声明，指责西方武装西德是西方国家违反波茨坦协定的做法。有鉴于此，西方国家再也没有权力留在柏林，柏林一旦统一，将立即成为民主德国的首都。这是第二次柏林危机的序幕。1958 年 11 月 27 日，赫鲁晓夫在莫斯科举行记者招待会，宣称：西柏林是西方进行颠覆活动的中心，是北约组织的桥头堡，西柏林已经变成了一个毒瘤。如果不除掉这个毒瘤，就会有导致十分不良后果的危险。苏联决定"动外科手术"，"消除柏林的被占领状态"，他甚至扬言要用洲际导弹和氢弹保卫东柏林。

赫鲁晓夫之所以挑起这场危机，主要原因在于：美国对举行美苏首脑会谈的建议不予理睬，赫鲁晓夫想在德国和柏林问题上施加某种压力；赫鲁晓夫用洲际导弹恐吓西欧反而成为联邦德国在美国支持下进行核武装和火箭武装的借口；一个经济上取得成就而又有核武装的联邦德国在苏联看来是一种严重威胁，更不用说对民主德国了。因此，赫鲁晓夫尖锐地把西柏林问题提上了议事日程。

11 月 27 日，苏联政府照会美英法三国政府，要求它们在 6 个月内撤走在西柏林的驻军，使西柏林成为一个在联合国监督之下的非军事化的"自由城市"。否则，苏联将单独和民主德国签订和约并把进入西柏林的通道交由民主德国管理。

---

① 卫林：《国际关系史》第 9 卷，世界知识出版社 1995 年版，第 114—115 页。

西柏林被人们称为“前线城市”，战后以来一直是“冷战”的焦点，西方把柏林看作“自由世界的橱窗”，是“铁幕上钻出来的一个小洞”。因此，美国把柏林看作考验自己“意志”和“实力”的最重要的场所。[①]

美英法把苏联提出的“6个月期限”看作最后通牒，“故意制造新的危机”。西方面临的抉择是，或者是如期撤出西柏林，一走了之；或者是被迫就西柏林通道问题同民主德国打交道；或者是坚决顶住苏联的最后通牒。美英法以及联邦德国就此进行了紧急磋商，决定采取强硬立场，拒绝撤出柏林，拒绝承认民主德国，如苏联让民主德国控制通道而不让西方车辆通过，北约组织将采取报复行动。艾森豪威尔甚至扬言不惜为此一战。顿时，柏林上空风云突变，乌云翻滚。

艾森豪威尔于1959年1月末召开会议商讨对策。讨论首先集中在一个问题上，即如果苏联真的把柏林通道管理权移交给民主德国怎么办？为了在通行证上盖图章的人是哪个国籍的问题而冒战争的危险，不少人认为难以向国内公众交代。会议最后通过了一个六点计划，决定可以向民主德国官员出示通行证，但不让他们在上面盖章，在5月27日限期前，在联邦德国和西柏林暗中进行军事准备，但要让苏联情报部门发觉；争取在4月举行四大国外长会议。美国意在让赫鲁晓夫有机会体面地修改关于柏林问题的立场。在西方强硬态度下，苏联要么坚持到底，要么使用武力，要么松动或后退。1959年1月，米高扬访美告诉杜勒斯，赫鲁晓夫的6个月期限不构成最后通牒，苏联关于柏林期限建议是并不重要的，主要是开始双边谈判。赫鲁晓夫在苏共二十一大上出人意料地邀请艾森豪威尔访苏，尽管艾森豪威尔无意接受，但局势开始缓和。

1960年5月四大国巴黎首脑会议流产后，形势又日趋紧张。赫鲁晓夫想趁肯尼迪上任伊始，情况不熟，经验缺乏，再次向美国发难。赫鲁晓夫挑衅地对美国驻苏大使汤普森说，如果西方国家无法满足自己对柏林的处理要求——包括各国将军队撤出柏林，那么西方国家一定会为之付出代价。“我们正用30枚核武器瞄准法国，数量足以把这个国家夷为平地。”然后他又补充道，苏联同时也为西德和英国各准备了50枚这样的核弹头。

汤普森询问赫鲁晓夫有多少枚导弹对准美国。对此，赫鲁晓夫没有回答。[②]据哈里曼说，赫鲁晓夫提醒说，苏联导弹能承载的负荷比美国导弹重十倍多。

---

① 任向群：《冷战对峙》，世界知识出版社1999年版，第301页。

② 〔美〕弗雷德里克·肯普著，武凤君译：《柏林1961：肯尼迪、赫鲁晓夫和世界上最危险的地方》，中国青年出版社2014年版，第49页。

他说，对波恩来说一枚导弹就足够了，而对法国、英国、西班牙、意大利来说三至五枚导弹就够了。[①]

1961 年 1 月 21 日，肯尼迪宣誓就职的第二天，赫鲁晓夫致信肯尼迪，希望进行“认真的合作”“采取切实的措施”，彻底改善两国关系。[②]

此时，美苏双方都面临一系列问题。苏联国内经济正出现困难，与中国的关系在全面恶化，东德居民西逃浪潮日盛，对东德极为不利。赫鲁晓夫亟盼与美国达成某些谅解或协议。牵动美苏关系神经的首要问题仍是在欧洲这个中心舞台，即德国和柏林问题。苏联仍要求尽快解决对德和约和承认现状，并且没有放弃单独行动的可能性。

1961 年 6 月 3—4 日，美苏会谈在维也纳举行。争论最严重的是德国和柏林问题。6 月 4 日，赫鲁晓夫提出关于对德和约问题的备忘录，其中要求“毫不拖延地缔结对德和约”，以“肯定欧洲战后形成的局面”，并“在合理考虑各方利益的基础上使西柏林局势正常化”，即使其成为“非军事化的自由城市”，其地位由四大国或联合国予以保证；如果美国不准备与两个德国签订单一和约，可以在两个和约的基础上缔结；媾和问题必须确定一个期限，“不应超过六个月”；如果美国“不理解缔结和约的必要性”，苏联将“只同那些愿意签订的国家签订”，届时将结束柏林的占领制度，使西柏林成为自由城市，它与西德的交通线应与东德协商解决。赫鲁晓夫强调说，战争结束 16 年了，还没有签订对德和约，这是不能容忍的。无论如何到年底苏联要签订这个和约，那时对东德主权的任何侵犯都会被看成是侵略。如果美国要打仗，苏联将接受挑战，但战争的灾难是要分担的。美国总统肯尼迪对此采取了强硬回应。他说，柏林关系到美国的安全、美国的权利和美国的信誉，对美国至关重要。美国在那里的权利是打败法西斯的结果，是协议规定的，美国不允许丧失这种权利，否则谁也不会相信美国的承诺。美国决不会接受最后通牒，不会接受苏联单方面废除四国协议和改变柏林现状。否定西方按协议取得的权利，就是一种交战行动。他最后说，如果苏联真的要单方面在年底采取行动，“那将是一个严寒的冬天”[③]。

维也纳会谈后，苏联继续就德国和柏林问题施加压力。6 月 15 日，赫鲁晓夫发表广播电视讲话，重申“必须在今年”解决问题，否则苏联将单独与民主德国缔结和约并解决柏林问题。美苏力量对比出现了变化，西方试图使用武力

① 〔俄〕叶梅利亚诺著：《未经修改的档案：赫鲁晓夫传》，凤凰出版传媒集团 2009 年版，第 524 页。

② 卫林：《国际关系史》第 9 卷，世界知识出版社 1995 年版，第 117 页。

③ 卫林：《国际关系史》第 9 卷，世界知识出版社 1995 年版，第 120 页。

来阻挠是注定要失败的。6月21日，在纪念卫国战争20周年的大会上，赫鲁晓夫再次重申苏联的要求，并说苏联如果单独与民主德国缔和，不过是仿效美国在对日和约上的做法而已。他再次警告西方不要用武力威胁。

赫鲁晓夫再次提出了美英法三国于年底前从西柏林撤军的6个月期限。之所以急于要求西方国家从西柏林撤军，是因为柏林问题已经成为使东德政府非常头疼的问题。自1961年初开始，在西方国家广泛煽动和支持下，从东德逃往西德的人数骤增，其中大部分是从东柏林逃到西柏林，出现了东柏林人逃往西柏林的高潮，1961年7月每周约达1万人。据西方统计，在东德建立之时的1949年到1961年，每6个人中就有一个作为难民逃离，总共有280万人。如果加上1945年至1949年逃出苏占有区的，离开的人数则多达400万人。约有350万人离开东柏林，大部分是从东柏林逃往西柏林，其中不少人是技术人员和专家，平均每天接纳1000名逃亡者。这不仅是严重的政治问题，在经济上和国防上也给民主德国带来了严重问题，必须加以制止。[①]

7月8日，赫鲁晓夫宣布暂停执行1960年宣布的裁减武装部队计划，并增加31亿卢布的国防预算。赫鲁晓夫还使用了威胁语言进行核讹诈，称如果爆发战争将有几亿人死亡，将使美国及其盟国的军事基地彻底毁灭，肯尼迪将是美国最后一任总统。他对英国大使说，只要6颗氢弹就可以把英国消灭，9颗氢弹就可以灭亡法国。又恐吓意大利说，战争将使意大利彻底完蛋，因此最好是意大利退出北约。西方舆论认为，自希特勒以来，还没有看到这样搞恐吓政策的。肯尼迪也摆开架势，准备打仗，声称将接受一切风险，说如果战争打起来，不仅在柏林，而且还将在莫斯科。

艾森豪威尔政府在给肯尼迪的一份交接文件中提醒这位自诩有大局观的新总统，“目前，苏联的策略是制造小事件来逐步削弱西方国家在柏林的权利，而每一起小事件都小到我们无法声称其关乎柏林的自由，直到苏联赢得柏林。我们最急迫的问题是如何抵挡这种被苏联不断蚕食的‘切腊肠战术’……我们已经通过各种可能的方式告知苏联，迫不得已时，我们会为柏林而战”。这份备忘录提醒肯尼迪：赫鲁晓夫肯定会尽早争取恢复柏林会谈，目的是使西方国家的军队撤出柏林。[②] 然而，除了简单地告诉肯尼迪要毫不妥协以外，艾森豪威尔团

① 〔美〕弗雷德里克·肯普著，武凤君等译：《柏林1961：肯尼迪、赫鲁晓夫和世界上最危险的地方》，中国青年出版社2014年版，序言，第9页。

② 〔美〕弗雷德里克·肯普著，武凤君等译：《柏林1961：肯尼迪、赫鲁晓夫和世界上最危险的地方》，中国青年出版社2014年版，第49页。

队也没有什么好建议。

从1948—1949年第一次柏林危机起，西方盟国（尤其是美国）便已强调它们在未来绝不可能放弃在这座城市中的权利。肯尼迪认为，这是对美国的勇气和意志的检验。“用一场核战争来捍卫我们在欧洲的地位是值得的。因为如果你被赶出柏林，就意味着你被赶出了德国。”“你被赶出整个欧洲，你就被赶出了亚洲和非洲。我们的时代就结束了……你必须表明有使用终极武器的意愿。”[①] 尤其当时正处在“猪湾事件”之后，他决心纠正美国受到了损害的形象。美国前国务卿艾奇逊在柏林问题备忘录中表示：“苏联看来很有可能在今年将柏林危机再向前推进一步。所有的行动都非常危险且不可预料。无动于衷只会让结果更糟。我们别无选择。如果危机真的爆发，那么铤而走险也许是最安全的。”[②] 美国将苏联挑起的柏林危机视为美苏两国战略意志的比拼和较量，也是对美国安全承诺的挑战。美国似乎没有退路可言。然而，美国政府内对于采取何种对策，颇费踌躇。美国决心拒绝苏联的要求并坚持在柏林问题上的“三要素”：西柏林的“自由”和“生存能力”；西方在西柏林的权利；进入西柏林的交通畅通，不受干涉。在德国问题上仍坚持在东德举行“自由选举”以实现统一。[③] 在与盟国协调后，美、英、法三国于7月17日正式照会苏联，断然拒绝苏联的要求，严厉警告苏联方针的“巨大危险”，要求苏联不要轻举妄动，强调只有“在和平与自由中，在普遍承认的自决原则基础上”重新统一，才能解决德国问题和实现中欧的安宁。7月25日，肯尼迪发表广播电视讲话，宣布美国决心坚持并准备保卫西方在西柏林的权利，如果谁要使用武力，美国将武力抵抗。他还宣布了美国将采取的一系列扩军措施：他宣布追加32.5亿美元的国防预算，增加三军兵员，征召部分后备役人员和国民警卫队等，以及拨款在国内搞“民防”，等等。同时，他还要求欧洲盟国加强军事准备，增加驻欧军队。美苏双方剑拔弩张。[④] 赫鲁晓夫说他准备挑战美国人的核讹诈。他说：“我认为没有哪个西方政治家会愚蠢到挑起一场导致上亿人丧生的战争，而开战的原因只不过是我们要同东德签署和平协议，规定拥有250万人口的西柏林成为‘自由城市’。

---

① 〔美〕弗雷德里克·肯普著，武凤君等译：《柏林1961：肯尼迪、赫鲁晓夫和世界上最危险的地方》，中国青年出版社2014年版，第51页。

② 〔美〕弗雷德里克·肯普著，武凤君等译：《柏林1961：肯尼迪、赫鲁晓夫和世界上最危险的地方》，中国青年出版社2014年版，第114页。

③ 〔英〕D.C. 瓦特著，张德中等译：《国际事务概览1961年》（上），上海译文出版社1988年版，第309页。

④ 卫林：《国际关系史》第9卷，世界知识出版社1995年版，第121—122页。

这种蠢货恐怕还没出生呢。”[①]

1961 年 8 月 3—5 日，华沙条约组织成员国首脑会议在莫斯科举行。会议重申了在德国和柏林问题上众所周知的立场。民主德国代表在会上提出了一项保卫首都和国家安全的具体措施——在西柏林周围的民主德国境内建立一道柏林墙，获得与会者的一致赞同和支持。民主德国为这个行动作了充分的准备和周密的安排。

8 月 13 日，民主德国在苏联的支持下，沿东西柏林分界线以及西柏林与民主德国其他地区的交界处，拉起了 170 公里长的铁丝网，后又修建起水泥墙和水泥板墙，这就是著名的“柏林墙”。西柏林人进出东柏林都要经过边境站的检查，办理各种入境手续。

西方对此提出抗议，并用铁丝网把苏联在西柏林的纪念馆封锁起来。肯尼迪派遣副总统约翰逊访问西柏林。8 月 18 日，美国海军陆战队 1500 人奉命乘装甲车沿赫姆施塔特柏林高速公路支援西柏林以显示美国的决心，并检验苏联是否会干涉西柏林的通道自由；美国警告说任何对西柏林交通线的干涉都构成侵略行为，苏联政府必须对此负完全责任。美国还用卡车撞毁部分柏林墙，双方还出动坦克，顿时出现了军事对峙局面。

危机不断升级。双方对抗的言辞和措施针锋相对，抗议和反抗议、威吓和反威吓、谴责和反谴责等强硬的讲话、声明、照会一浪高过一浪，一系列表明坚定态度的行动也已经展开。苏联和华约方面在 8 月中旬举行模拟使用战术核武器的演习；8 月底，苏联下令按年度计划应复员的 120 万军人继续服役；9 月初，苏联恢复已与西方相约停止了一个时期的核武器试验，包括进行新型超强力的“超百万吨级”试验；9 月上旬，举行第一次公开宣布的华约国家国防部长会议；10 月上旬，在东德举行华约第一次大规模联合军事演习，等等。美国和北约方面重申西方在西柏林的权利不容侵犯；英法等国增加驻欧洲的军队；美国副总统约翰逊和第一次柏林危机时的驻柏林美军长官克莱奉命赶赴西柏林，为西柏林人鼓气；9 月，美国增派更多军队和飞机到欧洲；北约在中欧和地中海地区接连进行军事演习；西方军队还在西柏林大街上演习，并有意在柏林各区间进出，以示有自由通行之权；在谴责了苏联破坏停试协议后，美国也恢复了核试验。[②] 互相进行核威胁和核讹诈。在此期间，双方不时在东西柏林边界过

① 〔美〕弗雷德里克·肯普著，武凤君等译：《柏林 1961：肯尼迪、赫鲁晓夫和世界上最危险的地方》，中国青年出版社 2014 年版，第 144 页。

② 卫林：《国际关系史》第 9 卷，世界知识出版社 1995 年版，第 123 页。

境点上发生阻拦车辆、扣留人员等纠纷。有一个时期，美英和苏联的坦克炮口对炮口地仅隔一条街在东西区的交界两侧互相对峙，虽然谁也没动手，但气氛十分紧张，这样，持续近三年的第二次柏林危机达到了高潮。其实这支只有6500名美国士兵的12000人的盟军小部队，在一场常规战斗中，相对于离柏林很近的350000人的苏军，是毫无胜算的。但肯尼迪认为美国绝不能在这场冲突中示弱。对峙当时的午夜，肯尼迪召集高级安全顾问在白宫开会，肯尼迪的核战略专家确定在必要时向苏联实施核打击计划，先发制人确保摧毁对手，让它无力还击。可以说战争危机一触即发。

肯尼迪由于担心赫鲁晓夫在近期可能会采取军事行动，于是决定进行一次另一种类型的先发制人的核打击：肯尼迪决定公开以前一直保密的美国核武器库的规模、力量和优势等详情，以此显示美国的核支配地位。它将被传到赫鲁晓夫10月的党代会上，作为对赫鲁晓夫羞辱性的一击。

艾森豪威尔总统出于战术需要，没有透露过他所知道的苏联的军事劣势，因为他不想导致苏联加速武装。而面临危机的肯尼迪却力主为了美国的安全，美国必须展示美国的优势。肯尼迪认为在危机时刻这样做政治上是有利的。①

1961年10月27日，科涅夫元帅向赫鲁晓夫抱怨，在边界，美国坦克正在把炮口指向他们坦克的发动机，而且看来正在准备一场大行动。因此他认为赫鲁晓夫需要认真对待这种可能性：美国人可能会尝试毁坏苏联8月13日取得的成果。

赫鲁晓夫命令增派23辆苏联坦克进入柏林。科涅夫提醒赫鲁晓夫，如果他用这样的方式向美国挑衅的话，那么美国坦克“有可能会冲过来”，很有可能酿成战争。赫鲁晓夫坚持认为，西方“95%”不会为半个城市而冒险发动一场核战争。②

双方的博弈充分体现了战略博弈中的意志的较量。但无论如何示强，其目的都是迫使对方率先让步。而对于双方最为有利的次优解实际上是各让一步，寻求妥协，以避免有可能失控的大规模冲突的爆发。

美苏都不愿意轻率地走上武力冲突之路。双方的强硬言论和姿态，都只是为了有限的外交目标。苏联的目标是促成西方尽快缔结对德和约并使西柏林成

---

① 〔美〕弗雷德里克·肯普著，武凤君等译：《柏林1961：肯尼迪、赫鲁晓夫和世界上最危险的地方》，中国青年出版社2014年版，第397—398页。

② 〔德〕贝恩德·施特弗尔著，孟钟捷译：《冷战1947—1991：一个极端时代的历史》，漓江出版社2017年版，第114页。

为非军事化的自由市，从而巩固欧洲一分为二的现状和苏联在东欧的阵地。美国和西方盟国（或许西德有所不同）的目标主要是坚持其在西柏林的地位和权利，并无意强行实现德国统一。因此，双方存在着妥协的可能性。尤其是自20世纪50年代中期以来，由于热核时代战争的代价，美苏都不愿意为了有限的目标而冒核战争的风险。避免美苏战争早已是赫鲁晓夫的既定方针。肯尼迪和西欧盟国也不打算为德国问题而与苏联打仗。危机期间，双方都故作坚定，但又都留有余地地表明了这一点。赫鲁晓夫念念不忘战争危险，要求“依靠理性，而不是依靠热核武器的实力”，呼吁举行谈判。8月13日发表的华约国家“建议”东德进行边界管制的声明中，明确指出“这些措施不应触及西柏林和西德交通线的通行和监督的现行制度”。同一天，东德发布的执行命令中也强调：“关于西柏林公民沿在德意志民主共和国境内的交通线外出旅行，以前的决定仍然有效。”苏联和东德没有阻止1500名美军驰援西柏林，甚至也没有阻止当时访问西柏林的克莱等人乘军用汽车到东柏林走了一趟。这表明筑墙的目的不是取消西方在西柏林的权利和进出西柏林的自由。在此期间，赫鲁晓夫做出姿态，表示不再把1961年12月31日作为最后期限。

肯尼迪政府也留有余地。6月底，肯尼迪总统排除了前国务卿艾奇逊等人提出的采取大规模的军事调动的方案。在7月25日的声明中，肯尼迪在强调西方在西柏林的权利不容苏联单方面改变并宣布一系列坚定措施的同时，也表示要抵抗和谈判“两者兼备”，“美国任何时候都愿意谈判，只要谈判是有益的”，并说美国“承认苏联对其在中欧和东欧的安全的历史性的关切”，“相信可以作出有助于满足这种关切的安排”，美国“愿意消除在柏林存在的一切刺激因素”，要在“悄悄的探讨性会谈中，在正式的或非正式的会议上”寻求和平，只要苏联有真正谈判的诚意。[①] 美国所坚持的立场，实际上是一个维持西柏林现状的立场。当柏林墙建立后，美国进行了谴责，但没有什么行动计划，白宫甚至没有为此立即举行会议。美方认为“它不是进行一场战争的理由”，因为“迄今所采取的措施的目标是针对东柏林和东德居民，而不是针对盟国在西柏林的地位或出入西柏林的”，所以这“不妨碍西方强调的三个目标”[②]。8月底，肯尼迪在一次记者招待会上明确地指出：关于柏林问题，“我看不出它能通过武力解决”，

---

① 〔英〕D.C. 瓦特著，张德中等译：《国际事务概览1961年》（上），上海译文出版社1988年版，第237页。

② 〔美〕赛·利·苏兹贝格著，蒋敬译：《七大洲风云四十年——回忆录粹编》（下），天津人民出版社1979年版，第34—35页。

因此“应该努力共同制定出一项和平解决办法”①。

随后，美苏双方出现了一系列缓和迹象。10 月 6 日，肯尼迪会见了苏联外长葛罗米柯。赫鲁晓夫在苏共二十二大上也释放了寻求德国问题共识的表态。美国国务卿立即作出了积极回应。不久，赫鲁晓夫冻结了德国和西柏林问题。美苏关系得以再次缓和。

此后，美苏坦克还在东西柏林交界处发生对峙，但整个危机已近尾声。双方坦克不久撤退。

美国改变态度基于两点考虑：其一，肯尼迪政府强调美国必须采取切实的态度，接受两个德国的现实。肯尼迪强调“必须面对现实”，“美国并非无所不能”，批评那种“把谈判等同于让步。把僵硬态度当成坚定性”的观点是“走战争道路”的主张。11 月 25 日，肯尼迪在同赫鲁晓夫的女婿、《消息报》主编阿朱别依的谈话中说，美国希望与苏联保持 20 年和平；只要苏联无意于德国统一，德国就不会统一；苏联能够同东德签订它愿意签订的任何条约，但必须允许西方继续行使在西柏林的权利和自由进出西柏林；如果做到这点，就能在欧洲中心达成和平。②

其二，柏林墙严格限制在东柏林一侧。毕竟不影响西方三国出入柏林，不影响它们对柏林的占领制度，也不影响西柏林的政治制度和安全。经过一段时间的僵持之后，西方还是容忍了既成事实。肯尼迪看清了赫鲁晓夫在咄咄逼人之后的真实意图，“如果赫鲁晓夫真的要夺取西柏林，那么他又为什么非要建一座墙呢——这是他摆脱困境的办法。这不是什么好办法，但是一座墙总比一场战争要好得多”③。

然而，柏林墙进一步巩固了德国的分裂。但是，柏林墙使民主德国牢牢控制了东西柏林间的边界，防止了来自西方的颠覆、破坏和对经济的巨大冲击，防止了技术人才和劳动力的大量流失。“应该说，战后苏联对德政策所取得的成绩仅在于把德国问题‘从东西方紧张状态的焦点变成了东西方关系中的一个遗留问题’。或者说，只是保住了苏联在德国的既得利益，并在此基础上取得了一些量变意义上的新成就，而未能使欧洲心脏地区的政治格局发生质的改变。”④

---

① 〔美〕麦乔治·邦迪著，褚广友等译：《美国核战略》，世界知识出版社 1991 年版，第 498 页。

② 卫林：《国际关系史》第 9 卷，世界知识出版社 1995 年版，第 127 页。

③ 〔美〕弗雷德里克·肯普著，武凤君等译：《柏林 1961：肯尼迪、赫鲁晓夫和世界上最危险的地方》，中国青年出版社 2014 年版，第 324 页。

④ 于振起：《冷战缩影——战后德国问题》，世界知识出版社 2010 年版，第 293 页。

七、结　语

从战略博弈而言，一项战略启动或实施，必须对需要达到的战略目的有明确的认识。换句话，一方实施了一件对抗性战略，要对自身能力及可能出现的各种结果有一种评估。必须考虑结果与最初设想不一致的情况，必须对对方的可能反应心中有数，所有的结果都是互动造成的，一厢情愿往往被动。制定一项具有冲击性的政策时要有应对各种可能性的预案，才不至于虎头蛇尾，始乱终弃。而决策者在决策的时候，往往易于被现实和当前的威胁所缚，顾头不顾尾，高调开场，草草收尾，导致最后陷入被动。

苏联对德国问题的错误判断表现在两个方面：其一是对冷战后整个德国的发展和走向发生错误的判断。其二是对美国等西方国家抵制封锁的决心和能力发生错误的判断。[①] 苏联没有认识到在冷战的条件下由四大国共同管制的德国从分区占领走向正式分裂的必然趋势，仍一厢情愿地试图恢复德国形式上的统一。正是这种对冷战后德国走向的第一个错误判断，使苏联以为，只要凭借苏占区有利的地理位置，封锁柏林的交通，就能造成西方国家难以待在西柏林的条件，从而迫使它们在德国问题上作出让步。

苏联既没有估计到西方国家抵制封锁的决心，也没有认识到西方国家所拥有的抵制封锁的实际能力和手段。换言之，在它看来，西方国家似乎不会为了柏林甘冒同苏联发生军事冲突的风险。而且苏联还认为，在封锁的条件下，西方国家没有能力满足西柏林对生活和生产的各种需要。正是苏联对西方国家抵制封锁的决心和能力的第二个错误判断，使苏联迈出了封锁柏林的第一步。

在封锁伊始，美英两国便有人开始讨论使用军事手段。在首先考虑的用军队护卫方式通过陆路前往柏林的想法很快遭到拒绝后，他们决定至少应该派遣一些以“核轰炸机”闻名于世的波音B－27前往西德和英国备用。一旦柏林危机升级到不可控时，核武器的使用确实在考虑之中。克莱的参谋长克莱伦斯·许布纳建议秘密地、示威性地投下一枚原子弹，以恐吓苏联人。即便丘吉尔在当时也在考虑这种想法。但是，所有一切都没有发生。斯大林看到空运成功后，

① 张盛发：《再论与1948年柏林危机：缘起与结果》，冷战中国网，http：//fj. china. com. cn/t/%E5%86%B7%E6%88%98.

于 1949 年 5 月 12 日结束了对西柏林的封锁。[①]

柏林危机充分体现了冷战的特征：双方都使用或都想使用除战争以外的一切手段进行对抗与较量，双方在战争问题上都有妥协，但在其他方面都不愿意作出让步。美苏之争是典型的战略博弈。但双方又都在进一步明确了战略底线之后，找到了妥协之道。换句话说，表面上谁也没有妥协，但事实上都进行了让步。赫鲁晓夫的底线是东德，失去东德就可能失去整个东欧。而对于美国而言，底线则是保卫西柏林。为了留在西柏林，美国只能看着东柏林与西柏林因柏林墙而分隔。“在柏林墙建立那年，美国考虑到军事危险，明确地不再或较少将欧洲作为未来同苏联发生争执的地区。当欧洲的直接对峙暂时停止，并被隐藏起来时，两个阵营之间的军事斗争则在发展中国家展开。”[②]

柏林危机与后来的古巴导弹危机形成了冷战大国博弈模式：斗而不破。它表明在大国无战争而又无法诉诸战争时，要有更多较量的手段与方式，以实现制衡与突破僵局。

---

① 〔德〕贝恩德·施特弗尔著，孟钟捷译：《冷战 1947—1991：一个极端时代的历史》，漓江出版社 2017 年版，第 81 页。

② 〔德〕贝恩德·施特弗尔著，孟钟捷译：《冷战 1947—1991：一个极端时代的历史》，漓江出版社 2017 年版，第 121 页。

大国较量：U－2间谍飞机事件及处理

战略博弈中有一个理论叫囚徒困境。囚徒困境描述的是囚徒在困境中如何决策的案例。两个嫌疑犯作案后被警察抓住，分别被关在不同的屋子里接受审讯。警察知道两人有罪，但缺乏足够的证据。警察告诉每个人：如果两人都抵赖，各判刑一年；如果两人都坦白，各判八年；如果两人中一个坦白而另一个抵赖，坦白的放出去，抵赖的判十年。于是，每个囚徒都面临两种选择：坦白或抵赖。然而，不管同伙选择什么，每个囚徒的最优选择是坦白：如果同伙抵赖、自己坦白的话放出去，抵赖的话判十年，坦白比不坦白好；如果同伙坦白、自己坦白的话判八年，比起抵赖的判十年，坦白还是比抵赖的好。结果，两个嫌疑犯都选择坦白，各判刑八年。如果两人都抵赖，各判一年，显然这个结果最为有利。但一般情况下，由于两个嫌疑犯都缺少对另一方的信任，而且彼此之间没有正常的沟通，都担心出现对自己最为不利的结局：对方坦白而自己抵赖，所有的不良后果都将由自己承担。于是就都选择了坦白的做法。换句话说，如果两个人能够沟通或保持默契，他们都能够通过次优解的选择获得最佳结果。囚徒理论意在说明，无论是在个人还是在国家的选择中，往往难以达成对彼此来说的最佳选择。因此，如果缺少有效沟通，即使合作对对方都有利的情景下，保持合作仍然是困难的。

冷战期间，美苏两个大国因为U－2间谍飞机事件引发的风波就是囚徒困境的典型事例之一。

一、U－2间谍飞机事件出现的背景

从技术角度分析，艾森豪威尔入职之后，美国越来越感受到苏联的军备竞争压力。由于美国对苏联的导弹生产进展情况一无所知，甚至出现了因为不了解苏联真实状况而出现的导弹差距恐惧。美国国内政治舆论中出现的美苏“导弹差距”使美国政府迫切需要了解苏联的导弹、原子弹研制情况，甚至军事基地、通信设施等军事设备状况，以及时准确判断苏联的战略意图。

二战中，航空侦察已经成为盟国获取情报的主要手段，并逐渐取代了人力侦察。冷战开始后，由于苏联的防范，人力侦察获得的情报越来越少，所以要获得苏联的战略情报主要来自航空侦察。

1950年朝鲜战争爆发后，杜鲁门总统也曾授权对苏联进行有选择的越界飞行。1952年改装后的RB－47B飞机首次对苏联进行深度越界飞行。此后，美国使用新改装的RB－47E飞机对苏联进行越界飞行，但许多飞行都是在夜间进行并且都遭到了苏联米格飞机的拦截。这种状况一直持续到1954年。[①]

20世纪50年代初，苏联成功研制了萨姆－1地对空导弹，使这种飞行的风险变得更大。到1956年为止，美国在苏联上空共损失了10多架飞机和80多个机组人员。

另外，在U－2飞机对苏联进行航空侦察之前，1955年12月艾森豪威尔总统还批准了美国空军侦察气球计划——“吉妮翠斯计划”（Project Genetrix），美国空军一共释放了516个携带照相机的气球对东欧、苏联和中国进行航空侦察，但是只有34个气球带来了可利用的图像。由于苏联和东欧国家的强烈抗议和侦察效果的不理想，艾森豪威尔总统于1956年2月中止了这一计划。

艾森豪威尔就职总统后，美苏之间冷战持续深化。艾森豪威尔一直都非常担心美国遭受类似珍珠港式的突然袭击。1953年春，一份兰德公司的绝密研究报告指出：苏联可能一举摧毁战略空军司令部85%的轰炸机部队。[②] 1953年8月苏联进行了首次热核爆炸。尽管这只是某种热核类型的炸弹而非实际的氢弹，当量也只有20万～30万吨，与美国1952年当量为1000万吨的热核爆炸相比简直微不足道，但这表明苏联正在迅速地发展核武器。同时，苏联的新型轰炸机的发展也增加了美国遭受突然袭击的可能。1954年3月15日，美国《航空周刊》披露了苏联正在发展先进的涡轮桨远程轰炸机图－20“熊”式的消息。它的航程可达7600公里，如果执行单程的自杀性任务或采取空中加油，它可到达美国境内的许多工业区。[③] 苏联核武器和运载工具的发展日益缩小了同美国的差距，更加深了艾森豪威尔总统对美国遭到突然袭击的担忧。

---

① 于群：《新冷战史研究：美国的心理宣传战和情报战》，上海三联书店2009年版，第226页。

② Gregory W. Pedlow and Donald E. Welzenbach，The CIA and the U－2 Program，1954－1974，History Staff Center for the Study of Intelligence，Central Intelligence Agency 1998，p. 38. https：//www. cia. gov/library/center-for-the-study-of-intelligence/csi-publications/books-and-monographs/the-cia-and-the-u-2-program-1954-1974/index. htm.

③ 资中筠：《战后美国外交史——从杜鲁门到里根》（上册），世界知识出版社1993年版，第253页。

1954 年 3 月 27 日，艾森豪威尔总统在一次白宫会议上要求防御动员办公室的科学顾问委员会就可能的苏联突袭和减少这种突袭威胁的美国的技术能力进行评估。由于该委员会专门研究突然袭击问题，并寻找预防突然袭击的办法而成立的，所以这个委员会又叫作“突然袭击委员会”。[①] 1955 年 2 月 14 日该委员会完成了题为《应付突然袭击的威胁》的报告，简称基利安报告。这个报告的一项重要建议是把 U－2 飞机的生产和制造及用于航空侦察提到国家战略高度。这种飞机必须能够保持飞机高度，避开苏联的雷达和米格飞机的攻击。1954 年 12 月 22 日，中情局和洛克希德公司签署一份合同研制新型高空侦察机。

1955 年被称为实用飞机的 U－2 侦察机研制成功。美国洛克希德飞机公司制造的 U－2 飞机是美国中央情报局要求特制的进行间谍活动的高空侦察机。它全身漆黑，身长尾高，翅膀宽大，外形特异，是一种装有涡轮喷气发动机的滑翔机，能在近 3 万米的高空较长时间地飞行，每小时能飞行 800 多千米。美国制造这种高空侦察机是因为它能在苏联战斗机飞行限度 1.8 万米以上的高空清晰地拍摄地面照片。飞机上无任何炮火装置，只有透过机身下面的七个舱孔对外拍照的灵敏的红外线摄影机。这些摄影机能把宽 200 千米、长 500 千米的地面景物连续拍摄下来，洗印成 4000 张双幅照片，完全自动化。照片的清晰度几乎令人难以置信。照片经过高倍数放大后，判读人员可以认出飞机在 1.5 万米高空拍摄的报纸的标题。机上还载有能够从空气中测定核试验数值的装置和能够测定苏联雷达效能的仪器。生产一架这样的 U－2 飞机大约要耗费 1900 万美元。为了掩人耳目，美国对外一直说它是“观测气象”的飞机。1956 年 5 月，美国宣布把这种“气象观测”扩大到欧洲、土耳其和日本。

从政治角度来看，真正促使艾森豪威尔总统批准进行 U－2 首次飞行的原因，来自苏联对美国在 1955 年 7 月的日内瓦会议上提出的“开放天空”计划的拒绝。

1955 年 7 月 18 日至 23 日美、英、苏、法首脑参加的日内瓦会议，是二战结束以来第一次政府最高级会晤。在这次会议上，美国总统艾森豪尔先发制人对苏联提出了“开放天空”的计划。该计划具体构想如下：①交换军事蓝图和地图。分别由各个参加谈判的国家准备，在上面应详尽描述和准确注明在各国本土或其国外基地上不管什么类型的每一军事设施的特征。②每一国都应得到

① Report by the Technological Capabilities Panel of the Science Advisory Committee，U. S. Department of State，FRUS，1955－1957，Vol. 19，p. 41.

这些蓝图，并应根据一个协调一致的计划，在被视察区域的领土上，设置一定数量对外隔离的机场和分遣队。应就每支部队拥有的飞机、摄影机、维修单位和人员的数目，以及装备的数额取得一致意见。每支分遣队驻扎的地点和具体视察任务应由有关国家的合作行动决定。③应由参谋人员确定有关飞机的飞行高度、速度、降落程序、次数和飞行航线的指令和规则。每一架飞机得经批准在其机上人员中包括一名以上受视察国的代表。

美国的目的之一是通过空中检查、交换标明境内和海外基地所有军事设施特性和位置的地图，从而进行军备控制协议中的核查。这个方案对于美国来说是有好处的，因为此时美国的U—2飞机已经进入高级发展阶段，这样可以选择合法的飞行而不是选择入侵苏联领空。同时相对于苏联来说，美国是开放的，所以苏联从“开放天空”方案中得不到什么好处，而对美国来讲开放天空就意味着情报搜集的大丰收。毫无疑问，“开放天空”方案遭到了苏联的严厉拒绝。苏联认为这是间谍活动。

艾森豪威尔早就预料到苏联会拒绝这个计划，可以说，“开放天空”方案的被拒绝堵死了U—2合法飞行的途径，是促使艾森豪威尔总统批准U—2首次飞行的原因之一，而导致艾森豪威尔下定决心下达使用U—2飞机飞越苏联边境进行拍照侦察的命令的直接原因则是“轰炸机差距”对美国的冲击。

从1954年就有陆续报道苏联图—2000轰炸机的航程可达7600公里，如果执行单程的自杀性任务或采取空中加油，它可到达美国境内的许多工业区。米亚—4型轰炸机时速可达950公里，这就把美国远距离预警时间从四小时减少到了两小时。在1956年春天，空军领导人特文宁和李梅等人在美国国会作证时说，苏联“已经几乎消除了在空中力量方面与美国的差距。一批批飞机的出现，使他们在质量上接近了我们，在数量上超过了我们”①。

艾森豪威尔迫切需要了解苏联远程轰炸机和导弹的发展的准确情报，这是艾森豪威尔总统下令派遣U—2飞机对苏联越境飞行的最直接原因。

尽管艾森豪威尔批准了U—2计划每个阶段，但是仍担心越境飞行会损害美苏两国的关系从而导致敌对。中央情报局安慰总统说，一方面苏联的雷达不能跟踪这样高度的飞行，另一方面认为飞机一旦出事，将会机毁人亡，苏联根本拿不出有力的证据。U—2飞机的侦察计划是中央情报局副局长理查德·比斯尔制订的。1954年12月，比斯尔的工作班子被正式命名为“开发工程处”，领

① 于群：《新冷战史研究：美国的心理宣传战和情报战》，上海三联书店2009年版，第235—237页。

导与实施U－2的飞行。该处最多时有250人左右。1955年8月6日，由4架飞机、6名驾驶员、200名后勤人员组成的以苏联为目标的U－2机群，已经第一次部署在土耳其。最后建成了一支共有22架飞机的编队，所有飞行员都和中央情报局建立了合同关系。①

于是在1956年7月4日，艾森豪威尔总统批准进行了U－2首次飞行。

首飞出发是在西德的威斯巴登基地。西德基地制订的飞行计划是：直飞莫斯科，然后九十度角转向，飞向列宁格勒，再转向波罗的海沿岸，侦察整个海岸线地区的空军和雷达设施及搜寻野牛喷气式重型轰炸机的主要军用机场。② 至此，U－2飞机正式开始对苏联航空侦察的首航。

从1956年7月4日到1960年5月1日的4年时间里，艾森豪威尔总统批准了24次U－2飞机对苏联航空侦察任务，获得了大量关于苏联的战略情报。这些情报帮助艾森豪威尔政府消除了对轰炸机和导弹差距的疑虑，减少了美国对军事力量的投入。在对苏联和东欧国家航空侦察后，美国没有发现苏联9个远程航空基地部署野牛轰炸机，这就证明了苏联没有分析家估计的那么多的轰炸机。因此，政府可以削减美国空军增加生产B－52轰炸机的资金。③

美国国防部长盖茨曾承认这种侦察是“最好的情报来源”。前空军飞行员驾驶这种特别设计的黑色无国籍标志的飞机，从挪威、西德、土耳其、巴基斯坦、日本、阿拉斯加和其他地方起飞，在7万英尺的高空侦察苏联的空军基地、导弹发射台、潜艇船坞、工厂、公路、铁路、核试验场等：通过精密仪器接收苏联的电台和雷达信号；用四面转动的最先进的巨型照相机，能从12英里的高空拍摄到一名苏联将军的汽车牌照。利用U－2飞机在苏联上空飞行搜集情报曾被认为是美国中央情报局最出色和最成功的一招。中央情报局局长艾伦·杜勒斯曾说：“连苏联的一叶小草我都能看得一清二楚。”④

二、事件过程及处理

戴维营会谈后，1959年秋到1960年初，东西方都对国际局势的缓和抱有一

① 王绳祖：《国际关系史》第8卷，世界知识出版社1995年版，第456页。

② Eyes on the Bomb：CORONA，and KH－7 Imagery of Foreign Nuclear Installations. https：//nsarchive2. gwu. edu/NSAEBB/NSAEBB186/.

③ 于群主编：《新冷战史研究：美国的心理宣传战和情报战》，上海三联书店2009年版，第242页。

④ 王绳祖：《国际关系史》第8卷，世界知识出版社1995年版，第456—457页。

种乐观和期待。美英法邀请苏联参加定于 1960 年 5 月 16 日召开的四大国首脑会晤，而苏联也展现出新的和平诚意。1960 年 1 月，赫鲁晓夫宣布再裁军 120 万人。为了进一步营造缓和的气氛，赫鲁晓夫还打出牺牲中国利益的几张牌要求中国释放艾森豪威尔在戴维营提到的被中国俘获的美国飞行员，并在涉及中国主权和内政的台湾问题上向美国妥协。在中印边界冲突中公然站在挑衅的印度一边。但是他的所有努力都被一件暗中进行而曝光的突发事件而打破了。

这个事件起源于美国 U－2 间谍飞机对苏联的高空侦察。

自从 1956 年 7 月 4 日，美国新型 U－2 间谍飞机执行首次飞行以来，美国间谍飞机不断从苏联高空拍摄精确照片，在随后的四年中，U－2 飞机定期地飞往苏联。苏联人从雷达上可以捕捉到 U－2 飞机，但却不能将它们击落。对此，苏联曾向美国多次提出强烈抗议。但美国一直矢口否认，说美国根本没派“军用”飞机到苏联上空。美国的侦察飞行却依然继续。苏联除了例行公事般地抗议一下之外，不愿让外界知道他们不能控制他们的领空。美国人知道，U－2 在苏联的飞行违反了国际法，所以他们一方面获取大量情报，另一方面也不愿意对此事进行渲染。

然而，1960 年 5 月 1 日却出现了一次意外事件。这个事件被视为东西方冷战时期最具对抗性的事件。这一次苏联不仅击落了飞机，而且生擒了美国飞行员。

事件发生在 1960 年 4 月 30 日晨，像往常一样，美国总统艾森豪威尔的私人秘书安德鲁·古德帕斯特将军走进来，将情况简报晨版放在桌上。他提醒总统在巴基斯坦西部，中央情报局的一名飞行员正在等待起飞命令，进行一次例行飞行，侦察苏联情报，飞越禁地——苏维埃社会主义共和国联盟的领空，最后降落在挪威博多机场。

艾森豪威尔总统同意这次行动，同时指示时间必须选在 5 月 1 日之前，因为再过两个星期，艾森豪威尔与赫鲁晓夫连同法国和英国领导人一起将在巴黎举行首脑会晤。这是艾森豪威尔与赫鲁晓夫继 1955 年会晤后的第一次见面。而且巴黎首脑会晤将签署部分禁止核试验条约，这将成为冷战史上的重大事件。而且，6 月，艾森豪威尔还将进行轰动于世的苏联之行。

美国将本次侦察时间特意定在“五一”国际劳动节。美国认为“五一”是国际劳动节，苏联要搞庆祝活动，可能会放松警惕。而且这天天气晴朗，可以拍下清晰的照片。美国还知道，苏联将在这一天在斯维尔德洛夫斯克（今叶卡捷琳堡）附近的火箭基地上试验一种新式火箭，这种火箭比美国最大的火箭还大一倍。

在南亚的午夜。空军中尉弗朗西斯·加里·鲍尔斯登上了一架黑色的无任何国籍标志的飞机。南亚时间 6 时 26 分，起飞信号发出，鲍尔斯从巴基斯坦西部白沙瓦机场起飞。他的飞行路线是从巴基斯坦的白沙瓦机场出发，飞过苏联境内的咸海、斯维尔德洛夫斯克，再经过基洛夫、阿尔汉格尔斯克、摩尔曼斯克，最后飞到挪威的布德机场着陆。他的任务是侦察斯维尔德洛夫斯克发射架上的火箭，咸海以东的火箭发射基地，还有阿尔汉格尔斯克和摩尔曼斯克的海空军基地。经过 60 分钟的飞行，飞机接近了苏联边界领空。当 U－2 间谍飞机飞到斯维尔德洛夫斯克东南 20 英里的上空时，苏联的火箭部队发现了它。

在莫斯科，一阵急促的电话铃声把赫鲁晓夫从睡梦中惊醒，国防部长马林诺夫斯基元帅报告，一架不明国籍的飞机越过阿富汗边境，进入苏联领空。电话两端的人都清楚这架飞机来自何方。

赫鲁晓夫愤怒了，入侵苏联领空已是极端可恶，又偏偏选择在“五一”国际劳动节和离巴黎首脑会晤之前，他下令一定要把飞机打下来。

斯维尔德洛夫斯克军事基地部署着苏联新式的 SA－2 型导弹。鲍尔斯打开了相机和其他装置，飞机在无线电静默中飞行，与斯维尔德洛夫斯克城南部成九十度角盘旋。鲍尔斯的航程已逾一半。这时，一枚导弹击中了飞机。飞机瞬间失去控制，冒着黑烟迅速向下坠落。驾驶员鲍尔斯跳伞随后被苏联俘获。

5 月 1 日这一天，莫斯科上空阳光灿烂。一年一度的五一庆祝游行正在进行，赫鲁晓夫和其他苏联党政领导人在检阅台上观看阅兵仪式。苏联国土防空军司令比留佐夫元帅将 U－2 飞机被击落、飞行员被俘的消息告诉给了赫鲁晓夫。

照理，苏联生擒了一名美国飞行员，是一件令人高兴的事情，但是其实并不尽然。赫鲁晓夫不希望这个时候再引发美苏新的冲突。他即将访问巴黎出席四大国首脑会晤，也希望维持美苏和解的戴维营精神。这个时候突然来了一个不速之客，反而使他陷入选择的两难。私底下他期待艾森豪威尔能够跟他有一种默契，那就是大国之间最好大事化小、小事化了。突然爆发的这一事件给赫鲁晓夫出了一个非常棘手的难题。

在纽约，古德帕斯特得到消息后，紧急打电话到戴维营向艾森豪威尔总统报告：“我们的一架侦察机逾期未抵达降落机场，可能出事了。”这是自 U－2 飞机进行间谍飞行以来，艾森豪威尔最怕听到的一句话。

美国当局为了掩盖间谍飞机的真相，先后共发表了 6 次声明和 3 个照会。5

月2日，早晨，古德帕斯特告诉总统，U－2飞机的驾驶员仍然下落不明。中央情报局送来一份托词草稿；一架U－2气象侦察机的驾驶员在土耳其上空用无线电报告说，机上氧气出了麻烦，此后就失踪了。总统仔细阅读后，批准由国家航空与航天局发布。

5月3日，美国国家航空与航天局发表了一个声明，称该局的“一架科研飞机，于5月1日星期天上午9点左右（东部时间凌晨3点左右），在土耳其执行航空与航天局和美国空军的联合空中气象侦察任务时，坠落在土耳其凡湖地区……”[1]

5月4日，苏联共产党中央委员会在莫斯科举行秘密会议，讨论如何处理击落的美国间谍飞机。迟至5月5日，赫鲁晓夫才在苏联最高苏维埃会议上宣布U－2飞机事件。他说，苏联击落了一架侵入苏联领空的美国飞机，并谴责这是企图破坏首脑会议的侵略性挑衅行为。他说，美国对苏联的又一次侵略行动是预先定好在政府首脑会议前夕进行的。美国这样做是为了对苏施加压力。赫鲁晓夫谴责这种带有侵略目的的强盗飞行。他指责美国一直采取两面派的做法，一方面，它向苏联表示和平意愿，另一方面，他们在苏联的背后刺了一刀。[2] 他严重警告美国对巴黎会议的破坏和施压行为。他认为U－2飞机事件是单方面的、背信弃义的行为，其目的在于显示美国的优势。[3] 为了留有余地，赫鲁晓夫故意没有透露飞机被击落的具体地点和飞行员的情况。同一天，美国国家航空与航天局及国务院又发表了两则声明，重申了5月3日声明的内容。国务院的声明强调这次入侵领空的行为纯粹是偶然的，说什么该机在土耳其苏联边境地区进行大气层的气象研究，飞行员因氧气供应发生故障而迷失方向，飞机在飞行员失去知觉、用自动驾驶仪操纵而飞入苏联领空。对赫鲁晓夫的指责，白宫高级官员们的意见莫衷一是，有人主张反驳，有人主张沉默。艾森豪威尔拒绝会见任何记者，他要代理国务卿道格拉斯·狄龙和航空与航天局同时就U－2飞机事件发表声明。狄龙与艾伦一致认为话说得越少越好。

于是一份简短的声明送到了白宫发言人林肯·怀特手中。12时45分，怀特在记者面前照本宣科：“一架在土耳其阿达纳的U－2气象飞机，由民职飞行

---

① 王绳祖：《国际关系史》第8卷，世界知识出版社1995年版，第457页。

② 〔苏〕赫鲁晓夫著，上海国际问题研究所等译：《最后的遗言——赫鲁晓夫回忆录续集》，东方出版社1997年版，第668页。

③ 〔苏〕赫鲁晓夫著，上海国际问题研究所等译：《最后的遗言——赫鲁晓夫回忆录续集》，东方出版社1997年版，第671页。

员驾驶，下落不明。赫鲁晓夫先生宣称一架美国飞机在苏联被击落，它可能就是那架飞机。”国家航空与航天局的书面声明也称“一架 U－2 气象飞机在土耳其凡湖空域出现氧气故障”。但是这件事情出现了新的变化。

星期四晚上，美国驻苏联大使汤普森在莫斯科出席埃塞俄比亚大使馆举行的招待会。瑞典大使问苏联副处长雅可布·马利克，苏联将会依据《联合国宪章》的哪几项，在联合国提出飞机事件？马利克说还不知道，他们仍在审问飞行员。马利克的失言表明苏联已活捉了飞行员。汤普森匆匆返回使馆向狄龙发出了特急电报。可是，汤普森的电报比白宫发言人和航空与航天局的声明晚四分钟。如果早一点，这两个撒谎的声明就不会出笼。

5 月 6 日，美国驻苏使馆照会苏联外交部，要求苏联政府提供有关事件的全部调查材料和飞机驾驶员命运的情况。

5 月 7 日，苏联用事实戳穿了美国在 U－2 飞机事件中所编造的谎言。赫鲁晓夫在苏联最高苏维埃第五届五次会议的结束语中，公布了令美国十分难堪的事实：飞行员弗朗西斯·加里·鲍尔斯被活捉，并对驾机入侵苏联供认不讳：“我在苏联领空的飞行是为了搜集有关苏联导弹和雷达站的情报。”赫鲁晓夫声称，苏联准备把一些侵犯苏联领空的美国飞行员所携带和武装的盗匪用的工具，向各国驻莫斯科大使和外国记者展示，把鲍尔斯提交法庭审判。[①] 同一天，美国国务院说，根据美国总统下令调查的结果，已经查明，就（美国）当局而言，“没有授权进行赫鲁晓夫所描述的那种飞行”。国务院进而提出理由说，收集情报的活动对国家防御和防止来自苏联大规模突然进攻的威胁来说是必要的，并说 U－2 飞机“过去四年来”一直“沿着自由世界的边境飞行”[②]。

即使在这个时间，赫鲁晓夫仍然还在努力减少事件可能造成的更大损失。他一方面谴责美国给巴黎首脑会谈设置障碍，阻挠苏美签署条约。另一方面仍然想给美苏两国都留一个面子和回旋余地。显然，他的内心希望艾森豪威尔没有插手这件事，因而能使巴黎首脑会谈如期举行。他说：“我不怀疑美国总统艾森豪威尔的和平诚意。”“我非常希望总统并不知道 U－2 飞机这件事！”汤普森再次电告华盛顿；“赫鲁晓夫已经挑明了我们面临的窘境。我们是否应声明总统本人不知道这件事？”

最终，国务卿克里斯钦·赫脱建议发布一个半真半假的声明，承认四年来

---

① 《在苏联最高苏维埃会议上发表结束语 赫鲁晓夫列举大量证据谴责美国侵略行动 指出必须更加警惕和加强国防使部队保持战斗准备》，《人民日报》1960 年 5 月 9 日。

② BULLETIN of May 23，1960，*Department of State bulletin*，V. 42，Apr-Jun 1960，p. 819.

美国飞机曾沿苏联边境领空执行侦察任务，一架飞机可能进入了苏联领空，但否认这是华盛顿的命令。这样赫鲁晓夫可能会满意。艾森豪威尔虽然认为这“可能会被证明是又一个错误”，但同意“不妨一试”。

华盛顿的声明引起了强烈的反响。两国领导人出现了前面提到的囚徒困境。如果艾森豪威尔拒绝承认这是他的命令，而赫鲁晓夫也心领神会而不给予澄清，则结果对两个国家都是最为有利的，对于维持当时冷战刚刚出现的缓和气氛也是有益的，包括巴黎四国首脑会晤、部分禁止核试验条约等重要议题都可以得以继续。但两国领导人偏偏缺少基本的信任，而且在两个大国总统之间也没有基本的沟通渠道。艾森豪威尔认为，面对赫鲁晓夫利用“国际间谍飞机”事件摆出咄咄逼人的态势，撒谎不是高明的政策。一旦赫鲁晓夫在电视上拿出无可辩驳的证据证明美国总统确确实实批准了五一飞行，艾森豪威尔在世界面前的信誉将会丧失殆尽。而如果找替罪羊，最终也会自食其果，说明美国总统无力控制他的政府，世界人民也会担心低能的美国行政长官会引起第三次世界大战。

5 月 9 日，在捷克斯洛伐克驻苏联大使馆举办的招待会上，赫鲁晓夫猛烈抨击美国国务院星期六晚上的声明。“这就是他们对间谍飞机的解释——不能承认，又无法否认……”赫鲁晓夫甚至做美国驻苏大使汤普森的工作，希望美国不要把苏联置于难堪的境地，希望汤普森能够拉他一把。汤普森满口答应帮忙。[①]

可是在华盛顿，美国国务院以赫脱的名义发布了一项声明，承认 U－2 飞机的活动是艾森豪威尔亲自批准的。

5 月 9 日，美国国务卿赫脱向新闻界发表的声明成为这一事件的转折点。他重申了在核时代从事间谍活动的必要性，暗示由于苏联拒绝了“开放天空”的建议，又如此封闭，美国也只能采取这种办法。他强调说，美国有责任采取免遭“突然袭击危险”的必要行动。他声明，美国根据总统的指示发展了自己的空中监视计划，偶尔也深入苏联领空。声明暗示今后仍有可能向苏联派遣 U－2 飞机。

赫鲁晓夫在读完美国的最新声明后十分愤怒。他已作出姿态，不用 U－2 飞机谴责艾森豪威尔，可是这份声明表明艾森豪威尔蛮横无理。5 月 10 日，苏联政府就美国飞机对苏联的侵略，向美国政府提出了抗议照会。照会中说，“苏

① Michael Beschloss, Mayday: Eisenhower, Khrushchev, and the U－2 Affair, Open Road Media, 2016, pp. 185－187.

联政府采取一切可能的措施以导致国际局势正常化和健康化，而美国政府却在走另一条路。美国当局最近采取的行动的目的，显然是要把美苏关系拖回到‘冷战’最坏时期的状态，并且毒化最高级会议前夕的国际局势”。照会警告美国政府：“如果再发生类似的挑衅行动，那么，苏联政府将不得不采取对策。那些有侵略他国行为的国家的政府将要对由此而产生的后果承担责任。”[①]

5月11日，赫鲁晓夫在莫斯科举行记者招待会，猛烈抨击了赫脱的声明，并说“我非常震惊总统赞成这样的行动”。他说，赫脱的声明“使我们对我们过去得出的美国总统不知道这次飞行、美国政府不知道这次飞行这种结论的正确性发生了怀疑”。它“恰恰说明这个侦察计划是得到美国政府批准的”。同一天，艾森豪威尔也举行了记者招待会，他的声明使局势进一步恶化。他说，作为总统，为了避免“珍珠港事件的重演”，曾指示使用一切可能的手段收集必要的情报。他说间谍飞行是“令人厌恶的但又是必不可少的”。他以总司令的身份说，他认为美国有权保证它自己的安全，而不顾其他国家的利益，美国今后仍将继续这类飞行。[②]

5月11日同一天，星期三。苏联在高尔基公园展示了U－2飞机的残骸。赫鲁晓夫在现场发表讲话，对艾森豪威尔亲自下令对苏联进行间谍侦察感到非常吃惊，说只有交战的两国才这样干。与此同时，艾森豪威尔在华盛顿举行周三记者招待会，他没有看到赫鲁晓夫在高尔基公园的言论。他读了一项声明，谴责苏联利用U－2飞机事件扩大事态。

在此之后，赫鲁晓夫仍然在试图挽救U－2事件可能的后果。5月14日，赫鲁晓夫到达巴黎参加巴黎首脑会议的预备会。他在奥利机场着陆后发表声明说，“尽管一些有影响的集团企图重新挑起冷战”，但他的代表团要“竭尽全力使这次会议获得成功”。

5月15日，艾森豪威尔总统抵达奥利机场，在去官邸的路上，艾森豪威尔提醒国务卿赫脱：如果赫鲁晓夫把U－2事件带到首脑会议上来，他打算提议同他“对此进行私下会谈”。

会议开始前一天，赫鲁晓夫分别向戴高乐和麦克米伦递交了一份声明，提出了他对举行首脑会议的几项条件：艾森豪威尔必须把U－2飞行作为美国空军对苏联的不能允许的挑衅行动而加以谴责，艾森豪威尔必须宣布不再继续类

---

① 《苏联政府向美国政府提出照会　坚决抗议美机对苏联的侵略行动　警告美国：再有类似挑衅行动，苏联将采取对策，侵略国应承担后果》，《人民日报》1960年5月12日。

② BULLETIN of May 30，1960，*Department of State bulletin*，V. 42，Apr-Jun 1960，p. 851.

似的行动，总统还必须“严厉判决”那些对“用美国飞机预谋侵犯苏联边界”直接负责的人。除非这一切全都办到，否则他将不可能参加会议。戴高乐提醒赫鲁晓夫，艾森豪威尔很难如他所料地向他道歉，任何有责任心的政府首脑都绝不会这样做的。赫鲁晓夫坚持己见，说：“苏联也不是个二等国家，按人口和国土，苏联比美国还大。如果美国这样的大国可以不受惩罚地凌辱小国的话，对待苏联这样的大国就要打破这个惯例。”①

同一天傍晚，艾森豪威尔表示在即将举行的会议上，他无意向苏联作出任何承认，也不会为了挽救一次会议而把美国政府的手脚永远捆绑起来。

5 月 16 日，美苏英法四国首脑在爱丽舍宫举行预备会议。赫鲁晓夫、马利诺夫斯基、葛罗米柯等苏联代表进入会场后二三分钟，美国代表团进来。当时赫鲁晓夫态度冷淡。赫鲁晓夫和艾森豪威尔不顾外交礼节，互不问候也没有握手致意。在会议正式开始前，赫鲁晓夫宣读了向法国总统戴高乐、英国首相麦克米伦、美国总统艾森豪威尔的声明。声明中指出，美国间谍飞机对苏联的挑衅行为“粗暴地违背了缓和国际紧张局势和为最高级会议有效地进入工作创造必要条件的任务”，破坏了会议和达成各种协议的基础。声明要求美国宣布“它对挑衅政策——它把这叫做在我国领空自由飞行的政策——加以谴责，宣布放弃这种政策，承认进行了侵略，并且对此表示遗憾”。如果艾森豪威尔不能做到这一点，“除了把政府首脑会议大约推迟六个月到八个月的时间之外，再没有更好的办法”②。对此，艾森豪威尔作了简短的答复。他指出，这些行动并无侵略的意图，只是为了保证美国和自由世界免受突然袭击。他还辩解说，“事实上，这种飞行在发生最近的事件以后就已经停止了，并且不再恢复了”。他说，如果赫鲁晓夫的基本目的是不让他访苏，只要简简单单告诉他不受欢迎就可以了。他表示，“我来巴黎为的是同苏联一道寻求能达成排除一切形式的间谍活动，包括越境侦察的必要性的协议。我认为没有任何理由利用这次事件来中断本次会议”。他还提出了一项新的“开放天空”计划。他强调：“我们美国方面来到这里，是希望在这次会议上认真考虑各种重要问题。我们准备要么不再议论此事，要么在主要会议进行期间举行美苏双边会谈。”③

预备会议不欢而散。5 月 17 日，苏联拒绝了正式参加四国首脑高级会谈的计划。艾森豪威尔、麦克米伦和戴高乐发表一项声明，呼吁决不要以武力来解

---

① 王绳祖：《国际关系史》第 8 卷，世界知识出版社 1995 年版，第 462 页。

② 王绳祖：《国际关系史》第 8 卷，世界知识出版社 1995 年版，第 462 页。

③ BULLETIN of Jun 6，1960，*Department of State bulletin*，V. 42，Apr-Jun 1960，pp. 899—903.

决边界的重大问题。他们表示准备“在未来任何合适的时候”同苏联领导人重新谈判。

当晚，美国白宫新闻秘书哈格蒂发表总统声明，美国绝不会接受“苏联人的最后通牒”。

四国首脑会议宣告流产。艾森豪威尔访苏计划被取消。赫鲁晓夫表示待美国大选后再来考虑最高级首脑会议问题。首脑会议的失败，使美苏戴维营会谈所造成的和解气氛烟消云散。此后苏联退出了日内瓦裁军会议。

一轮新的冷战较量在美苏之间开始了。

三、结 语

U－2 事件可以归纳出这样几个特点：

其一，事出偶然，这个事件具有突发性和意外性。美国进行 U－2 飞机空中侦察已经多年，以往飞机从未被击毁过，更没有出现过飞行员被擒的情况。当时两国总体气氛缓和，都在准备参加巴黎四国首脑峰会，苏联还准备邀请艾森豪威尔访苏。艾森豪威尔同意这次飞行，也感到理亏和心里发虚，他特别提醒将飞行放在五一劳动节这种苏联可能疏于防范的日子，显然也是不想横生事端，破坏冷战以来两国出现的难得的缓和局面。艾森豪威尔事后承认这是他的失误。很显然，他是在国防部部长和中央情报局局长等官员的建议下才在此关键时刻作出派 U－2 飞机的决定的，而在这些官员眼中只有军事利益，往往不考虑这种收集情报的方式可能会对美苏政治关系产生什么样的影响。艾森豪威尔后来承认，这是他个人判断上的失误。[①]

其二，双方都希望掩盖真相，起码是部分掩盖，但最后事与愿违。按照艾森豪威尔的回忆，美国并没有想到苏联能够人赃俱获，而且活捉了飞行员。本来应该是一旦 U－2 飞机出事，爆炸装置就立即起动，不留痕迹地全部炸毁这架间谍飞机。但是最完美的技术却使他们上了当。[②] 正因为如此，当苏联宣布在苏联领土的上空击落了一架间谍飞机时，美国才敢大言不惭地立即发表正式公报，说这是一架迷失方向的气象飞机。当莫斯科发表公报说，鲍尔斯还活着，

① Michael Beschloss, *Mayday*: *Eisenhower*, *Kennedy and the U－2 Affair*, Harper and Row, 1986, p. 370.

② 〔苏〕罗·费·伊万诺夫著，朱荫枝等译：《德怀特·艾森豪威尔传》，新华出版社 1987 年版，第 206 页。

美国一下子陷入了难堪被动之境。对于苏联而言，面对美国公然的入侵侦察举动，赫鲁晓夫虽然试图进行低调处理，但在公开层面，它也别无选择。有分析认为，赫鲁晓夫也面临国内政治压力。对赫鲁晓夫的行动产生重要影响的问题，也许是对国内压力的忧虑，尤其是来自他手下那些将军们的压力。他们很担心赫鲁晓夫企图与美国达成和解，担心有人提出的削减苏联常规部队的建议会削弱苏联的国防能力。赫鲁晓夫在这次 U－2 飞机事件中持强硬态度，就是出于抚慰批评者、稳固个人政治基础的目的。[①]

其三，由于缺乏信任，双方都担心对方使自身陷于被动、难堪和颜面丧失的境地。这是美苏两个大国在冷战背景下缺乏基本信任导致事态升级的典型案例。在事件发生之前，双方刚刚开始接触，彼此既缺少了解，又缺乏信任。在冷战这样的大背景下，意识形态、政治立场和安全上都处于全面对立的状况，可以说两国无论是领导人之间和民众之间的关系基础都是十分脆弱的。两国关系缺少任何应对突发事件的经验和承受力。显然，改善苏美关系既没有经济基础，也没有条约法律的约束。刚刚起步发展的苏美关系所经受的第一个严峻考验，就给两国接触中这条尚不十分畅通的渠道一个毁灭性的打击，这就是美国 U－2 间谍飞机侵入苏联领空。飞机于 1960 年 5 月在斯维尔德洛夫斯克上空被击落。这次挑衅性的入侵，导致了苏美关系的急剧恶化，计划中的高级会议破产了。[②]

其四，由于缺少大国之间必要和正常的领导层沟通，导致事件不断公开化、发酵升级，最后失去控制。双方原本可以通过两个领导人之间的协商达成一个次优解，却由于冷战时期两个国家的敌对和互不相让的心理而使得小事件被夸大。美国明明冒犯苏联在先，但由于无法接受苏联暗示的和解方案，只能蛮横无理地与苏联较量下去。“虽然没有确切证据证明艾森豪威尔或赫鲁晓夫在故意挑起事端，破坏巴黎最高级会议，但从双方的做法上看，却似乎是在有意激怒对方。从这个角度上看，U－2 飞机事件集中体现了美苏双方在诸多问题上的对抗性。”[③]

整个事件既给世人留下笑柄，也给两国关系和国际格局蒙上了阴影。

---

① Michael Beschloss. Mayday：*Eisenhower，Kennedy and the U－2 Affair*，Harper and Row，1986，pp. 376－377，381.

② 〔苏〕罗·费·伊万诺夫著，朱荫枝等译：《德怀特·艾森豪威尔传》，新华出版社 1987 年版，第 206 页。

③ 〔英〕理查德·克罗卡特著，王振西等译：《五十年战争：世界政治中的美国与苏联（1941—1991）》，社会科学文献出版社 2015 年版，第 162 页。

事件发生后，赫鲁晓夫对艾森豪威尔失望至极，对与这位美国总统的任何见面不再抱有希望，而是试图寄望于美国新任总统。所以当肯尼迪当选后，第一次在维也纳与赫鲁晓夫见面，赫鲁晓夫告诉肯尼迪，在美国大选中，“我们投了决定性的票”。弄得肯尼迪一脸茫然。赫鲁晓夫得意地解释道：“我们一直等到美国选举结束后才释放了飞机的飞行员加里·鲍尔斯；这样我们就使执政党候选人尼克松不能声称他能对付俄国人。我们这个行动至少抵得上 50 万张选票，给肯尼迪先生创造了有利的条件。”[①]

面对赫鲁晓夫这种奇怪的苏联幽默，肯尼迪听后不置可否。当然，赫鲁晓夫的希望再次落空，在美苏竞争的大背景下，赫鲁晓夫与肯尼迪之间出现了远比 U—2 间谍飞机事件更大的冲突。那就是古巴导弹危机。

在 20 世纪 50 至 70 年代，苏联在其领空击落几十架美国侦察机。这一消息是美国广播公司同《美国新闻与世界报道》周刊共同编写的。它们断言，冷战年代，在对苏侦察活动中，至少有 24 名美国飞行员丧生，138 人失踪。[②]

① 扬子：《高墙作证——柏林危机纪实》，世界知识出版社 1997 年版，第 149 页。

② 〔俄〕霍赫洛夫：《162 名美国飞行员丧命于苏联领空》，俄罗斯《共青团真理报》2018 年 3 月 24 日。

第五编

大国博弈之本：利器之争

大国研制核武器秘闻

子曰："工欲善其事，必先利其器。"冷战开始前后大国之间的核武器之争即是战略利器的竞争。

战略法则强调，只有在竞争中抢占先机，才能在与对手的较量中谋求优势，只有占据先机，才能在较量中最终胜出。

其实利器之争就是核心竞争力的问题，当一国拥有了这个核心竞争力，有些较量不用开始，就已经胜负自定。

一些重要的优势领域不在于是否拥有，而在于是否能够提前或率先拥有，从而谋取到竞争优势和比较优势。无炮的时代，谁最早拥有火炮，谁就赢得了战场主动。美国领导人在二战刚刚开始的时候就能够高瞻远瞩，领时代之先，研制并掌握了重要的战略利器——原子弹。美国最先拥有核武器，并诉诸战争，改变了战争进程。而美国在二战后的优势地位也是因为他在战争期间就能够占据优势，占据了战略制高点，拥有了制胜的武器。

核武器研制是大国利器之争，是一场惊心动魄、一波三折的较量，也是决定胜负的关键一步。20 世纪 30 年代中后期二战的主要参战大国德国、英国、苏联、美国、日本都在从事核武器的研究，他们几乎处于同一个起跑线，有的半途退出了，有的被迫中止，有的则功败垂成，只有美国坚持着走向终点，成为这场竞争中的最后赢家。

一、美国启动研制进程

二战初期的美国远离战火，正在隔岸观虎斗，什么原因促使没有参战的美国开始从事核研制呢？这件事还得从一位名叫玻尔的科学家说起。

玻尔是 1922 年的诺贝尔物理学奖获得者，是与爱因斯坦比肩的量子力学专家。波尔是犹太人，正是因为玻尔的犹太人身份才使他与美国的核研制连在一起。20 世纪 30 年代初，希特勒一上台就开始了种族清洗政策。1939 年开始，丹麦被德国法西斯占领。任丹麦皇家科学院院长的玻尔于同年前往美国。此次赴美他带来了犹太科学家口口相传的两个消息：那就是德国人正在加紧进行核裂变反应——链式反应的研究；其二是德国禁止它所占领的捷克出口铀矿石。

德国威廉大学化学研究所的著名德国物理学家哈恩和斯特劳斯曼花费六年时间，在 1938 年 12 月成功地用中子轰击铀原子核的实验，终于出现了物理界期待已久的裂变效应。这是一项具有划时代意义的科学成就。德国科学家所取得的杰出成就成了头号新闻，迅速传遍世界。

1939 年 4 月 9 日，德国的杰出科学家普·哈塔克教授向陆军工兵署写信，提请他们注意铀研究应用于军事方面的可能，他曾指出：如果上述能量生产的可能性得以实现，首先用上它的国家将取得对别国的压倒性优势。4 月 30 日，纳粹召开了有六位原子科学家参加的研制铀设备的会议。在首都柏林还建立了“德国铀协会和德国原子俱乐部的研究机构”。铀协会成员——著名物理学家魏茨泽克教授主持“原子俱乐部的研究工作”。

1940 年初，哈恩和斯特劳斯曼的实验引起了德国军方的注意，铀既可作为一种能源也可以用来做成爆炸物。于是，研究工作就在军械局武器部的管辖之下，首先在柏林开始。由物理学家魏茨泽克、海森贝格、布雷格、施罗德等制订了德国的核研究计划。德国还开始禁止捷克斯洛伐克的天然铀向其他国家出售。

这种种步骤表明，德国人要抢先研制一种大规模毁灭人类的原子武器。希特勒已经拥有几百万装备精良、训练有素的党卫军再加上威力无比的原子弹，简直就如同猛虎添翼，欧洲和世界的前景就太不美妙了。①

关于原子弹的功能与作用，其实许多科学家都有预见。魏茨泽克在 1978 年的一份回忆录中回忆了 1939 年春天与奥托·哈恩一起讨论一种炸弹的可能性。哈恩认为“如果这种炸弹制造出来，并且希特勒是这种炸弹的唯一拥有者，那么对全世界甚至对德国来说将会是一件坏事”。魏茨泽克也认为“这一发现必定会根本改变世界的政治结构”②。

显然，德国的核武器研制已经领先一步，打下了良好的基础。德国采取了两项重大措施，其一是从国家层面设立专门机构加紧核裂变的研究，其二是德国已经采取措施，禁止德军占领下的捷克出口铀矿石。玻尔这样级别的量子物

① 修义嵩编写：《原子弹秘闻录》，军事科学出版社 1988 年版，第 2—3 页。

② 〔美〕理查德·罗兹著，江向东等译：《原子弹秘史：历史上最致命武器的孕育》（上），上海科技教育出版社 2010 年版，第 398 页。

理学家从这两则消息背后意识到了惊人内幕：那就是德国不仅完成了原子弹研究的科学实验阶段，而且已经开始进入原子弹研制的实际制作阶段。试想一下，以德国的军力、火箭技术再加上可以与火箭技术结合的原子弹，希特勒德国发动第二次世界大战将不再有任何悬念，将会以德军所向披靡而告终。不仅苏联、英国难以逃脱，美国也不可能幸免于难。波尔于 1939 年初前往美国后，将这一消息告诉给了同样流亡到美国的意大利物理学家费米和匈牙利科学家西拉德。

犹太科学家们被这个消息惊呆了。他们千辛万苦刚刚逃到以为是世外桃源的美国，眼看着又将再度落入希特勒的魔爪。从他们内心而言，任何国家拥有核武器都比德国拥有要强，当然如果美国能够拥有这个武器显然是最为理想的结果，总之，绝不能让德国成为核武器的赢家。形势十分严峻，而且迫在眉睫。自身的安危和科学家的责任心驱使他们努力行动起来，他们要说服美国赶在德国成功之前开发核武器。

在此情况下，由匈牙利著名科学家西拉德起草了一封写给美国总统罗斯福的信，西拉德还约请了包括爱因斯坦在内的一大批科学家在信上签了名。这封信阐明了原子弹的巨大摧毁力量和研制原子弹对美国安全的重要意义。

历史上的科技发明往往能够带来一个时代的变革，但在当时却未必能意识到。科学家们希望政治家明白，科技不仅是生产力，也是战斗力，更是核心竞争力。当然，科学家的先见之明并不等同于政治家的认识。在历史上科技的意义能否得到政治家的敏锐把握是一个国家能否取得长足进步和飞跃式发展的关键，但并不是所有的政治家都能够具有远见卓识。有时候即使意识到重要，也不一定能够推进和落实，更何况像原子弹这样的高科技。在当时，要想让军方和政治决策者能够理解铀裂变的战略意义还是十分困难的事情。

1939 年 3 月，物理学家费米前往华盛顿的游说以失败而告终，当时的一些美国官员如军械部长海军上将胡珀对这项战略研制态度十分冷淡，他认为这样的研究不过是一次赌博，他没有兴趣拨出一笔巨大的“赌注”。而且一些决策者甚至认为这一设想不过是科学家们想骗取实验经费的把戏。他们认为科学家为了获取研究经费渲染夸大某些科研项目的重要性是常用的方式。

时间刻不容缓。如果德国率先研制成功，难以计数的无辜生命将会丧失。科学家们决定鼓足勇气，直接上书罗斯福，他们推举有着旷世奇才之称的爱因斯坦担任说客。

说服罗斯福同意启动研制核武器的计划绝非易事。因为这是一个关乎战略大局的决策，在一定程度上与美国对二战的趋势判断相关。若美国可以免遭战争侵害，美国研制的动机就不会那么强烈，若美国是在等待时机准备参战又是另一回事。换句话说，如果美国决定研制核武器，那就意味着美国准备参战。因此，这个决策可不是一般的决策，而是事关战略全局。

爱因斯坦前后向罗斯福写过四封信，其中第四封信在送达之前罗斯福已经去世。其中最为关键的是第一封信。这仅有两页纸的信，对于美国而言具有极大的历史意义。这封信冷静而理性，没有任何情绪上的渲染，只是陈述了几个重要事实，并提出了合理的建议。爱因斯坦强调使用大量的铀来建立核链式反应堆，从而释放巨大的能量和大量的新型类镭元素已成为可能。这种新的现象将导致威力十分巨大的新炸弹的产生，仅仅一枚这种炸弹，就可能会摧毁整个港口以及周围的环境。美国只有很少量的铀矿石。美国需要迅速采取行动，确保铀矿石的供应，同时提供资金加速开始相关实验。

显然，这封信对罗斯福产生了一定程度的触动。罗斯福看信后，邀请传递信件的总统顾问、国际金融家萨克斯第二天共进早餐。对于总统罗斯福而言，他必须深入地思考这个十分陌生而又棘手的重要问题：到底应不应该接受爱因斯坦的建议？美国一定要发展核武器吗？即使美国卷入战争，美国既有财力物力的优势，也有常规优势，核武器对于美国似乎并不是那么迫切的事情，而且研制过程究竟有多长也是无法确认的事情！又要投入那么大人力和物力做这件事到底值得吗？

对于萨克斯而言，再从专业的角度解说已经没有必要，专业方面的事情爱因斯坦已经表达得十分清楚了。萨克斯只强调了一条，即如何在历史发展进程中把握先机。

萨克斯告诉罗斯福，英法战争期间，拿破仑在海上屡战屡败。这时，美国发明家富尔顿向他建议：把战舰的桅杆砍断，撤去风帆，装上蒸汽机，把木板换成钢板。拿破仑完全没有理解这样的创新有什么重大意义，断然拒绝了富尔顿这一能够改变历史的建议。历史学家们在评论这件事时认为，这是由于拿破仑缺乏见识而使英国得到了幸免。如果当时拿破仑郑重考虑富尔顿的建议，19世纪的历史就得重写。

萨克斯的这一段讲话是有深意的，给了罗斯福一个强烈的暗示：拿破仑不同凡响，最后还是失败了。罗斯福不应重蹈拿破仑的覆辙，应该超越拿破仑。罗斯福面临着开创历史的契机，关键在于如何把握。萨克斯的劝服十分有效，罗斯福沉默了几分钟后，终于痛下决心。

罗斯福当时被大量急迫的眼前事务缠身，之所以能够拨云见日，作出重大战略决策同意无法确定能够成功且需要巨资的项目，与力图说服他的人是世界顶级科学家爱因斯坦，再加上他作为政治巨人与众不同的惊人直觉密切相关。而这正是美国能够取得战略优势的关键。美国终于在二战爆发后短短的一个月内就作出了一项足以改变美国和世界历史的重大战略决策。那就是研制原子弹。

二、罗斯福的战略考量

研制核武器是美国二战前后作出的最为重大的战略决策之一，远远高出同时代其他国家。当然也高于苏联。研制原子弹可以说是美国成为世界大国的关键举措和先手棋。苏联靠牺牲 2000 多万人的生命铸就了世界大国的地位，而美国的战后地位却在一定程度上得益于原子弹。罗斯福连任四届总统，任职 12 年以上，对美国历史贡献卓著，不仅领导美国战胜了金融危机，还促使美国摆脱孤立主义，走向大西洋和太平洋的战争，同时又是把美国从地区大国推向世界大国的第一人。按照丘吉尔的说法，要论对世界历史的贡献，罗斯福在美国总统中应该排在首位。显然，决定研制原子弹也是美国能够在战争期间和战争后脱颖而出的重要步骤。而这一决定并非所有的政治家和军事家都能够作出的。

（一）美国面临纳粹德国的严峻挑战

虽然美国尚离战火很远，而且也没有确定以何种方式加入世界格局的角逐之中，但德国研制核武器的进程无疑是一个巨大的危机。而且当时原子弹的秘密并非不可揭开，随时都有可能被任何国家制造并掌握。而尤其以德国率先拥有这一武器最为致命。因为德国的综合军事科技能力最强，再配以核武器，将必然会独领风骚，称霸世界。而此时的德国又取得了一项重大突破，大约在 1942 年，哈塔克等人已经设计并建造了第一座反应堆，用于重水生产。重水是天然铀进行链式反应的理想减速剂。

更可怕的是，1942 年 6 月 13 日，德国成功研制出 V—1 型火箭，即“复仇武器 1 型”火箭的原型。这无疑是战争武器研制的重大发展。很快，20 岁就担任德国火箭研究所所长的著名火箭专家冯·布劳恩组织研究成功威力更大的 V—2 火箭（布劳恩后来被美国的人才搜救计划吸引到了美国，为美国服务）。他们制造的第一枚 680 公斤重的火箭，在试验中获得了成功。德国人在火箭技术方面遥遥领先。如果德国在这个时候再成功地研制出核武器的话，那就是如虎添翼。V—1、V—2 都可以用来携带核武器。

种种迹象表明，无论是从战场形势还是武器研制，德国都有可能占领先机，德国完全有可能抢先研制一种大规模毁灭人类的原子武器，并主导战争。人们都在讲人算不如天算，但德国偏偏是天算不如人算。

按一般推算，德国人应在1942年制造出原子弹。但是，它未能如期兑现。主要原因之一是减速剂受到破坏。当时美英联军对位于挪威的德国重水工厂进行突袭轰炸，成功地将其摧毁。

因此，对于美国而言，这是争分夺秒的时间的赛跑。更为重要的，美国的竞争不仅是针对德国，而且也是争夺时间的。

（二）美国必须获取竞争优势

优势只有在比较中才能更有意义。率先拥有就掌握了时间和机遇的先机，因此，要谋取先机就要谋取竞争优势，而竞争优势的关键就是先发、独特、唯一。无论是道路的选择还是领域的占据都是如此。当然，每一时代哪些优势领域和项目都是不同的，也是有限的，必须善加发挥和把握。

一些重要的优势领域不在于是否拥有，而在于是否能够提前或率先拥有，从而谋取到竞争优势和比较优势。无炮的时代，谁最早拥有火炮，谁就赢得了战场主动。显然，在科学家的劝说下，“罗斯福比绝大多数美国人更深刻地懂得，现代战争不仅是作战部队之间的格斗，而且是相互竞争的技术之间的一场格斗，他坚持要实现似乎是异想天开的生产目标”①。

美国最先拥有核武器，并诉诸于战争，改变了战争进程。而当核垄断被打破后，美国核能力被消解。而美国罗斯福总统能够听取科学家建议启动曼哈顿计划，是有远见的重大战略决策，甚至是决定战争胜负和美国成为战后世界性大国的重大决策。

（三）罗斯福的战略定位更高

美国从1940年开始正式研制原子弹，起步并非最早，但由于高层的重视以及各种有利因素的推动，成功捷足先登，并在二战即将结束时用于战场。其中原因值得深究。

首先，勇气和战略魄力必不可少。任何研制都没有绝对把握。美国也不能保障这一武器的研制能否成功，而研制需要投入巨资和人力，周期也可能较长，

① 〔美〕爱德华·雷利著，章正余编译：《罗斯福》，京华出版社2003年版，第189页。

是否能在战争中使用也未可知。某种程度上也是一种赌注。决策具有冒险性。历史上所有的重大决策都不可能具有百分之百的把握，都需要决策者的战略意志和魄力。当时，美国在芝加哥运动场地下的一堆铀235已开始成功地产生有控制的连锁反应。科学家一致认为，大规模扩展这一科研基础的时刻已经来到。但在第一枚炸弹制成之前，所需要的费用约20亿美元。成功的可能性估计是10%。[①] 而其成功的意义却是难以估量的巨大，所以罗斯福决定下这个赌注。

其次，战略远见是美国之所以成功的关键之一。如果我们看看1941年罗斯福与丘吉尔发布的《大西洋宪章》和《联合国家宣言》，就会知道罗斯福的志存高远。罗斯福绝不是一个停留在地区领导人层面的领导者，他的野心是成为世界级的领袖。美国在二战结束之前，就公布了罗斯福的世界蓝图，更说明美国准备利用地区强国的有利位置，一直以极大的战略耐心在敏锐地捕捉和谋划成为世界强国的时机。

美国当时并非参战国，也并没有面临军事上的急需。即使美国参战，也完全可以利用强大的海上力量和装备精良的陆军打赢这场战争。当时的美国并没有现实的威胁，甚至在二战很长一段时间内也不会面临本土的致命威胁。如果没有战略上的远见，美国是不可能下如此决心、调动巨大力量来研制核武器的。“罗斯福对德国人的担心，远不如对获得如此具有决定意义的一类新破坏工具的长期后果的担心。罗斯福的思考已经超越了为这场美国尚未卷入的战争开发原子弹。他在思考将会改变世界政治格局的军事发展。”[②]

因此，这一决定需要那种具有全局视野和战略卓识的人才能作出。这一决策显然不是立足于一时一事，甚至不是立足于一场战争，而是立足于美国在战争和战争后的全球性地位。

最后，罗斯福作为最高决策者对于核研制的重要作用是不容低估的。曼哈顿计划所涉及的系统性也是空前复杂的。最高决策者的重视有利于统筹协调、顶层设计，为调动一切有利的资源服务于核研制提供了有力的保障。

事后证明，罗斯福启动曼哈顿计划是一个决定性的先手棋。不仅对于结束二战和太平洋战争发挥了重要作用，更为巩固美国在全球的战略性地位打下了坚实基础。

耐人寻味的是，希特勒的德国原本是更有可能早于美国研制成功原子弹的，

---

① 〔美〕爱德华·雷利著，章正余编译：《罗斯福》，京华出版社2003年版，第193页。

② 〔美〕理查德·罗兹著，江向东等译：《原子弹秘史：历史上最致命武器的孕育》（上），上海科技教育出版社2010年版，第489页。

希特勒作为急于在战争中取胜的军事决策者，需要在战场上能够派上用场的武器。他急功近利，看中短期效应，因而没有从军事战略高度上坚持发展核武器。仅此一点，即足以证明希特勒只是一个战术家，而不是一个战略家，至少不是一个大战略家。当他得知德国物理学家不能保证在一年之内研制成功这一武器时，便对这一计划失去了兴趣，而更愿意相信德国火炮的威力。德国人没有抢先研制出原子弹的另一个重要原因，是希特勒把注意力转向无人飞机和火箭，在这些方面集中了更多的精力，因而没有对原子弹投入足够的财力、物力、人力。从科学水平看，当时德国比同盟国还占有微弱的优势，但 1942 年 4 月，希特勒签署了一项法令，明确禁止进行一切不能在战争期间为军事服务的科学研究工作。原子弹计划在德国的优先地位下降了。看来希特勒这个所谓的军事天才确实见识短浅，这导致他缺乏战略定力和耐心，出现了战略方向上的错误——当然这一错误正是人类的幸事。希特勒把手中的一张可能决定胜负的好牌随意给扔掉了。而美国却把握机会，把他扔掉的这张好牌抓住了。

一直在隔岸观火的罗斯福不仅在寻找最合适的时机介入战事，更在谋划战后的世界政治安排。同时，从战略上看，如何能够速胜和制胜，一招制敌，从而减少美国的成本代价也一直是这个政治家萦怀于心的议题。

与此同时，正因为这是一个具有一定赌注性质的决策，罗斯福在一开始的时候也表现得十分谨小慎微。在核研制的决定作出之后的两年时间里，美国的政策推进也不是一步到位的。虽然总统亲令，但美国军方和国会对花费巨资研发一种效果未知的新武器并不热心，1940 年美国政府只提供了 6000 美元的经费。区区 6000 美元对于核研制而言无异于杯水车薪。也就是说即使是罗斯福下了亲令，美国的原子弹研制在较长一段时间内也只是纸上谈兵，进展十分缓慢。如果不是某个偶发事件的影响，美国是很难在短期内成功完成核武器研制了，更别说在核武器研制竞赛中抢先研制成功了。

这个事件就是日本偷袭珍珠港。日本人的炸弹真正炸醒了美国人，神风敢死队的自杀式轰炸真正触动了美国的生死线。让美国明白一个道理：我不犯人，未必人不犯我。美国第一次深切地意识到战争不仅离美国很近，而且美国已经成为被战争打击的受害者。美国别无选择：要么坐以待毙，要么奋而反击。试想一下，如果没有日本偷袭珍珠港，即使有罗斯福的决策，各部门在执行上仍然大打折扣。果真如此的话，德国仍然有可能先于美国而研制成功核武器，世界历史将可能改写。这个事件带来两点启示：其一是历史常常是由偶然因素构成的。这就是人类预测未来的时候往往十分困难的原因。而且历史往往不是以某一个因素组成，而是由综合因素互动、由合力而构成的。其二是对手常常会以某种形式帮助你。历史的辩证法显示，在历史的关键节点上，推动一国发展的动力也许不一定来自它的合作伙伴，反而来自它的对手。虽然帮助它的方式可能是残忍的、也是一方不愿意接受的。对手国通过设定陷阱、打击、诋毁换来了一国的猛醒。日本就是这样一个对手。

虽然日本的初衷绝不是为了帮助美国，但其行为促成了美国痛下决心，结束旁观的历史，参加到二战中来。

这一次军事打击使美国上下尤其是国会和总统意识到全力研究原子弹的紧迫性和必要性。日本的偷袭发挥了“动员令”的作用，成为美国加速原子弹研究的转折点。其后，发展科学、军事、工业三位一体计划，便成为美国战略武器研究的一个特色。

三、苏联的核研制

苏联核研究起步是比较早的。在 20 世纪 30 年代初期，苏联就已建立了三个核研究中心，列宁格勒有两个，哈尔科夫有一个。研究重心在列宁格勒。

苏联在 1939 年设立了“铀委员会”，它比罗斯福总统批准成立的“铀委员会”，即曼哈顿计划的前身还要早一年。早在 1938 年，列宁格勒镭研究所完成的一项研究就表明，只需要几公斤的铀 235 即建造原子弹所需的同位素，就可以进行一次持续连锁反应的核爆炸。根据 1939 年的互不侵犯条约，苏联同德国进行了大量的经济交流，而库尔恰托夫当时注意到了纳粹的核研究，努力利用这一有利时机。当时年仅 36 岁的他及其 3 名同事同时向铀委员会提交了一份原子工业“速成发展”的计划。[①]

苏联是较早掌握德国进行锚裂变军事情报的国家之一。苏联情报机关帮助与德国化学家奥托·哈恩一起工作的犹太化学家莉泽·迈特纳从德国逃出来。作为报答，她曾将这个重要秘密告诉了苏联。

斯大林被德国人铀技术的进展震惊了。但当时苏联国内开展了大规模的肃反活动，使数以千计的红军元帅、高级将领、党中央委员和各方面的著名人物被打成外国的间谍加以处决。苏联许多著名的科学家、特别是一些物理学家、

---

① 〔美〕塔德·舒尔茨著，中国军事科学院外国军事研究部译：《昨与今——战后世界的变迁》，东方出版社 1991 年版，第 158 页。

化学家被投进了西伯利亚的集中营。

1938年初，斯大林派出权威人士，走遍各个集中营，把这些被禁锢的科学精英一个个发掘出来，集中到设在西伯利亚荒野中的实验基地，由库尔恰托夫和卡尔察主持工作。[①]

然而，1939年3月，希特勒背信弃义地撕毁《慕尼黑协定》，出兵捷克，侵略欧洲。战争乌云密布，苏联受到了严重的战争威胁。

此后，苏联也采取许多相应的紧急措施。研究原子弹的科学家被召到莫斯科开会，商讨如何加快研制的步伐。会上，强调苏联的安全将取决于能否拥有原子弹。

会议在克里姆林宫召开，由斯大林亲自主持。这就足以说明了会议的至关重要性。斯大林强调争取四年内造出原子弹来。苏联政府为此成立了苏联铀研究委员会。库尔恰托夫被任命为“铀计划”的科学负责人。

会后，各研究机构、实验基地的工作更紧张了。斯大林还派出了专门的代表，经常督促已经相当疲劳的研究人员再努力，争取按时完成最高统帅所规定的任务。

列宁格勒镭研究所很快完成了一项研究，表明通过在快中子中的持续链式反应，只需几克的铀235，便可实现核爆炸。这时苏联核研究的困难，就是没有铀235，也未发现苏联的铀矿床。苏联科学院的一些科学家写信给斯大林，请他批准立即发展铀爆炸物。

1939年9月，希特勒以300万精锐部队对苏联发动了闪电战，苏联的许多工厂和重要的研究机构需要向乌拉尔山区搬迁。列宁格勒的核研究中心也需要东迁。物资供应也极端缺乏，研究步伐大大放慢了。专家们也把这种情况向斯大林报告了。[②] 显然，战争的突然爆发使苏联早已开始的核研制计划无法顺利继续下去。

第二次世界大战爆发后，贝利亚、内务人民委员会主席、库尔恰托夫、科学院院士兼首席科学顾问谢苗诺夫直接负责核研究工作，开始了大规模寻找铀的工作。这是苏联原子弹项目简单的开端。苏联原子弹之父库尔恰托夫在1940年曾试图向德国购买一公斤铀。1942年斯大林通过派往美国的间谍获知有一个曼哈顿计划时，他召集了主要专家询问“有关苏联制造原子弹的可能性以及是

---

① 修义嵩编写：《原子弹秘闻录》，军事科学出版社1988年版，第5页。

② 修义嵩编写：《原子弹秘闻录》，军事科学出版社1988年版，第6页。

否能加快速度”。

纳粹入侵苏联推迟了苏联的核研制计划的速度。但斯大林命令以最大努力不惜代价加速这一研究计划。“铀计划”是苏联原子弹研制工作的基础，有 6 个部为这一新兴核生产基地提供支持。该计划始终处于保密状态，直到 1949 年，苏联原子弹试验爆炸后美国才得知这一情况。事实上，美国战后的政策是根据错误的假设作出的，即苏联缺乏铀，因而在 10 年或更长时间内不可能生产原子武器。

如果说二战前苏联的核计划还处于试验研究阶段的话，按照莫洛托夫的回忆，苏联是在 1943 年正式恢复或重新启动核武器发展项目的。但当时包括卡皮查等院士认为，苏联还没有准备好，原子弹不是这次战争中使用的武器。是更为年轻的、名不见经传的库尔恰托夫承担了苏联原子弹的研制工作。① 美国学者罗兹也认为，1943 年，苏联透过一些间谍情报得知英美已经在进行一项高级计划时，它才投入了有限的人力、物力。② 但这样的投入对于核研制而言是远远不够的。加之战争的缘故，苏联的核研制可谓步履缓慢，无法跟上美国的步伐。

仅就研制而言，苏联方面也是滞后的。苏联的原子中心被美国中央情报局描述为“一个由矿山、工厂、试验基地、机场、城市和仓库所组成的巨大密集体，它分布在上百平方公里的土地上，按照暂时特殊安全进行保护”。1943 年，当纳粹军队开始后撤时，库尔恰托夫将其总部搬回莫斯科。正是这一时期，由于缺乏铀，苏联决定用钚作为原子弹的主要裂变物质。但据美国中央情报局的调查，苏联当时已经在阿尔泰山和突厥斯坦地区找到了铀矿储量，只是一直秘而不宣。③ 在 1944 年，苏联开动了第一台回旋加速器在试验室生产钚，该年末，库尔恰托夫的兄弟、化学家鲍里斯生产了第一批钚。1945 年初，库尔恰托夫完成了他的试验室试验，接着建造了一个铀反应堆，生产武器级的裂变物质。当苏军开进捷克斯洛伐克和东德时，从捷克的普日布拉姆和亚希莫夫矿山以及东德的萨克森矿山向苏联运送铀矿成为苏联的头等大事。④

---

① 〔苏〕费·丘耶夫著，王南枝等译：《同莫洛托夫的 140 次谈话》，新华出版社 1992 年版，第 97 页。

② 〔美〕理查德·罗兹著，江向东等译：《原子弹秘史：历史上最致命武器的孕育》（上），上海科技教育出版社 2010 年版，中文版序，第 4 页。

③ 〔美〕塔德·舒尔茨著，中国军事科学院外国军事研究部译：《昨与今——战后世界的变迁》，东方出版社 1991 年版，第 159 页。

④ 〔美〕塔德·舒尔茨著，中国军事科学院外国军事研究部译：《昨与今——战后世界的变迁》，东方出版社 1991 年版，第 160 页。

1945年6月15日至7月6日，一个由16人组成的美国科学家代表团应邀前往莫斯科参加苏联科学院220周年庆祝活动。这个考察团的报告称未发现苏联原子计划的迹象。因为苏联重要的科学家都在参加活动，且允许美国代表团参观他们的工作。但就在美国向日本投掷原子弹之后，斯大林要求苏联科学家加快研制的步伐则是确认无疑的。《时代》周刊记者7月27日发自莫斯科的报道称，物理学家们都不见了，这恰好是在杜鲁门向斯大林透露原子弹的信息三天之后。显然，苏联感受到的压力越来越大，他们从战火中赢得的优势不仅可能被原子弹所抵消，而且将被美国的军事优势全面超越。苏联晚一天拥有核武器，美国所拥有的绝对优势就会多一天。①

二战的结束为核计划腾出了充足的经济资源，斯大林重新将核计划命名为"博罗季诺"，这个名称是1812年俄国与拿破仑交战的地方，任命贝利亚为总指挥，库尔恰托夫为高级科学家，鲍里斯·利沃维奇·弗哥特为技术监督。到1946年，"博罗季诺"成了由全苏工业和军事机构所支持的超部级职能部门。1946年末，斯大林在黑海索契召开的一次秘密会议上指出"原子弹是战争最廉价的手段"，并规定1947年为导弹试验的最后期限。

1949年6月，库尔恰托夫终于成功试验了原子弹。②

四、日本的核武器研制

日本也想制造原子弹并且在二战期间加紧研发活动。日本的核野心之所以遭遇失败，只是因为缺少金属铀和钚。

1938年12月，德国化学家奥托·哈恩和弗里茨·施特拉斯曼发现核裂变后，发达国家的物理学家们很快就认识到了这一发现的军事用途。日本也是如此。玻尔和爱因斯坦的朋友、日本科学家仁科芳雄早在1939年就提出了将这一新发现进行军事应用的可能性。但直到1941年，仁科芳雄才接到官方委托研究制造核武器。在仁科芳雄研究的同时，日本海军也展开了单独的核武器研究。1943年3月，日本海军在首份研究评估报告中说，虽然制造原子弹在理论上是可行的，"但估计就连美国也很难在战争中实现对原子能的使用"。基于这一预

① 华庆昭：《从雅尔塔到板门店——美国与中、苏、英：1945—1953》，中国社科出版社1992年版，第58页。

② 〔美〕塔德·舒尔茨著，中国军事科学院外国军事研究部译：《昨与今——战后世界的变迁》，东方出版社1991年版，第161页。

判，日本海军对核武器项目失去了兴趣。

然而，日本陆军并未放弃。上述报告出后不久，陆军就启动了通过气体扩散法分离铀235的实验项目。但该计划依旧毫无成果。在此期间，日本人还发现缺少实验所需的铀矿石。科学家们原以为，日本的铀矿能提供充足的高质量铀矿石——至少需要两吨，但这是一个误判。因此，日本部队的所有指挥官都被要求在各自辖区内寻找合适的原料。就连日本的盟友德国都被问到能否提供铀矿石。虽然最终搜集到一些原料，但只够在1944年制造出一枚米粒大小的六氟化铀晶体。陆军的实验室最终被美军的轰炸摧毁，而且直到战争结束都未获得重建。以组织者仁科芳雄名字的首字母命名的“N计划”失败了。

在此期间，1943年3月放弃了核计划的日本海军重新转向。1943年秋，在认识到战争形势对日本越发不利后，日本海军开始与京都大学联合实施“F计划”，F为“核裂变”（fission）一词的首字母。该计划由日本著名核物理学家荒胜文策领导实施。他准备通过高性能离心分离机制造铀235。但巨大的技术难题和铀矿石供应量过少导致该计划在剩余时间内也未能获得成功。最终，荒胜文策不得不承认，他的离心分离机远远达不到每分钟旋转10万次的转动速度。因此“F计划”也宣告失败。但与“N计划”一样，“F计划”也已进入制造原子弹的初级阶段。①

日本的核研制也在1942年正式启动，1942年7月8日，日本海军军官俱乐部举行了核物理成就利用委员会第一次会议。会议的焦点集中在两点：第一，原子能能不能用于军事目的；第二，日本在这次战争中是否能把核武器造出来。日本已经完全具备制造原子弹所需要的物理学和工程学知识。但对于日本而言，原料问题是一个难题。1943年底，德国曾向日本提供用于研制的铀原料，这艘装载铀原料的潜艇在航行至马来西亚的马六甲海峡时，被美军舰艇发现并击沉，日本军方的核梦想化为泡影。

历史学家判断，假如驶向日本的装载氧化铀的德国潜艇不被炸沉，日本很可能会拥有原子弹，果真如此，当美国向日本投掷原子弹，日本也可能用原子弹还击美国。或许，美国慑于日本的核能力，而无法对日本进行核打击了。当然，这只是一种假设而已。即使日本有了少量的铀原料，也未必能制造出核武器来。

---

① 〔德〕汉斯·吕勒：《日本天皇当初要制造原子弹》，德国《世界报》网站，2013年8月15日，转自《参考消息》2013年8月20日。

五、美国研制终获成功

正在德国和日本等协约国疯狂地展开核竞赛的时候，美国的曼哈顿计划可谓正当其时。美国虽然耽误了一些时间，但是一旦启动，便爆发了惊人的能量。1942年成立了美国、英国、加拿大三国共同研制原子弹的委员会，同年8月制订了研制原子弹的“曼哈顿计划”。该机构设在纽约，代号为“曼哈顿工程”。

该计划花费20亿美元，到最后直接动用人力60万人，其中专家达几千名。这是一项高度机密的工程，直属美国总统罗斯福，任何人不得干预，甚至连副总统都不知道它的全盘秘密。也就是说连后来决定对日本使用核武器的杜鲁门当时都被蒙在鼓里。东西前线最高指挥官艾森豪威尔、麦克阿瑟也仅仅是在对日投掷原子弹的两三周前才得到准确消息。

“曼哈顿工程”总负责人是格罗夫斯将军，实验基地的负责人由年轻有为、具有战略眼光和洞察力同时也具有卓越组织力的奥本海默担任。奥本海默也由此成为人类历史上的原子弹之父。

参加“曼哈顿工程”的人有费米、泰勒等世界第一流的数学家、物理学家、化学家。值得注意的是中国女物理学家吴健雄也是曼哈顿计划的成员。该计划可谓是云集了世界上顶尖的科学家。但是爱因斯坦本人却被排斥在这一计划之外。1941年，曼哈顿工程开始时美国军方向联邦调查局递交了一份入选科学家名单，包括爱因斯坦，可他最后却没能通过“政审”，被刷了下来。联邦调查局局长胡佛说爱因斯坦“在短时间内摇身变为忠诚的美国人，看来并不可能”。在他授意下，联邦调查局从此开始监视爱因斯坦的邮件和电话，甚至分析他家的垃圾，直到爱因斯坦去世。

1945年7月，美国终于成功研制原子弹，并迅速制造出三枚原子弹。一个月后的1945年8月，将三枚成型原子弹中的两枚投向了日本。日本宣布投降，美国独占日本，开启了太平洋新的政治进展。

六、核武器研制经验总结

美国研制成功核武器有赖于天时、地利、人和三大因素的综合结果。

在世界性的原子弹研制竞赛中，德国虽然拥有足够的人力和设备以及率先研制的有利条件，但终因不得人心，阻力重重，加上最高决策层没有高度重视，导致进展迟缓，错失良机。英国各方面的条件仅次于德国。苏联起步较早，研究工作有一定基础。然而英、苏的国家领导人虽然十分重视，也有战略性设计和系统规划，但受到激烈的战争的影响，研究材料缺乏，研究条件不利。因而，英、苏两国研究计划虽有实质进展，但都中断了。后来英国与美国联合研制核武器。

美国则得益于三大优势：

（一）天时

大战正酣，包括苏联、德国、英国、日本等从事核武器研制的世界大国都卷入其中，唯有美国偏安于大洋彼岸，超脱于战争之外。战争成为了美国的战略机遇。战争本身也刺激还没有参战的美国加快研制进展，可以说战争成为了美国研制核武器的催化剂。战争的惨烈和巨大的破坏性反而给美国提供了一个可以利用战争危机获取人才和阻击协约国推进核计划的有利时机。

当美国决定制造原子弹的同时，也在阻止纳粹德国生产原子弹的计划，美国情报人员发现了位于挪威的重水工厂，美军和挪威爆炸小组对该厂进行了多次破坏。德国唯一的重水工厂“努斯克海多”设在挪威南部韦勒马克省的威莫格地区，是当时世界上最大的重水生产厂。

1943 年 2 月 28 日，英军一个爆破小组在达里留坎用炸药将德军欲运走的、重水工厂需 1 年时间生产的 450 公斤重水全部毁掉。随后马歇尔将军命令欧洲盟军第八轰炸机联队的机群，对“努斯克海多”工厂进行了大规模的轰炸。此后，美机多次进行轰炸，纳粹德国已无法在此继续生产重水了。

1944 年 2 月 7 日，在挪威的情报小组向伦敦的英国特工部门报告说，整个重水工厂设备和储存的 1100 多公斤重水，将由“海德”7 号轮船经由米厄斯湖运往德国的汉堡港。英国派出了经过特别训练的小组，用定时炸弹将该舰炸沉。船上载的人员、部分机器设备和重水沉入湖底。希特勒的原子弹计划又一次受到沉重打击。

盟军飞机的轰炸也起到一定干扰、破坏效果。原先，原子弹的研究工作机构相当一部分设在柏林。1944 年下半年，威廉大帝学院物理研究所和柏林工业研究院物理研究所被迫由柏林搬迁到施塔梯尔姆，包括实验铀反应堆在内的设施也搬迁到斯图加特附近的海格洛赫。提炼金属铀的德古萨公司在法兰克福的工厂也被破坏。

同时，战争需要巨大的财力投入。战争机器启动之后，就成为财政上的无底洞，一些研制核武器的国家都不再有足够的财力来支撑核武器的研究。

日本在美国研制成功原子弹之前，始终没有放弃核武器的研制。日本军方也一直试图拼力一搏。但无奈天时、地利、人和一样也不占。在战争进程之中，日本也曾多次想以原子弹或类似武器来扭转败局，但天不佑日，它碰到了更为强大的竞争对手。

1944年6月，塞班岛一役，美军给日军所谓的“攻不破的边防线”致命一击，日军陷入巨大的颓势。东条英机和一些军事狂人要求日本在1944年内研制成功原子弹以挽大厦于将倾。

然而，1945年4月，美军远程轰炸机对东京进行了持续轰炸，日本用于试验的空军科研大楼被炸飞，所有的实验设施和条件都毁于一旦。研究成果也化为灰烬。7月，日本原子弹研究小组的报告认为：日本已无力制造原子弹了。在原子弹研制的国际竞赛中败下阵来。虽然日本还在中国东北哈尔滨、长春等地制造灭绝人性的生物武器，但随着战争进程的不可逆转，这些武器也已经派不上用场。

值得深思的是，就在美国投掷原子弹之后的两天后，日本军方仍在渴求日本科学家能够创造奇迹，并为他们提供最后的救命稻草。安田竹生教授、荒胜文策教授、大阪的浅田常三郎教授等几位物理学家被请到日军大本营。军方代表似乎对原子弹被炸后的惨象不感兴趣。却出人意料地问：“你们这些专家能不能在半年内同心协力搞出原子弹来？我们将宣布所有参加这项工作的人已死于空袭，并为你们设立假墓碑，而实际上送你们去长野。在长野的山中将用花岗岩为天皇建造一所地下堡垒。一旦美军登陆，日本军队和民兵将不惜任何代价坚持6个月。如果在这段时间内你们能赶制出原子弹，即使没有运载工具，我们也可以炸毁被美军占领的基地，使战争的进程有利于我们……”

二阶义男这位日本第一流的核权威忍不住地说：“不要说6个月，就是6年也不够。我们既没有铀，又没有电，我们什么也不能干，……”这无疑给了疯狂进行战争的法西斯军人一个沉重的打击。

当科学家们离开大本营时，田村丰吕海军上将还咄咄逼人地嚷道：“原子弹必须继续试验！即使这次战争来不及用上，也要在下次战争中用上……”①

（二）地利：美国本土拥有两洋之隔，独占地理条件的优势，远离战场

虽然珍珠港遭日本袭击，但美国很快向日本宣战，并将战火推离美国本土。

① 《世界博览》编辑部编：《世界博览精选》（三），世界知识出版社1988年版，第103—104页。

在核武器研制的过程中，美国本土具有得天独厚的安全优势，可以免遭外来入侵的干扰。当时进行研制的苏联和英国都陷入战火之中，德国与日本主要精力放在侵略战争上面。唯有美国可以相对从容地进行这一历史性研究的准备。而且美国地大物博，各类原料十分充足。最终异军突起，后来居上。

（三）人和：美国得到了世界范围内杰出科学家的鼎力合作

1933 年，战争狂人希特勒依靠阴谋手段当上了德国总理，他一上台就开始了疯狂的种族迫害，主要迫害对象就是生活在欧洲各地的犹太人。1938 年，希特勒发动了第二次世界大战，他在德军占领区全面实施“灭绝犹太人”的血腥计划。在这一时期，从欧洲纳粹占领区逃出来的大批科学家背井离乡流落到美国，总计有 2000 多位欧洲著名科学家和工程师。他们是欧洲科学的精华，在这些人当中有被称为相对论之父的德国著名犹太人科学家爱因斯坦，德国著名物理学家弗兰克・贝蒂、施特莱斯曼，意大利著名科学家费米，匈牙利出生的著名犹太物理学家爱德华・特勒等。费米在加速器的研制方面，取得了举世公认的成就。爱德华・特勒对美国研制成原子弹有出色的贡献，后来，他于 1951 年发现了制造氢弹的关键公式。第二年他领导的科研班子制成世界上第一颗氢弹，并试爆成功，他被誉为美国的“氢弹之父”。

爱因斯坦这些旷世奇才到了美国。对于纳粹而言，这也可以说是希特勒犯的一个战略性错误。他由于个人恩怨而把一大批优秀的犹太人屠杀或送给了德国的敌国。因此，他得罪的不仅仅是犹太民族，而是事关乾坤变迁的举足轻重的人才。希特勒送给美国一份无价之宝却毫不自知。放走甚至驱赶顶级德国科学精英可谓是这个精明的战术家和演讲奇才的愚蠢之极的举动。对于国家而言，人才是多多益善，但希特勒却向外驱赶人才。仅此一项，希特勒就输了半局。

众多精英汇聚美国，既得因于天时，美国无战事，也得因于人和。美国具有吸引人才的政策，高度重视人才，使得这些科学家如鱼得水，得心应手。人们都说科学没有国界，科学家是有国界的。但是那么多德国出来的科学家都不约而同反对纳粹德国，这也是人心向背的体现。逆时代潮流而动是不得人心的。

人和因素还包括美英等国的密切合作。美国成功研制核武器，并捷足先登应用于战争，还有一个原因则是国际合作的有利推进。有一种说法认为英国是第一个决定制造原子弹的国家。迟至 1940 年，当罗斯福向丘吉尔提议两国合作开发核武器时，丘吉尔当时并没有松口。原因在于当时英国在铀裂变领域处于领先地位，英国开始实施绝密的“管合金计划”①。然而，二战爆发后，英国本土遭到空袭，英伦三岛被封锁，英国才开始与美国商讨共同开发核武器的问题。美英加三国充分意识到局势的严峻和责任，为了避免德国在这个新领域取得领先地位，他们加强了协作的力度。“曼哈顿计划”是一项需要科学、工业、劳动和军事力量空前联合的巨大事业，全部艰巨的任务需要10万人和大量物资，整个试验需要两年半以上的时间和20亿美元的必需费用。在获悉德国正在研究利用原子能作为战争武器的方法后，从1940年开始，美国和英国的科学家就开始技术上的合作，并在绝对保密的条件下与德国开始竞争。尽管英国的科学家曾带头进行这个计划，并贡献出许多关于原子弹的原始资料，但已经开始作战的英国暴露在敌人的轰炸之下，美国的工厂则远在敌人轰炸机的航程之外，再加上科研需要大量的经济支撑，罗斯福和丘吉尔同意合作研究，把一切有关发展这个计划的工作集中在美国本土。

首先，英国政府把英国的核研究成果介绍给美国。1941年7月，英国政府派出澳大利亚科学宋马库斯·奥利劳特率领的英国代表团访问美国。鉴于英国在战争中已经精疲力竭，根本没有力量进一步开展研制原子弹的工作。他们长期以来对美国在这方面的进展迟缓感到失望。因此，代表团希望促使美国以更大的积极性发展原子武器。

其次，美国总统罗斯福对美、英两国科学家共同研制原子弹给予积极推动，1941年10月11日，罗斯福写信给英国首相温斯顿·丘吉尔，建议美、英两国科学家联合研制原子弹。1942年6月中旬，丘吉尔在帝国参谋总长等高级军事领导人陪同下飞往美国海德公园，在总统别墅进行晤谈。两国领导通报了各自的研究工作的新进展。他们讨论了德国获得重水所可能带来的危险。两国在炸毁德国设在挪威的重水工厂行动中也展开密切协作。美英两国于1942年正式达到共同开发核武器的协议。

正所谓得道多助，失道寡助。德国先发而后不至与科学家的思想和工作态度也有关系。有相当数量的科学家对自己的研究工作缺乏热情和主动性，甚至在工作中存在消极怠工现象。许多科学家都是身在曹营心在汉。据德国核裂变计划的外围人物科普费尔曼教授和豪特曼斯教授证实，很多德国核科学家都持反纳粹的报道是真实的。德国未能制造出原子弹，既有盟军的强烈干扰，也有德国科学家的有意拖延，如主要负责人海森贝格，事实上他已掌握了原子弹制

① 郭晔旻：《英法如何跨过“核门槛”》，《国家人文历史》2019年第2期。

造的关键技术，而他却避开对原子弹的研究，集中力量研究反应堆和回旋器，显然是有意拖延研制进程。这证明了武器的威力再大，也不如人心的力量大。

在组织方面，德国也比美国逊色许多。德国人没有组织起得力的领导机构。他们把研究工作交由一些多少有些互相竞争的团体去分头进行。他们之间在原料供应方面多有摩擦，在情报交换上也存在互不合作的态度。德国政府和军方各机构之间始终存在着权利冲突，直到战争后期。

从研制核武器的角度来看，当时的德国人力财力物力齐备，但德国高层不够重视，核计划的执行情况不佳，同时由于纳粹德国的不得人心和众叛亲离，导致德国由核武器竞争时的第一名成为后来的落伍者，先发优势尽失。

即使如此，德国也是险些取得成功的。在 1944 年纳粹铁腕人物希姆莱曾亲自指挥原子弹的生产，并且取得了很大的进展，但为时已晚，盟军大规模的轰炸，特别是对德国原子弹研制机构和重水工厂的重点轰炸，迫使德国不得不将其搬迁，再次严重影响了德国的原子弹研制计划。一直到战争结束，纳粹德国也未能圆其原子弹的梦。对全世界来说，这无疑是件值得庆幸的事。

1954 年，美国原子弹之父奥本海默写道："本来布雷格教授是会比美国早两年造出原子弹的，只是由于他的一个差错，才使人类免遭一场全面的浩劫。"①

七、结　语

日本偷袭珍珠港时，美国已经研制核武器多年，也就是美国还未参战已在研制制胜法宝。而当美国决定参战时，胜利的把握已有七成。也就是说，当别的国家相互厮杀、鏖战正酣的时候，美国已经在悄然进行着可以瞬间制胜的武器。这样的时间和机遇的优势终于转化为美国的战略优势。

更惊险、更具有戏剧性的是各主要交战国的科学家都在研制同一种威力巨大且将最终制胜的武器。这种核竞赛从 1939 年初至 1940 年初已经展开。最终美国捷足先登，显然美国后来居上成为世界霸主也就有了重要的注脚。我们可以设想一下，即使美国国力并非世界第一，却独家拥有世界上最有威胁的毁灭性手段，这个国家的战略地位同样不可小觑。苏联靠牺牲 2000 多万人的生命铸就了世界大国的地位，而美国的成功则一半归于原子弹。

美国的战略举措有两点是格外值得关注的：一是开始曼哈顿核计划。这是

① "Dr. Oppenheimer Discusses Future " The New York Times，Sunday，July 4，1954，p. 15.

决定美国战后命运的重大战略举措，有冒险，有不确定性，而且不是短期见效，但美国还是果断下注。希特勒原本更有条件，但过于急功近利，因此，战略上失败了。希特勒不仅输在战场上，更是输在战略上。

二是美苏联手研发核武器。当时只有英美两国联手才有能力和机遇在战争时期研发核武器，即使这样，原子弹也只是在德国被打败、二战已接近尾声之际才研制成功，勉强来得及用来对付日本。

原子弹的爆炸是第二次世界大战结束的两个巨大的惊叹号，在这巨大的惊叹号之后，有识之士开始向天空画出一个更大的问号：原子弹将给人类文明带来什么？

利器之争：人才计划

美、苏、英三国，接受第一次世界大战的教训，非常重视争取科技人才。第一次世界大战后，美国和英国原以为自己会比德国强大。但是，数年之后，就发现在科技上落后于德国，德国的战争工具也比盟国先进许多。原因是德国的工业和科技基础完整地保留了，科技人才济济。所以，当第二次世界大战进入反攻阶段时，美国、英国、苏联都成立了专门的部队，争相搜罗德国的科学家及其先进的军事设施。这是又一场特殊的争夺战。而这方面表现最为突出、收效也最大的当属美国。

在二战后期，美苏争夺不仅包括地缘战略空间，还包括战略资源，而其中战略资源争夺的关键就是科技人才。

美苏相当默契地展开了对纳粹科学、技术人才的追逐战。随着行动的开展，化学家、火箭专家、生物学家、医学家一一被美国控制……在这场科技人才的角逐战中，显然是美国占了上风。

1944 年末，第三帝国大势已去。身为纳粹帮凶的德国科学家们为未知的命运惶恐不安，他们不知道即将面临的是死亡，还是不见天日的牢狱之灾？他们没有想到的是，他们所掌握的高精尖技术成为了他们安身立命的护身符，美国政府正密谋将他们以及他们的技术收归己有。

一、起　始

1945 年夏末，根据国务院、陆军部、海军部协调委员会以及战争部总参谋部的命令，联合情报调查局（JIOA）宣告成立。该部门隶属参联会联合情报委员会，其唯一目标就是网罗纳粹科学家。

美国为什么要在二战尚未结束的时候，即建立专门负责引进人才的计划，紧急启动人才搜索计划？

（一）人才资源是战略性资源

在美国看来，人才资源的重要性与地缘战略空间等战略性因素是同等重要的。美国的核武器研制与其说是美国科技的成功，不如说是美国人才战略的成功。从提案建议到核武器研制团队的核心成员都来自海外移民科学家。这让美国意识到人才的重要性和迫切性。正如负责“曼哈顿计划”的美国将军莱斯列·格罗夫斯后来在其备忘录中提到的那样，“海森贝格是世界上最杰出的物理学家之一。在德国崩溃的那个时刻，对于我们而言，他的价值胜过10个德国师。假如他落入苏联人的手中，那么他对于苏联人而言也将是不可估量的财富”[①]。美国意识到了杰出人才对于美国发展战略性力量的重要性，也充分意识到人才是一个金矿。这才有了集中全力吸纳甚至是争抢人才之举。

（二）与苏联竞争是一个重要驱动

在二战即将结束的时候，美苏之争已经拉开序幕。因此，美国将人才之争上升到战略竞争的层面。美苏都在寻找纳粹德国中最顶尖的科学人才。无论在西方占领区，还是在苏占区，美国和英国的情报小组都在四处寻觅武器实验室和试验场，并特别注重收集德国火箭和原子弹的发展情况。美国战略情报局欧洲战区负责人艾伦·杜勒斯命令其部属大力寻找火箭和原子弹专业的科学家和设施。与此同时，苏联的科学情报机关也正致力于同样的寻找工作。“不久，作为珍贵的战利品，成群的纳粹杰出的科学家便分别云集于美国和俄国。”人才争夺成为冷战的前奏。战略情报局甚至在北豪森安排了德国V－2火箭的发射试验，使这些科学家在没有飞往美国之前就开始为西方服务了。后来杜勒斯宣称，他在北豪森的实验对于促进美国火箭研究的发展起了重要作用。[②]

德国投降后，联合情报委员会立即将工作重点转向日渐抬头的“苏联威胁”。1945年6月15日至1945年8月9日，联合情报委员会编写了16份重大情报报告和27份政策文件，并陆续提交给参联会，“其中最重要的内容是对苏联军事能力及其未来发展意向的预测”。联合情报委员会认为，苏联人不仅在意识形态上与西方对立，而且必将继续谋求世界霸权，他们只不过在二战期间成

① Groves，L.，Now It Can be Told. The Story of the Manhattan Project，New York 1962，pp. 243－244.

② 〔美〕塔德·舒尔茨著，中国军事科学院外国军事研究部译：《昨与今——战后世界的变迁》，东方出版社1991年版，第60页。

功地隐藏了这一战略意图。1945 年 9 月，联合情报委员会向参联会表示，为重建军火储备，苏联将推迟近期与西方的“公开冲突”。截至 1952 年，苏联将恢复作战能力，届时美苏之间将会爆发“全面战争”①。

次月，联合情报委员会在 250/4 号情报报告中警告参联会，“在制导导弹领域的 10 名德国顶尖科学家中，有 8 名最近在德国失踪，很可能已被苏联人俘获，目前正在苏联境内从事研究。”同样严峻的是，这份报告指出，红军在占领德国的两座物理研究所后，不仅抄没了实验室和图书馆，而且掳走了研究所的科学家，随后在苏联重建实验室。在全国范围内深入开展科学研究项目。此举无疑对西方造成了严重的安全威胁。在美国对苏联严重猜疑的氛围下，联合情报调查局应运而生。这就意味着，纳粹科学家项目从被该部门接管之日起，就成为一项攻击性军事行动。时值 1945 年夏末，美国已经拥有了核武器并对日本实施了核打击，而此时聘用德国科学家的主要战略目标，就是赶在苏联形成对美国的压倒性军事优势之前，取得军事霸权地位。

要想在军事上压倒苏联，美国必须从第三帝国的废墟上搜罗其所有尖端科技。尽管一些科学家具有纳粹背景，但比之即将到来的美苏军事冲突甚至是战争，这些人才身上的法西斯符号已经无碍大局。美国感觉争夺人才的任务时不我待。

1946 年夏，美苏关系日趋破裂。在此期间，美国驻莫斯科外交官乔治·F. 凯南向国务院发去一封著名的长电报。在报告中，凯南向国务院高层发出警告，美国与苏联基于制度和意识形态的对抗，将会注定成为敌手。苏联有着天然的扩张冲动，只有遏制才能限制其发展。②

受到凯南观点的影响，杜鲁门总统授意白宫法律顾问克拉克·克利福德撰写了一篇关于当前美苏关系状态及其未来前景的军事研究报告。克利福德的报告开宗明义指出：“苏联领导人认为，苏联与资本主义国家之间的冲突不可避免，因此他们必须未雨绸缪，防患于未然。”克利福德告诫说，苏联领导人正在走上“谋求世界霸权”的道路。苏联人正在研制核武器和制导导弹，组建战略空军，开展生化武器研究项目。“社会主义和资本主义国家能够和平共处的想法无异于天方夜谭。”克利福德写道，而应对这一威胁的唯一办法就是诉诸“军事

---

① 〔美〕安妮·雅各布森著，王祖宁译：《回形针行动：“二战”后期美国招揽纳粹科学家的绝密计划》，重庆出版社 2015 年版，第 172 页。

② 陈开仁：《冷战：实力与谋略的较量》，中共党史出版社 1997 年版，第 107—129 页。

力量”。所谓军事力量，不是指军队，而是指军事威慑力。[①]

与苏联竞争，美国遵循“敌人的敌人是我们的朋友”这一简单法则，同时按照为其所用的原则行事。作为对克利福德报告的回应，联合情报委员会也展开了对“苏联威胁”的秘密评估，JCSI696 号文件正式出台。苏联正在谋求世界霸权，联合情报委员会写道，第一步就是将其他国家置于苏联的掌控之下，以孤立资本主义世界。联合情报委员会预测，未来的美苏战争将形同世界末日。为准备与苏联开展“全面战争”，美国必须在所有作战领域保持军事主导优势，包括化学战、生物战、核战以及其他任何苏联可能想到的作战方式。[②]

为了准备与苏联的全面战争，美国必须在科技领域投入巨大的努力，而其中之一就是顶级人才的争夺。

（三）与日本作战的需要也是因素之一

欧战即将结束，对日大决战展开在即，如何才能握有必胜筹码？

日本和德国是二战的轴心国，两国在军事上合作密切。由于在战争最后几个月，人们十分担心尚未投降的日本人可能会利用德国技术来延续战争。事实上，已经推进到图林根的美国人也发现有证据表明，就在 1945 年 3 月，日本专家已在德骚（Dessau）的容克斯工厂（Junkers-Werken）查阅过飞机涡轮方案。此外，在战争末期，德国潜艇在大西洋有目的地为日本带去了关于导弹与喷气式歼击机的方案及其相关机械师。[③]

在此之前，也有材料证明德国曾通过潜艇向日本运送铀原料，后德国潜艇被美国击沉。因此，美国必须防止日本利用德国军事技术人才为日本在太平洋战争的最后决战提供军事技术支撑。而遏制日本利用德国核心技术的关键就是控制德国顶级科学家流失到日本或与日本展开深层次合作。

（四）控制人才也是限制德国科研发展的关键要素之一

从长远看，限制德国科研的高速发展也是防止德国东山再起的重要举措。

---

① Clark Clifford to President Truman，September 24，1946. Clark Clifford Papers，Harry S. Truman Library，in William Chafe and Harvard Sitkoff，eds.，A History of Our Time（Oxford，1991）. Clark Clifford，Memorandum to President Truman，September 24，1946，http：//msgeorgewc. weebly. com/uploads/5/0/9/7/50973469/ _ sources _ the _ world _ the _ war _ created，1945—1952. pdf.

② 〔美〕安妮·雅各布森著，王祖宁译：《回形针行动：“二战”后期美国招揽纳粹科学家的绝密计划》，重庆出版社 2015 年版，第 208 页。

③ 〔德〕贝恩德·施特弗尔著，孟钟捷译：《冷战 1947—1991：一个极端时代的历史》，漓江出版社 2017 年版，第 46 页。

盟国该如何处置那些曾经为希特勒服务的科学家？交战已经停止，盟军已从远征之师转变为占领部队。德国必须解除武装、废除军备、消除纳粹制度，从而丧失再次发动战争的能力，而科学技术乃是这一问题的关键。对于美国而言，将德国最新科技悉数收归美国所有，同时约束和控制德国的科技发展已经成为美国战略性的任务。

美国参谋部门认为，美国必须有力地限制德国科技发展的能力。而历史上这方面的限制是不成功的，比如一战后签订的和平条约同样作出种种限制，其中之一就是“通过禁止动力飞行阻止德国空中力量的崛起”，但完全没有达到目的，德国挑起第二次世界大战之际，其空军实力已经在世界上首屈一指。为避免重蹈覆辙，美国在“对被占德国的指导方针”即参联会第 1076 号令中承诺，要废除德国发动战争的能力。眼下，德国必须停止一切军事科技研究，纳粹科学家必须予以逮捕，并在拘留中心接受详细审讯。

基于以上战略考虑。1945 年 7 月 6 日，在华盛顿，参联会终于批准了“将德国科技专家带往美国”的行动计划。一份长达 5 页的备忘录被分送到战争部的 8 个机构，概括了这项秘密行动的“原则和程序”。其中最重要的三点如下：“利用某些德国专家，提升我国对日作战能力，促进我国在战后的军事研究进一步发展；不得将已知战犯或被指控犯有战争罪的嫌疑人带回美国；该计划的宗旨应当为在军事领域暂时利用极少数必不可少的德国专家。”①

当时对于德国专家还是有所保留的，这份战争部参谋总部的备忘录中写道，任务一旦完成，所有德国“专家将会被遣返欧洲”。在这里，备忘录用“杰出的德国专家”一词代替“德国科学家”，因为并非所有参与该项目的纳粹分子都拥有科学学位，其中还包括很多纳粹官员、商人、会计和律师。直到此时，这项机密计划才拥有一个正式代号：“多云行动”。在 8 个月后更名为“回形针行动”。

当时美国总统杜鲁门对此事毫不知情。1946 年 8 月 30 日，副国务卿迪恩·艾奇逊敦促杜鲁门总统就“回形针行动”作出决定。艾奇逊指出，如果美国不立即采取行动，很多德国科学家将可能投入到未来竞争国苏联的怀抱。经过 4 天的慎重考虑，杜鲁门正式批准该项目，同意扩大“回形针行动”范围，招募 1000 名德国科学家和技术专家赴美工作，并允许其移民美国。有了总统的一纸批文，司法部长迅速行动，对该项目的相关条款作出重大改变。联合情报调查

---

① 〔美〕安妮·雅各布森著，王祖宁译：《“回形针行动”：“二战”后期美国招揽纳粹科学家的绝密计划》，重庆出版社 2015 年版，第 158 页。

局拟定了一份新的协议，允许已经在美国停留 6 个月的德国科学家续签次年的工作合同，而政府部门将保留再次与其续签 5 年合同的权力。由此，"回形针行动"从一个临时项目过渡为长期项目。昔日的国际公敌、罪恶昭彰的纳粹分子如今摇身一变，成为美国公民的合格人选。

1946 年 9 月，哈里·杜鲁门总统授权实施的"回形针行动"计划旨在二战后吸引纳粹德国科学家赴美效力。此举还旨在确保具有战略价值的科学知识、专项技术和设施最终不会落入苏联或已分裂的东德或西德之手。

"回形针行动"招募的最有名的人物要属火箭专家韦恩赫尔·冯·布劳恩了。布劳恩后来成了美国航天局"阿波罗"登月计划的策划人。

二、过 程

美国注重两方面战略资源的引进和获取。

其一是德国的导弹专家。当苏联加速研发核技术时，美国主要关注德国的导弹专家、军事与科学精英。美国对德国导弹技术抱有极为明确的兴趣。这一方面是由于德国导弹技术尤其是这种技术的负责人韦恩赫尔·冯·布劳恩在当时已经是世界火箭技术方面的遥遥领先者。另一方面，为了延续美国在核技术方面的领先优势，美国不希望优秀的德国科学家流失到苏联。维尔纳·海森贝格（又译海森堡 Werner Heisenberg）与其同事奥托·哈恩、马克斯·冯·劳厄、卡尔·弗里德里希·冯·魏茨泽克和瓦尔特·格拉赫都成为五角大楼所谓"阿尔索斯特别使命"的搜罗与拘禁对象。

在 1945—1950 年，美国秘密行动计划"多云"（Overcast）与"回形针"（Paperclio）把数以千计的德国专业人士带到美国。甚至到 1945 年 6 月底，按照盟军约定，美国军队应该从德国中部撤军，但他们仍然在策划把大约 1500 名机械师和科学家运往西方，以免让他们被苏联人利用。最终，从德国被一同转运的还包括大约 100 多枚已经完成的 V—2 型导弹、飞弹（V—1 型）、大量导弹部件以及成吨的科学资料。美国从 1944 年 11 月开始便在"赫尔墨斯"（Hermes）计划中评估上述所有资源。最终，美国从德国导弹生产核心圈中挑选出 118 名科学家。

其二是军事知识。美苏在所有前沿问题的争夺和准备已是紧锣密鼓，这种争夺还反映在美苏争夺军事专家知识的努力中。韦恩赫尔·冯·布劳恩从战争结束到 1945 年 9 月被运往美国期间，曾经获得机会将其关于火箭的军事运用方面的想法写进备忘录中。1946 年 4 月，该备忘录被呈交给美国，并附带建议美国研制一种新型火箭，以便有能力携带一种自动引爆的炸弹（彗星计划，Project Comet）[①]。

（一）人才计划第一阶段：阿尔索斯行动

二战将告结束，一些国家想的是赔偿，一些国家想的是设备，而美国首先想到的是人，是人才和他们头脑中的技术。这真是精明之举。

大战尚未结束，美国科技局局长布什向总统罗斯福建议，派人到敌占区去搜捕德国科学家、搜集重要的战略物资、刺探有关德国秘密武器的情报。布什的高瞻远瞩，真是“一言千金”。罗斯福这样的战略家不可能不心领神会。至于这些建议落实之后给美国现代科技和商业所带来的好处，恐怕都不能用简单的数字来计算，这些科学家的智慧所带来的是一笔真正的无价之宝。

德国的军民科技紧密结合，无论是飞机还是坦克，甚至是潜艇当时都领先于盟国，尤其是 V2 系统火箭，有先进的制导装置、划时代的液体燃料推进器，而且破坏力极强。美国深知，抓住人才，就可以将这些先进技术收归己有。

1943 年秋天，美国最高统帅命令立即组织一支由军事、情报和科学专家参加的精悍的侦察小分队。格罗夫斯将军从陆军和海军的优秀情报人员中选择了 20 多人，组成了后来扩大到 100 多人的小分队，仅科学家就有 33 人。这是一个非常专业化的团队，尤其是科学家的加入，更让这一人才搜罗团队保证能够慧眼识珠。成员中的科学家有的还是德国科学家的朋友。比如著名物理学家海森贝格的好友、荷兰科学家古德·施密特博士是科学小组的组长。

这个人才搜罗突击队被命名为“阿尔索斯”分队，是根据“曼哈顿计划”负责人格罗夫斯将军的希腊姓氏命名的，他同时也是突击队的总负责人。

“阿尔索斯行动”是“曼哈顿计划”的分支，其目的是深入敌后，以确定第三帝国是否可能对盟军发动核、生物和化学战，即“阿尔索斯行动”突击队所称的“ABC 战”。

突击队员人手一张表格，上面印有 50 名德国科学家的简历、住址和工作地点。这些人都可能与德国原子弹研制有关。

“阿尔索斯”突击队与美军一起行动。当美国进入巴黎时，第一辆是坦克，

---

① 〔德〕贝恩德·施特弗尔著，孟钟捷译：《冷战 1947—1991：一个极端时代的历史》，漓江出版社 2017 年版，第 44—47 页。

第二辆装甲车就载着一些突击队员。1943 年 9 月 5 日，突击队到达比利时的首都布鲁塞尔市，在这里缴获了共达 98 吨的铀。11 月，突击队进入德国斯特拉斯堡大学物理实验室古德斯密特的小组俘获了希特勒手下 4 名顶尖核物理科学家，并从他们口中探知，纳粹德国的原子弹项目以失败而告终。这条意外获得的情报着实让“阿尔索斯行动”突击队松了一口气。

在德国的另一项重大收获是，突击队在 11 月 29 日拘捕了该大学七名物理学家和化学家。其中四位都是“曼哈顿计划”的目标人物，其中包括物理系主任鲁道夫·弗莱施曼，化学系主任弗里茨·魏甘德，实验物理学家胡戈·诺伊尔特和韦尔纳·毛尼尔，这四位专家被迅速空运送回美国。

“阿尔索斯”突击队最感兴趣的是德国著名物理学家、研制原子弹的现代物理学权威维尔纳·海森贝格。突击队为了寻找海森贝格的线索，每天翻阅德国的新旧物理杂志和各种报纸，最后从威廉大帝学院特尔乔博士那里获悉，海森贝格教授在德国南部的黑兴根附近。按照同盟国政府划定的边界协议，黑兴根处在法国军队的前方，美国政府无权打乱这个边界的行动。

为了及时赶到黑兴根，收获这个最大的目标人才，格罗夫斯将军提出，用一个增援军团的美国部队，斜插过法军阵地作为屏蔽，以便让突击队能够抢先进入黑兴根。

美国军事当局批准了这个计划。为了获取这个人物，美军由一个伞兵师、两个装甲师加上整个美国第六集团军组成了“掩护作战”部队，其目的就在于为“阿尔索斯”突击队开路。突击队终于在海森贝格的家中得到了这条梦寐以求的“大鱼”。

对于“曼哈顿计划”而言，“阿尔索斯”突击队似乎只是得到了几个科学家和一些档案资料，但格罗夫斯将军并不这么看，他说仅一个海森贝格，就比俘获 10 个德国师更有价值。[①]

从“曼哈顿计划”的观点来看，“阿尔索斯”突击队的科学调查取得了丰硕的成果。除了海森贝格之外，阿尔索斯突击队还先于苏联特别工作小组在德国火箭中心佩内明德将布劳恩为首的 118 名一流专家运往美国。这些火箭专家为美国战后的航天计划作出了重要贡献。德国第一流的科学家一批又一批迅速地被送回美国，为美国的科学研究和军事工业出力，还缴获了德国原子弹研究的许多记录和文献以及进行研究的先进设备。美国人缴获的大批铀及其相关产品，

① 修义嵩编写：《原子弹秘闻录》，军事科学出版社 1988 年版，第 38—40 页。

就足以供美国的原子弹研究工作用相当一段时间。

（二）第二阶段：回形针计划

如果说美国在战时还是争抢的话，在第二阶段则是有计划有目的的搜罗，但这一计划首先遇到了技术上的难题，即这些德国专家的身份困境。

美国从战略高度化解技术程序上的难题，为这些科学家网开一面，洗白身份。

美国是一个实用主义国家，为了美国的实力和与苏联的竞争，关于评价德国专家的道义标准大打折扣，可以说美国为了获得这些专家绞尽脑汁，想出各种方法和手段为他们打开绿色通道。

从项目实施开始，美国引进德国专家还存在技术上的难题。主要是德国专家的引进条件存在诸多限制。有意聘用德国专家的军事机构需要向陆军参谋部二部提交申请。“只有理由极其充分，才能将德国专家带回美国。”起初，共有175名德国科学家在军方的监管下进入美国，但无一人获得签证。1946年7月17日，该项目首次遭遇重大挫折。驻德美军司令约瑟夫·麦克纳尼将军在写给联合情报调查局的信中说，他曾经与温特沃斯上校一起确认了869名德国科学家的身份，他们即将与美方签署“回形针行动”协议，但有一大困难横亘于前。“这份名单上出现大批前纳粹分子，而有关法律规定禁止用人机构雇用此类人员”。麦克纳尼将军写道，“无论现在还是将来，他们都不能在德国的美占区接受聘用，除非是从事体力劳动”。根据美军驻欧洲战场司令部的规定，所有党卫军和冲锋队成员必须强制接受肃清纳粹思维的审判。①

这时候，联合情报委员会打出了与苏联竞争这张牌，他们强调认为，苏联正在网罗所有“重要的德国科学家”，并建议联合情报调查局立即对纳粹科学家项目作出三项修改：第一，在德国千方百计阻止更多科学家为苏联效力；第二，美国军方必须确保德国科学家及其家属能够享受他们所要求的待遇，并且为其颁发美国移民签证；第三，尽快拟订另一份由1000名德国科学家组成的名单，并将其送至美国，从事与武器研究相关的工作。

但国务院的塞缪尔·克劳斯认为，第二项提议难以实现。纳粹科学家项目最初被界定为“临时”军事项目，这些科学家会在军方的监管下工作。战争部

① 〔美〕安妮·雅各布森著，王祖宁译：《回形针行动：“二战”后期美国招揽纳粹科学家的绝密计划》，重庆出版社2015年版，第206页。

也正是以此为借口，使在美德两国的科学家能够规避移民法。而现在，联合情报委员会要求为这些科学家及其家属颁发移民签证。克劳斯认为，即使这项政策得到当局的批准，签证签发过程也十分缓慢。因为根据相关法律，国务院需要单独审批每一位科学家的签证申请。这件事情不可能一蹴而就，需要经过漫长的调查过程。首先，签证申请人需要列出申请联系人，而且后者要接受国务院代表的约谈。此外，占领区美国军事政府办公室还必须为每一名科学家撰写安全报告。为此，他们必须从柏林的文档中心调取纳粹党的相关记录。

在掌握了有关苏联科技活动的最新情报后，战争部部长罗伯特·帕特森一改往日对纳粹科学家项目的厌恶之情，转而对其表示大力支持。在一份备忘录里，罗伯特·帕特森强调表示，“战争部应当千方百计扫清国务院可能制造的障碍”。他的表态使塞缪尔·克劳斯的上级国务卿詹姆斯·F. 伯恩斯对“多云行动”的语气也变得缓和起来。与苏联竞争成为最好的借口。鉴于预防苏联威胁的需要，国务卿伯恩斯和战争部部长帕特森公开表示，如果对德国境内的科学家放任自流，他们就有可能投奔对手而去，结果将不堪设想。而美国国务院烦琐的背景调查，将只能使苏联如愿以偿。

当时美国各相关部门陷入两难选择：如果任由德国科学家掌控尖端设备，将会“对美国的安全造成严重的军事威胁”；但德国科学家无法获得信任和监管，并任由其掌握核心军事科技，情况恐怕更加严重。

1946 年 3 月 4 日，国务院、战争部、海军部协调委员会第 275/5 号文件正式生效。根据这份文件的相关条款规定，德国科学家将得以经过官方渠道进入美国，因为该机密项目符合“国家利益”。由此，军方的工作重点发生变化：在此之前，他们需要确定某人是否为纳粹分子，而现在的职责是确定苏联人是否对此人感兴趣。驻德美军司令约瑟夫·麦克纳尼将军接到上级命令，拟订一份囊括 1000 名顶尖德国科学家的名单，并迅速将这些科学家送往美国，以免苏联捷足先登。①

次月，联合情报调查局召开会议，确定新项目的草案。众人一致认为，必须加速申请程序。其中最棘手的问题是，如何令国务院批准那些曾经身为纳粹分子或者党卫军、冲锋队成员的科学家入境。此外，对那些贡献突出、曾经得到纳粹党表彰的科学家，各部门也存在种种争议。按照规定，这些人绝不可能

① 〔美〕安妮·雅各布森著，王祖宁译：《回形针行动：“二战”后期美国招揽纳粹科学家的绝密计划》，重庆出版社 2015 年版，第 204—205 页。

通过国务院的背景审查成为美国公民。

与会各方最终达成妥协。出于谨慎，对那些容易引起“麻烦”的科学家，负责撰写占领区美国军事政府办公室安全报告的军方情报人员会在他们的文件上别上一枚回形针，而且这些文件不会立即呈交国务院。这些“回形针”科学家会继续留在美国，处于军方的监管之下，而且他们在美国停留的时间很可能比其他同事更久。这也是美国人才搜罗计划被称为“回形针行动”的由来。

联合情报调查局认为，在现有针对纳粹科学家的政策中，有些措辞必须予以调整。美国联合情报调查局以事关美国“国家利益”为由，修改了“回形针行动”原章程的部分措辞。“非已知战犯或涉嫌战争罪者”和“非狂热纳粹分子”被修改为“不会妄图恢复德国军事能力的人员”。新的措辞使联合情报调查局得以“绕开签证人员”的审查。

1946年10月中旬，美国国务院对“回形针行动”参与者申请签证方式作出了重大修改。根据相关法律规定，在颁发签证前，国务院代表会在欧洲执行前期审核，而如今将由美国移民暨归化局（INS）在美国本土执行这一程序。由此，“回形针行动”正式变成一个符合“国家安全利益”的“秘密项目”。

（三）第三阶段：回形针加速计划

1950年6月，朝鲜战争拉开序幕。美国军方认为朝鲜战争是苏联策动发起的，西欧也有可能成为苏联入侵的目标。1950年7月14日，莱特·帕特森空军基地的指挥官向“回形针行动”领导部门发出一份紧急备忘录。认为欧洲形势剑拔弩张，苏联存在占领西欧的可能。美国应立即实施德国和奥地利科学家疏散项目。美国担心这些科学家一旦落入苏联等敌对阵营，就会对美国国家安全造成严重威胁。空军情报局向联合情报调查局提议，应当在德国立即开展“大规模招募工作”。联合情报调查局对此表示同意，并与高级专员办公室共同着手制订正式计划，将这项提议付诸实施。

朝鲜战争燃起了美国对“回形针行动”的新一轮热情。在高级专员办公室内，麦克洛伊设立了一个名为“科学研究部”的小组，由卡尔·诺德斯特洛姆博士负责，专门应对有关德国科学家的问题。从麦克洛伊上任之后，诺德斯特洛姆就想方设法加快工作进度，以便将更多德国科学家送往美国加入“回形针行动”。诺德斯特洛姆博士编纂了一份名为《对德国科学家和技术人员的分配问题》的厚重档案，并向麦克洛伊报送了许多“仅供亲阅”的秘密备忘录，以对其认为关系到国家利益的“某些研究项目予以支持”。朝鲜战争爆发后，诺德斯特洛姆从联合情报调查局获得了一份新工作，他被任命为该局新项目“回形针加速计划”在德国的联络员，在五角大楼以外力推动项目快速发展。该计划旨在将“极其危险的尖端科学家”转移出德国，不惜一切代价使其远离苏联掌控。于是，驻德国高级专员办公室开始与陆军情报部门合作，将代号为“K 名单”中的 150 名科学家从德国疏散到美国。参联会也不惜重金专门拨款 100 万美元，以诱使这些“极其危险的尖端科学家”前往美国。这笔资金大约相当于 2013 年的 1000 万美元。①

“回形针加速计划”也称“63 计划”，并没有像预计的那样顺利。让所有人都大感意外的是，在与德国科学家进行接洽时，“回形针加速计划”开出的条件遭到了其中许多人的拒绝。原因在于战后的西德生活工作条件已经有了巨大改善，一些德国科学家希望为自己的国家发展工作。

三、“回形针行动”的影响

1945 年秋天，首批 6 名德国专家被送往莱特空军基地。首批科学家包括发动机研究专家格哈德·布劳恩博士、空气动力学家西奥多·佐贝尔博士、火箭燃料专家鲁道夫·埃德塞博士、超音速专家奥托·博克、空气动力学家汉斯·里斯特和企业家阿尔伯特·帕丁。他们的平均年薪为 12480 美元，此外还有每天 6 美元的津贴，两项合计相当于 2013 年的 17.5 万美元。这些德国人在美国的工作应当重点围绕 3 个方面展开。首先，他们需要就自己过去和未来的工作撰写报告；其次，这些报告经过翻译后，应当在美国莱特空军基地的工程师内部传阅；最后，航空技术勤务司令部将在莱特空军基地举办研究和开发讲座。②

截至 1946 年 1 月底，共有 160 名纳粹科学家被秘密送抵美国。其中人数最为庞大的一批是由沃纳·冯·布劳恩领导、栖身于得克萨斯州布利斯堡的 115 名火箭专家。从 1948 年春开始，发给纳粹科学家的签证数量呈几何式增长。就在第一批 7 名科学家获得签证后的 6 个月内，国务院再次向“回形针行动”中的 62 名德国人颁发了签证。1948 年 6 月，第一次柏林危机爆发，德国重新成为美苏争夺的新战场。柏林危机促使“回形针行动”转变为长期项目。

---

① 〔美〕安妮·雅各布森著，王祖宁译：《回形针行动：“二战”后期美国招揽纳粹科学家的绝密计划》，重庆出版社 2015 年版，第 302 页。

② 〔美〕安妮·雅各布森著，王祖宁译：《回形针行动：“二战”后期美国招揽纳粹科学家的绝密计划》，重庆出版社 2015 年版，第 176—177 页。

美国收罗的专家包括各行各业的顶级专家，其中有著名化学家赫尔曼·施米茨，他是法本公司的总裁，还兼任德国国家银行、德国中央银行以及日内瓦国际清算银行的董事，还是德国最富有的银行家。

美国海军在德国科赫尔的收容所内羁押了200名科学家和工程师，其中包括很多风洞专家。英美联合情报资料调查小组委员会在法国的凡尔赛扣留了包括韦纳·森伯格在内的50名科学家。佩内明德拘留了400多名从事V－2火箭研究的顶尖专家包括冯·布劳恩和多恩伯格等人，这些人使得美国的火箭技术至少领先了25年。①

美国非常成功地改造和利用德国专家，并充分挖掘了他们的价值。韦恩赫尔·冯·布劳恩是一个典型例证。他在1945年9月19日被带到美国。在那里，他后来继续推进了V－2型导弹的研制——红石导弹，他成为美国“导弹计划之父”。除此之外，德国重炮将军瓦尔特·多恩伯格（Walter Domberger）也是一例。多恩伯格有着比冯·布劳恩更为严重的政治问题，因而直到1947年才被送往美国。多恩伯格曾直接卷入集中营里的罪行，受其领导的图林根的朵拉—米特堡（Dora-Mittelbau）工厂位于北豪森（Nordhausen）附近，在那里的导弹生产中，曾有数以千计的强制劳工死亡。然而当1947年冷战正式启动，政治考虑变得越来越重要时，上述一切行为便显得无足重轻了。在20世纪50年代，多恩伯格参与领导了洲际导弹的研制行动。②

除了人才外，美国还从德国获得了1800份报告，均与具有潜在军事价值的德国技术有关。这些项目的标题为“火箭”“化学战”“医学实践”“航空学”“军械”“杀虫剂”和“核物理”等。美国后来的许多技术发明，比如果汁和奶油的杀菌技术、耳背体温计、战斗机飞行员的抗荷服……这些都得归功于58位纳入美国空军的纳粹科学家。③

四、“回形针行动”的后续影响

在所谓国家利益和与苏联战略竞争的借口下，所谓正义、道德和良心的因

① 〔美〕安妮·雅各布森著，王祖宁译：《回形针行动：“二战”后期美国招揽纳粹科学家的绝密计划》，重庆出版社2015年版，第91页。

② 〔德〕贝恩德·施特弗尔著，孟钟捷译：《冷战1947—1991：一个极端时代的历史》，漓江出版社2017年版，第46页。

③ 《新书〈回形针行动〉披露纳粹科学家帮美国赢得冷战》，《参考消息》2014年5月29日。

素都完全被美国政府抛在脑后。正因为此，法国记者皮卡尔·莫兰将“回形针计划”称为美国与魔鬼签署的协约。[①] 美国的竞争心理也被那些渴望脱胎换骨、保全自身的前纳粹德国科学家所利用。德国专家深知美国惧怕苏联的心理，也利用这种心理增添自己的分量。多恩伯格由于其纳粹历史中不光彩的历史，曾经广受非议。但他凭借自身技术专长和狡诈，赢得了自身地位，摆脱了困境。耐人寻味的是，对于苏联的担心和恐惧甚至导致了美国对苏联军事能力的误判和夸大。“战争结束时，美国情报部门和军事参谋部门都认为，苏联已经抢占了不为人所知的高地。这显示出（美国人）对于苏联实力的某种高估。具有讽刺意味的是，甚至连德国专家们也进一步推动了这种高估结果。”[②]

冯·布劳恩也清楚地知道，只要带着最敏感的秘密材料就可以保证高枕无忧。他十分知晓在构建的世界新秩序中，他的发明对于二战的战胜方来说是多么重要。在此期间，与他一样，许许多多的纳粹科学家、医生、神经科专家、化学家、生物学家以及细菌学家纷纷销毁了那些可能证明自己昔日暴行的证据，并最终在二战结束后这个混乱的时代得以洗白自己的身份。这些人曾经是纳粹德国的信徒，本应被送上军事法庭，甚至可能被送交给行刑队。但所有这些走出监狱的科学家都得到了自己想要的东西：一张前往美国的单程票以及自己的过去将被一笔勾销的承诺。纽伦堡审判的被告奥托·安布罗斯博士居然一脸微笑在等着盟军法官的判决。因为他们已经可以确保安全无虞。奥托·安布罗斯是塔崩毒气的发明者，曾任奥斯威辛实验室的主任。在约翰·杰伊·麦克洛伊上校的干预下，他得以在正式宣判之前被释放，并开始为美国的格雷斯公司、美国能源部以及欧洲一些私营企业工作。[③]

这项计划在美国社会引发了极大争议。在公共领域，随着美国科学精英的参与，民众反对“回形针行动”的呼声越来越高。在公开谴责“回形针行动”的科学家中，阿尔伯特·爱因斯坦在一封代表科学家联合会慷慨激昂的信中向杜鲁门总统疾呼：“我们认为，这些人具有潜在的危险性……他们之前在德国的身份显赫，要么是纳粹党员，要么是纳粹支持者，这一事实让我们不得不仔细忖度其中的利害关系：这些人是否为美国公民的合格人选，他们是否能够在美国工业、科学和教育机构担当重任？”

---

① 〔法〕皮卡尔·莫兰：《“回形针行动”：美国与魔鬼签署的协约》，《费加罗报》2014 年 5 月 26 日。

② 〔德〕贝恩德·施特弗尔著，孟钟捷译：《冷战 1947—1991：一个极端时代的历史》，漓江出版社 2017 年版，第 47 页。

③ 《新书〈回形针行动〉披露纳粹科学家帮美国赢得冷战》，《参考消息》2014 年 5 月 29 日。

另一个重要反对人物是核物理学家汉斯·贝蒂。贝蒂于1933年逃离纳粹德国，在二战期间曾经为“曼哈顿计划”工作。在《原子科学家公报》中，贝蒂和科内尔大学的同事亨利·萨克博士就“回形针行动”提出一系列尖锐的问题。“在‘回形针行动’中，既然很多德国人甚至绝大多数德国人都是顽固的纳粹分子，那么这一交易是否明智，或者说是否符合我们的道德标准?”贝蒂与萨克质问道，“这些德国人有可能为美国节约数百万美元，但这一事实是否意味着，美国的永久居留权和公民身份可以用金钱购买?他们一直被灌输着对苏联人的仇恨思想，从而进一步加大列强之间的分歧，那么美国是否能够指望这些德国科学家为了和平而进行科技研究?我们加入战争的目的，难道就是为了让纳粹思想暗中潜入我们的教育和科研机构?”最后，他们发出诘问：“我们是否要为了科学而不惜一切代价?”

数十年来，美国的冷战生化武器项目一直在秘密进行，而为该项目服务的纳粹科学家大都隐姓埋名。就像这些生化武器项目本身一样，联合情报调查局的外国科学家档案以及有关军政府的安全报告均被列为“机密”。

但并非所有“回形针行动”科学家的情况都是如此，一些人的命运出现了戏剧性的反转，由可能接受审判的纳粹党员变成为美国国家利益工作享受美国良好待遇的专家。由于美苏的冷战，他们成功地洗白了战中所犯下的罪责，摆脱了可怕的惩罚，成为美国的座上宾。并且从武器研究转入了其他相关领域。例如，瓦尔特·多恩伯格、沃纳·冯·布劳恩和休伯特斯·斯特拉格霍尔德，从20世纪五六十年代起，相继改弦易辙，迈入了不同行业。

多恩伯格在到达美国两年后，从危险人物摇身变为社会名流。1950年，多恩伯格离开了莱特—帕特森空军基地，脱离了军方监管，开始为纽约州尼亚加拉瀑布的贝尔飞机公司工作，并迅速升为该公司副总裁和首席科学家。由于当时美国急需推进太空武器化，他的第二职业就是做该项目的代言人。多恩伯格被授予涉猎“绝密”文件的权限，并担任军方火箭、导弹和未来太空武器顾问。他本人还曾受到了公众追捧，并撰写了一本关于V－2火箭的回忆录。在回忆录中，多恩伯格对自己过去的经历精心粉饰，将自己从一名穷兵黩武的纳粹将军描述成为一位仁慈善良的科学先锋。

沃纳·冯·布劳恩也因为大肆鼓吹太空战军事化而受到推崇。冯·布劳恩野心勃勃地试图把自己塑造成太空旅行的先知先觉者。当时，火箭、外太空和星际旅行的概念已经在美国文化中生根发芽。20世纪50年代，不计其数的美国孩子梦想飞到太空，而冯·布劳恩和多恩伯格成为“太空旅行”的国家代言人。他们向美国承诺，军方研制的弹道导弹是进入外太空必须迈出的第一步。

五、结　语

人是最大的生产力，也是最大的战略资源，但又是常常被忽略的资源。

二战后期，当苏联搬运德国设备的时候，美国在抢人才。波茨坦协定签订后，苏联把大量的物资，甚至农产品都运往苏联作为战争赔偿。到 1947 年 3 月底，苏占区 733 个军工企业已有 676 个被没收，机器设备全被拆运到苏联。

而此时的美国开始在世界范围内有组织、有规划地争夺人才。美国研制成功原子弹并不是因为美国科学家更聪明，而是因为美国把世界最顶级的科技人才抢到了美国。

美国的人才战略是获益颇丰的。当然，美国也利用了战争危机这一特殊时期，否则美国也很难如此乘人之危、浑水摸鱼。另外，在重大利益面前，美国永远是实用主义至上的国家。在重大利益面前，道义和意识形态等都可以抛至脑后，但是美国意识到抢夺人才是削弱敌手的重要方式，这是美国的独到之处。

美国总计获得了上千名德国顶级专家，而苏联总计约有 100 名德国物理学家——绝大部分来自于核物理研究领域——最终被带到了苏联。比较而言，苏联在德国专家的数量和质量上都大大逊于美国。基于美国从德国科技人才中获利极大，导致了他们对苏联的另一种误判，即认为苏联的成就也一定是来自于德国科学家的功劳，他们认为苏联原子弹能够超出美国预期而研制成功是得益于德国科学家。在美国新墨西哥州核试验前，苏联安全特工部门确实曾成功地抓住了曾领导过纳粹核工程的曼弗雷德·冯·阿登纳，并把他送往苏联的铀电磁分离处工作，同时被送去的还有气体扩散技术发明者古斯特夫·赫茨，物理学家汉斯·巴威赫、弗里德里希·瓦尔特、马克斯·福尔默①。苏联的确在原子弹研究方面取得了一定进展，但却并非因为哪个德国科学家才智过人，而是得益于另一条战线即隐蔽战线的杰出成就。苏联获取了洛斯阿拉莫斯实验室美国科学家的研究成果。直到 1949 年，美国中情局才得知，一个名叫卡尔·福克斯的英国科学家其实是苏联间谍，而他曾经参与过“曼哈顿计划”。

---

① 〔美〕塔德·舒尔茨著，中国军事科学院外国军事研究部译：《昨与今——战后世界的变迁》，东方出版社 1991 年版，第 180 页。

11 年后，由于苏联于 1957 年向所有人展示第一颗人造卫星之时，大部分美国人认为苏联可能招募了更多的德国技术人员，一定是受民益于德国的导弹技术。

在苏联导弹生产中，也确实有一位杰出的德国科学家叫赫尔穆特·格勒特鲁普（Helmut Grottrup），他来自于佩内明德（Peenemunde），曾是韦恩赫尔·冯·布劳恩当年的合作者。无论如何，人才是利器之争的重中之重。

利器之争：美苏核军备竞赛

以往的军事力量的主要目的是打赢战争。而核武器出现以后，它的主要目的则是避免战争。西方学者对冷战时期的美苏发出警告：核大战无胜负可分，谁第一个动手，谁就会是第二个死亡者。爱因斯坦晚年曾说："如果第三次世界大战使用核武器，再下次将使用木棍。"美国总统肯尼迪说，核大战的胜利可能是到嘴的灰烬。在核战争之后，历史学家将看到人类历史的句号，生物学家将看到物种的灭绝，战略家将看到同归于尽的结局，政治家将目睹政治的消亡。

耐人深思的是，虽然大国政治家都意识到核战争的危险，但核军备竞赛却从未停止过。

核时代在一定程度上抵制了大国战争，但不能抵制竞争和较量。核时代出现后很长一段时间后，许多国家仍试图在核竞争甚至谋求在核战争中胜出。

随着核武器的发展，已有 5 万枚核弹头散布当今世界，可将地球毁灭 50 多次。

在冷战中，双方都觉得自己处于受到威胁的状态。这种感受对双方都产生了影响，以至于军备数量呈现螺旋式上升的趋势，尤其体现在不断增加的核武器规模中。

战后 40 多年来的美苏军备竞赛逐步升级，由原子弹、氢弹的竞争发展为以陆基洲际导弹、潜射导弹为主的战略核武器竞赛，从 20 世纪 80 年代起，美国提出星球大战计划，以战略防御系统、宇宙空间军事化为特征的军备竞赛成为主要内容。军备竞赛阻碍了经济发展，成为失业、通货膨胀的重要动因之一。

一、美苏核军备竞赛的演变

从两国核能力建设和发展的过程来看，美苏核竞赛可分为以下几个阶段：

（一）美国处于战略优势阶段

从美国在二战期间往广岛、长崎投放原子弹到1949年8月苏联首次进行原子弹试验，世界上只有一个掌握核武器的国家。在1953年8月之前美国垄断了氢弹，而直到1953年美国还是唯一能生产百万吨级炸弹的国家。

1947年4月，乔治·凯南曾认为“实打实地投10枚原子弹”就足以彻底摧毁苏联工业。美国和美国的盟国在世界范围内仍具有实力优势。但事实上，这种优势并没有发挥什么作用。这段时期，苏联取得了一系列无可争议的地缘政治胜利，几乎掌控了整个东欧（只有南斯拉夫是个例外），支持共产党统一中国，通过代理方式在朝鲜跟美国打持久战。美国一点儿也不自信，反倒越来越害怕。[①]

在1945—1949年苏联拥有核武器之前。美国的核武器发挥了两个历史性作用，其一是由于美国率先拥有核武器，并且在对日作战时使用，美国实现了独家占领日本的战略目标；其二是二战刚刚结束，当战时协定要求苏联从伊朗撤出军事力量时，苏联试图分割伊朗的两个省份，使之永久地并入苏联帝国。杜鲁门总统向斯大林发出了最后通牒文电，威胁说，如果苏联军事力量不离开伊朗，后果将是严重的。苏联在几个月后撤出了伊朗。美国认为这是由于美国的核武器垄断，苏联别无选择。只能在美国的核优势下作出让步。[②]

但苏联并没有因为美国的核垄断而一味退让。苏联一直在努力发展自身常规力量和核力量。1947年苏联生产出了第一批远程洲际轰炸机图－4野牛轰炸机，这表明苏联已经具有了进行远程袭击的能力。随着1949年中华人民共和国的成立和苏联原子弹爆炸成功，美国遭受到苏联核袭击的威胁越来越大。朝鲜战争的爆发更加剧了美苏之间进行战争的可能性。

从二战后起至1949年底，苏联开始没有掌握核武器，主要靠常规武器的优势来对付美国的核垄断。当时苏联在东欧驻扎大量部队，把西欧当作人质使美国不敢轻易使用核武器。美国自认为有了原子弹，而苏联不会很快掌握，因而不急于大量生产核武器，仅把原子弹作为威慑手段，不作为战争的主要工具。美国也投入较大力量发展常规军备，而且采取三军均衡发展的方针。[③]

---

① 〔英〕尼尔·弗格森著，陈毅平译：《基辛格：理想主义者（1923—1968）》，中信出版社2018年版，第311页。

② 〔美〕理查德·尼克松著，夏青译：《世界大角逐》，吉林人民出版社1989年版，第71页。

③ 沈泽芳、万树玉等：《世界形势纵览——系列讲座》，时事出版社1989年版，第32页。

1949年苏联试爆核武器成功，比美国专家和情报机构预期的整整提前了三年；1953年8月，在美国首次成功试爆氢弹后仅9个月，苏联就用氘化锂成功爆破了氢弹，并且其技术水平要高于美国的重水爆破方式。在美国看来，隐藏在这些信息背后的事实是：一个与西方制度截然不同且极具侵略特征的政府掌握了高杀伤性武器。[①] 美国独家核垄断地位在短短的几年内迅速消失，美国未能在这个时期内充分实现其战略部署。从1949年苏联拥有核武器开始，人类进入了新的时代，即核时代。美国虽然仍具有核优势，但已经失去了利用核武器发号施令的影响力。

由于苏联已经拥有了核能力，美国对苏联的担心与日俱增。1953年4月，兰德公司为美国空军准备了一份绝密评估报告，名为“美国战略力量应对1956年一场突袭的脆弱性”。报告警告说，苏联的突然袭击可能会破坏美国战略空军司令部轰炸力量的85％。由于当时美国军队的战略力量基本集中在战略空军司令部，因此这种85％的破坏率显然意味着美国在苏联发动突然袭击的形势下会丧失第二次打击能力。与此同时，苏联在1953年就拥有了可与美国B－52相匹敌的“野牛”洲际轰炸机。

当苏联拥有核能力之后，美国军事力量在其他方面的劣势反而暴露出来。1950年，美国《生活》杂志做了一篇文章对比苏联军事力量与美国的军事力量：苏联有260万人的军队，而美国军队为64万人，30个苏联武装师对一个美国师。美国一年生产1200架新飞机，而苏联则生产7000架。只有美国的海军处于领先地位，但苏联已有了一支比二战开始时德国所拥有的更强大的舰队，而且它的潜艇数量是美国的3倍。美国国民收入的6％用于军事力量，而俄国人则有25％用于此，等等。《生活》杂志的标题问道：“战争可能来临；我们要做准备吗?”[②]

1953年6月，艾森豪威尔政府提出了《国家安全保障基本政策的再探讨》(即NSC-153-1)，开始对美国的冷战战略进行调整。该文件采用的核心战略概念是杜勒斯提出的“大规模报复战略”，主张美国军事力量建设的重心应从“常规战力”转向“核打击力量”。这主要是把美国具有明显战略优势而成本却相对较低的核打击力量作为对苏联冷战的主要战略手段，这样既能确保对苏战略优势，又可以降低军费投入。这时的艾森豪威尔政府已经意识到对苏冷战是一种

① 于群主编：《新冷战史研究：美国的心理宣传战和情报战》，上海三联书店2009年版，第267页。

② 〔美〕戴维·麦卡洛著，王秋海等译：《杜鲁门传》(下册)，世界知识出版社1996年版，第871页。

长期的体制竞争，“维持健全而强有力的经济发展”是维持长期竞争的战略关键。美国的核武器在 20 世纪 50 年代增势迅猛：1946 年仅 9 枚，1948 年拥有 50 枚，到了 20 世纪 50 年代初，达到 170 枚，到 1952 年，美军装备可供使用的核武器达到了 841 枚，在德国加入北约之后，又扩展到了约 2000 枚。苏联也在储备核武器：1950 年只有 5 枚，到了 20 世纪 50 年代末就已经制造了约 1700 枚。[①]

1953 年 8 月 12 日，苏联率先试爆了氢弹，打破了美国在核武器方面的战略优势。面对核均衡态势的出现，艾森豪威尔政权又于 1953 年 10 月 30 日提出了进一步调整对苏冷战构想的《国家安全保障的基本政策》（即 NSC-162-2）。这份文件在政策上的一个突出变化，就是强调随着“美苏核僵持”状态的出现，美苏爆发全面冲突的可能性有所降低，冷战对峙将转入长期化。突出的安全危机将转变为苏联的“局部侵略”，特别是“苏联对周边地区的侵略”。在应对策略上，一方面强调美国必须保持强大的核威慑力量，具有对苏联实施反击的“大规模报复能力”，同时还强调西方盟国应建立起具有联合作战能力的军事分工合作体系，保持“具有高机动性的随时应战能力”。经过从 NSC-153-1 到 NSC-162-2 的调整，艾森豪威尔政权逐步以新的战略理念实现了所谓的“新面貌战略”调整。美国冷战战略的重心开始从应对对苏联的全面战争转向局部战争。[②]

（二）苏联奋起直追阶段

1955 年，冷战转入了相对“胶着状态”，美苏双方以包括核武器在内的巨大军事力量为依托，形成了一种相对稳定的对峙状态。随着朝鲜战争的停战，欧洲、亚洲的冷战分界线也趋于稳定。美苏军备也转向了以威慑为主的核军备竞争。[③]

在苏联 1949 年打破美国的核垄断地位后，美国试图以发展热核武器来维持核优势。但这一优势保持的时间更短。9 个月后苏联也试爆氢弹成功。1954 年，苏联的可以运载核弹的远程轰炸机也展示出来。到 1957 年 8 月，苏联更抢在美国之前发射了洲际弹道导弹和人造卫星。比美国早 5 个月。这不仅表明苏联技术上的新突破，从军事和战略上看还表明苏联第一次有了直接攻击美国本土的可能。美苏“相互摧毁”的前景出现了，美国特有的安全感被打破了。美苏核

① 〔美〕托尼朱特著，林骧华等译：《战后欧洲史》，中信出版社 2014 年版，第 11 页。
② 肖伟：《战后日本国家安全战略的历史原点》，新华出版社 2009 年版，第 228 页。
③ 肖伟：《战后日本国家安全战略的历史原点》，新华出版社 2009 年版，第 232 页。

武器和运载工具的发展使得双方都越来越多地考虑美苏发生战争的严重后果[①]。到1955年，苏联的战略轰炸机做了首次编队飞行表演。这在美国引起所谓“轰炸机差距”的担心。1957年10月，苏联又发射了洲际弹道导弹和第一颗人造地球卫星。取名为“斯普特尼克号”(Sputnik)。比人造卫星更重要的是将“斯普特尼克号”送入轨道的强大助推火箭，因为它标志着苏联拥有了以高速发射核武器且命中4000英里射程内目标的能力。这次发射还展示了苏联导弹科学的能力，也是核武器远距离运载工具的一个突破。美国经过多次失败，一年后才成功试射了洲际导弹和小型卫星。

1957年11月2日，苏联又发射了一枚更大的人造卫星。这枚卫星还携带了一只名叫李斯卡的狗。这一成功严重动摇了美国人民对其国家技术优势的自信心，甚至导致了所谓的“卫星恐慌”。艾森豪威尔回忆道，从苏联爆炸了第一颗原子弹，并且制造了能运载它们的远程飞机。从那时起，美国人意识到，此后他们必须在全部毁灭的魔影下生活，这是历史上从未有过的事。[②]

美国战略空军被疏散并且进入警备状态，短程丘比特导弹被安装在土耳其和意大利以抵御苏联的远程武器；美国大量资金被投入到导弹和轰炸机项目的研究中。美国已经明显感受到来自苏联的压力。

“斯普特尼克”号的升空被美国人视为一次“突然打击”。在美国历史上仅有的几次灾难性危机中，苏联卫星冲击（又称“技术珍珠港”）是唯一可与1814年英军占领美国首都华盛顿、1941年“珍珠港事件”相提并论的重大事件。众多美国学者将1957年视为有特殊转折意义的一年，他们认为，自二战结束到1957年，美国一直承担着自由世界领导责任，同时理所当然地认为自己是世界技术领袖，拥有苏联无法超越的领先地位。遗憾的是，这一优越感因苏联率先发射卫星而被全盘击碎了。曾担任艾森豪威尔政府顾问并出任肯尼迪政府国务院政策设计室主任的著名学者罗斯托在其著作《权力的分散：近世历史散论》中将1957年视为国际政治进程中具有标志性意义的一年。[③]

由苏联卫星上天而引发的“导弹差距”认知是20世纪五六十年代美国从政府到公众一种特殊冷战心态的切实反映。冷战恐惧心理是“导弹差距”认知出现的根本原因，也是冷战时期美国政府制定一系列过度防御政策的根本原因。

---

① 黄正柏：《美苏冷战争霸史》，华中师范大学出版社1997年版，第97—98页。

② 〔美〕德怀特·D. 艾森豪威尔著，静海译：《艾森豪威尔回忆录：白宫岁月》，生活·读书·新知三联书店1978年版，第501页。

③ 沈志华等：《冷战时期美国重大外交政策案例研究》，经济科学出版社2014年版，第184页。

美国公众的恐惧心理源自于其长期的优势地位和“例外”心态，在某种程度上，也是苏联积极促成的。尽管至今尚无著作系统论述苏联在冷战期间奉行的冷战心理战政策，但“导弹差距”无疑是苏联发动的一次成功的心理战役，为其赢得了诸多的国际政治利益。除此之外，美国两党政治和军方的部门利益之争是促使“导弹差距”论争升级的重要原因。整个冷战时期，美国军方为了争取军事发展预算，不断用“危机意识”来触动美国公众和国会的敏感神经；而国会反对派则利用“导弹差距”来为其党派利益服务。[①]

一个由艾森豪威尔任命的研究班子提出的《盖瑟报告》说，苏联已在远程导弹方面领先了，出现了“导弹差距”。这份报告以危言警告艾森豪威尔总统：如果美国军事费用不在近年增加50%，那么“扩张主义的”苏联威胁“可能在1959年初或1960年初变得危险”。除了主张大规模的武器生产外，这份报告还催促建立一个耗资250亿美元的放射性微粒掩护所项目，这种掩体不仅能保护美国人防御苏联的攻击，还可以使美国的空中力量更加自由地使用核弹头。这样庞大的开支不会对美国的经济造成什么大的影响，甚至可以“帮助维持生产和就业”[②]。

艾森豪威尔认为《盖瑟报告》严重误导而不予采纳，直到20世纪60年代末，苏联事实上在所有核武器领域均落后于美国。苏联人造卫星发射成功带来的明显领先地位，并没有转化为军事优势。事实上，苏联在1961年拥有的洲际弹道导弹还不到50枚。这50枚中只有4枚被实际部署了。赫鲁晓夫20世纪50年代末关于苏联洲际弹道导弹能力的吹嘘，显然有虚张声势的成分。[③]

“导弹差距”子虚乌有，美国仍稳居核优势地位，但苏联洲际导弹的成功还是极大地改变了美苏间的战略态势。

苏联在核能力方面的发展带来了一系列的政策后果，其一是苏联决心迎头赶上。其二是由于苏联军事学说强调威慑性和攻击性原则，美国只能加强自己的威慑力量予以对付。苏联的民防计划中有大规模撤离城市的规划，这似乎进一步证明苏联确实准备打核战争并精心策划打赢核战争。[④]

---

① 沈志华等：《冷战时期美国重大外交政策案例研究》，经济科学出版社2014年版，第194页。

② 〔美〕沃尔特·拉费伯尔著，牛可等译：《美国、俄国和冷战（1945—2006）》，世界图书出版公司2011年版，第159页。

③ 〔英〕理查德·克罗卡特著，王振西等译：《五十年战争：世界政治中的美国与苏联（1941—1991）》，社会科学文献出版社2015年版，第185—186页。

④ Gerald M. Steinberg，Satellite Reconnaissance：The Role of Informal Bargaining. Praeger Pub Text，1983，pp. 50－51.

大约在1957年到1967年这段时期，美国战略思想的显著特征是从积极威慑向平衡威慑转变，前者与“大规模报复”相关，后者与“灵活反应”相连。尽管北大西洋公约组织1967年才将这一新思路确定下来，但它赋予常规部队更加突出的作用。

肯尼迪就任总统时，美国官方理论原则仍是对苏联军事目标和苏联与中国的城市进行大规模核报复。促成其变化的主要因素是苏联能力的上升，确切地说，是想象中的苏联能力的上升。1961年，美国在核弹头数量上以6∶1领先于苏联（3267∶500），而导弹差距远远有利于美国（1989∶27）。因此，平衡的问题不是因力量相等而引起，而是因为认识到每一方都能经受住第一次打击，然后实施报复性回击。[①]

以1957年10月苏联发射世界上第一颗人造地球卫星为标志，人类进入核弹时期，美苏开始在宇宙空间进行激烈争夺。美苏在此思想指导下，竞相研制和发展战略核武器（陆基洲际导弹、潜射导弹和战略轰炸机）。从质量上说，主要是搞分弹头，提高弹头的命中率，并发展巡航导弹。

在古巴导弹危机中，赫鲁晓夫原寄希望于古巴设置导弹，改变美苏力量对比，迫使美国在德国等问题上作出让步。但事与愿违，由于苏联核力量处于劣势地位，赫鲁晓夫在危机中和危机后受尽奚落，苏联最终在美国的压力下不得不做出让步，把已经部署在古巴的导弹撤了回去。克里姆林宫的决策者们对此痛心疾首，下令全速发展核武器。到20世纪60年代末，苏联在核武器方面便大致上取得与美国均势的地位。美苏力量对比的变化，导致双方更激烈地争夺和对抗，苏联逐步转入攻势，两个超级大国的争夺进入一个新的阶段。

（三）战略相持相阶段

总的来看，在20世纪60年代，美苏之间在战略核武器方面基本上得到了平衡，同时核军备竞赛又在不断加剧。它引起了美苏之间围绕着战略核武器的另一种形式的斗争：核军备控制。军备控制并不能制止军备竞赛，其作用在于建立和维持军事上的相对平衡和稳定，它建立在美苏之间存在某些共同利益的基础之上，同时也是美苏利用来保持自己相对优势的手段。

苏联在勃列日涅夫时代，大力发展军备建设。到20世纪60年代末，已扭

① 〔英〕理查德·克罗卡特著，王振西等译：《五十年战争：世界政治中的美国与苏联（1941—1991）》，社会科学文献出版社2015年版，第180页。

转了战略武器大大落后于美国的局面，赢得了对美国的核均势。1969 年尼克松上台后，承认了美苏之间在战略武器力量上的均势，提出了同苏联的“核平等”，并把以往在国防战略中“恢复明确的军事优势”目标，改为“战略充足”目标。它表明美苏双方所拥有的核力量在达到“确保相互摧毁”的状态之后，美国更强调保持战略均势，而不是追求单方面的战略优势。所谓战略均势，就是通过核威慑而使对手确信，不管是谁首先使用核武器，必将给自己带来灾难性的后果。美苏之间的战略均势为冷战期间的一个重要阶段——缓和的到来提供了客观的基础。而在追求战略均势的过程中，美苏之间的军控谈判就变得尤为重要①。

苏联坚持“平等和同等安全”，不仅是要取得同美国的力量均势，还要取得对美国及其西欧盟国总力量的均势，这意味着对美国的军备优势。所以苏联在 20 世纪 70 年代军备竞赛的势头仍然很猛。美国在 20 世纪 70 年代初、中期由于收缩力量和经济衰退等方面的原因，军备竞赛势头相对苏联而言处于下风。

据斯德哥尔摩国际和平研究所的统计，按 1978 年汇率的不变价格计算，1971 年美国军事开支为 1206.5 亿美元，苏联为 939 亿美元。此后几年美国逐年递减，而苏联则逐年递增。到 1976 年，美国军事开支降到 1042.6 亿美元，而苏联却增加到 1013 亿美元，差距大为缩小。1976 年后美国军费开支开始回升，美苏军费开支才保持大体同步增长势头。伦敦国际战略研究所和美国军备控制与裁军署的统计则显示，20 世纪 70 年代前半期美苏军费都在增长，但苏联军费的增长速度更快，而且绝对数字甚至超过美国。在战略武器的总数方面，美国在这个时期没有增加，而苏联则有很大的增加。据伦敦国际战略研究所统计，在 1969 年限制战略武器谈判开始前，美国拥有战略武器（运载工具）总数为 2291 件，苏联只有 1495 件。到 1975 年，苏联已达 2447 件，超过美国的 2210 件②。此后这一趋势有增无减。斯德哥尔摩国际和平研究所的统计数字，也表明了这一情况。在核弹头数量上，从 1970 年到 1980 年美国增加了一倍多，而苏联则增加了两倍多。美国拥有弹头总数仍大大多于苏联，但差距在缩小。如 1970 年美国的弹头总数是苏联的两倍多，1980 年只相当于苏联的 1.5 倍。在导弹的投射重量和爆炸总当量上则相反，1977 年，苏联分别是美国的 3 倍和 1.5

① 周建明：《美国国家安全战略的基本逻辑：遏制战略解析》，社会科学文献出版社 2009 年版，第 144 页。

② 〔SWEDEN〕Stockholm International Peace Research Institute：World Armaments and Disarmament，SIPRI Yearbook 1976，pp. 24—25.

倍。总的来说，20 世纪 70 年代美苏的战略武库都有进一步加强，但是苏联的发展势头更猛一些，原先苏联较逊一筹的状态，正在被一种近乎真正势均力敌的状态逐步取代。这种趋势继续得到发展。[①]

尼克松写道：到 1969 年，不论在核武器或常规武器方面，美国和苏联是永远不可能有绝对均势的。此外，在军备的每一方面都占绝对优势是没有意义的，因为武器发展到一定水平，任何国家都有摧毁另一国家的能力。[②]

美苏军备竞赛的大幅度升级，大大加剧了东西方和整个世界的紧张局势。

双方出现了越裁军武器性能和质量越高的逆裁军现象，于是出现了核国家能够毁灭地球达几十次的荒唐结果。

（四）美国最终获得优势

新的军备竞赛是从 20 世纪 80 年代初开始的。它以 1983 年里根提出的“星球大战计划”为标志。里根为什么选在 1983 年抛出一个引起全世界密切关注的“星球大战计划”呢？

首先，里根作为美国保守势力的代表人物。在美国经历了卡特时期苏攻美守的相对失态之后，想要重振美国军威，打破现有军事均衡，重新夺取优势。其次，在美苏核武库处于超饱和的状态下，各自拥有毁灭对方几十次的超杀能力，光靠发展进攻性战略核武器已无法打破现有均衡状态。唯一的办法是研制一种新的防御武器系统，拥有攻防兼备的手段，这样才能胜敌一筹，重新占据优势地位。

为了争夺军事优势，美国提出一整套关于“星球大战计划”的设想：第一步从 1983—1990 年，进行可行性研究阶段，第二步从 1990—2000 年，试验、研究和发展阶段；第三步从 2000—2005 年，投入生产和部分部署阶段；第四步从 2005—2015 年，全面部署阶段，一共需要花 4000 亿～12000 亿美元，时间约 30 年。

“星球大战计划”的重点放在：①早期发现。对苏联发射的导弹发现得越早越好，因为在助推段弹头尚未脱离弹体，打掉一个导弹就等于打掉几十个弹头，效率要高出几十倍，甚至要高出上百倍。为此，美国需要建立全球监测系统；②拦截手段，即用什么武器去摧毁。以往都是以导制导（或以核对核），采用碰

① 黄正柏：《美苏冷战争霸史》，华中师范大学出版社 1997 年版，第 241 页。

② 〔美〕理查德·尼克松著，裘克安等译：《尼克松回忆录》（中册），商务印书馆 1979 年版，第 64 页。

撞办法，这会造成核扩散，对双方都不利。美国试图研究以非核对核，用廉价的非核武器打掉昂贵的核武器。非核武器主要指定向能武器（激光武器、粒子束武器等）和动能武器（电磁炮、非核拦截导弹等）。这些武器分别部署在太空和地面，比如天基激光武器部署在太空平台上，地基激光武器部署在陆地，通过反射镜打击太空目标。[①]

美国的“星球大战计划”最终以停止而告终，而苏联却因为卷入了这一工程浩繁、开支巨大的竞争计划而陷入了国家危机。

二、美苏核战略的演变

当美国独家拥有核武器的时候，美国相信这个武器还是具有战略意义的。美国能够独自控制日本也是得益于核武器使日本迅速投降，使得苏联没有机会介入日本事务更不可能踏上日本领土。美国认为20世纪40年代为什么能够迫使苏联在伊朗问题上让步是因为美国拥有核武器。但在杜鲁门时期，美国的核武器数量也是有限的。朝鲜战争时期美国之所以没有使用核武器，其中一个原因也是因为核武器数量有限，而美国需要在欧洲应对苏联的可能进攻。因此，在杜鲁门时期，由于核武器“还没有大到可以完全摧毁苏联城市和工业的程度”[②]。核武器还只是讹诈的工具。到了艾森豪威尔时期，美国的核武器有了长足发展，更为重要的是，当时美国的核力量对苏联占据着绝对优势，能打击苏联本土，而苏联无攻击美国本土的能力。这种优势使得美国开始推行大规模报复战略。在艾森豪威尔时期，美国的军备战略基于以下几点考虑：一是在国家遭受第一次打击之时，还有能力打败敌人。这即是大规模报复战略的雏形。二是由于现代全球战争带有无法想象的灾祸，美国军事力量必须主要地为了制止冲突来设计，虽然很可能在后来仍旧要被迫作战。三是国家安全不能单纯地以军事力量来衡量。因为军事力量和经济力量之间的关系是密不可分的。四是美国的军事力量必须是现代化的，按照足以阻止或从事那种预计在20世纪中叶要发生的战争类型来设计。不能把上一次战略的武器运用于下一次战争。[③]

美国之所以搞大规模报复战略是因为美国具有更强的核武器打击能力。这

① 沈泽芳、万树玉等：《世界形势纵览——系列讲座》，时事出版社1989年版，第34—35页。

② 〔美〕拉塞尔·F. 韦格利著：《美国军事战略与军事政策史》，解放军出版社1986年版，第473页。

③ 〔美〕德怀特·D. 艾森豪威尔著，静海译：《艾森豪威尔回忆录》（上），生活·读书·新知三联书店1978年版，第502—503页。

一战略的实质，就是主要发展核武器和准备打核战争，以苏联的城市和人口为主要摧毁目标，即以苏联的城市和人口为抵押品，阻止苏联向外伸展势力。这一战略的特点是变主要发展常规兵力和准备打常规战争为侧重发展核武器和准备打核战争，在苏联和中国等社会主义国家周围继续建立军事包围圈。

20 世纪 50 年代中期以后，苏联已经拥有氢弹和远程轰炸机，可以袭击美国本土，美国以本土不受核攻击为前提的“大规模报复战争”失灵；美苏之间出现了“相互威慑”，从根本上动摇了“大规模报复”战略的基础。这是美苏军备竞赛中的又一次升级。苏联在 1960 年建立了战略火箭部队。美国的战略武库在艾森豪威尔第二任期中几乎增加两倍，后来逐渐形成洲际导弹、潜艇发射的导弹和战略轰炸机“三位一体”的战略武器系统。[①]

肯尼迪政府提出了灵活反应战略，同时发展核武器和常规武器，既准备打常规特种战争和局部战争，也准备打有限核战争和核大战。

在争取核优势的同时，美国所面临的就是要明确在核时代如何使用核武器。当时的国防部部长部麦克纳马拉是具体设计美国核战略的人。设计这个战略的首要难题是如何增加己方在使用核武器打击对方的选择范围，同时尽可能减小在核战争时受打击和损害的程度。很显然，这已不是可以由美国一家说了算的，而是需要制定一种新的战争的游戏规则。最初，麦克纳马拉主张核打击只瞄准对方的军事力量，而不像 1945 年对日本实施打击的那样打击人口集中的城市。麦克纳马拉的估计是，在全面核战争中，如果苏联只对美国的军事力量进行打击，美国可能死亡 2500 万人；如果苏联既攻击军事目标，又攻击城市工业目标，那么美国可能死亡 7500 万人，欧洲要死亡 11500 万人。[②]

作为灵活反应战略的组成部分，美国国防部部长麦克纳马拉于 1964 年提出了相互确保摧毁战略，它指美苏双方均拥有可靠的第二次核打击能力，即在对方首先实施核打击后，己方仍能生存下来，并具备完全摧毁对方的核报复能力。因此，任何一方发动核袭击，肯定会遭到报复性回击。只要保持这种“稳定的恐怖和平”，就可威慑双方都不敢发动战略核袭击，避免核战争。否则，美苏双方就有可能同归于尽。在核打击目标方面，麦克纳马拉主张侧重打击城市目标，在报复打击中把对方城市全部摧毁，以此相威胁，使对方不敢对美国发动核突击。在核力量规模方面，他认为，美国只要具有消灭苏联 1/4～1/3 的人口和摧

---

① 黄正柏：《美苏冷战争霸史》，华中师范大学出版社 1997 年版，第 130 页。

② 周建明：《美国国家安全战略的基本逻辑：遏制战略解析》，社会科学文献出版社 2009 年版，第 138 页。

毁其 1/2～2/3 的工业生产能力的核力量，即可达到确保摧毁的要求。

根据美苏两国人口分布和工业布局情况，麦克纳马拉提出 40 亿吨当量的核爆炸力是达到这一要求的峰值。据此，他为美国设计了一支“三位一体”的战略核力量，其规模包括：1000 枚“民兵”式弹道导弹 54 枚“大力神”Ⅱ型弹道导弹、656 枚潜射导弹和 534 架 B－52 型战略轰炸机。在美国，该战略不仅在 20 世纪 60 年代发挥了作用，而且在美苏冷战关系结束之前一直是起着实际作用的核战略理论之一。

正如丘吉尔所言：安全不得不建立在恐怖基础之上，而生存也不得不依赖对于相互毁灭的担心。因此，核威慑抵消了东方或西方不冒任何风险攻击对方的能力，从而实际上形成了一个战略僵局。

相互确保摧毁也导致了核观念的变化，那就是谁也不可能战胜对方，随后双方的核力量难分高下，虽然其中经过缓和谈判得以控制，但核武器的数量反而在不断上升。

美国在越战中的失败表明肯尼迪的“灵活反应战略”的失败。古巴导弹危机使苏联领导痛心疾首，决心全速发展军事实力，开始全面扩展军备战，实力增长很快。1962 年，美国拥有 294 枚洲际导弹和 1000 多架能对苏联进行核打击的战略轰炸机，苏联洲际导弹只有 75 枚，战略轰炸力量也十分薄弱。到 1969 年尼克松就任总统时，美、苏洲际导弹分别为 1054 枚和 1050 枚，苏联已经追上了美国。1970 年苏联达到 1300 枚，超过了美国。苏联还开始发展和部署反弹道导弹系统，走到了美国前面。在海军方面，苏联从近海防御到大力发展远洋海军，核潜艇数量大大增加，向美国的海洋霸权挑战。长期处于核优势的美国，第一次面临美苏军事实力趋于均衡的状态。美国根据尼克松主义对全球战略部署作了一系列重大调整。修改战略理论，提出“现实威慑战略”取代“灵活反应战略”作为新的军事战略。它的主要内容是：战略核武器方面以“充足”论代替“优势”论。战后历届美国政府的核武器理论都是建立在核优势基础上，就是确保美国拥有核优势。尼克松上台后，于 1970 年正式宣布美国的战略核力量将根据充足原则来计划和部署。它表明美国承认美苏战略核力量已经势均力敌，美国已无法保持核优势地位。美国核战略的重大变化是强调侧重打击苏联的军事目标，而不是首先打击苏联城市，并重视发展战术核武器。

里根政府的对外政策以对抗苏联为纲，强调美国对整个世界的“领导”作用。在军备竞赛方面，美国不再满足于恢复并维持均势，而是奉行全面加强军事实力的政策，力图在 5—10 年中取得对苏联的军事优势。1981—1983 年美国的国防预算每年递增9%以上，1984年增长7%以上，大大高于苏联的增长率。从1985年起，美国每年军费开支高达3800亿美元，这在和平时期是空前的。

布热津斯基在战略理念上提出了一个新主张，即由“相互战略安全”取代“相互确保摧毁”。“相互战略安全”战略与“相互确保摧毁”战略相比，最显著的区别在于“相互战略安全”最优先考虑的是使己方的战略力量在经受第一次打击后生存下来，并保持一支进行重点作战的灵活的战略军事打击力量，从而遏制各种级别的潜在核战争的爆发。布热津斯基提出这个战略，除了军事上的考虑外，也包括了心理战的思考。因为他认为威慑是“使对方企图迫使我们满足他们愿望的能力失效的一种反暴力的手段”，一种有效的威慑理论不仅需要充分估计对方的实力，同时应当充分估计对手的政治心理特征以及他们的理论。他说“相互战略安全”并不意味着要建立一个完美无缺的防御系统，也不意味着要使美国拥有发动能剥夺对方还手之力的第一次打击的能力，这个战略的重要性在于它将使美国拥有“基本的战略信心”①。

美国大力加强常规武器和核武器的研制和更新换代，特别是1983年3月里根提出“星球大战计划”，谋求对苏联的太空军事优势。在经济关系方面，美国不再以“利益之网”诱使苏联发生演变，用所谓连环套套住苏联，而是着眼于以军备竞赛和经济制裁把苏联拖垮、压垮。

这一战略的实质是同时发展核和常规力量，迅速增强军事实力，重新夺取军事优势，使美国具备同苏联打各种形式和各种规模战争的能力。其特点是：

第一，提出立足现在、更着眼于未来的加强同苏联军事争夺的“竞争战略”和“多层次威慑战略”。根据美国首次提出这两个新战略概念的1987年度《国防报告》的解释，所谓“竞争战略”，就是更明确以苏联为主要作战对象，发挥美国的技术优势，利用苏联的弱点来建设军队和完善军事理论，同苏联进行长期竞赛，最终取胜苏联。所谓“多层次威慑战略”，就是使用多种威慑力量（核常规和化学武器，现役和后备役部队，美国和盟国军事力量）、运用多种威慑手段（防御、升级直至总动员的剧变手段）和发挥各级威慑作用（从部署在前沿的陆军师和航母特混舰队直到美国最高统帅——总统）对付苏联。

第二，建立攻防兼备的核战争体系，并决心夺取太空优势。里根1983年3月23日提出了“星球大战计划”的目的是建立一种多层次、多手段、大纵深、低漏率、以天基定向能武器为主要武器的拦截洲际弹道导弹的系统，作为夺取

① 胡莹：《地理空间与全球霸权》，南京大学出版社2009年版，第103页。

对苏军事优势的主要手段。里根政府一再声称，任何军控协议都不能影响美国发展这一战略防御系统。里根政府特别重视夺取太空优势，声称美国的一项根本目标是在太空领域居领先地位。

由于这场新的军备竞赛，军事战略也发生了新的变化，由确保相互摧毁逐步过渡到确保相互生存。

三、结　语

冷战期间的主要军备竞赛之所以集中在战略导弹领域，是由多种因素决定的。在1947年这一关键年，美、苏两国都在德国V－2的基础上开始研制新型导弹。两国毫无争议地选择了同样的战略，即认为，未来战争首先将是一场导弹战。在富有进攻性的冷战结束阶段，一种武器类别引人注目，而它从冷战开始便已出现在讨论的核心位置：这就是反弹道导弹（ABM），它有能力拦截进攻性的洲际导弹。①

军备竞赛大大提高了武器的杀伤力，特别是核武器，杀伤力更大，使人类生存受到极大的威胁。到了冷战后期，美苏共拥有各种类型的核弹头50000多枚，总爆炸力相当于150亿吨黄色炸药，为1945年美国投在广岛的原子弹的100万倍。当时广岛死了14万人。冷战后期美苏拥有的核武器的3%就可以毁灭全世界的人。美苏可以互相毁灭对方几十次。拿单枚导弹的威力来说，美国的MX导弹的一枚弹头就比广岛的原子弹大300倍。导弹发射时间大大缩短，美苏均可把一枚导弹在30分钟内打到对方领土任何目标（9000公里以外）。命中率也大为提高（几十米至几百米）。此外，美苏都拥有核潜艇，美国一艘核潜艇，（装备有16枚海神式带分弹头导弹）的爆炸力超过二战时作战双方在欧、日的爆炸力的总和。可见后果不堪设想。

有鉴于此，连美苏都承认，核战争打不得，在核战争中只能两败俱伤。

冷战持续不断地、越来越多地消耗着双方所稀缺的资源。西方如此，东方阵营也是这样。在冷战的最后几年，北约与华约在军备开支上每年大约消耗7000亿美元。② 在1945年到1990年，总共进行了1871次核弹试验。其中，美

---

① 〔德〕贝恩德·施特弗尔著，孟钟捷译：《冷战1947—1991：一个极端时代的历史》，漓江出版社2017年版，第136、139页。

② 〔德〕贝恩德·施特弗尔著，孟钟捷译：《冷战1947—1991：一个极端时代的历史》，漓江出版社2017年版，第128页。

国 929 次、苏联 671 次。[①]

根据联合国的资料：世界上有 5000 万人从事军事部门的工作，其中现役军人 2500 万人，科学家和高级工程师有 50 多万人。世界石油资源有 5%～6%用于军事方面。世界重要的非能源矿产品约有 3%～11%用于军事目的。军费开支庞大，1984 年为 8000 亿美元，占世界国内生产总值的 6%，平均每天开支 22 亿美元。北约和华约占世界军费开支的 70%。

从经济上看，美苏军备竞赛带来了沉重经济负担。里根第一任期内军费开支达 1.6 万亿美元，第二任期内高达 2 万亿美元。“星球大战计划”初步拨款 260 亿美元。由于大量增加军费开支，经济上出现“三高”现象，1987 年外贸逆差达 1710 亿美元，国债达 23700 亿美元，财政赤字 1700 多亿美元，美国由最大的债权国变成最大债务国。苏联经济更困难，年增长率不断下降，苏联承认其经济状况早在 20 世纪 80 年代初已处于“崩溃边缘”。

从军事上看，美苏核武库均处于超饱和状态。双方拥有的核武器可毁灭对方几十次，这在军事上是没有实战意义的，在经济上是一个沉重的负担，20 世纪 60 年代的军备竞赛，为后来美国的“星球大战计划”埋下了伏笔。如果没有这个时期的你追我赶的军备竞赛，苏联就不可能对美国的“星球大战计划”如此敏感，反应如此强烈。

人类进入核时代，战争已经没有赢家，但大国仍然渴望能够在战略竞争中胜出。达成一个平衡，又试图谋取新的优势。具有讽刺意味的是，人类进入核时代之后，核恐怖平衡成为了制约战争的有效而脆弱的方法。

---

① 〔德〕贝恩德·施特弗尔著，孟钟捷译：《冷战 1947—1991：一个极端时代的历史》，漓江出版社 2017 年版，第 132 页。

第六编

战略博弈之失：战略误判及其影响

战略误判与朝鲜战争

在所有的失误中，战略失误是最为惨重的。战略误判一旦出现并指导行动，就会造成一系列后果，而且往往是错上加错。但是在较量、博弈和竞争中，人们往往容易陷入此得彼失的零和思维之中。而事实上，战略博弈中的零和博弈是最易于出现战略误判的。在零和博弈的过程中往往容易夸大或渲染对手的意图，从而导致过度反应和应对。

朝鲜战争中，美国出现了重大战略误判，这也就有了美国是在错误的时间、错误的地方与错误的对手之间进行了一场错误的战争。[①]

这场错误的战争究竟是如何决策和发生的？尤其是对中国军事动向的判断又是如何作出的呢？

一、美国的两大误判

朝鲜战争是一系列误判促成的一个战略误判。由于美国认为朝鲜统一战争是苏联的策动，是苏联亚太扩张战略的组成部分，于是美国修改其战略防御圈，并积极军事介入朝鲜战争。[②] 由于美国相信中国不会也无能力出兵朝鲜，因此对中国的警告置若罔闻，继续将战火烧到中朝边境，导致这场战争扩大化为中美之间的局部战争。

这里出现了两大误判：美国认为苏联策动了朝鲜战争；美国认为中国不会介入。中国认为美国可能入侵中国。

---

① 肖德甫：《大国之道：世界性强国兴衰更替的逻辑》，中央编译出版社 2016 年版，第 248 页。

② 在 NSC68 号文件中，美国认为："不同于以往的霸权野心者，苏联受到一种新的狂热信仰的鼓舞，这种信仰对我们自己是反宗教的，并试图将其绝对权威强加于世界其他地区。因此，冲突已经成为地方性的，在苏联方面，根据权宜之计的规定，以暴力或非暴力的方式进行。随着大规模杀伤性武器日益恐怖化的发展，一旦冲突进入全面战争阶段，每个人都面临着随时可能被歼灭的危险。"参见："A Report to the National Security Council-NSC 68"，April 14，1950，p. 4，p. 6.

（一）对苏联意图的误判

美国认为朝鲜战争本身是苏联发起和策动的，所以美国必须作出反应。针对朝鲜战争的爆发，美国一开始即认定这不是一场简单的半岛统一战争，朝鲜战争的爆发不是单纯孤立的事件。而是苏东阵营策划的有着深刻冷战背景的两大阵营的较量。[①] 美国之所以作出如此判断，是有深刻的时代背景的。

1950 年初，在彼此敌视的美苏阵营中，冷战的政治局面尚未巩固。二战刚结束时，美国对东亚的军事计划基于日本轴心而展开，美国认为只要占据日本这个战略基地，就可以起到很好地保护自身的目的。因此，美国采取了尽可能超脱的政策。

然而，事态的发展出乎美国的意料。首先是苏联于 1949 年 8 月进行了第一颗核弹头试验，成为世界上第二个核大国，也是社会主义阵营中第一个拥有核武器的国家，打破了美国持续四年的核垄断。其次是中国共产党领导的解放战争取得胜利，于 1949 年 10 月成立新中国。蒋介石领导的国民党残部被迫退守台湾。最后是新中国采取一边倒向苏东阵营的政策，中国与苏联结成友好互助同盟。中国的一边倒政策，壮大了社会主义阵营，显然强化了与美国的对立。这三大变化导致东亚格局出现了历史性巨变。当 1950 年 2 月的《中苏友好同盟互助条约》签订之后，美国已经下定决心要遏制共产主义在远东的迅猛势头。

1950 年 6 月 25 日，朝鲜战争爆发时，美国推出的马歇尔计划接近完成，北约已经成立，武装西德的任务也已经实现。欧洲冷战对抗格局的加剧，使美国对苏联在全球范围内的任何举动变得十分敏感。因此，美国认为朝鲜战争背后一定有大国博弈尤其是苏联战略意图参与其中。

在华盛顿与总统共商大计的政府要员们的第一反应就是朝鲜的武装行动受苏联的直接领导，斯大林才是整个行动的幕后主使，金日成不过是他在朝鲜的代理人而已。当时杜鲁门手下的苏联专家们认为朝鲜只不过是苏联的一个卫星国而已，完全处于苏联的管辖之下。朝鲜战争一爆发，美国政府就断定，这是苏联“企图违反协议把朝鲜搞到手”，是“柏林事件更大规模的重演”。朝鲜在采取行动之前不可能没有得到苏联的认可。苏联的目标是清除东北亚大陆上最后一个残存的反共桥头堡，威胁美国和西方列强在远东的地位。因此，这场战

---

① NSC68 号文件判断：“在军事层面上，克里姆林宫使用其庞大的力量恐吓邻国，支持侵略性的外交政策，并毫不犹豫地通过其代理人在有利的情况下诉诸武力。”参见：“A Report to the National Security Council-NSC 68”，April 14，1950，p. 11.

争非用武力不能制止，否则就会爆发第三次世界大战。“保卫朝鲜”成了美国政府的共识。[①]

战争爆发后不久，艾奇逊在写给英国外长贝文的信中说：“这个侵略行动是奉克里姆林宫之命令的。”[②] 杜鲁门也认定苏联唆使朝鲜跨越三八线，而苏联的唯一语言就是武力。[③] 杜鲁门政府作出的反应是：进攻是由苏联发动、支持和怂恿的，非用武力不能加以制止。这种反应是合乎其战略思维逻辑的。使用武力来制止武力也符合遏制战略的目标。1950 年 6 月 29 日，杜鲁门向国家安全委员会说明，美国的政策是“采取一切必要的步骤，迫使北朝鲜退回到三八线以北去”，“恢复那里的和平，恢复原来的疆界”。这样的参战目标，应该说并没有脱离以苏联为主要对手的遏制战略轨道。[④]

美国坚信苏联在朝鲜战争之中一定有更大的战略图谋。“这次入侵会不会只是一个假象或者一次佯攻，只不过是苏联进一步侵略计划的第一步”。“艾奇逊认为，这次入侵只是一个序幕，接下来苏联会支持中共夺取台湾、对蒋介石展开进攻，或者中共因蒋介石的挑衅而发动反攻，无论是哪种情况，都同样危险”[⑤]。美国认为，朝鲜“挑起”的这场战争不仅是对联合国宪章的破坏，也会对战后美国的霸权地位形成挑战。美国如果听任这场战争的漫延变化，将“会引起一连串灾难性的后果，从而极有可能引发世界大战”[⑥]。

朝鲜战争发生后，西方误判中苏两个共产党大国支持金日成打仗，这是社会主义阵营要在东方推进的前兆。为防止多米诺骨牌效应，西方必须坚决遏制。[⑦]

在美国大规模介入朝鲜战争的决策过程中，有两个关键性的认知在起作用：

---

① 季正明：《情报分析案例选》，金城出版社 2016 年版，第 51 页。

② 〔美〕张少书著，顾宁译：《朋友还是敌人？1948—1972 年美国、中国和苏联》，中央编译出版社 2014 年版，第 76 页。

③ 〔美〕大卫·哈伯斯塔姆著，王祖宁等译：《最寒冷的冬天：美国人眼中的朝鲜战争》，重庆出版社 2010 年版，第 73 页。

④ 周建明：《美国国家安全战略的基本逻辑：遏制战略解析》，社会科学文献出版社 2009 年版，第 158 页。

⑤ 〔美〕大卫·哈伯斯塔姆著，王祖宁等译：《最寒冷的冬天：美国人眼中的朝鲜战争》，重庆出版社 2010 年版，第 75 页。

⑥ 〔美〕大卫·哈伯斯塔姆著，王祖宁等译：《最寒冷的冬天：美国人眼中的朝鲜战争》，重庆出版社 2010 年版，第 72 页。

⑦ Elsey's Notes 26 June 50，Elsey Papers，box 71；MemCon with Members of Congress，27 June 50，ibid；Memo by Jessup，25 June 50，FRUS，1950，7：158；Summary of NSC Discussion 29 June 50，HSTP，PSF，box 220；Bruce Diary，27 June 50，Bruce Papers.

其一是相信北朝鲜的进攻是在苏联的指使下发动的；按照布莱德雷的回忆，参谋长联席会议在1950年夏天讨论朝鲜问题时，把目光盯在苏联身上。美国相信苏联一直训练和武装北朝鲜军队。没有苏联的支持和鼓动，北朝鲜不可能进攻南朝鲜。朝鲜战争是苏联授意的[①]；其二是金日成"发动的战争"是苏联全世界扩张的又一个步骤。李奇微（Matthew B. Ridgwag）将军在回忆中说，他和很多同事当时甚至认为，朝鲜战争是"第三次大战开始了"，苏联"终于决心摊牌了"。美国政府的文件中的确反映出美国决策者们的一种共识，慕尼黑事件是一个导致惨痛后果的负面教训，必须要避免此类悲剧重演。所以，朝鲜战争爆发后，美国领导人立即决定在"远在天边的地方"投入战斗。[②]

美国对朝鲜战争爆发的最初反应出自以往对中苏关系的假定。比如，在攻击爆发后几个小时，美国国务院的情报署估计，对共产党的"强硬政策"会有效地损伤所谓的"莫斯科—北平轴心"。美国对冲突的介入，包括不让台湾落入共产党手中，会使中国共产党感到沮丧、损害他们的声望，并动摇他们与苏联人结盟得到好处后所获得的信心。因此，可以有效削弱中国共产党与苏联的密切联系[③]。

同一天，美国国务院情报研究室向国家安全委员会提交了一份关于朝鲜半岛危机的详细评估报告。报告认为，朝鲜完全听命于克里姆林宫，其行动不可能没有得到莫斯科方面的事先指导，因此，朝鲜对韩国的侵略可以被视为苏联的行动。苏联的目标并不局限于朝鲜半岛一隅，它企图通过韩国政府的灭亡来从4个方面完善其全球战略：第一，用最有利于苏联的地面军事行动来试探美国公开宣称的"总体外交"政策，为在其他地区的扩张活动作出重要的铺垫。第二，打击美国在全亚洲的威望，削弱该地区因美国支持而鼓舞起来的反共斗志，尤其使东南亚民众感受到苏联正在势不可当地前进。第三，为苏联在远东的接近区域营造安全，使美国失去进攻苏联远东地区和中国的跳板。第四，通过控制朝鲜半岛来威吓日本，促使日本疏远美国，中立化的日本不复成为美国的基地。报告详细分析对比了美国强硬与软弱两种反应对亚太地区的不同影响：如果美国不在朝鲜半岛采取强有力的行动，"日本的中立化倾向将抬头，台湾也

① 〔美〕布莱德雷著，郭莹译：《1950年，美军对红色中国会否出兵朝鲜的误判——关于参谋长联席会议主席布莱德雷的回忆》，《中外书摘》2007年第6期。

② 牛军主编：《战略的魔咒：冷战时期的美国大战略研究》，上海人民出版社2009年版，第187页。

③ 〔美〕张少书著，顾宁等译：《朋友还是敌人？1948—1972年美国、中国和苏联》，中央编译出版社2014年版，第76页。

会提前陷落于共产主义势力的囊中，中共将向东南亚地区大胆扩张，该地区各国将失去对美国和联合国的信心，各国华侨的亲共倾向将高涨等”；相反，如果美国支持韩国击退了朝鲜的进攻，日本将托庇于美国，使其作为美国基地的战略价值上升，台湾的蒋介石集团将士气高涨，其抵御中共进攻的意志和效能都得以提升，共产党中国将对苏联的前景产生担忧，中苏结盟关系因此削弱，东南亚各国所承受的共产主义势力扩张与渗透的威胁将减轻。报告在结尾部分强调，“如果苏联所操纵的对韩国的侵略获得成功，美国在西欧的威信将严重受损，西德将担心遭受与韩国类似的命运，其中立化的倾向将上升，共产主义者将乘机宣传共产主义和苏维埃主义将是未来的浪潮”①。

正是在这一冷战思维的支配下，美国对东亚政策作出重大调整，首先是修改了原有的防御圈，将它扩大为包括到南朝鲜和中国台湾，同时派遣第七舰队入侵台海；其次是在东南亚则大力支持侵越法军，同时寻找时机介入朝鲜战争。

1950 年 6 月，朝鲜内战爆发。1950 年 6 月 25 日朝鲜人民军向瓮津半岛和开城地区发动了局部战役。同一天，在苏联代表缺席的情况下，美国操纵安理会通过决议，指责朝鲜民主主义人民共和国为破坏和平的侵略国，要求朝鲜军队撤回三八线。6 月 26 日，美国总统杜鲁门命令美国空军、海军部队给予南部朝鲜部队以掩护支持，直接干涉朝鲜战争；6 月 27 日，杜鲁门命令美国驻远东空军和海军参战，入侵朝鲜领海、领空，同时命令美国海军第七舰队开进台湾海峡，以“阻止对台湾的任何进攻”。视中国主权于不顾，公然侵犯中国领土。7 月 7 日，在苏联代表缺席的情况下，美国操纵联合国安理会通过紧急决议，以联合国名义纠集英国、法国、加拿大、澳大利亚、新西兰、土耳其、荷兰、希腊、菲律宾、挪威、瑞典、哥伦比亚、印度、泰国等 10 多个国家出兵朝鲜，组成了所谓的“联合国军”，美国的干涉具有了“合法”的掩护。②

美国对朝鲜战争作出如此迅速而强烈的反应，还有一个原因就是其认为由于美军从韩国撤出，而且将朝鲜半岛划在了美国东亚防御圈之外，才导致了苏联和朝鲜有机可乘，从而发动了朝鲜战争。因此，美国必须基于遏制政策的需要，及时阻止或堵住任何有可能出现的空隙，防止“共产主义影响”的扩大。美国基于遏制战略的思维来看待中苏参与朝鲜战争，认为如果美国不进行遏制，中苏就会进一步扩张。

---

① FRUS，1950，Vol. VH:，Korea，pp. 149—154.

② 华庆昭：《从雅尔塔到板门店》，中国社会科学出版社 1992 年版，第 203 页。

从遏制战略的角度看，美国出兵是符合其冷战逻辑的。杜鲁门政府在不到一个星期的时间内作出了对朝鲜半岛危机事态实施大规模军事干涉的决策，这在美国军事史上是极为少见的。美国在战后选择了遏制苏联的战略，随着苏联成功试爆原子弹、新中国成立以及中苏结盟，美国决策层的危机感空前加剧，制定了强化遏制战略的 NSC68 号文件，决意在稳固欧洲防线的基础上对苏联为首的共产主义势力实行全面遏制。朝鲜战争的爆发恰好为杜鲁门政府提供了将 NSC68 号文件由战略构想转化为实际行动的时机。杜鲁门政府不仅决定向朝鲜半岛这一度被视为“战略鸡肋”的地区派遣重兵，而且以防止共产主义势力的连锁“扩张”为由强化了美国在远东的弧形防线。①

当时，美国宣布一些地区将不包括在美国的保护圈之内，而这导致了苏联认为美国不会因为苏联夺取这些地区而采取强烈的反对行动，如若当时想到这一点，美国一定会清楚地承诺，保护圈以外的其他地区同样受到美国的保护。这样一来，就没有必要在朝鲜半岛实施如此庞大、如此惊人的军事集结了。对于朝鲜问题，苏联还有后来介入战争的中国都宁愿付出极大代价，因为它们认为，如果不这样做，结果就不是苏联停止其扩张政策的问题了，而是苏联的安全将会受到直接的威胁。美国若是当时意识到苏联和中国的这种想法，也可能会采取另外的方式解决朝鲜半岛问题。②

综上所述，美国的重大误判之一是坚信朝鲜的行为是受苏联指使。正是在这一误判之下，美国才作出了过激的反应。朝鲜战争爆发后，美国才意识到斯大林充其量只是个后盾，而不是煽动者。③ 但这个发现为时已晚。

在对朝决策中，美国担心一个地区危机引发另一场更大危机的连锁反应是美国不断加强介入的深层原因。

冷战初始，朝鲜和中国在美国的战略排序中并不是十分重要的地区，但基于相关性的原则，美国认为中国与朝鲜又都是与苏联密切的盟友。因此，以小战防大战的思路也是一种冷战思维。杜鲁门回忆说，“当朝鲜问题发生的时候，我也没有忘记采取这种处理事情的方式。共产党人在朝鲜向我们挑战，但他们也能够在许多地方用类似的方式向我们挑战，而更加严重的是，如果他们决定

---

① 邓红洲：《控局——朝鲜战争与越南战争中的美国决策》，军事科学出版社 2013 年版，第 29 页。

② 〔美〕罗伯特·杰维斯著，秦亚青译：《国际政治中的知觉与错误知觉》，世界知识出版社 2003 年版，第 25 页。

③ 〔美〕大卫·哈伯斯塔姆著，王祖宁等译：《最寒冷的冬天：美国人眼中的朝鲜战争》，重庆出版社 2010 年版，第 75 页。

要那样干的话，他们能够把我们和全世界拖进另一场可怕得多的战争中去。每当我就朝鲜战争问题作出决定的时候，我总是抱着这样一个目的：防止第三次世界大战和它将给我们的文明世界带来可怕的毁灭。这就是说，我们不应当作出任何可以为苏联人找到借口的事情，以致把自由国家拖进一场全面的大规模战争中去”①。

美国国务卿腊斯克认为，美国占领南朝鲜已有 5 年，因此对南朝鲜负有特殊的责任，如果它被共产党人兼并，就会成为“指向日本心脏的一把利剑”。杜鲁门重复了参联会主席布莱德雷的用语，同意必须“最有力地”画出这条线，北朝鲜必须被阻止住。他说，苏联正试图自己不出面而得到朝鲜，他们赌的是美国会害怕引起另一次世界大战而不进行抵抗。

后来在回忆当晚的情况时，杜鲁门写道，使他印象最深刻的就是“每一个人都完全地、几乎是默契地接受了这种看法，即为了对付这场侵略，一切不得不去做的事情都是应该去做的。没有任何人提出建议，说是联合国或美国应该逐渐撤退”②。

朝鲜战争刚刚爆发的时候，杜鲁门明确地说：“我不想进入战争。”但战争在打响，杜鲁门迅速改变了主张，“对朝鲜的进攻毫无疑问地清楚显示出，共产主义已越过了使用颠覆手段来征服独立国家的范围，如今要运用武装入侵和战争手段了……”③

在朝鲜危机的最初几周里，他常用手指在欧洲或中东—易北河或伊朗—苏联边界的一些地点上指指点点，然后转动地球仪，指向朝鲜半岛那块灰白色地区，这个地方位于日本海和黄海之间，大多数美国人这时都还很难在地图上找到它。“这是远东的希腊，”杜鲁门总是说，“如果我们现在足够强硬的话，那就不会有什么下一次了。”④

鉴于美国认为朝鲜战争是一场超越半岛的大国之争。因此，美国的战略目标也一改再改。美军存在战略递进之势：1950 年 8 月底 9 月初，美军和李承晚的部队已抵达离新义州只有 20 公里的地方，很快就可以兵临安东城下。华尔街老板们公开叫喊，要把新中国“扼死在摇篮里”。几条指向中国沈阳的粗大而醒

---

① 〔美〕哈里·杜鲁门著，李石译：《杜鲁门回忆录：考验和希望的年代 1946—1953》，生活·读书·新知三联书店 1974 年版，第 410 页。

② 〔美〕戴维·麦卡洛著，王秋海等译：《杜鲁门传》（下册），世界知识出版社 1996 年版，第 889 页。

③ 〔美〕戴维·麦卡洛著，王秋海等译：《杜鲁门传》（下册），世界知识出版社 1996 年版，第 893 页。

④ 〔美〕戴维·麦卡洛著，王秋海等译：《杜鲁门传》（下册），世界知识出版社 1996 年版，第 896 页。

目的进攻箭头，已不再掩饰地出现在五角大楼的军事地图上。麦克阿瑟扬言，“鸭绿江并不是中朝两国截然划分的不可逾越的障碍。”[①]

麦克阿瑟坚持认为，发动一场强大的“结束战争”的攻势，一场“大规模的全面包围”，战争就会迅速取胜。像以往那样，他绝对相信自己是一贯正确的。[②]

虽然战略部门中存在着不同的声音。一种是以国务院东北亚事务处处长艾利森、助理国务卿腊斯克、国务院顾问杜勒斯等人为代表，他们主张美军应以消灭北朝鲜军队为作战目标，因此不应以三八线自我设限，主张以武力统一朝鲜。以凯南为代表的遏制战略的理性派认为，美军越过三八线不仅会使美军分散兵力，而且还要冒中国或苏联干预的危险，并且可能卷入一场与苏联的大规模冲突之中。[③] 然而，作为决策者的杜鲁门明显地倾向“解放”北朝鲜。他在1950年9月1日发表的广播讲话中称“朝鲜人民有权获得自由、独立和统一”，在联合国的领导下，美国“将尽自己的一份努力帮助他们享有这一权利”[④]。9月11日，杜鲁门批准了国家安全委员会81/1号文件，正式作出了对朝鲜发动战争的决策。该文件认为，美军越过三八线有“合法基础”，只要苏联和中国不介入，美国就可以占领北朝鲜；在向三八线以北进攻时，沿朝中、朝苏边境地区应避免使用美军；如果中苏同时介入，美军应尽可能守住防线，不得采取使局势更加严峻的行动，并避免在北朝鲜进行地面战斗；倘若只是中国介入，只要存在成功的机会，可以继续进行作战。[⑤]

美国入侵的军力包括262艘舰艇和第十军的7万人，由美军第一陆战师首先发起攻击，用了一天多一点的时间就攻克了仁川。11天后汉城收复。与此同时，沃克将军指挥的第8集团军按预定计划冲出釜山环形防线，开始向北行进。在军事史上，命运发生这种戏剧性转变的情形还相当少见。到9月27日，一半以上的北朝鲜军陷入了一个巨大的钳形包围之中。到10月1日，美军已攻到了三八线，整个南朝鲜已在美军的控制之下。在两周内，战争完全改变了形态。

消息传到了美国，几乎令人难以置信。全国一片欢腾，称颂这个“军事奇迹”。自战争开始将近3个月来，人们关注的问题是联合国部队能否在朝鲜坚持

---

① 解力夫：《大器晚成——艾森豪威尔》，世界知识出版社1991年版，第359页。

② 〔美〕戴维·麦卡洛著，王秋海等译：《杜鲁门传》（下册），世界知识出版社1996年版，第933页。

③ 赵学功：《巨大的转变：战后美国对东亚的政策》，天津人民出版社2002年版，第54页。

④ 赵学功：《巨大的转变：战后美国对东亚的政策》，天津人民出版社2002年版，第57页。

⑤ 赵学功：《巨大的转变：战后美国对东亚的政策》，天津人民出版社2002年版，第52页。

住并生存下去。现在问题突然变成了是否要把战争打过“三八线”去；击毁共产党军队和北方的共产党政权，从而统一这个国家。麦克阿瑟赞成对“敌人”“穷追猛打”，参谋长联席会议、新闻界、两党的政治家以及绝大多数的美国人也都这样认为。国务院中除了少数几个政府官员如奇普·波伦、保罗·尼采和暂时重返职位的乔治·凯南之外，实际上没有什么人竭力主张在“三八线”上打住，“不可能指望部队一直前进到一条测量员画的线那里然后停下来。”迪安·艾奇逊说，“作为一条分界线它没有什么政治上的价值。”如果没有迹象表明苏联或中国的部队在北朝鲜进行重大干预，他就被授权越过“三八线”。而且，他不能使战火超出北朝鲜与中、苏的边界。总之，为了尽快结束战争，麦克阿瑟可以随心所欲地干他必须得干的事情。此时马歇尔已担任国防部长，他告诉麦克阿瑟“在战术和战略上不要感到有束缚”，而当麦克阿瑟回电报说“我认为军事行动可遍及整个朝鲜”时，没有什么人表示反对。①

由于对朝鲜战争事件性质的误判，美国作出过度反应，而这一过度反应又引发了中国对事态的严重关切。那么，中国对可能的危险如何作出反应呢？中国是否出兵呢？美国再次作出了误判，这一误判为美国带来了更为严重的军事后果。

（二）美国对中国意图的误判

美国对中国的误判有三个方面：第一，认为中国不可能出兵，中国兵力如此虚弱，跟美国相比，中国根本就没有可能打败美国；第二，在中国明确发出了信息之后，认为中国仍然不可能出兵，只是进行外交恐吓与战略欺诈；第三，在已经抓获中国士兵的情况下，仍然认为中国只是试探性侦察，而不是入朝作战。

美国将对朝鲜半岛局势的判断完全置于与苏联全球对抗的分析框架之下，而亚洲是其全球战略的重要一环，对欧洲和其他地区将产生示范和连锁影响。美国对朝鲜战争的介入似乎有其逻辑，但问题是介入的规模与程度。如果美国只是将战线停止在三八线以南，这场战争似乎不会扩大为中美之间的战争。因为在此之前，中国已经明确表明了立场。

美军仁川登陆后，美国对中国的误判是明显的。美国国务卿迪安·艾奇逊

---

① Melvyn P. Leffler, A Preponderance of Power: National Security, the Truman Administration, and the Cold War, California: Stanford University Press, 1993, pp. 378－379.

在1950年9月10日曾明确表示中国人不会参战。"我认为北平的那些人有足够的理智能够懂得他们自己的处境。世界上所有的自由国家都是中国人的天然朋友，在帮助他们抵抗来自苏联的帝国主义方面，一直是他们的朋友。我看不出为什么中国人一定要反对这些自由国家从而加速他们自己的肢解和毁灭。既然这种做法对他们来说是根本没有好处的，我看不出有什么理由他们一定要屈从于那种无疑来自共产主义运动的要他们进入朝鲜战争的压力。"①

9月下旬，美军仁川登陆之后，直接拦腰切断了朝鲜人民军的补给线，并不断向朝鲜北部推进，迅速逼近三八线。

中国的反应也越来越强烈。9月22日，中国外交部发表声明，中国人民将永远站在朝鲜人民一边。9月27日，中国人民解放军代理总参谋长聂荣臻约见印度大使潘尼迦，并与他共进晚餐。聂荣臻向印度大使表示中国人民不打算袖手旁观，坐视美国人直逼中国边境。当潘尼迦申明全面战争的破坏力十分巨大时，聂荣臻坚定地回答道：也许中国将会付出巨大的代价，但中国将不惜代价捍卫国家独立。聂荣臻认为仅仅靠空中轰炸是不能赢得一场战争的，而且他也不相信美国会派出作战部队来中国打仗。潘尼迦立即把谈话内容报告了印度外交部，英国很快就从印度外交部获得了这个消息，美国国务院一致认为，这不过是中国恫吓威胁的宣传而已。②

9月30日，中国外交部长周恩来在中国人民政治协商会议全国委员会庆祝国庆节大会上发表演说，向美国政府公开发出警告："中国人民热爱和平，但是为了保卫和平，从不也永不害怕反抗侵略战争，也不会听任帝国主义对自己的邻居肆行侵略而置之不理。"决不能"置之不理"，这就是在明确地告诉美国，中国不会任局势发展而没有动作。

一周后的10月3日凌晨，周恩来再次召见印度大使潘尼迦，通过正式的外交途径对美国政府明确表示："美国军队正企图越过三八线，扩大战争。美国军队果真如此做的话，我们不能坐视不管，我们要管。"周总理再次传递了十分明确的立场：如果美国人越过三八线，中国将被迫对朝鲜进行干预。美国再次把警告当成了恫吓。美国国务卿艾奇逊认为，这仅仅是个"警告"而已，并非表示"国家政策的官方声明"；而美国总统杜鲁门也认为中国出兵入朝的这种"可

---

① 〔美〕戴维·霍罗威茨著，翻译组译：《美国冷战时期的外交政策：从雅尔塔到越南》，上海人民出版社1974年版，第108—109页。

② 〔美〕约瑟夫·格登著，于滨等译：《朝鲜战争——未透露的内情》，解放军出版社1990年版，第331页。

能性很小”，“不足为患”，这场战争已经“赢定了”[1]。

此时，中国不仅在外交上发出了最强音，在军事上也已经出现了调整迹象。

美国仁川登陆之后，美国的中央情报局已经发现中国在进行军事准备，但仍然认为这不过是预防而已：“中共（中国共产党）近几个月来在国外大量购买麻醉品和药品的行动可以被看作是为了满足大规模的正常需要，但自从朝鲜战争爆发以来购买量的急剧增加也可以表明是在进行军事储备。”

1950 年 6 月，美军和联合国军参加朝鲜战争之后不久，中国境内的野战部队向北方调动的情况报告就摆到了决策者的案头。许多报告都认为，大批部队正在离开位于中国最南部的几个省份。美军的信号情报委员会发现，大约 7 万名中国军人正乘船沿长江而下，开往武汉。7 月，一封发自上海的电报透露：中国军队司令官林彪将军可能率兵介入朝鲜战争。华中地区的铁路棚车满载士兵，正开往满洲里。7 月下旬，情报清楚地显示：第四野战军大部已离开中国南方。大量报告认为，中国军队不只是离开了南方，还往北走得更远。10 月 1 日，战斗序列分析人员认定，东北地区驻有第四野战军的六支部队，承认中国军队在东北地区的兵力有所增强。[2]

9 月，麦克阿瑟和美军远东司令部的情报长官查尔斯·威洛比都相信中国军队将不会卷入这场冲突之中。9 月 27 日，参谋长联席会议通知麦克阿瑟要搞清楚中国是否打算参战。第二天，麦克阿瑟就向参谋长们保证：目前没有迹象表明中国共产党的军队将要进入北朝鲜。美军第八集团军司令部纷纷收到第一线突变和中国军队介入的电报，但是，在美军远东司令部情报评估的影响下，在司令部的军官中竟无人相信中国军队介入。情报官员对极少数被俘的中国士兵所提供的情报也不完全相信。美军第八集团军的一位发言人宣称，他们遇到的可能是“中国共产党的一支象征性部队，或许是一个团”[3]。

即使美国中央情报局获悉了一份来自国民党前官员的绝密情报，认定中国军队即将跨过鸭绿江后，美国仍然没有对此给予高度重视。他们认为中国即使有能力，也不应该有意愿出兵。

这一情况表明，美国确实对中国出兵朝鲜毫无预判。麦克阿瑟刚愎自用到了冥顽不化的程度，完全低估了中国的意志和勇气。当志愿军开进朝鲜与美军

---

① 邓力群主编：《外交战略家毛泽东》（下册），中央民族大学出版社 2004 年版，第 367 页。

② 季正明：《情报分析案例选》，金城出版社 2016 年版，第 54—55 页。

③ James Schnabel. The History of the Joint Chiefs of Staff：The Joint Chiefs of Staff and National Policy. Vol. Ⅰ. Wilmington，Del.：Glazier，1979，pp. 299－232.

交火之后，美军已经抓到部分中国战俘，麦克阿瑟仍不相信中国正规军会冒和美国全面开战的危险，以弱小国力介入朝鲜战争。

美国中央情报局坚持它前几个月的观点：中国地面部队虽然可能也“能够在战争中进行有效的干预”，但“不一定具有决定性意义”。尽管中国总理周恩来措辞严厉，但还是没有令人信服的证据表明中国将进行全面的军事干预。[①]

美国国务卿艾奇逊7个月后在国会作证时承认，他和其他在华盛顿能够接触所有情报的人“都得出这样的结论，即他们（中国共产党人）更为可能的是不介入，而不是介入”。布雷德利将军在对军界发表讲话时，也同意艾奇逊的观点。

美国一直固执地坚信，中国不会参战，它的理由充分，但就是与事实差之千里。中国的出兵被假定为弊大于利的。查尔斯·威洛比将军在他的一份补充分析中，认为中国人的干预是“潜在的”，而非现实。就算中国人已在朝鲜，也不必大惊小怪。他写道：应该认识到，大部分中共军队都没有与一个主要的军事强国进行实际战斗的有效经验。[②]

麦克阿瑟当时正坐镇日本东京，他对来自朝鲜的报告还是不敢相信，因为美国远东空军没有侦察到中共军队入朝的迹象。此外，美国中央情报局驻东京办事处也不相信中国人已参战。他们将相关中国参战的情报定为F—6级，也就是最低等级。

整体而言，麦克阿瑟完全是一副志得意满的心态，而且做着以亚洲胜利者的姿势进军美国政界的梦想。

为了了解前线动态以及中国可能的动向，杜鲁门飞行4700英里亲赴威克岛与麦克阿瑟会谈，当时也轻信了麦克阿瑟言之凿凿的判断。

麦克阿瑟认为中国如果在开战后一两个月内参战还有意义，现在美国丝毫也不担心中国参战。既然杜鲁门问到中国在东北边界进行了大规模兵力调动，麦克阿瑟也认为不过是一种虚张声势。麦克阿瑟还明确地表示，战争将在感恩节前结束。

从10月16日直到中国人民志愿军发动第一次战役的10月25日，美军和南朝鲜军队完全放松了警惕。在麦克阿瑟的命令下，他们一路径直向鸭绿江边

① Melvyn P. Leffler，A Preponderance of Power：National Security，the Truman Administration，and the Cold War，California：Stanford University Press，1993，pp. 378—379.

② 〔美〕约瑟夫·格登著，于滨等译：《朝鲜战争——未透露的内情》，解放军出版社1990年版，第339页。

攻打过来。然而，当他们在25日推进到云山和温井一带时，却被突如其来的打击弄得不知所措。随后，美军第八集团军司令部纷纷收到第一线突变和中国军队介入的电报，但是，在美军远东司令部情报评估的影响下，在司令部的军官中竟无人相信中国军队介入。

从10月25日直到该月结束，当美军事实上正和中国人民志愿军交战时，威洛比这位情报部长在其预测敌方行动的情报评估清单上，仍然把中国出兵朝鲜置于次要地位，而把游击队的活动能力置于最优先评估的位置。与此同时，麦克阿瑟几乎完全赞同其手下情报部长的判断。他在11月4日向参谋长联席会议表达了自己的意见，认为中国军队出现在北朝鲜并不意味着中国打算全面干预，虽然这种情况存在着“明显的可能性”，但是有许多逻辑上的基本理由可以否定这个结论。

他们的错误结论，恰恰是美军在朝鲜战场上采取下一步行动上遭遇重大失败的直接原因。

1950年11月6日，中国人民志愿军发起的第一次战役成功结束。在西线战场上，志愿军主力部队已把美军第八集团军赶至清川江以南，稳定了朝鲜战局。11月7日，由于保障主力部队作战的任务已经圆满完成，东线志愿军亦主动撤离阵地，节节阻击，诱敌深入，准备再战。

对于中国军队的突然后撤，美国当局感到十分意外，各军事部门的情报机构纷纷猜测中国军队突然后撤的真实原因。有情报部门提出，中国人只是为了顾全面子而试探性地阻止“联合国军”，也许他们遭受的打击太重了，才不得不后退；另一些情报部门则相信，中国军队参战只是象征性的，是为了保护鸭绿江上的发电站。在第一次战役结束后，美国各军情报部门很快就中国是否真正介入战争的情报评估达成共识：“中国军队的参战目的是局部的、有限的，其兵力最多有7万人左右，所以总司令部认为10月24日发出的‘向国境线总追击’的命令，没有加以变更的必要。”在这种几乎具有压倒性情报评估的影响下，麦克阿瑟希望美军第十军按既定方针继续向国境线追击，美军第八集团军完成准备后再次发动攻势。

11月10日，沃克和第十军司令阿尔蒙德按照麦克阿瑟的命令，继续向北推进。到11月17日时，美军大部已接近中国人民志愿军正准备发动重大战役的地区。

尽管美军在11月25日一开始几乎没有遭遇什么打击，但是强大的中国人民志愿军很快就对美军第八集团军的右翼发动了令其吃惊的进攻，接着发起了

令美军一败涂地的第二次战役，到 12 月底，中国人民志愿军把美军第八集团军赶到“三八线”以南……[①]

在麦克阿瑟的通盘算计中，根本没有考虑中国可能出兵的问题对局势可能带来的变化。不仅狂妄自大的麦克阿瑟持有这个看法，应该说在当时无论是美国高层还是美国情报部门均认为中国出兵的可能性极小。6 个月后，杜鲁门说：“我唯一感到后悔的是没有在几个月前解除麦克阿瑟的职务。”威克岛会见成了美国战争史的一个著名笑话。

美国认为中国不会出兵的理由归结起来是：其一，中国已经错过了出兵的最好时机。麦克阿瑟的估计是，没有任何一个中国军事指挥官会冒这样的风险把大量兵力投入已被破坏殆尽的朝鲜半岛。这样，他们要承担由于给养短缺而被毁灭的风险。中国在中国东北的兵力有 30 万人，其中部署在鸭绿江边的可能不到 10 万人，跨过鸭绿江的可能只有 5 万～6 万人。中国没有空军。而美国在朝鲜拥有空军基地，如果中国试图南下到平壤，那对中国来说将是一场战争灾难。因此，中国干涉的可能性微乎其微。此外，如果他们在最初一两个月进行干涉，那将具有决定性意义。现在美国不再担心中国的参战了。美国中央情报局局长比德尔·史密斯也认为：“尽管周恩来发表了声明和中国的部队正在向满洲运动……但没有令人信服的证据表明，中国真的打算全面干涉朝鲜……从军事上看，干涉朝鲜的最好时机已经过去了……”[②]

其二，苏联不可能参战，中国不具备单独参战的可能。当时的美国总统杜鲁门以及他的将军们都患有“自大狂”病症，他们很注意苏联政府的反应，对新中国却采取蔑视态度。他们经过三个月的仔细观察和研究，发现苏联毫无任何出兵干涉朝鲜半岛局势的迹象，因此就放松了戒备。在杜鲁门看来，只要苏联不干预，美国就没有任何顾虑。中美双方的经济和军事技术条件指标相差悬殊，中国不可能挑战美国。[③]

当然，美国的情报机构也是导致重大战略误判原因之一。从朝战爆发开始，美国情报机构一直对中苏参战的动态进行分析，但得出的结论均与事实相反。即如果苏联不会出兵，中国也不可能出兵，认为中国只是唯苏联马首是瞻的国家。“苏联和中国都有能力参战，但由于国际政治方面的原因，它们大概不会这

---

① 邓峰：《美国军事部门对中国出兵朝鲜的情报评估》，《军事历史》2008 年第 1 期。

② 季正明：《情报分析案例选》，金城出版社 2016 年版，第 59 页。

③ 王波：《毛泽东的艰难决策》，中国社会科学出版社 2002 年版，第 124 页。

样做”[①]。

美国军方对美国的遏制能力相当自信。他们认为苏联或中国介入朝鲜战争，是要冒世界大战风险的，苏联尚未做好为了朝鲜而冒险发动世界大战的准备，中国在军事上不具备单独进行干涉的能力。因此，无论是苏联还是中国都不会对朝鲜进行干涉。

美国中央情报局认为苏联有可能秘密或公开地使用中国共产党的部队，但同时又认为苏联是否会迫使中国共产党人公开支持朝鲜的军事行动或在该地区其他地方采取新的行动，这一点还不清楚。朝鲜战争爆发之后，苏联立即召回了在北朝鲜军队中的军事顾问。6 月 29 日，苏联照会宣称“不干涉他国内政”，苏联驻联合国代表迟迟没有重返联合国；甚至在一架苏军轰炸机在朝鲜附近海域被美国空军击落后，苏联政府也保持了沉默态度。这些行为误导了美国政府。美国作出了明确的判断：苏联在任何情况下都不会出兵干预朝鲜问题。[②]

布莱德雷在他的回忆录里说：这是一个战术或战略上的牵制：战略上掩护苏联入侵西欧。“我们认为朝鲜战争是莫斯科授意战术上掩护中国共产党进攻台湾”，这就是 1950 年夏华盛顿的谋士们对朝鲜局势的分析估计。美国并据此采取了行动。历史证明他们大错特错了。[③]

10 月 12 日，美国中央情报局在一份得到国防部和国务院的情报单位赞许的分析报告中，再次肯定了其早些时候的分析，即中国大概不会参战，因为参战所造成的损失看来会超过所带来的好处。美国中央情报局的结论是：虽然应该认为中国共产党仍有可能在朝鲜进行大规模干预，但考虑到所有的已知因素，可以得出这样的结论，即除非苏联决定发动全球战争，中国大概不可能在 1950 年进行干预。尽管中国和苏联在朝鲜有一系列重要的利益。中国也发表了“一些喧哗的公开声明，但还是下决心不再进一步花巨大代价支撑一个已经失败的事业”[④]。

其三，中国自身不具备参战的能力。麦克阿瑟强调从中国的内政和军力准备而言，中国不可能出兵。中国国内问题复杂严峻：盗匪猖獗、国民党残余势力的抵抗、经济停滞等使中国内忧未平。中国的国内问题事关重大，如果与美

---

① 〔美〕约瑟夫·格登著，于滨等译：《朝鲜战争——未透露的内情》，解放军出版社 1990 年版，第 322 页。

② 赵勇田、牛旻：《板门店谈判纪实》，重庆出版社 2016 年版，第 32 页。

③ 杨冠群：《热战中的冷战：板门店停战谈判》，世界知识出版社 2008 年版，第 191 页。

④ 季正明：《情报分析案例选》，金城出版社 2016 年版，第 59 页。

国作战，他们将遭受巨大的压力和严重的物资损失，这将对中国整个国内问题和经济造成损害。如果中国的介入失败，将使中国政府公开面对中国人的怨恨情绪，因为民众会认为中国是为苏联“火中取栗”，扮演被苏联利用去做冒险事情的角色。[①]

尽管也有想法认为如果中国打败了美国，这种干预将使中国“声名大振”，但美国中央情报局列举了一大堆中国不会进行干预的理由。其中主要的理由是：“中国共产党人毫无疑问害怕与美国交战的后果。他们的国内计划规模如此之大，以致该政权的整个计划和经济将由于战争的巨大损耗而受到危害。”[②]

美国误读中国的一个重要原因是对中国的实力和军事能力的低估。显然，这样的误判与其前线主官麦克阿瑟的盲目自大是密不可分的。正如麦克阿瑟在给美国政府的报告中指出的：“它缺乏工业能力，无法充分供应进行现代战争所必需的许多重要物资。它缺乏工业基地，甚至连建立、维持和运用普通海空军所需要的原料也感缺乏。它无法供应顺利进行地面战斗所必需的装备，例如，坦克、重炮和在战争中已被使用的其他科学发明。制海权和制空权在当前的重要性及其所起的决定性的作用并不逊于过去，有了制海权和制空权就有了对补给、交通与运输的控制权。由于这种控制权掌握在我们手里，再加上敌人在地面火力方面的劣势，结果就形成战斗力的悬殊，而这种悬殊绝不是勇气（不管它是多么疯狂）或完全不顾生命的损失所能克服的。”[③]

在朝鲜战争中，新中国的对手美国是世界头号强国。1950 年，美国的钢产量是 8700 万吨，中国只有 61 万吨。美国军队一个师有 959 门火炮、140 多辆坦克、3800 多辆各种车辆。中国志愿军一个军只有 522 门火炮，临时配备有 100 辆左右汽车，没有坦克。制空权和制海权都在美国军队手里。因此，美国错误地认为，新中国刚刚成立，国力军力薄弱，根本不敢出兵迎战。[④]

基于实力对比的原因，即使是发现出兵的证据，也会被否定，因为不符合常理。中国不仅各方面处于下风，而且没有核武器。

而且美国认为中国也不可能接受苏联的指使参战。如果中国接受苏联的援助参加朝鲜战争，势必加强苏联对中国东北的控制。国务卿艾奇逊说，当苏联

---

① 季正明：《情报分析案例选》，金城出版社 2016 年版，第 58 页。

② 〔美〕约瑟夫·格登著，于滨等译：《朝鲜战争——未透露的内情》，解放军出版社 1990 年版，第 335 页。

③ 赵勇田、牛旻：《板门店谈判纪实》，重庆出版社 2016 年版，第 11 页。

④ 刘明福：《二战后 70 年来美国对中国的 6 次重大战略误判》，《国防参考》2015 年第 15 期。

在中国东北占支配性地位的时候，中国介入朝鲜战争简直是发疯了。

10月12日，美国中央情报局的一份情报称中国军队在缺少空中和海上支援的情况下进行干预可能有效，但未必具有决定性的意义。“尽管周恩来发表了声明，军队也在向满洲调动，但没有令人信服的证据表明中国的意图是在朝鲜进行全面干预。这份情报最后认为，中国人不会进入朝鲜同‘联合国军’对抗，至少在可预见的将来不会。”①

麦克阿瑟又作出了这场战争中最大的一个误判，即命令联合国军一直打到鸭绿江边，因为他坚信中国不会进入朝鲜。②

其四，美国低估了朝鲜半岛的地缘战略价值，首先是自身对于半岛战略价值的低估，其次是低估半岛对于其他大国包括苏联和中国的战略价值。

从历史上看，美国对朝鲜半岛没有介入过，也不太看重朝鲜半岛在大国较量中的意义。当然，那时美国还是一个地区强国，对于亚洲，它要求的是对等机会，而不是主导。二战后，美国并没有将朝鲜半岛作为重要的战略要地。在美国决策集团尤其是军方首脑看来，朝鲜半岛的战略地位逊于日本、冲绳群岛与菲律宾群岛，也不及中国台湾，在整个美国的全球战略棋局中，朝鲜半岛只是一个次要地区，把部队从这一次要地区撤离不会对全局产生不良影响。

美国决策集团轻视朝鲜半岛战略地位，并酝酿从朝鲜半岛撤军的原因：第一，这一时期美国国防部和参联会制订战略计划是以美苏之间爆发大规模战争为基本前提的，一旦苏联发动进攻，美国将实施西攻东防战略；而朝鲜半岛毗连亚洲大陆，不如阿留申—日本—琉球—中国台湾—菲律宾岛链利于防守，在朝驻军或建立军事基地都将成为军事上的负担，加上大战结束后美国军费大量削减，军队大批复员，军方高层不愿在朝鲜半岛浪费人力物力。第二，苏联从朝鲜撤军，使杜鲁门政府对苏联利用朝鲜作为跳板进攻日本的担心大为减轻，而且军方认为韩国军队完全可以抵御朝鲜军队的进攻，朝鲜半岛南北分治的状况将维持下去，在这样的情况下，美国在朝驻军既无必要，又不会遭到国内民众和国际舆论的谴责。③

与此同时，这一思维也被美国运用到苏联和中国身上，认为苏联和中国都

① CIA, “Review of the World Situation ”, 20 Sep 49, HSTP, PSF, box 250; CIA, “Situation Summary ”, 22 and 29 Aug 50, ibid.; CIA, “Critical Situations in the Far East”, RG 330, box 132, CD 103－7－98.

② 〔美〕大卫·哈伯斯塔姆著，王祖宁等译：《最寒冷的冬天：美国人眼中的朝鲜战争》，重庆出版社2010年版，第558页。

③ 邓红洲：《控局——朝鲜战争与越南战争中的美国决策》，军事科学出版社2013年版，第15页。

不会对美国介入半岛事务作出强烈反应。这个思维逻辑很有意思，即美国并不认为朝鲜半岛具有重大战略价值，其他国家包括半岛相邻国家也不应该将朝鲜半岛作为战略重点。

二、战略误判原因探析

从以上叙述可以看出，美国有几大误判。最值得关注的是美国对中国出兵的“逻辑合理”的判断失误。基于实力来判断意图是一般方式，也无可厚非。但美国没有想到这一入侵对遭受过百年屈辱的中国人民而言意味着什么。

（一）对中国战略意志的误判是美国最大的误判

他们坚信中国不会参战的最大理由还是中国应该惧怕与美国的交战，中国承受不了参战而带来的巨大的经济和军事代价。

显然，“中国是否出兵”不只是个军事问题，而且具有重要的政治意义。

美国没有想到的是，中国出兵决策虽不符合实力对比的常理，但符合道义，也符合中国的民族精神。而这些是缺少对中国共产党领导的新中国真实认识的美国无法理解和想象的。美国以实力作为对外政策的主要因素是导致误判的原因之一。实力是衡量一国对外政策的主要因素，但不是唯一因素。在朝鲜战争的时候，单纯以中国的实力确实很难出兵与美国抗衡的，但决定战争胜负的不仅是武器，也有精神意志等因素。美国单纯从实力出兵分析别国可能的战略意图，是导致判断的重要原因。中美实力在 20 世纪 50 年代相差甚远，而且新中国百废待兴，按常理也确实难以出兵。但美国在判断中忽略了一些重要因素，中苏同盟的因素、中国对于周边安全尤其是战略区域周边安全的敏感程度、中国以弱战强的战斗意志等。

对中国而言，物质实力只是决策的一个方面，中国人相信决定战场胜负的还包括精神上的东西、人心向背、参战的正义性等因素，而这些因素是美国所没有考虑或没有充分意识到的。另外一点，就是美国对于新中国成立之后，毛泽东发出的“中国人民站起来”的庄严声明缺少基本的认识，对过去 200 年来中国努力追求的大国尊严和大国地位全然缺乏了解。而大国地位和尊严的追求是可以迸发出巨大的、而且是大无畏的力量的。只有短短几百年历史的美国没有经历过兴衰起伏的变化，难以想象理解艰难历史所锻造成的中国人的顽强斗志及其所蕴含的强大精神力量。

美国低估了中国以弱抗强的决心和意志。说明美国对新中国这个二战后的对手完全不了解，只把中国当成弱国，而没把中国当成大国，低估了中国的意志和勇气。照理说，中国共产党领导的中国人民解放军靠小米加步兵打败拥有美式装备的国民党军队应该给美国决策者留下了印象。但此一时彼一时。杜鲁门上台后把苏联视为最大敌手，而对中国的重视程度远远不足。杜鲁门政府在决定是否对朝鲜半岛内战实施大规模军事干涉时，首先考虑的是苏联的政策走向、苏联的战略重心以及美国介入朝鲜半岛内战后苏联的反应。

1950 年初秋，美国也没能正确地估计到中华人民共和国的意图和能力。杜鲁门命令美军越过三八线的时候，中国通过印度驻华大使潘尼迦警告美国：美军的这种行动将会导致中国参加战争。然而，杜鲁门忽视了这个警告。当时杜鲁门政府的职员诺伊施塔特后来解释道，杜鲁门的顾问们没有认真地对待中国的警告，而且，即使他们是认真的，杜鲁门也会毫不在乎。诺伊施塔特写道：五角大楼非常担心的是莫斯科而不是北京。由于联合国军队正在推进，如果仅是中国参战，似乎轻易就可抵挡，所以，这种来自中国的干涉极不可能发生。……华盛顿和麦克阿瑟司令同样缺少准备来认真对付一个迄今为止以其政治和军事力量薄弱而闻名的国家。“甚至当北京显得更加强硬，其态度也更加认真而不是在讹诈的时候，以及当周恩来选择英国人而不是潘尼迦向美国转达中国的警告的时候，要求杜鲁门的主要顾问们考虑停止麦克阿瑟的全线推进计划或者推迟执行联大的决定，也都是不可能的，即使那些顾问们提出了劝告，杜鲁门也不可能接受。”①

从另一个角度看，中国出兵也是出乎常理的。按常理，中国或许不会出兵，但中国作为大国表现了超乎寻常的大无畏精神和国际主义精神。美国有众多情报机构对中国的行为进行检测，竟然几乎全部出现了误判，说明美国对中国的民族文化传统缺少基本的了解。同时，他们脑海中存在一个先入为主的假定，中国这样的一个弱国不可能去挑战美国这样的强国。

布莱德雷回忆说，参谋长联席会议和其他所有人都犯了一个致命的错误。我们严重误判了中国共产党对我们越过三八线的反应。评估潜在敌人的能力而不是意图是军事顾问的任务和职责。在这个问题上，对中国共产党的意图进行的各种不同评估过度影响了美国参谋长联席会议的决策。历史学家已经说得很

① 〔美〕爱德温・W. 马丁著，姜中才等译：《抉择与分歧——英美对共产党在中国的胜利的反应》，中共党史资料出版社 1990 年版，第 206 页。

清楚，那些提出这些评估意见的人忽视了太多的警告信号，并严重错估了形势。美国不相信中共会仓促行动，与装备精良的美国陆海空军交手。①

值得讨论的是为什么美国领导人会低估中国的决心，由此美国不得不在战场上面对如此强大的对手？一个有说服力的原因是，以美国为中心的价值观和世界观，使美国那样的国家的决策层难以了解不同文明、不同社会制度的国家在国家利益上的界定和它们维护国家利益的决心。在朝鲜战争中是这样，在越南战争中也是这样，最后都因此付出了沉重的代价。

另一个很重要的原因是，美国的决策者高估了武器和装备在战争中的作用，低估了对手的军事实力。而这种低估，又造成美国不能正确地理解在战争中国家意志、领导人的统御能力、军心士气往往起着比武器装备和后勤保障更重要的作用。②

（二）情报信息误判

根据布莱德雷的回忆，获得中国的确切情报很难。大约90%的情报来自麦克阿瑟的总司令部，其中又有很大比例来自台湾国民党在大陆安插的特务。但是，国民党也有自己的专门机构对所获情报进行加工，因此他们给麦克阿瑟的一些情报并不可靠，也很片面。

参谋长联席会议专门的历史学家詹姆斯·施纳贝尔和罗伯特·华生写道，在7月和8月，搜集的大部分情报“显示中国共产党对朝鲜局势的兴趣相当小”。尽管中国部队大规模调往东北地区和来自北京不断增加的强硬言论，华盛顿和东京的情报部门还是一致认为，红色中国对朝鲜问题的干预，是“不大可能的，除非苏联想发动一场世界大战”。我们认为中国人在很大程度上采取的是欺诈策略。③

周恩来总理和聂荣臻代总长发出的信息是明确清晰的：美国越过三八线，中国不会置之不理。但美国仍然不相信，仍然坚持中国更有可能不介入而不是介入。虽然中国的表态和举动让美国的相关部门相当不安，美国国务院负责东亚和中国事务的负责人均认为，应当非常认真地对待周恩来的警告，美国有必要采取一些措施减少中国介入的危险，但是美国国务院的高级决策人员却认为，

① 〔美〕布莱德雷著，郭莹译：《1950年，美军对红色中国会否出兵朝鲜的误判——关于参谋长联席会议主席布莱德雷的回忆》，《中外书摘》2007年第6期。

② 周建明：《美国国家安全战略的基本逻辑：遏制战略解析》，社会科学文献出版社2009年版，第160页。

③ 〔美〕布莱德雷著，郭莹译：《1950年，美军对红色中国会否出兵朝鲜的误判——关于参谋长联席会议主席布莱德雷的回忆》，《中外书摘》2007年第6期。

中国总理周恩来的声明是虚张声势，是苏联和中国为挽救朝鲜政权而进行的外交努力的一部分。艾奇逊认为，周恩来的谈话“不是一个官方政策的声明”，中国政府随时可以对此加以否认；因此，周恩来的谈话不应该用来动摇美国的决心，“犹豫不决和胆小怕事会招致更大的危险”。如果中国人“打算参加扑克游戏的话，他们就应该亮出比现在更多的牌”。没有苏联提供海空支援，中国将无法发动一场战争。杜鲁门则对潘尼迦的人品表示怀疑。他认为，潘尼迦是个同情“中国共产党的家伙”，他的话不能当作一个公正的观察家的话来对待，潘尼迦充其量只能是共产党的传声筒。而且，第二天联合国就要表决一项有关朝鲜问题的决议，中国很可能是想唬一唬联合国。①

贝德尔·史密斯领导的美国中央情报局在呈交白宫的一份报告中印证说：虽然周恩来发出声明，其部队在向满洲里调动……但是没有任何迹象证明中国共产党打算全面插手朝……虽然中国共产党全面干预朝鲜事务并非不可能，但鉴于众所周知的原因，除非苏联决定发动全面战争，而这在1950年是不可能发生的。在这段时间，中国的干预可能仅限于不断向北朝鲜提供秘密援助。

美国中央情报局的分析人员认为苏联并不想发动全面战争。他们认为：“苏联领导人不会因为可能失去朝鲜，而冒着发动一场全面战争的危险，直接进行军事干预。”美国认为苏联或者中国共产党干预朝鲜有可能导致爆发全面战争，而苏联并没有做好准备，因为朝鲜问题而引发一场全面战争；中国在军事上也不具备独立干预的能力。因此，苏联和中国都不会插手朝鲜。

这个逻辑有两个问题。一是美国认为红色中国是苏联的一个卫星国，在苏联的紧紧控制之下。美国“对红色中国有能力，或者打算不依赖莫斯科采取行动，或者红色中国采取军事行动挽救北朝鲜，使其成为中国共产党的卫星国，从而大幅提高红色中国的力量和在远东的威望没有给予足够的重视”；二是美国普遍认为中国独自采取行动并不能产生决定性的变化。实际上，倒有可能给他们自己带来难以挽回的失败；美国军事情报的评估报告只是进一步印证了美国中央情报局的结论。继续错误地把关注点集中在敌人的意图及其能力的不足上。军方仍然认为，中国和苏联都不可能插手朝鲜事务，所有军事行动，按照国家安全委员会第81—1号文件的精神，应该继续实施。②

1950年，美国情报机构在6个月内出现两次重大的预测失误，这是分析人

① 季正明：《情报分析案例选》，金城出版社2016年版，第57页。

② 〔美〕布莱德雷著，郭莹译：《1950年，美军对红色中国会否出兵朝鲜的误判——关于参谋长联席会议主席布莱德雷的回忆》，《中外书摘》2007年第6期。

员具有思维定式和不能进行多学科分析的结果。

当时在华盛顿，弥漫在政治、军事和情报思维中的思维模式是这样的：苏联是处于主导地位的共产主义国家，它对其他共产主义国家行使着近乎绝对的权威。由此形成的观念认为，只有苏联能够命令附庸国发动入侵，这样的举动将成为世界大战的先声。美国确信苏联不愿意采取这样的一步，因此没有预料会有突然袭击。虽然中国随后介入的证据在不断增加，中情局的分析人员继续坚持认为，中国在朝鲜采取任何行动都要经过苏联批准……实际上，文化因素、历史因素和民族因素主导了北朝鲜和中国的决策。……在美国推进到北朝鲜境内后，中国的战略利益因其边界上可能出现一个敌对的朝鲜而受到威胁。中情局的分析根本没有考虑这些。[①]

他们忽略了中国这个刚刚从战火中走出的新政权对主权的维护、对战争的敏感。这正如美国对苏联战后战略意图的夸大是一样的：他们不知道苏联所有的安全上的努力是为了防御再次到来的战争。他们无法理解这些饱经战火死伤无数的国家对于自身安全的高度关切。从美国的误判来看，在美国眼中，中国虽然是一个人口众多的大国，但由于长期的贫弱，因而在战略上是无足轻重的，与朝鲜一样是苏联的卫星国而已。从这个意义上说，中国通过朝鲜战争打出了一个独立民族的尊严。而这一切或许仅靠谈判是难以奏效的。

（三）沟通之误

中美之间没有直接对话沟通，彼此互不信任。印度驻华大使潘尼迦也被美国认为是个“反复无常，很不可靠的报告者”，并且过去有亲共反美倾向。

如果双方能够进行直接的沟通则这一问题可以很好地澄清。1950 年夏秋之际，美国做出一些努力，试图告诉中国它不会摧毁鸭绿江畔的电站。美国之所以这样做，是因为它相信一旦中国的这一重要工业资源受到破坏的威胁，中国就会出兵朝鲜。当时，美国决策者认为美国不会进攻中国是很明显的事情，所以中国根本不用担心美国入侵中国，因此未曾感到有必要说服中国相信这一点。但是，美国关于电站的保证是一种失误，因为中国担心的乃是美国直接进攻中国，相比之下，失去鸭绿江畔的电站对中国来说倒是无足轻重的事情。[②]

---

① 〔美〕克拉克著，马忠元译：《情报分析：以目标为中心的方法》，金城出版社 2013 年版，第 286—287 页。

② 〔美〕罗伯特·杰维斯著，秦亚青译：《国际政治中的知觉与错误知觉》，上海人民出版社 2015 年版，第 37 页。

美国认为他们已经向中国表示美国无意进犯中国。因此，中国应该不会再介入。虽然美国下定决心要越过三八线，但仍想在最后一刻阻止中国军事干涉。国务院指示驻印大使汉德森设法通过印度政府会见中国大使向他说明美国不想跟中国打仗，因为这将是世界，特别是中国人的悲剧；联合国的军事行动对朝鲜的邻国并不构成威胁；美国不想在朝鲜建立基地或具有其他特殊地位。①

中国参加朝鲜战争部分地是因为中国认为"美国在朝鲜和台湾问题上的决定……是其精心策划的'侵略亚洲'战略的结果"。毫无疑问，美国的政策损害了中国的利益，但是中国感到美国的政策是极端敌视中国和极端危险的政策，中国之所以这样认识问题，是因为中国将美国的政策视为美国大战略的初期阶段，其后期阶段便是直接进攻中国本土。②

中国对这个问题的看法是，即使美国当时没有进犯中国的计划，但是饮马鸭绿江边对中国也是一种巨大的威胁，美国随时都可能对中国在东北的重工业基地进行军事袭击。再者以麦克阿瑟仁川登陆之后的言行以及军事上的狂妄，美军改变原定计划进犯中国的可能性也是存在的。

美国的错误就是这样铸就了。

三、结　语

冷战思维使美国陷入惯性。从整个冷战的逻辑来看，可以把美国卷入朝鲜战争看作是对共产主义势力实行遏制的战略态势下对具体地区性危机作出的反应。在这之前，杜鲁门政府已经在欧洲就希腊危机、西欧的经济危机、柏林危机作出及时的反应。对共产主义实力的蔓延不作任何让步，而予以坚决的回击已成为美国既定的战略思维逻辑。在这个背景下，朝鲜战争一旦爆发，美国参战是合乎逻辑的，如果美国不参战倒显得反常了。朝鲜战争为我们提供了一个从遏制战略的角度来考察美国如何使用战争手段的例子。③

而在冷战思维驱使下，美国很易于夸大对手威胁和自身战略目标，尤其是在军事上取得局部或阶段性胜利的情况下，决策者往往难以抑制进一步扩大战

① 华庆昭：《从雅尔塔到板门店》，中国社会科学出版社 1992 年版，第 203 页。

② 〔美〕罗伯特·杰维斯著，秦亚青译：《国际政治中的知觉与错误知觉》，上海人民出版社 2015 年版，第 37 页。

③ 周建明：《美国国家安全战略的基本逻辑：遏制战略解析》，社会科学文献出版社 2009 年版，第 157 页。

略目标的诱惑，从而落入战略扩张的陷阱。

“杜鲁门授权麦克阿瑟在三八线以北进行军事行动。很显然，这个决策偏离了遏制苏联的主要目标，也违背了‘遏制战略’的本意在于防止战争，而不是制造战争。”[①]

基辛格在评论这场战争时说：“朝鲜战争并不是由于美国或美国的主要盟国受到进攻而引起的。这场战争的目标并不是针对欧洲的中心地带。它也不直接牵涉到苏联。……我们的目标随着军事形势的变化而摇摆，在不同的时期，我们宣布的目的也各异：击退侵略、统一朝鲜、为了我们部队的安全，或者是批准军事僵持局面的有保证的停战等等。”这个决策的直接后果是严重损害了中国的安全利益。基辛格指出：“一旦议题被提升到超越权力政治之外，就难以界定战争的实际目标是什么。”[②] 这样，导致美国在对朝鲜战争的判断和追求的目标上偏离了美国本身遏制战略的主要目标，而且变化不定。“随着战斗的起伏，美方的政治目标先后被宣示为：制止侵略、统一韩国、维持联合国部队的安全、保证沿着三十八度线停火，以及不使战火蔓延”。结果，在应该采取维持和恢复均势的地区去谋求“解放”，美国不得不因此付出巨大的代价。[③]

在这场战争中，苏联相信，美国公布的战略包围圈没有朝鲜半岛，因此，美国应该不会出兵朝鲜。在这一前提下苏联才支持朝鲜实现统一。而美国则认为，美国已经表明不会进攻中国，因此，中国也不存在出兵朝鲜的可能性。朝鲜战争就是在相关方一系列的误判中发生、演进着。美国首先出现了误判，即认为朝鲜战争是苏联在东亚的扩张计划，美国不得不介入。其次，美国认为中国不会参战，美国应占领朝鲜全境。

当美国仁川登陆后，在美国的军事部署中根本就没有考虑过中国的反应。美国忽略或低估了中国的反应。美国简单地认定，只要美国没有进攻中国的打算，中国就不会出兵。在冷战已经开始后，冷战思维盛行的时候，这是一个奇怪的判断。美国相信这是苏联发动的冷战在亚洲的展开，但当美国介入之后，却相信另外一个阵营只会提供物质援助而不会或不敢在战场上与美国较量。这是美国对两大阵营互动的一个简单化判断的案例。第一，美国认为中国力量弱，

① 周建明：《美国国家安全战略的基本逻辑：遏制战略解析》，社会科学文献出版社 2009 年版，第 74 页。

② 〔美〕亨利·基辛格著，杨静予等译：《白宫岁月：基辛格回忆录全集》第 1 册，世界知识出版社 2003 年版，第 81—82 页。

③ 周建明：《美国国家安全战略的基本逻辑：遏制战略解析》，社会科学文献出版社 2009 年版，第 76 页。

不可能出兵；第二，美国忽略了中苏同盟的影响尤其是斯大林领导的苏联的影响，也忽视了阵营内部的互动；第三，美国认为苏联不可能与美国直接碰撞，就不会再出现第三种碰撞形式：即中美碰撞。

美国在朝鲜战争的进程中未能准确判断多边复杂互动的局面，而出现了战略判断的重大失误。中国绝不可能默许美军挥师朝鲜边境，因为朝鲜是历史上入侵中国的必经之地，特别是日本就是以朝鲜为基地占领侵略中国北方的。况且美国出兵朝鲜在战略上还意味着中国在台湾海峡和朝鲜两线受敌，所以中国就更不会袖手旁观。

美国没有想到中苏同盟在当时对中国可能的影响力，中国必须顾及苏联的态度，以及中国对可能出现的危险的底线思维和深远考虑。他们对战争整体进程以及中国出兵的战略意图完全是一头雾水，均出现重大误判。当然，以弱势一方出现的中国也的确表现出出乎寻常的胆识。这是美国完全无法评估的。正如布莱德雷所言，美国对中国出兵存在着战略性低估。尽管麦克阿瑟在未经华盛顿批准的情况下命令轰炸鸭绿江桥是严重的越权行为，但华盛顿方面并未对他扩大战争范围的企图进行强有力的控制。显然，华盛顿的最高决策者们还抱有拿下整个朝鲜的侥幸心理，对中国人民志愿军入朝参战仍然存在着战略性低估。①

而最值得深思的是，美对中入朝参战的误判是在中国没有任何战略掩饰的情况下作出的。中国释放出来的准确信息被认为是错误虚假信息。这真是情报信息之误中的大谬了。

总之，美国出现误判的原因：其一，意图之误。美国误判了苏联、中国、朝鲜的意图以及他们之间的相互影响。其二，情报信息之误。美国对于中国释放的正确信息作出了错误的判断，因为美国在先入为主的思维主导下拒绝了可能是正确的情报。其三，沟通之误。对意识形态不同国家的冷战思维又使得相关大国之间缺少最为基本的沟通，而采取了传统的第三方递话的形式。这一切合起来构成了战略判断之误。

基于一系列的错判、漏判和错判，美国对朝鲜战争一直耿耿于怀。“在美国不甚愉快的经历中，朝鲜战争算是其中的一个。”约瑟夫·格登进一步写道：“当它结束之后，大多数美国人都急于把它从记忆的罅隙中轻轻抹掉。出于某一

---

① James D. Clayton. The Years of MacArthur：Triumph and Disaster，1945 — 1964. Vol. 3. Boston，Mass.：Houghton Mifflin，1985，pp. 523—535.

原因，朝鲜战争是美国第一次没有凯旋班师的战争。”①

杜鲁门从另一个角度来追忆其悔恨的心情，杜鲁门认为并经常说：一个人在历史上占何地位跟他的死的选择时机有很大关系。如果他或者麦克阿瑟在那时候或不久以后死去——假如他们两人中有一人乘坐的飞机坠毁，或者两人中的任何一人死于心脏病——那么他们在历史上的地位以及他们的业绩记载会跟后来的情况大不相同。②

① 解力夫：《从将军到总统（二）：大器晚成——艾森豪威尔》，世界知识出版社 1991 年版，第 372 页。

② 〔美〕戴维·麦卡洛著，王秋海等译：《杜鲁门传》（下册），世界知识出版社 1996 年版，第 924 页。

战略误判：古巴导弹危机

古巴导弹危机是走到核大战边缘的一次危机。一般人认为这个危机是关于勇气的较量，但本书想强调此次危机的出现与重大的战略误判相关。

在核时代，没有比误判带来的威胁更令人恐惧。人类第一次站在全面核大战的边缘，而造成这一局面的是一系列离奇古怪的误判。

1962 年太平洋掀起了惊涛骇浪，那就是古巴导弹危机。这场危机险些将世界引入灭亡的深渊。这是冷战期间美苏两大国之间最激烈的一次对抗。迄今为止，古巴导弹危机仍然被认为是人类存亡的最危险时刻——它差点儿酿成核战争。

正如阿瑟·M. 施莱辛格（Arthur M. Schlesinger，Jr.）所描述的那样，对肯尼迪政府来说，1962 年 10 月 27 日是一个“黑色星期六”。这一天，地球离核毁灭如此之近。约翰·F. 肯尼迪（John F. Kennedy）和尼基塔·S. 赫鲁晓夫（Nikita S. Khrushchev），两股对立意识形态的代表人物，将地球拖至人核毁灭边缘。如果说古巴导弹危机是冷战的关键性时刻，那么“黑色星期六”就是古巴导弹危机的决定性时刻。换言之，毁灭日之钟的时针离午夜只差一分钟。[①]

美国和苏联都拥有射程可以达到 1800 公里的洲际核导弹，同时双方也都拥有战略轰炸机，美国的 B—52“同温层堡垒”和苏联的图—95 都能够对对方领土进行核轰炸，也就是说两个核大国之间直接的对抗是非常令人担心的，一旦擦枪走火，文明世界就将不复存在。

一、古巴导弹危机的由来

1962 年 10 月初，加勒比海地区发生了一场震惊世界的重大事件。美国确认

① 〔美〕迈克尔·多布斯著，陶泽慧等译：《午夜将至：核战边缘的肯尼迪、赫鲁晓夫与卡斯特罗》，社会科学文献出版社 2015 年版，序言，第 2 页。

苏联正在古巴部署核导弹。1962年10月，美国卫星发现苏联在古巴部署导弹，于是采取强烈反击，要求苏联立即撤除部署，并对开往古巴的苏联船只进行封锁，军队处于高度戒备状态。自柏林危机以来的美苏直接冲突一触即发。由于苏联部署在古巴的导弹装有核弹头，而且危机是两个最大的核大国之间的冲突，因而是可能引发核大战危险的冲突。冲突性质十分严重。1962年10月22日，美国总统肯尼迪在广播讲话中通报苏联在古巴部署核导弹的情况，并宣布武装封锁古巴。双方对峙迅速升温，美军出动8艘航母全面封锁古巴海域，苏联船只则多次试图突破美军封锁线，全球性的核战争一触即发。两国领导人都意识到危机处理不当，将可能造成人类核灾难。最后，经过双方的讨价还价和沟通，最终达成了妥协。10月28日，肯尼迪与赫鲁晓夫终于达成协议：苏联撤出在古巴的导弹，而美国拆除部署在土耳其的中程导弹。当日，赫鲁晓夫发表广播讲话，下令拆除在古巴的导弹发射场，将导弹运回国内。美国随后解除封锁。

危机得以和平解决。

这次危机虽然仅仅持续了13天，美苏双方在核弹按钮旁徘徊，世界处于千钧一发之际，人类空前地接近毁灭的边缘。

古巴导弹危机是最接近世界核大战的一次危机，至今回忆起来，仍然让人们心有余悸。虽然古巴导弹危机是历史上出现过无数次的大国之间因第三国而引起的危机，但这一次危机与以往任何一次危机不同的是，它是导弹危机，而且是大国之间直接的核冲突危机。危机在最后时刻的化解取决于领导人关键时刻的理性，而在当时，肯尼迪在危机过程中有七天没有合眼，神经已经接近崩溃的边缘。如果他因为体力的问题而出现思维短路或情绪失控，这次危机会走向何方都是难以预料的。而赫鲁晓夫这个能在联合国的舞台上用皮鞋敲桌子的个性领导人会慑于美国的压力，而把已经部署到古巴的导弹再从古巴运回去吗？他的尊严、承诺如果不能兑现，他的个人政治权威又将面临什么样的考验？在整个事件的形成与演变中出现了什么误解与错判，有哪些误判是十分危险的？所有这些，都值得人们深思。虽然最后以双方的妥协而告终，但其中有不少值得总结、反思的经验教训。

为什么苏联会将导弹运送到古巴？如果没有被发现，他会利用这些导弹做什么？苏联人为什么在作出导弹部署决定以及实施过程中显得如此拙劣？还有，赫鲁晓夫为什么会在最后关头作出让步？

回答这些问题需要从古巴革命说起。1959年，卡斯特罗领导古巴革命取得成功后，美古关系开始恶化。美国于1961年1月断绝与古巴的外交关系。1961

年4月，美国策划了入侵古巴的猪湾事件——上任4个月后，肯尼迪批准了由中情局训练的1500名古巴流亡者入侵古巴的计划。卡斯特罗进行了成功的反击，把流亡者围堵在一块四面孤立的滩头。入侵计划以美国雇佣军的失败而告终。随后美国对古巴实行禁运，在拉丁美洲推行“进步联盟计划”，孤立古巴，对古巴进行军事威胁。美古关系的恶化，为苏联渗入古巴提供了有利时机。

苏联逐步涉足古巴政治、经济、军事等各个方面，极力在拉丁美洲建立和维持一个立足点，以与美国角逐。苏联与古巴建立联盟关系之后，赫鲁晓夫开始计划在古巴部署导弹。

二、苏联在古巴部署导弹的战略考量

首先是遏制与反遏制的需要。冷战开始后，美国对苏联实施遏制政策。肯尼迪上台后仅4个月，美国对古巴采取了入侵政策，制造了猪湾事件。

这一事件虽然以美方雇佣军的失败而告终，但苏联担心美国谋划全面入侵古巴的计划。猪湾事件后，赫鲁晓夫感到，“如果我们不采取一些决定性的步骤来保卫古巴，我们很容易失去它”。他希望把古巴变成一块吸引其他拉美国家的“磁石”，在该地区“保持苏联威信”。因此，苏联在先前活动的基础上，大力援助古巴，并提供了大炮和坦克，同时又派去了教官，帮助古巴军队掌握现代化武器。苏古军事合作的目的是组织能有效地反击美国可能入侵的武装力量。

可是，赫鲁晓夫发现，要制定一种既能对付美国威胁又能避免战争的行动方针是困难的。据赫鲁晓夫回忆，他是在1962年5月访问保加利亚期间“想到了在古巴装置核弹头导弹的主意”，从而建立一种具体有效的遏制办法来对付美国对加勒比海的干涉。他认为：“除了保护古巴，我们的导弹也可在达到西方所谓的‘均势’中起些作用。”实际上，赫鲁晓夫想把核导弹秘密运进古巴，抢在美国发现及采取行动之前安装好，形成威慑手段，使美国面对既成事实，从此改变苏美力量对比，加强苏联的战略地位，并乘机迫使美国在德国和柏林问题上接受一项解决方案。① 最后，苏联决定在古巴设置中程导弹和发射设备并向古巴供应伊尔－28型轰炸机。1962年7月和8月，古巴领导人劳尔·卡斯特罗、切·格瓦拉相继访苏后，苏联紧张地开始了它的冒险行动，从而引发了苏美之间一场新的危机和核赌博。

---

① 俞正梁、颜声毅等：《战后国际关系史纲（1945—1987）》，世界知识出版社1989年版，第169页。

赫鲁晓夫认为如果在古巴部署导弹就可以得到同美国谈判的新条件，以达到平等妥协的可能性。自赫鲁晓夫上台以来，苏联一直在寻求与美国平起平坐的地位，但美国对此反应冷淡。赫鲁晓夫认为，只有对美国形成更强更大的制约能力才能够获得美国的足够重视，获取美国对苏联地位的尊重。迫使美国将苏联作为一个平等的对手来看待的办法之一就是在古巴部署导弹。一旦导弹形成了实战能力，那苏联就可以真正平等地与美国对话了。

其次是战略平衡的需要。美国已经用轰炸机基地和导弹包围了苏联，特别是美国在土耳其、意大利和西德所部署的导弹，直接威胁了苏联的重要工业中心。

美国于1959年把30枚“雷神”导弹和15枚“朱比特”中程导弹部署到了意大利和土耳其，这等于在苏联的家门口放置了一个定时炸弹，加剧了美苏间的不平衡。赫鲁晓夫认为，一旦在古巴部署了苏联的导弹，那么，苏联导弹在世界地理的配置上可以对美国取得“均势”效应。军事专家认为，在任何核战争中，胜利不是以时而是以分来计算的。苏联的导弹从苏联领土上点火发射，需要20分钟到25分钟才能到达美国；而美国的导弹从土耳其发射只需5分钟到6分钟就能对苏联西部实施打击。古巴距美国海岸省不到150公里。苏联要从这里发射导弹，美国显然是猝不及防的。这样可以在战略上缓解苏联受到的潜在威胁。事实上，赫鲁晓夫想再和肯尼迪较量一次意志。在维也纳会谈之后，赫鲁晓夫就说，美国人太富有、太自由了，要让美国也感受一下苏联人在多年冷战中被美国基地从四面八方包围起来所经受的一切；展示一下苏联的威力，如果不能造成军事上平等的条件，也要造成政治上平等的条件。使美国的盟国不能再相信美国的保护能力和决心，可以使长久以来悬而不决的柏林问题按照莫斯科的意图解决。①

苏联急于将中程导弹部署到古巴还有一个原因，就是苏联实际上在核弹数量上和投掷能力上都大大落后于美国。美国当时已经拥有能够从潜艇上发射的“北极星”导弹，而苏联还没有能与之对抗的导弹。与洲际导弹的情况不同，苏联人拥有的洲际导弹的数量不多，但拥有数量众多的中程导弹。将中程导弹部署到古巴至少可以使苏联能打到美国城市，如华盛顿、亚特兰大、达拉斯与新奥尔良等的核弹头数量增加一倍。部署这些导弹就可以“改变核力量对比，使之有利于苏联，美国当时在该领域拥有压倒性的优势”。如果苏联在古巴成功地

---

① 牛景立等编著：《肯尼迪》（上、下册），京华出版社2003年版，第676页。

部署了核武器，就有大约 64 枚中程（1000 英里左右）和中远程（1500～2000 英里）核导弹可以有效地打击美国，使苏联对美国目标的打击能力提高近一倍。这样虽然还不能改变美国占有 2∶1 核打击的优势，但却可以打破政治上的均势。赫鲁晓夫作出这一冒险行动就是要改变苏美之间力量的战略平衡，“除了保护古巴，”赫鲁晓夫在他的回忆录中证实“我们的导弹还将真正实现西方人喜欢说的‘力量均势’。美国人也将尝到敌人的导弹时刻对着你是什么滋味；我们其实没有做什么，只是以其人之道还治其人之身而已”[①]。

赫鲁晓夫之所以在古巴部署中程和中远程导弹，主要目的在于扭转苏联的战略劣势。1962 年美国拥有各类核武器 27387 件，苏联只有 3322 件。就战略核武器运载工具的数量而言，苏联也远逊于美国。据有关资料估计，1962 年美国拥有洲际导弹 294 枚、潜艇发射的弹道导弹 144 枚、远程轰炸机 630 架；而苏联则分别拥有 56 枚、24 枚和 159 架。美国拥有各种战略核弹头 5000 枚，苏联只有 300 枚，美国享有 17∶1 的绝对优势。同样重要的是，苏联中程和中远程导弹的设计、部署是供欧洲冲突使用的，打击的主要目标是美国在欧洲的核力量。这些导弹射程有限，如果部署在苏联国内，则根本无法打到北美大陆，不足以构成对美国的威胁。[②] 在战略武器方面，美国大约领先苏联 10 年。此外，美国还拥有 2500 架战斗机、500 架运输机，并在大西洋、太平洋、地中海和加勒比海地区部署了 16 艘航空母舰，共载有 400 多架轰炸机。

在赫鲁晓夫看来，一旦在古巴取得成功，那么就可以使美国面临一个既成事实。

再有，赫鲁晓夫希望通过对美国大国地位发起挑战，以换取缔结对德条约以解决西柏林地位问题，使苏联在国际事务中和美国平起平坐。老在柏林兜圈子已达不到目的了，于是古巴给了他一个可乘之机。

当然，苏联在古巴部署导弹只是基于战略平衡的需要，而绝没有想过要对美国实施核打击。但是，他没有预料到美国作出如此强烈的反应。

应该说，赫鲁晓夫希望通过在古巴部署导弹，达到战略平衡美国同时保卫古巴的战略目的，是有其道理的。从战略逻辑上看，苏联希望获得一种战略平衡，以便形成更为对称的相互制约，也似乎站得住脚。从战略上而言，美国既然可以在亚洲和欧洲部署导弹，苏联为什么不可以在拉美部署导弹呢？

---

① 〔苏〕赫鲁晓夫著，赵邵棣等译：《赫鲁晓夫回忆录》，中国广播电视出版社 1988 年版，第 487 页。

② 沈志华等：《冷战时期美国重大外交政策案例研究》，经济科学出版社 2014 年版，第 309 页。

三、古巴导弹危机的经过

美国无法接受苏联这个打破平衡的举动。对于肯尼迪而言，也许地理位置并不是最为重要的。无论是从古巴发射的导弹毁灭美国，还是从苏联本土发射来的洲际弹道导弹毁灭美国，并没有什么差别。

肯尼迪认为，问题是“心理”和“政治”上的，而非“军事”上的。美国如果按兵不动，那就等于屈服于讹诈。在冷战的核边缘政策格局下，心理感知往往能决定现实。肯尼迪认为，如果赫鲁晓夫在古巴得逞，那他也会有胆量在柏林、东南亚或者其他冷战热点地区作更进一步部署。古巴导弹危机就是基辛格曾在柏林危机中警告过的那种“深重危机”。这场危机之所以深重，是因为这不仅仅是古巴的事。苏联决定将导弹运到这座加勒比海岛上，这种威胁与决定挑衅柏林现状迥然不同，更何况古巴离美国很近。但是本质上这种威胁是一样的。面对这种挑衅，美国似乎只能有两种回应方式可以选择：要么屈服，要么采取军事行动，谁也说不准军事行动最后是否会失控。[①]

古巴一直是美国军事情报部门监视的重点对象国。美国U－2侦察机经侦察证实，苏联在古巴建造着防空导弹发射台、一个大船坞和苏联潜艇基地。针对这一新的态势，美国45艘军舰和1万名海军陆战队在古巴附近举行了演习。肯尼迪要求国会授权给他征召15万后备役军人入伍。

9月4日，肯尼迪总统发出警告：在任何情况下，美国都不会容忍在古巴部署地对地导弹和建立导弹基地，也不准部署进攻性武器。肯尼迪的态度相当强硬，根据葛罗米柯对此次会谈的记录，美国总统形容当时的局势是“自二战结束以来最危险的”，并说“他不知道结局会怎么样”。肯尼迪否认美国有任何入侵古巴的企图，并补充说他一直在努力制止那些主张发起攻击的人。但他低估了苏联的可能反应。

赫鲁晓夫也低估了肯尼迪的战略意志，他不理睬肯尼迪的强烈警告，在美国总统采取应急措施和实施美国海军演习的情况下，苏联船只仍夜以继日地向古巴运送武器和装备。

当美国已经掌握了苏联在古巴部署导弹的证据后，苏联还在一味地掩饰。

① 〔英〕尼尔·弗格森著，陈毅平译：《基辛格：理想主义者（1923—1989）》，中信出版社2018年版，第505页。

苏联驻美大使一再向美国政府表示，苏联不会在古巴部署地对地导弹。《塔斯社》也发表公报说：苏联没有必要“把他们抗击侵略的武器转移到任何别的国家，例如古巴，来进行回击……我们的核武器具有很大的爆炸力，苏联又拥有如此强有力的火箭来运载这些核弹头。因此，不需要在苏联国境以外寻求基地”[①]。显然，这是苏联在转移美国的注意力，目的在于给导弹可供使用之前的这个关键时间进行掩护。一旦在古巴的导弹可以使用，赫鲁晓夫 11 月下旬去美国时就可以同美国摊牌了。这进一步加深了美苏之间的战略猜测。

这真是一次大胆而鲁莽的赌博！

10 月 14 日，美国掌握了明确显示在古巴建筑 6 个中程导弹基地的第一批摄影证据。

肯尼迪从中央情报局获得的情报是，导弹的射程达 1174 英里，能够打击美国东部沿海大部分地区。如果装上核弹头发射的话，13 分钟内就可在华盛顿上空爆炸，将这个美国首都变成焦土。

面对危机，美国国内决策层争议四起，众说纷纭。

肯尼迪紧急召集国安委开会，商讨对策。执委会成员包括总统、副总统、国务卿、国防部长等核心决策人士。美国方面认为，苏联在古巴部署导弹是无法容忍的行为。但是对于苏联的动机也存在多种猜测。多数人都认为苏联是“项庄舞剑，意在沛公”。苏联实际上是想迫使美国在柏林问题上作出让步。

肯尼迪认同古巴导弹危机与柏林危机有关。认为苏联在古巴部署导弹是“企图强迫美国放弃在柏林的责任和承诺”。

肯尼迪总统之所以对苏联在古巴部署导弹采取了超乎苏联预料的强烈反应，是因为肯尼迪认为，如果美国不能让苏联将导弹撤出古巴，那世界就会怀疑美国保护柏林的意志。肯尼迪认为苏联的这一战略是深思熟虑的，是对美国提出了一个难题。如果美国不作出强烈反应，苏联就有可能对西柏林采取行动。如果美国不作出反应，那拉丁美洲以及美国的其他盟友就会觉得美国并没有真正抵制共产主义扩张的意志。在肯尼迪看来，这一事件隐藏着难以想象的危机，不仅会影响美国在世界公众面前的威信和声望，而且威胁着他的政党对国会的控制以及他本人在政府成员中的信誉，进而威胁到他的总统职位。肯尼迪决定，“不论赫鲁晓夫的真实意图究竟是什么，美国必须做出坚决有力的回击，迫使苏

① 唐晓军编著：《世纪百战——20 世纪十大战争危机》，内蒙古人民出版社 2004 年版，第 130 页。

联拆除并撤回自己的导弹”[①]。肯尼迪在第一天的会议上完全表现得是一个“鹰派”。他认为，美国实际上没有选择，只能是以武力迫使苏联拆除这些导弹，这几乎是与会者最初的一致观点。

即使后来苏联解释他们的行为只是为了保护古巴免遭侵略，但美国无法相信这一点。

肯尼迪和他的顾问已经下定决心，必须清除这些导弹。他们面对的决策难题是美国采取任何政策，都可能使世界局势恶化。但是，不回应苏联的挑战，显然是下策之下策。不采取行动显然糊弄不过去，采取行动，又容易把形势搞僵。然而，美国作出反应有可能过当，不作出反应，显然不符合美国的对抗战略。

他们提供了5种选择方案：与苏联谈判；在联合国指控苏联；对古巴进行海上封锁，实施一切军火禁运；空袭，轰炸古巴的导弹基地；最后一个办法是全面入侵古巴。

这个时候情报表明，苏联在古巴的工作人员行动很快，导弹设施很快安装完毕，因而必须尽快作出决策。到第二天，即17日，大多数人倾向于两个方案：封锁与空袭。两派观点相持不下。

空袭派认为，封锁不会使已经运到古巴的武器失去效力；也不会产生足够的压力迫使赫鲁晓夫撤走那些武器；封锁会使在导弹基地上的工程继续下去，而这就意味着另一个“慕尼黑事件”。拦阻和搜查船只会使美国人同苏联人而不是同古巴人交战；封锁古巴，还会引致苏联人以封锁柏林进行报复。

主张空中打击的军方和对苏强硬派代表人物艾奇逊都难以保证，“外科手术式”的打击是否能摧毁所有的导弹基地和战略轰炸机伊尔－28号。如果不能，美国就有受到核报复的危险。谁能保证万无一失呢？若受到核报复，一颗导弹打到华盛顿或纽约，美国人就难以忍受。若美国再进行核还击，世界核大战就会爆发。

肯尼迪总统很怀疑空中打击的后果。他很清楚，空中打击不可能摧毁所有的导弹基地，且会杀伤大量的苏联人。苏联人在古巴的死亡将会迫使赫鲁晓夫命令那些幸存者使用古巴的导弹基地袭击美国。同时，空中打击之后，势必还要进行一次军队入侵，后果难以预料。看来，海上封锁更为可行，在开火之前，先给赫鲁晓夫一个后退的机会；若封锁不成功，再发动军事进攻。但空军部队

① 沈志华等：《冷战时期美国重大外交政策案例研究》，经济科学出版社2014年版，第303—304页。

却认为，到了试图用海军封锁而未能取得成效时，苏联的导弹已经随时可以启用了。肯尼迪把自己放在赫鲁晓夫的位置上，他预测如果美国进攻古巴，必然招致苏联袭击柏林。李梅将军则完全不认同这种看法，他认为，如果不对古巴采取强硬措施，只会壮大苏联的胆子去拿柏林开刀。如果听从肯尼迪顾问的建议，进行海上封锁的话，就相当于向对方示弱，这可是致命的。[①]

肯尼迪的思路则完全不同。美国的核武器数量可能远超过它的对手，但"打赢核战争"却是一个伪命题。和苏联爆发核战的话，会导致多达 7000 万美国人死亡。可以说肯尼迪面临极大的决策压力，如果过于软弱，会被认为是向对手投降，他这个总统会被贴上懦弱的标签。他的父亲当年就是反对美国参加二战而被免去了驻英大使的职位，肯尼迪如果不作出强烈回击很有可能被政敌攻击为像他父亲一样搞绥靖。但是他不得不考虑核战争的后果。肯尼迪意识到第三次世界大战将是人类最后一次大战。核战争如何打下去，就会应验了斯大林的一句话：死亡将成为唯一的胜利者。

就在决策讨论的过程中，肯尼迪总统为了掩饰美国处于危机决策的紧张阶段，特意离开华盛顿进行选举造势活动，目的是保持在公开场合的露面。

这时，封锁方案已获得大多数人的支持。肯尼迪采取了一个折中的办法，那就是虽然采取封锁，但为了外交上的需要，他还是尽量减少战争味道，他把这个词改为了隔离。也就是通过这个比较缓和的办法让苏联减少挑衅。应该说这是在危机一触即发的时刻采取的一个比较慎重的做法，虽然是一步缓棋，但却是进可攻退可守的一步，是在当时情况下最为合理的一个方案。

经历过猪湾失败的肯尼迪很感叹地说：成功了会有 100 个父亲，失败了只有一个孤儿。[②]

华盛顿的气氛紧张，白宫的气氛更加凝重。当肯尼迪准备向赫鲁晓夫摊牌时，他自己显得神经紧张。因为情报部门说，如果苏联知道了肯尼迪总统发现了导弹和要求撤除导弹的计划时，赫鲁晓夫可能会对美国进行一次突然的核袭击。负责后勤的总统的海军副官泰兹韦尔·谢泼德司令已经开始疏散白宫的工作人员，发给他们每人一张粉红色的身份证，说明他们都是属于即将随总统夫妇到城外某一未指明地点的地下掩体的一批人。

1962 年 10 月 22 日，肯尼迪总统下令对古巴实行海上封锁。肯尼迪总统公

① 沈志华等：《冷战时期美国重大外交政策案例研究》，经济科学出版社 2014 年版，第 23 页。

② President Kennedy's tenth news conference, April 21, 1961. https://www.presidency.ucsb.edu/documents/the-presidents-news-conference-213.

开宣布，美国禁止运往古巴的“进攻性武器和有关物质”，其中包括“地对地导弹、轰炸机、炸弹、空对地火箭和导弹、用于任何上述武器的弹头、维持和操纵上述项目的机械设备或电子设备”，以及美国政府“今后规定的其他任何种类的作战物质”。同一天，肯尼迪向全球一亿多美国人发表演讲，他强调国家面临着一次严重的危机。肯尼迪演讲所传达的政治信号是很清楚的：只有苏联撤出导弹，才有可能结束危机。肯尼迪发布海上封锁古巴的电视讲话后，心情沉重地告诉白宫幕僚：“我们离核战争已经不远了”。

10 月 23 日，美国外交官理查德·戴维斯向苏联外交部转交了肯尼迪写给赫鲁晓夫的信，一起转交的还有一份美国总统的电视讲话稿。这份讲话更详细地说明了美国对古巴导弹的立场，强调苏联的“故意欺骗”是不能接受的，宣布美国对古巴进行“隔离”是美国的“初步”行动方案，并呼吁赫鲁晓夫“中止并排除这种对世界和平与我们两国稳定关系构成威胁的地下的、不计后果的、挑衅性的行动”。

肯尼迪在 1962 年的古巴危机中决定对苏联人采取比 1961 年柏林问题更强硬的路线，至少有三个动机。首先，古巴对于美国的威胁更大，因为危险已经临近家门；其次，在国内政治中，对古巴问题的处置不当对肯尼迪连任的影响比遥远的柏林问题更大；最后，肯尼迪认为如果他退让只可能鼓励赫鲁晓夫对他步步紧逼。①

有趣的是，柏林危机是苏联对柏林实施封锁，而在古巴导弹危机的时候则是美国对古巴实施海上封锁。

总统发表全国讲话的同时，导弹部队处于高度的戒备状态。战略空军司令部（SAC）也进入了三级战备状态（DEFCON-3）。总统一声令下，三级战备便可在 15 分钟内发射这个国家所有的核导弹，离核战仅几步之遥。为了防止苏联先发制人，美国必须将轰炸机分散在全国各地。在肯尼迪演讲结束的时候，近 200 架载着核武器的飞机开始在美国上空盘旋。

为执行封锁任务，美国动用了 90 艘舰船、2 万名海军官兵。10 月 24 日，美军海上封锁部队在 68 个空军中队和 8 艘航空母舰的掩护下，正式封锁古巴，对所有进出古巴的船只进行“船靠船”的检查，对可疑船只予以扣留，不允许任何可疑船只驶入古巴。美军飞机飞行 9000 架次，共计 3 万飞行小时；出动 68

① 〔美〕弗雷德里克·肯普著，武凤君译：《柏林 1961：肯尼迪、赫鲁晓夫和世界上最危险的地方》，中国青年出版社 2014 年版，第 442 页。

个空军中队，参加人数 19000 人。整个封锁期间，总共有 183 艘舰艇参加了行动，包括 8 艘航空母舰、118 艘驱逐舰、2 艘巡洋舰、13 艘潜艇。“独立号”和“企业号”航空母舰在海上分别连续停留了 36 天和 32 天。战略空军司令部出动 2000 多架次 B—52 轰炸机和加油机，连续飞行累计超过 5 万小时。战略空军司令部的 B—52 轰炸机执行 2088 次任务，飞行 47000 小时，航程达 2000 万英里。[①]

为配合封锁，全球美军以明码发报，公开进入战备状态，并故意摆出大规模轰炸、入侵古巴的架势，宣称入侵第一天就要出动 1190 架飞机，连续轰炸一周，而后出动 14 万大军登陆。

形势越发紧迫。在古巴，工人们日夜不停地加速将那些基地 042 枚中程导弹拆箱准备装到发射台上。伊尔—28 飞机正在装配。当天晚上，美国国防部长麦克纳马拉在五角大楼说，有 25 艘苏联商船正在驶向古巴；在肯尼迪讲话之后，它们的航线并未改变。由 90 艘舰组成的美国舰队，在 68 个空中中队和 8 艘航空母舰护卫下，正在进入阵地，以便拦截和搜寻正在进入隔离区的船只。

10 月 23 日清晨，肯尼迪走进了他的办公室。苏联方面仍然没有任何反应。美国政府由此宣布：封锁将在第二天（星期三，10 月 24 日）生效。

总统又于当天晚上开会决定海军应如何阻拦试图通过封锁障碍物的苏联船只。如果对方船只拒不停航，为了避免大规模的军事冲突，海军可以向其舵叶和推进器射击，使船只失去行驶能力，但是，希望能避免造成任何生命损失和船只沉没。

10 月 23 日，肯尼迪演讲之后，可以说是人类历史上最为紧张的时刻之一。那天晚上，上至总统，下至平民百姓，心里都充满了忧虑和恐惧。老百姓听完总统的讲话，纷纷拥向超市抢购，当晚，超市销售一空。那真是一幅世界末日的景象。

在美苏对峙的时候，整个世界也越来越惊慌了。美国宣布封锁行动的第三天，在联合国，美国与苏联的舌战也扣人心弦。美国大使史蒂文森质问苏联驻联合国大使佐林是否承认苏联在古巴配置中程和中远程导弹和基地。佐林拒绝回答这个问题。接着，史蒂文森就展示了苏联导弹和发射场的照片，令全场哗然。[②]

---

① Adam Yamolinsky, Department of Defense Operations During the Cuban Crisis, 12 February 1963, DN-SA, 6—7; Sagan. The Limits Safety, pp. 67—68.

② 〔美〕麦克尔·多布斯著，陶泽慧译：《午夜将至：核战边缘的肯尼迪、赫鲁晓夫与卡斯特罗》，社会科学文献出版社 2015 年版，第 156 页。

肯尼迪向赫鲁晓夫摊牌的演说24小时后，终于收到来自苏联的反应。赫鲁晓夫断然警告肯尼迪：他不打算遵守封锁，已经指令驶往古巴的苏联船只的船长不必服从美国海军的停航命令；对任何苏联船只的干预行动都将迫使他采取他们认为对保护他们的权利所必要的和适应的措施。

时间不长，肯尼迪又收到报告说，在距封锁线不出几海里内，有两艘苏联船只正在驶往古巴，并且还有一艘苏联潜艇为那两艘船只护航。

箭在弦上，迫在眉睫。星期三上午的内阁会议乌云密布。从赫鲁晓夫那强硬的语气里，肯尼迪等人都认为，苏联船只将拒绝停航，美国海军和停泊在封锁线附近的“埃塞克斯”号航空母舰的飞机都将开火；作为报复，苏联人将以古巴的导弹或东欧的洲际导弹作为回答，或许会占领西柏林。封锁线上一有战事，就可能马上爆发一场核大战。

美国中央情报局报告说，有更多的苏联正在加速建筑导弹基地和装配伊尔—28型战略轰炸机。到这时甚至连美国的“鸽派”也认为，以有限的武力和外交努力并施的办法失败了。如果苏联人继续建设他们的导弹装置的话，就不得不使用军事入侵了。

于是，肯尼迪命令国务院着手在古巴建立一个文官政府计划，以备入侵和占领古巴。美国的军事部署向苏联方面发出了明确的信号：美国打算采取任何手段来迫使苏联撤走在古巴的导弹，如果苏联在古巴和世界其他地区轻举妄动，后果不堪设想。实际上，肯尼迪并不是真的想采取行动，主要目的在于威慑苏联，乃是为了避免战争而采取的防范手段。[①] 肯尼迪并不希望扩大冲突，而是采取了比较灵活和克制的政策。“肯尼迪指示大西洋舰队司令部，除了给苏联船只掉头回去的机会外，不要采取任何行动，让苏联船只平静地离开。他非常担心那些冒失的海军军官会仓促行事，采取一些未经授权的行动，从而加剧危机，甚至会击沉已经掉头的船只。他同时给海军作战部长安德森下达了严格的命令：对封锁区以外的任何苏联船只和舰艇一概不得加以阻拦、强行登船或骚扰；对驶往隔离线的船只要密切跟踪，没有明确指示不能采取行动。”[②]

肯尼迪从内心一直期待赫鲁晓夫的回信，以使双方都能够体面地化解危机。在出现进一步危机之前。赫鲁晓夫的回信终于传到了白宫。

赫鲁晓夫强调应该清醒认识苏美目前的处境，苏联部署在古巴的导弹只是

① 沈志华等：《冷战时期美国重大外交政策案例研究》，经济科学出版社2014年版，第309页。
② 沈志华等：《冷战时期美国重大外交政策案例研究》，经济科学出版社2014年版，第315页。

为了防御，美苏如果因此爆发战争，双方将会出现难以挽回的后果。如果美国能够解除封锁，并保证不入侵古巴。苏联可以考虑撤出在古巴的导弹基地。

读完赫鲁晓夫的信，肯尼迪长舒一口气，并立即进行了积极回应，而且以联合国名义对苏联在古巴导弹进行监督和核查的情况下，从古巴撤走武器的细节提出了自己的建议。

肯尼迪双管齐下，软硬兼施。他一方面令人发表这封信，一方面又令其弟弟罗伯特在司法部的大楼里约见了苏联驻美国大使多勃雷宁。罗伯特把给赫鲁晓夫的信的副本递给多勃雷宁的同时，厉声说道：如果明天（即星期一）得不到赫鲁晓夫撤除古巴导弹的许诺，美国将在星期二动手把这些基地搞掉。

这显然是最后通牒。

赫鲁晓夫终于没能跨越肯尼迪在大西洋上画的一条线。在眼球对眼球的较量中，还是赫鲁晓夫先眨了眼。在美军全面封锁和不惜一战的压力下，赫鲁晓夫决定让步。10 月 28 日，赫鲁晓夫发表广播讲话，表示苏联将撤除在古巴的"进攻性武器"，并加以包装运回苏联。

星期三上午，苏联船只和潜艇掉头回转。三天后美国解除了对古巴的封锁，并停止了军事威胁。苏美两家的战车在危险线前刹车了。喧嚣一时的加勒比海危机走进了史册。

四、古巴导弹危机案例分析

从表面看，古巴导弹危机有惊无险地结束了，但有些事件想来还是令人后怕的。在所有这些力量中，能打到美国心脏地带的导弹是最具挑衅性的。但是由于担心引发全面核战争，这些导弹是不大可能发射的，因此最危险的武器实际上是近程核武器系统，这既有原本就计划部署的，还有 9 月运送过去的战术核武器，其中包括"月神"导弹，这种导弹能投放 12 颗当量为 2000 吨的核弹头，射程为 25 英里，能对入侵的美军实施打击。赫鲁晓夫起初的指示是这些武器可以在不用征得莫斯科同意的情况下进行发射。这一授权是口头传达的，10 月 22 日这一授权被废除。如果战争真的打起来，谁也无法保证这些导弹不被发射。赫鲁晓夫对部署于古巴的导弹并没有实际上的控制权。这是十分危险的，具备了核误射的可能性，也就是说最高决策者并不能管控核战争的爆发了。如果发生美国入侵的情况，而苏联发射"月神"导弹的话，虽然其当量为广岛原子弹的 1/10，但将会导致数以千计的美军士兵在这场原子弹爆炸中丧生。

(一) 苏联的重大误判

赫鲁晓夫作为苏联最高领导人如此轻率地作出决定的原因在于误判。而大国的重要政治领导人出现误判是致命的。那么，这种误判是怎么产生的？这里的失误或战略误判出在什么地方呢？为什么导致了危机升级险些引向失控的边缘，然后又不得不被动妥协将导弹撤回这样的过山车般戏剧性反转呢？

下面我们就来分析苏联领导人是如何由于误判而导致美苏大国冲突的。

归纳起来，赫鲁晓夫犯了三个错误：其一，苏联有可能秘密运输导弹而不被发现。他认为在古巴进行这样的大规模部署可以躲过美国的侦察。赫鲁晓夫之所以选择秋季在古巴部署核导弹，是因为他认为秋季是飓风季节，会妨碍美国 U—2 侦察飞机的越境飞行。同时，苏联的运输部队尽可能采取了保密措施，赫鲁晓夫的想法是派遣一支小型的远征部队，这支部队要足够大，能遏制美国对导弹部署的攻击，同时又要足够小，在运输与部署过程中不致被美国人发觉。然而，军方组建的军队规模则要大得多，无法不引起美国的注意。虽然苏军在运输过程中基本上夜间行驶，没有向部署人员宣布最终的目的地，而且禁止任何的邮件与电报联络。为了看起来像一支“农业顾问团”，苏联军人都穿上了平民服装，但格子花呢衬衫使他们与古巴人有着明显的区别，就像他们穿着正规的苏联军装一样。苏联希望在秘而不宣的情况下向古巴运输导弹而不会招致布满卫星和侦察机的美国的察觉，这一鸵鸟般的想法是令人不解的。

其二，相信美国不会作出任何反应，只会接受苏联部署导弹的现实。赫鲁晓夫还想当然地以自己的判断代替美国人的反应，他认为，苏联在古巴部署导弹不是为了进攻美国，不是为了通过古巴去干涉美国的内政，他觉得美国一定也会明白这个道理。[①] 而且正值美国政府竞选，即便发现，肯尼迪政府也不会采取激烈行动，只会接受既成事实；赫鲁晓夫还相信肯尼迪不会愿意与苏联进行战争。

但一点是明确的，美国必然认为苏联在古巴部署导弹，针对的是美国，而苏联却没有对一个最为重要的战略问题进行正确的预判：美国可能作出的反应。而且连起码的战略试探都没有，就武断地相信美国不会作出任何反应，美国会认可或默认苏联的举动。这样的重要决策以猜测或武断的方式作出确实匪夷

① 〔俄〕赫鲁晓夫著，述弢等译：《赫鲁晓夫回忆录》（全译本），社会科学文献出版社 2006 年版，第 89 页。

所思。

其三，低估了美国的战略意志。问题出在对肯尼迪的判断上。赫鲁晓夫认为肯尼迪不堪重任。他一直主观地认为肯尼迪年轻，少不更事，论年龄可以当他的儿子，他们之间是两代人的较量。肯尼迪无经验，是可能被吓唬的。他对于肯尼迪的战略决心有一种想当然的战略误判，认为肯尼迪处于攻击之下，只能被动挨打，软弱而容易受到羞辱。而且柏林危机的时候，赫鲁晓夫支持东德建立了一道柏林墙，肯尼迪最终也默认了，说明肯尼迪不是一个意志坚定、敢于碰硬的人，而且还同意了中情局组织的组织雇佣军入侵古巴的吉隆滩事件，最终大败而归，这件事连肯尼迪自己都承认经验不足。赫鲁晓夫以肯尼迪在柏林问题上的退让作为依据，认为肯尼迪不敢打大战，更不敢与苏联打核大战。赫鲁晓夫通过与肯尼迪在柏林危机的交手便认定肯尼迪会在古巴导弹危机上退让，这一判断也过于武断了。他没有想到肯尼迪在柏林危机上的退让，只是因为苏联具有某种区位优势，而不是因为肯尼迪胆怯。而且赫鲁晓夫也没有想到，肯尼迪突然强硬起来，赫鲁晓夫又敢打核战吗?

赫鲁晓夫相信既然肯尼迪没有应对国际事件的足够经验，因此，如果苏联神鬼不知地将导弹部署在古巴，最终肯尼迪顶多是做做样子，最终不得不接受这个既成事实。赫鲁晓夫错误地预判了美国对苏联在古巴部署导弹的反应。赫鲁晓夫认为，既然他能接受美国在土耳其和意大利部署导弹，肯尼迪纵使有多不乐意，也能最终接受苏联在古巴的导弹部署。美国也许会反感，甚至恼火，但不至于把世界拖入核战争的边缘。

早在同年 7 月，在第一次和切·格瓦拉谈到这个话题的时候，赫鲁晓夫就说："你不需要担心，美国那边不会有大动作。要是发生情况了，我们会出动波罗的海舰队。"①

从经历上说，赫鲁晓夫和肯尼迪都曾出身行伍，肯尼迪还曾在二战时做过战士，曾获"战斗英雄"称号。赫鲁晓夫随意将肯尼迪认定为弱者的判断显然缺少依据。如果仅凭一两件事就得出一个判断，那确是犯了经验主义的错误。这导致了赫鲁晓夫草率的决定。

于是冷战期间一场惊心动魄的大国较量开始了。

古巴导弹危机虽然没有酿成大灾，但有很多教训值得总结。

---

① 〔美〕迈克尔·多布斯著，陶泽慧等译：《午夜将至：核战边缘的肯尼迪、赫鲁晓夫与卡斯特罗》，社会科学文献出版社 2015 年版，第 135 页。

首先，避免轻率作出有可能引发危机的决策。根据赫鲁晓夫的说法，向古巴运送导弹的决定“从一开始就是领导层集体做出的。经过两三次长时间的讨论后”，他和他的同事们才认定“是值得冒此风险的”①。实际上，事实根本不是这样的。赫鲁晓夫基本上没有听取包括米高扬、葛罗米柯等其他领导人的反对意见。另外，由于赫鲁晓夫的独断专行，他在征求意见的时候几乎很少有人反对。

其次，力量处于劣势却进行挑战是不明智的。苏联之所以在美苏硬碰硬较量的关键时刻中服软，与苏联的导弹军事实力处于巨大劣势有关。以古巴导弹危机为例，当时在核弹头的拥有量上美国以 17∶1 的比例对苏联占有优势。麦克纳马拉宣称：“无论我们的优势是 17∶1，还是 5∶1 或 2∶1，甚至我们处于 1∶2 的劣势，对我们的行动产生的影响是一样的。因为在这种情况下，无论是美国还是苏联都不认为美国会使用或威胁使用核力量来达成政治目的。”②

令人大跌眼镜的是，1989 年在莫斯科召开的古巴导弹危机研讨会上，原苏联陆海军总政治部副主任、国防部军史研究所所长德米特里·沃尔科戈诺夫上将披露，在 1962 年，苏联实战部署、可以打到美国的洲际弹道导弹实际上只有 20 枚。沃尔科戈诺夫披露的数字远远低于美方的估计。当年美国情报部门严重低估了苏联在古巴部署的兵力和核武器，却大大高估了苏联本土的战略核力量。

最后，从战略决策的过程来看，苏联的决策明显具有草率性和冒险性，没有制定妥善的退出机制，即一旦被美国人发现，如何妥善地处置，是坚持在古巴的部署，还是撤出在古巴的部署以及如何撤出？因而陷入了被动。苏联最后的选择，只能是两害相比选其轻。“虽然有评论认为在古巴导弹危机中，美苏两家同时既是赢家，也是输家。”③ 然而，从战略实施的角度来看，应该说美国运用对苏联胁迫的做法达到了其目的，苏联试图加强对美国威慑的做法在整体上是失败的。

古巴导弹危机使得美苏充分意识到双方直接冲突有可能带来难以承受的巨大后果。由此之后，美苏直接冲突转向间接冲突。“导弹危机并没有推进肯尼迪对欧洲的‘大布局’（Grand Design），而是悲剧性地使美国加速冲向越南。美

---

① 〔美〕迈克尔·多布斯著，陶泽慧等译：《午夜将至：核战边缘的肯尼迪、赫鲁晓夫与卡斯特罗》，社会科学文献出版社 2015 年版，第 23 页。

② 〔美〕兹比格涅夫·布热津斯基著，刘晓明译：《竞赛方案——进行美苏竞争的地缘战略纲领》，中国对外翻译出版公司 1988 年版，第 87 页。

③ 刘金质：《冷战史》（上），世界知识出版社 2003 年版，第 538 页。

国主要决策者们认为，10 月冲突的一个结果就是在两个超级大国之间形成了核均衡。双方都清楚地表示不愿意使用核武器。美国之所以赢得胜利，主要是由于赫鲁晓夫不明智地在加勒比地区向肯尼迪发起挑战，而这一地区的美国常规海军力量占据了绝对优势。”①

（二）美国的误判和突发危机事件

事后人们复盘分析这场危机，发现有太多危机的偶然因素穿插其中。不仅仅苏联出现了重大误判，美国在其中也出现了若干有可能致命的误判。哈佛大学教授、肯尼迪总统特别助理小阿瑟·施莱辛格认为：1962 年 10 月 16 日到 10 月 28 日，古巴导弹危机这 13 天，“不仅是美苏冷战年代最危险的时刻，而且是人类有史以来最危险的时刻”②。

1. 美国情报部门的致命误判

首先，美国情报部门严重地低估了苏联在古巴部署的总兵力以及古巴军队的数量和装备水平。

10 月 20 日下午向肯尼迪总统汇报情况时，麦克纳马拉估计，苏联在古巴有 6000～8000 名军事技术人员。这是美国中央情报局统计了苏联跨越大西洋运输船的数量，以及可利用的舱位和甲板空间后得出的结论。美方的情报分析遗漏了一个关键因素：苏军比美军更能忍受极度恶劣和狭窄的航运环境。

当年苏军总参谋部决定在古巴部署 50847 兵力，总指挥官是外高加索军区司令伊萨·普利耶夫大将，一位参加过莫斯科保卫战、斯大林格勒保卫战的沙场老将。至 10 月 20 日，苏军已经抵达古巴的总兵力为 42822 人，比美国的估计多出 4 倍。

驻古巴苏军战斗序列是战略火箭军第 43 师，师长为伊戈尔·斯塔岑科少将，该师由 5 个中远程导弹团组成，其中三个 R－12 中程导弹团，两个 R－14 中远程导弹团。还有两个海岸防卫巡航导弹团、一个歼击机团（40 架米格－21 型战斗机）、一个轰炸机团（42 架伊尔－28 型轰炸机）、一个直升机团（33 架直升机），一个导弹快艇支队（12 艘导弹快艇），一个潜艇编队、两个防空师（萨姆－2 型导弹发射器 288 座，地对空导弹 1052 枚）。到 10 月 20 日，只有一个 R－12 导弹团的指挥部和一个 R－14 中远程导弹团尚未抵达古巴。

---

① 〔美〕沃尔特·拉费伯尔著，牛可等译：《美国、俄国和冷战（1945—2006）》，世界图书出版公司 2011 年版，第 185—186 页。

② 陈伟：《古巴导弹危机：你不知道的惊天内幕》，《书屋》2017 年第 6 期。

为了护卫战略导弹部队，苏军部署了四个摩托化步兵团，总兵力达 10000 余人，每团下属步兵营、坦克营、炮兵营、导弹营，共配备 T—54 坦克 124 辆、装甲车 280 辆、反坦克导弹发射器 36 座、喀秋莎多管火箭炮 40 门、自行榴弹炮 48 门、“月神”短程战术导弹 60 枚。

美军高层认为，卡斯特罗指挥的古巴军队相当于穷山沟里的游击队，装备简陋，不堪一击。实际上，古巴正规军总兵力为 27 万人，配备苏式 T—54 坦克 394 辆，高射炮 888 门，重型火炮和重迫击炮近千门，地对空导弹 180 枚，短程巡航导弹一个连，作战飞机 41 架（米格—21 型战斗机、伊尔—28 型轰炸机），鱼雷快艇、猎潜艇 13 艘，战斗力相当强悍。

根据参谋长联席会议的作战部署，入侵古巴的美军地面部队只有四个师，总兵力为 12 万人左右，其中海军陆战队一个师、陆军一个装甲师从滩头登陆，第 82、第 101 空降师在侧后接应，从兵力和坦克数量看，美军处于明显劣势，登陆作战恐怕凶多吉少。

当 1991—1992 年苏联档案资料解密时，更令人震惊的情况被披露出来。肯尼迪的执行委员会曾经认为古巴导弹没有安装核弹头。美国人的确计划在 10 月 30 日（他们认为在苏联安装核弹头之前），实施一次空中打击。但是，苏联官员后来透露，在危机中已经安装了 42 枚带有弹头的中程导弹。这些导弹由 40000 苏联军队守卫着，可以摧毁远至加拿大边境的美国城市。同样令人感到恐怖的是，还有 9 枚短程核导弹已经准备好对付美国的入侵。执行委员会对这些弹头一无所知。苏联严守了 30 年之久的惊天秘密是，苏联不但已经在古巴部署了配备核弹头的中程导弹，能够毁灭美国东部数 10 个城市，而且还部署了 100 余件战术核武器，足以使美国入侵古巴的登陆部队在一瞬间全军覆没，使海面上数百艘舰艇组成的庞大舰队顷刻间葬身鱼腹。

在 1992 年得知这些情况后，大为震惊的罗伯特·麦克纳马拉说：“这是令人恐惧的。那意味着，假如美国执行了入侵行动……有 99％的可能会引发一场核战争。”麦克纳马拉接着说：“三方的行动都由错误的判断、错误的估算和错误的信息所造成。”①

其次，美国情报部门致命的误判苏联在古巴部署的核弹头数量以及动用战术和战略核武器的可能性。

---

① 〔美〕沃尔特·拉费伯尔著，牛可等译：《美国、俄国和冷战（1945—2006）》，世界图书出版公司 2011 年版，第 183—184 页。

美军空中侦察发现，苏联在古巴部署了中远程导弹发射器。据此，美国决策者假定核弹头已经运抵古巴，否则冒险犯难、部署中程弹道导弹毫无意义。但是，美方始终无法确切证实是否存在核弹头，对苏方在危急时刻动用核武器的可能性同样毫不知情。

美军高层认为，仅凭常规武器即可取得入侵古巴的胜利，陆军部队没有必要配备战术核武器。麦克纳马拉没有批准为“诚实的约翰”短程地对地导弹（性能与苏军的“月神”导弹近似）配备核弹头。美军地面部队甚至没有做好防范苏方首先使用核武器的充分准备。海军“企业号”航空母舰虽然配备了战术核武器，但是核弹头储存在附近海域的巡洋舰。一旦需要发射核导弹，需要用直升机把核弹头运到“企业号”后才能发射。

根据苏方解禁的绝密档案，在战略核武器方面，苏联已经在古巴部署了三个中程导弹团，24 座 R－12 中程导弹发射器，共有 42 枚导弹，配备核弹头 36 个，射程 2080 公里，可以打到华盛顿和纽约，危及数十个城市和 9200 万美国人，每一个核弹头的爆炸威力高达 100 万吨梯恩梯炸药当量，是广岛原子弹（1.4 万吨）的 71 倍。

苏联还打算在古巴部署两个中远程导弹团，16 座 R－14 中远程导弹发射器，24 枚导弹，射程 3700 公里，可以打到 90％的美国城市，核弹头威力 100 万～800 万吨当量。但是，在美军开始海上封锁行动时，一个 R－14 导弹团的发射器以及两个 R－14 导弹团的全部核弹头尚未抵达古巴。

在战术核武器方面，苏军拥有海岸防卫短程巡航导弹 80 枚，每枚导弹都有核弹头，当量 1.4 万吨，与广岛原子弹威力相同，专门打击海上目标；“月神”地对地短程战术导弹 60 枚，核弹头 12 枚，爆炸威力 2000 吨当量，可以攻击滩头目标；6 架安装特种设备的伊尔－28 型轰炸机可以投掷战术核弹，每架配备“塔季扬娜”核炸弹一枚，当量 1200 吨。4 艘常规动力攻击潜艇配备 4 枚核鱼雷，核弹头当量 2000 吨。

不妨“大胆设想”一下，在 80 枚“广岛原子弹”的打击下，入侵古巴的美军将可能遭受何等惨重的伤亡。

当年美国情报部门为何没有确认发现核弹头呢？主要原因在于，空中侦察没有发现安全储藏核弹头的特殊装置。照片显示，在中程弹道导弹发射场的弹药存储箱车附近，有些导弹甚至一度露天摆放，而且只有一名卫兵站岗，没有戒备森严的多道安全警戒网，没有修筑坚固的钢筋水泥地下掩体，与美国在苏联境内拍摄的核导弹发射场差异很大。

由于军情如火，苏军大部分核弹头从运输船卸载后，只能存放在简陋的弹药箱车中，或者兵营外潮热的混凝土地下室，临时安装了从妓院拆下来的空调。安全储藏和防护措施几乎为零。

美方的情报分析遗漏了另一个关键因素：看似缺乏防卫反而是最好的防卫。

按照规定，没有莫斯科的批准，驻古苏军没有发射核武器的权力，但是授权指挥官在与莫斯科失去联系的危急关头可以临机决断。苏军的核导弹没有配备电子锁定系统，无法避免未经授权、擅自发射的可能性。当年苏军在古巴的微波通信设施尚未竣工，无线电通信极不稳定，来自莫斯科的信号时而良好，时而根本听不清。核导弹的发射机制，实际上由每座导弹发射器的指挥官自行控制。

中程导弹团记录核导弹倒计时的军官是维克多·叶辛中尉，后来出任苏联战略火箭军参谋长。数十年后，他一想到如果遭到美军空袭时将可能引发什么样的灾难性后果时，都会感到异常不安。叶辛将军回忆说："你需要理解苏联军人的心理，一旦核导弹发射场遭受攻击，凭什么就没法还手？"

1992 年 1 月，麦克纳马拉获悉上述信息后，感到极度震惊："这太可怕了！"①

当年美军如果悍然空袭或入侵古巴，有 99%的可能性触发核大战，"后果将是一场空前的核浩劫。"肯尼迪总统特别助理特德·索伦森在回忆录《总统幕僚：在肯尼迪身边十一年》写道："如果肯尼迪总统在 1962 年 10 月决定空袭或入侵，我们知道驻扎在古巴的前苏联军队马上会用核武器回击我们，从而挑起人类的首次核战争，最初可能仅在于战术武器层面，但很快就会不可控制地升级到战略交战，直到两国除了废除核武器而别无它物的时候为止。"②两国出现核战争，将必然是一个核冬天的出现，将使地球在千万年后仍然无法生存。

2. 突发事件险些触发全面核战争

如果说古巴导弹危机是美苏冷战年代的高潮，那么 10 月 27 日"黑色星期六"堪称这场高潮的巅峰。当天，三起意料之外的偶然突发事件，每一起事件都有可能触发全面核大战。

---

① 〔美〕麦克尔·多布斯著，陶泽慧译：《午夜将至：核战边缘的肯尼迪、赫鲁晓夫与卡斯特罗》，社会科学文献出版社 2015 年版，第 349 页。

② 〔美〕特德·索伦森著，魏宗雷等译：《总统幕僚：在肯尼迪身边十一年》，重庆出版集团 2010 年版，第 233 页。

（1）苏军击落美国侦察机

10 月 27 日上午，美军一架 U－2 战略侦察机在苏军中程导弹阵地上空侦察，引诱苏军防空导弹雷达开机，探测和捕捉雷达信号。当时苏军最高指挥官普利耶夫大将不在指挥所，主管防空系统的副司令官斯捷潘·格列奇科中将擅自下令开火，U－2 侦察机被萨姆—2 防空导弹击中后坠毁，飞行员鲁道夫·安德森少校中弹身亡。

U－2 侦察机在古巴被击落的消息传到美国空军司令部后，“鹰派”将领暴跳如雷，认为苏军公开挑战，打响了古巴危机“第一枪”，美军绝对不能示弱。美空军将领决定空袭苏军防空导弹和中程导弹阵地。作战方案上报白宫后，肯尼迪考虑再三，否决了军方的空袭计划。他决定继续外交努力，把大规模空袭之日延期到 10 月 30 日星期二。

比较难得的是，肯尼迪冷静地看到了这个事件是在赫鲁晓夫表达和解之后出现的，应该是一个与美苏合作方向不一致的偶发事件。肯尼迪保持了理性，没有对苏联击落 U－2 侦察机事件作出任何影响全局的致命反应。

罗伯特·肯尼迪在《十三天：古巴导弹危机回忆录》中透露，肯尼迪总统“力图不使赫鲁晓夫丢脸，不羞辱苏联，不让他们由于感到对国家安全和民族利益负有义务而把他们作出的反应予以升级”①。

（2）美军 U－2 侦察机因迷航入侵苏联领空

10 月 27 日上午，美军飞行员查尔斯·莫尔茨比上尉驾驶 U－2 战略侦察机去北极执行采集空气样本的任务。由于极地强磁场造成导航系统失灵，莫尔茨比迷航误入苏联领空 200 公里。

在双方剑拔弩张的危急时刻，苏军 6 架米格－21 战斗机当即升空拦截。为了救援迷航的莫尔茨比，美国战略空军司令部命令阿拉斯加防空指挥所，出动担任战备值班的两架 F－102 战斗机前去迎击。

当时肯尼迪已经下令进入最高戒备状态，按照当年的标准程序，美军战机携带的已经不是常规武器，而是“猎鹰”空对空战术核导弹，爆炸威力 2000 吨当量，相当于广岛原子弹的 1/7。

美军飞行员认为，“猎鹰”是“历史上最愚蠢的空战核武器”，它不是直接攻击空中目标，而是设计成凌空爆炸，用冲击波摧毁敌方的大机群编队，但是

---

① 〔美〕罗伯特·肯尼迪著，复旦大学历史系拉美研究所译：《十三天：古巴导弹危机回忆录》，上海人民出版社 1977 年版，第 66 页。

很难对付小组编队、高速灵活的喷气式战斗机。

更致命的是，F－102 是单人单座战斗机，唯一的防御手段就是一枚核弹头，核按钮没有电子锁定装置，不需要任何人授权，飞行员单独一人就可以决定是否发射核导弹，极易擦枪走火。

26 岁的 F－102 飞行员莱昂・施穆茨中尉恐惧地回顾说："即便是引爆一枚小型核弹头，都可能导致全面核战争，可是如果不作出反应来攻击苏联战斗机，又与飞行员的基本生存本能相矛盾。"

幸运的是，马上就要被米格机追上之时，迷航的 U－2 侦察机找回了正确的航向。惊出一身冷汗后，美苏与一场核冲突擦肩而过。

（3）苏军潜艇险些发射核鱼雷

美国海军还对一艘苏联核潜艇投放了深水炸弹，这个明显过激的举动在这个敏感时刻显得愚蠢而危险——当时苏联核潜艇的艇长认为美国已经发动了核战争，因此他下令发射核弹，但潜艇上的大副坚决不同意，于是，这艘潜艇最终决定先上浮听取莫斯科的命令，这才避免了核战爆发。

当年苏联在古巴附近海域部署了一个潜艇编队，共有四艘"狐步级"常规动力攻击潜艇，每艇配备 21 枚常规鱼雷，一枚核鱼雷。

10 月 27 日晚，美军"兰道夫号"航空母舰和 11 艘巡洋舰、驱逐舰组成的战斗群，追踪舷号为 B—59 的苏联潜艇，"科尼号"驱逐舰向隐藏在海底的 B—59 号潜艇投掷了五颗训练用深水炸弹，杀伤力很小，但爆炸声响如雷鸣。

当时艇长瓦连京・萨维茨基中校已经与莫斯科失去联系达两天之久。在深水炸弹爆炸和冲击波的震荡下，他误以为第三次世界大战已经打响。

萨维茨基下令准备发射核鱼雷。按照苏联海军的规章，在危急时刻，如果无法得到莫斯科的直接授权，必须经过舰艇两位最高指挥官艇长、政委一致同意，才能发射核鱼雷。当时政委表示赞同发射。万幸的是，潜艇编队参谋长瓦西里・阿尔希波夫中校在该艇兼任大副，他执意不同意发射核鱼雷，建议上浮后与总部取得联系，终于避免了一场迫在眉睫的核冲突。

回顾历史，美国国家安全档案馆馆长托马斯・布兰顿于 2002 年感慨说："瓦西里・阿尔希波夫拯救了世界！"

肯尼迪总统外交顾问、原杜鲁门政府国务卿迪安・艾奇逊断言，古巴导弹危机没有触发核冲突，只能解释为"瞎猫碰到死耗子"①。

① 陈伟：《古巴导弹危机：你不知道的惊天内幕》，《书屋》2017 年第 6 期。

(4) 美军曾误发核攻击命令

据最新揭秘的消息显示，1962 年 10 月 28 日凌晨，美军曾向以苏联远东地区为打击目标的冲绳导弹部队误发核攻击命令，但在现场发射指挥官的判断下避免了导弹发射。当时的导弹为地对地巡航核导弹“马斯 B”，1962 年首次被部署在美国控制的冲绳。控制导弹的美国空军第 873 战术导弹中队前工程师、家住宾夕法尼亚州布莱克斯利的约翰·波顿（73 岁）提供了上述证言。其他的前美军士兵也在接受采访时承认，当时确实接到了发射命令。

据波顿回顾，冲绳部署了“马斯 B”导弹后，在读谷村的发射基地内，美军士兵进行了连日检查，对发射命令 24 小时待命。1962 年 10 月 28 日凌晨，嘉手纳基地导弹控制中心用无线电发来了波顿负责的 4 枚导弹的发射命令。

然而，在 4 枚导弹的打击目标情报中，“以苏联为目标的只有一枚”，波顿等人对这个命令感到不解，他们提出了“为什么要让不相干的国家卷入”等质疑。虽然波顿没有透露成为打击目标的其他国家，但从 2200 千米的导弹射程来看，该目标应该是中国。

此外，当时美军分为 5 个等级的防卫战备态势并没有升至一级（进入战争），而是保持在二级（战备状态）。所以，认为命令不可信的发射指挥官停止了发射作业。随后得知上述命令系误发。①

这些偶然事件中任何一个出现差错，人类都将面临大灾，可以说古巴导弹危机是人类幸运地躲过了一次劫难。

五、结 语

从美苏双方在古巴导弹危机的较量而看，有许多值得吸取的教训：

第一，要避免大国间的战略误判。苏联没有预料到美国会作出强烈反应，而美国也没有预料到苏联会在美苏阵营之外部署导弹。1962 年的古巴导弹危机发生前，以肯特为首的美国情报委员会一再坚信，苏联没有在古巴部署导弹，理由是，这样做不符合苏联的行为模式，苏联从来没有在境外部署过进攻性武器，即便在东欧也是如此。但他们完全忽略了赫鲁晓夫个性中冒险的一面。

当时包括苏联、美国等国都严重低估了危机的风险。

---

① 《日媒：1962 年美国差点对中苏核打击 军人拒发射》，2015 年 3 月 16 日，环球网，http://mil.huanqiu.com/history/2015-03/5918277.html.

9月4日，美国总统发表了一份警告声明的时候，赫鲁晓夫实际上有两个选择，首先是取消这个计划。因为到9月5日时，还没有一枚地对地导弹已经运抵古巴。其次是对警告置之不理。赫鲁晓夫采取了后者。他采取的几项措施却是使危机变得更加危险。一是加速已经在半途中的武器的交付；二是派出另外的战术核武器；三是对美国隐瞒事实。应该说，在这么危险的时刻仍然隐瞒根本无法隐瞒的事件真相，也是导致危机变本加厉地滑向更加危险的境地的原因。当然，如果美国在苏联部署之前提前发出警告，苏联的行为也许会有收敛，而不至于酿成如此巨大的危机。

如果美国更早一些向苏联发出警告的话，这个危机也许回旋余地更大一些，但是美国想当然地认为苏联是不会在古巴部署导弹的。

显然，误判导致了古巴导弹危机层层升级，险些滑向核大战的危险。

第二，危机过程中要尽全力管控危机，不使事态扩大化。这一点是非常关键的。大国间的危机一旦任性发展，危机就会失控，一失控就会滑下谁也承受不了的结局。所以管控危机十分重要。在核时代，危机的处理必须慎之又慎。罗伯特·肯尼迪在回忆录中透露，约翰·肯尼迪总统时常担忧“整个人类灭亡的可能性”。他忧心忡忡的是：“一旦领导人犯错，我们输掉的就不仅仅是我们自己、我们的未来、我们的希望和我们的国家”，还有全世界的人，他们“在这场核冲突中没有插手，没有发声，甚至一无所知，而他们的生命之火却要像其他人那样被核战争扑灭。”①

大国领导人之间必须从制度上保障理性决策。“主不可以怒而兴师，将不可以愠而致战”。而当双方不幸出现危机时，双方领导需要现实而客观地处理危机，“两利相权从其重，两害相衡趋其轻”。

在当时，两国领导人都能够同时保持相对理性这也是人类的一种幸运。两国领导人在博弈过程中都接受了次优解，而没有一方选择最优解而导致另一方出现更大的反弹。如果一个领导人失去理智，另一个领导人也将难以理性地加以应对。

当时两国领导人都处于高度紧张的状态，据肯尼迪的弟弟回忆，当时肯尼迪总统几乎七天七夜没有合眼。由于神经紧张而出现的决策短路是有可能发生的，而这一切都需要通过危机管控机制的制约。因为在危机期间出现的任何事

---

① Kennedy，Robert. F，〈Thirteen days：a memoir of the Cuban missile crisis〉，New York：W. W. Norton & company，p. 106.

件都可能被成倍放大，处理上稍有不慎，一个火星，就会引燃整个地球。

第三，减少情报失误，重在危机预防。由于错误的情报、错误的判断与领导人的个性上的偏差所导致的错误的决定，对超级大国之间军事行动的结果根本不可能进行有把握的预测。因此，必须把精力集中于避免危机的发生上。

古巴导弹危机30年后，麦克纳马拉等人才后怕地知道，当时美国实际上大大低估了这次危机的危险。当时在古巴的苏联军队不仅拥有针对美国城市的中程导弹，而且还有核弹和战术核弹，这些战术核弹头是用来反击美国的入侵部队的。当时中情局的报告说，古巴岛上没有核弹头。在导弹危机的最高潮，在古巴的苏联军队总共拥有162枚核弹头，其中至少包括90枚战术核弹头。而且，在最紧张的时刻，1962年10月26日，弹头已经从库存地移到离发射装置更近的地方，以防止美国入侵。中央情报局报告说，古巴只有一支10000人的苏联部队，而后来知道，当时实际上有4.3万苏联士兵驻在古巴，并且，古巴本身还有27万装备精良的部队，他们正“誓死战斗”。

两个超级大国彼此产生如此严重的误判，这充分说明了核时代和平的脆弱性。偶发因素或事态失控都可能酿成大祸。古巴导弹危机说明大国之间的误判是多么严重和可怕，因此，必须建立机制化的安排以缓解和减少战略误判的可能性。正因为意识到大国战略误判的灾难性，美苏两国在古巴导弹危机之后建立了热线联系。

总之，可以看到，古巴导弹危机决策是在重大战略误判的前提下作出的，虽然赫鲁晓夫有其战略逻辑上的合理解释，但却全然没有考虑到这一决策的互动性，而是一厢情愿对美国可能作出的反应却采取了主观武断的判定。

苏联在古巴部署导弹的决策具有随意性，导致这一战略决策不仅以失败收场，而且导致美古关系以及美苏关系的进一步恶化。从苏联而言，在古巴部署导弹是冷战期间苏联实质意义上的第一次率先发力，而且还是对美国长期在土耳其导弹部署的反应，结果还是陷入了困境。赫鲁晓夫没有正确地判断希望达到的目标与能力之间的关系，也没有考虑对方作出强硬反应之后苏联的回应能力，这是导致苏联在古巴导弹危机中尴尬收场的主要原因。换句话说，苏联由于决策的失误，即使是后来作出了让步与修正，改变了所有既定决策，付出了声誉等软实力代价，也未能挽回其损失，更别提达到其战略目的了。

当然，所幸的是，危机出现后，两国领导人并没有再次出现战略误判，甚至是危机期间出现的击落战机事件也得以理性处理，使得世界平稳地度过了最有可能引发世界核大战的一段时期。

这里最重要的启示是：大国冲突谁也输不起，最好不要在战争边缘玩火。

既然开场就要想到收场。柏林危机也好，古巴导弹危机也罢，都是设计了一个高调的开场，却不得不低调收场。对于实力相对偏弱的一方，在竞争和对抗之中，尤其需要注意到这一点。否则，很有可能陷入十分被动和难堪的地步，不仅希望得到的东西难以维持，还有可能是进一步退两步，连原有的东西都难以保住。

意愿与能力的错估：美国的越战决策

写过《大国的兴衰》的保罗·肯尼迪特别强调目标与手段的一致性。目标看似具有说服力，但手段难以匹配，或手段不恰当，同样不能达到战略目的。

美国的越战决策看似具有符合美国利益的逻辑性，但其执行方式和实施能力根本无法与之匹配，结果造成其重大战略失误。显然，目标与手段的匹配是战略实施的关键所在。

美国为什么卷入越战？美国卷入越战的决策何以作出？从战略的角度应该吸取什么教训？这就是此处需要探讨的内容。

朝鲜战争结束后，美国参谋长联席会议主席布莱德雷曾经说过，美国是在错误的时间、错误的地点与错误的敌人打了一场错误的战争。[①] 总之，美国在亚洲打了一场错误的战争。

然而，10多年后，美国为什么再次如法炮制，又在亚洲边缘地带打了另一场深陷其中难以自拔的战争呢？难道美国忘了朝鲜战争的错误了吗？到底是什么原因导致美国再次作出战争的决策呢？

从美国的越南决策来看，针对目标有其理由，能力也具备，为什么结果却是失败的？越南战争几乎是朝鲜战争的复制，而美国对越战的战略设计所犯的战略目标与资源不匹配的致命错误几乎也是对朝鲜战争的复制。

越南战争是美国冷战期间的滑铁卢，险些彻底将美国拉回到二战之前，令美国元气大伤，其战略制定与实施的脱节与错位是最耐人寻味的。

在遏制战略和冷战思维的指导下，美国不卷入被认为是不可能的。单纯从决策角度看，美国卷入越南战争是符合其战略指导原则，也是符合其战略逻辑的。美国卷入越南战争错在根本性的判断上，也就是一个地区的某个局面战争真的与全球性的意识形态之争相关吗？

显然，美国在越南决策的时候，首先犯了由于冷战的惯性思维而导致的决

① 当然，也有人强调这句话不是针对中国。

策错误，其次由于目标的含糊和不断扩大化，这一目标超出了美国的能力和成本的限度。虽然美国在世界各地都拥有基地，但是其战略抵达能力和军事解决问题的能力仍然是有限的。

我们先来复盘一下美国介入越南战争的决策过程。

越南战争是美国直接参与的又一场远离本土的局部战争，离美国认为是错误的朝鲜战争没有几年。1953 年朝鲜战争结束，1955 年美国正式介入东南亚事务，1963 年直接出兵越南战争，美国的战区又从北纬 38°线南移至北纬 17°线。

1955 年 10 月，美国宣布不受《日内瓦协议》的约束，公然扶植了南越的吴庭艳政府，并于 1956 年 3 月进行全面选举，成立了所谓“国民议会”，美国成了南越的“太上皇”。美国通过大量“援助”掌握了南越的经济命脉，逐步建立了一支在它卵翼之下的数十万人的南越伪军，修建了许多海空军基地。南越沦为美国独占的“新殖民地”。

吴庭艳集团对南越人民巧取豪夺，恣意摧残、残酷镇压要求民主自由和祖国统一的爱国运动。1959 年，南越人民被迫重新拿起武器进行斗争。1960 年 12 月 20 日，越南南方民族解放阵线宣告成立，号召打倒美帝国主义变相的殖民制度及其走狗的独裁政权，建立民族民主联合政府。1961 年 2 月，各地的人民武装统一组成了越南南方人民解放武装力量。反对美吴集团的武装斗争在越南南方如火如荼地开展起来。

1961 年肯尼迪入主白宫。他的注意力很快转向越南。他早就认为“越南是自由世界在东南亚的奠基石、顶梁柱和转危为安的关键”。他担心丢了越南会引起“多米诺”式的连锁反应，危及美国在东南亚以至整个远东的切身利益。因此，他上台伊始就在越南南方发动“特种战争”，对越南采取部分介入的政策，即由美国出钱出枪，出教官顾问，装备、训练和指挥南越傀儡军队，镇压南越人民的游击战。而且，美国军事人员越来越直接地卷入战争行动。美国制订了“斯特利——泰勒计划”，扬言在 18 个月里“平定”南越。这一计划破产后，美国又抛出了“麦克纳马拉计划”，变全面进攻为“重点清剿”，妄图在两年内消灭南越人民武装力量。越南南方军民在民族解放阵线的领导下，同仇敌忾，越战越强，接连挫败敌人一个又一个的侵略计划，使美国的“特种战争”遭到惨败。美国对吴庭艳失去信心，在白宫和美驻西贡大使的许可下，一个军事委员会发动政变其实是直接策划。1963 年 11 月，吴氏兄弟在政变中被杀，政局更加动荡。“特种战争”陷入泥潭，美国只好亲自上阵，企图以扩大战争寻找出路。

美国对越战争进入了新的阶段，即大规模入侵时期。

1963 年 11 月 22 日，肯尼迪总统在得克萨斯州的达拉斯遭暗杀，林登·约输逊总统继任。

1964 年 8 月初，美航侵入北部湾，对越南共和国进行挑衅。这就是“北部湾事件”。后美国通过了代号为“雷声隆隆”的计划，这是一个有系统的长期轰炸北越的计划，目的是切断北方深入南方的路径。在效果并没有实质改变的情况下，美国政府在越南方大搞战争升级。美国的越战决策在 1965 年是一个关键性的节点。因为就在那一年，约翰逊总统增加了驻越美军数量，如果不增派部队，美国单方面撤军的代价不会太大。[①]

1965 年 3 月，大批美国海军陆战队在岘港登陆，直接参战。“特种战争”升级为“局部战争”，但是，为了挽救其战争颓势，美国唯有不断增兵，1965 年，侵略美军已达 18.4 万人，到 1967 年高达 46.3 万名，后来侵略美军增到 54.3 万人。作战费用到 1969 年财政年度达到 300 亿美元，伤亡人数骤增，到 1968 年下半年，每周平均死亡 200 多人，仅这一年美军死在战场上的就有 14592 名。直到 1969 年，尼克松上台，美国才不得不设法结束不可能看到胜利的越南战争。“此间，美国在印度支那共投下了 797.5 万吨炸药，价值 60 亿美元，相当于整个‘二战’全部消耗炸药的 4 倍。据统计，超过 92 万共产党士兵和 18.5 万南越士兵阵亡”[②]。

“尽管麦克纳马拉精于计算和控制成本，但越战却成为最昂贵的一场战争，据估计其总费用高达 2000 亿美元，生命损失高达 58000 人”[③]。

越战决策是美国战略决策中的又一次重大失误，给美国的实力带来重创，个中原因值得探讨。

为什么美国要到远离本土、与本民族文化完全不同的东南亚作战呢？

一、冷战思维的驱动

二战后的世界是两极世界，在 1948—1965 年的大部分时间里，两极制在世界上占据主导地位，美与苏以及它们各自的盟国之间，都发生了直接和全球性

① 〔英〕尼尔·弗格森著，陈毅平译：《基辛格：理想主义者（1923—1968）》，中信出版社 2018 年版，第 542 页。

② 〔美〕沃尔特·艾萨克隆著，刘汉生等译：《基辛格：大国博弈的背后》，国际文化出版公司 2012 年版，第 381 页。

③ 葛腾飞：《麦克纳马拉：美国防务战略的理性设计者》，北京大学出版社 2014 年版，第 248 页。

的相互对抗。它们经历了一连串危机，在各自的世界之间划分了“边疆”，并且把它们的竞争扩展到第三世界。这种两极世界是十分危险的，因为在国家体系中，两极间的力量分化是极端敏感的。为了避免破坏平衡，让敌方力量占上风，双方总是对最微小力量的变化也保持戒备。每一方都认为一方的力量增长意味着另一方力量的削弱，一方得到更大的安全意味着另一方失去一定的安全。每一方都把对方的行动看作有意的和进攻性的。即使对方已声明自己的行动是防御性的，也会把对方在自己非重要利益地区的行动视为具有重要意义的、涉及自身生死利益的行动，从而予以反对。

美国国家安全委员会 68 号文件是改变和决定冷战时期美国对外干预政策的关键。1950 年 4 月，杜鲁门政府制定的 NSC68 号文件宣称“自由制度在任何地方的失败就是它在世界所有地方的失败”，该文件随即成为杜鲁门政府决定对朝鲜半岛内战实施大规模军事干涉的理论依据。杜鲁门在这一决策过程中进一步将 NSC68 号文件具体化。他认为，“要想制止世界其他地方的新的行动，唯一的办法是采取坚决的行动……如果我们不能采取行动保护一个在我们的支持下建立起来的，并且由联合国采取行动来保障它的自由的国家，那么，不但在亚洲，而且在欧洲、中东和其他地方，靠近苏联的各国人民对我们的信心都会受到极不好的影响”。[①] 随着东南亚危机的加剧，杜鲁门政府也开始用 NSC68 号文件的理论框架审视该地区的局势发展。

于是，美国的遏制政策便应运而生。这一政策的第一特征是美国卷入全世界各大陆的事务，成为“世界警察”。其活动最初是在地中海和西欧，然后扩大到亚洲和中东，并在不同程度上发展到非洲和拉美；美国认为，任何可能的力量真空地带，任何苏联或中国有可能利用的地区都是美国遏制的目标。

遏制政策的另一个特征是，美国相信在两极体系下，不进则退，非此即彼。美国将通过有效的介入或威慑让对方相信，它必将履行它的诺言义务，比如朝鲜战争，尽管这个半岛本身并不重要，但美国认为它将在政治上和心理上影响到全球的均势。如果美国容忍苏东阵营在距离日本领域 100 英里以外的地方培植势力，那么就证明美国是靠不住的。美国之所以在东南亚卷入越南战争，因为这属于美国的边疆战争，美国不仅要保卫希腊、土耳其、西欧和柏林以及朝鲜或古巴的边疆，也要保卫在越南的边疆。冷战时美国严重地陷入冷战思维困境，苏联的朋友就是美国的敌人，而有可能被苏联拉入其阵营的则是美国竭力

---

① 〔美〕哈里·杜鲁门著，李石译：《杜鲁门回忆录》第 2 卷，世界知识出版社 1965 年版，第 396 页。

争夺的对象。冷战的惯性思维是如此强大，就像是高速行驶的列车驱动着失去理性的人群，既无法改变方向，也无法降低速度。

首先，当时的国际环境对于美国决策也产生了影响。其中一个重要原因就是美国对于越来越强大的独立运动的应对问题。在冷战的大背景下美国认为不得不从战略层面作出反应，如果保持中立将被视为是绥靖或保守。20 世纪 50 年代，随着越来越多的亚洲和非洲国家逐渐走向独立，以及一个不结盟的中立集团开始出现，美国国务卿杜勒斯采取了反对中立主义的强硬而公开的态度。他在 1956 年 6 月 9 日说："中立的原则，使人误以为一个国家可以通过对其他国家命运的漠不关心，使自己最大程度地获得安全。这已日益成为一种过时的观念，再者，除了在非同寻常的情况下，中立都是一种不道德的短视观念"，"国家安全委员会的政策声明体现了这样一种原则：中立主义是危险的——这里的中立主义，不仅指不结盟，而且指一种甚至想与共产党力量建立外交关系的意愿"①。

其次，东亚局势的转变强化了美国在东亚与苏联、中国战略竞争的意识。美国与中国和苏联合作维持战后亚太秩序的规划落空后，启动了扶植日本的政策。在战略竞争意识不断强化的情况下，美国认为朝鲜战争的爆发是苏联扩大冷战的举动，而新中国的成立并采取一边倒向苏联的政策也是苏东阵营的强化。美军入朝参战，并介入中国台海事务都是美国与苏联、中国战略竞争的必然反应。而在东南亚，胡志明领导的抗法战争得到了中国等国的支持，这也被美国视为是共产主义扩张的一部分，加深了美国对于西方阵营失守东南亚的担心，这样的竞争思维最终导致美国军事介入越南事务。"朝鲜战争爆发后，杜鲁门政府认为朝鲜半岛、台湾和印度支那这三个由亚洲大陆伸向太平洋的突出部分有可能成为共产主义势力威胁和进攻美国岛链防线的跳板，因此将它们当作一个战略整体来考虑，加大了对法属印度支那的投入"②。

20 世纪 60 年代，美国更将中国锁定为美国的敌人。一方面，约翰逊政府认为，中国由于其国内的困难，只要战争远离中国边境，中国就不会干涉越南。另一方面，美国担心中国随着实力的增强，会扩大在东南亚的影响力。国防部长麦克纳马拉认为，如果中国控制东南亚，将意味着一个"红色亚洲"。如果美国撤出，世界均势将会发生完全的改变。亚洲将会变成红色，美国的盟友们会

① 〔美〕戴维·凯泽著，邵文实等译：《美国悲剧：肯尼迪、约翰逊导演的越南战争》，昆仑出版社 2001 年版，第 10 页。

② 邓红洲：《控局——朝鲜战争与越南战争中的美国决策》，军事科学出版社 2013 年版，第 31 页。

受到冲击。[①]

当时还是副总统的约翰逊在对越南进行考察之后警告肯尼迪总统：美国必须作出一个“根本性的决定……要么我们现在就迎接共产党在东南亚扩张的挑战……要么低头认输”[②]。

在美国人的思维和视野之中，冷战是一场以不可调和的意识形态为基础的大国战争。

二、美国极度夸大了“共产主义扩张”的影响

美国认为南越和老挝落入共产党人之手中，将会极为严重地削弱美国在远东的地位，将对美国的威望带来无法估量的损害。在遏制共产主义在其他地区的扩散方面，美国意志的可信度和能力也将受到严重的贬低。美国的敌人将会为此受到鼓励，而在其他国家中，以更大的规模向共产党人靠拢的倾向将会出现快速增长的势头。美国甚至将其对越南的政策与慕尼黑的绥靖政策、柏林危机以及古巴危机联系起来，认为美国的退让和无所作为将可能带来极大的后果。迪安·腊斯克甚至夸张地认为，如果美国失掉南越，第三次世界大战的危险就会增加。[③]

艾森豪威尔曾经表示，“没有任何武器渺小得可以撇去，没有任何地区遥远得可以忽视，与此相同没有任何自由国家卑微得可以遗忘”[④]。

在冷战思维的影响下，美国认为必须对越南民主共和国的行动进行强有力的干预。“艾森豪威尔、肯尼迪和约翰逊都一直深信越南战争是中国‘扩张主义’的反应，是中国向整个东南亚地区‘扩张’的先声。这种对中国的歪曲认知和臆造的中国威胁论，催生了所谓的‘多米诺骨牌’理论”[⑤]。

现在看来这是典型的渲染和误判，是基于意识形态偏见驱动的误判。但在

① 〔美〕沃尔特·拉费伯尔著，牛可等译：《美国、俄国和冷战（1945—2006）》，世界图书出版公司2011年版，第201页。

② 〔美〕沃尔特·拉费伯尔著，牛可等译：《美国、俄国和冷战（1945—2006）》，世界图书出版公司2011年版，第176页。

③ 〔美〕罗伯特·S. 麦克纳马拉著，陈丕西等译：《回顾：越战的悲剧与教训》，作家出版社1996年版，第206页。

④ John Lewis Gaddis，Strategies of Containment：A Critical Appraisal of American National Security Policy during the Cold War. New York：Oxford University Press，2005. pp. 128－129.

⑤ John Lewis Gaddis，Strategies of Containment：A Critical Appraisal of American National Security Policy during the Cold War. New York：Oxford University Press，2005. p. 129.

当时冷战期间，共产主义意识形态扩大这一逻辑判断极大地影响了决策者的思维。

美国等国从大量的现象和事实得出共产主义国家确实在联手进行扩张。麦克纳马拉强调，“与大部分美国人相同，我将共产主义视为一个整体。我认为苏联和中国正在携手合作，试图扩展他们的统治。当然，事后来看，自20世纪50年代后期以来，他们就不再有联合的战略了，这是一个非常清楚的事实。然而，他们的分裂从酝酿到暴露都是一个缓慢的过程，当时，共产主义似乎仍处于一种不可遏制的发展势头中”。中朝共同参战抗击美国，赫鲁晓夫向西方宣称“我们将埋葬你们”，1957年苏联人造卫星发射升空，在高科技领域的突破都让美国感受到四面楚歌。“这种恐惧奠定了我们对越南的介入的思想基础。在美国的眼里，印度支那是美国遏制政策中必不可少的部分——一座冷战中至关重要的堡垒”[①]。

多米诺骨牌理论。

1948年秋，美国国家安全委员会提出了一份名为《美国关于亚洲的立场》的报告，即NSC48/1号文件，其结论部分在1949年12月杜鲁门主持的国家安全委员会会议上得到通过，即NSC48/2号文件，这两份文件成为美国对战后亚洲政策的第一份纲领性文件。文件中明确提出“当前东南亚最重要的政治因素是殖民主义和民族独立的冲突”。“在印度支那问题上运用美国的影响解决非殖民化时，不让西方盟国遭受太大的损失”，同时还提出“东南亚是从日本向南到印度大陆的遏制共产主义防线中不可或缺的部分”，“假如东南亚也被共产主义席卷，我们将经受政治上的大溃败，其影响将波及世界其他地区”，为了防止这种局势的出现，美国应“通过政治、经济、军事等援助，增强亚洲非共产党国家的实力，促进这些国家的经济自立和政治稳定”，并“鼓励亚洲非共产党国家之间发展更密切的经贸联系”[②]。

从1948年9月开始，中央情报局向美国最高决策者提交了一系列分析越南问题的情报评估报告，认为法国赢得印度支那战争的可能性极其渺茫。[③]

法国已经内外交困，殖民主义体系趋于瓦解，美苏之间的冷战早已开始，美国急于填补老殖民主义的“真空”，取而代之。

---

① 〔美〕罗伯特·S. 麦克纳马拉著，陈丕西等译：《回顾：越战的悲剧与教训》，作家出版社1996年版，第35页。

② 于群主编：《新冷战史研究：美国的心理宣传战和情报战》，上海三联书店2009年版，第197页。

③ 于群主编：《新冷战史研究：美国的心理宣传战和情报战》，上海三联书店2009年版，第193页。

艾森豪威尔针对印度支那形势提出了多米诺骨牌的比喻。他认为："这场战争绝不是法国为维持它们过去对这一地区的统治的一种努力，而实质上是保卫自由本身免受共产主义侵略的一个明显事例。"在给丘吉尔的信中，艾森豪威尔指出："让印度支那落入共产党手中，则对于我们的和你们（英国）的全球战略地位以及整个亚洲和太平洋的力量对比的改变来说，其最终影响可能是灾难性的……"[①] 在认识上，艾森豪威尔一下子就把印度支那的局势提高到事关整个战略全局的高度。"这种损失将极有可能给自由世界带来难以估量的后果。"[②]

艾森豪威尔指出，在越南的斗争是至关重要的，因为该地区出产锡、钨和橡胶；更有甚者，如果法国人失败了，"很多人将会沦入专制统治之下……最后，连你们也会陷入这般境地……你们将会称这为'倒下的多米诺'理论。现在有一排多米诺骨牌已经竖起来，你把一张骨牌推倒，肯定最后一张骨牌也会以极快的速度倒下。所以，只要有一个地方开始崩溃，就一定会产生最深远的影响"。他还特别担忧对日本所产生的经济和政治影响，这个国家可是在远东遏制俄罗斯与中国的关键。[③]

按照多米诺骨牌理论的推断，老挝、越南西南边的柬埔寨的丧失，将招致宝贵的锡矿以及巨大的橡胶和大米供应的损失。还将意味着，泰国将其整个东部边境暴露于渗透或进攻之下。而且，如果印度支那陷落了，不仅是泰国，而且缅甸和马来西亚也将受到威胁，同时也增加了东巴基斯坦和南亚以及整个印度尼西亚的危险。[④]

多米诺骨牌理论实质上是美国国家安全委员会 NSC68 号文件在东南亚问题上的翻版，它不仅为艾森豪威尔所青睐，也被肯尼迪和约翰逊两届政府视为美国指导越南政策的圭臬。然而，多米诺骨牌理论实际上成为美国对外战略的枷锁，给美国提出了一项力所难及的目标：世界上任何地区出现的威胁，无论是否涉及美国的核心利益，无论是美国战略规划中的边缘地带还是中心地带，美国都将不遗余力地进行阻止和介入。正是在这种逻辑支配下，美国一步一步陷入越南战争的泥沼，难以自拔。

---

① 〔美〕德怀特·D. 艾森豪威尔著，复旦大学资本主义国家经济研究所译：《艾森豪威尔回忆录》第 2 册，生活·读书·新知三联书店 1977 年版，第 408、421 页。

② 《美国总统官方文件》，1954 年，华盛顿：美国政府印刷局 1960 年版，第 382—384 页。

③ 〔美〕沃尔特·拉费伯尔著，牛可等译：《美国、俄国和冷战（1945—2006）》，世界图书出版公司 2011 年版，第 132 页。

④ 〔美〕德怀特·D. 艾森豪威尔著，复旦大学资本主义国家经济研究所译：《艾森豪威尔回忆录》第 2 册，生活·读书·新知三联书店 1977 年版，第 406 页。

1959 年 5 月，美国政府授权扩大美国军事顾问的职能，开始参与南越政府的具体作战计划。以后，又派遣 3 个特种战争小组去南越，负责南越军队的反游击战训练。

艾森豪威尔时期强调意识形态扩张的连锁效应。也就是著名的多米诺骨牌，但当时仍认为即使需要采取行动，也应该是与盟国的联合行动。如果说艾森豪威尔还保持着恰当的理性的话，肯尼迪利用其对意识形态的极端仇视心理，强化了其认知偏见。1961 年 1 月，肯尼迪就任美国总统后，对艾森豪威尔的印度支那政策表示了充分的支持，使美国在越南的干预不断升级，升级为直接军事干预，终于使美国陷入了难以自拔的越南战争的泥潭。

三、错误叠加的决策

美国如何从起初并不愿意介入越战到越陷越深是一个值得思考的大课题。而且美国在军事干预之前，还出现过古巴猪湾失败的教训，这方面应该更为谨慎。这场战争又出现在朝鲜战争之后，有着朝鲜战争失误的前车之鉴。如果说朝鲜战争是美国主动介入的话，越南战争的令人深思之处在于，美国是在不愿意卷入的情况下一步步落入越南战争的陷阱的。

尽管美国认为东南亚是美国的重要战略要地，但最初并没有决定直接介入，随着形势的不断变化而出现了判断上的变化，它的误判是不断加深的。1952 年，美国国家安全委员会正式提出美国在整个东南亚的战略目标是“防止该地区各国滑向共产主义轨道，援助它们抵御外来的和内在的共产主义威胁，从而强化自由世界的力量”。艾森豪威尔政府定下了美国在东南亚的政策基调，但不打算直接出兵援助，一方面是不愿背上殖民主义的黑锅而使美国失誉于世界，另一方面是由于受到朝鲜战争的牵制。艾奇逊说：“我们不能再来一场朝鲜战争，我们不能在中南半岛投入地面部队”，“在中南半岛防御中南半岛，将徒劳无功，且是大错特错”。①

艾森豪威尔时期的陆军参谋长李奇微认为如果要肃清越盟军队，美国需投入部队 50 万～100 万，“美国将不得不进行比朝鲜战争更广泛的动员，每月征兵十万人”，“这场战争也不会像在朝鲜半岛那样容易；在朝鲜半岛，韩国人在后方对于部队来说还是一项资产，在越南这场政治战争中，人民更可能是帮助越

① 〔美〕亨利·基辛格著，顾淑馨等译：《大外交》，海南出版社 1998 年版，第 578 页。

盟的”。李奇微还强调，“如果我们占领海南岛，中国人将全力以赴地越过边境，那么，不要多久，就不大可能仍然是小规模战争了”。①

曾经担任美国驻印大使的经济学家J. K. 加尔布雷思预计“后果很危险，如果美国取代法国成为越南的殖民军，最终会像法国一样付出血的代价”。就连麦克阿瑟将军也告诫肯尼迪总统：“亚洲问题永远也解决不好，就算派去100万美国步兵，依然会发现自己四面受敌，寡不敌众。”但反对也没用，在肯尼迪遇刺、约翰逊继任总统之前，美国已经占领战略村，毁掉林木上的叶片，对越开战的主要准备工作已然就绪。②

参联会主席雷德福认为，美国把部队直接投入印度支那将严重分散有限的美国军事力量，越盟的主要军事供应来自印度支那之外，打击位于中国境内的这些供给基地或使之中立化，将大大缓解法国的军事危机。雷德福主张选择性地轰炸中国境内的军事目标，封锁中国海岸以及攻占海南岛。美国国家安全委员会也认为单纯防卫东南亚没有多大用处，美国部队应当指向危险的根源。③

起初，肯尼迪政府主要官员也许都没料到美国会那么深地卷入越南事务。事实上，按五角大楼文件所说，初期美国政府关于越南战争的设想主要可以归纳为下面几条原则：

一是以美国的其他世界利益来透视越南。在当时，柏林和古巴，而不是越南，是华盛顿关注的焦点。美国在欧洲以及在西半球的利益更为优先。即使是在东南亚本身，老挝，而不是越南，才是美国关注的核心。

二是避免卷入一场无限制的亚洲大陆战争。朝鲜战争之后，很多人害怕再次卷入一场亚洲大陆的战争，这成了当时美国国家安全政策的国内政治核心原则。道格拉斯·麦克阿瑟就强烈告诫说，不要重复像朝鲜战争这种在亚洲大陆挑战中国的错误。

三是把南越的“叛乱”基本看成是一个越南问题，最好由越南人自己去解决。大多数美国决策者都对使用白种人士兵与亚洲人作战的效用产生了很大的怀疑。麦克纳马拉就说过：“我个人认为，这是一场越南人必须去战斗的战争……我不认为我们能够为他们接过那一战斗任务。不过我认为我们能够执行

---

① 〔美〕戴维·哈尔伯斯坦著，齐沛合译：《出类拔萃之辈》，生活·读书·新知三联书店1973年版，第261页。

② 〔英〕尼尔·弗格森著，陈毅平译：《基辛格：理想主义者（1923—1968）》，中信出版社2018年版，第545页。

③ The Pentagon Papers，The New York Times，1971，pp. 44—46.

训练，我们能够提供建议和后勤支持。”

四是通过使美国的支持程度和支持前景显得更多一些不确定性，从而提高对南越政府的压力，使其进行必要的改革，使南越军队可以更强有力地战斗。[①]

由此可见，当时肯尼迪政府在对越政策上坚持两个基本的原则：其一是南越的垮台和共产主义者的胜利将给美国和西方世界带来威胁。其二只有南越人才能保卫他们的国家，而美国则应该将其所起的作用限制在提供训练和后勤供应上。[②]

事后证明，美国正是在这个相互矛盾的判断中出了问题，才导致了后来的悲剧。对于第一个判断，毫无疑问，美国是坚定不移的，而对于第二个判断，美国出现了问题，因此，逐渐采取了深度介入的态度。

其中一个错误引发了纠正这个错误的更大错误。美国介入越南事务已经是一个错误，但在可以纠正这一错误时，却犯了更进一步介入的更大错误。

麦克纳马拉事后回忆说，美国原本可以在 1963 年底至 1965 年初之间这段时间撤军，从越南撤军可以保全美国的实力，使美国能够在其他地区进行更具防御能力的活动，从而提高美国的信用程度。[③] 反对作战的美国官员乔治・鲍尔在 1964 年 10 月曾经写道：“升级的本质决定，每走一步，就是把选择权转给对方，同时，看上去好像要输的一方总会受到不断提高赌注的诱惑。一旦骑上虎背，我们没有把握在什么地方下虎背。”[④]

但偏偏美国不恰当地将美国的撤军与对盟国的信用连在了一起，认为如果美国无力或不情愿承担起维护防务的职责，那将会影响美国与同盟国的关系，影响美国对联盟体系的承诺。诸多因素导致决策时顾此失彼，出现决策混乱。“我们（尤其是迪安・腊斯克）担心，作为东南亚条约组织的成员，迪安・腊斯克认为，我们应对南越的安全负有责任，如果我们在这一点上丢失了面子，那将会削弱我们在北约中的地位。”“如果共产党人控制了南越，那么，在整个亚洲，就不会再有政治领袖对西方世界表示信任了。并且，他声称，这种信任的

---

① 葛腾飞：《麦克纳马拉：美国防务战略的理性设计者》，北京大学出版社 2014 年版，第 108 页。

② 〔美〕罗伯特・S. 麦克纳马拉著，陈丕西等译：《回顾：越战的悲剧与教训》，作家出版社 1996 年版，第 33 页。

③ 〔美〕罗伯特・S. 麦克纳马拉著，陈丕西等译：《回顾：越战的悲剧与教训》，作家出版社 1996 年版，第 328—329 页。

④ 〔美〕戴维・哈尔伯斯坦著，齐沛合译：《出类拔萃之辈》，生活・读书・新知三联书店 1973 年版，第 902 页。

危机将绝不会仅仅局限在亚洲的。”①

美国所谓的越南人打越南人的策略实施不力，于是美国不得不亲自上阵。而肯尼迪的犹豫被认为是不符合美国军工集团利益的。恰恰在这个时候，肯尼迪遇刺。

约翰逊走上总统宝座。他必须区别于肯尼迪的政策，同时他本人对冷战战略的认识也更为坚决。

林登·B. 约翰逊头脑中不容动摇的信念则是：苏联和中国正在全力以赴地实现其霸主地位。他将南越的陷落视为其打破遏制政策中的关键步骤，并决心阻止这一格局的出现。“林登·B. 约翰逊比约翰·F. 肯尼迪更坚定地认为，相对于直接使用美国军队所花费的开支而言，南越的陷落将会使我们付出更高的代价。在以后的五年中，这一观点曾左右了他的思维和决策。这也是他对战争政治性质理解上的重大失误。”② 从 1965 年 3 月开始，美国的战略发生了变化，从“保证安全”发展到同意泰勒制定的“沿海圈地”战略；而到 6 月，终于发展到更强有力的威斯特摩兰一德普伊的“搜索和摧毁”战略，这个战略将有助于解除对使用美国地面部队的一切约束。③

值得注意的是，美国国内民众对美国参战的支持也加深了美国对越南战争错判的认识。这说明一个深刻的道理，舆论并非总是正确的象征，舆论有时只是政策转变的风向标。舆论具有非理性的从众心态。1965 年 7 月 28 日，林登·B. 约翰逊总统发布公告之后，大多数美国民众包括知识分子、国会议员、新闻界和普通百姓均表示支持他的决定。8 月底，盖洛普民意测验显示，超过半数的美国人支持约翰逊扩大战争的决定，“越南应该成为美国在亚洲反对共产主义的基地”。报告指出，“绝大多数人认为越南战争将持续数年”④。

林登·B. 约翰逊总统担心在越南遭受失败，下令实施“霹雳计划”。美国对北越持久的轰炸于 1965 年 3 月 2 日终于开始了。那天，从南中国海的航空母舰和南越的空军基地起飞的 100 多架飞机轰炸了北越的一个弹药库。“霹雳计

① 〔美〕罗伯特·S. 麦克纳马拉著，陈丕西等译：《回顾：越战的悲剧与教训》，作家出版社 1996 年版，第 71、86 页。

② 〔美〕罗伯特·S. 麦克纳马拉著，陈丕西等译：《回顾：越战的悲剧与教训》，作家出版社 1996 年版，第 115 页。

③ 〔美〕戴维·哈尔伯斯坦著，齐沛合译：《出类拔萃之辈》，生活·读书·新知三联书店 1973 年版，第 1020 页。

④ 〔美〕罗伯特·S. 麦克纳马拉著，陈丕西等译：《回顾：越战的悲剧与教训》，作家出版社 1996 年版，第 219 页。

划”拉开了帷幕。这项计划持续了 3 年，投到越南土地上的炸弹将超过了第二次世界大战中投到整个欧洲的炸弹。战争充满意外，结局也难以预料。约翰逊总统不仅发起了空中作战，而且出乎意料地把美国拖入了地面作战。

此时的美国既然介入，便无法接受越南战争的失败，这就导致了更加深度的卷入。

美国介入印度支那地区事务由来已久，而且投入不菲。为了和苏联争夺印度支那地区，自 1950 年起美国就开始插手中南半岛事务。1950 年至 1954 年的越法战争中，美国负担了法军战争开支的 3/4，共计 25 亿美元。法军战败之后，1954 年 9 月美国又与英国、法国、澳大利亚、新西兰、菲律宾、泰国、巴基斯坦 7 国签署了“东南亚集体防务条约”，并将南越、老挝与柬埔寨纳入条约保护国。美国从 1955 年加大了对越南的投入。从 1955 年到 1961 年，美国将 70 多亿美元投入了南越，以增强它的经济和军事力量。①

同时，美国自 1950 年起便开始扶植南越的吴庭艳；1955 年后通过南越政权打所谓的代理人战争；1961 年 5 月后美军开始小范围地直接介入对北越的军事行动中；1964 年 8 月，美国借口“北部湾事件”开始对北越进行轰炸，大规模介入越南战争。这样长期而持续的投入反而拴住了美国，使美国不得不越陷越深。

美国就是这样在越南战争的泥淖中越陷越深，增兵成为唯一的选择。但是简单地增兵并不能真正解决问题，反而使美国欲罢不能，错上加错。

美国的越战决策还出现一个技术性的失误：在越战爆发之前，中苏关系已经破裂。美国决策层的考虑是：苏联由于和中国关系恶化，所以无法借道中国来输送援越物资，而越南所需的很多技术装备又是中国所无法提供的，苏联若完全通过海运来支援北越，成本将大大增加，而美国在韩国、日本、中国台湾地区及东南亚都有落脚点，由此判断，美国在这场战争中具备后勤上的不对称优势，同时，还可以借此大大消耗苏联的实力。

美国显然低估了中国的政治智慧，苏联对越南的援助并未受到中苏矛盾的影响，包括萨姆导弹和米格战斗机在内的大批军用物资借道中国，源源不断地运到了北越。事实上在整个 20 世纪六七十年代，中苏关系并没有局外人想象的那么糟，即便是在 1969 年珍宝岛自卫反击战爆发后，两国在援越问题上依旧保持着默契。②

---

① 〔美〕罗伯特·S. 麦克纳马拉著，陈丕西等译：《回顾：越战的悲剧与教训》，作家出版社 1996 年版，第 36 页。

② 王伟：《看懂世界格局的第一本书》，南方出版社 2011 年版，第 119 页。

四、对美国力量与手段的错估

对越战的误判还在于轻敌，对于美国这样的大国而言，在军事上轻视越南这样的小国是很容易出现的问题。像腊斯克、麦克纳马拉和泰勒这样的“有美国军人特点的一代的领袖人物，曾亲眼目睹美国战胜了德国和日本，帮助重建了西欧，阻止了朝鲜的共产主义势力，建立了北大西洋公约组织，创造了空前的经济繁荣，将人送上地球轨道，在他们看来，越南战争始终是一个相对渺小的问题，只须坚持不懈地沿着正确的路线前进就行”①。

低估对手对于美国而言是易于出现的错误。在朝鲜战争时期低估中国，在越南战争时期低估越南。按理，美国与越南实力确实不在一个数量级上。当时，美国人口是越南的 6 倍，经济总量更是达到越南的 77 倍。1964 年，从人均国内生产总值来看，除了撒哈拉以南的非洲，全世界仅有 10 多个国家比越南贫穷，而美国是全球第二富国，仅次于瑞士。美越两国技术上的差距，特别是军事领域的差距，可谓天壤之别，简直就无法衡量。在冷战的背景下，除了苏联，美国很容易认为其他任何国家都不可能与美国在军事和综合实力上抗衡。一种明显的盲目自信感贯穿了冷战整个时期。丹尼斯·布罗根就写道：“唯一具有历史必胜感的民族可能就是美国人。”② 越战决策的重要参与者罗斯托对美国空军的威力达到了迷信的程度，③ 所有美国当时的重要决策人士都相信，一个大国能够在亚洲打一场小型战争而不致引起什么问题。

五、对重大的战略性问题缺少准确而充分的思考

麦克纳马拉在反思越南决策的时候，发现许多问题都没有思考周全，就匆忙作出了决定。“我们忽视了五个最为基本的问题：南越的陷落果真会引发整个东南亚的陷落吗？而这是否又真会给西方的安全构成致命的威胁呢？战争将以什么形式——常规战或游击战来发展？如果美军与南越人携手作战，我们就能

---

① 〔英〕尼尔·弗格森著，陈毅平译：《基辛格：理想主义者（1923—1968）》，中信出版社 2018 年版，第 540 页。

② 〔美〕戴维·哈尔伯斯坦著，齐沛合译：《出类拔萃之辈》，生活·读书·新知三联书店 1973 年版，第 224 页。

③ 〔美〕戴维·哈尔伯斯坦著，齐沛合译：《出类拔萃之辈》，生活·读书·新知三联书店 1973 年版，第 293 页。

赢得这场战争吗？在决定是否出兵之前，我们就无法找到所有这些问题的答案吗？难以置信的是，我们当时竟没有对这些必不可少的问题进行探索，这似乎令人百思不得其解。”①

更进一步说，美国连发动越战的根本性问题都没有想清楚：“南越的陷落究竟对美国的防务构成何种威胁，其严重程度是否达到了应采取极端的行动去阻止这种陷落的地步？”“美国如果发动陆军和空军对越南作战，是否会构成与中国进行战争的风险？就最高程度而言，这样一个计划在经济、军事、政治和人员使用上，需要付出多大的代价？如果成功的把握极小而代价又极为昂贵，是否应该对其他的方案—诸如中立化和撤离进行仔细而认真的研究？”② 在麦克纳马拉的回忆中，这些问题在当时并没有明确的答案。

从美国外交政策角度看，战争更多是让美国偏离了重要的国家利益，而非保全了美国的威信。1972 年 10 月，基辛格和阮文绍摊牌时说过一句话：“我们打了四年仗，把全部外交政策押在了一个国家身上。”对于他这样的现实主义者而言，如此扭曲国家利益简直愚不可及。他深知俾斯麦的训诫：“对于政治家而言，悲哀的事情在于发现，选择战争的理由在战争结束时并不像开战时那么有道理。”③

到了尼克松时代，美国发现其直接卷入越战是希望反对苏东阵营扩大的理由不那么有力了，而遏制中国的目的到了 1969 年更是没有必要了。

大多数政治家和学者形成共识，他们几乎一致认为：“美国不知不觉地失去了对利益轻重缓急的客观判断，陷入了对威胁过度反应的境地。”美国因为越南战争的困境也产生于此。从冷战开始直至陷入越南战争泥潭，美国承担过多的责任，作出过多的承诺。由于对国家利益的认知过于简单，认为所有“威胁”都关系生死存亡，从而对世界上任何它认为于己不利的事态进行过激反应。④

再有一点，即使美国具有解决和战胜对手的能力，获取这一胜利所付出的代价如果过于高昂，美国在越南的战略目的也会显出其不恰当性来。“美国在越

---

① 〔美〕罗伯特·S. 麦克纳马拉著，陈丕西等译：《回顾：越战的悲剧与教训》，作家出版社 1996 年版，第 44—45 页。

② 〔美〕罗伯特·S. 麦克纳马拉著，陈丕西等译：《回顾：越战的悲剧与教训》，作家出版社 1996 年版，第 114 页。

③ 〔美〕沃尔特·艾萨克隆著，刘汉生等译：《基辛格：大国博弈的背后》，国际文化出版公司 2012 年版，第 381 页。

④ John Lewis Gaddis，Strategies of Containment：A Critical Appraisal of American National Security Policy during the Cold War. New York：Oxford University Press，2005. p. 265.

南的战争政策由于严重违背‘比例原则’而遭到强烈批评，甚至在并非全然反对美国越战目标的人中间。人们觉得，美军使用的军事手段和它们造成的巨大破坏同所涉的美国利益全不相称。”[①] 到头来，很难说多打了四年仗的战略利益比为此付出的人员、财政、道义和精神损耗更大。

六、对历史类比的借代错误

美国还采取了历史的简单类比法来看待越南战争，这也是容易导致其误判的重要但并没有被重视的原因之一。

在决策的过程中运用历史经验和事件类比是经常出现的情况。在越战决策时，美国想到了当年对于中国的所谓“丢失”，美国如果不参与越战，就会像“丢失中国”一样“丢失越南”。“丢失中国、麦卡锡的出现和朝鲜战争的爆发这三件事的汇聚和交织，给美国国内政治打上了深刻的烙印，同样也必然对外交政策产生了重大影响。民主党政府大为被动；丢掉一个国家怎能不产生严重的政治后果呢！于是每一届新政府都越来越容易受到任何一个自称反共的寡头政府的讹诈。”[②] 腊斯克强调说，杜鲁门和艾奇逊从失去中国后就一蹶不振。目前，林登·约翰逊正是众望所归，但如果在越南失败，他的威望也很快会一落千丈。麦克纳马拉和邦迪似乎认为越南问题能很快解决，也许 6 个月，也许稍长一些。过去的一些较量都结束得很快。[③] 这些判断事后证明都是错误的。还有美国决策者武断地认为作战方法是可以移植的，可以从这场战争移植到另一场战争，从一个国家移植到另一个国家，从这一个 10 年照搬到另一个 10 年。换句话说，“有着第二次世界大战背景的克鲁拉克和罗斯托想当然地认为，在欧洲反对纳粹的行动中证明有效的突击队活动也会在北越奏效，只要依靠正规力量就能打败游击队，维护南越的稳定”[④]。

由于意识形态因素的作用，美国决策层不仅将朝鲜战争、越南战争视为共

---

① 〔美〕克雷格、乔治著，时殷弘译：《武力与治国方略：我们时代的外交问题》，商务印书馆 2004 年版，第 389 页。

② 〔美〕戴维·哈尔伯斯坦著，齐沛合译：《出类拔萃之辈》，生活·读书·新知三联书店 1973 年版，第 219 页。

③ 〔美〕戴维·哈尔伯斯坦著，齐沛合译：《出类拔萃之辈》，生活·读书·新知三联书店 1973 年版，第 1068 页。

④ 〔美〕塔德·舒尔茨著，中国军事科学院外国军事研究部译：《昨与今——战后世界的变迁》，东方出版社 1991 年版，第 324 页。

产主义势力向自由世界的挑衅，更是将它们等同于第二次世界大战爆发前夕法西斯的步步侵逼，认为不加以及时遏止将会酿成危及自由制度的又一场全球大战。美国权势集团的内心深处关于意识形态、社会制度和生活方式的分野早已界线清晰，在他们看来，法西斯主义和共产主义都是自由制度的对立物；艾森豪威尔在呼吁英国与美国一起干涉越南时说："由于我们没有一致和及时行动，我们未能制止东条英机、墨索里尼和希特勒，从而开始了延续多年的真正悲剧和殊死挣扎。难道我们各国没有从中得到些什么教训吗？"① 约翰逊也表示不能在西贡重演慕尼黑的悲剧，他在阐述出兵南越的动机时说："我关于历史所知的一切都告诉我，如果退出越南，让胡志明穿过西贡大街，那么我恰恰是做了张伯伦在第二次世界大战中所做的事情……"② 浓重的意识形态和冷战色彩让美国笃信他们对于越战的决策是吸取了历史教训的正确决策。

美国的越战决策不可谓不深刻，教训不可谓不惨痛。为此，越战决策的当事人麦克纳马拉认为美国在越南的悲剧有5条主要的原因：①美国错判了北越的地缘政治意图，夸大了他们的行动对美国构成的威胁。②美国运用自己的经验模式来看待南越的人民和领袖，并武断地认为，他们渴望并决心为"自由和民主"而战斗。美国对这个国家的政治力量作出了完全错误的判断。③完全忽视了该地区的历史、文化、人民的政治信仰及其领导人的个性特征与习惯。美国高级官员在作出关于越南事务的决策时，也缺乏精通东南亚问题的专家来提供咨询。④没有充分认识到现代化、高科技的军事装备、军队和理论，在与非正规的、被高度激发起来的人民运动的对抗中，其作用是极其有限的。⑤对于美国是否应当大规模地卷入东南亚的军事冲突缺乏充分而深入的讨论。③

麦克纳马拉还特别强调这些失误之间的联系性。"从本质上说，它们全都以某种方式互相关联着。在某一方面的失策，会牵涉或转化为其他方面的失败，每一个失误都将成为一个可怕的扣结上的一环。"④

显然，美国的决策者们"没有提出根本性问题，没有解决政策选择的问题，没有处理好这些问题却浑然不觉"。美国"对越南进行干预的决策过程逐步推

① 〔美〕斯蒂芬·安布罗斯著，徐问铨等译：《艾森豪威尔传》（下册），中国社会科学出版社1989年版，第179页。

② 时殷弘：《美国在越南的干涉和战争》，世界知识出版社1993年版，第152页。

③ 〔美〕罗伯特·S. 麦克纳马拉著，陈丕西等译：《回顾：越战的悲剧与教训》，作家出版社1996年版，第331—333页。

④ 〔美〕罗伯特·S. 麦克纳马拉著，陈丕西等译：《回顾：越战的悲剧与教训》，作家出版社1996年版，第333页。

进，一旦决策已定，便没有机会打退堂鼓”[①]。虽然肯尼迪也曾经质疑和担心越战，他在去世前的几个月曾一再说：“法国人用30万军队也对付不了越南人，我们能对付得了吗？这是个政治战，不能用军事手段来解决。他对整个问题，对于西方为了待在亚洲而必须使用武力的效果，越来越感到怀疑。”[②] 但他已经无力回天。

总之，错误是有联系性的，战略误判也可能由一系列失误引发，而不会是突然的某个单一的因素造成的。

七、美国越战决策的影响

总的来说，美国在越南的经历无论是从国内角度还是从外交角度来看，都是其第二次世界大战后历史中举足轻重的大事。1968年对美国来说，不仅是战事急转直下，国内危机持续爆发，已经威胁到美国的社会基础，林登·约翰逊甚至退出了1968年的总统大选。

1965年至1967年是越南战争大规模升级的时期。美国的轰炸不断升级，从1965年的飞机出击架次2.5万架次、投弹6.3万吨增加到1967年的出击10.8万架次、投弹22.6万吨。打击任务从最初针对北越南部“锅柄地带”的军事基地扩大到针对北越全境的渗透线路、运输设施和石油储藏地，最后扩大到河内一海防地区的工厂和发电厂。[③] 美国的军事打击并没有使北越屈服，反而激发了越南人民的斗志。

美国从1962年开始，逐步扩大越南战争，直到1973年宣布停战，整整十年。到1973年3月19日美军全部撤出越南为止，美国共向越南派遣了120万人，其中死亡58015人，伤150303人，美军伤亡达到20余万人，耗费2000亿美元。[④] 在越战进行期间，开小差或不服从命令的情况多得数以万计。战争每天花费5000万美元，占美国军费的1/4，致使美国经济，甚至世界经济都发生通货膨胀。尼克松不得不冒着和同盟国闹翻的危险，于1971年8月15日宣布暂

---

① 〔英〕尼尔·弗格森著，陈毅平译：《基辛格：理想主义者（1923—1968）》，中信出版社2018年版，第540页。

② 〔美〕戴维·哈尔伯斯坦著，齐沛合译：《出类拔萃之辈》，生活·读书·新知三联书店1973年版，第544页。

③ John Lewis Gaddis，Strategies of Containment：A Critical Appraisal of American National Security Policy during the Cold War. New York：Oxford University Press，2005，p. 246.

④ 刘金质：《冷战史》（中），世界知识出版社2003年版，第658页。

停美元兑换黄金，征收10%的进口附加税，把援助发展中国家的贷款减少10%，甚至冻结物价和工资两个月。[①]

美国陷入了基辛格所说的“我们已经卷入了一场我们既不知道如何取胜、也不知道如何结束的战争”。美国政府在越南陷入了一个不可自拔的泥潭，而这一点是前两届政府所不愿正视的。基辛格批评说，约翰逊政府“由于没有胜利的标准，自欺欺人之谈代替了分析判断”。[②] 美国在越战中，无论在财力还是人力上的损失都超过朝鲜战争。它使美国元气大伤，造成国内严重的通货膨胀，从此经济进入“滞胀”阶段。“苏联是主要的、可能也是唯一的受益于美国干涉越南的国家。20世纪90年代开放的档案表明，苏联官员们在越南秘密部署了导弹基地，击落了美国飞机。所以，苏联人一举数得，既获得了军事经验，遏制了中国的影响，又夺走了美国人的生命，并赢得了北越人的好感。”[③] 苏联利用美国被越南战争拖住的10年，军事上赶了上来，使美国的核军备相对落后，并从1974年起进行了一系列扩张，形成苏攻美守的局面。

显然，当一个大国与虽然不是对等强大的对手发生冲突，作为主要对手的另一个大国会从冲突中获益。

八、总结

所有的冲突都与大国之争连在一起，这就是冷战。同时，大国之间总是陷入你退我进的竞争模式，这也是冷战的重要特点。赫鲁晓夫在古巴导弹危机中退让，美国全面介入越南战争。这两者似乎也有着时序上的连接。

美国虽然号称赢得了冷战，但美国在冷战中绝非没有出现战略错误。如果说在朝鲜战争中，美国决策者出于地缘考虑和冷战大背景的需要出兵朝鲜进而与中国兵戎相向还可说是战略失误的话，那么越南战争的决策则可以说重大战略失误。虽然美国从考虑参战到正式参战经历了较长时间的论证，但美国在固执冷战思维的前提下，再多论证也无济于事。由于越战的失误，美国陷于困境，这是战略失误带来的重大问题，这一问题的出现不仅有方向性的战略目标的错

① 〔法〕安德烈·方丹著，康新文等译：《同床异梦——纷纭世事二十年（1962—1981）》，新华出版社1986年版，第176页。

② 古越：《旷代智囊：智谋大师基辛格》，中原农民出版社1997年版，第215—216页。

③ 〔美〕沃尔特·拉费伯尔著，牛可等译：《美国、俄国和冷战（1945—2006）》，世界图书出版公司2011年版，第203页。

误，也有战略执行力判断的问题，此后美国也出现过若干这类战略逻辑合理而执行失误的错误。

有时，所谓的误判放在历史背景下其实是十分复杂的，并非是一目了然的错误，而是受到历史限制性的影响，受到认识局限性的影响。有些错误在当时难以预料，往往是事后之明。在冷战已经展开的特殊背景下，美国政府担心在与苏联的竞争中处于劣势这一想法从根本上左右了美国的对外决策，才导致美国一次次犯下战略性的失误。

学者周建明认为，“从冷战的整体形势来看，美国陷入越南战争，是一次战略上的失败和挫折。更具体地来说，是一种‘胁迫’战略的失败。但是，从整个冷战的过程来看，这种失败确实是由作为美国战略中的基本要素和逻辑存在的，即由意识形态来界定威胁，又由威胁来界定利益造成的，其结果导致战略目标的设定只有扩张的刚性，而没有弹性”。[①] 约翰逊时期最后一位国防部长克拉克·克利福德在《生活》杂志5月号上发表的文章最有代表性。他写道：“近几年来使我明白：越南战争是东南亚政治形势引起的一场局部战争。我认为，把越南战争说成是世界共产主义侵略计划的组成部分，这不真实……我们不可能取得军事上的胜利，我们必须停止参加这场战争……现在是结束这场战争的时候了。我们要立即迅速地、有条不紊地、全面地、有计划地退出印度支那。”[②]

西方关于越南战争的论述可谓汗牛充栋。大多数学者认为，傲慢、偏见和无知使美国在越南打了一场错误的战争，美国卷入越南冲突是受了冷战时期美国奉行的遏制共产主义的基本原则的支配，美国领导人过高地估计自己能够左右世界局势发展的能力，迷信美国技术和武器装备的优越，过低地判断越南共产党人的决心和坚韧不拔。[③] “法国和美国在这场战争中最大的一个错觉，就是以为它们能掌握战争的进度。事实上总是对方做到这一点。”[④]

归结起来，美国在战略上考虑到联盟的承诺与信誉、防止“共产主义扩张”以及国内对这一问题的借题发挥等问题，但由于美国对于自身实力过度自信，在介入越战的方式和深度上出现了重大问题，没有充分思考以何种方式介入才

① 周建明：《美国国家安全战略的基本逻辑：遏制战略解析》，社会科学文献出版社2009年版，第156页。

② 〔法〕安德烈·方丹著，康新文等译：《同床异梦——纷纭世事二十年（1962—1981）》，新华出版社1986年版，第173页。

③ 沈志华等：《冷战时期美国重大外交政策案例研究》，经济科学出版社2014年版，第389页。

④ 〔美〕戴维·哈尔伯斯坦著，齐沛合译：《出类拔萃之辈》，生活·读书·新知三联书店1973年版，第1088页。

能取得最好的效果。

美国在越战决策和实施的过程中，战略决策与战略实施出现了明显的脱节：目标设计与执行缺少连贯性。“艾森豪威尔曾经主张让亚洲人打亚洲人，肯尼迪也一再强调越南战争是越南人自己的战争，但美国军事干涉的战略和方式导致了越南战争的美国化，美军已经完全成为战争一方的实际主体，这种越俎代庖的局面助长了南越军队的寄生性，并严重弱化了其战斗力。”①

而且美国在一开始即担心战争扩大化的问题，也担心中国的介入。可以说在越南决策的讨论中美国多次陷入针对中国参战的两难悖论及其无解之解即用无限手段——使用原子弹——解决有限问题的困境之中。

此间，美国似乎因朝鲜战争对中国参战有神经质式的担心，担心中国突然“从天而降”。1966 年 1 月 25 日，助理国务卿钱尔给约翰逊的备忘录中写道：很明显，加速中国正式介入战争的过程中有一个作为开端的突破口是我们无法忽略的。但是我们的确不知道它在什么地方。不幸的是，我们也许只有在灾难发生之后才能找到它。②

美国的许多讨论都在强调中国如果介入，美国将会陷入难以战略的困境。即使使用核武器，美国也未必能够取得战胜中国的结果。参谋长联席会议还建议“使用美国军事力量空袭中国共产党的核弹制造基地”③。

这个时候，中苏关系已经恶化。朝鲜战争还有苏联的支持，而越南战争中，如果中美开战，苏联的支持会很少，但美国仍然难以决策与中国的正面对抗。这里朝鲜战场中的较量给美国的教训还是发挥了作用。

然而，美国最终还是明知不可为而为之：美国与苏联和中国的地缘政治较量在越南大规模展开。1965 年 3 月 8 日，美国在岘港登陆，进一步将以越南国内对立为主的“特种战争”升级为美国直接侵略越南的“局部战争”。中国也在预先提出警告的情况下于同年向越南派遣防空、工程、铁道、后勤等志愿部队支援越南。

越战时美国首先犯了战略方向的错误但不自知。如果战略意图方面的错误在冷战大背景下可以理解的话，在战略实施的过程中却一次次偏离了预设或没有充分论证的轨道，导致战争难以控制地扩大化。需要看到，当一国决策层确

---

① 〔美〕亨利·基辛格著，杨静予等译：《白宫岁月：基辛格回忆录全集》第 1 册，世界知识出版社 1980 年版，第 200 页。

② 陶文钊主编：《美国对华政策文件集 1949—1972》第 3 卷下，世界知识出版社 2003 年版，第 887 页。

③ 陶文钊主编：《美国对华政策文件集 1949—1972》第 3 卷下，世界知识出版社 2003 年版，第 818 页。

认为战略意图正确往往会压倒其他因素，当人们相信意图是正确的时候，再加上舆论的压力，人们往往不再顾忌方式，似乎这是可有可无的或无关紧要的，问题往往就出在这里。所谓正确的意图具有巨大的诱惑力，让人们深陷其中而无力自拔。我们同时看到，很多时间，不是战略方向出现问题，而是战略实施或者是对自身实力判断出现了问题。而战略方向正确，往往很有说服力甚至于是诱惑力，就会让人们轻视战略实力或者是实施。这是更为深刻的东西。

正像战略学者鲁梅尔特指出的，把战略定义为宽泛的理念而忽视具体行动，就会导致“战略”与“执行”之间的脱节。如果接受这种脱节的事实，那么大多数战略工作就会流于形式，徒劳无功。① 还有一点，美国的决策者也不应忘记，胳膊伸得越长，力量越弱。美国的作战半径是有限度的，而美国作为全球性的大国在进行战略决策的时候，却常常忘记这一点。

① 〔美〕理查德·鲁梅尔特著，蒋宗强译：《好战略　坏战略》，中信出版社 2013 年版，引言，XⅦ。

第七编

战略实施的要义：扭转劣势

群雄逐鹿：英国的对外战略

看待英国对外战略需要注意三点：第一点就是英国的地理位置，它与欧洲紧紧相连，但又隔着一条海峡，它与欧洲有联系，但不属于欧洲，这是很关键的一点。这使得它能够采取“光荣孤立”的政策，也即所谓大陆平衡政策。具体操作上又衍生出联盟战略。

第二点是英国的战略法则。没有永恒的朋友，只有永恒的利益。正如19世纪中期英国著名国务活动家和外交家帕麦斯顿所言：“我们没有永久的盟友，也没有永久的敌人，我们的利益是永久不变的。”[①]

第三点是战略支撑。作为具有特殊地缘优势的国家，英国始终依托战略靠山以保持自身特殊地位。由于孤悬海外，当英国还是世界老大的时候发展了一系列的联邦国家，而当他不再是世界老大的时候，英国采取了与美国的特殊关系保证和延续自己的特殊地位。

一、均势平衡战略：地缘因素决定英国的对外战略

英伦三岛具有特殊的地理位置，“英吉利以一水之隔，游离于大陆之外，像一只巨帆悬在空阔的海洋上。”[②] 与欧洲大陆距离很近，英吉利海峡的多佛尔港到欧洲大陆仅有34公里，有利于英国与欧洲的经济和文化交流。但同时由于北海与英吉利海峡所构成的天然屏障，又使英国能够免遭外敌的武力入侵。自1066年以来，英国成功地阻挡了各式各样的入侵者，虽然1688年威廉三世时期不流血的入侵是一个例外。英国作为一个岛国，拥有发展海上力量的良好条件，正是由于其海上力量的发展成就了英国长达两个世纪的霸权统治。而离欧洲大

① 缪辉：《欧洲历史格局变迁和欧盟的统一思想》，2005年4月23日，http：//www.studa.net/paper/2005/4—23/01128.html.

② 陈乐民主编：《战后英国外交史》，世界知识出版社1994年版，第2页。

陆的距离，又使得英国能够在一定程度上超然于大陆历史上复杂的矛盾与纠葛。当然，作为欧洲强国和曾经的世界霸主，英国一方面担心来自大陆强国的入侵威胁，另一方面也需要时刻关注欧洲大陆的政治安全格局的演变，并发挥其独特的作用。因此，英国的对外战略可以称为海陆两栖战略，一手发展海权，另一手控制陆权；一手控制海外的殖民地，另一手操控陆上国家，从而形成了海权加大陆平衡的战略。

首先海权的维护至关重要。英国凭什么充当大陆的平衡者，它有什么资格和能力呢？这个资格和能力其实就是它独一无二、占据优势地位的海权和以海权为基础建立的英联邦，失去这二者，英国就演变为一个二流国家。一个岛国唯一不可让步的就是海洋权利。因为制海权使英国在孤立的 10 年中得以生存，所以海洋权利就显得格外重要，超过了其真正的重要性。卡斯尔雷在写给英国驻俄国特使卡斯卡特的信中说道："大英帝国或许可能被赶出某场欧洲会议，但不可能放弃海洋权利，若大陆国家明白它们自身利益就不会冒此风险。"① 这就是互不干涉内政的信条，是坚信英国制度独特性的另一面。它表述了这样的信念：外国政府的变革不可能影响英国的制度，对英国安全的威胁是政治性的而非社会性的。谁占据了斯海尔德河入海口对英国来说很重要，因为对海峡绝对的控制权就取决于此。②

与欧洲大陆具有密切的联系又能够不完全置身其中就成为大陆平衡政策的关键所在。

汤因比认为，英国的光荣孤立政策是有其深刻渊源的，"英国在百年战争中失败以后被迫收敛了企图征服欧洲大陆的野心，像荷兰一样，在伊丽莎白的统治下击败了西班牙天主教的入侵。从那以后直到 1914—1918 年战争，始终奉行的是避免介入大陆事务的政策，毫无疑问，这项政策一直是英国外交政策基本的、永久的目标之一"③。

避免深度介入大陆事务，同时又要避免大陆国家联合对英是英国国家战略面临的另一个挑战。如何处理这一挑战呢？简单地说，那就是让欧洲处于纷争不断的状态，保持欧洲大陆的混乱与群龙无首。唯其如此，英国才能避免直接

---

① 〔美〕亨利·基辛格著，冯洁音、毛云等译：《重建的世界：梅特涅、卡斯尔雷与和平问题（1812—1822）》，上海译文出版社 2015 年版，第 39 页。

② 〔美〕亨利·基辛格著，冯洁音、毛云等译：《重建的世界：梅特涅、卡斯尔雷与和平问题（1812—1822）》，上海译文出版社 2015 年版，第 43 页。

③ 〔英〕阿诺德·J. 汤因比著、C. 萨默维尔编，郭小凌等译：《历史研究》（上卷），上海人民出版社 2010 年版，第 234 页。

介入也不过度介入而又能够主导欧洲事务。换句话说，以英国之力若想长期主导欧洲大陆事务是难乎其难的，也是无法征服欧洲大陆的。英国要想主导欧洲事务，就必须浑水摸鱼，乱中取胜，就必须在地缘政治上尽力保持欧洲大陆的破碎性。[①]

当然，光荣孤立并不是绝对放弃与欧洲国家的关系，恰恰相反，反而是更加巧妙地利用欧洲国家的矛盾，运用纵横捭阖之策，在合适的时机选择合适的合作盟友，从而达到自身利益和影响的最大化。基辛格对此有过精辟的总结，他的《大外交》一书中这样写道："光荣孤立"并未阻止英国针对特殊事件与他国临时结盟。英国以海权为重，常备陆军不足，偶尔会需要与某一欧陆盟国合作，但它总是宁愿事到临头才选择合作的对象。每逢这种时刻，英国领袖们均能表现出不计前嫌的弹性。当然与英国短暂结盟的各国也各有其目标，通常都是为了扩大其在欧洲的影响力或疆域。一旦其作为超出英国认为恰当的限度，英国便会转向或组织为维持均势而对抗旧盟友的新联盟。这般铁面无私、坚决以自我为中心的作风，为英国赢得了"老奸巨猾"之喻。这种外交形态或许称不上如何崇高，但确实保持了欧洲的和平。[②]

丘吉尔在1936年的演讲中说："400年来，英国的外交政策一直是反对欧洲大陆上出现最强大的、最富侵略性的、最专制的国家。我们总是加入到较弱的一方，与他们联合起来，经过艰难的战斗，最后击败这个企图在大陆建立军事霸权的暴君。而不管这个人是谁，他领导的民族是哪一个民族。"[③]

对于英国而言，一旦欧洲大陆被一方霸权统一，则意味着致命的威胁。将英国视为欧洲均势的平衡者，这是一种防御性的外交政策概念。而且，既然均势被设定为政治性而非社会性的，因此就被认为是取决于基本实力均等的国家间的平衡，而不是合法性的原则。英国曾经对抗过法国革命的对外投射，要为建立一个禁止对外扩张的欧洲格局而参战。奥地利及其他欧洲大陆国家则被法国大革命这一事实逼到了崩溃的边缘，而且迫于在地理上和心理上都不可能单独抗衡，要为这样一个其"合法性"概念使得一方独霸世界不可想象的欧洲而参战。除非其他大国间的差异大于它们集体与扮演平衡角色的国家间的差异，扮演平衡角色的国家就无法发挥它的功能，因此一个将英国排除在外的大陆和

---

① 张文木：《国家战略能力与大国博弈》，山东人民出版社2012年版，第47页。

② 〔美〕亨利·基辛格著，顾淑馨、林添贵译：《大外交》，海南出版社1998年版，第77页。

③ 〔英〕温斯顿·丘吉尔著，吴万沈等译：《第二次世界大战回忆录》第一卷《风云紧急》，商务印书馆1974年版，第307页。

平对英国来说是噩梦。[①]“当欧洲的领土平衡被打破时，（英国）可以有效介入，但对任何一个绝对性的问题，英国政府会是欧洲国家中最不能指望或最不肯随意作出承诺的……当真正危险（强调语气为我所加）威胁欧洲体系时，我们会尽到我们的责任，但这个国家不可能，也不会按照防患于未然的抽象原则而行动。”[②]

英国对欧洲的传统政策是大陆均势。其要义是努力确保大陆国家间力量平衡，在这种平衡中使之相互制衡，从而造成谁也不能单独挑战英国霸权地位的地缘政治格局。16世纪初，英国首席大臣沃尔西支持西班牙同法国作战，但当西班牙取得支配欧洲的优势时，英国又转而倾向法国。1896年，英国首相索尔兹伯里在伦敦市长宴会致辞时提出：英国应该不参加固定的同盟与集团，保持行动自由，便于操纵“欧洲均势”。均势外交在欧洲政治中有很广泛的影响。英国的均势外交基于形成破碎的欧洲大陆地缘政治形势。[③] 英国人强调实力与利益，正如基辛格所说“有实力而无合理的安排会引起测试实力的争战，有合理安排而无实力为后盾，则只是虚有其表”[④]。英国的治世之道是分而治之，是靠国家间的均势制衡。如不能制衡，那也要分裂中小国家来制造这种均势制衡。但这种制造均势的做法并非万灵良药，有时候这种精于算计还会造成搬起石头砸自己脚的后果。

二战前，英国意识到德国力量的崛起可能给英国造成伤害，但当时的英国陷在对欧洲战争的极端恐惧中，如果大力发展军备又可能对英国的社会稳定和金融信心造成打击英国处在两难处境之中。以内维尔·张伯伦为首的英国内阁认识到英国经济力量的局限，但再次出现战争又可能造成比第一次世界大战对英国经济更大的损害。他们对战争威胁的认识是正确的，但他们对战争威胁的处理方式却又是狭隘而自私的。张伯伦内阁出于意识形态的偏见对苏不信任，对欧洲力量的分配未能作出正确的判断。[⑤] 他们希望祸水东引，让德国与苏联相互厮杀，从而坐收渔利，但这种一厢情愿的想法一方面基于对他国反应的低估，

---

① 〔美〕亨利·基辛格著，冯洁音、毛云等译：《重建的世界：梅特涅、卡斯尔雷与和平问题（1812—1822）》，上海译文出版社2015年版，第39页。

② 〔美〕亨利·基辛格著，冯洁音、毛云等译：《重建的世界：梅特涅、卡斯尔雷与和平问题（1812—1822）》，上海译文出版社2015年版，第43页。

③ 张文木：《国家战略能力与大国博弈》，山东人民出版社2012年版，第82页。

④ 〔美〕亨利·基辛格著，顾淑馨、林添贵译：《大外交》，海南出版社1998年版，第57页。

⑤ 〔美〕克雷格、乔治著，时殷弘等译：《武力与治国方略：我们时代的外交问题》，商务印书馆2004年版，第346页。

另一方面也是对纳粹威胁性质的误判，结果使自身遭受重创。

二战后，英国的国际地位虽然无可挽回地下降，但英国借助与美国“第一盟友”的特殊关系，依然在国际政治舞台和欧洲政治布局中发挥着突出作用。在战争结束后，英国依靠这种特殊地位，仍不把自己看作与其他西方盟国同等的一员，而摆出超越于西欧国家之外的全球性大国的架势。1946 年 9 月，丘吉尔在苏黎世发表了题为“欧洲的悲剧”的演说，说欧洲各国应捐弃前嫌，展望未来，“重建欧洲大家庭”，以后丘吉尔又多次发表演说，一时成为“欧洲统一”运动最起劲的鼓吹者之一。1949 年 8 月，丘吉尔以普通公民身份来到位于法国的斯特拉斯堡，发表关于建立新欧洲的演说，他特别说“请注意，我将用法语发言”以示国与国的亲近。但英国毕竟是英国，它无法摆脱对欧洲大陆的距离感。由于历史传统的影响，英国从未把自己与其他欧洲大陆国家放在同一个水平层次上来看待。丘吉尔下面这几句话，就很能反映英国当时的这种心情：“我们所处的地位在哪里呢？我们不是欧洲防务集团战员国，也不想被列入某种联邦欧洲体系当中去。我们觉得，我们同这两者都有联系：这可以用‘with’这个介词表示，而不是用‘of’。我们跟它们在一起，但却不属于它们……”①

英国不属于欧洲大陆，而英国始终梦想主导欧洲大陆。英国是凌驾于欧洲大陆之上的，它是以“监护者”的身份看待与大陆关系的。

这种立场与丘吉尔在另外场合讲的连“边界线”都用不着画的“统一欧洲”的思想显然是对不上号的。注意到这点才会明白，英国在一个相当长的时期内独立于大陆之外。实际上是不愿降低作为“世界大国”之一的身价，参加西欧地区性的联合，受区域性义务的约束。从丘吉尔本人来说，战后苏美崛起，英国曾为战胜国，但其大国地位受影响，想在欧洲居统治地位，因而发起了“欧洲统一运动”，但随着欧共体发展，英国的影响下降，就不那么积极了。英国的态度也影响了与它关系密切的爱尔兰、挪威、丹麦等国。所以当 1950 年法国和荷兰、比利时、卢森堡等国建议把欧委员发展成为一个政治联盟时，便遭到了英国和斯堪的纳维亚国家的反对。

二、二战时期英国的同盟战略

二战期间，丘吉尔重塑和维系战时反法西斯联盟，充分体现了其战略思维

---

① 陈乐民：《战后西欧国家关系：1945—1984》，中国社会科学出版社 1987 年版，第 150—151 页。

和高超的技巧。辨识丘吉尔大战略的最佳途径之一，在于审视他如何处理同盟战争问题。面对种种困难和复杂，“他在同盟战略的各层次（与美苏两大伙伴、英帝国和英联邦其他成员、次要盟友和中立国的关系）上进行了成功的操作，体现了他战略思维方式的根本特征、全局观念、分寸感和战略平衡意识。对他来说，塑造战略是艺术而非算术”[①]。

秉承“没有永恒的朋友，只有永恒的利益”英国战略文化传统的丘吉尔深谙均势平衡和联盟之道。他知道如何操作和使用国家间关系，如何制造和利用他国之间的矛盾为英国的利益服务。

丘吉尔在其四卷本的大战论述《世界危机》当中，深刻反思了 1914 年至 1918 年操作联盟战争的教训。他坚持认为联盟战略对于战争而言至关重要。能够成功实现化敌为友或直接获取一个盟友同赢得一场重大战役一样重要，而安抚、控制或威慑一个危险的中立国比获得一个战略要点更有价值。“在他看来，在使德国人遭受厄运的三大错误中，两大最重要的是联盟战略错误。由于入侵比利时，德国人从一开始就将英国招入战争；由于宣布无限制的潜艇战，他们以后又将美国招入战争。与此类似，丘吉尔论证说德国人浪费了他们的战略机会，那在于对协约国联盟中较弱的成员施以致命的打击，寻求政治的、经济的和较狭义的军事的效果。”[②]

丘吉尔认为协约国未能整合它们的国家军事努力，从而一次又一次地危及自己的事业。丘吉尔相信，在 1914 年至 1918 年，“作为一个整体的战争问题是从许多不同的、互不关联的立足点上被牵引的。战争并非僵硬呆板地分成各个部分，分成法国、俄国和英国等各个盟国，分成陆上、海上和空中、补给与战斗人员、宣传与机器装备等；它事实上只是在一个既定时期里起作用的所有力量和压力的总和。然而，它被予以支离破碎的处理。在研究、思考、指挥和行动达到即使不完美的统一以前，必须有经年累月严酷的教诲”[③]。

他认为联盟战略具有两大作用：其一是联盟战略可以保持国家联盟间的战略一致和清晰，避免各自为政，从而导致被各个击破，就像德日意那样。其二是联盟战略本身即意味着对敌我力量的分化和强化。分裂敌方联盟即意味着增强本方联盟的力量，这两者常常同步形成。[④]

---

① 时殷弘编：《战略二十讲》，天津人民出版社 2008 年版，第 264 页。

② 时殷弘编：《战略二十讲》，天津人民出版社 2008 年版，第 265 页。

③ 〔美〕保罗·肯尼迪编，时殷弘等译：《战争与和平的大战略》，世界知识出版社 2005 年版，第 42 页。

④ 〔美〕保罗·肯尼迪编，时殷弘等译：《战争与和平的大战略》，世界知识出版社 2005 年版，第 42 页。

当然，在联盟演变的过程中，必然伴随着承诺与背弃，同时也伴随着各行其是与被动卷入，而在这一过程中，小国可能成为牺牲品，而大国也可能由于小国的冒险而祸及自身。丘吉尔写道："所有联盟的历史都是盟国互相抱怨的历史。"他认为在联盟战略中盟国间的分歧是不可避免的，特别是弱国或受到致命威胁的国家试图向较强的国家转嫁负担的倾向。管理联盟具有复杂性，无法像操作一国军队那样得心应手。在各种分歧、矛盾和可能的演变选择中仍能够坚定地保持联盟战略的一致性和连贯性是十分不易的，但也是十分必要的。丘吉尔特别强调"时间因素"对于联盟变化的可能影响。而他看待和发展联盟战略的重要依据是不同利益的"真实比例"，他试图通过分析不同利益的"真实比例"来制定盟友在联盟战略结构中的角色和作用，从而形成联盟战略的层次感和对待战争的整体方式。

丘吉尔在第二次世界大战期间的同盟战略操作方面，要面对四个层次的问题。在这些层次当中的第一个，也是最重要的就是与大同盟中的两大伙伴——美国和苏联共事……

他认为争取美国参战和苏联在东线抵抗德国是英国全盘战略中最为重要的两点，也是1940年冬天后英国的当务之急。最重要的是争取美国参战并坚定地站在同盟国一边来。从美国参战之前到最终与美国共同击败轴心国，丘吉尔的英国一直在千方百计地调动美国这个最为强大的力量为英国的战略利益服务。丘吉尔本人也具有极强的形成反法西斯同盟的意志力、动员力和说服能力。为了争取美国能够参加进来，丘吉尔使出了浑身解数，可以说是无所不用其极。比如试图将一本手抄本的《大宪章》送给罗斯福等。

丘吉尔深知美国加入到反法西斯同盟的重大意义，他比同时代的任何同僚都更充分地意识到美国的军事、经济和工业能力对于这场战争的作用。他认为美国的选边站队本身就具有决定性的战略意义，美国加入到哪一边，战争胜负的天秤就会随之变化。

英国所具有的特殊地位和作用也有利于英国塑造同盟战略。英国在抗击法西斯德国的过程中承担着重要的责任。由于它坚定地抗击德国，因而能够分散希特勒德国的兵力部署。他认为，美国也一定能够看重英国的作用，因而英国必须表现出坚定的抵抗意志和能力，才能最终吸引美国更大程度的参与。

归结起来，丘吉尔重点从以下几个方面来塑造美英同盟：

其一，建立领导人之间频繁交流的机制。用今天的话说就是充分发挥首脑外交的沟通作用。他同富兰克林·罗斯福保持独特的通信往来，他们在会议中频繁会晤，丘吉尔给罗斯福发去了大约950件信函，并且从罗斯福那里收到了750件信函，平均每三天两人之间就有一次通信往来。丘吉尔一般都亲自起草函件，这表明了他高度重视这一往来的重要性。丘吉尔还不断同德怀特·艾森豪威尔将军拉关系，在攻入欧洲大陆前的几个月里同他一起进餐多达每周两次。与此类似，丘吉尔努力构建与罗斯福的特使和亲信哈里·霍普金斯的亲密朋友关系。

其二，不断强化美英共同威胁的挑战性和严峻性，旨在强调美英之间休戚与共、唇齿相依的关系。从战争一开始，他就向美国公众及其精英呼吁：英国败了就等于美国败了，英美是在同一条船上的。他在1940年6月18日告诫说："如果我们败了，那么全世界，包括美国，包括我们了解和关怀的一切，将统统坠入一个新的黑暗时代的深渊，它由败坏了的科学搞得更险恶，也许也更长久。"①

其三，丘吉尔还通过合作的体制化来构筑英美同盟。尽管他是一位特立独行的政治人物，但他又以战略组织见长。1942年，他支持创立了联合参谋总部取代了原有的英国参谋本部，将英美两国运输和军火生产组合在一起，强化了战时情报合作，还有为西北欧、地中海和东南亚设立的各个盟军最高统帅部等，所有这些都带有丘吉尔的烙印。

其四，英国一直在尝试通过战略交易来达到英国的战略目的。英国深知仅有情感上的同情和理解是远远不够的。在国与国的关系中，利益永远是最为有效的政治货币。"从一开始，丘吉尔就准备对美国人作出可观的让步，以便使他们越来越接近战争。1940年8月，他的战时内阁同僚对富兰克林·罗斯福总统提议用50艘过时的美国驱逐舰交换英国在北美的基地表示保留。丘吉尔提醒他们说，'如果这个提议得到通过，美国就将朝着站在我们一边参战迈上一大步。向一个交战国出售驱逐舰肯定不是一项中立的举动'。"当时，丘吉尔甚至作出了将英国所有的战略资源抵押给美国的预案。当内阁惊恐地注意到英国金融资源迅速萎缩时，丘吉尔告诉他的同僚："如果军事处境会意外地恶化，我们就将不得不为了获胜而把我们所有的一切抵押出去，必要的话将英国工业的任何部分的留置权给予美国。"确实，在整个战争期间，特别是在1941年以前的时期里，丘吉尔审议每个重大的战略决定时都把这么一个问题置于他考虑的最前列：

① Winston S. Churchill, Their Finest Hour (June 18, 1940; House of Commons), https://winston-churchill.org/resources/speeches/1940-the-finest-hour/their-finest-hour/.

这会如何影响美国的态度，如何影响它最终加入战争……①

丘吉尔十分清楚，争取美国参战是当时英国最大的战略目标。即使在战争爆发初期英国的地位日益恶化，英国的谈判地位和谈判筹码十分不足的情况下，丘吉尔也从未放弃。他依靠他的三寸不烂之舌，巧于周旋，以情动人，以利相交，克服了英国在一连串战争失败中的不利局面，打消了美国对英国军事能力的怀疑和紧张，在许多重大战略上还能够坚持自己的主张，应该说这展现了丘吉尔惊人的才能。

正因为如此，我们才会明白，当丘吉尔听到日本偷袭珍珠港的消息时，在唐宁街高呼“我们赢了!”这一口号时是何等兴奋的心情。丘吉尔如此描述他刚得知日本袭击珍珠港时的澎湃心潮：“此刻，我得知美国完全陷入了战争，不打到底就不会脱身。因此，我们无论如何已经赢了！是的，在敦刻尔克撤退和法国沦陷之后，在奥兰的可怕的插曲和入侵的威胁之后……我们已经赢得了战争。”②

由此我们也能够感受到他一直压抑已久的情绪。因为直到 1941 年 12 月美国正式参战之前，丘吉尔虽然对外不断展现着对赢得战争的乐观精神，但他实际上对战争的失败有极大的担心。美国的参战具有扭转乾坤的战略意义，在一定程度上，这也一直是丘吉尔努力的结果，他通过岛屿换取援助从而赢得了美国的参战，而美国参战直接改变了二战的力量对比和历史进程。

在美国参战后，丘吉尔又十分机智而自私地将美国的战略重点引向欧洲战场，而不是将太平洋战场作为其全球战略的重点，始终保持着先欧后亚的战略态势。“他不给面对日本人猛烈进攻的新加坡提供增援，使美国人不受首先在太平洋从事战争的诱惑。将关于帝国的考虑从属于更大的大同盟调控，从属于赢得对首要敌人即德国的战争。”③

英苏关系的塑造则要更为复杂和曲折一些。丘吉尔对苏维埃共和国有着一种本能的仇视，当十月革命刚刚胜利的时候，他就曾呼吁要把年轻的苏维埃扼杀在摇篮里。他与斯大林的信函交往远远不如与美国的罗斯福那样密切和亲热。然后，当张伯伦祸水东引的绥靖政策失败之后，丘吉尔才不得不改变对苏联的

---

① 时殷弘编：《战略二十讲》，天津人民出版社 2008 年版，第 270—271 页。

② 〔英〕温斯顿·丘吉尔著，史雪峰译：《第二次世界大战回忆录》（下），中国画报出版社 2015 年版，第 31—32 页。

③ 〔英〕温斯顿·丘吉尔著，史雪峰译：《第二次世界大战回忆录》（下），中国画报出版社 2015 年版，第 55 页。

政策，换句话说，当时的英国面临着来自德国的灭顶之灾，丘吉尔只好将他的反共情结藏在了心里。当然，在丘吉尔的眼中，英苏关系不过是一种权宜之计，是大国之间的平衡之策。整个战争期间，丘吉尔始终争取使他同苏联的关系达到一种平衡。1939 年，他意识到苏联与德国签订互不侵犯的莫洛托夫里宾特洛甫协定的难言之隐，坚信苏联仍然同西方国家有共同利益。出于战略结盟的需要，在整个二战期间，他一直主张与苏联合作。当德国入侵苏联之后，他更进一步强化了与苏联携手抗击德国的信念。他强调自己从未放弃反对共产主义的主张，但在二战的严峻形势下，希特勒德国才是最大的敌人，凡坚持同纳粹作战，就是盟友，凡与希特勒站在一起就是敌人。正因为如此，苏联的威胁就是英国的威胁，也是美国的威胁。

丘吉尔提出了与苏联合作的四项原则：第一，不能低估苏联的军事能力，苏联是最终战胜德国的主力之一；第二，必须不惜代价坚决支持苏联，保持对苏供应线的开通。排除苏联绝望之中妥协求和的任何可能性；第三，在涉及盟国的原则问题上绝不让步，最重要的是不应屈从苏联坚持盟军在 1942 年攻入西欧的要求；第四，要意识到苏联在战后将仍旧是一种敌对的力量，即使不是致命的威胁性因素。①

对苏四原则反映了丘吉尔对苏联的矛盾纠结的心态。一方面需要利用苏联，一方面又对苏保持着警惕怀疑和担心。他最为担心的是苏联利用战争之机控制了整个欧洲。以他的心理分析苏联，他也不相信苏联会全心全意、毫无保留地与英美和同盟国合作，正如他反复告诉听众和同僚的那样，苏联人害怕西方的友谊甚于其害怕西方的敌意。

然而，丘吉尔在许多方面反对苏联的政策，但他经不起在战争期间同斯大林决裂的风险。因此，对苏联是既拉又防，但总体上还是保持了对德国法西斯的同仇敌忾。丘吉尔在联盟战略的运用上既建立在维护英国的最大利益的基础之上，又巧妙利用了二战时期美英苏对德国共同威胁的合作需求，使得这一战略的效用得到了充分体现。

与此同时，丘吉尔还特别注意处理与其他联盟伙伴的关系。让这些盟国感觉到英联邦的牢不可破和重要性。

应该承认，丘吉尔在二战期间的联盟塑造战略是其战略决策中的精彩章节。他对联盟关系的运用也可谓是出神入化。在这个过程中，他谨慎地运用着自己

---

① 〔美〕保罗·肯尼迪编，时殷弘等译：《战争与和平的大战略》，世界知识出版社 2005 年版，第 50 页。

的技巧，时刻关注着联盟可能出现分歧和变化的第一种可能性和风险，牢牢地把握着联盟战略目标的一致性和明确性，推动着同盟合作向着他期望的方向前行。

他从未偏离预设的方向：对美同盟的首要地位、使苏联坚持战争的重要性、瓦解敌方联盟同时扩展己方联盟这一任务。对苏联是既合作又防范，既给予支持也保持所谓的有利原则。对英国的自治领给以关照，但是决不容许由此导致战略决策的偏离。丘吉尔在分寸和平衡的把握上可谓炉火纯青。

三、美英特殊关系

托克维尔曾经预测超级大国的时代最终将到来：美国控制海外世界，苏联很可能主导欧洲，而大英帝国却排不上号。二战后的英国是战胜国，却丧失了大国地位。而丘吉尔本人也是第一位以胜利的首相身份离开唐宁街。英国大国地位的丧失使比本土大 100 倍的庞大的大英帝国瞬间失去了意义。它再也没有那么强大的号召力了。

这时候的英国近有苏联威胁，远有美国世界影响力的不断扩大，超级大国的崛起挤压着英国曾有的地盘和国际地位。而所谓的大英帝国还有可能失去其应有的政治安全和经济地位。正如美国陆军部早在战争高潮时期对战后国际形势预测的那样，迅速变化的世界将很快看到美国和苏联成为“仅有的两个一流的军事大国”，他们把两者的强大都归因于类似麦金德式的“地理位置和幅员，以及庞大的军火供应潜力等因素的综合”。同时，两个国家中的任何一个都不太可能成为最强大的国家，因为“这两个大国相对的力量和地理位置阻止了任何一方在军事上被另一方击败”。在这个预测的基础上，他们进一步断言：既在绝对意义上，也相对于美国和俄国来说，走出战争的大英帝国将失去其在经济和军事上的重要地位。[①]如何挽回英国的损失，最大限度地保住英国的国际地位是英国面临的艰难考验。英国必须作出一个新的战略选择。

英国的战略选择大胆而疯狂，他们决定在两强之间插入自己的力量，他们的选择首先是使最大的两个胜利者之间出现冲突。以往他们只是欧洲平衡的仲裁者，现在要成为全球超级大国冲突的制造者。拉打结合，抱住美国，对抗苏

① 〔美〕保罗·肯尼迪编，时殷弘等译：《战争与和平的大战略》，世界知识出版社 2005 年版，第 344—345 页。

联。对美国是拉大旗作虎皮，对苏联则是以铁幕相隔，形成一个对苏包围圈。为此，丘吉尔不惜赶到美国，在自己的晚辈杜鲁门面前俯首称臣。一方面大谈美英特殊关系，另一方面则不断强调来自苏联的威胁是对民主国家的最大挑战。他在富尔顿发表的著名的铁幕演说，将苏联的威胁比作二战时的希特勒，从而撕下了与苏联合作的伪装，向苏东阵营发出了冷战的号角。丘吉尔知道恢复欧洲世界霸权不能用与美国对抗而只能用附和的方式。他因此在“铁幕演说”中说，“希望最终在英美两国之间实现一种共同的公民身份”[①]。

英国通过不断强调与美国的共同威胁和眼前威胁来拉近与美国的距离。“在丘吉尔的头脑中，已经形成了要与苏联打一场冷战的远景。只是由于英国的实力已今非昔比，没有能力来发动这场冷战，也无法成为冷战的主角。因此，游说美国成为推动这场冷战的一个重要环节。”[②] 他的用意并不在于强调要反对战争，保卫和平。而是要为说服美国人对苏联进行冷战，为美国人提供新的价值目标和战略目标。

值得我们注意的是，丘吉尔是从“暴政”的概念出发，使美国人第一次把自己的国家安全观念与消除世界上所有的暴政联系起来，而不仅仅是本身不受侵犯。这是对美国人对国家利益认知的新的建构。从“反暴政”出发，苏联被钉在无法容忍的威胁的地位，摧毁苏联的暴政体制成为美国在二战之后最主要、最重要的安全战略目标。更为重要的是，与凯南的“长电”不同，丘吉尔的演说面对的是美国的精英与公众，而不只是政客。不难理解，这个演说在美国公众中引起了强烈的反应，它等于完成了进行冷战的政治动员。[③]

英国的目的是清楚的，实际上是拉美抗苏。二战后英国国家安全的最大威胁由德国演变为苏联，而英国不可能独自面对，只能把美国拉进来。而英国估计美国也需要通过欧洲来形成与苏东阵营的对抗。在这个过程中，英国又可以借此保持美英特殊关系。正如基辛格在《大外交》中所言：“英国并不自认为是个纯粹的欧洲国家。毕竟，它的危难经常源自欧洲，可是救兵却来自大西洋的彼岸。”[④] 英美特殊关系在第二次世界大战期间就已形成。而战后的这种特殊关系就表现为双方在欧洲问题上的相互利用。对于英国来说，二战后国家安全最

---

① 张文木：《论中国海权》，海洋出版社 2014 年版，第 137 页。

② 周建明：《美国国家安全战略的基本逻辑：遏制战略解析》，社会科学文献出版社 2009 年版，第 23—24 页。

③ 周建明：《美国国家安全战略的基本逻辑：遏制战略解析》，社会科学文献出版社 2009 年版，第 26 页。

④ 〔美〕亨利·基辛格著，顾淑馨、林添贵译：《大外交》，海南出版社 1998 年版，第 574 页。

大的威胁就是苏联，而自身又绝非苏联对手，只有把美国的力量留在欧洲，成立一个安全体系才能保证自身的安全，即英美特殊关系是保障欧洲尤其是英国安全的重要手段。因此，英国对 1949 年形成的北大西洋公约组织（NATO）十分热心，北约既可以拴住美国于欧洲，又可以借美抗苏，还可以利用美英特殊关系充当美国与欧洲大陆的特殊联系者，继续对欧洲大陆发挥其独特影响力。如此下来，英国通过与美国的特殊关系，在一定程度上可以处于高于其他欧洲国家的地位，以为虎作伥的方式实现对欧洲联合与合作进程的主导。

这里面还有一个更深远的战略。那就是以英国为主导重振欧洲，通过建立欧洲合众国，一旦时机成熟，由借美抗苏变为取美国而代之，恢复大英帝国昔日的霸主地位。在这个设计中有两点值得注意：其一是防止苏联将德国纳入它的范围内，从而确保在欧洲大陆的霸主地位；其二是强调英法合作。英国相信与欧洲大陆的最大军事强国法国的合作可以抗衡在中欧的德国和对欧洲最大的威胁苏联。对于战后的世界结构，丘吉尔的设想是：一是在欧洲乃至全世界建立一些联邦国家；二是建立英美的亲密同盟以保证实现战后英美称霸世界的意图。

1946 年 3 月，丘吉尔发表“铁幕演说”，9 月，又在苏黎世重提雨果 1849 年提到的“欧洲合众国”的概念，决心将破碎的欧洲整合为像美国那样统一的国家联合体。此后，欧洲各国开始进行内部整合并在英国的带动下开始为恢复以欧洲为主导的世界体系而默默准备，苏联学者对丘吉尔的目的洞若观火。B. T. 特鲁汉诺夫斯基写道：“丘吉尔的计划是打算恢复英国在世界上的领导作用，企图把美国排挤到第二位。丘吉尔认为，为达此目的，必须使美苏发生冲突。因此，丘吉尔加紧鼓动美国，在对苏关系方面采取更加强硬的立场。”①

当然，随着冷战的继续，丘吉尔这一梦想难以实现，但借美稳欧、借美抗苏的战略目的显然是实现了。

1956 年的苏伊士运河事件，使英国意识到它已经完全不可能以一个世界大国的角色来发挥影响了。美英关系的所谓特殊性，在很多时候早已让位于美苏共同主宰世界的冷酷现实。美国与苏联联手逼迫英国和法国退出埃及。失去埃及，欧洲也就失去了地中海。这个结局对曾由欧洲人主导的世界体系无疑是最后的挽歌。失去东欧，欧洲只是分裂出一半，而失去地中海，欧洲就失去了它

---

① 〔苏〕B. T. 特鲁汉诺夫斯基著，张德广等译：《丘吉尔的一生》，北京出版社 1982 年版，第 403 页。

在历史上曾拥有的全部辉煌。失去了地中海南岸，欧洲也就失去了整个世界。当时英国麦克米伦首相在与朋友共进午餐时望着窗外木然地挥挥手说："这是我们美好的文明；很可惜，这一切都完了。你知道，到1957年底，我们所知道的西方文明都要完了。"苏伊士运河事件后，美国专栏作家李普曼说，它"引人注目地显示了"，欧洲已不复存在任何强国。一个大陆在铁幕前四分五裂，被分成一些弱小的依赖他人的国家，它们"无论在外交上还是军事上都无法坚持自己在外部世界的切身利益"①。经过第一次世界大战和第二次世界大战，欧洲作为全球政治经济中心的地位终于无可挽回地丧失了。在巨大的历史变迁面前，包括英国在内的欧洲诸国只能采取适应的态度。

20世纪60年代，英国经济出现了滞胀现象，经济增长缓慢，不断滑坡。而与此同时，欧洲大陆则蒸蒸日上，经济繁荣，社会稳定，欧共体的作用日益显现，并且英国对欧洲大陆（欧共体）的依赖在逐步加深，共同市场迅速地取代英联邦成为英国最重要的出口市场。原本超脱于欧洲之外的英国，此时又开始担心被欧洲大陆的繁荣所抛弃。英国若继续游离于欧洲共同体之外，它将面临的不仅仅是经济上的"灾难"，还是在全世界中英联邦政治影响的衰退。麦克米伦说得更为直率和明确：如果英国不参加，那么美国就将一步步地使它的政策与欧洲相协调，而英国则将"丧失它对欧洲和美国的影响，就会严重削弱我们国家的地位"，英国将面临"一种违反我们的意见和利益而我们又无法加以影响的欧洲的政治格局"②。为了挽救英国的大国地位，英国选择了加入欧共体的发展方向，以此避免被孤立于欧洲大陆之外、自身被边缘化的危险，从而挽救自己的大国地位。英国一直以来靠与美国的特殊关系来强化对欧洲大陆的影响力，到了20世纪60年代又开始演变为以在欧洲大陆的影响力来维持美英"特殊关系"。它只有在欧洲站稳脚跟，才能在美国那里加强自己的力量。

20世纪70年代，英国意识到欧洲共同体的发展对英国的重要意义，在英美关系上，不再企图"一厢情愿"地维持与美国的"独一无二"的"特殊关系"，但还是保留了终归不同于一般西欧国家地位的想法。在对欧洲大陆政策上，它竭力加入欧共体，害怕自己被西欧国家孤立于大陆之外，最终实现了重点面向欧洲的外交战略转移。

---

① 〔美〕罗纳德·斯蒂尔著，于滨等译：《李普曼传》，中信出版社2008年版，第440页。

② 王绳祖主编：《国际关系史（1960—1969）》，世界知识出版社1995年版，第180—181页。

四、结　语

只有4000万平方公里的英国，曾以4000万英国人统治着6亿人。这就是大英帝国时期的英国。

然而，平衡战略、光荣孤立、三环外交这些带有强烈的帝国符号的英国战略随着英国的衰落逐渐退出了历史舞台。我们也不应忘记，英国在殖民撤退的时候还制造了分而治之的帝国构想，但还是无可奈何花落去。尽管英国机关算尽，战略家也不乏战略思维能力，但还是阻挡不了大势已去的现实。

回想起来，1948年10月9日，丘吉尔在英国保守党年会上全面、系统地提出了“三环外交”思想。强调在民主国家中推行“三环外交”，首先是英联邦和英帝国及其所包括的一切。其次是美国、英国、加拿大和其他英联邦自治领域。最后是联合起来的欧洲。这三个环是并存的，连接在一起，没有任何一种力量或联合的力量足以推翻它们。而英国是三环中都占有一席之地的国家，可以说是连接三环的枢纽。

在丘吉尔的设计中，英联邦是基础，美英特殊关系是关键，控制西欧联盟是目的，“英国外交始终存在着三个稳定的领域，即英联邦政治、英美特殊关系、对欧洲大陆的政策。”[①] 这个全球战略设计不可谓不精妙。但无论是美英特殊关系，还是对西欧的控制都随着形势的演变而摆脱了英国预定的轨道：英国被迫改变了完全追寻美国的做法而转向欧洲。对于欧洲也由不离不弃转向投入欧共体的怀抱。

英国与欧洲大陆是“WITH”（联系）的关系，而不是“IN”（属于其中）的关系。这是理解英国政策的核心所在。

20世纪50年代英国奉行的“孤立主义”政策，虽然在某种程度上给它带来了不少的好处，但是随着欧洲形势的发展，到了50年代末期，这种政策已经不能执行下去了。英国领导下的欧洲联合不仅成了一场“黄粱美梦”，而且超乎英国意料之外的是，欧共体居然相当成功地运作了起来，而且表现出了强大的经济实力和政治影响力。而此时，英国却深深地陷入了严重的国力衰退之中。现实迫使“务实的”英国人不得不反省过去10年的大陆政策，开始了其将近20

---

① 周琪、王国明主编：《战后西欧四大国外交：英、法、西德、意大利1945—1980年》，中国人民公安大学出版社1992年版，第4页。

年的政策调整期。用基辛格的话来说，那就是："到了一九五〇年代末期，英国再也不能以远距离观察欧洲，视欧洲为英国军队偶尔必须干预以制止一个暴君崛起的地方。"[①]

英国于 1961 年 7 月正式宣布申请加入欧洲共同体，但是被戴高乐的法国以"特洛伊木马"之说否决。之后，英国又于 1967 年、1970 年连续两次正式提出申请，终于在 1973 年 1 月正式加入欧共体。至此，英国的对外政策完成了从大国全球外交到重点面向欧洲的改变，英国大陆政策的调整也告一段落。

凡事有一利必有一弊。英国倚重美国固然有可能给它以特殊地位，但也可能限制了它的战略自由度。当英国想要加入它最初倡导的欧共体的时候，欧共体的成员却因为它与美国的特殊关系而拒绝它。20 世纪 60 年代，当欧共体一些国家开始表现出离心倾向时，美国感受到了来自欧洲的压力。美国也不希望英国仅仅做一个欧洲大陆的离岸平衡者。美国出于把强大起来的欧洲重新置于自己主导之下的考虑，积极支持英国加入欧共体，以便通过"影响英国来影响欧洲"。美英特殊关系虽然仍具有特殊性，但其影响已经完全不同。"三环外交"重新排列了顺序，把大陆政策放在了首位，也正因为英国积极调整了大陆政策，终于赶上了"末班车"，才为以后的英国外交注入了新因素，打下了新基础。

无论是"三环外交"还是"光荣孤立"，无论是美英特殊关系还是欧洲平衡战略，万变不离其宗的还是其国家利益。20 世纪 50 年代，英国置身于欧共体之外，采取超然的态度，是因为在 20 世纪 50 年代还没有任何可信的根据可以证明欧共体取得了经济上的成功。而且 50 年代英国国家利益的重心并不在欧洲大陆上，而是在其与英联邦关系和英美"特殊关系"上。到了 20 世纪六七十年代，形势发生了逆转，一方面，欧共体不仅取得了经济上的相当成功，而且英国越来越离不开欧共体而存在；另一方面，英帝国解体，英联邦和英美"特殊关系"的重要性下降。英国国家利益的重心开始回归欧洲大陆，于是英国也就调整了政策，主动加入了欧共体。但英国加入欧共体，[②] 用麦克米伦的话来说，目的是从内部改变共同体的发展方向并起到领导作用。[③]

英国并未控制欧洲，而只是使欧洲的力量达到均势。一个稳定的欧洲对英

---

① 〔英〕亨利·基辛格著，顾淑馨、林添贵译：《大外交》，海南出版社 1998 年版，第 574 页。

② 《战后英国大陆政策分析（1945—1973）——兼从均势角度分析英国与欧盟关系》，https://www.wenku1.net/news/DE351E4F99309DA4.html.

③ 周琪、王国明主编：《战后西欧四大国外交：英、法、西德、意大利 1945—1980 年》，中国人民公安大学出版社 1992 年版，第 66 页。

国在国际上的卓越地位是非常关键的，而欧洲的自我毁灭必然标志着英国首要地位的结束。①

二战后的历史表明，美国战略家布热津斯基的预见是十分正确的，英国一方面希望控制欧洲，不希望欧洲强大到英国难以控制，希望欧洲保持其一定程度的混乱与脆弱，另一方面英国也绝不希望欧洲崩溃，欧洲衰退意味着英国失去其战略支撑，也就失去了其作为世界强国的基础。后来的英国在布热津斯基的战略棋盘上连战略棋手的资格都丧失了。

战略规划中对于自身实力的判断往往是关键而困难的问题。高估自身实力导致冒进，而低估自身实力又会导致错失良机。这里，自身实力往往是与他国尤其是主要竞争国的对比中才更有意义，而不是自身线性实力的增长。

在对于自身实力的判断上，战略家或政治家对于自身实力地位判断有时间差，尤其是由弱转强或由霸而衰的过程中往往受到习惯思维的影响。比如英国不甘于帝国的衰落，直到苏伊士运河战争才猛醒，而美国没有把握独家拥有核武器的短暂时机对苏联采取优势战略，而最终形成了两强均势。

英国的霸权地位在二战开始的时候已经无可挽回的丧失，但却始终没有放弃其大国地位和大国战略的追求。从 19 世纪英国称霸世界以来，追求和维护大国地位，便如血液一般溶入英国政治家、战略家和外交家的体内，成为英国外交的不可承受之重。大英帝国妄图依靠与美国的特殊关系，继续维持在欧洲的主导地位，但事实上它已经力不从心。而所谓的大英帝国对自己实力和影响力的衰落，缺少及时敏锐的调整，还仍然以帝国自居而行事，这就导致了实力衰退而战略没有进行调整的迟滞问题。这个事情在 1947 年的希腊土耳其危机的时候已经有所爆发，在 1957—1958 年中东危机的时候，得到彻底的体现。

正如艾奇逊在 1960 年所说的，大不列颠失去了一个帝国，迄今还未找到新角色。②

英国在大国战略中的迷途中茫然丧失了许多，才迫不得已将霸权禅让给美国。

---

① Zbigniew Brzezinski, *The Grand Chessboard: American Primacy and Its Geostrategic Imperatives*, Basic Books, 1997, p. 21.

② Dean Acheson's Speech at West Point (5 December 1962), in Vital Speeches, January 1, 1963, page 163. Douglas Brinkley, "Dean Acheson and the 'Special Relationship': The West Point Speech of December 1962", The Historical Journal, Vol. 33, Issue3 (September 1990), p. 599.

群雄逐鹿：戴高乐独立外交战略

从 20 世纪 50 年代中期到 20 世纪 60 年代末，世界政局动荡不定，国际政治力量不断分化组合，尤其是两个阵营内部出现的离心倾向十分突出。第三种力量悄然兴起。战后，美苏凭借二战胜利建立起来的国际阵营分别出现了裂变。

国家力量对比的变化成为国家关系和国家战略演变的重要因素。西方阵营内部一些国家的经济实力逐步壮大，与美国的差距渐渐缩短，在政治上开始迈出独立步伐，这些美国的盟国开始向美国的“领导”地位提出了挑战。1966 年，戴高乐撤出北约军事一体化，1969 年勃兰特“新东方政策”的出笼都脱离了美国铺设的轨道，标志着盟国内部出现了前所未有的离心分化倾向。美国在欧洲的传统地位遭到了相当程度的削弱。西欧各国独立倾向在欧洲以至世界上都产生了巨大的影响。其中，戴高乐主义既是开创性的，也是持续性的，至今仍是法国外交政策的核心。

戴高乐开创新政，与他个人特性有关。传记作家拉古都尔认为，“戴高乐是军官中最少见的一个军官，保守党人中最少见的一个保守党人”。无论在任何情况下，他都是一个奇怪的人，总是反其道而行之。当 90％的法国人在忍受德法亲善的时候，他领导了国外抵抗运动，当 3/4 的法国人仍然维护法属阿尔及利亚的时候，他开创了非殖民主义化的最大胆的行动，当法国同胞在北大西洋公约的庇护下昏沉欲睡的时候，他发出了进行游击战反对美国霸权的号召。①

戴高乐主义还与戴高乐的个人经历有关。战争期间，法国临时政府总统夏尔·戴高乐将军集中地体现了法国对美国的不信任。戴高乐试图保存殖民地和外交行动的自由，为此他与美国官员发生了尖锐的冲突。美国官员们反过来把戴高乐视作亲英分子和政治极端分子；一位国务院的官员甚至称其为“法国的阿道夫·希特勒”②。

---

① 〔法〕让·拉古都尔著，允道、卓殊等译：《戴高乐全传》，军事科学出版社 1988 年版，第 2 页。

② 〔法〕让·拉古都尔著，允道、卓殊等译：《戴高乐全传》，军事科学出版社 1988 年版，第 109 页。

戴高乐被当时所有的政治强人视为异类，不仅是罗斯福，还有斯大林都持相似观点。但这反而促使他日后成为政治强人。他三起三落，靠的是特立独行、独当一面的精神和思想。专心致志于追求法国国家利益，构成了戴高乐的冷漠孤高以及外交上毫不妥协的作风。美国领袖强调伙伴关系，戴高乐却强调国家有责任照料自己的安全。美国希望把整个任务的一部分摊派给盟国每个会员承担，戴高乐却认为这样的分工会把法国贬抑到附属地位，并且摧毁了法国的认同感。“大国不可能容其命运由其他国家（不管它有多友善）的行动来代为决定。统合后的国家失去对其国防的关注，因为它不再负责防务”[①]。

戴高乐的人生是充满战略决策的人生，戴高乐的战略人生充满了大的转折与宏观把握。

一、戴高乐其人和法国独立外交的时代背景

夏尔·戴高乐于 1890 年 11 月 22 日出生于法国里尔，是法国著名的政治家和思想家，不仅是法国的杰出政治人物，也是 20 世纪杰出的国际风云人物。

戴高乐如同许多杰出的政治家一样，属于少年大志的人。戴高乐 1912 年毕业于圣西尔军校。1914 年，戴高乐以陆军中尉的军衔参加第一次世界大战，受重伤被俘。出狱后，出版第一部著作《敌人内部的倾轧》，在书中戴高乐提出了一个他一生奉为信念的思想：历史研究的对象是民族和国家，每一民族都有其自身的特点，法兰西民族主义思想在此时根深蒂固地确立起来。1932 年戴高乐发表著名的军事著作《剑刃》，并曾受到贝当元帅的赏识。但有趣的是，曾有着师生之谊的两代军人，后来分道扬镳，一个当了傀儡政府的头子，一个远赴异乡，高举抵抗的旗帜，统率“自由法兰西”。

戴高乐政治生命最有光彩的 30 年是在他 50 岁时担当国防部次长之后。1940 年 6 月，戴高乐在民族危难的时候，只身撑起反抗希特勒法西斯的旗帜。贝当投降政权上台之后，戴高乐毅然出走英国，在伦敦发表了著名的“6·18”讲话，号召法国人民坚决斗争，发起和领导了自由法国，在不长的时间里组织了一支为自由法国所用的，包括陆、海、空三军的武装力量。耐人寻味的是，也正是在这一时期，戴高乐开始了与英美盟国既合作又反控制的维护法国利益免遭侵夺的复杂斗争，当时的英国外相艾登曾半开玩笑地说：“你知道吗？你给

① 〔美〕亨利·基辛格著，胡利平等译：《论中国》，中信出版社 2015 年版，第 555 页。

我们的麻烦比我们所有的欧洲盟国给我们的都要多。”戴高乐回答：“我丝毫不怀疑这句话，因为法国是一个大国。”[①]

但遇到的问题是，他曾不止一次受到过其他大国的冷遇，包括罗斯福在内的美英苏等大国领导人不把法国视为有着同等地位的大国。法国虽是战胜国，但被排挤在所有战后重大会议之外，罗斯福关于战后世界的梦想是要把法国变成其附庸。因此，在1943年9月至1944年6月这一关键时期中，盟国在作出重大决议时，戴高乐以及法兰西民族解放委员会被排斥在外。雅尔塔三巨头没有法国，罗斯福的四大国中也没有法国。“戴高乐颇为心酸地注意到了，无论经由北非乘船去开罗的丘吉尔，或由开罗飞往德黑兰的罗斯福，都不屑与他接触。甚至没有人征询他对欧洲的前途的意见和欧洲解放的计划，就是在法国登陆的事宜也不让戴高乐参与。这样的排斥所产生的痛楚深深地刺伤了戴高乐的心。”[②]当艾森豪威尔准备开辟第二战场时，需要在戴高乐领导的自由抵抗同盟登陆，丘吉尔说自己无能为力，戴高乐就像一只骆驼那样倔强，一谈就崩。艾森豪威尔最终说服了戴高乐，但戴高乐的条件是美国政府必须承认他的政府为唯一合法政府，艾森豪威尔表示同意，因为他需要尽快登陆，但罗斯福对此大为恼火。这激起了戴高乐的强烈不满，也刺激了他的民族自尊心，进一步激发了他对大国的反叛心理。

戴高乐需要美国和英国的帮助，但是绝不因此而随人俯仰。他顶住了罗斯福和丘吉尔的种种压力和干预。罗斯福认为戴高乐做事偏执，根本不把美国放在眼里，他甚至认为想不出另外一个人比戴高乐更加不可靠了。令人深思的是，罗斯福可以与斯大林友好相处，并且结成了战略伙伴，却无法与戴高乐合作。戴高乐曾于1943年7月访问华盛顿，当他得知，罗斯福认为未来世界秩序的基石将是美、英、苏、中四大国，而法国则自从1940年6月崩溃以后，就永远失去了大国地位，戴高乐极不愉快地离开了华盛顿，二战期间的这些经历，为他后来制定摆脱美英主宰的独立外交打上了烙印。

二战结束后，戴高乐以民族英雄和抗战领袖的身份回到法国。然而，法国在国际舞台上仍然是次要角色，战后雅尔塔体制是在没有法国的参加下制定的，戴高乐对此一直耿耿于怀。他宣布：“对于战后与全世界人民息息相关的政治、经济和思想方面的问题，如果没有法国参加就作出决定，那都是冒险行为。人

① 尹子云编著：《戴高乐》，海南出版社1997年版，第53页。
② 陈志学编：《世界大交锋》，中国文史出版社1997年版，第363页。

类的重大事业，如果没有得到法国的同意，都将是非法的，因而也是不稳固的。”①

1946年，戴高乐在复杂的国内危机和政治分歧面前被迫辞职，此后直到1958年由于阿尔及利亚问题引起法国政治危机，才东山再起。他曾于辞职半年之后发表了“贝叶演说”，指出党派之争是法国政局动荡的根源，赋予国家元首以特权，勾画了未来第五共和国的政体。

1959年1月，戴高乐重新执政，作为有远见的政治家，戴高乐采取了一系列现实政策，结束了阿尔及利亚危机，反对屈从超级大国，发展与东方国家尤其是苏联、中国的关系，维护了法国的民族利益和独立地位。1969年，戴高乐再次因国内问题辞职。1970年11月9日，病逝于法国科隆贝住所。民族利益一直是戴高乐毕生的追求。

戴高乐是一位有着强烈大国意识的领导人。他认为法兰西历史是一个整体，法兰西民族也是一个整体，除非出现分裂主义分子，否则人人都可以为国效劳。在政治举动中，至关重要的唯有保持国格。②

他一直有一个牢固的信念，大国是不可能长期依赖于另一个大国的，除非它不想成为大国。每个国家都需要根据自身利益作出判断，因为每个国家都有不同的文化和不同的发展现实！没有比自己国家的政治家更了解自己国家的人。

当然成为大国也不是戴高乐个人政治倾向或情绪冲动，更多的还是法国需要摆脱别国控制，按照最有利于法国的战略来指导法国的发展。戴高乐在青年时代就树立起一个远大的抱负，这就是要重振法兰西的大国地位，恢复法国在战争中失去的世界大国地位，重现法兰西旧日的辉煌。他认为德国的崩溃、欧洲的分裂和美苏对立，都给法国提供了意外机会，使法国可以从政治、经济和战略观点出发，把靠近莱茵河、阿尔卑斯山和比利牛斯山的国家联合起来，使这个组织成为世界三大势力之一，必要时，使它成为苏联和（盎格鲁—撒克逊）美国为首的两大阵营之间的仲裁者。③

戴高乐的业绩得到了西方政治家的高度评价，戴高乐把自己看成法国的化身，他的责任是振奋法兰西精神，戴高乐最担心法国沦为那些曾经创造历史最终只能纪念历史的国家所遭受的命运。

---

① 〔法〕夏尔·戴高乐著，北京编译社译：《战争回忆录》第3卷上，世界知识出版社1981年版，第6—7页。

② 〔法〕让·拉古都尔著，允道、卓殊等译：《戴高乐全传》，军事科学出版社1988年版，第16页。

③ 何春超主编：《国际关系史（1945—1980年）》（下），武汉大学出版社1983年版，第292页。

尼克松在《领袖们》一书中指出：戴高乐的一生被卷入经常是针锋相对的争论中，但是，争论的结果是清楚的：要是没有戴高乐，法国就不可能在二战的悲剧中幸存，没有戴高乐，就不会取得法德和解。没有戴高乐，法国就不会通过《第五共和国宪法》，就可能陷于政治、经济和社会的混乱之中。没有戴高乐，法兰西精神就可能消亡了。[①]

二、法国的独立外交战略及实施

1944—1946年，戴高乐曾任法国临时政府首脑，在这“第一戴高乐时期”中，他以恢复法国在国际事务中的大国地位和维护法兰西民族尊严与独立为己任，梦想建立以法国为核心的西欧集团，充当美苏之外的世界第三种力量。但是战后初期的法国，满目疮痍，经济凋敝，资产阶级人士都主张调整与缓和法美关系，争取美援。在国际舞台上，戴高乐的政策遭到美国的反对和苏联的抵制。戴高乐的努力一一落空。1946年1月20日，他以最后通牒的方式提出了辞职，隐居科隆贝双教堂。他于1950—1958年撰写完《战争回忆录》，把他的理想抱负和政治主张发挥得淋漓尽致。戴高乐深得法国新兴垄断财团的青睐，当戴高乐1958年重返政坛开始“第二时期”之时，极度动荡的法国恰恰为戴高乐施展政治抱负提供了机会。更重要的是他的主张适应了法国垄断资本的需要。也可以说，二战后的法国在政治、经济以及国家形象方面已经衰落，急需一位政治强人的出现，而戴高乐正是这样的人士。

20世纪50年代后期的国际国内局势发生了深刻的变化。

（1）从国内看，戴高乐上台以后，为解法国政局燃眉之急，经公民投票，通过了加强总统权力和行政权力的新宪法。第五共和国遂告成立。新宪法建立的政权机构是一个混合体，一半是总统制，一半是议会制。日常工作由总理负责，最后定夺的权力在总统。这是戴高乐为了避免党派之争，有效推行其政策采取的有力步骤。

（2）法国经济发展速度加快。1960—1970年，国内生产总值的年增长率达到5.6%，超过1950—1960年的4.8%，新兴工业发展迅速，汽车工业在20世纪60年代创造了生产新纪录。1970年生产了275万辆，比1960年增加1倍，在飞机制造方面，法国居于第三位，达索航空公司制造的“幻影式”歼击机在

① 〔美〕尼克松著，刘湖等译：《领袖们》，知识出版社1985年版，第107页。

世界享有盛誉。1970年，国内生产总值达到1409亿美元，超过英国，位于美、日、西德之后，居世界第四位。黄金外汇储备迅速增加。法国经济逐渐摆脱对美元的依赖，1965年2月，法国财政部宣布退出金汇兑本位制，恢复法郎的金本位制。为了法国垄断资本的发展，客观上要求摆脱受人支配的地位，这也正是戴高乐的主张得到垄断财团支持的原因之一。1960年2月，法国第一颗原子弹在撒哈拉沙漠试验成功，大大增强了法国国防力量并提高其外交地位，这一切不仅为戴高乐的"独立外交"创造了条件，也为重振法国大国地位奠定了物质基础。

（3）从国际上看，美苏两个超级大国既缓和又对抗，妄图垄断核武器，主宰世界。在苏美核对抗加剧的情况下，核冲突在中欧和西欧爆发的可能性依然存在，西欧对美核"保护伞"的有效性产生了怀疑。英国拥有了核武器，与美国保持着"特殊关系"。法国等一些西欧国家则开始摆脱完全听命于美国的地位。戴高乐认为，在国际局势已经发生重大变化的时期，法国应该调整其外交，坚决放弃第四共和国对大西洋联盟的"屈从"，也就是放弃对美国的"屈从"，而应该"按照法国自己的意愿"在欧洲和世界行动。随着欧洲联合趋势的发展，戴高乐要建设"欧洲人的欧洲"的意识更加突出了。

就是在上述国内和国际背景下，戴高乐一改第四共和国追随美国外交政策的做法，而推行"我行我素"的法国"独立外交"。这一时期，法国的外交目标概括起来主要是：着重打破美国在西方联盟中的霸权地位；由法国充当西欧盟主，维护法国在世界各国的利益；主动同中苏对话来解决世界事务。为了实现这些主要目标，戴高乐果断地采取了重大的主动外交行动。

可以说，戴高乐的引领作用十分突出。战后的法国是美国的北约成员，可以像其他国家一样平淡无奇地作为美国的一个盟友，在美国的指挥下生存。但法国因为有了一个与众不同的领袖人物，一切都变得不同。

在戴高乐的心目中，法国外交的核心是法国是一个大国，它必须谋求其大国地位。同时，法国必须成就伟业，法国如果不伟大，就不称其为法国。①

戴高乐强调法国的大国地位必须靠法国自己来谋求，他必须为法国的独立大国地位作出重要的战略选择。那就是不听命于任何一个大国，而依据法国自身的利益作出决策。正是在这样的决策动机之下，戴高乐提出了独立外交战略。

戴高乐的独立外交政策，也即戴高乐主义的对外政策的重要内容。法国戴

① 〔法〕戴高乐著，陈焕章译：《战争回忆录》第1卷，中国人民大学出版社2016年版，第1页。

高乐主义研究所副所长皮埃尔·勒弗朗将戴高乐主义概括为：①政治思想上，主张民主原则和分权原则；②经济政策上，认为民族独立有赖于经济发展，主张国家掌管主要经济部门；③民族独立思想上，坚持独立防务，奉行以第三条道路为主要内容的独立外交政策。在戴高乐主义中，戴高乐的对外政策思想和实践最为完整和系统，表现了戴高乐主义的主要特征。对法国来说，就是民族独立和世界大国地位的综合，在国际关系中则集中表现为对两个超级大国的挑战；在大西洋联盟内部关系中首先是在欧美关系中，则表现为对美国的独立倾向。[①]

戴高乐主义产生于法国，但它的精神实质却逾越法国的边界。在西欧产生了广泛影响，成为一种“欧洲现象”。戴高乐主义在20世纪60年代的表现和影响，是这一时期西欧国际关系中最具典型意义的事件。戴高乐主义的中心内容是强调法国的国家利益至上。法国虽然同美英一样同属西方阵营，但法国与其盟国内部的矛盾却要比法国同苏联、东欧之间的矛盾深刻。这就是戴高乐主义再三强调“国家利益超越意识形态”的原因。法国同苏联、东欧改善关系的意图是明显的：接近苏联、东欧以牵制美国，缓和欧洲局势以结束“冷战”。“为了使我们不致成为美国的工具，我们就必须合作，我们不能只限于同意大利、荷兰、比利时、卢森堡等经济联盟发生联系，而应把我们的活动范围更加扩大。”[②]

戴高乐明确了法国的国家定位和国际地位之后，围绕着追求大国地位的总的战略目标，采取了五大步骤。这五大步骤层层递进，环环相扣，相互联系，相得益彰。

（一）法国撤出阿尔及利亚

法国统治集团内部历来存在海洋派（帝国派）与大陆派之争。两派在维护法国殖民利益方面是一致的，但侧重点和做法有差异。前者把争夺海上霸权、开拓和维护殖民地放在首要地位，使法国成为全球性大国。后一派主张集中主要力量于本土和欧洲，以殖民地为依托，称雄欧洲大陆，力求避免在殖民地的冒险。[③] 戴高乐较早地看到了阿尔及利亚这样的殖民地对于法国不仅是一种负

---

① 陈有进等主编：《当代世界大事纵览（1945—1990）》，改革出版社1991年版，第213—214页。

② 〔联邦德国〕阿登纳、〔法〕戴高乐著，上海人民出版社编译：《阿登纳、戴高乐论中苏问题》，上海人民出版社1973年版，第443页。

③ 张锡昌、周剑卿：《战后法国外交史（1944—1992）》，世界知识出版社1993年版，第72页。

累，更是一种枷锁。20世纪50年代以后，法国的经济情况开始好转，走上了恢复和发展的轨道。可是政局却始终困顿不堪，最主要的原因是它背着两大殖民战争之债：印支战争以法国的失败而告终。一两年后，法国又投入了另一场殖民战争：北非的阿尔及利亚之争。战争正酣之际，法国还于1956年10月与英国一起发动了苏伊士运河战争。

当时的法国，战略上十分混乱，四面出击，焦头烂额。

在1958年戴高乐重新出山到他就任第五共和国总统的短短半年时间内，他曾五次前往阿尔及利亚；当他认清民族解放和国家独立已是大势所趋时，他的态度逐渐明朗起来。此时，他已是第五共和国的总统，拥有了较为牢固的政治基础，因此可以在阿尔及利亚问题上采取更加明确的政策。1959年1月8日，戴高乐任总统的当天就宣布在阿尔及利亚实行大赦，以便为解决政治创造条件。8月底，戴高乐有意在阿尔及利亚对法国军官们强调：欧洲人统治的时代已经过去。9月16日，戴高乐在电视广播演说中第一次提出了在阿尔及利亚实行"自决"的问题。

对戴高乐来说，将过去的臣属关系变为伙伴关系，这确实艰难。他为之感叹道："就我来说，要在那些地方移交我们的权力，卷起我们的旗帜，合上这部伟大的历史，是一种多么痛苦的精神考验啊！"客观地说，戴高乐还是经受住了考验，面对现实，作出了明智的抉择。非殖民化不仅使法国卸掉了背上一只沉重的包袱，也使戴高乐赢得了政治家的威望，使他能够更有力地在国际风云中为法国的大国地位拼搏。①

戴高乐审时度势，毅然抛弃了昔日"法兰西帝国"的思想，理智地作出了有历史意义的抉择。这不仅消除了法国驻阿殖民将领对法政府造成的隐患，也为戴高乐本人树立了崇高威信。

显然，撤出阿尔及利亚的决策是当时很少有人能够作出的，这体现了戴高乐的胆识和决断力。从他的经历中也可以看出，他作出决定时往往是少数派，但事后证明是正确的。这说明了他政治家和战略家的远见卓识。

（二）法德和解

历史上法德之间的纠纷、对立、冲突、战争曾在戴高乐心目中深刻铭记。法德两国在欧洲历史上可谓一对冤家，两国曾多次交恶并给欧洲局势带来动荡

---

① 任向群：《冷战对峙：20世纪外交大写实》，世界知识出版社1999年版，第381页。

与战乱。20世纪初，曾经辉煌并在欧洲八面威风的法兰西民族，在不长的时间里，竟两次遭到德意志铁蹄的蹂躏。

二战后，除了苏联以外，还有一个国家十分担心德国，那就是法国。作为邻国，法国对于德国再度成为战略策源地的担心从未停止过。饱尝屈辱的法国曾想肢解德国这个“可恶的邻国”。戴高乐曾经心有余悸地谈论德意志民族具有查拉图斯拉心目中的“超人性格”，战后他在对德问题上一贯采取强硬态度。他确信，法兰西民族意识从古到今不可避免要迎接德意志民族意识的挑战，二战末期，戴高乐曾主张肢解德国，使它回到俾斯麦以前公国林立的局面。

然而，到了20世纪50年代中期，法国同联邦德国之间基本上实现了和解。由于冷战的爆发，欧洲出现两大阵营对垒的局面，法国出于自身和整个西方联盟的利益需要，逐渐采取了对德和解政策。

戴高乐对法德关系有着深刻的构想，他是基于如下战略考量来确定对德和解的。

首先，德国已经亡国，历史翻开了新的一页。在他看来，德国已经一分为二，历史不会允许再出现一个俾斯麦或希特勒。

戴高乐认为二战中法国是战胜国，这就是法国异于德国的起点，也是优于德国的起点。他利用联邦德国有一个基本条件，那就是法国可以发挥主导作用。由于德国是战败国，法国便可以在这种联合中发挥领导作用，借用共同市场的力量，实现与美苏鼎足而立的目标。事实上，戴高乐强调法德联盟，仍然是以恢复法国大国地位为核心的。试想，如果法国不光代表法国，还能担当联邦德国的代言人，那法国在世界上的地位无疑会进一步上升。在戴高乐设想的法德和解这一步棋中，法国必须成为主导者，在一定意义上是一种囊括和兼并的关系。虽然后来这个目标在联邦德国的警觉下没有完全实现，但由法国来主导的法德合作显然有助于使法国摆脱二战后的孤立地位，增强法国在国际舞台上与美苏谈判的分量。

如果法国意欲重新成为真正的大国，仅凭法国单枪匹马是不够的，他必须要联合可以联合的其他力量，在西欧国家中，英国是不能指望的，英国重美轻欧，外有英联邦作为支撑。此时经济已呈快速发展势头，但政治上仍受制于战败国地位的联邦德国正是法国可以借助也不得不借助的一支力量。按照戴高乐的说法，法国在欧洲只有一个可能的伙伴，甚至是理想的伙伴，这就是德国。[1]

---

① 张锡昌、周剑卿：《战后法国外交史（1944—1992）》，世界知识出版社1993年版，第68页。

法国具有政治优势，而联邦德国具有经济优势，两者合作具有极强的互补性。而联邦德国也希望法国帮助它在国外恢复别人对它的尊敬和信任，从而恢复它的国际地位。为此法国应该与西德和解与合作，以便奠定西欧联合的坚实基础。

其次，在冷战的大背景下，法国不得不考虑苏联的挑战问题，同时又担心与苏德结盟。基辛格对此有过深入的分析，他认为法国并非一时情投意合而决定促进法德友谊。“自从黎塞留以降，法国的政策一直就是以促使恶邻日耳曼既分裂又衰弱为目标。19 世纪的法国认识到自身没有实力围堵日耳曼，遂与英国、俄国和一些小国家结盟制德；到了第二次世界大战之后，这些选择也消失了。两次世界大战，英、法集两国之力犹不足以击败德国。苏联军队已经进驻易北河岸，东德又是苏联的卫星附庸国，若是与莫斯科结盟的结果，恐怕是苏联主宰欧洲的可能大于德国受到围堵的机会，这才是戴高乐放弃传统与德国敌对的政策，转而把法国前途寄托在与宿敌德国交好的原因。”“柏林危机使得戴高乐有机会推进他的策略。他谨慎地把法国的角色定位为欧洲命运的保卫者，利用柏林危机表现出法国对欧洲现实的了解，以及对德国国家利益的敏感。”戴高乐意识到必须进行精细的平衡性安排，一方面要鼓励德国实现其对外政策目标，另一方面又不能够助长德国自行其是的心理，从而与苏联相互勾结。他十分顾虑苏联在推动德国统一的进程中成为最大的赢家，从而在法国边境建立一个摇摆不定的德国，将“法国长远以来的防德心理，变成深恐德、苏结盟的梦呓”。①

当然，法国的战略前提是坚决反对德国重新武装，这才有了后来的煤钢联营。这个举措看似是经济方面的，实则具有重要的政治安全含义，那就是用联合、合作的方式束缚德国的行为。

法德和约改变了长期以来形成的法德间传统的世仇和敌对关系，这在欧洲是具有历史意义的事件。这为以后的历届领导人作出了榜样。在涉及西欧的重大问题时，法德两国总是进行磋商。戴高乐在记者招待会上说，法、德合作“构成了欧洲结构的条件和基础，现在它是我们大陆安全的首要因素”，将来它也许是从东方到西方各国间的和平均衡的首要因素。事实果然如此，在 1962 年，美、英“拿骚会议”刚刚结束，在法国拒绝参加多边核力量的形势下，戴高乐把这个条约当成了与美苏抗衡的锐利武器。

法德和解使法国在经济上获得了补偿。法国获得了迫切需要的萨尔的煤，

---

① 〔美〕亨利·基辛格著，胡利平等译：《论中国》，中信出版社 2015 年版，第 528 页。

并使摩泽尔河运河化。但是，西德联邦议院在通过该条约时，增加了一个序言，阐明西德签订的多边条约和义务不受影响，必须促进欧美特别密切的合作，包括北约的防务一体化，实现包括英国在内的欧洲统一。这使戴高乐大失所望，西德并未成为法国的驯服工具。戴高乐只是有限地达到了自己的目标。

最后，作为世界级的领袖，戴高乐有一幅自己的欧洲建设蓝图。他认为，无论是从政治、经济意义出发，或出于战略上的考虑，欧洲都应该自成一体，这是一个把莱茵河、阿尔卑斯山和比利牛斯山所覆盖的国家联合在一起的欧洲，它应该成为苏联和美国之外的“世界三大势力之一”，这就是所谓“欧洲应该是欧洲人的欧洲”的理论基础。戴高乐上台伊始就积极地以他的“欧洲观”去推进欧洲联合。1959 年 10 月 13 日，戴高乐正式建议欧共体六国就政治问题举行定期磋商，建议在巴黎成立秘书处。第二年夏天，戴高乐再次提出讨论建立欧洲政治联盟问题。1961 年 2 月，六国首脑原则上同意建立政治联盟。7 月 18 日，六国领导人在西德波恩举行会议，决定举行政治协商，并委托以法国大使伏歇为首的委员会起草建立政治联盟的方案。同年 11 月，“伏歇方案”正式发表。这个方案充分体现了戴高乐建立一个法国居于领导地位并与大西洋联盟保持距离的欧洲邦联的思想。

1958 年 9 月，即戴高乐重新上台不到 4 个月，戴高乐与阿登纳即开始在朗布伊埃构筑法德联盟的大厦，此后，频繁互访、书信往来直到 1963 年初，戴高乐与阿登纳在巴黎签订了全面合作的《法德合作条约》。戴高乐对法德结盟的必要性和重要意义作过深刻阐述。首先，因为两国都直接或间接受到威胁；其次，为了在欧洲建立起自信和巩固的堤坝，除法德合作之外，别无其他基础；再次，要建立整个欧洲，即从大西洋到乌拉尔的均衡、和平和发展，关键是西欧要有一个具有活力的、强大的欧共体，这个共同体的轴心就是法德合作；最后，是为了促进科学、技术、经济、文化进步。

西欧联合在戴高乐的全球战略中占有重要地位，是实现法国外交政策目标的有力工具。首先，以法国为中心的西欧联合是法国争取大国地位的重要步骤，法国与两个超级大国的力量差距过大，不可能单独成为同美苏并列的第三强国，只有西欧作为一个整体才能与美苏并驾齐驱。其次，西欧联合是西欧和法国摆脱美苏“双重霸权”、谋求独立发展的必由之路。长期以来，他设想一个联合的欧洲应成为与美苏鼎立的“世界三大势力之一”，在美苏之间起平衡和仲裁作用。最后，西欧联合是最终实现欧洲重新合二为一的必要阶梯。戴高乐主张西欧联合，不是要固定欧洲一分为二的现状，而是要最终改变欧洲被人为分裂的局面。按戴高乐的设想，第一步，建立一个“强大、繁荣和富有吸引力的”西欧联合体，从而在人口和资源方面势均力敌的东西方两个集团之间实现均衡。这种均衡将导致欧洲两部分的和解。第二步，在东方国家和平演变的基础上，建立“从大西洋到乌拉尔的欧洲”。这就是戴高乐的欧洲纲领，也是他的西欧联合政策的归宿。①

（三）缓和对苏关系

作为东方政策的重要步骤，戴高乐谋求改善与苏联的关系。这一过程恰恰与巴黎宣布退出北约军事一体化、摆脱美国控制、向美国霸权挑战同步进行。法苏关系缓和是“项庄舞剑，意在沛公”，在一定意义上是冲着美国去的。这种外交上的精心安排显然提高了法国抗衡美国霸权的力量。戴高乐强调，从大西洋到乌拉尔山脉建立欧洲人之间往来联系的办法是缓和、谅解、合作。两国在意识形态上针锋相对，然而在某些重大国际问题上却有不少汇合点。双方都表示要防止战争，缔造和平，承认德国现状，把整个日耳曼民族纳入一个和平和进步的欧洲当中。

值得注意的是，戴高乐在同美国闹独立的时候，竟然同苏联领导人会谈“从大西洋到乌拉尔的欧洲”。显然，美国无论如何都不属于这个欧洲范围，排美意图是明显的。法苏接近使西方舆论界联想到了19世纪的法俄联盟，美国则感到一种可能产生连锁反应的不祥之兆。因为那意味着美国在西方联盟中的领导地位将发生动摇。起码不能像战后初期那样，因为戴高乐要做什么，是绝对不需要美国批准的。

戴高乐相信中苏分歧正是法国可以利用的最佳时机。戴高乐认为，这个时候的苏联必然会从与中国发生冲突的角度来考虑问题，苏联不可能两线作战。因此一定有意愿与西方重新和好。而西方尤其是法国如果不准备发动战争，也只有讲和一条路。同时，戴高乐也充分意识到美苏冲突正是法国可资利用的重要战略因素。1966年他访问苏联时对勃列日涅夫说：“总书记先生，有你帮助我们抵制美国的压力我们真高兴。”他一见到勃列日涅夫趾高气扬，就转换口气说：“我们也很高兴有美国帮助我们对付苏联的压力。”② 这些没有正式发表过的话可以帮助我们了解戴高乐灵活的外交手段。

---

① 张锡昌、周剑卿：《战后法国外交史（1944—1992）》，世界知识出版社1993年版，第191页。

② ［法］安德烈·方丹著，康新文等译：《同床异梦——纷纭世事二十年（1962—1981）》，新华出版社1986年版，第56页。

因此，戴高乐的设想得以实现，一方面是由于法国作出积极努力，另一方面是戴高乐的东方政策对苏有利，得到了苏联的响应。苏联从它的战略利益考虑，除了与中国可能的冲突之外，苏联还需要通过缓和同西欧的关系，促使西方承认战后形成的东欧国家边界；引进西方先进的技术设备，更重要的是同法国这样奉行独立政策的国家改善关系，可以在美国与其西欧盟国中打下楔子分化美欧，削弱西方阵营，达到促使西欧走向中立的目的。勃列日涅夫说："由于他的作用，我们不是未冒任何风险就在帝国主义资本主义身上打开了一个缺口吗？戴高乐是我们的敌人，我们心里是有数的……可是，我们得到什么收益呢？我们的收益是削弱了美国在欧洲的地位，何况这件事还没有了结。"①

戴高乐的"东方政策"是戴高乐主义的重要体现，维护法国民族独立与尊严，提高法国大国地位是戴高乐主义的中心内容。

1966年，戴高乐访苏和葛罗米柯访问巴黎，是法苏关系发展的重要阶段。6月30日，两国签署了《法苏宣言》。11月9日，法国又宣布签署双边技术协定，并在爱丽舍宫与克里姆林宫建立了绿色电话。

（四）退出北约军事一体化机制

有了前面三大步骤的铺垫，戴高乐开始向美国发起了挑战。

首先反映在法国坚持独立发展核力量的主张。法国是北约成员国，为什么要闹独立呢？又为什么要独自发展核力量呢？

戴高乐判断，如果苏联对欧洲实施核打击，美国很难明确承诺在第一时间提供核保护。这就是法国坚持发展独立核力量的原因。

长期以来，法国一直坚持发展自己的独立核力量，特别是戴高乐重新上台后，法国坚持这一立场的决心一刻也没有动摇过，甚至还试图组织一支能让法国说了算的"欧洲的核力量"。戴高乐全然不在乎他人对法国的军事行动自由所施加的限制。1964年7月23日，他在记者招待会上表示，"美国和苏联的核武器使它们自己的安全有了保障，也使它们在各自的阵营中有了称霸的本钱。它们无论如何不会放弃发展自己的核武器。任何一个国家不管它的意识形态如何，国家性质和舆论工具怎样，只要处在它们那样的地位，都不会放弃核武器。其结果是，无核国家不得不接受两个超级大国的战略保护和政治控制。面对这种

① 〔法〕瓦日芒著，丁世中等译：《缓和的幻想》，商务印书馆1980年版，第35页。

情况，法国认为必须进行必要的努力，使自己也成为核大国”[①]。当戴高乐重掌政权后在马蒂尼翁大厦接待第一位来客——英国首相麦克米伦时，他就对麦克米伦说，法国下决心制造自己的核武器，应该成立一个由西方国家分享控制权的原子武器小组，使用核武器的任何决定，法国都应有权参与。

1958 年 7 月 4 日，美国国务卿杜勒斯来到巴黎。他对戴高乐说，美国知道法国正在制造原子弹，与其花那么多钱自己去试验，不如由美国提供，岂不更好？戴高乐回答说，假如美国肯卖，法国当然愿意买，但问题是，美国能够将这些武器卖给法国而不附带任何条件吗？戴高乐的反问切中要害，杜勒斯没有正面回答，因为美国根本不打算帮助法国拥有原子武器，这是双方心里都清楚的。[②]

杜勒斯来到巴黎的前两天，美国政府刚发布了新原子能法案，规定：美国只向已有“实质性进展的盟国”提供核技术资料，美国心目中“实质性进展的盟国”只有英国一家，法国并不在内。由此，戴高乐强调，把自己的命运交给即使是友好的国家，对于一个伟大的民族来说也是无法容忍的。[③]

1960 年 2 月 13 日，法国拥有了核武器，一跃成为核大国。戴高乐的态度更加强硬。这年底，美国第一次提到了“多边核力量”的设想，法国对此表示了极其冷淡的态度。美国总统艾森豪威尔表示即使法国人有钱制造原子弹，也赶不上苏联的水平。戴高乐明确回答：“即使敌人有杀死我们十次的力量，我们只需要杀敌人一次就够了。”戴高乐的这些话奠定了发展法国的独立核打击力量的理论基础，即“以小慑大”的核威慑理论。[④]

1961 年 5 月底，肯尼迪总统访问巴黎，向戴高乐谈及多边核力量计划时，戴高乐回答说：“那不过是从一个美国司令转给另一个美国司令，而决定发射火箭的权利仍然在同一位美国总统手里。”1962 年 6 月，美国国务卿腊斯克到西欧游说，法国再次以“法国的核武装力量还未建立”为由拒绝了美国关于组织“多边核力量”的试探。

1963 年 1 月 14 日，戴高乐断然拒绝美国总统肯尼迪提出的“多边核力量计划”，这个计划要求法国放弃独立核力量，由美国提供北极星导弹，但只允许美

---

① 〔法〕安德烈·方丹著，康新文等译：《同床异梦——纷纭世事二十年（1962—1981）》，新华出版社 1986 年版，第 51 页。

② 陈乐民：《战后西欧国际政治（1945—1984）》，中国社会科学出版社 1987 年版，第 214 页。

③ 陈乐民：《战后西欧国际政治（1945—1984）》，中国社会科学出版社 1987 年版，第 217 页。

④ 〔法〕戴高乐著，翻译组译：《希望回忆录》，中国人民大学出版社 2005 年版，第 230—232 页。

国人控制发射权。7月，他又郑重声明，法国无意签署莫斯科部分核禁试条约。古巴导弹危机之后，戴高乐说："既然美国不能为距它只有150公里的古巴而战，那它一定不会为离它5000公里的欧洲而战，我由此得出结论，法国必须保持自己的独立和防务。"①

更为果断的一步是法国宣布退出军事一体化组织。

戴高乐一直认为，法国必须制定独特的外交战略。在《希望回忆录》里，他写道，他的宏图并不是要把法国从大西洋联盟中拉出来，而是要撤离美国指挥下的北约军事一体化组织；法国要和东方集团，首先是和苏联建立一种缓和、和解和合作的关系，条件成熟时也同中华人民共和国建交，用强大的核力量把法国军队武装起来。戴高乐说，他决计"一步一步地"走，每一段路都同总的形势的演变结合起来，而不影响法国与其他国家的"传统友谊"②。其中最重要的是法国拥有独立的核力量和在大西洋联盟中争取与美国平起平坐的大国地位。戴高乐基于历史教训总结了两点战略法则：盟国并不是绝对可靠的，作为大国的盟国关键时刻更易于拿相对较弱的国家做交易；法国要想在外交博弈中不被牺牲，就必须拥有独立的战略能力。法国战略决策者对民族主义和独立精神的强烈诉求，恰恰是对其过去软弱地位的一种反思，尽管有时这种反思是潜意识的。③

戴高乐对美英在北约的所谓"两头领导"的挑战，是在1958年9月14日给艾森豪威尔和麦克米伦的信中正式提出的。戴高乐在信中说，鉴于法国在安全问题上承担的责任，它应当直接参与大西洋联盟的政治和战略决策。而这类问题却只限于美英两家决定。随着原子武器的垄断权将不再属于盎格鲁—撒克逊人，法国更有理由加入北约的最高权力集团。戴高乐提出，联盟的领导权应该属于国家。否则，法国将不再为北约的发展负责。

但是，英美先后拒绝了戴高乐的建议，艾森豪威尔总统答复戴高乐说，美国承担的责任要比法国重得多，它要承担全球责任，如果组成"三头领导体制"无法说服北约其他成员国。同年12月，北约部长理事会上，戴高乐的建议被否决，他开始分三步撤出北约军事一体化组织。1959年3月，戴高乐下令收回法国地中海舰队的指挥权，从此该舰队从北约撤出。6月，法国政府拒绝在法国

① 〔法〕安德烈·方丹著，康新文等译：《同床异梦——纷纭世事二十年（1962—1981）》，新华出版社1986年版，第54页。

② 〔法〕戴高乐著，翻译组译：《希望回忆录》，中国人民大学出版社2005年版，第218页。

③ 李少军主编：《国际战略学》，中国社会科学出版社2009年版，第74页。

领土上部署美国核武器，除非武器的主权属于法国。1963年6月，法国宣布撤回大西洋舰队，两个月后又收回原定在战时归北约指挥的几个空军中队的指挥权。1966年3月，戴高乐迈出了决定性一步，正式退出北约军事一体化机构。10月，北约理事会被赶出法国。翌年3月，驻法美军降下星条旗，撤出法国。

9月2日，艾森豪威尔与戴高乐进行了一次"摊牌"式会谈。艾森豪威尔提出，他实在不能理解，为什么法国那么不信任美国，居然怀疑美国一直把自己的命运同欧洲连在一起的事实。

戴高乐反唇相讥道：在两次世界大战中，美国和法国都是盟友。可是，法国不会忘记，在一战中，美国是在法国经历了三年濒于灭亡的战争考验之后才参战的，二战期间，美国也是在法国已被希特勒占领之后才卷进战争，这就是法国虽然忠于盟国，但又反对北约军事一体化的原因。①

戴高乐脱离北约军事一体化机制引发了巨大反应，戴高乐强调："我的规划不是要使法国脱离大西洋联盟，这是我要极端小心地维持的——而是要脱离在美国指挥下的北大西洋公约组织一体化；要分别同东方国家，首先是俄国，建立缓和，然后是谅解和合作的关系；在时机到来的时候也同中国建立同样的关系；我们要自己拥有一支核力量，足以使任何要攻击我们的人冒遭受重创的风险。"②

古巴导弹危机，多边核力量计划和部分核禁试条约都证实了戴高乐的猜疑：美国的政策基本上是为了维护自己的超级大国地位，在重大问题上撇开盟国，热衷于同苏联做交易。

虽然戴高乐表现出很强的独立倾向，但他不担心威胁真得来临，法国难以独立应对吗？其实戴高乐对这个问题早就洞若观火。因为戴高乐十分清楚，苏联威胁才是美国的头等威胁，美国不会因为法国，而是因为自身的全球利益而不得不在关键时刻保卫欧洲，尽管方式可能是多样的，但美国的这种保卫承诺却必须是明确的、可靠的。基辛格早就指出，"戴高乐根本不怀疑美国对欧洲的军事承诺，其实他信心百倍，不去考虑政治独立的威胁"。③

总之，戴高乐领导下的法国，采取种种措施，与美国相抗衡，致使法美矛盾尖锐化，这是西方阵营分化的重要标志。

---

① 〔美〕亨利·基辛格著，顾淑馨等译：《大外交》，人民出版社2010年版，第593页。

② 任向群：《冷战对峙：20世纪外交大写实》，世界知识出版社1999年版，第396页。

③ 〔英〕尼尔·弗格森著，陈毅平译：《基辛格：理想主义者（1923—1968）》，中信出版社2018年版，第673页。

（五）与中国建交

阿尔及利亚问题解决以后，法国同中华人民共和国建立正常关系的一个重大政治障碍被搬掉了。戴高乐还认为，中苏关系已经恶化，法国在着手改善同苏联关系的同时加速同中国关系的正常化，对于提高法国的身价无疑是有好处的。从战略上而言，戴高乐与中国建交的努力既是对美国的一击，也给苏联一个信号，法国不会听令于任何国家。因此，他开始认真考虑同中国建立正常关系的问题。

戴高乐在科龙贝隐居之时，曾读过在第四共和国任总理的爱德和・富尔写的一本中国访问记《蛇与龟》，富尔在书中提出法国应该和中国建交。当中法交往日渐频繁之时，戴高乐请富尔充当总统信使去中国，要他在访华期间进行半官方的试探。

1963 年 10 月，富尔夫妇会见了毛泽东主席和周恩来总理，进行了很有积极意义的谈话，为中法建交打下了良好基础。

戴高乐决定同中国建交，必须克服两个阻力：蒋介石的干扰和美国的压力。

国民党当局从 1963 年 10 月起，开始加紧活动企图干扰动摇戴高乐的决心，12 月 24 日，蒋介石给戴高乐写信，要求澄清法国政府是否准备改变同中国关系的现有方式。戴高乐于 1964 年 1 月 14 日复信，信中表示对蒋介石本人怀有敬意和个人友情。然后说："我应该告诉你，确确实实我的政府不久将同建立在北京的政府开始缔结外交关系……出现在大陆中国并已确立的形势同我们过去所能预计的，是不相符合的。法国不能长期无视一个已经存在的事实。"①

接着，戴高乐派遣了曾任驻国民党当局大使的佩切科夫将军拿着这封复信去台北面见蒋介石。1964 年 1 月 27 日，《中法建交公报》公布，国民党当局在法国的"代办"向法国外交部发出了"抗议"照会，2 月 10 日，法国政府声明，台湾当局的"外交使团"已经失去存在的理由。

美国千方百计地对戴高乐施加压力，驻法大使波伦以及国务卿迪安・腊斯克都曾劝阻戴高乐即将采取的行为，戴高乐以不容置疑又比较含蓄的外交语言加以回答：如果有朝一日，法国政府决定在北京建立外交使团的话，法国将向美国通报，为此，美国曾经正式照会法国，反对法中建交，照会遭到了法国政府的断然拒绝。

---

① 徐建清等编著：《全球的中国风——新中国外交风云录》，国防大学出版社 1992 年版，第 90 页。

中法建交后，双方迅速任命各自的首任特命全权大使：黄镇将军和西安·佩耶。佩耶5月向刘少奇呈递国书。6月，黄镇向戴高乐递交国书。

中法建交被喻为“一次突发的外交核爆炸”。《中法联合公报》发表后不到半小时，美国国务院气急败坏而又无可奈何地表示遗憾。美国拉拢盟国孤立中国的阴谋进一步破产了，法国是西方大国中第一个与中国建立全面外交关系的国家。它为西方资本主义国家提供了一个范例，这也的确是戴高乐“独立外交”一次大胆的、果断的和明智的带有战略意义的行动。戴高乐提出，法国与中国建交，只是如实地承认世界。他认为，目前还在等待的某些国家政府，迟早会觉得应该仿效法国。[①]

中法建交为中法两国的政治、经济与文化关系进一步发展开辟了道路，这有利于两国国际地位的提高，也为维护亚太地区、欧洲和世界和平与安全作出了贡献。

这就是戴高乐的五大步骤，步步都有开创性，步步都是技惊四座，终于奠定了法国的独立大国外交体系。

三、结 语

在错综复杂的冷战环境下，戴高乐通过大胆果断的行动和面对压力的不懈努力，终于使法国成为不可轻视的大国。戴高乐在法国几代人遭受失败和屈辱后，恢复了法国人的自信心。

纵观戴高乐“独立外交”的战略思想和实践，那种对超级大国尤其是对美国霸权的不妥协挑战精神，确实十分突出，开创了代表西欧的一种政治倾向。戴高乐没有与盟国商讨任何一个重大的对外政策问题，即使面对强大的压力，也仍然以自己独立的决策捍卫和发展法国作为一个大国的重要地位，越南问题、缓和与苏联的关系、与中国建交、退出军事一体化组织等外交举动概莫如此。戴高乐的独立外交在一定程度上打击了美国的霸权地位，打乱了美国的战略部署，鼓舞了大西洋联盟内部对美国独立与离心倾向的加强，推动了国际局势与东西方关系的进一步缓和，加速了国际关系格局向多极化世界的演变。

20世纪60年代国际关系中的重要事件，对戴高乐之后的法国外交也产生了深远影响，即使在20世纪七八十年代乃至今天这种影响依然存在。他提出的

---

① 俞正梁等编著：《战后国际关系史纲（1945—1987）》，世界知识出版社1989年版，第217页。

"从大西洋到乌拉尔的欧洲"的构想，是战后历史上第一次由一位欧洲政治家突破战后欧洲格局的框框，从全欧洲的角度来思考和展望欧洲的前途。当时，这一设想却遭到种种非议，许多欧洲人不以为然，斥之为"幻想"或"颠倒联盟关系"，甚至他的接班人蓬皮杜总统也不敢苟同。30 年后的事态发展却证明，这一构想是颇有远见的，至今，欧洲人所设计的未来欧洲格局的蓝图，都还没有超出戴高乐所设想的框架。[①]

戴高乐"独立外交"思想的现实意义不容忽视。

戴高乐强调的法德和解有其自身的战略目的，那就是利用德国战败后的不利地位，通过法德和解，控制住德国，从而成为欧洲大陆的一支重要力量，更有效地制衡两个超级大国。它的总体战略思路就是保持和发挥法国的独立大国作用，但这一切不是单枪匹马能够做到的，由于美国不把法国视为大国，法国就必须联合其他力量形成合力，从而成为两个超级大国之间的第三支力量。它的外交设计就是围绕这个目标而展开的。法德和解，缓和对苏关系，与新中国建交几乎是同步展开的，形成了一个全方位东方外交的大布局。

其实，戴高乐的特立独行和逆流而动并非他独立外交的核心，最为重要的是他对外交的一种整体和顶层的设计，充分体现了他的大局观和战略观。作为一个大国领导人，他能够保持独立的战略思维，是十分难得也是十分关键的。

然而，国际上的外交成就并不能抵消国内的冲突。美国历史学家这样评价戴高乐的外交："他们并没有完全认识到，他们在当前的外交棋局中是个被动的而不是主动的角色。法国人以为挫败了欧洲防务共同体，就重挫、甚至是扼杀了德国的重新武装。他们硬是不要欧洲防务共同体，而把北约作为可能的选择，其实前者倒是能够对德国重整军备施加控制，后者则没有这种限制，会允许德国发展国家的武装力量。因为杜勒斯坚持必须重新武装德国，而美国的政策就是基于这种必要性。"[②]

的确如此，戴高乐的独立外交挑战了美国等大国，却无法完全左右周边像联邦德国这样的邻国，法国成了大国，但却难以无所不能。戴高乐终因国内政治原因而下野，但他的外交成就却成为法国外交的重要遗产而得到继承和发扬。

---

① 张锡昌、周剑卿：《战后法国外交史（1944—1992）》，世界知识出版社 1993 年版，第 99 页。

② 〔美〕沃尔特·拉费伯尔著，朱可等译：《美国、俄国和冷战》，世界图书出版公司 2012 年版，第 137 页。

群雄逐鹿：联邦德国新东方政策

1945年5月7日，德国宣布无条件投降。两天以后，在柏林市郊卡尔斯霍夫特德国军事工程学校大饭厅里，盟军最高统帅部举行了庄严的受降仪式。仪式由苏联元帅朱可夫主持，德国元帅凯特尔向在场的苏、美、英、法等国的盟军代表致敬，受降仪式一结束，寂静的大厅顿时一片欢腾。

战后的德国一片衰亡景象。中国战地记者萧乾曾在前线看到一个德国将军给一个叼着香烟的美国中士擦皮鞋，他感叹道：国不可亡一日，国一亡，它的民族就没有尊严了。

德国这个试图分裂欧洲、主导欧洲命运的国家在战后被四个大国所占领。学者官员们都在激烈地讨论如何永久地消除德国的威胁，有人提出将德国肢解为100多个小国。还有人建议从医学上改变德意志这个种族，使其再也不具有侵略性。

丘吉尔和罗斯福推出由美国财政部部长摩根索起草的计划，要把德国重新变成“一个以农耕和牧业为主的国家”。

战败的德国手中一张好牌也没有，似乎只能任人摆布。但德国的战后政治家们面对战败的现实，采取了一系列理性而务实的政策，并且终于使德国从困境中摆脱出来。

战败后的德国满目疮痍。严寒与饥饿成为生存问题，精神空虚和士气低落成为社会问题。有一些德国流亡者回国后，见此情景又离开了故土，跑到英国、法国或其他国家谋生。[①]

第三帝国的野心梦想瞬间破散，“三百万士兵死亡，两百多万人受伤致残，五十多万人死于空难，在被驱逐出自己在东方的家园的一千六百万难民中有四百多万人死亡和失踪，昔日繁华热闹的城市如今已变成满目疮痍的废墟……德国被剥夺了第三帝国时期所有通过军事和政治手段占领的地盘，本土面积也被

---

① 殷寿征、蒋裕国：《维利·勃兰特——一个德国政治家的画像》，时事出版社1985年版，第84页。

减少到了只及战前的 2/3 左右”[①]。艾森豪威尔在回忆录中写道：1945 年早春的那个夜晚，德国是一幅凄惨和绝望的景象。它的军队被摧毁了，城市成为废墟，经济濒临崩溃。人民生活降至赤贫，铁路和工厂被破坏了，使得占领军连分配生活必需品都很困难。黑市泛滥到这种程度，在德国的马路上，美国香烟几乎是唯一可用的货币。甚至盟军和苏联人发行的占领区德国马克都被认为是一钱不值。[②]

二战后，对于德国而言，最为严峻的现实和最为特殊的历史背景是德国被四个大国分区占领。

1945 年 2 月雅尔塔会议确定了由四大国分区占领德国。1945 年 8 月，盟国发布《波茨坦公告》，公布了关于处理战败德国的最后原则。二战后的德国被一分为四。

四大国分区占领德国是这样安排的：苏联接管了约有 1700 万人的东部地区，这里是德意志帝国的传统粮仓。美国占领了西南部，包括工业区黑森、巴登符腾堡，以及原来是农业区和高山地带的巴伐利亚。英国进入了德国西北部和鲁尔地区。数十年来，鲁尔一直是欧洲工业的心脏。这里集中了几百家钢铁厂、煤矿以及重型机械制造厂。在美英的极力支持下，法国也占据了一块，这是德国西南角以及莱茵兰法尔茨地区，该地区的摩泽尔河流域盛产葡萄，是欧洲最好的酿酒中心。西方三个占领区的人口约 4500 万人。[③]

用一位美国情报官的话说：“苏联人分到了农业区（普鲁士），英国人分到了工业区和产煤区（鲁尔），美国人分到了风景区（巴伐利亚和阿尔卑斯山区）。”[④] 而在欧洲分裂、德国分裂的背后，是美苏崛起和苏联领导的东方阵营与美国领导的西方阵营的对峙。德国只能在夹缝中生存。

战败国的命运首先取决于战胜国对它的安排，围绕着对于联邦德国的改造和东德的控制，两大阵营的争夺与较量进一步展开。

同样是大国，强国与弱国是不同的，战胜国与战败国更是不同的。战后的德国与法国不同，它是一个被控制的战败国，被四大国分区占领。

四面楚歌、满目疮痍的联邦德国如何摆脱困境、走向复苏呢？

---

① 王蕾：《联邦德国总理：阿登纳》，四川人民出版社 1997 年版，第 42 页。

② 〔美〕德怀特·D. 艾森豪威尔著，静海译：《艾森豪威尔回忆录（1953—1956）》，生活·读书·新知三联书店 1978 年版，第 444 页。

③ 王蕾：《联邦德国总理：阿登纳》，四川人民出版社 1997 年版，第 43 页。

④ 〔英〕尼尔·弗格森著，陈毅平译：《基辛格：理想主义者（1923—1968）》，中信出版社 2018 年版，第 141 页。

一、阿登纳的破局战略：把握时机，恢复德国正常国家地位

阿登纳早年的政治生涯在科隆市政府度过，曾于1933—1945年被监禁于纳粹监狱。1949年9月，德意志联邦共和国在西方美、英、法三国占领区的基础上成立，73岁的阿登纳在联邦议院的选举中仅以一票之多当选为联邦总理。

有人说阿登纳执政生涯中最值得关注的就是利用时机。把握时机，实际上就是把握战略机遇。阿登纳深谙要想实现其战略目标，把握时机是最为重要的。1963年在他离任时的最后一次演讲后，他的一个政敌与他进行了交谈，这个政敌不得不承认，阿登纳在1954年筹划联邦德国加入北大西洋公约的主张是符合德国现状和利益的。阿登纳冷冰冰地盯着此人，然后作了一个尖刻的答复："你我的区别，就在于我善于把握时机。"[①] 阿登纳用寥寥数语总结了自己一生的成功之道……

下面就来分析一下他是如何利用时机的。

时机之一：与美国合作

阿登纳曾经直言不讳地表示过，如果一个人必须有一个主人，那么他最好选择一个富主人，而不是选穷主人。显然，此时的德国根本无法成为主人，相反，他必须投靠在某一个强国之下。这是战败国德国必须面对的选择。他所关注的重点不是德国统一，而是如何与美国结盟。

阿登纳强调，在这个特殊时期，只有坚定地站在美国一边，才能最大限度地保障德国的利益，同时摆脱德国作为战败国的悲惨命运。他相信战后的美苏对立，就是实现美德合作的最好时机。

首先，联邦德国的建立本身就说明美苏冷战对抗已经不可调和，美国与西方联盟的切身利益需要有一个强大团结的西欧来抵御苏联，其中德国的力量不可或缺。而"一个戴上了镣铐的国家不会是完全有用的好伙伴"，这是联邦德国可用以向西方讨价还价的重要本钱。

其次，美国是西方联盟的主导者，但美国也需要盟国替美国分担责任。尤其是在苏联威胁日益加大的情况下，德国的重新强大符合美国的利益。事实也的确如此，美国在二战刚刚结束的时候也主张肢解分割德国，但随着苏联威胁

① 王蕾：《联邦德国总理：阿登纳》，四川人民出版社1997年版，前言，第7页。

的上升，美国改变了弱化德国的政策。阿登纳进一步分析了美国的战略需求，“美国希望西欧作为一个强大的整体用以制衡苏联的威胁。因此，美国虽然有心恢复德国经济，但却要顾及德国邻国的安全要求，联邦德国重建最现实的做法就是应首先设法满足邻国的安全要求，消除其对德畏惧之心，以低姿态取得盟国信任，一步步扫清盟国为防止德国重起而设置的种种障碍，冲破限制德国的重重‘紧箍圈’，平等地参加到欧洲和国际社会中”①。

在阿登纳的棋局中，战败的先天劣势是无法改变的，“像德国这样一个虚弱的国家，在经过极其疯狂残酷的战争遭到崩溃之后还不到八年，就想推行一种改善世界的政策，这无疑是一种幻想”②，但战败和受限制的德国并非完全处于任人宰割的地位，在外交上它仍然可有相当大的回旋余地。关键是如何利用好这一点。而对于当时的西方国家而言，对德国也存在着复杂心理：一方面冷战全球战略要求扶持联邦德国，另一方面盟国又担心德国重新崛起会危及和平。这一点阿登纳显然也是心知肚明。阿登纳认为这看似矛盾的两方面在很多地方可以相通，并加以利用。首先，他认为西战区的德国是西欧的一部分，如果西德持续衰退，对于英法和整个西欧都是一种灾难；所以英法等国不会接受西德的长期软弱，从他们自身需要而言，他们也需要帮助西德。其次，对于西德而言，仅有英法的帮助还是不够的，最为重要的是美国这个最大后台的支持，“在德国看来，投身欧洲是德意志民族得到救赎的基础，而与美国的亲密关系则是确保自身安全的关键。因此，德国认为一个过分自信且独立于美国的欧洲并非可行的选择。对德国来说，救赎＋安全＝欧洲＋美国。这个公式决定了德国的态度和政策，它既使德国成为一名欧洲真正的良民，又同时是美国在欧洲的最可靠盟友”③。

阿登纳的战略规划是利用欧洲统一恢复联邦德国的国家地位，利用法德和解化解邻国的恐惧和担心，投入美国的怀抱获取安全保障，同时缓和东德与苏联的关系，最后是利用朝鲜战争实现真正的主权独立，重新武装德国。他的规划现实、理性，面面俱到，重点又突出。

要实现这一切，把握时机，利用形势变化和盟国心理的变化及时调整，甚

---

① 〔美〕亨利·基辛格著，顾淑馨等译：《大外交》，人民出版社 2010 年版，第 488 页。

② 〔联邦德国〕康拉德·阿登纳著，杨寿国等译：《阿登纳回忆录（1945—1953）》第 1 卷，上海人民出版社 1976 年版，第 636 页。

③ Zbigniew Brzezinski, *The Grand Chessboard: American Primacy and Its Geostrategic Imperatives*, Basic Books, 1997, p. 61.

至迎合盟国的政策就十分重要。也许有人将时机的把握视为战术的问题，但实际上在战略指导下的战术的应用，也被认为是战略的一部分。当然，这里的前提是，战术必须有效地、针对地为战略服务，而不是相反。

阿登纳的思路十分清晰，对时机的把握和利用也是恰到好处。阿登纳所利用的时机之一是利用马歇尔计划重振德国经济，恢复德国与西欧其他国家一样的平等待遇。

众所周知，马歇尔计划（The Marshall Plan），官方名称为欧洲复兴计划（European Recovery Program），是第二次世界大战结束后美国对被战争破坏的西欧各国进行经济援助、协助重建的计划，对欧洲国家的发展和世界政治格局产生了深远的影响。

按照美国的设计，这个计划将联邦德国作为重中之重，美国希望通过这个计划重建联邦德国，使联邦德国成为抗衡苏联的桥头堡、民主橱窗和西方经济发展模式的样板。最为重要的是，对于联邦德国而言，美国在这个计划中不再把联邦德国视为一个战败国，而是作为与其他国家一样的平等国家。

时机之二：利用欧洲重新统一的势头恢复德国与其他国家的平等地位

1946 年 9 月 19 日，丘吉尔在苏黎世发表了一次反响极大的讲演，呼吁有着 4 亿人口的欧洲联合起来。1948 年 5 月 7 日至 10 日，各欧洲运动组织在海牙举行了一次盛大聚会。在温斯顿·丘吉尔名誉主席的主持下，大会聚集了近 800 名政治家、工业企业家、工会领袖、大学教授、作家等西欧国家的显赫人物。作为基督教民主联盟主席的康纳德·阿登纳率领德国代表团参加了这次盛会。

1947 年 12 月，在伦敦苏、美、英、法四国外长会议未能就德国问题达成协议之后，英国主张西欧联合加强防务，以对付苏联。在美国的支持下，1948 年 3 月 5 日英国开始同法、比、荷、卢等国举行谈判。3 月 17 日，五国外长在布鲁塞尔签订了为期 50 年的《布鲁塞尔条约》，该条约于 1948 年 8 月 25 日生效。此后又成立防务委员会，设最高司令部，任命英国元帅 B. L. 蒙哥马利为总司令。1955 年 5 月 6 日，根据 1954 年 10 月 23 日签订的《巴黎协定》，布鲁塞尔条约组织改组为西欧联盟，吸收联邦德国和意大利参加，总部设在伦敦。修订后的条约，删去关于防止德国侵略政策复活的字句，增加了与北约组织密切合作的条款。

然而对于德国而言，要想真正实现德国的发展，就必须化解来自欧洲其他国家的恐惧。

二战后的欧洲各国一致认为，保证欧洲和平一劳永逸的做法就是将德国打倒，分割肢解，并把它降为农业国。战后法国对德的做法反映了欧洲大陆上国家普遍的戒心，比利时、荷兰、卢森堡等小邻国，更竭尽全力支持法国压制德国。

对德国的恐惧来自历史的教训。德国自19世纪下半叶崛起，即对欧洲秩序形成冲击，使欧洲传统均势一次次遭到破坏。俾斯麦战争打破了自1815年维也纳会议以后形成的欧洲大陆均势；威廉·凯泽挑起的第一次世界大战使欧洲大陆德、奥匈、俄、土四大帝国土崩瓦解；希特勒战争更使欧洲地图面貌大为改变，彻底瓦解了欧洲秩序，并动摇了欧洲在世界舞台的中心地位。无论是统一还是分裂，德国总是一支破坏欧洲体系的不确定力量。后来的法国总理弗朗索瓦·密特朗在谈到德国与欧洲的关系时曾讲过这样一句话，他说："欧洲的形成和解体都是围绕着德国进行的。"①

显然，周边国家限制德国的基本出发点就是如何确保自身的安全。而阿登纳要想谋求发展和合作，就必须化解欧洲各国基于德国历史而产生的不安全感。从德国的角度来讲，一方面必须让欧洲邻国得到安全上的保证和承诺，另一方面又必须摆脱发展的束缚，使其他国家在安全保障的前提下，支持和帮助德国的发展。

那么，如何化解欧洲其他国家对德国的恐惧呢？阿登纳首先强调的是二战后欧洲格局的变化，面临苏联新的威胁，需要联合的欧洲，"欧洲的形势在近五十年中起了根本性的变化。二十世纪开始以来，由于美国的崛起和欧洲的兵荒马乱，欧洲各国的政治作用和经济作用下降了。毫无疑问，没有任何一个交战国像苏俄那样从第二次世界大战中扩展了土地、人口和政治力量，现在它雄踞于德国心腹地区的易北河畔。为了保卫欧洲各国的传统和生存，特别是为了反对巨大的东方共产主义国家集团，需要建立一个统一的欧洲，这一工作比以往任何时候都更急需进行"②。

其次，他想到了促进欧洲联合的一个关键的突破口，那就是法德和解。

法德百年世仇，彼此以邻为壑。1870—1945年这短短的75年，法国三次遭德国入侵，两次战败投降。在德国二战终于战败之后，法国希望一劳永逸地解决德国问题。他们迫不及待地要从军事占领中控制德国，以赔偿为名削弱德国，以政治分割肢解德国。法国甚至在鲁尔地区实行国际共管，吞并萨尔地区。

---

① 王蕾：《联邦德国总理：阿登纳》，四川人民出版社1997年版，第103页。

② 〔联邦德国〕康拉德·阿登纳著，杨寿国等译：《阿登纳回忆录（1945—1953）》第1卷，上海人民出版社1976年版，第233页。

在这样的前提下，化解法德结怨是一件十分艰巨而复杂的挑战。阿登纳利用的机会就是战后不断发展的欧洲联合势头。恰逢法德两国政治家都具有联合欧洲的想法，而阿登纳与法国的戴高乐在法德和解方面也具有重要的战略共识。戴高乐在1945年8月就曾经强调：法国人和德国人必须把过去的事一笔勾销，要彼此合作和意识到都是欧洲人。[①] 阿登纳则强调法德关系对法、对德，也许对欧洲来说，如果不是最重要的问题，也是最重要的问题之一。法德关系的解决，对持久和平具有决定性的意义。德法谅解即使不是欧洲政治经济统一的一把钥匙，也是欧洲政治经济统一的一个开端。[②]

1949年11月1日，阿登纳接见了法国《时代》周刊的记者时，发表了热情洋溢的讲话，呼吁法德两国破冰解冻，化解百年仇怨，为欧洲统一迈出关键性的一步。阿登纳的讲话在法国引起良好反响，各大报纸竞相转载，这次讲话为今后的法德和解做了很好的铺垫。

阿登纳审时度势，分析了德法改善关系的外部环境。比起凯泽尔、舒马赫与普夫德莱雷尔等其他德国政治家，阿登纳对局势的审视更清醒。阿登纳认为，面对苏联向西方扩张的态势，美、法的安全目标和利益必须一致。法国需要美国的经济援助和安全保护，就必须与美国的政策保持协调和一致，坚定地站在西方阵营一边。同时，美国也是以欧洲联合强大作为它对抗苏联和摆脱在欧洲沉重的政治经济负担的唯一途径，而当美国改变了原有的削弱德国的政策而采取扶植联邦德国的政策时，法国也必须从欧洲和大西洋的政策来看待德国的作用。

在这样的冷战形势下，阿登纳可以利用美法双方在战略上的各自需要，从中协调德美、德法关系，使其服务于联邦德国通过欧洲联合实现复兴的政治目标。因而，联邦德国有了能利用美国迫使法国在安全问题上作出一定让步的可能。而法国也可以借联合防卫为名，进一步在安全上控制联邦德国。对于联邦德国而言，可以在防范苏联的前提下，实现联合美国和法国增强自身实力的目标。

恰在此时，一个机会自然而来。1949年12月13日，欧洲委员会咨询议会通过决议，建议成立欧洲超国家的钢铁高级机构，以协调管理西欧各国的钢铁

① 〔联邦德国〕康拉德·阿登纳著，杨寿国等译：《阿登纳回忆录（1945—1953）》第1卷，上海人民出版社1976年版，第34页。

② 〔联邦德国〕康拉德·阿登纳著，杨寿国等译：《阿登纳回忆录（1945—1953）》第1卷，上海人民出版社1976年版，第208、294页。

工业。决议还建议在煤炭、石油、电力和交通运输等方面也成立类似的高级机构。

1950年5月4日，法国外交部长舒曼致函欧洲委员会秘书处，表示法国对上述建议感兴趣。5月9日，舒曼举行记者招待会，发表了一项声明，提议“把法国、德国的全部煤钢生产置于一个其他欧洲国家都可参加的高级联营机构的管制之下”，“各成员国之间的煤钢流通将立即免除一切关税”。舒曼的这一声明，通常被称为“舒曼计划”。

根据舒曼的建议，1950年6月20日，法国、联邦德国、意大利、比利时、荷兰、卢森堡六国在巴黎开始谈判。六国达成协议，于1951年4月18日签订了为期50年的《欧洲煤钢联营条约》。

舒曼计划的核心，是将法德两国的煤、铁、钢的生产置于一个共同的高级别的、超国家机构的联合管理之下，而这个组织也对其他欧洲国家敞开大门。值得注意的是，这个计划对于法德具有平等的约束力，也为未来的欧洲联邦奠定了一个良好的开端。换句话说，通过一个超国家的机构来管理具有战略意义的煤、铁、钢的生产，确实可以在未来抵制战争的风险，从而起到安定民心的作用。

阿登纳看到了舒曼计划对联邦德国的可能约束，但他基于更为长远的目标，需要平等地位和共同开发，因而将这一计划视为战略良机，立即表示赞同和拥护。如果仅看到这一计划对德国的负面管束作用和法国对德国的可能控制，那么他是不会将这个计划视为机遇的。换句话说，没有长远的眼光，联邦德国是不可能积极主动地参与这一计划的。舒曼计划还为阿登纳处理萨尔协定和联邦德国参加欧洲委员会的问题，打开了方便之门。舒曼计划看似一个超国家的合并计划，却也是促使联邦德国重归欧洲大家庭、推动一体化的重要步骤。阿登纳希望利用法国把德国纳入欧洲经济发展轨道这一时机，加快联邦德国回归正常国家道路。他强调“舒曼计划的内容从经济上看当然意义重大，但是，它的理想甚至具有更重大的意义。这一理想是要在完全平等的基础上创建一个欧洲国家的共同体。只有共同体的成员地位平等，共同体才能名副其实。这一理想对德国、法国、欧洲以及全世界的政治都有极其重要的影响”。①

阿登纳通过积极参与舒曼计划达到了三个目的：其一，实现了法德平等，这是联邦德国作为战败国挽回地位的关键。其二，煤钢联营有助于消除法德历

① 〔联邦德国〕康拉德·阿登纳著，杨寿国等译：《阿登纳回忆录（1945—1953）》第1卷，上海人民出版社1976年版，第499页。

史结怨和互不信任。其三，还可以为联邦德国与其他国家的相互合作奠定基础。毕竟在欧洲大陆法德合作的意义具有示范性和带动性。

1963年1月22日，法德双方在巴黎的爱丽舍宫签订了《法德合作条约》（又称《爱丽舍宫条约》）。条约规定：两国政府就外交政策进行磋商和协调；在防务政策以及教育和青年问题方面加强合作；为切实贯彻条约，两国定期举行首脑会议和部长级会议。

这个条约对于德法均具有特殊意义。对于法国而言，通过新的“法德轴心”可以成为抗衡美国的重要武器。在“法德轴心”中，法国充当政治领袖，德国提供经济后盾。这样既可利用法国在政治上战胜国的优势地位，抑制联邦德国重新称霸欧洲，又可利用联邦德国明显的经济优势，以增强联合起来的西欧的实力。条约对于促进西欧联合具有重要的历史作用。

虽然舒曼计划和后来的法德条约为联邦德国的发展奠定了坚实的基础，经济上获得了平等地位，但在政治安全上德国的主权并没有完全恢复。

这时又一个重大事件发生了。那就是朝鲜战争。

时机之三：朝鲜战争

朝鲜战争对于远在欧洲的德国会是一个什么机会呢？

美国是从全球角度来制定政策的，如果美国卷入朝鲜战争，美国会担心欧洲的安全，尤其是担心苏联利用美国陷入东亚的战争在欧洲引起战事。这样一来，朝鲜战争一爆发，美国迅速表示想重新武装联邦德国。杜鲁门表示，没有德国，欧洲的防御不过是大西洋岸边的一场后卫战。而阿登纳则意识到同等的义务以同等的权力为前提。美国参加朝鲜战争，显然十分忌惮苏联对西欧的进攻，阿登纳想要充分利用这一时机。阿登纳强调，如果说苏联可以对朝采取行动，也一定可以对德国采取行动，在朝鲜发生的事情，同样可以发生在德国。他预感到，为了防范苏联的威胁，美国将可能放松对联邦德国的限制。因为西方国家需要利用联邦德国的人力物力就必须给予它平等的国际地位。德国的谈判砝码增加了。①

果然不出阿登纳所料，随着1950年朝鲜战争的爆发，重新武装德国这一几年前无法想象的议题被提到了日程。

重新武装德国确实是十分敏感的问题。阿登纳本人不仅不愿涉及，也曾给予谴责。然而，当这件事涉及重新恢复德国的正常国家地位的时候，阿登纳便

① 王蕾：《联邦德国总理：阿登纳》，四川人民出版社1997年版，第176、161页。

改变了主张。阿登纳希望抓住千载难逢的机会，实际上他已经将联邦德国新的战略地位作为向盟国讨价还价的一个重要筹码。

1951 年 3 月，当联邦德国承诺偿还“战前德意志帝国的外债”以及战后所接受的经济援助贷款的债务，同时表示愿意提供参加共同分配军事工业所需要的原料后，联邦德国在西方联盟内的地位得到第一次根本改善：经济、立法等方面的政策被放宽，并被允许设立外交部。1951 年 5 月 2 日，联邦德国又被欧洲委员会接纳为正式成员国，这使它在建国后短短 18 个月中，向着欧洲集团内平等目标又迈出了一步。重新武装德国的计划就这样达成了。联邦德国于 1955 年正式加入了北约，获得与其他西欧国家一样的政治安全地位。

当阿登纳加入北约之后，戴高乐却开始与北约闹独立。阿登纳说：“我不理解你，你要欧洲以洪亮的声音说话，却没有躯体。”

戴高乐说：“我不理解你，你要欧洲有躯体，却容许它装上美国灵魂。”[①]

当美国拒绝了法国要在北约起大国作用的要求时，戴高乐断然采取逐步背离北约军事一体化的行动，并致力于发展法国独立的核武装力量。显然，阿登纳是从维护和加强西方联盟的统一与合作这一大前提出发来看待欧洲同美国的关系的，而戴高乐却是要以和美国闹独立来加强法兰西的国际地位。两者的立足点与出发点完全不同。联邦德国出于自身实力和安全的需要，不希望美国脱离欧洲。戴高乐则拒绝美国以一个领导人姿态凌驾于法国之上，要求法国与美国平起平坐。另外，法国希望通过德法和解控制德国，但是德国仍然有更全面的思考，在美国介入的情况下，德国不可能完全听命于法国，于是还是保持了跟美国的关系。

阿登纳为德国重新恢复正常国家地位、摆脱战败国的不利影响作出了重要贡献。英国首相丘吉尔赞扬阿登纳在艰难困苦中，独具慧眼、开拓前进，结盟美英两国，致力于欧洲联合，不愧为“战后欧洲秩序的设计师”。

法国总统戴高乐向来以孤傲尖刻著称，在战后与阿登纳的交往中，也对阿登纳致力于以德法和解为基础的欧洲联合事业的胆识与坚韧不拔的毅力表示钦佩。戴高乐一生中把阿登纳作为政治上的对手和合作伙伴来尊重，而一向用词刻薄的丘吉尔则在 1953 年对下院说，阿登纳是“自俾斯麦以来最英明的德国政治家”。[②]

---

① 〔法〕阿尔弗雷德·洛罗塞，刘其中等译：《战后欧美关系》，上海译文出版社 1986 年版，第 237 页。

② 王蕾：《联邦德国总理：阿登纳》，四川人民出版社 1997 年版，第 522 页。

二、联邦德国的“新东方政策”

与日本一样，德国的主要战略也是脱困。勃兰特知道最好的战略并不是直接抵达目标，而是通过经济路线来实现，这就是哈特的间接路线原则。

摩根索在《国际间政治》中强调，良好的政府必须从可使其外交政策获得最大成功机会的现有的权力着眼，去选择外交政策和方法。[①]

鲁梅尔特则认为，一个好战略至少要有三个必备要素：分析形势、选择整体性的指导方针以及设计连贯的行动方案。战略核心构成了一个战略的基本骨架。要使战略产生实际效果，就必须在分析形势的基础上指明一个方向。没有形势分析，就无法判断自己选择的指导方针是否符合实际情况，更不用提判断别人提出的指导方针了。战略还必须将这种整体性的指导方针落实到连贯协调的行动中。行动方案要有所侧重，有一些关键的着力点。[②]

勃兰特上任的时候，两极对立已经形成，阿登纳改善了与西方国家，尤其是与邻国的关系，但是拉大了与东德的关系，一道柏林墙将两个德国无情地隔开。

联邦德国与东德之间的对立更加尖锐，甚至和苏联的关系变得更加强硬，阿登纳的德国明确提出了不承认东德的哈尔斯坦主义。著名的哈尔斯坦学说从“以西统东”和拒不承认两个德国的现实出发，声明联邦德国不与同德意志民主共和国建交的国家建立外交关系（苏联是唯一的例外）。然而，哈尔斯坦学说本身包含着矛盾的因素，把联邦德国自己同东方隔绝起来了，实际上限制了自己发挥主权国家的作用。特别是当东西方关系出现缓和迹象、西方国家程度不同地松动与苏联、东欧的关系时，这种自我封闭的政策更明显地暴露出不利于联邦德国发展的局限性。

这就给勃兰特提供了进一步改善和调整对外政策的空间。

阿登纳已经破局，使联邦德国重新回归正常国家，勃兰特将做什么才能使德国的发展环境和国际关系得到进一步改善和提升？

勃兰特是有着强烈的政治使命的政治家，能够为了德国的复兴、德国的重新壮大，不惜忍辱负重，艰难而行。

---

① 〔美〕汉斯·摩根索著，徐昕等译：《国家间政治：权力斗争与和平》，北京大学出版社 2006 年版，第 182 页。

② 〔美〕理查德·鲁梅尔特著，蒋宗强译：《好战略　坏战略》，中信出版社 2013 年版，第 281 页。

1970年12月6日，为签署联邦德国与波兰的互不侵犯条约，勃兰特来到波兰首都华沙。第二天上午，他在外交部长谢尔和波兰总参谋长波列斯拉夫·霍赫将军的陪同下，冒着严寒，来到华沙胜利广场，向无名烈士墓献了花圈。接着，他们乘车来到波兰犹太人居住区。二战中，波兰有50万犹太人惨遭纳粹的杀害。勃兰特在波兰犹太人烈士墓前长跪不起。没有参与过屠杀的勃兰特为德国而谢罪。这一举动，世人震惊。

勃兰特的长跪代表了勃兰特深邃的思考。他这一跪不仅仅是谢罪那么简单，还有摆脱战略困局的诉求，他希望德国与惨痛的历史诀别，走出一条迈向新的希望的战败国之路。

勃兰特之跪不仅仅是深刻的历史忏悔，它反映的是德国政治家勇于面对历史罪责，决心雪耻民族屈辱的决心和意志，是一个民族在战争罪孽下重生的愿望。

勃兰特曾说“谁忘记历史，谁就会在灵魂上生病”。作为一名德国政治家，勃兰特不回避德国在二战中曾经犯下的罪行。一个记者写道：不必这样做的他，替所有必须这样做而没有下跪的人下跪了，勃兰特试图为德国人及其牺牲者的历史搭起一座桥梁来以表达紧密相连的感情。

勃兰特之跪深深震撼了世界，正所谓：一个人跪下了，德意志民族站了起来。

同一夜晚，勃兰特画像也被狂暴的新纳粹分子烧毁。

诚然，德国的新东方政策与大开大合、充满大国浪漫主义的戴高乐相比，简直是相形见绌，不可同日而语。但就是在这种不显山露水的低调政策中，德国人将短期目标与长远规划连接了起来，具有战略定力和隐忍精神，务实冷静，而且一步一个脚印向前行进，终于在忍辱负重的几十年之后成功实现统一，重新成为一个大国。

（一）勃兰特其人与新东方政策

维利·勃兰特出生于1913年，1929年加入社会主义民主党，1931年退出社会主义民主党加入社会主义工人党，并任该党的青年联盟主席，后来由于希特勒上台转入地下活动，曾以记者为职业流亡丹麦、挪威，1938年加入挪威籍，还曾在挪威驻柏林军事代表团任职。

1945年以记者身份报道纽伦堡审判，1947年恢复德国籍，在德国最为艰难的时候，勃兰特重新回到德国为其服务。勃兰特任总理后，大力推行与苏联、东欧国家“缓和”和“合作”的“新东方政策”，并取得了一定的成效，受到不少国际人士的赞赏，认为他的这一政策“缓和了第二次世界大战后欧洲的紧张局势”，为此，他曾获得1971年度诺贝尔和平奖。之后，由于一系列内政外交活动受挫，他于1974年5月因纪尧姆间谍案而引咎辞职。

他从政之后一贯主张强化东西方的交流。勃兰特主张要制定一项灵活的对民主德国的政策，变被动为主动，从思想上和政治上对东德施加更大的影响，从而打破当时联邦德国和民主德国在外交政治上的僵持状态。

这些想法在当时具有一定的超前性，但反映了勃兰特开放灵活的思想，比之阿登纳具有更加宽广深远的视野。显然，阿登纳营造的局面还有很大的片面性，联邦德国要发展还需要保持更大的空间和更有利的平衡。勃兰特试图努力改变德国的战败国形象：“我认为自己不是一个战败了的德国的总理，而是一个解放了的德国的总理。”[①] 我们德国人不是精通世界政治的大师，但是我们也不应该只是同路人，“不是一个凡是西方领导国家认为是正确的东西，它也跟着叫好的卫星国”[②]。

然而，当东西双方陷入冷战，分裂的德国又成为冷战焦点的情况下，德国将如何自处又如何发展成为勃兰特的议事日程中的重大问题。勃兰特愈来愈觉得，联邦德国战后以来一直坚持把重新统一放在首位的立场应当加以修改，联邦德国同它以东的国家的关系应该重新研究；勃兰特认为，德国的前途同它所处的变化中的国际环境已经牢牢地交织在一起，需要通盘进行思考。

勃兰特面对的欧洲形势与阿登纳时期已经出现重大改变。首先，柏林墙已经竖立起来。柏林墙全长161公里，包括在西柏林的“共和国广场”与东柏林的“林登”广场之间的通道。柏林墙建成以后，东西柏林间的正常交往中断。无数家庭被拆散，亲人无法团聚，朋友不能相会。

由于柏林墙事件，勃兰特得出结论：阿登纳的重新统一政策已经失败。“对于许多人而言，这次民主德国所期待的、苏联最终批准的建墙行动，成为对再统一的‘幻想的终结’”[③]。1962年5月27日，勃兰特在社民党科隆代表会议上讲道：联邦德国首先必须去掉试图在东西方冲突中谋利的污点。德国的分裂是希特勒主义的结果，是东西方冲突造成的。因此，重新统一只有利用东西方关

① 〔联邦德国〕维利·勃兰特著，张连根译：《会见与思考》，商务印书馆1979年版，第285页。

② 〔联邦德国〕维利·勃兰特著，张连根译：《会见与思考》，商务印书馆1979年版，第413页。

③ 〔德〕贝恩德·施特弗尔著，孟钟捷译：《冷战1947—1991：一个极端时代的历史》，漓江出版社2017年版，第121页。

系的改变才能够有现实意义。在勃兰特看来，只有在紧张局势缓和的前提下，德国的民族自决才能够得以实现。联邦德国应当为了和平和民族命运促进这一改变的实现。

其次，作为冷战的前沿阵地，两个德国将可能成为核战争的战场。在美苏争霸的世界战略中，联邦德国在地缘战略上像一根横木，它从波罗的海到阿尔卑斯山封锁了苏联可能向西欧进行扩张的穿过中欧的陆路通道。

两大军事集团——北约与华约国家的对峙使得联邦德国的领土对西方来说是不可放弃的。联邦德国成了西方地区部队和战术空军在欧洲的最重要的进军地区，从而在双方军人的理论中成了最主要的潜在战场。反过来，德意志民主共和国的领土也是一样。因此，对德国人来说，外国军队和本国军队（包括大量“战术核武器”在内）在和平时期如此异乎寻常地集中在这里，使人经常感到这种和平靠不住。“不论是在联邦德国还是在民主德国，人们普遍感到自己是生活在一个计划中的最主要的世界核打击目标地区，这种意识并非仅仅源自恐惧心理，而是基于对局势的精确判断”①。

因此，两个德国都生活在战争的恐惧之中。勃兰特特别强调要用和平的手段来解决德国问题。

最后，联邦德国自身实力发生变化，其政策也应适应这种变化。20多年来，联邦德国的经济实力迅速增长，成为在西方世界仅次于美国的经济大国。德国马克在1969年因浮动而增值，成为西方最坚挺的货币，与每况愈下的美元地位形成鲜明对比。而且在军事上，联邦德国虽然无权生产核武器，但它的常规军备是发达的；由于法国退出了北约军事一体化组织，联邦德国在北约中的地位具有举足轻重的重要性。“经济巨人”要求改变“政治矮子”的处境是必然的。②

勃兰特制定了社会民主党新的纲领，纲领在对外政策方面有了重大改变。它强调：加强西方联盟，协调西方的行动，以对付苏联的扩张主义；要求美国尽可能多地介入欧洲事务；主张联邦德国完全参加西方的经济和军事体系，在不放弃德国人民自决权的基础上，与民主德国建立一种新的国家关系，改善同苏联以及其他东欧国家的关系。③

1969年10月，大联合政府为社会民主党和自由民主党联合政权所接管，大

① 陈志学编：《世界大交锋》（欧美卷），中国文史出版社1997年版，第546页。

② 陈志学编：《世界大交锋》（欧美卷），中国文史出版社1997年版，第269—270页。

③ 殷寿征、蒋裕国：《维利·勃兰特——一个德国政治家的画像》，时事出版社1985年版，第146页。

器晚成的维利·勃兰特出任总理。勃兰特提出“新东方政策”。新政策的基础是承认中欧东欧现状，承认两个德国的分裂，勃兰特把阿登纳时代面向西方的“一边倒”改为适应国际关系变化的“两面看”。联邦德国历史上又一个时代拉开帷幕。

为了区别俾斯麦以来不同时期的东方政策，人们习惯把勃兰特的东方政策称为“新东方政策”。

德意志联邦共和国的“新东方政策”在整个20世纪60年代经历了酝酿和形成的过程。和法国的戴高乐主义一样，联邦德国的“新东方政策”在欧洲政治舞台上产生了深远的影响，引起了共振，推动了20世纪70年代的欧洲缓和进程。

“新东方政策”完全取代了以哈尔斯坦学说为基础的对外政策，提出了一系列对外政策的基本原则。

勃兰特政府外交政策相对于前任既有延续又有更新，既有守成又有变革。勃兰特上任后曾多次提出维护和平的深远意义，“唯有和平才能使我们的世界更为安全。而只有在安全的基础上才能使和平得以进展”[①]。而和平需要从缓和与东方世界的关系入手。勃兰特的“新东方政策”思想精髓有两个方面：一是通过接近实现转变，二是在两个德国和东西方关系上积累“小步子”策略。勃兰特是想通过这种逐步接近和了解的“小步子”政策来换取在德国统一问题上的大踏步前进。

在冷战的背景下，德国学者认为，德国只有一种可能性，强调缓和，即承认现状。毫无疑问，东西方缓和的倾向使德国领导人重新反思20世纪50年代的对抗政策。20世纪60年代，在美国卷入越南战争、法国撤出北约军事一体化组织之后，联邦德国在联盟中的分量加重了。联邦德国的民族主义伴随德国经济的发展也在复苏。美国实际上允诺联邦德国在边境问题上采取更多灵活性的政策，但并不支持联邦德国解决边境问题。[②]

（二）埃贡·巴尔的战略构想

作为“新东方政策”的谋士，埃贡·巴尔关于欧洲安全与合作有其深刻认识。他强调“以建立友好关系促进变化”和“变革需要稳定”两个核心思想。

---

① Willy Brandt, *People and Politics*: *The Years 1960—1975*, London: Collins, 1978, p. 236.

② Thomas Banchoff, Historical Memory and German Foreign Policy: The Cases of Adenauer and Brandt-German Politics & Society, Vol. 14, No. 2 (39) (Summer 1996), pp. 36—53.

1. 以建立友好关系促进变化

巴尔思想的核心论点是：在核均势的条件下，东、西方对抗或关系紧张，只会使那些关系的现有结构，例如现状冻结或永久存在。相反，紧张关系的松弛，或者缓和，则会有助于那些关系的基本结构发生变化。[①] 巴尔认为："为了避免彻底冻结现状，就必须接受现状。"换句话说，要想同东方改善关系，首先应当承认无法改变的分割的现实。因此，勃兰特宣布，他准备在"承认既存现实"的基础上实现同苏联和波兰的关系正常化。显然，这首先意味着承认奥得尼斯河边界，也意味着准备考虑"两个德国"的存在，但这并不等于在"国际上"承认德意志民主共和国，两个德国之间的关系只能是德国人之间的关系。[②]

通过建立友好关系，可以像融化冰山那样先从局部开始缓和，从而达到带动整体的目的。

2. 变革需要稳定

巴尔思想的第二个核心观点可以从第一个观点推断出来。缓和才可以实现有利于自身的变化，而要实现缓和必须满足一些条件：各方均能接受；变化是可控和均衡的。只有在这些条件下，才能够保障两极安全体系的稳定。

具体而言，巴尔提出了一些建议：首先，放弃武力，保障互不侵犯；其次，给予东德平等对话的地位；再次，渐进，必须有若干可控的过渡阶段；最后，富有成效的共处。它的一个根本设想是，双方都没有改变本身的制度，而且也不打算这样做。相反，双方都认为历史将证明自己的制度是最优越的社会制度。因而，意识形态上的分歧无法改变和消除，能够做到的只是使这类分歧服从于安全上的压倒一切的利益。[③]

从长远来看，巴尔承认社会都是要变革的，而且变革的方向受到周围环境的影响。巴尔的建议不仅展望了德国的重新统一，而且还预示了德国加入一个更广泛的欧洲民族主义行列的前景。在这一更广泛的欧洲民族主义出现以前，基本的战后模式对两个德国的制约将继续存在，它们仍然在各自的联盟之内，由它们各自的战略保护伞保护。

---

① 〔美〕美国国防大学著，胡少华、薛虹译：《美国九十年代的防务》，中国人民解放军国防大学出版社1986年版，第147页。

② 〔法〕安德烈·方丹著，康新文等译：《同床异梦——纷纭世事二十年（1962—1981）》，新华出版社1986年版，第201页。

③ 〔美〕美国国防大学著，胡少华、薛虹译：《美国九十年代的防务》，中国人民解放军国防大学出版社1986年版，第150页。

（三）勃兰特的战略思考

从战略上而言，新东方政策是与渐进、缓和、均势、联盟等战略性选择连在一起的。

1. 新东方政策与渐进

在苏美分区占领德国的现实前提下，勃兰特很难进行或试图进行大刀阔斧的改革。可以说如果不是一小步一小步地行进，它根本就是寸步难行。1959 年 2 月，勃兰特在纪念亚伯拉罕·林肯 150 周年诞辰的讲话中说："既没有孤立的解决办法，也没有突然的解决办法。我们应该把希望寄托在渐变上，希望坚韧不拔的斗争结果总会使问题得到逐步解决。"[①]

勃兰特的"小步子"政策在 1964 年 11 月卡尔斯鲁什社会民主党代表大会上提得更明确了。勃兰特说，从"小步子"做起，就是先在一些容易办到的事情上推动两个德国的相互接近。按照东方人的思维，这就是由易到难。例如，为两个德国的居民相互来往提供方便条件，开展同东欧国家的贸易，等等，而不是企图一下子解决什么大问题，这样就可以使"事情变得更容易些"，使事情"一步一步地发生变化"，"人们也许会说，这些都无非是些小的步骤。我回答说：我当然更愿意迈出大的步子，但是小步骤总比没有任何步骤要好得多"。勃兰特希望积无数的"小步"为"大步"，他深知，不积跬步，无以至千里，终归有一天可以"为某种形式的（对德）和约铺平道路，从而打开通向德国重新统一的大道"[②]。

2. 新东方政策与缓和

在涉及缓和的问题上，勃兰特有着十分深入的思考。诚然，对于所有德国人而言，统一是根本性和长远性的目标，但他认为统一必须在整个欧洲的缓和进程中才能够得以实现。德国的统一是以缓和为前提的，而缓和的进程又是漫长的。因此，勃兰特认为，联邦德国的缓和进程应该与德国统一问题暂时分开。德国问题是与全欧的和平秩序连在一起的。欧洲持久和平秩序的前提是均衡的安全体系。[③]

缓和有着十分重要的意义。首先，只有通过缓和才能保障联邦德国的生存和发展；联邦德国的经济需要新的市场，只有与东邻国家发展良好的合作交流

---

① 〔联邦德国〕维利·勃兰特著，张连根译：《会见与思考》，商务印书馆 1979 年版，第 95 页。

② Willy Brandt, *People and Politics*: *The Years 1960—1975*, London: Collins, 1978, p. 126.

③ 〔联邦德国〕维利·勃兰特著，张连根译：《会见与思考》，商务印书馆 1979 年版，第 235 页。

关系，才能扩大联邦德国的发展空间，摆脱战后初期那种僵持的、封闭的状态。其次，基于接触而改变的政策有其长远的战略考虑。鉴于联邦德国经济的强劲发展，这样的缓和与合作的进程可以使联邦德国发挥其潜移默化的改变作用，促使东欧出现“和平演变”，在促使东欧“和平演变”的进程中，只有联邦德国能够扮演不可替代的角色。因为它既是东西方冷战的前沿国家，又与东德具有同一个民族属性。自由民主党领导人、联邦德国外交部长根舍在一篇文章中这样说：“欧洲对东方的缓和政策，尤其是德国政策的中心要素，是在分裂的欧洲寻找和维持彼此相安无事的妥协办法——这种办法使东西方抛开在可预见的将来无法解决的根本冲突，在不同的思想和不同的长期目标的鸿沟上搭起对话和合作的桥梁。这样做的意图是在短期内减轻欧洲分裂的后果；从长期来说，在于促进东欧和苏联本身的演进过程，最终……在欧洲建立真正的和平秩序。”[①]

因此，勃兰特特别精心而谨慎地处理德国问题。在德国问题上，主张“有条件地承认民主德国”，但强调“民主德国不是外国”，联邦德国和民主德国之间的关系是“一个民族，两个国家的特殊关系”[②]。

3. 新东方政策与均势

根据新东方政策的构想，缓和实现的前提是欧洲力量的均势，尤其是东西方力量的相对平衡。由于美国在苏联参与的1956年的波匈事件和1968年入侵捷克斯洛伐克事件中都采取了袖手旁观、隔岸观火的政策。勃兰特由此得出一个结论，德国不可能完全依赖于某一个大国。他必须实行一个更为平衡的政策。“我们既不是天平上的指针，也不是美国的反击，也不是冷战的矛头，联邦共和国应该在西方的音乐会中演奏他自己的那部分节目，按照他义不容辞的责任做出自己的贡献。”[③] 彼得·本德尔说，“统一”“缓和”和“均势”之间形成了“周而复始的规律”。“统一以缓和为前提；缓和以军事和政治上的均势为前提；均势又是以德国的分裂为前提的”[④]。

巴尔强调了这样一个战略现实，即欧洲安全线应让位于两个德国之间，不管两个联盟的兵力对比如何，领土分界线保持不变。因此，巴尔认为，根本改变欧洲安全体系的任何变革都必须在分界线的两边均衡地进行。有人提出欧洲

① Hans-Dietrich Genscher, “Toward an Overall western Strategy for Peace, Freedom and Progress”, *Foreign Affairs*, Vol. 61, No. 1 (Fall, 1982), pp. 43－44.

② 殷寿征、蒋裕国：《维利·勃兰特——一个德国政治家的画像》，时事出版社1985年版，第163页。

③ 〔联邦德国〕维利·勃兰特著，张连根译：《会见与思考》，商务印书馆1979年版，第51页。

④ 〔联邦德国〕彼得·本德尔：《继续奉行东方政策的七个原因》，联邦德国《时代》周刊1983年4月15日。转引自陈乐民：《战后西欧国际关系（1945—1984）》，中国社会科学出版社1987年版，第267页。

内部关系紧张的程度与美苏关系紧张的程度不是一回事，这是缓和的可分性。如果欧洲中心国家降低了关系紧张的程度（即中欧缓和），而两个超级大国对其周围地区的关系的紧张程度仍然很高，那么安全体系的均衡就不会受影响。[①] 巴尔引出了一些具有深远意义的战略现实：第一个现实就是，美国不能撤出欧洲。任何单方面的撤退都将导致不稳定的开始，进而使美国最终丧失保卫自身持久安全的能力。巴尔说："如果美国不想用自己的安全去冒险，而且美国在历史上从不想撤退一样，它不能逃避它的世界性责任。"巴尔又得出结论说："无疑美国绝不会允许欧洲完好无损地落入苏联的手中。"同样，对方也是这样，核保护伞必须仍然保护它们各自的联盟。从这一点来看，巴尔的思想与戴高乐的独立外交还是拉开了距离。联邦德国对美国的借重与戴高乐对美国作用的轻视形成了鲜明的对照。这也是历史所形成的不同身份和地位的反映。这个时候的联邦德国没有资本与美国闹独立，它必须在美国主导的框架下缓步前行。

影响安全均势的单方面行动，不管是单方面的扩军还是裁军行动，都不利于稳定，是有害的。德国对卡特总统先是决定部署中子弹，后来又决定不部署中子弹提出的批评就是出于这方面的考虑。这两个决定都没有为联盟提供适应这一变化的途径。欧洲国家坚持认为，战区或中程核力量的现代化必须服从与苏联的谈判。比如，1979 年北约的"双轨决定"就是这一原则的直接结果。[②]

联邦德国从 20 世纪 70 年代起一直坚持的就是这种"低水平"均势的主张，这个原则适用于中欧均衡裁军问题，适用于常规武器问题，也适用于核裁军。缓和和均势互为辩证。

4. 新东方政策与联盟

联邦德国属于西方阵营和西方联盟，这一点是勃兰特不可能也不希望改变的。新东方政策也是联邦德国基于西方联盟这一现实出发的。正如巴尔所设计的那样，联盟对于稳定和安全利益来说仍然是必不可少的。联盟的一条原则（即侵犯一个缔约国的边界就被视作对所有其他缔约国的安全的侵犯）也是符合联邦德国的安全利益的。只要有了联盟，有了领导联盟的国家才能实现共同安全，反对或者缺少联盟及其领导是不能达到这一目标的，此外，欧洲的中立国家也将享受到这些联盟保障的稳定。继而，巴尔建议在当前的欧洲安全体系中

① 〔美〕美国国防大学著，胡少华、薛虹译：《美国九十年代的防务》，中国人民解放军国防大学出版社 1986 年版，第 163 页。

② 〔美〕美国国防大学著，胡少华、薛虹译：《美国九十年代的防务》，中国人民解放军国防大学出版社 1986 年版，第 152 页。

进行一场具体的政治变革，以一种实质性的缓和作为接受的先决条件：以建立友好关系促进变革。①

勃兰特承认，北约和华约两个联盟集团对峙的现实是难以用武力改变的。德国是一个大国，但从政治上还不是一个强国。勃兰特只能依靠更多的战略支撑和依托。但德国也不是“两个世界之间的徘徊者”，德国既不可能与西方联盟“绝裂”，也不愿看到两个联盟阵营之间“无谓的对峙”。所以，勃兰特主张一方面强化北约，依靠北约的力量来阻止对手。“没有北大西洋公约组织的支持，我们就不可能推行缓和政策，而没有东西方之间的缓和，北大西洋公约组织的政治目的也不可能实现。”② 同时，勃兰特也认为强化北约与缓和之间不是矛盾而是相互促进的关系。他的目的就是希望借助北约这一战略支撑和平衡因素来缓和与东方阵营以及另一联盟阵营之间的关系，从而巩固和发展整个欧洲有保障的、持久的和平。我们看到，勃兰特的德国虽然是戴着脚铐跳舞，但依然舞出了自己的步点和节奏。关键在于他巧妙地将一些看似矛盾的因素糅合到了一起。“如果认为，既然结盟，就不能独立；既然独立，就不能结盟，这样的理解就失之胶柱鼓瑟了”③。

显然，新东方政策具有创新性，目的在于用各种可行的方式与尽可能多的东方国家达成“妥协和和解”。

在埃尔·巴贡思想的指导下，勃兰特开始推进其新东方政策。新东方政策其实得益于东方智慧，即循序渐进。当时的德国完全是一个被控制的已经残缺的巨人。柏林墙已经将两个德国分隔开来，分裂已经成为一个不得不正视的现实，而且短期内难以改变。由于“分裂的德国的任何一半的政治信仰的任何变化都会根本改变东西方的力量均衡，不仅仅在欧洲，而且是在全球范围内”，德国的永久中立是不可能实现的。杜勒斯就曾直言不讳地对勃兰特说过：“俄国人和我们千事万事不能一致，但在一件事上我们之间并无分歧：我们决不让一个武装的重新统一的德国徘徊在东西方之间的无人地带。”④

战后最初10年，苏联曾一度想按照自己的意愿统一德国，但是，当时的东西方力量对比决定了这一努力必然失败。既然无力实现有利于自己的德国统一，

---

① 〔美〕美国国防大学著，胡少华、薛虹译：《美国九十年代的防务》，中国人民解放军国防大学出版社1986年版，第160—161页。

② 殷寿征、蒋裕国：《维利·勃兰特——一个德国政治家的画像》，时事出版社1985年版，第154页。

③ 陈乐民：《战后西欧国际关系（1945—1984）》，中国社会科学出版社1987年版，第270页。

④ 于振起：《冷战缩影：战后德国问题》，世界知识出版社2010年版，第80页。

那么维持德国的分裂局面、在保住民主德国阵地的前提下发展同联邦德国的关系，就成为最有利于苏联的政策。

战后美国力图凭借自己的实力优势，改变德国现状，把苏联赶出德国，便支持联邦德国吞并民主德国的政策，拒不承认民主德国是一个独立的主权国家。当赫鲁晓夫制定了新的两个德国政策之后，“‘两个德国的现实’便成为苏联政策的基石”。而只要西方不放弃由联邦德国吞并民主德国的政策，坚持对民主德国的不承认主义，苏联在民主德国的阵地就难以巩固，两德政策就难以推行。因此，赫鲁晓夫把争取西方（包括联邦德国）承认民主德国、巩固民主德国的地位作为其对德政策的基本目标。[①]

新东方政策的第一步是改善与民主德国的关系。

勃兰特执政以后，在外交上采取的一项重大措施就是改善与民主德国的关系。他认为，解决欧洲安全问题以及尚待解决的全德问题，需同苏联打交道，而解决德国内部的交通、贸易以及文化交流等问题则必须同民主德国谈判才行，这是一个无法回避的现实问题。因此，在德国问题上他一改战后历届联邦政府的做法，放弃了一直坚持的哈尔斯坦主义和单独代表权，主张避开政治上的分歧，加强两个德意志国家间的内部接触。1970 年 1 月，他在国情咨文中谈道，“两个德国要从和平共处逐渐过渡到合作共处”。因为这不仅符合欧洲的利益，也有利于东西方关系的改善[②]。他提出了解决德国问题的六条原则：

（1）两国都有义务维护德意志民族的统一，双方互不为外国。

（2）遵守处理国家之间关系的一般原则，尊重双方的领土完整和现有边界，和平解决一切有争议的问题。

（3）不得诉诸武力改变另一方的社会结构。

（4）两国政府应努力谋求睦邻合作，尤其是专业和技术方面的合作。

（5）尊重四国对整个德国和柏林的现有权利和责任。

（6）支持美国、英国、法国、苏联为改善柏林和柏林周围地区的局势所作出的努力。[③]

改善与民主德国的关系其实是难度很大的一件事。承认那片小得多的苏联管辖区为一个法律上的独立国家对当时的西德来说在政治上难以接受，因此只

---

① 于振起：《冷战缩影：战后德国问题》，世界知识出版社 2010 年版，第 88—89 页。

② 殷寿征、蒋裕国：《维利·勃兰特——一个德国政治家的画像》，时事出版社 1985 年版，第 164 页。

③ 殷寿征、蒋裕国：《维利·勃兰特——一个德国政治家的画像》，时事出版社 1985 年版，第 166—167 页。

有先组成某种同等的非主权实体才能成功地缔结《基本条约》。《基本条约》并不直接涉及统一，相反，是承认两个德国的现实。《基本条约》是过渡阶段所能达到的最大限度的交往。西德为其公民获得了访问东德的权利，一些家庭也重新团圆了。东德作为一个国家因此得到承认，从而两个德国都被接纳为联合国会员国。

这个时候，勃兰特的主张仍然是现实的。他主张，加强两个德国之间的接触以使分裂的状况不再进一步恶化。新东方政策并没有直接具体地涉及统一的问题，但这一政策的实施与未来的统一保持着极强的一致性的。

第二步是改善东欧国家的关系。

与民主德国发展关系，只是勃兰特东方政策中的一个方面。勃兰特认为，苏联具有世界大国的地位，它是承担德国问题责任的四强之一。改善与苏联、波兰等东欧国家的关系，反过来可推动与民主德国关系的发展，这两者的关系是相辅相成的。因此，勃兰特一直很重视发展与苏联和其他东欧国家的关系。1966 年 12 月 6 日，勃兰特发表了一次讲话。他说："联邦德国同东欧国家的和解与合作是德国未来安全与和平的保证。"这是他出任外交部长后第一次公开表态。接着，8 天后在巴黎召开的北大西洋公约组织会议上，勃兰特又进一步阐述了他的东方政策思想，并且还提出了缓和与东欧国家关系的具体步骤。他指出，在促进东西方相互谅解的同时，要努力加强同东欧国家的经济、技术、文化和科学的交流，并在强大的统一的欧洲基础上，开展尽可能多的政治合作，但"东西方之间的谅解只能一步一步地向前迈进"。

"通过接近实现转变""小步子"政策，这两个观点基本上概括了勃兰特新东方政策的精髓。其含义就是在东西方关系和两个德国的关系上，通过相互接触、交流、对话增进了解，使紧张的关系得到缓和；由于双方的僵持状态已非常严重，所以要从具体的事情做起，一步一步地推动缓和的进程。依靠美国，加强西方联盟，并保持联邦德国在联盟中的坚强地位；与此同时，在不放弃德国人民自决权的情况下，同苏联甚至民主德国进行谈判，改善同苏联、东欧国家的关系。这就是勃兰特"新东方政策"的基本点。

这里我们再次看到勃兰特的迂回战略思路和营造良好的大环境来推动关系改善的良苦用心。联邦德国用与东欧关系的总体改善来促进两德关系的改善。这是一个战略性的举措。

新东方政策的最后一步是改善与苏联的关系。

改善与苏联的关系是新东方政策的重中之重。苏联是华约的领导者，也是美苏冷战对峙的重要一方。改善与苏联的关系才能从根本上缓和欧洲东西方的冷战紧张局面。如果没有与苏联关系的改善，新东方政策无从谈起。因此，改善与苏联的关系可以起到牵一发而动全身的作用。

联邦德国于1955年9月同苏联正式建立了外交关系。由于当时美国和苏联正处于冷战时期，美国凭借其雄厚的经济实力和强大的军事优势，对苏联采取“遏制政策”，因此，联邦德国与苏联和东欧国家的关系一度处于冰点状态。20世纪60年代后期开始，美国和苏联在军事上的实力对比发生了重大变化，战略核力量开始出现均势。美国和苏联的关系开始由“冷战时期”转变成“缓和时期”。

这时，勃兰特已任联邦总理。他认为，美国和苏联在“核恐怖均势”的情况下，开始谋求政治妥协，联邦德国应该适应形势，否则将会有“辗到车轮下面去的危险”。因此，他主张在对苏关系上采取积极态度，“承认欧洲现状”，向苏联提供经济援助，以换取苏联在德国问题以及柏林问题上的让步，为两国签订互不侵犯条约和改善联邦德国同其他华沙条约组织国家的关系扫清道路。①

这时候的联邦德国已非战后初期那样的狼狈，手中有了经济实力的好牌，可以运用自身的经济和技术优势吸引苏联等东欧国家的合作。联邦德国和苏联之间签署的《莫斯科条约》，强调和平与互不侵犯和和平共处，放弃使用武力或以武力相威胁；尊重欧洲国家的现有疆界，其中包括构成波兰人民共和国西部边界的奥得尼斯河线，以及联邦德国与民主德国之间的边界。

莫斯科条约签订以后，勃兰特政府已事实上承认了奥得尼斯河线为波兰的西部边界。这样，两国签订互不侵犯条约的障碍排除了。这也为后来与东欧国家的一系列政策打开了方便之门。1970年11月底，联邦德国同波兰达成了协议。

三、新东方政策的意义

新东方政策是联邦德国对国际形势缓和和自身经济发展变化的必然反应，也是政治家顺应形势主动调整、积极求变的战略选择。其战略上有两大意义：勃兰特的新东方政策首先是促进了东西方缓和，为未来的德国统一打下基础。处于冷战前沿的战后的德国被分区占领，一度分割的两个德国不相往来，在新

① 殷寿征、蒋裕国：《维利·勃兰特——一个德国政治家的画像》，时事出版社1985年版，第171—172页。

东方政策下联邦德国与东德、苏联加强了联系，在一定程度上摆脱了美国冷战战略的约束和控制，使联邦德国拥有了相对广阔的独立外交空间，也从整体上缓和和稳定了由于冷战而出现的东西方紧张关系，与此同时，联邦德国也并没有牺牲与西方国家包括美国在内的联盟国家的关系。而不断加强的东西德交流与合作又为德国未来的统一奠定了坚实的基础。

其次是促进了东西方贸易，打开了通往东方的大门，寻找回了曾经失去的东欧这一巨大的海外市场。联邦德国为本国的对外贸易赢得了巨大的发展空间。到 20 世纪 80 年代初期，联邦德国已经跃居为全球排名第二的进出口贸易大国。

综观联邦德国的东方外交政策发展历程，从初期的不承认民主德国的国家主权、势不两立、强硬闭塞，到“通过接近实现转变”，积累了一系列接近民主德国的“小步子”成果。从 20 世纪 70 年代为缓和同东方的关系而努力开放包容，到 20 世纪 80 年代成为东西方缓和的重要动力。任何一个时期，联邦德国都主动维系与民主德国的民族感情联系，始终将德意志民族实现统一视为最高利益，最终获得了解决德国问题的主动权，促进了东西方不同社会制度不同阵营的国家和平共处。①

新东方政策固化和保障了原有的两德分治局面，又为联邦德国的发展提供了新的增长空间，同时也为欧洲整体的缓和作出了贡献，当然，也为后来的统一埋下了伏笔。新东方政策强调统一的长期性、艰巨性和现实性，并为此进行了大量的阶段性的铺垫。可以说，没有新东方政策，德国冷战后的统一难以在那么短的时间内实现。应该说，新东方政策不仅是联邦德国冷战外交的亮点，也是 20 世纪六七十年代整个冷战格局中的积极因素。

西方有些人对新东方政策持不同看法。他们认为，勃兰特承认了“苏联对东欧国家的霸权地位”，肯定了“苏联在第二次世界大战以后侵吞的领土”，同时满足了苏联想召开欧安会的愿望，而苏联要求召开欧安会的目的就是力图“削弱美国在欧洲的地位”②。

多数西方人士则认为，勃兰特的努力“缓和了第二次世界大战后欧洲的紧张局势”。1971 年 10 月 20 日，挪威议会诺贝尔奖金五人委员会经过酝酿，一致同意授予勃兰特诺贝尔和平奖，以表彰他为缓和紧张局势所作出的努力，其中他们特别提到勃兰特在签订莫斯科、华沙条约，签署防止核扩散条约，以及为

---

① 桂莉：《联邦德国的新东方政策》，《国际研究参考》2018 年第 2 期。

② 殷寿征、蒋裕国：《维利・勃兰特——一个德国政治家的画像》，时事出版社 1985 年版，第 175 页。

保障西柏林人的基本权利所进行的坚持不懈的斗争。[①]

勃兰特的新东方政策是有其战略上的独特思考的。比如，当法国对英国参加欧洲共同体表现不积极的时候，勃兰特出面做英国的工作，希望英国能够加入进来。这里还埋藏着勃兰特的一个战略考量，德国实际上是不甘于长期遭受两个大国压制的，德国要想摆脱这一局面，就必须推动欧洲的一体化，使欧洲能够成为一支更有力的抗衡美苏的独立力量，在这一过程中，德国的地位和力量也会得到增强。这就是勃兰特作为一个战败国政治家的战略野心之一。这也从一个侧面反映了勃兰特的战略格局。

英国对勃兰特的努力十分感激，称他是“英国最喜欢的欧洲政治家”。1970年1月，著名的英国牛津大学授予勃兰特名誉博士的称号。150多年来，一位德国政治家享有这样的荣誉还是第一次。美国《时代》周刊还把勃兰特评为“1971年新闻人物”。

同时，勃兰特继承了阿登纳外交中左右逢源的外交思路。在与东方国家实现缓和并不以牺牲与西方传统国家的关系为代价。他坚持政策的灵活性，两面推进。勃兰特在谋求与东欧国家“和解”的同时，积极主张扩大欧洲经济共同体，谋求欧洲的统一。这一点与阿登纳相近，就是利用欧洲的大统一为德国的统一谋势。

四、结　语

战略的核心实质上是战略选择：注意轻重缓急以及战略上的排序。二战后的德国一分为二，统一固然是长远目标，但德国政府审时度势，认为统一目标的实现需要一个有利的外部环境，统一不是当时的第一要务，统一需要一个过程，于是暂时搁置统一目标，而着重于与西方盟国同时也与苏联发展关系，这一新东方政策符合德国当时的特殊环境和由历史决定的发展现实。

勃兰特的战略反映了他的战略远见以及对于统一问题的深刻分析和认知。

新东方政策的立足点仍是与传统盟国的关系，但比之阿登纳则更进一步，勃兰特不满足也不限于与传统盟国的关系，他希望联邦德国的对外政策能够更进一步，同时也为未来的统一奠定基础。

对于统一，虽不能至，但心向往之，同时政策逐步推动，创造良好条件。

---

① 殷寿征、蒋裕国：《维利·勃兰特——一个德国政治家的画像》，时事出版社1985年版，第181页。

德国的统一能够在20世纪90年代初得以实现，与勃兰特时期的量化积累分不开。勃兰特对统一打下了坚实的基础，才有后来的水到渠成。

勃兰特的统一模式也被称为德国模式。也就是先承认分治，但保持接触并且不断深化接触，努力营造友好合作的大环境，直至统一来临。

这个统一模式看似欲擒故纵，更有战略忍耐。他很清楚，以德国当时的分治和被分管的现状，两个德国已成既成事实，而且在美苏对抗的冷战格局之下，德国要想凭借一己之力实现统一几乎是没有可能的。在这样的现实下，勃兰特选择了理性而务实的战略，即分阶段和小步骤来达到长远的目标。

新东方政策体现的一个战略意义在于，如何务实地实现战略目标。直线看似很近，但难度和阻力极大，往往事倍功半，而迂回看似绝对距离远，却由于较少的阻碍而变得更加易于达到目标。勃兰特不是一个诗人，而是冷静的政治家，因此，他知道只能采取间接路线。

再有就是实现目标既然不可能一步到位，就需要分阶段来加以实施。这里面最为关键的因素就是阶段性的短期目标必须与长期目标连在一起，而不是相分离。阶段性目标是与最终目标连在一起的，是最终目标的一个组成部分。这是一个十分关键的问题。

勃兰特通过不断强化与民主德国与苏联的联系和交往，是统一目标的前期准备和必不可少的过程。而在这个过程中，战略忍耐又变得十分重要。

在德国几代政治家的努力下，德国终于从分裂和被占领的困境中崛起。冷战时期德国有目标，有战略耐心，实施务实。而战略耐心与战略定力终于造就冷战后的统一。

群雄逐鹿：战后日本的复兴战略

战后的日本从一个谋求“东亚共荣圈”的亚洲霸主迅速变成了一个被占领的小国。昔日的敌手转瞬间成了他的救世主和保护者。

比较德国，日本的转型灵活而势利。日本作为一个战后弱国，被美国独家占领。面对这一冷酷的现实，日本政治家开始寻找靠山，这个靠山不可能是近邻，而只能是远端的一流强国。日本将美国作为战略依托，美国也成为日本找寻的可行的战略突破口。

日本人坚信成王败寇，战败的日本选择了哀兵战略。与此同时，军事战败成为外交成就的机会。20 世纪 50 年代初，日本传奇式的首相吉田茂曾说：“空袭把日本化为灰烬实属一大幸事。如果日本现在引进新机械、新设备，日本必将成为一个伟大的国家，其生产水平会远远高于那些战胜国。捣毁机械设备耗资巨大，但这项工作却由敌人替我们做了。”①

对于日本而言，重新恢复日本正常的国家地位和实力是其对外战略的核心，亚洲冷战的展开和朝鲜战争为日本实现这一目标提供了难得的机会。

1946 年初，日本举行了战后的第一次议会选举，吉田茂出任首相。吉田茂困顿求生，趋炎附势，终于实现了化被动为主动。

1952 年 11 月 11 日，在法国巴黎凯旋门广场举行的纪念第一次世界大战胜利的阅兵式上，从外务省条约局长位子上刚刚卸任的西村熊雄与邻座的丹麦驻法大使有过一段耐人寻味的对话。

当丹麦大使问到日本对二战的感想时，西村这位外交高官在一番沉思之后郑重答道：“那就是不要进行战争，特别是不能打败仗。”这一回答，让丹麦大使一脸错愕，无言以对。20 年后，西村又把这句话作为最后的一笔写入了记述

---

① 〔美〕理查德·尼克松著，夏青等译：《世界大角逐》，吉林人民出版社 1989 年版，第 231 页。

旧金山媾和的日本外交史中。[①] 然而，被看作“塑造战后日本战略骨骼的政治家”、有“战后宰相”之称的吉田茂等日本政治家却在深入思考如何转败为胜，变军事战败为外交战胜。

吉田茂认为，取得外交胜利的关键是充分利用好外交资源。吉田茂在卸任后撰写的《十年回忆》中引用了曾任威尔逊总统顾问的豪斯大校的一句名言，即“没有外交感觉的民族必定要衰落”。实际上，这句话反映了吉田茂的国家理念。在他看来，外交是决定国家命运的战略资源。[②]

战后日本有三条政治外交路线，它们分别是社会民主主义路线、经济中心主义路线和传统国家主义路线。战后不久成为主流的，是以“安全”和“繁荣”为国家目标的、立志于经济发展的吉田路线。自从 20 世纪 50 年代以来，日本的外交政策一直在战后首相吉田茂所公布的四项基本原则的指导之下。吉田主义规定：①日本的主要目标应是发展经济；②日本的武装应该是低水平的，应该避免卷入国际冲突；③日本接受美国的政治领导和军事保护；④日本的外交应该摒除意识形态而致力于国际合作。[③]

这一切表明日本更为深入地从摆脱自身地缘环境困境的角度思考日本未来的发展路径，“日本是个岛国。但是，如果日本从地缘政治学的角度继续试图发挥岛国的作用，它就不能生存。一位评论家说过，日本力求不与任何人为敌，而与所有人为商”[④]。

“与所有国家为商”体现了战后日本对于二战日本战略的深刻反省和商业立国的思路。但商业立国并不可能以单纯的经济方针来实现。所以，吉田路线还是以综合政治的考量为目标，一方面以“深化日美关系”为基轴，另一方面又注重“扩大外交空间”，同时在日美亲善的基础上伺机寻求更多的外交自主性。

这就是吉田茂化解战败国日本的内外困境的基本构想。可以将其概括为三大步骤：一是维护国体实现媾和，采取和平主义路线；二是结盟，向美英靠拢；三是发展经济。而这三大步骤又是相互联系、相互配合的有机整体。

---

① 〔日〕西村熊雄著：《日本外交史　旧金山媾和条约》第 27 卷，鹿岛研究所出版会 1971 年版，第 372 页。转引自肖伟：《战后日本国家安全战略的历史原点》，新华出版社 2009 年版，前言，第 1 页。

② 〔日〕吉田茂：《十年回忆》第 1 卷，新潮社 1957 年版，第 23、24 页。

③ Zbigniew Brzezinski，*The Grand Chessboard*：*American Primacy and Its Geostrategic Imperatives*，Basic Books，1997，p. 178.

④ 〔美〕理查德·尼克松著，夏青等译：《世界大角逐》，吉林人民出版社 1989 年版，第 239 页。

一、第一大步骤：维护国体实现媾和，采取和平主义路线

（一）维护国体

维护日本的皇国体制事关日本作为主权国家最后的颜面。虽然日本战败，但日本相信，尽管天皇本身对于日本而言并不具有现实的政治意义，但维护以日本天皇为象征的国体对于凝聚日本民心、保持民族认同感都具有重要意义。

因此，日本把受降的条件之一确立在维护皇国体制这一点上。“当时近卫奏折把皇国国体作为最大的战略支点和最根本的选择。奏折的战略出发点、归结点都是维护国体，主张早期终战、对英美投降，都是以此为目标的。近卫甚至提出即使国土减少一半，也一定要维护国体、确保皇室的安泰。”①

从美国的角度而言，对日占领开始后不久，作为美国利益象征的麦克阿瑟就倾向于保留天皇了。主要目的是利用日本国民对于天皇的盲目崇拜，达到挟天子以令诸侯的目的。1945 年春，麦克阿瑟的司令部在马尼拉召集了英美联军心理战人员会议。心理专家们将可资联军利用的“日本人行为模式”扼要归纳为 15 条要点：“自卑情结、轻信、群体型思维、歪曲事物的倾向、自我吹嘘、强烈的责任感、超常的攻击性、野蛮、顽固、自我毁灭的传统、迷信、重视体面、多愁善感、对家国的忠爱和天皇崇拜。”② 马尼拉会议确认了利用日本国民对天皇的愚忠而达到占领者目的的做法。

因此，麦克阿瑟进入东京后，手下幕僚曾建议将天皇召至总司令部，以显示占领军具有凌驾日本一切统治权威之上的绝对权力。但是，这个建议立刻被麦克阿瑟否决了。在麦克阿瑟看来，天皇是一种巨大的政治统治资源，绝不能在天皇问题上刺激日本国民的感情。

1945 年 9 月 27 日，在刚刚接替重光葵出任外相的吉田茂的竭力斡旋下，麦克阿瑟与天皇实现了首次会见。美国对日占领开始后不足一个月，美国最高军事占领当局就与日本最高统治者实现了第一次握手。③

日本修改宪法之后，保留了所谓天皇制，但对于日本而言已经足以达到维持其战败后尊严的目的了。

---

① 肖伟：《战后日本国家安全战略的历史原点》，新华出版社 2009 年版，第 27 页。

② 〔美〕约翰·W. 道尔著，胡博译：《拥抱战败：第二次世界大战后的日本》，生活·读书·新知三联书店 2008 年版，第 259 页。

③ 肖伟：《战后日本国家安全战略的历史原点》，新华出版社 2009 年版，第 56 页。

（二）重经济轻军事

吉田对战后的日本有着准确而现实的定位，这对于日本战后的发展是十分关键的。日本是一个战败国，不再有昔日的耀武扬威和侵略掠夺，日本已经被世界上最强大的美国所占领。这就是吉田首相面临的新的国家定位。

新中国的成立，改变了亚太地区的战略格局。美苏在亚洲范围内的冷战对峙正在展开。美国为了围堵社会主义中国，把日本变成遏制新中国的前沿阵地和桥头堡，对日采取了由削弱防范转为扶植支持的政策，这就是日本的外部环境。

二战后的日本到处弥漫着衰败的气息，在战争中大约有 185 万人死亡，绝大多数都是青壮年劳动力，致残者更是不计其数，生产停滞，失业人口高达 1300 万人，国民经济损失超过了 1057 亿日元，相当于 1946 年日本全年国民生产总值的总和。绝大多数城市变成了废墟，几百万人无家可归，食物匮乏物价高涨，人们的游行抗议声不断。当时日本的局势非常严峻，日本的房屋比欧洲破坏得厉害，而生活水平更低。士兵和难民数以百万计地从海外蜂拥回国，没有工作、住房和其他保障，通货膨胀吞噬了所有存款。[①]

1945 年对日本而言是一个多灾多难的年份，战争早已让日本伤痕累累，偏又祸不单行，出现了特大洪水加上台风的袭击，粮食大规模减产。到了 1946 年演变成了粮食危机，每天都有人因缺乏食物而死亡。粮食问题在美国的援助下才得以解决。

粮食问题解决后，吉田茂开始思索日本未来的发展之路。经过反复摸索权衡，他为日本确立了以经济复兴为中心、以轻武装的国防政策和对美追随外交为两翼的治国方略。

之所以要重经济轻军事，吉田茂是基于历史和现实考量做出的。从历史上说，“富国强兵”是明治维新时期确立的基本国策，然而直到二战结束，日本的领导者们把过多的精力放在了强兵之上，穷兵黩武，到处扩张侵略。日本在二战之前的战略文化，一直是以“强兵富国”为核心。日本作为一个岛国，环境孤闭，能源缺乏。在日本传统的战略文化中，要想富国，只能扩张，而要扩张就必须强兵。因此，强兵—扩张—富国就成为日本战略的一种强制选择，这种战略文化一直持续到二战日本战败才得以暂时停止。

---

① 刘占青：《吉田茂：日本的丘吉尔》，《看历史》2016 年 3 月 10 日。

日本的强兵富国战略曾是日本的基本国策，日本确实曾从战争中获取巨额收益。近代以后，日本走上了“脱亚入欧”的道路，实现现代化以后的日本染指了亚洲。日本相继取得了日中甲午战争、日俄战争的胜利，避免了沦为殖民地，并取消了不平等条约，成为世界列强的一员。[①] 可以说，日本尝到过战争强国的甜头。但是，日本还是被战争这个魔鬼所害。二战的失败导致日本帝国的最终覆灭。这就造成了所谓的“成也战争，败也战争”。

日本虽曾通过战争非法掠夺了巨额财富，但战争也使日本付出了难以承受的代价。在二战中的惨败，沦为美国占领的半殖民地国家，不得不使日本反思其长期坚持的战争路线。二战的失败可以说耗尽了日本的所有积累，也使得以战争谋取帝国的战略遭到重创。日本不仅在战场上失败，还遭受了人类有史以来第一次核打击，不仅短时期内重启战争战略变得不可能，而且国家还面临着灭顶之灾。民心思变，民心思和。可以说，吉田茂对于强兵路线的排斥，不仅是他个人的意愿，也是当时日本的客观需求。

（三）实现媾和

根据《波茨坦协定》，战后日本将被全面解除武装，日本的战争能力也被彻底摧毁。在此背景下，1945 年晚秋，日本外务省成立了和平条约研究会，强调了两个重要的观点：其一是通过与美国建立特殊关系保障日本国家安全；其二是把占领军驻留与非武装化后的日本国家安全保障联系起来。

然而，一开始日本寄望于美国来保障它的安全，美国却并非十分愿意。美国主张将日本交由联合国统管。另外，在二战刚刚结束之时，美国的东亚战略并没有出现重大转变，仍然是扶中抑日为主导。在这一前提下，美国并不愿意与日本在军事上形成密切的盟友关系。

日本深知拉美求安的主张并非易事，因此，吉田内阁决定采取以向美国提供军事基地来全面寻求安全保证的策略。

吉田强调由于日本没有军备，日本虽然拥有自卫权，但却没有行使自卫的有效手段。由于当时军国主义并未彻底绝迹，在这种形势下，媾和条约生效后，占领军撤退之后，日本将出现危险的真空状态。为了防备这种危险，日本希望美军驻留日本以防备外来进攻。同时，吉田茂也不急于打造日本的武装力量，

---

① 〔日〕五百旗头真主编，吴万虹译：《新版战后日本外交史（1945—2005）》，世界知识出版社 2007 年版，中文版序，第 12 页。

他甚至还担心军费将成为日本经济复苏的一个负担。[①]

吉田茂此举实际上是谋求对美一边倒并与美国结盟，但由于当时日本国内对此还存有巨大政治分歧，吉田茂只能以隐晦的词语表达出来。

二、第二大步骤：结盟，向美英靠拢

首先从近卫奏折说起。所谓的“近卫奏折”，是指日本前首相近卫文麿在1945年2月14日密呈裕仁天皇的一份为自己和天皇开脱战争责任的奏折。这份奏折最为关键之处是表示只有向英美“靠拢”才能“维护国体”。近卫奏折引起了天皇的高度关注。

学者肖伟认为，近卫在战败前夜出台并直接向天皇禀奏的近卫奏折，是一份备受史学界关注的反映日本从战前向战后战略转换的重要文献。值得注意的是，奏折在表面上虽然是以近卫个人的名义向天皇提出的，但是，实际上该奏折并不是由近卫个人完成的，背后还隐藏着一个重要人物，这就是战后曾经两次出任外相、五次出任首相、对战后日本产生深刻历史影响的被称为“战后宰相”的吉田茂。据吉田茂回忆录的记载，近卫在向天皇禀奏的前一夜，是在吉田茂的私宅中度过的。当夜，近卫与吉田茂对奏折作了最后的修改、校正直到深夜。[②] 从上述情况看，“近卫奏折”实际上更应该称为“近卫—吉田奏折”。

近卫奏折所具有的战略意义不仅体现在主张对英美的“早期终战论”，即强调日本的所谓“本土决战论”没有任何战略成算，重要的是，其已经在战略层面上认识到企图依靠军事手段排斥英美在东亚、西南太平洋建立“大东亚共荣圈”的战前战略已经彻底失败，已经认识到日本必须寻求国家战略的整体转型。“由早年主张‘反对英美下的和平’、任期内做出对美开战决定的近卫提出尽早终战、对英美协调，是非常富于历史象征意义的，表明日本正在从排斥英美的亚洲门罗主义转向投靠英美、依托以英美为核心的资本主义国际体制。”[③]

战前日本曾形成了机会主义的国际战略判断，认为盎格鲁—撒克逊势力

---

① John W. Dower, Empire and Aftermath, Yoshida Shigeru and the Japanese Experience, 1868－1954. Cambridge, Mass.: Harvard University Press, 1979, pp. 377－400.

② 肖伟：《战后日本国家安全战略的历史原点》，新华出版社2009年版，第20页。

③ 肖伟：《战后日本国家安全战略的历史原点》，新华出版社2009年版，第21页。

已经走向衰落，国际权力体系正在出现体制性更迭，加入轴心同盟是攫取世界霸权、走向国际权力中心的最佳时机。而近卫奏折体现了一种重要的战略纠错和战略转换。它改变了战前日本主流观点强调的盎格鲁—撒克逊主导的世界体制已经开始衰落，日本要想迅速实现扩张就必须与轴心国合作的主张。二战的结束促使日本承认以美国为代表的盎格鲁—撒克逊势力仍然是世界上最强大的势力，以英美为代表的势力仍然是国际体制主导力量，代表着世界历史发展的潮流。

近卫奏折是在 1945 年 2 月 14 日向天皇上奏的。近卫等人主张投靠英美的时候，冷战尚未形成。这体现了近卫和吉田等人对形势发展的前瞻性。当然，也符合日本内在的战略理念，即必须与强者为伍的现实主义力量原则和强权第一的战略逻辑。

诚然，战后日本选择与美国结盟，与吉田茂的个人经历和倾向也有关系。刚刚战败的日本到处都弥漫着失望、困惑的情绪，而吉田茂的内心却充溢着一种难以掩抑的兴奋。最主要的原因还是由于他看到了日本战后再建的出路与希望。如其在信中所称，“我方虽然战败，但却未必不是古今内外未曾有过的漂亮事。皇国再建之势自然蕴含于此”[①]。在吉田茂看来，日本虽然战败了，但却由此获得了对美亲善的历史性机遇，可重新回归到明治以来与英美协调取得辉煌业绩的外交大道。而与英美亲善对日本来说是决定性的，是最大的战略机遇。因为英美代表了先进的海洋文明和现代经济的方向，而战后的美国更是世界上实力超群的国家，日本必须与强者为伍才能求得生存和发展。日本遵循着海洋大国的战略路线，即如果不能自身成为主宰者，那一定要与陆上大国或世界性大国捆绑在一起。何况，美英等大国无论在世界贸易，还是科技能力以及经济规模等都足以让日本作为依靠和合作伙伴。日本的战败终于能够使吉田茂有机会实施与美英的合作。

在依靠美国保障安全、寻求与实力超群的美国建立特殊关系的问题上，日本人确实也表现出更为主动的一面。当美国的对日政策还处在以削弱、限制、改造为主的阶段时，日本就酝酿着与美国建立特殊关系，期望依靠美国保障安全，向英美靠拢还不是简单地与美英站在一起，或与美英合作，而是坚定地与他们结盟。从战略、政治安全方面与他们形成机制上的密切同盟关系，以保证

① 吉田茂实业纪念团编：《吉田茂书翰》，第 176 页。转引自肖伟：《战后日本国家安全战略的历史原点》，新华出版社 2009 年版，第 87 页。

日本在战后的重新复兴和拥有东方再起的战略空间。

1951 年 9 月 8 日，在旧金山媾和条约签署的当日，日本就与美国缔结了《日美安全保障条约》，以结盟的方式重返战后国际舞台。

然而，很快美日在盟友关系上出现了问题。日本的如意算盘是，由美国提供安全上的免费保护，使日本能够把足够的精力和财力投入经济发展建设之中。但美国深陷朝鲜战争之后，则希望日本能够承担更多独立的防务责任，并且能够出兵朝鲜与美国一起参战。吉田茂以日本是一个衰弱的战败国为由，拒绝了美国的请求，继续其“重经济轻军事与美结盟”的主张，这确实是吉田茂作为政治家十分理性和精明的选择。

三、第三大步骤：发展经济

美国的保护等于使日本搭上免费车，接下来日本的重中之重就是以经济制胜。

从国家战略观的角度来看，吉田茂选择了以经济科技为突破口的强国之路。“穿军装的军队不是唯一的军队。科学技术和西装革履下面的奋斗精神将是我们的地下军队”[①]。

日本致力于发展经济，也意味着其国家战略的重大转变。

日本战败后，日本的全部生产结构处于静止状态。难题在于通过以最合理的方式调动巨额资本让经济重新转动，同时发展拥有更多有技术优势的产品。

日本在 20 世纪 50 年代制定经济发展战略时，对日本国内的环境定位十分清晰。它们认为，日本是一个岛国，领土狭小，没有战略资源，国内市场有限，而且与其他国家联系的交通不便（只能靠飞机和轮船）。针对这样的内部环境定位，日本在经济发展中就特别注意节约能源、原材料，日本的单位 GDP 能耗在全世界都是最低的。在 20 世纪 70 年代全世界出现石油危机时，日本研制了最省油的小汽车，受到了许多国家的欢迎。日本确立了“两头在外”的贸易立国战略方针。由于环境定位正确，应对策略得当，日本经济得到了迅速发展，经过战后几十年重建，一跃而成为世界第二经济强国。[②]

诚然，日本的经济奇迹既取决于自身的政策选择，也得益于特殊的历史机

① 〔美〕罗伯特·A. 帕斯特编，胡利平等译：《世纪之旅——七大国百年外交风云》，世纪出版集团 2001 年版，第 295 页。

② 李玉海：《战略》第 2 版，清华大学出版社 2015 年版，第 100 页。

遇——朝鲜战争。日本放弃了战争，但仍然能够依靠别国之间的战争大发战争财。1950年6月到1953年底，“特需”采购为日本带来约23亿美元，超过1945—1951年美国的援助总额，而且由于大多数以美元支付所以更具价值。即使是在1953年朝鲜战争结束后，与军事相关的采购仍然以“新特需”的名义继续进行，1954—1956年又为日本额外带来17.5亿美元，约占这些年日本“出口”收入的一大半。这种长期延续的意外之财，使日本的进口能够大幅增加并使基础产业的生产规模倍增。“各种指标都显示出经济的猛烈复兴。停滞的股市从朝鲜战争爆发到1951年12月上涨了80%。朝鲜战争的前8个月，日本钢产量增长了约38%，而钢材出口增长了三倍。汽车工业复兴受益于美国大批购买卡车和其他车辆。例如，丰田汽车的产量增加了40%。丰田会社的社长后来回忆说，‘这些订单救了丰田的命。我既为我的公司感到高兴，又对我欣喜于别国的战争而怀有罪恶感’。”①

1955年，日本经济企划厅如释重负地宣布“‘战后时期’结束”，这个说法是建立在全部的生产指标终于恢复到战前水平的事实基础之上。日本在“吉田路线”下，经历了从1955—1973年平均增长率高达9.8%的高速发展，成为西方阵营中仅次于美国的第二经济大国。

随后20年的发展，日本的确交出了令人惊讶的经济成就：专利数量居世界第一；研究开发投入占国内生产总值比例居世界第三；国际航空旅行量居世界第三；书籍和音乐销售量名列第二；互联网主机数量位列第二；高科技出口名列第二；发展援助居世界第一；人均寿命最高。②

1964年，日本重新回归世界舞台，战后那段饥馑、耻辱和被占领的岁月终于结束了，随之而来的是被称为经济奇迹的繁荣年代。“具有讽刺意味的是，日本和德国，这两个在第二次世界大战中被科学技术打败的国家，却正在向高技术强国迈进，因而也在进行科技复仇。它们在全世界争夺商品市场，使国际经济秩序正向着有利于它们的方向变化。例如，日本从1950—1980年花了100亿美元购买西方的技术，用以改造本国的工业。到1990年，日本已拥有世界上最大的银行和很大一部分美国娱乐产业。”③

① 〔美〕约翰·W. 道尔著，胡博译：《拥抱战败：第二次世界大战后的日本》，生活·读书·新知三联书店2008年版，第527页。

② 〔美〕约瑟夫·奈著，马娟娟译：《软实力》，中信出版社2012年版，第113页。

③ 〔美〕塔德·舒尔茨著，中国军事科学院外国军事研究部译：《昨与今——战后世界的变迁》，东方出版社1991年版，第3页。

四、结　语

有人横向比较了联邦德国的阿登纳与日本的吉田茂，认为两个人确立的经济立国的发展战略有着异曲同工之处。这两个人在许多方面有着相似的经历。比如，他们同是保守派政治家，同是帝国时代出身的跨世纪老人，在执掌国家大权之前，他们都有着丰富的政治斗争经验。并且，在确立兴国大计时，这两人都不约而同地考虑到利用美苏冷战的国际形势来完成国家复兴的目标，采取了倒向西方的立场，等等。但是两人在战略上也有不同：吉田茂向西方的一边倒是一条腿式的，吉田的战略侧重在美国，其一边倒的目的是要通过把日本纳入美国战略轨道建立日美特殊关系；而阿登纳的一边倒则有两方面的含义：一是依靠美国，二是立足欧洲。对阿登纳来讲，由于德国地处欧洲中心、冷战前线，它不单要重视德美关系，也不能忽视它与西方联盟内其他国家，尤其是法国的关系。在阿登纳面向西方美国的政治经济复原的战略目标之中，也包含以法德和解为中心的欧洲联合战略，这与吉田单纯向美国寻求国家政治、经济与安全目标的战略有所区别。①

美国学者哈里斯认为，吉田茂用宪法禁止战争权的做法，保障了把二战后日本的非军事化转变为切实发展的道路。日本在冷战早期采取一项重大的战略，即把安保外包给美国，这样可以把有限的国家资源和政治注意力投入重建和发展日本本国经济上来。在美国安全保护伞的庇护下，日本的经济在 20 世纪五六十年代迅速增长。②

同时，日本从 1955 年起，以 60 亿美元的支出，换回了全世界近半个世纪以来的几乎全部先进的技术，使日本在 15 年内赶上了科技最发达的美国，节约了 2/3 的时间和 9/10 的研究资金，到 20 世纪 70 年代中期便成为仅次于美国的经济大国。③

可以说，日本没有通过战争获得国家的壮大和发展，但却通过非战争的经济和科技方式实现了。日本输了第二次世界大战，放弃朝鲜战争的日本实现了经济和科技的成功。

---

① 王蕾：《联邦德国总理：阿登纳》，四川人民出版社 1997 年版，第 534 页。

② Peter Harris, "Japan's Embrace of Collective Self-Defense: A Worrisome Turn from the Past?", https://nationalinterest.org/blog/the-buzz/japans-embrace-collective-self-defense-worrisome-turn-the-10539.

③ 屠春友：《战略决定成败》，中共中央党校出版社 2007 年版，第 93 页。

日本作为战败国，想法单一，那就是发展。除了发展实力别无他图。反观苏联则不同，苏联是战胜国，虽然经济实力受到重创，但由于冷战的缘故，不得不与美国争霸与谋霸，并且不惜使用武力与美国竞争，最终导致国力的衰败。如果苏联能够更多具有战略定力，按自身发展需要致力于国力壮大，而不是事事与美国陷入你争我夺的竞争，结果或许会有所不同。

从国家经济和综合实力中长期发展而言，一个贫弱的战胜国输给一个彻底的战败国令人深思。

第八编

谋胜之道：化战于无形

战略博弈：软实力的较量

拿破仑讲：思想的力量胜过利剑。19世纪英国全盛时期的维多利亚女王有一句名言："我宁愿失去一个印度，也不肯失去一个莎士比亚。"

美国前助理国务卿约瑟夫·奈提出软实力的概念，也就是强调无形的思想因素的作用。

1959年，苏联领导人赫鲁晓夫与美国当时的副总统尼克松在莫斯科举办的一个美国展览会上有过一次激烈的辩论，由于地点在美国展示的一处住宅的厨房内举行，因此史称"厨房辩论"。当时两国领导人都不断强调自身制度的优势，而苏联也展现出赶超和战胜美国的信心，两个大国在没有硝烟的战场上的明争暗斗清晰可见。

不可否认，在整个冷战期间不仅有军事、经济的较量，更有思想制度的比拼。冷战也是一场东西方不同制度的较量。

从美国的角度看，美国不仅着力于输出其商品，更强调输出其价值观、制度与文化。比之苏联，美国不仅在硬实力上具有优势，在软实力上也着墨甚多。

一、软实力的概念

"软实力（Soft Power）"的概念是由美国前政要和著名学者、哈佛大学名誉教授约瑟夫·奈提出的。他把实力区分为"硬实力"和"软实力"，"硬实力"即指军事力量或经济力量，凭借这种力量能"强迫和强制"对方遵从己方意志的力量；"软实力"即指文化的力量、榜样的力量、理念和理想的力量，凭借这种力量能潜移默化地影响和制约对方。[①]

在20世纪80年代末期，约瑟夫·奈就提出了"软实力"的概念，当时他

① 〔美〕约瑟夫·奈著，吴晓辉等译：《软力量：世界政坛成功之道》，东方出版社2005年版，第114—115页。

提出这样的概念有特定的背景，主要是由于美国与苏联的争霸政策，使美国在里根“重振国威”的政策后，再次出现经济负担沉重、贸易赤字和财政赤字不断攀升、内外债务高居不下，经济增长放缓的不良发展态势。因此，国际上的很多评论家认为美国正在走向衰落。但是，约瑟夫·奈对此则不认同，他在1989年撰写、1990年出版了《谁与争锋》一书，用来反驳美国走向衰败论的观点。他认为，美国不仅是军事和经济上首屈一指的世界强国，而且在软实力上也没有其他国家可以匹敌。在此，他首次公开提出了“软实力”的概念和理论。

众所周知，军事和经济因素往往能使他人转变立场。硬实力可以依托引诱（“胡萝卜”）或者威胁（“大棒”）等手段来实施运用。但有的时候，即便不动用实实在在的威胁也能达到目的。这种为达目的而采取的迂回方式，有时也被称作“权力的第二张面孔”。在国际政治中，一个国家完全有可能因为他国的追随、支持而得偿所愿。那些国家仰慕其价值观，并处处效仿，渴望达到与其不相上下的繁荣和开放程度。因此，军事威胁和经济制裁并不是国际政治中促成改变的仅有手段，设置议程并施以诱惑也能达到同样的效果。“软实力靠的是拉拢，而不是强迫”①。

在国际政治的大棋局中，许多政治领导人仍然致力于军事资产和传统的军事对策。而对于诸多跨国合作议题缺少重视，对于国家间关系中的软实力也缺乏运用。从长期趋势看，这会导致国家优势的丧失。回顾大国之争尤其是美苏之争，美苏双方在全球的对抗，既有属于硬实力的，也有属于软实力的。不容否认的是，苏联在冷战中的失败不仅是硬实力对抗上的失败，尤其是经济竞争力上的失败，更是软实力对抗上的失败。从这个意义上来看，美国在冷战中对软实力的应用仍然是在考察其外交战略中值得分析的一个重要方面。

按照约瑟夫·奈的界定，一个国家的软实力主要来自三种资源：文化（在能对他国产生吸引力的地方起作用）、政治价值观（当它在海内外都能真正实践这些价值时）及外交政策（当政策被视为具有合法性及道德威信时）。②

约瑟夫·奈强调软实力是一种吸引力。这是他的学说中一个比较突出和创新之处。当然，这一思想并非他的原创，中国佛教中已有修炼自身、影响他人之说，佛教文化强调示范性，比之简单的吸引力更为深刻。从奈的实力学说的角度来看，实力如果是对他人的行为施加影响，并达到自己目的的能力的话，

① 〔美〕约瑟夫·奈著，吴晓辉等译：《软力量：世界政坛成功之道》，东方出版社2005年版，第8页。
② 〔美〕约瑟夫·奈著，吴晓辉等译：《软力量：世界政坛成功之道》，东方出版社2005年版，第11页。

那么，影响他人行为的方法有多种，可以威胁、强迫，也可以是利益诱惑，或者通过吸引和拉拢，使对方与自己目标一致。而软实力就是通过较为温和和潜在的方式影响他国。

软实力的内容主要包括文化吸引力、价值观感召力和政策的所谓合法性和道德色彩。

对于软力量而言，能力和资源至关重要，但是，仅仅有能力和资源还是不够的，还要将其转化成力量。“软力量是一种能够影响他人喜好的能力”[①]。软实力依靠的是一种塑造人们喜好的能力，软实力不等于影响力，也不是通过威胁或者报偿等硬手段来实现，而是通过以理服人或吸引他人的能力。软实力有可能需要与硬实力共同使用，但软实力并不依赖于硬实力，软实力是可以独立存在和运用的。

约瑟夫·奈强调软实力在新的时代所具有的竞争力和特殊作用。政治已经成了具有竞争性的可信度比赛。在传统的强权政治中，最典型的问题是：谁在军事实力、经济实力上占据优势？然而到了信息时代，政治竞争“可能成了谁的故事最终能打动人”[②]。

从国家行为的角度来看，一个国家在对外合作、国际组织平台所倡导的价值观和外交行为也可以影响他国的喜好，形成有利于自身的国家形象和吸引力。

软权力所依赖的资源包括思想的影响力或者决定政治议题、影响别人偏好的能力。决定议事日程和辩论框架也可以产生权力。确立偏好的能力总是同无形的权力资源密不可分，这些无形的权力资源包括文化、意识形态和制度。

约瑟夫·奈学说的最大贡献，在于强调人们应重视物质力量以外的另一种无形的力量，即软实力。强调人们应该改变过度迷信军事、经济等物质力量的作用，而更加重视软实力的重要性和意义。

二、英美软实力战略演变

第一次世界大战后，英国政府意识到“它在创建一个帝国的同时也创造了一种文明”，并对这种“创建文明”的活动加以支持。1934 年 11 月，英国对外关系委员会成立，负责推进英国海外利益的“特别文化使命”。此后，对外文化

① 〔美〕约瑟夫·奈著，吴晓辉等译：《软力量：世界政坛成功之道》，东方出版社 2005 年版，第 5 页。

② 〔美〕约瑟夫·奈著，吴晓辉等译：《软力量：世界政坛成功之道》，东方出版社 2005 年版，第 142—143 页。

推广从自发的民间行为纳入配合英国外交目标而开展的自觉的有组织的国家行为。1940 年，英国政府将英国对外关系委员会直接更名为英国文化委员会。为了加强引导，1943 年底，英国外交部内设英国文化委员会事务科。1945 年，二战即将结束，为了加强战后舆论战的准备，英国外交部将该科升格为对外文化关系司。英国文化委员会成立后，将英语传播“置于文化外交的优先地位”①。

大名鼎鼎的汤因比就曾经参与这方面的工作。1915 年，当时只有 26 岁的汤因比进入英国外交部情报司工作，他还于 1919 年代表英国政府出席巴黎和会。很有意思的是，在 1934 年英国成立英国对外关系委员会的时候，汤因比的多卷本《历史研究》开始断断续续出版。据此，有人认为汤因比的《历史研究》巨著实际上得到了政府的大力支持和推广。1939—1943 年汤因比担任英国皇家国际事务学会外交事务研究部主任，1943—1946 年，担任外交部研究司司长。在这段时间里英国政府开始将对外意识形态宣传纳入外交战略的轨道。

就美国而言，虽然冷战初期并没有提出软实力的概念，但却在对苏战略中逐步形成了围绕软实力的较量。20 世纪 30 年代后期，美国总统罗斯福深信“美国的安全依靠的是与其他国家民众沟通的能力，以及赢得他国民众支持的能力”②。

美国参战后，政府在全球展开了文化攻势。1942 年罗斯福成立战时新闻办公室，处理真实的战时信息，另外还建立了战略情报局，其功能之一是传播假情报。战时新闻办公室甚至掌控了好莱坞，对电影内容提出各种增加和删减建议，拒绝给某些作品发放放映许可证，把电影产品塑造成了有效的宣传工具。好莱坞的高级管理层在爱国主义热情和自身利益的驱使下，也非常乐意合作。早在冷战前，理查德·佩尔就说：“美国公司高层、广告商和好莱坞制作室的负责人不但向全世界销售他们的产品，同时还推销美国文化、价值观，以及成功的秘诀。”③ 由此可见，美国的战时软实力资源一部分来自政府的支持。

20 世纪 40 年代末，美国中央情报局曾制定用于对付苏联的代号为“DROPSHOT”即所谓的“滴水穿石”心理战计划，其中就提出“广泛进行心理战，是美国最重要的任务之一”④。

---

① 胡文涛、招春袖：《英国文化外交：提升国家软实力的成功之路》，《太平洋学报》2010 年第 9 期。

② 〔美〕约瑟夫·奈著，吴小辉等译：《软力量：世界政坛成功之道》，东方出版社 2005 年版，第 136 页。

③ 张文木：《国家战略能力与大国博弈》，山东人民出版社 2012 年版，第 101—102 页。

④ 〔俄〕B. A. 利西奇金、П. A. 谢列平著，徐日翰等译：《第三次世界大战——信息心理战》，社会科学文献出版社 2003 年版，第 72 页。

1941年底美国参战后，罗斯福总统试图使美国的情报宣传行动更有成效，于是在1942年6月13日颁布了两份命令：一份是“总统行政命令9182号”，通过该指令成立了“战争情报局”，负责美国宣传心理战公开的、官方认可的行动和任务。罗斯福总统任命著名的哥伦比亚广播公司记者、作家任局长。“美国之音”等重要宣传机构正是在“战争情报局”的领导下建立起来的。“战争情报局”主要负责向美国人民以及世界各国人民宣传有关美国的战争努力和成果。“战争情报局”还在国内外建立了26个新闻机构，利用一切宣传手段——广播、传单、宣传画、报纸杂志以及电影——来为美国的战争目的服务。“战争情报局”不仅自己制作纪录片、宣传影片，而且把好莱坞变成了“美国战争机器的一个依附部分”[①]。

1946年6月，杜勒斯发表在《生活》杂志上的《关于苏联外交政策和我们的对策的几点思考》一文，分析了苏联“挑战”的长期性和复杂性，再三强调美国和西方必须制定具有“建设性和创造性”的计划方能克敌制胜。所谓“建设性和创造性”，就是眼光不能仅仅限于反对共产主义意识形态，还必须努力维持并充分显示西方制度和西方文明的优越性。杜勒斯相信，苏联、中国和其他社会主义国家将通过他所说的“和平变革”而逐步瓦解，资本主义制度将在这个过程中重新在这些国家建立起来。他强调：“国际共产主义必然会发生变革，即使这样做是违反它的意愿的。时间和环境的侵蚀，对它并不是不能起作用的。”“苏联和中国共产党政权都面临着严重的内部压力和难关”，“变革的酵母正在发生作用”。总之，美国的根本战略目标，是要在思想上和政治上最终取胜，这就要求斗争的手段和方法主要是政治性的而不是军事性的。“只有在政治上采取进攻性战略，发挥政治攻势的威力，才能最终战胜社会主义思想体系，取得资本主义的最终胜利”[②]。

1947年6月26日，杜鲁门签署了《1947年国家安全法》，成立了国家安全委员会，心理战开始被提上了国家安全委员会的议事日程。

美国的国家安全委员会将宣传心理战分成两部分：一部分为公开的宣传心理行动，主要由国务院及国际新闻和教育交流处负责；而秘密行动则主要由中央情报局负责。

1948年3月，“美国之音”用意大利语向意大利民众展开了大规模的宣传活

---

① 于群主编：《新冷战史研究：美国的心理宣传战和情报战》，上海三联书店2009年版，第6页。

② 石斌：《杜勒斯与美国对苏战略》，中国社会科学出版社2004年版，第80、83页。

动。1949 年 8 月 29 日，苏联爆炸了第一颗原子弹，10 月 1 日，中华人民共和国成立，社会主义阵营空前壮大，美国更加感到了形势的压力，开始进一步强化统一的国家心理战计划。

1950 年 4 月 14 日，国务院政策设计处主任保罗·尼采等对苏强硬派完成了被称为“美国全球冷战蓝图”的 NSC 68 号文件。NSC 68 号文件除了提出要研制氢弹、扩充军队、增加税收、巩固联盟以外，还正式提出了要反击苏联方面进行的心理宣传的攻势。从内部破坏“苏联的集权制度”。杜鲁门总统在 1950 年 2 月还任命了一位重要的官员主持国务院对外宣传。这就是前《新闻周刊》编辑、二战期间心理战专家巴雷特，由他出任主管公共事务的助理国务卿。巴雷特主张美国应在全球范围内发动一场新的大规模宣传攻势。杜鲁门总统接受了巴雷特的建议，决定发动一场名为“真理运动”的攻势。“真理运动”是杜鲁门在 1950 年初对苏联共产主义展开的一场全面宣传攻势，被称为“意识形态领域的马歇尔计划”。

1950 年 6 月 25 日，朝鲜战争爆发，美国杜鲁门政府更加敏感地认为这是苏联集团发动世界大战的前兆，故除在全球加强军事部署外，还加紧了对苏联集团的心理战计划准备。美国国会也给予其海外心理宣传运动以史无前例的支持，一次性追加拨款 7790 万美元，用于“美国之音”广播、分发印刷品和出版物、播放电影、组织文化交流等。1950 年 9 月 21 日，在国家安全委员会 NSC 68/1 号文件中，美国还规定了未来 5 年（1951—1955 年），包括富布赖特学者交换项目在内的总数为 7.55 亿美元的对外信息宣传计划的拨款，共对全球 93 个国家和地区实施。美国全球心理宣传战计划全面展开。[①]

杜勒斯曾这样来强调软实力对美国的重要性。他说，西方统治势力的扩充，从来不是主要依靠武力的结果。……西方国家获得政治优势的主要原因是它们供给别人所需要的东西。西方的优势大部分并不是靠军人取得的，是外交家、商人和传教士工作的结果。[②] 作为和平演变的主要策划者，杜勒斯一贯强调“思想的力量”，重视宣传和标语口号的作用，突出“思想斗争”。他始终认为美苏对抗的实质是两种不同哲学、思想的对抗；冷战主要不是军事上的较量，而是政治、经济、心理和精神上的较量。竞争是长期的，也是全方位的，既要争夺有形的东西，更要争夺无形的东西。因此，西方“迫切地需要一个把一切军事

① 于群主编：《新冷战史研究：美国的心理宣传战和情报战》，上海三联书店 2009 年版，第 23 页。

② 《战后世界历史长编》编委会：《战后世界历史长编》第 5 册，上海人民出版社 1975 年版，第 25 页。

与非军事的东西都包括在内的全面的战略”，必须高度重视“思想战争”和“精神攻势”。杜勒斯认为美国不可能单靠物质力量去赢得冷战的胜利，因为“这主要是一场争取人们的灵魂和头脑的斗争”。他强调，“精神因素比物质因素更重要”[①]。因此，杜勒斯不断呼吁巩固西方阵线，革除自身的弊端，增强西方社会的“吸引力”，从而维持西方的优势，稳住阵脚，以便与苏联进行长期较量。

艾森豪威尔同样强调软实力的重要性。他在1953年创立了美国新闻总署，作为开展公共外交的核心机构，开办多个电台，使用多种语言对外广播，强化对外文化的、学术的交流。艾森豪威尔在退休时曾说，应该从军事预算中拨款来加强美国新闻总署，一位评论家曾说：“除了艾森豪威尔，没有一个总统认识到了美国新闻署署长的重要性。”[②]

1955年5月24日，艾森豪威尔总统告诉国务卿杜勒斯，“交流计划和宣传”应当不断增加，“我们不得不更加紧张地进行这项工作”，“我们进行了多年的心理战就是对人们心理进行打击”，是一种“引起铁幕后不满”和赢得发展中国家对西方目标支持的手段。[③]

当时美国采取的文化攻势有两个目标：一是反击赫鲁晓夫用苏联的芭蕾舞、马戏和科学作为诱饵吸引第三世界对其支持的计划；二是向全世界展示美国音乐、文学、电影、戏剧的魅力。其中的一项是佩德罗计划（Project Pedro），半个世纪后才被解密。它以秘密资金运作，并有可口可乐的广告襄助，目的是为墨西哥制作新闻片进行亲美宣传，并支持亲美的墨西哥政治家。[④]

当年美国对联邦德国的改造就充分考虑到制度之争和软实力的重要影响。凯南在设计马歇尔计划时不仅仅是考虑经济因素，更为重要的是考虑可能的政治影响、政治渗透和与苏联进行争夺时的示范效应。凯南报告认为，美国援助西欧是政策设计室的第一个课题，因为西欧是个关键地区，如果不在那里采取行动就会产生特别严重的后果。

凯南领导的政策设计办公室提出了美国对外援助政策应该遵循的下列主要原则：①最大、最关键的问题在于西欧。有关西欧的行动对于其他地区的政策将具有支配性意义，也就是西欧援助的示范作用和带动作用。②问题的性质是

---

① 石斌：《杜勒斯与美国对苏战略》，中国社会科学出版社2004年版，第81页，

② 〔美〕约瑟夫·奈著，马娟娟译：《软实力》，中信出版社2012年版，第139页。

③ 于群主编：《新冷战史研究：美国的心理宣传战和情报战》，上海三联书店2009年版，第66页。

④ 〔美〕沃尔特·拉费伯尔著，牛可等译：《美国、俄国和冷战（1945—2006）》，世界图书出版公司2011年版，第154页。

政治性和经济性的，而不是军事性的；目前解决政治问题的方式必须是经济性的。③美国的援助计划应当是西欧国家间一项内部经济合作计划的补充，这个计划应制订成能够鼓励和有助于形成西欧国家间某种形式的区域性政治联合。④必须使德国西战区能对整个西欧的经济恢复作出最大贡献；保证着眼于西欧的计划能为捷克斯洛伐克和苏联控制下的其他国家在作出他们的参加将是建设性的保证后为其立即加入该计划打开大门。

可以看出凯南设计的特殊目的在于，除了对西欧的复兴之外，还在于让西德经济充分复苏与发展，其目的在于竞争中的示范和样板作用，让西德作为“民主橱窗”，给铁幕后面的世界一个新的吸引，从精神上打击苏东阵营，让西德成为前哨阵地同苏联较量与争夺。“美国为了达到这个目标甚至动用了中央情报局的秘密拨款为西德修建大学、图书馆、文化广场。而从后来的历史中可以知道，西德确实做到了这一点，西德经济的发展，民众生活的改善使得同一民族的另一半深受刺激，西德不仅吸引了大批东德人穿过封锁而来，甚至在柏林墙建成之后还有人不断从东德跑过来”①。从这一点看，凯南关于马歇尔计划民主橱窗的设计的确是既考虑到经济援助的物质性也考虑到扩大影响的精神性，是软硬实力相结合的产物。

基辛格在总结美国冷战软实力战略时曾说，美国在冷战时期的目标不是武力占领或征服。美国的目标更微妙，更具有渗透性、更全面。“心理战”是要争夺人的大脑和意志。②

基辛格在谈到马歇尔计划时强调了其战略的长远意义。“德国统一的长远希望在于联邦德国演变，联邦德国演变可以像吸铁石一样吸引东欧国家。如果西欧实现政治统一，任何国家都不会很担心。而且，欧洲统一了，就会像一个强力吸铁石一样吸引东欧国家。东欧和西欧关系增强了，民主德国卫星国会逐渐成为过去时代的残迹”③。

杜鲁门的“第四点计划”是马歇尔计划之后的另一项软实力举措。这个计划通过对贫困国家的经济技术援助，来达到吸引发展中国家向所谓“自由世界国家”靠拢的目的。到 1953 年 1 月杜鲁门下台时，美国在 35 个国家和地区派

---

① 周建明：《美国国家安全战略的基本逻辑：遏制战略解析》，社会科学文献出版社 2009 年版，第 211 页。

② 1952 年，美国总统德怀特·戴维·艾森豪威尔语，转引自〔英〕尼尔·弗格森著，陈毅平译：《基辛格：理想主义者（1923—1968）》，中信出版社 2018 年版，第 214 页。

③ 〔英〕尼尔·弗格森著，陈毅平译：《基辛格：理想主义者（1923—1968）》，中信出版社 2018 年版，第 666 页。

遣了2445名技术人员推行“第四点计划”，主要项目是农业、卫生、职业教育、运输以及原料开发。到1953财政年度为止，美国用于“第四点计划”中与发展中国家的“技术合作”的财政拨款达3.11亿美元。[①] 这使得接受援助的国家产生了对美国的向心力，为美国扩大影响打下了基础。

美国好莱坞的发展也受到政府的支持，但同时也借助市场的力量，宣传美国的文化和生活方式。英雄、道义、美国人优越的生活方式是好莱坞大片的三大符号，外加快餐方式的商业运作。润物于无声，入侵于无形。

1961年，美国一家著名的电影公司副董事长、制片人兼导演达利尔·柴纳尔在英国《电影及电影制作》6月号发表文章，称好莱坞电影是“铁盒里的大使”，他写道：这些圆盘子里装有卷得很紧的一卷卷印着美国电影制片者思想、想象和创作才能走遍世界的影片。[②]

因此，有一种说法认为，美国在赢得第二次世界大战之后，又通过好莱坞成功地打赢了一场文化世界大战。

三、肯尼迪的和平队

在冷战过程中的历届美国政府中，肯尼迪特别强调软实力的重要性。肯尼迪认为，美国与苏联的较量是全面的、综合性的较量。他曾在担任参议员时提出过“败狗战略”(Strategy of Underdoy)。这种战略是通过发挥美国发达的经济实力和意识形态的有利条件，增强对苏联卫星国的吸引力和造成它们对苏联的离心力，力争在共产主义世界内部实现“和平演变”，来取得对苏联的优势。[③] 这个战略主要针对处于相对中立状态的一些国家，这与当时美苏在欧洲形成僵局之后，都将重点投向发展中国家和所谓中间地带相关。美国重点向这些“既非完全友好，又非完全被支配类型的国家”提供物资、贷款和技术援助，同时也加强与这些国家间的文化、科技、教育等软性领域的交流，同时利用电影、唱片等文化媒介优化和美化西方生活方式，以达到吸引这些中间国家的目的。

软实力实施手段和对象与大战略的调整密切相关。当时美苏争夺的重心已经从欧洲转向了亚洲、非洲和拉丁美洲。肯尼迪认为苏联正在通过对不发达地

---

① 周建明：《美国国家安全战略的基本逻辑：遏制战略解析》，社会科学文献出版社2009年版，第211页。

② 刘永涛：《文化与外交：战后美国对外文化战略透视》，《复旦学报（社科版）》2001年第3期。

③ 刘国柱：《美国文化的新边疆》，中国社会科学出版社2005年版，第62页。

区进行经济、技术援助和贸易介入，力图把印度、拉丁美洲和中东地区拉进“铁幕”。肯尼迪认为如果苏联的这个战略成功，无论美国发展多少先进武器，都不能挽回美国在战略上的颓势。[①] 因此，肯尼迪扩大了冷战的争夺范围，也扩大了冷战的争夺领域，将原来单纯的军事争夺扩大到意识形态和对外影响力的较量上来。而争夺的目标也转向了第三世界的中间地带，主要意图是削弱苏联对卫星国的影响力，削弱苏联阵营。

20 世纪 50 年代，美国在第三世界国家中的形象每况愈下。其主要原因是美国国内存在的种族问题，特别是对黑人和其他有色人种的种族歧视；美国对第三世界国家的外交政策，特别是对第三世界国家的干涉和颠覆活动，以及美国外交官的低劣素质和不当行为。美国国内存在的种族问题显然已经影响到美国的国家形象。因此，肯尼迪上任之初，肯尼迪政府就建立了“和平队”。1961 年 3 月 1 日，肯尼迪上台不久就签署了建立和平队的特别法令。作为就任和平队首任长官的施莱弗，在言谈中充满着这种自信：“枪炮并不能改变世界，这是这个血腥的世纪所得出的伟大结论之一。美元也不能改变这个世界，单纯的良好愿望同样不能。今天能够改变世界的与过去已经改变世界的是同样一种事物：一种思想，以及对这种思想承担义务的、具有奉献精神的个体的服务。……和平队就是奉献于这种精神的一个群体。”[②] 按照肯尼迪的构想，和平队的基本目标是“促进世界和平和友谊”，“帮助所在国满足对专业人才的需要，促进当地人民对美国人民的更好了解以及美国人民对所在国人民的了解”。和平队的主要使命就是以志愿者的方式，向第三世界国家提供教师、医生、护士、各种技术人员等“中等人力资源”，通过帮助第三世界国家的社会发展，向广大第三世界国家展现美国文化的精华，改变美国在第三世界国家中的不良形象，增强美国对新兴的第三世界国家的吸引力，并以此向这些国家传播美国文化及价值观念。和平队作为美国对外关系的“软实力”，服务于美国的国家利益，在向海外特别是发展中国家输出美国文化及价值观念方面发挥了很大的作用。在美国决策者看来，和平队还具有向第三世界国家人民展现和输出美国价值观念的功能。和平队的首任长官萨金特·施莱弗认为，在核武器时代，战争可能带来的破坏限制了对军事力量的使用，因而他指出：“我们必须重新发现和使用一直使我们最强大的力量——美国思想和理想的力量。”

---

① 刘国柱：《美国文化的新边疆》，中国社会科学出版社 2005 年版，第 64 页。

② Sargent Shriver, *Point of the Lance*, Harper&Row, New York, 1964, p. 48.

和平队就是要向世界展示美国的这些“软”性实力：美国不仅拥有世界上最强大的政治、经济和军事力量，同时还拥有世界上最好的价值观念体系。和平队的目的被界定为三个方面：一是它有助于一些关键性国家和地区的开发；二是它能够增进国际合作和对美国的友好；三是它也有助于教育美国，使之更加明智地参与世界事务。①

和平队在第三世界国家的工作有以下两个显著特点：第一，和平队队员是以志愿者的身份在第三世界国家工作的，他们只从美国政府那里领取基本的生活费用，其数额较所在东道国社会的生活水平略高。另外，和平队还向志愿者提供全部的医疗费用及往返美国与东道国的交通费用。除此之外，两年的和平队工作结束后，志愿者还能够领取6000美元，用于回归美国社会的基本需求。对于第三世界而言，和平队的志愿者是免费义务为他们工作。这样不仅容易为第三世界国家所接受，更容易为美国赢得第三世界国家的好感。

第二，和平队志愿者大多数工作在东道国的基层社会，特别是边远及落后地区，有些地区甚至连所在国的大学毕业生都不愿去。如占志愿者比例最大的和平队教师，除少数是在城市教大学外，大多是在农村教中小学或职业学校；医生或护士则是活跃在医疗条件相对落后的农村地区，至少是在城市的基层医院；而那些技术人员更是深入农场、畜牧场、建筑工地和工厂。和平队志愿者在日常工作中所接触的基本上是第三世界国家的公众，从志愿者工作中受益的也是这些公众。这种模式在一定程度上改变了和平队成立以前美国对外援助的模式，即在对外援助中增加了直接面向第三世界国家人民的因素，将关注焦点部分地转向第三世界的公众，转向普通的老百姓。由美国公民直接向第三世界国家公民提供援助和支持，从而避免重蹈以前“赢得了政府，但却失去了人民”的覆辙。这种“公众外交”正是“软实力”的重要组成部分。②

肯尼迪建立和平队的主要意图之一就是希望通过和平队志愿者所表现出来的奉献精神，改变第三世界国家人民对美国人和美国的基本看法或印象。

通过这一举措，美国还加深了对第三世界的了解和认识，使美国对发展中国家的政策更有针对性和适用性。

---

① 〔美〕小阿瑟·施莱辛格著，仲宣译：《一千天：约翰·菲·肯尼迪在白宫》，商务印书馆1981年版，第486页。

② 〔美〕小阿瑟·施莱辛格著，仲宣译：《一千天：约翰·菲·肯尼迪在白宫》，商务印书馆1981年版，第486页。

四、“美国之音”

“美国之音”电台（VOA）于1942年2月创建，是由众多私营电台拼凑组成的代表美国政府的国际广播正式播音，这个国际广播电台被称为“美国之音”。“美国之音”是1942年由战时情报局组建，作为战争的一个工具向德国占领的欧洲和北非广播，1947年2月17日首次对苏联广播，比美国正式推出杜鲁门主义还早一个月。1953年美国成立美国新闻署，“美国之音”归美国新闻署领导，是美国政府主要的传播武器，总部在华盛顿。经过几十年的建设，它是当前世界上规模最大、实力最雄厚的国际广播电台。

二战期间，“美国之音”迅速发展壮大起来。1942年7月13日，美国总统罗斯福发布行政令拨款540万美元装配发射机。1942—1943年约一年已经在全球拥有23台无线电广播发射机，用27种语言播出新闻节目。

冷战的发展为“美国之音”的存在和发展带来了新的契机。“美国之音”一直在配合美国的遏制战略，不断得到重视和发展。

随着美苏对抗的加剧，国际广播实际上成为美国政府散播反共宣传的唯一可行的工具。曾经怀疑美国政府对外宣传计划的职业外交官逐渐认识到国际广播宣传在这一方面所带来的好处。在这种情况下，这一时期美国各阶层关于“美国之音”的各种证词和报告都在不断探讨这样一个问题，即“美国之音”怎样才能在与共产党宣传进行对抗时成为在海外塑造美国形象的工具。

美国的最高决策者最终得出结论，对苏联的短波广播能够大大加强对苏联领导权的挑战。1947年相继出台的杜鲁门主义和马歇尔计划使得“美国之音”开始采取一种“进攻性”的冷战姿态，并且使得“美国之音”在美苏的意识形态斗争中扮演着越来越重要的角色。从1947年2月17日开始，“美国之音”每天进行一个小时的俄语广播，内容主要是新闻和专题报道。随着冷战的升级，特别是1948年柏林危机后，美国官员更加普遍地承认国际广播是少数能够向铁幕后的苏联政权提出挑战的方式之一，并把“削弱苏联国内宣传的效果”归功于“美国之音”。经过战后短期的衰退，东西方的对抗使美国政府的国际广播成为“进行冷战的主要媒体，承担着铁幕后的心理战的全部责任”①。

朝鲜战争的爆发进一步推动了美国国会对美国政府对外宣传行动的支持。

① 于群主编：《新冷战史研究：美国的心理宣传战和情报战》，上海三联书店2009年版，第79页。

1951 财政年度，美国国会为政府的宣传计划拨款 1.3 亿美元，比 1950 财政年度增加了 9300 万美元；“美国之音”1951 财政年度的营运资金达到 1300 多万美元，比 1950 财政年度增加了 400 多万美元。[①] 冷战期间，“美国之音”能用 45 种语言每天播出 48 小时 20 分钟的节目。

由于“美国之音”在美国的全球心理宣传战略中有着首要的作用，为此，美国国务院、美国中央情报局和杜鲁门总统都十分重视如何使“美国之音”发挥更大作用的问题。20 世纪 80 年代，“美国之音”以 53 种语言每周向世界广播 660 小时。更值得关注的是，“美国之音”直接参与了情报传递工作。在波兰内乱时期，美国政府通过“美国之音”直接向尚处于地下的波兰团结工会传递情报。在不影响节目内容完整性的前提下，情报是通过一系列复杂的密码转播出去的。中央情报局局长凯西和新闻署署长查尔斯·威克以国家利益为名共同配合完成这一任务。[②]

显然，“美国之音”绝非其标榜的那样是客观、中立的新闻广播电台，而是服务于美国政府，为美国软实力战略效力的重要手段。

五、结　语

中国俗话说，润物无声，水滴石穿。美苏的较量在有形与无形两个战场展开。当然，西方在与苏联的竞争中并非一直处于优势和领先地位。20 世纪 30 年代西方曾经陷于失落。苏联大规模的建设时期正是西方的大萧条时期。爱尔兰剧作家萧伯纳曾与阿斯特女士一起赴苏联旅行并参观了工厂和农庄。萧伯纳在一家旅馆的顾客留言本上写道：“明天我将离开这片希望的土地，回到我们失望的西方国家。”[③] 他回国后，便对人讲，俄国受到的诽谤是不公正的：“我们曾指责过我们对神的不敬，而现在，阳光照在俄国，照在一个上帝十分满意的国家，与此同时，上帝的愤怒却都撒向我们，我们不知道走向何方才能得到舒适和

---

① 于群主编：《新冷战史研究：美国的心理宣传战和情报战》，上海三联书店 2009 年版，第 83 页。

② 〔美〕施魏策尔著，殷雄译：《里根政府是怎样搞垮苏联的》，新华出版社 2001 年版，第 104 页。

③ The writer was so impressed by his trip that before leaving the USSR he said: “Tomorrow I leave this land of hope and return to our Western countries-the countries of despair.”; Paul Hollander, Political Pilgrims: Western Intellectuals in Search of the Good Society (New Brunswick, N.J: Transaction Publishers, 1998) pp. 38—39.

赞成。”①

美国也绝没有在冷战中一直保持着胜出的态势。从整个冷战过程来看，美国对于软实力并没有一个系统的、一以贯之的战略。尤其是受其特有的意识形态的影响，美国的对外政策往往不可避免地出现过度夸大威胁、过度地扩张战略和过分地崇尚武力，导致在西方国家中常常失去人心。即使在西欧，美国在冷战中有四次形象下降：1956 年苏伊士运河危机后；20 世纪 50 年代末到 60 年代初的禁止核武器运动期间；20 世纪 60 年代末到 70 年代初的越南战争期间；20 世纪 80 年代早期在德国部署中程核导弹期间。

20 世纪 50 年代中后期，美国在与苏联的竞争中再次落后。1957 年 8 月，苏联宣布成功发射洲际弹道导弹，9 月宣布成功试爆氢弹，10 月成功发射人造地球卫星“斯普特尼克一号”。这些成就不仅影响到社会主义阵营，也极大地刺激了西方阵营中的欧洲国家。许多欧洲人认为，苏联已经在航空航天领域超越了美国，而且相比美国文化，科学在苏联文化中更有地位。苏联在这些领域的投资不但制造了军事影响，而且提升了软实力，并且进一步证实了苏联有关共产主义是“科学社会主义”的断言。1957 年 10 月 10 日的国家安全委员会上，美国中央情报局局长艾伦·杜勒斯把成功发射卫星列为苏联反美宣传三部曲的一部分：杜勒斯警告说，“这种宣传措施”已经“产生了非常广泛和深刻的影响”。副国务卿克里斯蒂·赫脱则认为，卫星上天不仅凸显了苏联的科技领先，从而贬低美国的声望，更是增强了苏联宣传的可信程度，并为苏联下一次的大规模的心理战铺好了道路。②

苏联非常重视展示文化和教育系统的优越性，并在艺术领域投入巨资。莫斯科大剧院、基洛夫芭蕾舞团和苏联国家交响乐团获得广泛赞誉。同时，苏联还耗费巨资发展体育事业。

而美国对苏联和平演变的战略则更具有系统性、长期性和针对性，所运用的手段也是五花八门，包括广播、电影、援助计划和人员派出计划，这些计划无不有着精心的设计和安排。虽然美国为此花费巨大，但美国硬是通过渗透颠覆的一系列手段从外部和内部瓦解了苏联，分化了苏联，最终实现其不战而胜的目的。

---

① 英文原文是：We have rebuked her ungodliness，and now the sun shines on Russia as on a country with which God is well pleased，whilst his wrath is heavy on us and we don’t know where to turn for comfort or approval. http：//walterschafer. com/atimesofshaw/articles/1931. html.

② 于群主编：《新冷战史研究：美国的心理宣传战和情报战》，上海三联书店 2009 年版，第 60 页。

美国哈佛大学已故知名教授亨廷顿强调文明的冲突与世界秩序的重建，而福朗西斯·福山在1991年迫不及待地写下了《历史的终结》，宣布西方制度的最终胜利。与此同时，尼克松也写出了一本书《1999：不战而胜》。

从乔治·凯南的遏制战略到杜勒斯的和平演变战略，从杜鲁门的“第四点计划”再到肯尼迪的“和平队”，无不体现美国的攻心之术和软实力的运用。乔治·凯南的设计，将西德列为民主橱窗，以及后来的制度之争、“厨房辩论”都表明美国在大战略层面的精心谋划。其用心不可谓不长远，其图谋不可谓不阴险。美国要利用其比较优势，最终击败对手，达到不战而胜。美国将《孙子兵法》列为西点军校的必读书目，也不是偶然的。《孙子兵法》强调的就是，不战而屈人之兵。美国将这个思想用到了演化苏联这个大国的身上，令人深思和感慨。

战略博弈：大国兴衰之海权

18—19世纪英国依靠海权统治世界达两个世纪。近代以来，日本依靠海军力量在甲午海战和日俄战争中打败大清帝国和沙皇俄国，成为东亚霸主，二战时美国借太平洋战争打败亚洲海权霸主日本，成为世界第一海洋强国。

英国政治家沃特·雷利爵士（1552—1618）有句名言："谁控制了海洋，即控制了世界贸易；谁控制了世界贸易，即控制了世界财富，最后也就控制了世界本身。"①

英国200年霸权依靠海权立国。英国是海上霸权的实践者、成功者，其理论却是被美国人总结的。美国的海权论创立者马汉为美国成为二战后的世界霸主贡献了自己的力量。当今世界，人类进入了海洋文明时代，海权的重要性更加凸显。

一、马汉其人及其海权论

海军少将马汉（Alfred Thayer Mahan）（1840—1914）于1859年毕业于美国海军学院。在海军服役达41年之久，他曾在美国海战学校讲授海军历史和海军战略。他的学术生涯和职业生涯都与海军有关，由此也引发了他对海军和海上力量的关注。

国家的崛起与强盛有无规律？国家的兴衰有无法则？什么样的法则和战略是国家发展和强盛的关键所在？这些问题始终困扰着一代又一代的思想家和战略家。马汉把目光首先投向了海洋，投向了过去几百年大国争霸史中的一次次战役和案例，发现了其中的秘诀，即拥有海权、发展海权的国家才能够在持续的争夺和大国兴衰的演变中占据先机和优势。

马汉总结了大国兴衰与海权的关系，也分析了1660—1815年以来欧洲列强

① 赵丕、李效东主编：《大国崛起与国家安全战略选择》，军事科学出版社2008年版，第294页。

包括英国、西班牙、法国、德国、美国等大国的海洋战略选择以及相互之间的竞争和由此带来的结果，说明了海上力量对贸易、繁荣甚至是历史进程的影响。马汉结合自己在海军任职的经历，看到了美国在海权上的缺失和不足，为美国成为世界大国献计献策。他曾说：“我们必须刻不容缓地建设一支具有攻击力量的海军……强大到足以与英国的海军并驾齐驱。而这样的一支海军，我们目前还没有；甚至可以说，我们还没有两艘配备大炮的铁甲舰可与土耳其或西班牙海军相比，为了控制巴拿马海峡，我们必须有一支强大的海军……否则，我们立即停止侈谈门罗主义。”[①]

1890 年 5 月，马汉撰写的《海权对历史的影响（1660—1783)》一书出版。

马汉的著作出版后，首先在英国引起了轰动。英国在长达数百年间牢牢地占据了海洋霸主的地位，但这本关于海权的开创性巨著却由美国海军军官总结完成——英国人显然遗憾这本关于海权的巨著来自一位美国军官之手，但还是对马汉的“海权论”的巨大意义给予高度评价。称该书在“真正具有哲理性的海军史著作方面名列前茅”，并公认马汉是“海军的圣贤之一”。就连曾在第一次世界大战中担任过英国海军大臣的温斯顿·丘吉尔首相也承认：“英国对于海军理论尚无重要贡献，世界上最标准的海军理论创始于美国的马汉少将。”[②]

马汉还被邀请到英国访问，并受到了英国女王的接见。他的著作也自然成为美国海军学院和西点军校等军事学府的必读书目。

马汉在地缘政治早期发展中占有重要地位，不仅因为其首次明确提出了著名的海权思想，更值得注意的是，他的思想直接影响了当时的海军部长助理、后来的美国总统罗斯福，使美国一跃成为海军强国。

海权论是地缘政治的先驱，因此对于地理位置的强调是明显的。

马汉认为，如果一个国家所处的位置，既不靠陆路去保卫自己，也不靠陆路去扩张其领土，而完全把目标指向海洋，那么这个国家就占据着比一个以大陆为界的国家更优越的地理位置。作为一个海上强国，英国的地理位置就大大优于法国。法国必须长期保持一支规模巨大的陆军，并且要不断地通过耗资巨大的战争以维护其独立。地理位置导致海军力量集中或分散，在这方面英伦三岛优于法国。法国濒临地中海和大西洋，虽然有它有利的一面，但是总的来看，是造成它海军力量薄弱的一个原因。位于东西两边的法国舰队，只有在通过直

① 〔美〕罗伯特·西格著，刘学成等译：《马汉》，解放军出版社 1989 年版，第 116 页。

② 张炜、郑宏：《影响历史的海权论——马汉〈海权对历史的影响（1660—1783)〉浅说》，军事科学出版社 2000 年版，第 174 页。

布罗陀海峡之后才能联合起来。这样做常常要冒着很大的危险，甚至要蒙受巨大的损失。[①]

英国具有先天的地理优势发展海权。“如果一个国家的地理位置，除了具有便于进攻的条件之外，又坐落在便于进入公海的通道上，同时还控制了一条世界主要贸易通道，显然它的地理位置就具有战略意义。很大程度上英国就占据了这样的有利位置。荷兰、瑞典、俄国、丹麦的贸易以及经各大河流进入德意志内地的贸易，都要经英吉利海峡，帆船更要紧靠英国海岸航行。”法国人对待海洋并不像英国人和荷兰人那样热衷，也没有像他们那样富有成效，其主要原因似乎是由自然条件造成的。法国是一块理想的陆地，气候适宜，物产足以自给自足。而英国与之相反，大自然赐给它的很少，在制造业得到发展之前，几乎没有什么东西可供出口。英国人的困窘，加之他们的好动性和有利于海上事业的各种条件，促使英国人到国外去寻找比本国更好和更富有的地方。自然资源匮乏和民族的特点使他们成为商人和殖民地开拓者、制造商和生产者。产品和殖民地之间的联系必须依靠海运，所以他们的海上力量发展起来了。[②]

法国的三个沿海地区，英吉利海峡、大西洋和地中海都有极为有利的天然条件；但法国在政治上没能使自己的海上力量与荷兰的海上力量结成友好同盟，以此与英国对抗。[③] 而英国却能够像两栖动物那样，一方面把战争限制在大陆，另一方面却仍然没有放弃谋取海上力量和海上利益。

战争的结果显示：法国因为缺少一支海军，不得不放弃它所获得的一切；而英国则利用其海上力量保住了它的地位。

海上强权对于国家的壮大、繁荣和安全至关重要，地球表面被海洋所包围，海上运输强于陆上运输。在马汉看来，海洋虽广阔而四通八达，但为了更快、更安全、更便利地到达目的地，总有些固定的航线，而且这些航线大多是为了国与国之间的贸易而开辟的，因此，“海洋使其本身成为最重要和最惹人注目的是其可以充分利用的海上航线”[④]。这样，马汉就揭开了海洋更深层次也更具魅力的又一层面纱：海洋不仅仅是人类交往的巨大交通媒介，更是进行海外贸易，使国家和民族迅速繁荣富强的金钥匙。正如马汉所说：“合理地使用和控制海

---

① 〔美〕阿尔弗雷德·塞耶·马汉著，范利鸿译：《海权论》，陕西师范大学出版社 2007 年版，第 47 页。

② 〔美〕阿尔弗雷德·塞耶·马汉著，范利鸿译：《海权论》，陕西师范大学出版社 2007 年版，第 52 页。

③ 〔美〕阿尔弗雷德·塞耶·马汉著，范利鸿译：《海权论》，陕西师范大学出版社 2007 年版，第 140 页。

④ 〔美〕罗伯特·西格著，刘学成等译：《马汉》，解放军出版社 1989 年版，第 26 页。

洋，只是用以积累财富的商品交换环节中的一环。但是它却是中心的环节，谁掌握了海权，就可强迫其他国家向其付特别税，并且历史似乎已经证明，它是使国家致富的最行之有效的办法。”① 因此，马汉认为，谁控制了海洋，谁就拥有了控制海上交通的能力；谁拥有了控制海上交通的能力，谁就控制了世界。

马汉认为，既然任何一个国家，特别是以贸易立国的国家要想成为强国，就必须首先建立海权，控制海洋，尤其是要控制有战略意义的海峡、海岛和海港通道。英国之所以拥有强大的海权，不仅因为其特殊的进可攻向欧洲大陆、退可依海而御，更为重要的是英国控制了海洋，控制了除巴拿马运河以外的所有海上通路和海峡。

在马汉眼中，战时海军压倒一切的战略目标是赢得制海权，进而建立国家海权。只要掌握了制海权，就能获得行动自由，就能掌握海战场乃至整个战争的主动权。从军事战略角度看，在海洋上抢占与海权密切相关的重要的战略要地是海军的责任。

海军战略的目的就是无论战时还是平时都要维护和发展一个国家的海上力量。海军所做的一切就是要有利于一国海权的建立、维护和发展。海军比陆军具有更大的活动范围，它可以在国际海域和国际空间内为国家战略目标服务。在和平时期，海军可以通过在大洋上显示存在，对任何涉及本国海上利益的潜在威胁进行威慑，从而维护国家的国际政治地位。海军还是和平时期国家在国际政治外交舞台上纵横捭阖、显示大国地位和形象、维护国家各种利益的强大后盾和有效手段。

马汉认为美国是两大洋之间的唯一陆上强国，因而具有不可多得的发展海上实力的优势。马汉的地缘政治理论关注的重要方面就是打开巴拿马运河，认为这将大大改变美国同加勒比地区的关系，使美国具有类似于英国进入运河或地中海一样的重要地位。

马汉指出，不是所有大国都能够成为海上强国，国家取得海上强国的地位有赖于以下的一些因素：地理位置、地形、领土范围、人口、民族性格以及政府体制。德国和俄国很难成为海上强国，但英国和日本的岛国地位使它们比其他民族更热衷于海洋事业和海上贸易。

值得注意的是，马汉提到了俄国作为陆上强国的优势以及它进入海洋的愿望，他强调：决不应该允许俄国在远东的发展，因为它将威胁到西方海上强权

---

① 〔美〕罗伯特·西格著，刘学成等译：《马汉》，解放军出版社 1989 年版，第 218 页。

的贸易线。俄国可以利用短途内陆运输，把兵力更有效地集中在重要的侧翼地带，而不必像海上强国那样通过海洋的长距离运输。这一观点被另一位美国的海权论代表人物霍默·利加以发展：进入海洋的大陆国家将比封闭的海上国家更具有海上实力。

马汉的地缘政治理论具有同其他古典的地缘理论类似的弱点，即没有估计到运输和武器技术变化对于海权和陆权的影响，海军的优势是动态的，对于那一时代的思想家来说，与欧洲相脱离的孤立主义，过分看重本土自身利益对他们的思想造成了相当程度的影响。另外，从马汉的海权论也不难看到"命定论"的因素。然而，马汉强调海洋地理的重要性以及海洋地理对国际政治和列强权力地位的作用，确实值得注意。这一学派在一战之时，盛极一时，也可以说明问题。

第一次世界大战时，陆军和空军在战争中的地位日益重要，欧洲大陆上强大的陆权国家对英国的霸主地位造成了严重威胁，人们公认马汉学说直接的继承人、英国学者麦金德注意到这一变化，于是陆权论应运而生。

二、英国的霸权兴衰与海权

英帝国是世界近代史上最庞大的帝国，称霸世界长达一个世纪。20 世纪初，英国作为当时世界上独一无二的"海上霸主"，地跨五大洲，拥有 3000 万平方公里的殖民地，为其本土的 100 多倍，超过了其他帝国主义国家殖民地面积的总和，控制着占世界 1/4 的人口；拥有最强大的海军、最庞大的商船队和世界金融中心。"在 1914 年，仅仅是几千名英国军事人员和文职官员，就统治着大约 1100 万平方英里的领土和非英国籍的差不多 4 亿人口"①。

1660—1783 年是资本主义的原始积累和形成阶段，一些早期资本主义国家，借助于强大的海上力量，疯狂地对新大陆进行掠夺，并将其变为殖民地。与此同时，这些海上强国为夺取世界霸权，相互之间也展开了极其残酷的海上战争。经过较量，海上霸权几易其手，最后英国利用其有利的地理位置和强大的舰队，通过一系列海战相继打败了西班牙、荷兰、法国等国的舰队，取得了

① Zbigniew Brzezinski，*The Grand Chessboard*：*American Primacy and Its Geostrategic Imperatives*，Basic Books，1997，p. 21.

世界政治、军事和经济的控制权，并占据了海上霸主地位。[①]

英国在1715—1763年的英西战争、奥地利王位继承战争（英国与法国西班牙的战争）以及7年战争（英国与法国西班牙的战争）中，一方面用金钱支持在大陆上与法西等国对抗的德、奥等国，对法西两国的陆上力量进行牵制，另一方面以其优势的海上力量消灭法西海军，迫使法西两国离开海洋，并不得不放弃他们的主要殖民地——加拿大、马提尼克、瓜德罗普、哈瓦那、马尼拉等地。结果，英国确立了它在印度的统治，并控制了北美洲密西西比河以东的全部地域。从此，英国在北美洲、非洲、亚洲乃至世界各地都拥有了绝对优势的殖民地和海上力量，成为名副其实的“日不落帝国”。马汉认为，“英国完全是依靠政府的优势获得了胜利……这主要是由于英国政府，在使用其海上力量这个强大的武器方面占有优势，这种强大的海上力量，是始终如一地坚持一个目的的政策和必然结果”[②]。

马汉认为，“在西班牙王位继承战争期间，（英国）利用它的聪明经营之道和其他国家的疲惫不堪和资源枯竭，不仅使它的海军，而且使它的贸易逐步发展壮大”。

英法经过西班牙王位继承战争的较量，英国已取得了占绝对优势的海上力量。正如马汉所说：“无论哪个国家的收获，甚至这些收获并在一起，在重要性和可靠性上都无法与英国的海上力量相比，它在奥格斯堡联盟战争期间就开始领先，在西班牙王位继承战争中得到了进一步巩固和完善。依靠它，运用一支没有敌手的军事海运力量，在其他国家处于疲惫不堪，无暇他顾的情况下控制了公海上的主要贸易。并且这支海运力量在当时世界所有有争议的地方都有安全可靠的基地。”“战争之前，英国只是海上强国中之一员，战争之后则成了举世无双的海上强国。”[③]

英法两国的第三次交锋是1740—1748年的奥地利王位继承战争。通过1744年英法舰队土伦外海海战和1747年英法两国舰队两次大的遭遇战，法国海军遭到了彻底毁灭，其大多数三桅巡洋舰和战列舰都葬身海底。1744年法国海军还有45艘战列舰，到战争结束时，法国仅有31艘战列舰，而英国的战列舰已增至126艘。7年之后，英法之间第四次交锋终于来临。1756—1763年的七年战

---

① 张炜、郑宏：《影响历史的海权论——马汉〈海权对历史的影响（1660—1783）〉浅说》，军事科学出版社2000年版，第16—17页。

② 〔美〕罗伯特·西格著，刘学成等译：《马汉》，解放军出版社1989年版，第72页。

③ 〔美〕罗伯特·西格著，刘学成等译：《马汉》，解放军出版社1989年版，第215—216页。

争，是英法长期争霸的一次决战。1756 年，法国首先发难，揭开了七年战争的帷幕。150 艘运输船载着 1.5 万名法国陆军部队和 12 艘战列舰，从土伦出发，攻克了英国人占据的梅诺卡岛。

梅诺卡岛战役的失利，使英国丢失了地中海中一个重要的战略支点。英国人经过痛切的思考，决定改组内阁，起用皮特为陆军大臣，并赋予其指挥调动海、陆军的全权。面对法国及其盟国的咄咄逼人之势，皮特提出了一个对英国其后的军事战略产生长远影响的著名计划，史称“皮特计划”。

“皮特计划”坚决反对英国投入大量兵力进行欧洲大陆的战争，而将此次战争的目标放在占领并且控制加拿大、印度和西印度群岛，即建立和巩固一个世界帝国上。为此，“皮特计划”决定象征性地留一部分军队在欧洲，更多地依靠花钱资助的盟国（如普鲁士）军队在欧洲大陆作战，用袭击海岸线、封锁出海口的方法，对法国实行牵制。而以主要的力量远征北美的加拿大、西印度群岛和印度等地，与法国争夺海外殖民地，控制与其相关联的海上贸易，以外线作战的胜利，确保英国本岛的安全。马汉对此评价道：“英国此时早已清楚地看到了它的利益所在。它将陆战完全放在附属次要的地位，把它的主要力量集中于海上和殖民地上。与此同时，它用金钱和真诚的同情支持为保护他的王国而战的腓特烈。”“法国没有集中力量去反对英国，而是结成一个新的、不寻常的联盟发动另一场大陆战争。”“这两个国家，只有英国认识到了这个事实，法国由于某些原因，再一次离开了海洋……它的舰队几乎再未出现过，它失去了对海洋的控制，放弃了它的一个个殖民地和在印度的所有希望。”① “皮特计划”的基点是：维持陆上均势，把主要精力放在发展海上力量和进行海战，以夺取和保持海洋霸权，并通过这种海上非均势来确保本国贸易的发展和对大陆国家法国进行经济封锁。应该说，此时的英国，已从理论上总结出了一个能不断增长国家经济、政治和军事实力的“三角法则”：贸易—殖民地—海军。英国也因此成为第一个具备了从国家利益出发，将整个世界作为一个整体来筹划战争的大视野，从而成为第一个比较完整地运用海权进行世界性战争的国家。②

1762 年，英国占领了古巴，并以攻陷马尼拉、控制整个菲律宾的最后战果结束了七年战争。“皮特计划”获得了巨大的成功。

1763 年，英、法、西等国签订了《巴黎和约》。保罗·肯尼迪在总结英国

① 〔美〕罗伯特·西格著，刘学成等译：《马汉》，解放军出版社 1989 年版，第 280—282 页。

② 张炜、郑宏：《影响历史的海权论——马汉〈海权对历史的影响（1660—1783）〉浅说》，军事科学出版社 2000 年版，第 120—122 页。

成功击败当时所有的大国的原因时指出，1761 年时英国的海洋控制是如此彻底，即便皮特离任以及在战争中西班牙加入法国一边，英国仍然接连取得胜利。封锁快速地扩展到西班牙的港口；葡萄牙得到了保护免遭入侵；1762 年英国攻占了作为西班牙西半球贸易体系中心的哈瓦那，并且获得巨额战利品和大量船只；稍后，菲律宾的马尼拉陷落，英国还俘获了两艘价值不菲的运宝船。海上没有任何真正的威胁……英国在 1763 年《巴黎和约》中获得的战利品仍然是其历史上最多的一次。由于法国被赶出了加拿大、新斯科舍和布雷顿角（并且代表西班牙从路易斯安那撤出），西班牙被排斥出西佛罗里达，英国实际上完全控制了具有重要价值的北美大陆；英国收复了梅诺卡岛，从而保持了它在地中海的主导地位；占领了塞内加尔，从而使英国在西部非洲占据更有利的地位；它在西印度群岛占领了格林纳达、多米尼加、圣文森特和多巴哥岛；法国在印度的影响也被清除。这些收益为 19 世纪大英帝国奠定了基础，因为其他任何国家都没有从这场战争中明显获益。①

《巴黎和约》承认了英国的优势，而维也纳会议承认了英国的海洋主导权。国际政治的新时代已经开始，它根本不同于迅速变换同盟及大国战争仍频发的 18 世纪的世界，其最为显著的特点就是源于英国海军、殖民地和经济领先优势的“英国治下的和平”②。

七年战争后，法国的国力遭到沉重打击，失去了欧洲大陆的霸主地位，而英国则实实在在地登上了“海上霸主”的宝座，成为一个庞大的殖民帝国。从英法两国的争霸中，“似乎可以得出一个合理的结论，那就是，某些国家如果有一条好的海岸线，或者甚至还有一个或两个可直接进入海洋的便利出口，那么对他们来说最有利的，是通过海洋和贸易来寻求致富和扩张”。

保罗·肯尼迪指出，古典时代的海权是一个高度复杂的因素，既有防御，也有进攻；既有经济（更确切地说是财政）方面，也有军事方面；其最大效果的取得，与其说是赖于自身的力量，不如说是赖于巧妙地利用对手的弱点。在海权的帮助下，首先是葡萄牙，接着是荷兰，最后是英国，能够产生与它们各自幅员、资源和人力所不相称的巨大的影响，得益于其独特的关键地位。大英帝国不仅能够控制海外财富的流动，还可以操控欧洲大陆上 6 个强国的均势。从本质上说，它们当中的每个国家在任何其他方面都要超过英国。③

① 〔英〕保罗·肯尼迪著，沈志雄译：《英国海上主导权的兴衰》，人民出版社 2014 年版，第 116 页。

② 〔英〕保罗·肯尼迪著，沈志雄译：《英国海上主导权的兴衰》，人民出版社 2014 年版，第 13 页。

③ 〔英〕保罗·肯尼迪著，沈志雄译：《英国海上主导权的兴衰》，人民出版社 2014 年版，第 134 页。

马汉认为：英国的收获是非常巨大的，这不只是领土范围的扩大，也不只是它在海洋上取得的优势，而且它在一些国家的心目中赢得了威信和地位，这些国家当时针对它的丰富资源和强大力量完全敞开了国门。自1763年签订《巴黎和约》以来，世界上许多未开发之地已被迅速占领。[①]

英国地缘战略家麦金德这样回顾英国的海上霸业："英国的海上霸业是在拿破仑战争时期全部完成的"[②]，而英国实现海洋霸权的关键是对其"心脏地带"即印度洋的控制。19世纪初，英国乘拿破仑在欧洲大陆征战的时机，在印度洋大举扩张且大获其利：1798年，英国攻占锡兰（斯里兰卡），1806年占领荷兰人在好望角的据点，1814年从法国人手中夺回毛里求斯，1826年从荷兰那里获得马六甲，1824年，英国人占领新加坡，这"可说是替英国在印度洋上的霸业安下了一块基石……"印度驻新中国首任大使卡瓦拉姆·潘尼迦评价说："英国，《维也纳条约》以来印度洋上唯一的强国，现在牢牢掌握印度洋各处的战略要冲；得此海上凭借，它在印度的江山是坐稳了，从此英国就这样统治了整个印度洋。"此后的印度洋，潘尼迦认为："这就比别处更像是英国的一个内湖了。偌大的印度洋面，其他欧洲国家一点好处也沾不上手，就是在海洋附近的地方，亦复如此。"[③]

中国地缘战略家张文木先生认为，从近代西班牙、英国到现代美国崛起并成为世界霸权国家的历史变动中，人们发现：与中世纪不同，全球化时代的国家财富的增长与国家海权而非陆权的扩张是同步上升的。这是因为，海洋是地球的"血脉"，因而也是将国家力量投送到世界各地并将世界财富送返资本母国最快捷的载体；于是，控制大海就成了控制世界财富的关键。[④] 布热津斯基强调，直到第一次世界大战以前，英国对全球进行着海上统治，因而伦敦成了世界主要的金融和贸易中心。而英国海军"控制着海洋"，英国在海外明显地处于至高无上的地位。[⑤]

马汉在总结英国崛起的历史时，提出了制海权的概念。他认为制海权具有

---

① 〔美〕阿尔弗雷德·塞耶·马汉著，范利鸿译：《海权论》，陕西师范大学出版社2007年版，第201页。

② 〔英〕麦金德著，林尔蔚等译：《历史的地理枢纽》，商务印书馆1985年版，引言第13页。

③ 〔印〕潘尼迦著，德隆等译：《印度和印度洋——略论海权对印度历史的影响》，世界知识出版社1965年版，第68—69页。转引自张文木：《论中国海权》，海洋出版社2014年版，第100页。

④ 张文木：《论中国海权》，海洋出版社2014年版，第15页。

⑤ Zbigniew Brzezinski，*The Grand Chessboard*：*American Primacy and Its Geostrategic Imperatives*，Basic Books，1997，p. 21.

决定性的意义，无论是贸易还是势力范围的争夺，以及国家间的战争，其实施方法和结局在很大程度上取决于制海权。而保罗·肯尼迪则更为深入地强调了制海权的含义。“制海权”从来也都不是意味着对各个大洋水域的完全拥有，这种完全拥有不仅在物质上不可能，而且在战略上也没有必要。因为海洋和陆地不同，其本身对人类并没有多少用途。人既不能够靠海洋谋生，又不能够在海洋上从事开垦或发展，同时也不能够买卖海洋。海洋像一个“人们借以通向四面八方的广阔公用地，但这片公用地内的一些经常使用的航线表明，各种具有强制性的理由使人们往往选择了某些特定的航线而不是其他的航线”。如果一个国家能够从总体上保持自己沿这些“经常使用的航线”的交通并且使它的敌人无法享受到这一特权，那么这个国家就将会拥有制海权：它的贸易会因此而变得繁荣，它的海外联系也因此将得到维持，它的部队也因此将可以自由地到达目的地。①

马汉注意到，“在这场战争中获胜的国家就是那个在和平时期使用海洋增加财富，在战争期间通过庞大的海军、数量巨大的靠海为生的民众及无数遍及全球的作战基地来控制海洋的国家”。德国历史学家路德维希·德约的说法更加确切，他提出英国获胜的真正线索是其特有的类似于“双面神”的位置和政策，“她一面朝向大陆以调适欧洲的均势，另一面朝向大海以加强对海洋的主导”。英国赢得最伟大的胜利，所依靠的并不是一边倒的战略，而是因为认识到了旧世界与新世界相互联系的本质以及经济力量在战争当中的重要性。②

英国持续崛起为世界强国，是因为英国政府能够保证海军力量与国家至关重要的利益和义务相当，并且能够避免外交上的孤立。由于拥有一个庞大的殖民帝国，英国享有在世界各地拥有大部分重要海军基地的战略优势。费希尔海军上将沾沾自喜地说英国用“五个战略钥匙锁住了全球”，而它们（多佛、直布罗陀、好望角、亚历山大港及新加坡）都在英国手中。③

1902年2月3日《泰晤士报》以歌颂式的语言赞美英国的海上权力：英格兰是大海的情人，是因为她的历史、她的地理位置、她的经济渊源和条件，以及她的帝国地位和扩张。

19世纪中后期，马汉的海军巨著正是对英国发展壮大的历史进行深刻总结的产物，尤其是他对英国海权发展与大国崛起关系的描述对英国而言更具有理

---

① 〔英〕保罗·肯尼迪著，沈志雄译：《英国海上主导权的兴衰》，人民出版社2014年版，第2页。

② 〔英〕保罗·肯尼迪著，沈志雄译：《英国海上主导权的兴衰》，人民出版社2014年版，第116页。

③ 〔英〕保罗·肯尼迪著，沈志雄译：《英国海上主导权的兴衰》，人民出版社2014年版，第222页。

论和实践的指导意义。书中关于几个世纪以来，英国商业的发展、领土的安全、富裕帝国的存在和作为世界大国的地位，均归因于英国占绝对优势的海上力量的观点，为英国海军界和支持扩建海军的人士提供了最具说服力的论据。在马汉“海权论”的影响下，英国决策者出台了“双强标准”，确立了英国海军舰船总吨位不少于两个仅次于它的大国海军的吨位之和这一新的海军建设方针，以确保英国的海上霸主地位。

当然，英国的海上霸权也面临着来自欧陆大国德国的挑战。从德国的角度看，1871年德国在赢得普法战争和实现民族统一后得到迅猛发展，到20世纪初已经成为一个军事实力强、经济实力雄厚的资本主义强国，拥有欧洲战斗力最强的陆军和紧随英国之后的世界第二大海军、世界第二大商船队。工业实力超过英国，位于世界第二，仅次于美国。

德国是一个典型的大陆国家，因此其战略目标长期限定在陆上。19世纪末，威廉二世执政后，立志把德国推上欧洲霸主的宝座。德国成为欧洲霸主的最大障碍就是英国。而英国拥有世界上最为强大的海军，德国若想挑战或击败英国，必须在海权和势力范围方面与英国展开竞争。德皇威廉二世于1897年任命蒂尔皮茨为海军大臣，抛弃了俾斯麦立足欧洲大陆的“大陆政策”，开始推行面向全球的“世界政策”，其实质就是与英国全面争霸。在称霸欧洲大陆的基础上，扩建海军，争夺制海权，向海外扩展殖民地，以建立大德意志帝国。

威廉二世明确鼓吹：“德国的殖民目的，只有在德国已经成为海上霸主的时候方能达到。”从社会层面来看，此时的德国需要有一套系统思想来取代德国民众中根深蒂固的大陆意识。因此，当威廉二世看到马汉这本书时欣喜若狂，说道：“我现在不是在阅读，而是在吞噬马汉的书，努力地把它牢牢地记在心中，这是第一流的著作，所有的观点都是经典性的。我们所有的舰船上都要有这本书，我们的舰长和军官要经常地引用它。”此后，极具德国特色的“冒险理论”和“存在舰队”战略出台，形成了庞大的海军建设计划，德国从此走上了大力扩建海军的道路，并在短短的10多年中，建成了一支仅次于英国的海军舰队，成为英国在第一次世界大战中的强大对手。①

德国称霸欧洲的企图，与英国维持欧洲均势的政策背道而驰，英国得出结论，双方武装冲突终究不可避免，必须对德国加以遏制。而海上霸权则被英国

① 张炜、郑宏：《影响历史的海权论——马汉〈海权对历史的影响（1660—1783）〉浅说》，军事科学出版社2000年版，第174—175页。

视为生存的支柱和必须竭尽全力确保的核心利益。1911 年 5 月英国外交大臣格雷在英帝国秘密会议上就说："真正决定英国外交政策的，是海上霸权的问题。"

与此同时，德国开始大力扩建海军，一战前最后几年德国 60％的军事预算都花在海军建设上。1898 年，德国国会通过第一个海军法案，之后又通过多个海军附加法案，紧跟英国步伐，大力建造战列舰。1901—1903 年，德国海军耗费了国防开支的 20％，1907—1909 年，这一比重上升为 25％，而到了 1911 年，德国海军国防预算则占到了陆军预算的 54.8％。[①] 1914 年一战爆发时，德国拥有战列舰、战列巡洋舰 41 艘，英国拥有战列舰、战列巡洋舰 69 艘。德国海军由 1898 年的世界第六位，一跃成为仅次于英国的世界第二大海军力量。

德国扩建海军从一开始就针对英国。1897 年，德国海军大臣蒂尔皮茨提交给威廉二世的备忘录就已明确把英国当作假想敌："对德国来说，当前最危险的敌人是英国。"英国对此保持高度戒备。1902 年英国海军大臣塞尔伯恩在一份内阁文件中指出：德国舰队的巡航距离短，是专门设计用来对英国本土作战的。1904 年英国海军部拟订了第一份对德战争计划。1909 年英国爆发"海军恐慌"，担忧德国海军后来居上，决定将当年建造"无畏"级战列舰的数量，由原计划的 4 艘猛增到 10 艘。1912 年 3 月英国海军大臣丘吉尔在议会作出强硬表态，明确宣布德国是英国在海上唯一的敌人，德国每造一艘主力舰，英国就造两艘。[②]

虽然英国制造了德国海军增长的"海军威胁或海军恐慌"，但英国毕竟保持了在海军力量上的优势。最终，英国利用自己的海军优势，在一战爆发后向德国宣战。

第一次世界大战爆发时，英国海军共装备有战列舰 69 艘、巡洋舰 82 艘、驱逐舰 225 艘以及潜艇 76 艘，德国海军则拥有 41 艘战列舰、44 艘巡洋舰、153 艘驱逐舰以及 28 艘潜艇。[③] 战争期间，德国的公海舰队遭到牵制，被英国的大舰队封锁在北海之内。由于单兵作战，德国在海外的零散舰队被协约国集团各个击破。1916 年，日德兰大海战宣告德国海军的毁灭性失败。经过四年战争，英国打败了德国。

由于未能打破英国的海上力量优势并在第一次世界大战中惨遭失败，德意

---

① David Stevenson. *Armaments and the coming of war*: *Europe*, 1904—1914. Oxford University Press on Demand, 1996. p. 18.

② Ian F. D. Morrow. "IV. The Foreign Policy of Prince von Bülow, 1898—1909." Cambridge Historical Journal 4. 01 (1932): 63—93. Zara Steiner. "Ⅶ. Grey, Hardinge and the Foreign Office, 1906—1910." The Historical Journal 10. 03 (1967): pp. 415—439.

③ 王生荣：《蓝色争锋：海洋大国与海权争夺》，海潮出版社 2013 年版，第 183 页。

志第三帝国在第二次世界大战爆发之前及战争期间并未大力发展水面舰队，而是集中力量建设强大的潜艇舰队，威胁英国和美国的海上力量，破坏盟军增援部队所依赖的海运。德国认为，反海军能力建设前景更远，成本效益更高，比打造一支强大的水面舰队更为重要。从战略层面看，希特勒与其谋士家们并未迷恋于成为一个海上强国，而是强调德国在东方的“生存空间”，即麦金德提出的控制“世界岛”并最终统治世界的关键——“心脏地带”。

与效仿英美建造水面舰队的德意志帝国不同的是，深知海洋重要性的纳粹德国选择发展潜艇技术。随着军事技术的进步，海上力量的强弱不再仅仅由战列舰队水平的高低决定，也不再仅限于战列舰队冲突的成败。大西洋海战中，盟军使用轰炸机对抗德国的U型潜艇，德国潜艇则隐于水下攻击运送战略物资的盟军舰队。[①] 海上力量已由单纯的水面力量向整个海洋纵深力量发展。

据称，希特勒和他的幕僚们并未读过马汉的《海权对历史的影响》一书。倘若读过，他们大概会找到另一种代替“控制东欧是控制世界的关键”的理论。他们或许已经清楚，为何相较于征服陆上邻国，击败两大海上强国会更加艰难。显然，在二战时，德国犯了两大战略性错误：首先是由于急功近利，没有集中力量发展核武器，而德国是最先具备这一技术优势的国家；其次是没有发展全面强大的海上作战能力。

而英国也在二战与德国的较量中实力遭受重创，从而丧失了拥有最强海上力量的优势，其海上强权被另一支远在大洋彼岸的海上强国——美国所取代。

三、美国的海权发展史

“海权论”思想对美国的海洋战略产生了深远影响。马汉在发表海权论之后不仅声名大振，而且变成了美国海军主义的发言人，美国以及许多其他国家的政策和思想都受到他的影响，美国总统罗斯福称赞他是“美国生活中最伟大、最有影响的人物之一”。有人说，在19世纪的美国，除哈里特·比彻·斯托夫人的《汤姆大叔的小屋》外，没有一个美国人所写的书对国家的进程和方向产生过如此大的直接影响。

美国海军和海权的发展是在对英国的竞争与借鉴中得以完成的。美国进行

① Borneman，Walter R.，p. 276. 转引自王生荣：《蓝色争锋：海洋大国与海权争夺》，海潮出版社2013年版。

对外扩张之时，英国正在打造完全意义上的海上力量。作为一个控制公海的庞大帝国，英国能够击败任何外来入侵力量，在全球范围内拥有无可匹敌的影响力。在拿破仑战争以及 1812 年战争期间，英国削减了舰船规模，之后逐步建立并维持了一支实力与规模在当时都无可比拟的舰队，在 19 世纪剩下的时间里，英国皇家海军几乎无须同海上的敌对力量进行恶战。这样的海上力量使得英国商船与舰队得以在全球海域自由穿行。

整个 19 世纪里，美国一直在反对英国在西半球存在的势力，但对美国而言，挑战拥有全球海权的英国难乎其难。直到 19 世纪末，与英国皇家海军相比，美国的海军力量大为逊色。1880 年，英国已拥有近 10 倍于美国的战舰。在舰船吨位以及海军建设与作战经验方面，美国均处于全面下风。

简而言之，直到 19 世纪末，美国并没有成为海权强国的意图。由于地大物博，美国经济对对外贸易依赖很小，因此对于建设强大海军的动机不足。当时更多还是停留于近海防御的阶段，缺少建设远洋海军的宏图大志和战略远见，也无意挑战英国的海洋霸权。1880 年，尽管美国已成为当时全球最大的经济体，但其海军实力仅排在全球第 12 位。[①] 直到 19 世纪末，美国开始萌生成为世界帝国的梦想时，它才意识到必须加强海权建设以同英国竞争。[②]

19 世纪 80 年代，美国已经进入一个大繁荣时代。19 世纪末的美国正值欧洲完成了从自由的资本主义向垄断的帝国主义的转变，欧洲列强在殖民地争夺中开始进入衰落时期。这时的美国已是一个经南北内战实现了国家统一并在统一的民族市场中迅速崛起的新兴大国。1860 年，美国工业生产居世界第四位，到 1894 年已跃至世界第一位。生产量约为欧洲各国生产总量的一半左右，其中煤、铁和钢的产量的增加尤为显著。国内市场已经日趋饱和。与此不相适应的是，拥有巨大的工业能力的美国却没有相应的海外市场。直到 1913 年第一次世界大战爆发前，美国外贸只占国民生产总值的 8%左右，而英国则占 26%。这就促使大财团向政府施压，要求提供更多的海外市场。

经济的崛起又加大了美国在国际金融中的影响和地位。经济和金融地位的提高使美国政府意识到其国内经济政治的持续发展需要加大海外市场的拓展力度。然而，美国并不具备通向海外市场的自由通道，欧洲各国控制着亚洲和非

---

① Phillip Saunders, Christopher Yung, Michael Swaine, and Andrew Nien-Dzu Yang, eds., *The Chinese Navy: Expanding Capabilities, Evolving Roles*, Washington, D. C.: National Defense University Press, 2011, p. 11.

② 王生荣：《蓝色争锋：海洋大国与海权争夺》，海潮出版社 2013 年版，第 34—35 页。

洲的大部分市场，一些欧洲国家还用贪婪的目光盯住拉丁美洲。如果美国不参加帝国主义争夺，列强们就会剥夺它在这两个地区进行出口贸易的机会。[①]

到19世纪末，美国经济实力已跃居世界第一，国家战略重心也开始由国内向海外转移。然而，这种转移却受到了美国传统势力，特别是美国国民意识中根深蒂固的“孤立主义”的极大制约。“孤立主义”者认为，海洋是美国的护城河，拥有两洋屏障，美国可以安全地生存下去。反映在军事上，突出表现为对海军的不重视，只是运用海军执行沿岸防御任务。美国在南北战争结束时，海军拥有舰船700艘，但到1870年底，只有52艘舰船在服役，在世界上排名第12位。这样的海军力量甚至不敌一些中小国家的海军，自然更谈不上支持美国向海外扩张的政策。[②]

19世纪80年代，美国仍然立足于海岸防御，而不愿建设像欧洲列强那种进攻性很强的海上力量。但美国的一些有识之士则强调要建立远洋海军。“一位国会议员在1887年所说，我们需要的是这样一支海军，它能使我们在远离海岸的地方迎击来犯之敌”[③]。

随舰队不断出洋的马汉也深刻感受到了整个世界正在发生的巨大变化和各国之间激烈的利益争夺。于是，他毅然抛弃了孤立主义的观点，逐渐确立了通过建设强大海军向外扩张的思想，并开始从一个坚定的“孤立主义”者转变为一名帝国主义者。从19世纪80年代起，马汉便开始撰文呼吁美国应大力开展国际贸易。

然而，小心翼翼的美国却始终没有走出“孤立主义”的禁锢。当时，英国、法国和德国也正处于新帝国主义时期，正在对世界市场进行激烈的争夺。美国扩大海军，开拓美国资本的海外市场。与英国等老牌帝国争夺市场、势力范围和殖民地的较量已经不可避免。

此时的美国，迫切需要一种海军理论，以说服美国国会和政府，使他们认识到建立一支强大的海上力量对于美国未来的繁荣强盛至关重要，将美国对海洋的重要性上升到前所未有的高度，马汉的海权论正是在这一大背景下应运而生的。

---

① 张文木：《国家战略能力与大国博弈》，山东人民出版社2012年版，第204—205页。

② 张炜、郑宏：《影响历史的海权论——马汉〈海权对历史的影响（1660—1783）〉浅说》，军事科学出版社2000年版，第20页。

③ 〔美〕阿伦·R. 米利特、彼得·马斯洛斯金著，军事科学院外军研究部译：《美国军事史》，军事科学出版社1998年版，第253页。

马汉的海军思想既符合美国经济发展的需要，也顺应了美国要成为世界大国的愿望。1890 年 5 月，随着马汉《海权对历史的影响（1660—1783）》一书的问世，美国海军真正进入快速发展的道路之上。马汉发表海权论后短短几年，美国就从一个海洋防御型国家转变为海洋扩张型国家。

1889 年 3 月，本杰明·特雷西向国会提交的报告忠实地反映了马汉制海权的观点，指出美国海军需要一支战斗力量。1890 年美国国会终于放弃了大陆政策和孤立主义，开始摆脱旧的近海作战思想，建议发展可以用于深海作战的、现代化的海军。到 19 世纪末，美国的海军力量已由原来世界海军的第 12 位跃居第 5 位，1895 年美国属地圭亚那和委内瑞拉发生边界冲突，美国强行干涉，英国被迫接受美国的“仲裁”；麦金莱总统利用英国身陷南非布尔战争的机会，一举拿下夏威夷、古巴和菲律宾等，并由此获得了太平洋的制海权。1903 年又策动巴拿马脱离哥伦比亚独立，由此一跃成为东太平洋上的海权强国。①

马汉提出并建立了西方的“海军制胜论”，这一理论总结了西方列强的“炮舰政策”，提出“海军在战争中将起决定性的作用，而夺取制海权则被宣称为战争的基本规律和唯一目的，达到了这一目的就能最终战胜敌人和夺取世界霸权”。其后美国海军的发展，无不体现出马汉思想的指引，每一次战役都成为马汉海权论的注脚，直到二战结束后，美国海军成了世界上有史以来最庞大的海上力量，马汉的理想变成了现实。②

1895 年，古巴爆发独立战争，美国派遣一艘巡洋舰“缅因”号进入哈瓦那港，理由是保护美国侨民，1898 年 1 月 24 日，“缅因”号突然发生爆炸，美国将矛头指向西班牙。“缅因”号事件导致美西大战，1898 年，美国海军借助美西战争一举成为世界海军强国之一，拥有 35 艘战列舰。美西战争结束后，“美利坚合众国已经离开了它的老锚地，驶向海洋，成为一个世界强国”③。

20 世纪初，世界海军力量对比发生了很大的变化，原本海上强国主要是英国、法国、俄罗斯、西班牙、葡萄牙、荷兰、意大利等国，但此时日本、德国和美国异军突起，与英法实力相近，西班牙、葡萄牙、荷兰、意大利等国却沦为二流国家。

当时，马汉的理论已经在欧洲、美国和日本引起强烈反响。在美国，深受他的理论影响的还有一些重要人物，如西奥多·罗斯福、亨利·卡伯特·洛奇

① 张文木：《论中国海权》，海洋出版社 2014 年版，第 20 页。

② 白海军：《海洋霸权：美国的全球海洋战略》，江苏人民出版社 2014 年版，第 51 页。

③ 白海军：《海洋霸权：美国的全球海洋战略》，江苏人民出版社 2014 年版，第 59 页。

等。罗斯福后来成为美国总统，洛奇后来成为参议院外交委员会主席，正是他们这些人把马汉的理论转变为现实的美国海军力量。

将门罗主义引向深入的西奥多·罗斯福对美国的海上力量也是情有独钟。他于1882年出版了《1812年海军战争》，1888年以同一题在海军学院发表演说，并与艾尔弗雷德·塞耶·马汉相识。除了赞扬马汉之外，他也提出了自己的观点——美国需要一支强大的海军，不仅要有巡洋舰，而且要有一大批能与其他任何国家抗衡的战列舰。

1901年，当西奥多·罗斯福成为美国总统后，开启了使美国成为强国的历程，其中，海军扩张是重要内容。此后，从西奥多·罗斯福时期到塔夫脱时期，美国海军经历了一个平稳而又快速的大建设时代，而且是以主力舰的建造为主。富兰克林·罗斯福执掌白宫后，他重新审视并思考了马汉的海权思想。1933年，《国家工业复兴法案》出台，授权建造巡洋舰和其他作战舰。随后，美国海军开始扩充装备，特别强调航空母舰建设。1940年，美国海军装备已包括15艘战舰、6艘航空母舰在内的共478艘舰船（总数达到1933年水平的3倍之多）。[①]从此，美国的海军力量迅速增长。

罗斯福上任伊始就促使国会通过了一项海军扩建计划——1934年3月，《文森特拉梅尔法案》获得通过。这是一项8年海军更新和建造计划，更新建造的舰艇总数达到102艘。1934—1940年，用于这项计划的拨款逐年上升，平均每年达到10亿美元。1938年的第二个《文森法案》又获得国会的批准，舰船总吨位可以再提升20%。

至1941年珍珠港事件爆发，美国已有6艘服役航母，另外还有19艘正在建造。从20世纪30年代中期开始，美国海军在军力部署上也进行了重大调整，将大部分太平洋舰队从加利福尼亚调至夏威夷，正是这一举动，使敏感而脆弱的日本日益明确地感受到来自美国的威胁。日本认为，美国此举是旨在挑战大日本帝国海军，控制西太平洋海域，威胁日本日益重要的海上交通线，阻挠日本的国家战略实施。加之，日本认为美国很可能封锁日本的海上燃料与原材料运输线，在谈判未果的情况下，日本采取了铤而走险之策，突袭美国舰队驻扎的珍珠港海军基地，并由此拉开了太平洋战争的序幕。

在二战结束的1945年，美国已经拥有有史以来世界上实力最强、规模最大

---

① Naval History and Heritage Command, "U. S. Navy Active Ship Force Levels, 1886－Present," 2011. As of December 4, 2012, http://www.history.navy.mil/branches/org9-4.htm.

的海军。

二战结束后，美国孤立主义回潮，美国国内就是否仍然需要维持一支强大的海军争论不休。但两件事改变了美国海军的命运：其一是 1949 年苏联爆炸了原子弹；其二是 1950 年朝鲜战争爆发。这两件事使美国认识到还需要维持世界第一的海军力量。朝鲜战争表明，即使是在核时代，也会出现旷日持久的局部战争，仍需要大规模的海上运输和两栖作战，核武器只能作为威慑和最后的手段。同时，海军也能达成美国重要的战略目的，如在朝鲜战争期间，美国第 7 舰队进入台湾海峡，粗暴无理地将台湾变为美国遏制中国的前沿堡垒。此后，美国海军迅速恢复建设。

1951 年 8 月，美国海军决定建造一艘新的、排水量 7.8 万吨的航母。1955 年 1 月 17 日，第一艘核动力潜艇"舡鱼"号在长岛海峡开始航行，这意味着世界进入了核潜艇时代。[①] 1981 年，时任美国海军部长的小约翰·莱曼出版了《制海权：建设 600 艘舰艇的海军》一书，提出"海上优势论"，得到时任美国总统里根的大力支持，成为 20 世纪 80 年代美国海军发展的指导性理论。莱曼阐述了美国"海洋战略"的八大原则：一是海洋战略源于且从属于国家安全的总战略；二是国家战略对海军的基本任务作出规定；三是海上优势的确立保障海军基本任务的完成；四是确保海上优势要重新确立一个严谨的海洋战略；五是必须以对威胁的现实估计为基础制定海洋战略；六是海洋战略必须是一种全球性理论；七是海洋战略必须将美国海军及其军事盟国的海军兵力整合为一个整体；八是海洋战略必须是前沿部署战略。[②]

"后马汉时代"有关海权的理论与思想的涌现，不断丰富和发展着传统的海权论。

四、苏联海军发展史

俄国在历史上也是一个大陆国家，但与德国不同的是，沙皇俄国很久以来就渴望成为一个强大的海洋国家，以期改变其不利的内陆型的地理条件。彼得大帝曾说过："任何统治者如果只有一支陆军，他就只有一只手；如果他又有一支海军，他就有了一双手。"为此，他曾孜孜不倦地为俄国打通波罗的海的出海

---

① 白海军：《海洋霸权：美国的全球海洋战略》，江苏人民出版社 2014 年版，第 195 页。

② 〔美〕小约翰·莱曼著，海军军事学术研究所译：《制海权：建设 600 艘舰艇的海军》，军事科学出版社 1991 年版，第 151 页。

口而努力着，却始终未能如愿。[①]

苏联发展航母的计划最早可以追溯到沙俄时代，只是限于当时的国力，这个计划没有施行。苏联时代有两次契机可以发展航空母舰，但是很不幸，这两次机会都被错过了。一次是苏联开始执行第三个“五年计划”的 1938 年。当时的苏联有很好的重工业基础，同时外部环境面临着越来越大的战争威胁。于是，在斯大林的准许下，苏联海军在 1938 年提出了一个规模比较大的十年造舰计划，准备从 1939 年开始实施，其中就包括航母的建造。

1939 年，海军人民委员（相当于海军总司令）库兹涅佐夫一上任就准备执行这个造舰计划。可是，1939 年 9 月 1 日，德军入侵波兰，紧接着德国入侵苏联，最后苏联终止了造舰计划。而苏联的直接对手德国，早在 1935 年就开始建造航母，1938 年 12 月 8 日，纳粹德国建造的“齐柏林”号航空母舰下水。但是，由于希特勒决定将海军的大部分资金用于发展潜艇，工程已完成的“齐柏林”号航母于 1940 年 5 月被迫终止建造。随着纳粹德国败局已定，为了不让“齐柏林”号航母落入苏军之手，1945 年 4 月 25 日，“齐柏林”号被沉入海底。

苏联攻占德国之后，马上在占领区打捞“齐柏林”号航空母舰，准备从水里面打捞出来拖回本国。在风高浪大的北海、波罗的海海域，“齐柏林”号在拖拽的过程中，中间又沉了一次，沉了又被打捞出来，最终还是被拖回了苏联，直到对这条船解剖和分析之后，才把它彻底地分解。

1948 年，苏联的一个新“五年计划”开始进入编列预算的时候，在斯大林的同意下，再次提出了造舰计划。

但是对战后满目疮痍、经济遭到严重破坏的苏联来说，发展航空母舰的计划与现实依旧相距遥远。1953 年斯大林去世后，苏联的航母建造计划再次被搁浅。

美国海军优势让苏联忧虑。赫鲁晓夫出任苏共中央第一书记后，为解决冷战军备竞赛导致的经济问题，赫鲁晓夫有意利用新科技抑制军方的资金需求，他将赌注押在了导弹上。在航母问题上的分歧也反映了苏联的战略取舍和战略规划方面的问题。

赫鲁晓夫不但对发展建造航母毫无兴趣，还极尽讽刺地将航母称为“海上活靶子”和“海上活棺材”。

---

① 张炜、郑宏：《影响历史的海权论——马汉〈海权对历史的影响（1660—1783）〉浅说》，军事科学出版社 2000 年版，第 176 页。

赫鲁晓夫是一个非常迷信导弹武器和核武器的人。对于海军，他只看重发展战略导弹核潜艇和攻击性核潜诞。

在发展航母这个问题上，海军元帅库兹涅佐夫跟赫鲁晓夫之间发生了巨大的争执和冲突，双方的矛盾冲突一度到了不可调和的程度。1955年底，库兹涅佐夫被赫鲁晓夫解除了苏联海军总司令的职务，1956年2月，也就是库兹涅佐夫退役前，赫鲁晓夫将库兹涅佐夫的军衔从海军元帅直接降级为海军中将。

耐人深思的是，在二战中因为建造航母而占尽先机的美国，此时却不失时机地向苏联展开了“航母无用论”的宣传，而自己却在背后大兴土木建造航母。赫鲁晓夫正是听信了美国的“航母无用论”，才坚持让苏联走上了“导弹制胜论”的道路。

直到1962年，苏联才开工建造第一艘直升机航母，其大型航母“库兹涅佐夫”号在1989年建成，苏联却在1991年解体。同一级别的“瓦良格”号则未完工，后来卖给了中国。[①]

诚然，冷战时代，苏联在海权论思想方面也有长足的进展——苏联海军总司令戈尔什科夫在马汉海权论的基础上提出了全新的、系统性的海权论。在其《国家海上威力》（*The Sea Power of the State*）一书中，他提出了“国家海上威力”这一概念，并认为“国家海上威力的实质就是为了整个国家的利益最有效地利用世界大洋（或如常说的地球水域）的能力”，国家力量向海洋扩展和保护国家利益，这就构成了新海权，也就是“国家海上威力”。他还认为，“现代海军对陆地作战，不仅能解决领土归属问题，而且能够影响战争进程以至战争结局”[②]。在其理论基础上，他认为苏联应该大胆利用在核领域的先进性，大力发展海上战略导弹核潜艇，这种海上核战略手段可以有效平衡常规海上力量的不足。实则，这是传统陆权大国苏联的海权思考。

据此，苏联的海上政策也发生了巨大转变，从早期苏联“海岸防御”政策转变为“远洋前沿部署”，从而使得苏联很快成为一个全球性海洋大国。当然，这是苏联模式下的海洋大国，与英美日等传统海洋大国的思路大相径庭，苏联所依赖的主要是战略导弹核潜艇，而不是水面舰队，也不同于德国单纯依靠潜艇打击敌对海上运输线的战略战术。

至20世纪六七十年代，苏联已经拥有了相当规模的核力量，美苏之间形成

---

① 房兵：《大国航母》第1部，中国长安出版社2011年版。

② 〔苏〕谢·格·戈尔什科夫著，房方译：《国家海上威力》，海洋出版社1985年版，第9页。

核对峙。苏联海军司令戈尔什科夫在《国家海上威力》中强调："在历史上，沿海国家的海军对于巩固其军事实力一贯起着重要作用。某些国家正是因为有了海军，才在世界上居于领先地位，并用武力威胁和军事炫耀的种种方式，对其他国长期施加政治压力。"[①] 1964 年，苏联海军舰船总吨位达到 160 万吨，1978 年达到 330 万吨，包括 3 艘航母，水面舰艇 446 艘，常规潜艇 294 艘，核潜艇 58 艘。1978 年，美国海军总吨位为 346 万吨，航母 21 艘，水面舰艇 217 艘，常规潜艇 119 艘，核潜艇 41 艘。两者相比，总吨位较为接近，从数量上看，美国航母占据明显优势，但苏联水面舰艇数量是美国的两倍多，常规潜艇和核潜艇也多于美国，不过美国舰船质量和作战力综合比较优于苏联同类型舰船。

20 世纪 70 年代中期，苏联海军已经基本从"海岸防御"转变为"远洋作战"，并依靠强大的核潜艇和相当的水面大型舰艇（巡洋舰和航母等）与美国海军在全球范围内分庭抗礼。

在 20 世纪 70 年代后期，庞大的苏联远洋舰队在全球的大范围活动，使得美国及整个西方都感受到了强烈的威胁。苏联在水下和海面上咄咄逼人的态势，也迫使美国大力发展海军，不得不增大对海军的投入。从 1971—1972 年财年开始，美国海军的拨款已经占到四个军种的首位，约为 237 亿美元，占军费总额的 34%。美国海军将领们此时也宣称：不保持美国海上力量优势，美国和其盟国的安全就难以保证。[②]

五、结　语

在大国较量中，如果硬实力不行，软实力的作用也将是有限的。

一个后起大国只有具有老牌帝国所没有的新的战略手段，才能超越或击败前帝国。

从军事史来说，制陆权与制海权是造就古今大国兴衰的重要杠杆。张文木先生曾经分析道，"近代以来，特别是英国工业革命后，市场和利润成了生产的主导力量，资本及与此相应的包括市场资源在内的资源配置在全球范围铺展开来，此时国家兴衰取决于其在资本全球化和资源全球性配置中的地位。其间，居于主导地位的国家可以获得较多的市场和资源，从而获得大国必需的物质条

① 〔苏〕谢·格·戈尔什科夫著，房方译：《国家海上威力》，海洋出版社 1985 年版，第 254 页。

② 白海军：《海洋霸权：美国的全球海洋战略》，江苏人民出版社 2014 年版，第 201—203 页。

件。既然世界资源配置方式已突破中世纪的地域性质并转化为世界性质，而海洋又是畅流世界各个角落的最便捷的载体，那么，从军事上控制海上主要战略通道即掌握制海权，就成为大国控制世界资源并据此保持其大国乃至霸权地位的主要方式。同样，新兴国家也正是通过优先发展海军并争取与大国平等分享海权利益而进入大国行列的。近代历史表明，率先获得制海权的国家，也就在相当程度上获得了历史的主动权。比如，英国与西班牙的海上较量，美国与英国、西班牙的海上较量，胜利的一方也就成了主导历史方向的国家力量”。[①]

耐人寻味的是，从各种硬件和软件来看，英国是世界上最不具备崛起条件的国家之一，它面积小，人口少，地处欧洲和世界的边缘地带，长期被排斥在世界文明甚至欧洲主流文明之外。但就是这样一个国家，近代却从欧洲边缘的弱国变成欧洲强国，再从众多欧洲强国中脱颖而出，称霸世界长达 100 多年，成就了迄今任何国家都没有超过的霸业。“一开始英国将目光投向大陆，屡遭失败。在地理大发现的启示下，英国开始利用自身海上交通便利的优势，伊丽莎白一世转身面向海洋。然而，选择海上崛起道路的国家不止英国，西班牙、葡萄牙、荷兰、法国都曾试图抓住地理大发现的机遇，选择向海上发展，但最终只有英国成就长期霸业，究其原因主要在于英国坚持既定的战略”[②]。由此可见，一项大战略的选择和执行对于一个国家的兴衰是何等重要。

日本也是注重海权的国家，一度称王于亚洲，主要依靠的也是海权的强大。日本作为岛国，具备发展海上力量的良好条件以及向海外进行扩张的内在动力。19 世纪后半叶，日本海军战舰吨位飙升，从 1880 年的 1.5 万吨，上升到 1914 年的 70 万吨，增长 46.7 倍，成为世界第七海上强国。海军战力的增强提升了日本的国际地位。因此，当马汉的书一传到日本，便在天皇、皇太子、政府官员和三军军官团手中传阅。在马汉“海权论”的直接影响下，日本举国上下形成了大力发展海上力量的统一意志，在很短的时间内建成了远东第一流的舰队。[③]

1894 年 7 月，日本与英国和美国签订条约。7 月 25 日，也就是在日英条约签订后的第 9 天，日本便发动了甲午战争，在海上一举击败中国。根据 1895 年的《中日马关条约》，强割中国台湾澎湖和辽东半岛获得进入南中国海的战略跳

① 张文木：《论中国海权》，海洋出版社 2013 年版，第 333 页。

② 李成刚：《大战略与近代英国的崛起》，《军事历史》2017 年第 5 期。

③ 张炜、郑宏：《影响历史的海权论——马汉〈海权对历史的影响（1660—1783）〉浅说》，军事科学出版社 2000 年版，第 176 页。

板，并在列强瓜分中国的狂潮中，将福建划入其势力范围；此后，日本开始为用武力将俄国的势力赶出东北亚做准备。1902年1月30日，日本与英国签订同盟条约并获英对日本向俄发难的默认。1904年2月8日，日本向俄国在中国旅顺口的部队发起攻击，并在次年5月击溃俄在东北亚的海上主力，日本由此成为独霸东北亚的地区强国。[①]

马汉曾经断言："历史已经确定无疑地证明，即使一个甚至拥有整个大洲疆界的国家，也无力在海军发展上与一个哪怕人数和资源较少的岛国竞争。"[②] 虽然这句话在后来的地缘政治演变中已经失效，但在海权至上的时代这个说法一度不断得到验证。

① 张文木：《论中国海权》，海洋出版社2013年版，第23页。

② 〔英〕保罗·肯尼迪著，沈志雄译：《英国海上主导权的兴衰》，人民出版社2014年版，第285页。

布热津斯基的地缘战略和竞赛方案

在现实主义战略思想中，地缘战略独树一帜，解释力强，比较具象，成为诠释大国权力斗争的一个独特而系统的视角。

英国历史学家保罗·约翰有一句名言：正是地缘政治学的实质能够把不同程度的祸害区别开来。[①]

地缘政治理论直接促成了若干场战争，比如，德国的豪斯浩佛提出的生存空间理论成了希特勒发动第二次世界大战的理论根源，二战后出现的边缘地带理论还使得美国在朝鲜、越南各打了一场局部战争，也正因如此，地缘政治理论一直名声不佳。

拿破仑曾指出，了解一个国家的地理就懂得了这个国家的外交政策。[②]

100 年前，现代地缘政治学说的主要奠基者、英国人麦金德曾经说过："在现代，人们是通过经济的欲求和地理的机遇来引导政治的动向。政治家与外交家的成败很大程度上在于他们是否认识到了这些不可抗拒的力量。"[③]

地缘政治学，顾名思义，是地理与政治相互关系、相互作用的学说，它揭示的是地理环境与国际政治权力之间的有机联系。地缘政治学的含义及对实践的指导作用在不同的历史时期有所不同，但其分析问题的方法始终未曾改变。它分析地理因素及其对国家间力量平衡的重要影响、地理要素与国家安全战略的直接联系。地缘政治即是探讨、说明"国际政治大国与地理环境的关系"。法国的国际政治学者雷蒙·阿隆认为，地缘政治学的主要内容是"把外交—战略关系与资源作出的地理—经济分析以及由于生活方式和环境（定居、游牧、农

① 转引自吴健主编：《美国政府的和平演变战略》，福建教育出版社 1990 年版，第 82 页。

② Zbigniew Brzezinski, *The Grand Chessboard: American Primacy and Its Geostrategic Imperatives*, Basic Books, 1997, p. 37.

③ 〔英〕杰弗里帕克著，李亦鸣译：《二十世纪的西方地理政治思想》，解放军出版社 1992 年版，第 4 页。

业和航海）而引起的对外态度的解释，从地理的角度加以系统化”[①]。

地缘政治学是政治地理学的一个部分，它根据各种地理要素和政治格局的地域形式，分析和预测世界地区范围的战略形势和有关国家的政治行为。地缘政治学把地缘因素视为影响甚至决定国家政治行为的一个基本因素，这种观点为国际关系理论所吸收，对国家的政治决定有相当的影响。[②]

一、古代政治思想家、地理学家关于地缘政治的论述

在西方，上古时期中东地区的政治家、军事家就表现出地缘的意识与战略思维。公元前6世纪，希腊人海卡特在地图上将世界分为两部分：欧洲部分（包括西伯利亚）和亚非部分。这种划分的基础是气候。欧洲代表北方寒冷地区，亚非代表南方温暖地区，更适合于居住的亚非地区被认为是主要实力地区。

用地缘政治理论解释政治划分或使生存方式的变化更加合理，这种思想最早见于《旧约全书》。当亚伯拉罕和劳特从埃及重返家园，发现迦南的土地已经不能使他们供养牛羊群和支撑帐篷，于是他们决定划分土地。划分的基础是水源。劳特选择了水源良好的约旦河谷；亚伯拉罕保留了多草的迦南山地。当初的地缘政治观点大多局限于地理位置本身的特点，控制河谷（比如约旦），自然形成的平原（比如美索不达米亚）是当时地缘政治的主要目标。

中国古代的地缘政治观点更多的不是单纯论述地理，而是将地理与军事与战略结合起来。中国著名军事家孙武对地理和军事的关系有过详细论述。他指出“知己知彼，胜乃不殆。知天知地，胜乃不穷”[③]，“夫地形者，兵之助也”[④]。

他在《地形篇》中论述了军队在不同地形条件下的行动原则，强调将帅要重视对地形的研究和利用。他还指出“齐勇若一，政之道也。刚柔皆得，地之理也”[⑤]。

春秋战国时期的纵横家苏秦，分析了韩、魏、齐、楚等国的地理位置和地理形势，提出了“合纵”的战略，促使齐楚燕赵韩魏六国取得了有利的战略态势，致使强大的秦国15年内不敢东窥函谷。[⑥]

---

① Raymand Aran，Peace and War（Gardenc City，New York doubleday 1966），p. 191.

② 《中国大百科全书》（地理卷），中国大百科全书出版社 1993 年版，第 118 页。

③ 陶媛编：《孙子兵法》，大众文艺出版社 2007 年版，第 124 页。

④ 陶媛编：《孙子兵法》，大众文艺出版社 2007 年版，第 121 页。

⑤ 古棣主编：《孙子兵法大辞典》，上海辞书出版社 1994 年版，第 219 页。

⑥ 宛华主编：《中华上下五千年》，中国华侨出版社 1980 年版，第 57—58 页。

三国时期，诸葛亮提出“若跨有荆、益，保其岩阻，西和诸戎，南抚夷越，外结好孙权，内修政理”[①]的战略，诸葛亮辅佐刘备于公元 210 年，从孙权手中借得荆州，214 年，进一步控制益州，遂有“沃野千里”剑阁三峡之险。[②] 219 年，三国鼎立局面形成。

当然，古代的地缘政治观是不尽完善的，大多显得直观、浅显，这与当时的科技发展和地理学发展的局限有关。但地理与政治、军事甚至经济的密切关系却早已深入人心。

在 20 世纪后期，越来越多的人专门论述人口增长对资源稀缺的影响，资源与地理之间的关系，技术对资源、地理的影响。技术使人类能够利用以前无法利用的资源，如海底资源、空间资源，技术也极大地影响不同地理位置的政治意义。

众多的政治军事地理方面的学者通过借鉴和吸收前人的有关思想学说，在 19 世纪末到 20 世纪初逐渐使地缘政治学说系统化、理论化。第一次使用“地缘政治”这一术语的是瑞典人鲁道夫·契伦，1910 年，他在一本书中提出了五种政治科学的组织体系，“地缘政治学”是其中一种。此后，地缘政治学自成一体逐渐成为国际关系学现实主义学派之一。地缘政治家按其发展阶段和强调的不同地理因素，又可分为海权论、陆权论、德国地缘政治家以及后来的空权论等。

1. 马汉的海权论（Alfred Thayer Mahan）

主要观点上文已述。马汉的地缘政治理论具有同其他古典的地缘理论类似的弱点，即没有估价到运输和武器技术变化对于海权和陆权的影响，第一次世界大战时，陆军和空军在战争中的地位日益重要，欧洲大陆上强大的陆权国家对英国的霸主地位造成严重威胁，公认为马汉学说直接的继承人、英国学者麦金德注意到这一变化，于是陆权论应运而生。

2. 陆权论学派

（1）麦金德（Halford Mackinder）的大陆中心说。依靠海上霸权征服世界的英国，提出的理论却是陆权学派。

哈尔福德·麦金德于 1904 年发表了《历史中的地理学枢纽》一文，首次提出了著名的地缘战略思想——陆权理论。麦金德根据陆和水域的分布，以及它们的相互联系，把目光集中在欧亚大陆的一片地区，该地区包括世界 56%的陆

① 邝士元：《国史论衡·先秦至隋唐篇》（上册），上海三联书店 2014 年版，第 226 页。

② 朱绍侯主编：《中国古代史》（中册），福建人民出版社 1982 年版，第 8 页。

地面积和世界上84%的人口，围绕这片大陆的是三倍于陆地面积的开放的海洋。麦氏认为欧亚内陆地区是世界政治的中枢地带。统治这一地带的国家可能是俄国、德国甚至是中国。这一地区是世界上最大陆地面积的中心，因而被称为"心脏地带"。心脏地区的资源丰富，蕴藏巨大潜力，因而是地缘政治关注的重要地带。

麦氏地缘政治思想的另一个概念是"世界岛"，他认为欧亚处于同一大陆板块，欧亚两端又与非洲紧紧相连，被两大洋所包围，欧亚非被看作一个整体，称为世界岛。至此，麦金德完成了他的著名论断："谁统治东欧谁就能控制'心脏区'；谁统治'心脏区'谁就能控制'世界岛'；谁统治'世界岛'谁就能控制世界。"

麦金德认为陆上实力和海上实力的较量一直是贯穿世界历史的主线。欧亚大陆囊括了雄厚的人力和物力，加上铁路机车、现代化公路的出现，使高速运输成为可能。因而，欧亚大陆完全可能取代过去的海上强国，成为新的海上强国，或者更具威胁的两栖国家。因此，控制大陆心脏，继而控制世界岛的国家，将成为霸权国家。麦金德预言，20世纪上半叶的国际纷争将以德苏争夺心脏地带以及邻近地区的斗争而展开。他同时也担心，德苏联合起来共同对抗英国，这一切在后来都得到了证实。[①]

麦金德过分强调心脏地带而忽视了边缘地带以及与此有关的外新月地带，这与后来的国际形势演变出现了差异。美国学者斯派克曼正是在批评心脏地带说的基础上，提出了自己的边缘地带说。

(2) 斯派克曼（Nicholas J. Spykman）的"边缘地带理论"（Rimland Theory）。

斯派克曼（1893—1943），美国耶鲁大学国际关系学教授和国际研究所所长，是地缘政治学发展史上出现较晚的一个代表人物。斯派克曼的理论有独到性，但又是一种综合的产物。他的边缘地带说实际上是陆权和海权的中间地带。斯派克曼的理论基本上体现了二战后期美国人以美国为中心的全球战略观。

斯派克曼原则上承袭了麦金德的全球政治区域划分，强调欧亚大陆的战略重要性，与麦氏不同的是，斯派克曼认为"边缘地带"无论从理论上，还是实际上都比心脏地带更为重要。

首先，边缘地带处于心脏地区和近海之间包括欧洲沿海国家、阿拉伯半岛

---

① H. J. Mackinder, The Geographical pivot of History, *The Geographical Journal*, Vol. 23, No. 4, 1904, pp. 421—444.

和东南亚季风沿海地区，也即麦氏所谓的“内新月地带”，这一地带集中了世界上 2/3 的人口，原油产量和藏量均占世界首位，战略资源十分丰富。亚洲边缘地带的潜力尚未完全发挥，倘若这一地区的工业化程度能够接近或达到发达国家的水平，那么，这一地区将占据最有影响的地位。

其次，从未出现过陆权与海权的对抗，恰恰是边缘地带成为列强角逐的场所。第一、第二次世界大战的主战场均在这里，战后，一些较大的军事冲突也都发生在这里。

据此，斯派克曼在他的《地理与和平》中得出结论：谁控制边缘地带，谁就统治欧亚大陆；谁统治欧亚大陆，谁就掌握世界之命运。

边缘地带学说受到美国政府和学者的高度重视，一些重要结论甚至被编入论述美国外交政策的现代文献中。对美国的外交政策产生了直接影响。二战后美国发动的朝鲜战争和越南战争都出现在斯派克曼所描述的边缘地带。[①]

3. 德国地缘政治学说

也称为生存空间学说，属于典型的极端主义学派，对德国以至世界历史造成过重大影响。影响最大的人物还是慕尼黑大学军事地理学教授卡尔·豪斯浩佛。

豪斯浩佛认为一个国家政治的发展是受地理环境决定的，地缘政治的任务是在最广泛的意义上保护德国的疆界和文化传播的地区：豪斯浩佛的思想充满了种族优越论和赤裸裸的扩张意识，这恰恰迎合了希特勒的侵略野心，自然而然成为纳粹鼓吹侵略扩张的宣传工具。[②]

在地缘政治理论发展演变中，还出现过空权论等学说。

地缘政治理论对世界的影响是深远的。近百年来传统地缘政治理论观点直接或间接地影响着西方国家政治家们的战略思维和政策制定。二战后半个世纪以来，包括进入 21 世纪的今天，美国的全球战略仍然明确主张确保在欧亚大陆的“领导地位”，“防止欧亚大陆为敌对的力量所控制”。冷战结束后，这些观点仍对某些决策者的战略取向产生着重要的影响。

二、布热津斯基的地缘政治观

布热津斯基 1928 年 3 月出生于波兰华沙，是波兰外交官的儿子。于 1938

① 王帆主编：《国际关系学名著导读》，学习出版社 2012 年版，第 133—134 页。

② 〔美〕卡普兰著，涵朴译：《即将到来的地缘战争》，广东人民出版社 2013 年版，第 98—99 页。

年离开欧洲，踏上北美的土地，1958年加入美国籍。1977—1981年，布热津斯基担任时任美国总统卡特的国家安全事务助理。此外，他还曾于1961年作为时任美国总统肯尼迪的外交政策顾问，也是美国前总统约翰逊的科学顾问。他曾经获得总统自由勋章。布热津斯基被视为美国最具重量级的智囊之一，当代著名政治理论家、地缘政治学家、外交家，其代表作《大棋局》及《大抉择》被认为是国际关系研究领域“必读书”。

布热津斯基在其名著《大棋局》及《大抉择》中，继承并发扬了地缘政治学鼻祖麦金德在《历史的地理枢纽》中阐发的地缘政治思想，明确提出亚欧大陆是最重要的地缘政治中心的观点，认为美国要继续保持世界领导地位，必须控制亚欧大陆，尤其是“全球巴尔干”（Global Balkans）地区。

冷战时期，布热津斯基始终以两极观点看世界，认为苏联构成对全球的直接威胁。一位白宫同事半开玩笑地说，布热津斯基是“300年来第一个真正揪住俄国人不放的波兰人”。

布热津斯基不仅是一位地缘政治理论家，更是一位地缘政治战略家，其地缘政治思想的根本宗旨是为美国外交战略服务。冷战时期，布热津斯基根据对美苏竞争的地缘政治分析提出了美国全面的地缘政治竞赛纲领。卡特主义曾受到其地缘战略思想的影响。

布热津斯基将“地缘战略”解释为“对地缘政治利益作出的战略管理”①。布热津斯基传承了麦金德的经典地缘政治理论，将欧亚大陆陆权与海权之争作为地缘政治冲突的主线——而美苏之间的对抗则是这种竞争的主要体现。同时他又吸收了斯派克曼的边缘地带理论，把对苏联遏制战略转化为更加具体的地缘战略，强调对于苏联的遏制关键在于从地缘角度控制几个“核心”国家。布热津斯基的地缘战略思想有着十分明确的出发点，这就是如何巩固和发展美国的战略利益和霸权地位。

他认为美苏争夺从1945年已经开始，这场争夺是第二次世界大战的两个成功的幸存者——一个在大洋彼岸占支配地位的大国和一个在中心大陆占优势的大国之间的冲突。布热津斯基强调美苏争夺是地缘战略争夺。美苏竞争不是某种一时的异常现象，而是一种将长期持续下去的历史性争夺。这种争夺从范围上讲是全球性的，但具有鲜明的地缘政治的重点。美国要占据上风，就必须以

① Zbigniew Brzezinski, *The Grand Chessboard: American Primacy and Its Geostrategic Imperatives*, Basic Books, 1997, p. xiv.

一种一贯和广泛的战略观点来进行竞争。[①]

布热津斯基继承和发展了凯南关于苏联行为受到不安全感驱动的观点，但他强调提出苏联的不安全感来自其地缘位置的局限。布热津斯基不仅从一个新的角度全面阐释大国之间争斗的战略动机，而且对苏联行为的动机给予了地缘政治上的重要解释，即苏联的地理特点使苏联需要不断寻求出海口。苏联的对外战略受到地缘因素的驱动。在布热津斯基眼中，苏联的行为动机不是意识形态和简单的安全上的问题，而是地缘因素上的问题。苏联长期受到外敌入侵，而且在地缘上没有出海口，这些地缘上的困境成为苏联对外战略的着力点。

苏联处于地缘战略上的特殊地位，幅员广阔，人员众多，资源丰富，横跨欧亚大陆，而且这个大陆与其他大陆相比占据着中心的战略位置。但它又是一个内陆大国，没有一条能够通向世界的真正开放的通道，易受到一种特有的孤立甚至包围。“在它的一侧，西欧实际上封锁了它进入地中海和大西洋的通道——俄国到达大西洋及其以外地区的通道被一些战略要点所控制，如黑海与地中海之间的达达尼尔海峡、连接波罗的海和北海的卡特加特海峡和斯卡格拉克海峡，以及挪威的斯匹茨卑尔根之间的航道（对那些在冬季被迫关闭的苏联港口来说，该航道可以作为出海口）；在南面，通往波斯湾和印度洋的通道被周围的邻国所阻塞，这些国家始于土耳其，然后是伊朗、巴基斯坦、印度，直至中国为止。中国边境也是苏联帝国在远东的界线，还有南朝鲜和海上的日本作为最后起限制作用的外国据点。苏联在这里实际上也是被封锁在仅限于苏联远东地区一条狭窄的地带，而海参崴港则易受制于位于日本海出口的对马海峡，最后，它的北面被几乎终年不化的冰层所封闭，无法航行。”[②]

对于苏联而言，在欧亚大陆排除一切强大的外部势力是其目标之一，而通过不断地扩张、坚持不懈地追求某些重点战略目标，打通出海口，根本改变其地理环境，从而夺取在整个欧亚大陆上的优势则是更为重要的地缘战略目标。正是在对苏联地缘战略行为动机的分析基础上，布热津斯基提出了自己的战略主张。

三、布热津斯基的大棋局

在美苏冷战较量的背景下，美国的战略家不断为美国提供有力的战略分析

① 〔美〕兹比格涅夫·布热津斯基著，刘晓明等译：《竞赛方案——进行美苏竞争的地缘战略纲领》，中国对外翻译出版公司1988年版，前言，第1页。

② 〔美〕兹比格涅夫·布热津斯基著，刘晓明等译：《竞赛方案——进行美苏竞争的地缘战略纲领》，中国对外翻译出版公司1988年版，第26—27页。

和战略规划，比如凯南的遏制战略、基辛格的均势战略，还有就是布热津斯基的地缘战略。

布热津斯基认为，美苏冲突就是地缘战略之争。苏联的威胁及苏联的弱点都来自其地缘特性。美国必须针对苏联的地缘特性和地缘驱动因素进行相应的战略谋划。

对此，布热津斯基有一整套地缘战略的预计，概括起来：一个重心，三条战线，四个战略棋手，五个要害国家和支轴国家。

（一）一个重心：欧亚大陆

1904 年麦金德在英国皇家地理学会宣读《历史的地理枢纽》一文，将欧亚大陆称为这个世界上最具权力潜质的场所之后，欧亚大陆在西方人思想中已经成为“地理上令人迷醉的圣地”。

布热津斯基继承了麦金德关于欧亚大陆是世界权力潜在中心的思想，认为欧亚大陆拥有近一半的世界表面土地和大量的人口与经济财富，而且与其他大陆相比，它占据着中心战略位置。对美国来说，欧亚大陆是最重要的地缘政治目标。欧亚大国和欧亚民族主导世界事务达 500 年之久，其间它们为了争夺地区主导权而相互争斗并力争成为全球性大国。现在，美国这个非欧亚大国在这里取得了举足轻重的地位。美国能否持久、有效地保持这种地位直接影响美国对全球事务的支配。①

从地缘政治角度看，布热津斯基认为对美国全球领导地位威胁最大的是欧亚大陆被某一单个势力所主导。美国不仅需要保持在欧亚大陆的有效存在，而且必须占据举足轻重的地位。美国能否持久、有效地保持这种地位将直接影响美国对全球事务的支配。而如何灵活地运用均势平衡之术，使欧亚大陆内部国家能够相互约束和相互制衡，是防止美国之外的任何国家或国家集团主导欧洲或亚洲的关键。

布热津斯基认为，谋取和长久控制国家的霸权，关键是确保对欧亚大陆的控制。但欧亚大陆的辽阔和多样性，以及这一大陆中某些国家的潜在实力，限制了美国影响力的深度及其对形势发展控制的程度。这一条件有助于对地缘战略进行深入的考虑，并有助于有目的地在欧亚这个大棋盘上有选择地部署美国

① Zbigniew Brzezinski，*The Grand Chessboard*：*American Primacy and Its Geostrategic Imperatives*，Basic Books，1997，p. 55.

的资源。美国的当务之急是以不威胁到美国在全球的首要地位的方式处理好其他地区大国的崛起问题。

这是其地缘政治观中最具连续性的一点。布热津斯基之所以强调这一点，除欧亚大陆拥有世界大部分人口、土地和财富这一自然因素外，主要还是因为欧亚大陆是美苏争夺的“地缘战略的焦点”和“中心重点”，是美国“最重要的地缘政治目标”。这也是从二战开始后美国一直坚持“先欧后亚”战略的战略逻辑所在。

具体来说，有以下 5 个原因：

第一，欧亚大陆历来是大国特别是海洋大国和内陆大国争夺的要地，美苏对欧亚大陆的争夺正是这种历史性争夺的延续。地缘战略鼻祖之一麦金德的“世界岛”就在这片区域，而谁控制了“世界岛”谁就控制了世界的地缘战略古训显然深刻地影响了美国的战略家。欧亚大陆成为大国必争之地。

第二，由于苏联作为内陆大国，欧亚大陆既是苏联所在区域，也是与苏联连接的区域。而历史上针对苏联的大国纷争也往往起于欧亚大陆。欧亚大陆是苏联的立足点，也是扩展其影响的关键区域。对于美国而言，虽有两大洋之隔，但要谋取世界霸权，绝不可能偏安于一隅，必须介入和影响具有世界地缘重大战略意义的欧亚大陆。

第三，欧亚大陆与美国的安全利益密切相关。虽然美国并非欧洲大陆国家，但从美国参加二战后开始，美国的安全战略利益已经与欧亚大陆密不可分。冷战开始后，以雅尔塔体系和旧金山体系为界，欧亚大陆成为两大阵营较量的前沿阵地。基于美国全球战略的需求和地缘战略的基本要求，美国必须像当年英国防止欧洲大陆出现优势强国一样阻止苏联取得对欧亚大陆的优势，因为欧亚大陆的优势不仅意味着巨大的人力、战略和军事资源的优势，而且也意味着在大西洋和太平洋的海上优势。因此，美国必须占据欧亚大陆的重要核心地带并以欧亚大陆作为美国与苏联竞争全球霸权的关键区域。

第四，欧亚大陆具有世界上最为重要的发达国家联盟，也聚焦了所有军事强国和核大国，由于陆上交通能力的提升，其辐射力和影响力遍布世界各地。主宰欧亚大陆的国家将能控制世界最先进和经济最发达的三个地区中的两个。控制了欧亚大陆就几乎自然而然地控制了非洲，并使西半球和大洋洲在地缘政治上成为这个世界中心大陆的周边地带。欧亚大陆拥有世界人口的约 75%。它的企业和地下矿藏在全世界物质财富中占有大部份额。欧亚大陆的国民生产总值约占世界总额的 60%。世界已知能源资源的 3/4 左右也在欧亚大陆。“世界上两个人口最多”、有意谋求地区乃至全球影响的国家也在该大陆，而且“欧亚国家的力量加在一起远远超过美国”。对美国来说，幸运的是欧亚大陆太大，无法在政治上成为一个整体。[①]

第五，苏联战后的领土要求揭示苏联的战略推进指向三个方向：一是穿过欧洲向西推进，西北翼侧占领斯匹茨卑尔根群岛，西南方则企图占领达达尼尔海峡，甚至丹吉尔；二是向东推进，夺取千岛群岛，并通过满洲到达黄海岸的港口；三是向南推进，穿过伊朗，直指波斯湾。苏联的这些目标有惊人的历史继承性。一旦这些目标付诸实现，就会产生决定性的影响：苏联将在欧亚大陆处于地缘政治的支配地位。[②]

据此，布热津斯基认为，美国对欧亚大陆实施有效管理是地缘战略的基本需求，而如何实现这一管理，则必须充分合理地调动自身资源，并巧妙利用欧亚大陆国家历史和现实形成的矛盾与分歧，为美国所用，使美国能够充当起类似英国那样的大陆均势的仲裁者的作用，最终保障美国能够阻止欧亚大陆任何一个挑战者的出现。

（二）三条战线

在布热津斯基的地缘政治地图中，欧亚大陆被分成两个部分：地缘战略中心和边缘地带。俄罗斯的地缘战略目标是由中心向边缘，摆脱地缘上的相对封闭态势，通向海洋，而美国的战略则是阻止俄罗斯谋取出海口的图谋。而西、南、东三个方向是美国围堵苏联的关键。

其一是远西线，即欧亚大陆的西部半岛。它北起斯堪的纳维亚半岛，东至土耳其，拥有欧亚大陆最重要的工业化地区，并控制了通往大西洋的主要出海口，而且它也是世界上军事化程度最高的地区。整个欧亚大陆从东到西大约9000英里长，而在苏联控制之外的远西战线仅有1150英里。这块美国势力的飞地从地理角度上看似微不足道，但在地缘政治上却至关重要。它包括欧洲最重要的工业化地区，而这一地区又拥有通向大西洋的主要出海口。[③]

这条战线形成于杜鲁门主义提出的1947年，在1948年的柏林危机时得到强化。远西战线的重要性还在于它与东欧紧密相连。

---

① Zbigniew Brzezinski, *The Grand Chessboard*: *American Primacy and Its Geostrategic Imperatives*, Basic Books, 1997, p. 31.

② 胡莹：《地理空间与全球霸权》，南京大学出版社2009年版，第93页。

③ 〔美〕兹比格涅夫·布热津斯基著，刘晓明等译：《竞赛方案——进行美苏竞争的地缘战略纲领》，中国对外翻译出版公司1988年版，第37页。

布热津斯基从地缘角度解释了美国为什么要推出杜鲁门主义。这条战线也是冷战爆发的第一条战线。美国认为在二战后期在希腊、土耳其以及柏林都面临着来自苏联的扩张和军事介入。1947 年美国推出杜鲁门主义，援助希腊土耳其，在苏联进行柏林封锁时，对柏林进行空运。美国第一次将经济和军事援助引向了美洲以外欧亚大陆的广泛区域。“美国第一次划定界线，并通过公开的保证和军事部署警告对方：如果它胆敢超过这条界线，那就会引起一场军事冲突。远西战略战线就这样形成了。”①

其二是远东线，即欧亚大陆的远东边缘。它北起北海道以北，南至马六甲海峡。这条战线是世界上经济增长最迅速的地区，美国与太平洋盆地国家的贸易已经超过了与西欧国家的贸易额。在地缘战略上，它控制了苏联通往太平洋的通道。这条战线形成于朝鲜战争爆发之后。“通过三年朝鲜战争，美国守住了南朝鲜，从而扩大了它的重大战略利益范围，使之包括日本、南朝鲜、台湾和菲律宾。”1950 年艾奇逊在谈到美国政策时说，美国的防线是从“阿留申群岛起，经日本直至琉球群岛，直到菲律宾”。这条防御线不包括朝鲜半岛、中国台湾等地。1951 年 1 月 4 日，国务院顾问杜勒斯就美国拟定的《太平洋公约草案》发表意见说：美国在太平洋地区的防务范围应该是日本—琉球群岛—台湾—菲律宾—澳大利亚这条近海岛屿链。这条防线显然超过了艾奇逊 1950 年 1 月提出的美国防务范围。1951 年 8 月 30 日，美国同菲律宾缔结《美菲共同防御条约》。9 月 1 日，又同澳大利亚、新西兰签署了《澳新美太平洋安全保障条约》，初步确立了对亚洲大陆新月形的包围态势，从而进一步深化了东亚地区的冷战格局。由此，我们也可以解释为什么美国在朝鲜战争失败后，又发动了越南战争。

与远西线一经形成就相对稳定相比，远东战线经历了两个重大的调整。一是中苏分裂和中美接近使美国将其地缘政治的前沿从亚洲大陆的边缘推进至中苏边界，二是越南与苏联关系的加强使苏联在越南获得了重要的战略基地。

其三是西南战线。这条战线形成较晚，成形于 1980 年卡特主义提出之时。它东起阿富汗，西至伊拉克。这是世界上石油储藏最丰富的地区，也涵盖通往印度洋的所有出海口。

在遏制苏联的三条战线中，布热津斯基认为西南战线最为关键，这条战线具有基石一般的作用，因为它连接了欧亚大陆远西和远东两端。鉴于西欧和日

① 〔美〕兹比格涅夫·布热津斯基著，刘晓明等译：《竞赛方案——进行美苏竞争的地缘战略纲领》，中国对外翻译出版公司 1988 年版，第 39 页。

本对中东石油的依赖，控制这个地区会使苏联有能力讹诈西欧和远东，使之接受有利于苏联的政治安排。如果苏联在该地区占支配地位，就可以割断远西线与远东线的联系；还可以控制波斯湾的石油通道，并取得一个直接通向外部世界的出口。这条战线也最为动乱，充满不确定性，是美国需要结合当地力量重点实施军事部署和防范的区域。

布热津斯基的地缘战略在实践中最为突出的体现就是卡特主义，而卡特主义主要是针对西南战线的。

苏联入侵阿富汗给卡特总统巨大震惊，极大地改变了他对苏联的看法，也打破了他与苏联缓和的幻想。卡特同意布热津斯基的分析，将苏联的入侵作为其全球扩张的一部分，并将苏联入侵阿富汗看作二战以来对“和平最大的威胁”。从地缘战略的角度来看，阿富汗是苏联与伊朗和世界石油供应国及霍尔木兹海峡、波斯湾之间的缓冲国，苏联控制阿富汗等于构成了对地缘战略的能源要点中东石油产地的严重威胁。这里面既包括石油能源的供应，也包括海上石油通道的运行。

1979 年 1 月 23 日卡特在国会发表演说，强调“任何外部势力想控制波斯湾地区的任何企图，将被视为是对美国重大利益的攻击，对于这种攻击，将采取任何必要手段予以击退，其中包括使用军事力量”。这段演说被称为“卡特主义”。

在布热津斯基的眼中，卡特主义就是保卫欧亚大陆最为重要的所谓“软腹部”的战略。与其他两条战线相比，第三条战线在更大程度上进行纵深防御的可能性很小，并且没有退却阵地。如果苏联对阿富汗的占领证明将长期继续下去，巴基斯坦或伊朗的政治不稳定局面将更易于出现，苏联的野心在 1940 年底已经非常明显地表现出来……——将会得以实现。[①]

卡特主义提出后，美国迅速地加强在这个地区的军力部署，增加了对巴基斯坦的军事援助，向阿富汗圣战者组织提供资金、武器和军火，促使印度参与解决阿富汗问题的外交活动，力促印巴紧张关系得到缓和等。

美国的卷入是基于这样一个战略前提：不管苏联军事入侵阿富汗的主观动机是什么，它的客观后果是对这一地区的严重威胁，并且可能导致苏联在这一地区占有优势。而且，苏联在第三条战线的突破会给另外两条战线带来严重影响。

---

① 〔美〕兹比格涅夫·布热津斯基著，刘晓明等译：《竞赛方案——进行美苏竞争的地缘战略纲领》，中国对外翻译出版公司 1988 年版，第 26 页。

美国通过远西、远东和西南三条战线和三条战线的相互联系与配合构成了遏制苏联这个欧亚大陆地缘战略中心的巨大包围圈。

（三）五个地缘战略棋手和五个要害国家

冷战结束后，布热津斯基在1997年出版的《大棋局》一书，丰富发展了《竞赛方案》一书的思路。

冷战后，欧亚大陆不再是美苏争夺的“竞技场”，但却成了各种力量激烈较量的“大棋盘”，各方利益既有融汇点、一致性，又有矛盾与冲突的一面，形成了利益界限交织、敌友阵线不明、竞争对手多元的局面。面对这一更加复杂、更具挑战性的新形势，布热津斯基放弃了以苏联作为单一敌人的“三条战略战线”的思想，而代之以“五个地缘战略棋手”的观点，认为法、德、俄、中和印度都是“有能力、有民族意志在其国境之外运用力量或影响去改变现有地缘政治状况以至影响美国的利益的国家”。“它们在地缘政治方面有多变的潜力或倾向”，而且“有些国家确实在谋求地区主导地位或全球地位”，美国要特别注意这些有较强战略能力的国家，防止它们在欧亚大陆的战略目标与美国发生冲突。美国应将欧亚大陆的五个“地缘战略棋手”纳入美国可以操纵的轨道，使它们成为美国的合作伙伴。

欧亚是个棋盘，对世界领导权的争夺在此从未停止过。在这个略呈椭圆形的棋盘上一争高下的是数个实力不等的棋手。最重要的棋手在这个棋盘的西部、东部、中部和南部。棋盘的最西端和最东端都有人口稠密的地区，其相当拥挤的空间分布几个强国。美国的力量直接部署在欧亚大陆狭窄的西部边缘。在远东大陆有一个越来越强大、独立，并拥有众多人口的大国。这个大国的精力充沛的对手局限在几个临近的岛屿上。这些岛屿和一个远东小半岛的一半给美国的力量提供了立足点。[①] 这个巨大的、形状不规则的欧亚棋盘从欧洲的里斯本一直延伸到远东的海参崴，为“棋赛”提供了舞台。美国成为赢家的条件是：棋盘的中间地带能逐步并入扩大中的由美国主导的西方势力范围；南部地区不被某一个国家单独主宰；东部国家不联合起来将美国逐出近海的基地。但是，如果中间地带拒绝向西方靠拢，而成为非常自信的单一的实体，并控制了南部，或同东部的主要棋手结盟，那么美国在欧亚大陆的首要地位就将严重受损。如

---

① Zbigniew Brzezinski, *The Grand Chessboard: American Primacy and Its Geostrategic Imperatives*, Basic Books, 1997, p. 34.

果东部两个主要棋手实现某种联合，美国地位也同样会受损。最后，如果美国的西部伙伴把美国从其西部周边地带立足点逐出，美国自然而然将被迫终止其在欧亚大陆棋局的角逐，尽管这可能也意味着欧亚大陆西端最终会被重新崛起的、占据中间地带的那个棋手所控制。[①] 由于有实力的棋手众多，而且可能的多边互动十分复杂，美国必须进行有选择、深思熟虑地调动美国的力量才有可能在博弈中取胜。

布热津斯基将法、德、俄、中、印称为地缘战略棋手国家，并对他们的地缘战略作用进行了深入分析。

欧亚大陆西端最重要和最具有活力的地缘战略棋手是法国和德国。这两个国家都致力于欧洲一体化，它们都有一些要改变欧洲现状的大胆构想。法国和德国都有足够的力量和自信在更大的地区范围发挥影响。法国不仅谋求在统一欧洲中起主要的政治作用，还把自己视为有着共同关心问题的地中海——北非国家群体的核心。德国越来越意识到它作为欧洲最重要的国家——地区的经济火车头和新的欧洲联盟（欧盟）领导人所具有的特殊地位。它认为自己对于新解放的中欧有特别的责任。另外，德国和法国都认为它们有权代表欧洲的利益同俄罗斯打交道。德国甚至认为，由于它的地理位置，它仍可作出同俄罗斯发展某种特殊的双边协调的重要选择。

俄罗斯国力已受削弱，并可能长期面临困境，但它仍是一个主要的地缘战略棋手。它的存在本身就能对在苏联境内广阔欧亚地带出现的新独立国家产生重要影响。俄罗斯有雄心勃勃的地缘政治目标，它还将对其西部和东部的邻国产生重要影响。冷战后的俄罗斯在欧亚棋局中已丢失了一些“棋子”和关键的地盘，它仍是一个参赛棋手。

中国无疑也是一个主要的地缘战略棋手。在布热津斯基的地缘战略蓝图中，中国对于遏制苏联的南下扩张具有不可低估的战略作用，是远东战线的主要支柱。对华关系是布热津斯基在任期间为数不多的直接掌握处理的外交事务之一，他力促中美建立正式外交关系。当苏联支持越南侵略柬埔寨、威胁马六甲海峡后，布热津斯基又试图与中国构建维持东亚稳定和全球战略平衡的特殊战略关系。[②]

布热津斯基对中国的看法也随着冷战的发展和终结而出现了变化。中国在

---

① Zbigniew Brzezinski，*The Grand Chessboard*：*American Primacy and Its Geostrategic Imperatives*，Basic Books，1997，p. 35.

② 胡莹：《地理空间与全球霸权》，南京大学出版社 2009 年版，第 23 页。

冷战时期作为大三角的重要一环，与美国一道成为阻止苏联霸权的合作力量，但冷战后，当苏联威胁消失后，他对中国地缘战略角色的认识也变得复杂起来。

他认为随着中国的不断发展，中美在地缘范围内的冲突将不可能避免，必须在中国仍然是一个地区强国的时候对中国进行规制，美国既不能遏制中国，也不能迁就中国，最理想的结果是把中国纳入亚洲区域合作框架，同时以美—日—韩联盟为主导。从地缘战略的角度来看，他最为担心两种情况的出现：1. 中俄伊（朗）联盟。这是美国面临的“最大的潜在危险”，而在其中“当头的可能是中国”，尽管形成该联盟的可能性不大；2. 中—日轴心。这在可预见的未来也不可能，但一旦形成，将产生更为深远的潜在后果。他强调美国最为担心中日联手。[①]

布热津斯基从中印竞争和制衡的角度来看待印度的地缘战略作用。他认为印度正在成长为一个大国，并把自己视为一个潜在的重要全球性角色。印度还认为自己是中国的竞争对手。印度还是一个半公开的核国家。它拥有核武器不仅是为了威吓巴基斯坦，更是为了抗衡中国的核武库。印度对其地区作用的地缘战略构想不仅涉及其邻国，也涉及印度洋。但印度目前的图谋同美国在欧亚大陆的利益没有重要冲突。因此，作为地缘战略棋手，印度不会，至少不会在与俄罗斯或中国同样的程度上成为产生地缘政治问题的根源。

美国如何巧妙地处理同欧亚棋盘上的重要地缘战略棋手的关系，以及美国如何同欧亚大陆那些关键性的地缘政治支轴国家打交道，这对于美国长久和稳固地保持其在全球的首要地位是至关重要的。在欧洲，美国的中心目标应是加强和扩大包括主要棋子——法国和德国在内的欧亚大陆西部现有的民主阵地。在欧亚大陆的远东地区，中国可能将越来越重要。除非美中两国能成功地就地缘战略达成共识，否则美国在亚洲大陆将失去政治立足点。欧亚大陆的中部，即在日益扩大的欧洲和在地区内日益崛起的中国之间，将仍是一个地缘政治的黑洞。至少在俄罗斯内部围绕后帝国时期自我定位的争斗见分晓之前这一状况不会改变。而俄罗斯以南的地区，即欧亚大陆的巴尔干，则有可能成为种族冲突和大国角逐集中的场所。[②]

在冷战时期，布热津斯基并不主张不加分别地将所有边缘地带连成遏制战

---

① Zbigniew Brzezinski, *The Grand Chessboard: American Primacy and Its Geostrategic Imperatives*, Basic Books, 1997, p. 55.

② Zbigniew Brzezinski, *The Grand Chessboard: American Primacy and Its Geostrategic Imperatives*, Basic Books, 1997, pp. 94—195.

略的一条“线”。他同样主张有选择地确定重点防御的“点”。他把这些边缘地带重要的点称为“要害国家”，并认为对这些“要害国家”的控制，有可能决定美苏在三条战线上的胜负成败：

所谓“要害国家”，是指既具有内在重要意义而在某种意义上又是“任人争夺”的国家。一个要害国家的重要性或是来源于它可以发挥地区性政治和（或）经济影响的地缘政治上的地位，或是来源于使其具有军事意义的地缘战略上的地理位置。它又很脆弱，有易于被人诱惑或接管的可能性，而被接管又将影响它目前的对外关系。其他国家可能同样或者甚至更为重要，但是，它们坚定地依附于一个或另一个体系，这表明它们有固定的位置，而不是能起催化作用的要害国家。

这些要害国家在远西战线有波兰和德国，在远东战线有韩国和菲律宾，在西南战线是伊朗或者阿富汗和巴基斯坦两个国家。[①]

随着冷战的结束，欧亚大陆中间地带新增了不少国家，布热津斯基在《竞赛方案》一书的“要害国家”的概念也由五个地理位置敏感且其潜在脆弱状态能够对地缘战略棋手的行为造成影响的“支轴国家”所取代。

地缘政治支轴国家的重要性不是来自它们的力量和动机，而是来自它们所处的敏感地理位置以及它们潜在的脆弱状态对地缘战略棋手行为造成的影响。它们有时在决定某个重要棋手是否能进入重要地区，或在阻止它得到某种资源方面能起特殊的作用。一个地缘政治支轴国家有时能成为一个重要国家甚至一个地区的防卫屏障。有时其存在本身就可能对一个更活跃和相邻的地缘战略棋手产生十分重要的政治和文化影响。因此，认清冷战后欧亚大陆关键的地缘政治支轴国家并为它们提供保护，也是美国全球地缘战略的一个重要方面。[②]

在欧亚大陆新政治地图上除了法国、德国、俄罗斯、中国和印度是主要和积极的地缘战略棋手外，乌克兰、阿塞拜疆、韩国、土耳其、伊朗为五个地缘政治支轴国家。

乌克兰是欧亚棋盘上一个新的重要地带。它作为一个独立国家的存在有助于改变俄罗斯，因此它是个地缘政治支轴国家。没有乌克兰，俄罗斯就不再是一个欧亚帝国。少了乌克兰的俄罗斯仍可争取帝国地位，但所建立的将基本是

---

① 〔美〕兹比格涅夫·布热津斯基著，刘晓明等译：《竞赛方案——进行美苏竞争的地缘战略纲领》，中国对外翻译出版公司 1988 年版，第 47—48 页。

② Zbigniew Brzezinski, *The Grand Chessboard: American Primacy and Its Geostrategic Imperatives*, Basic Books, 1997, p. 41.

个亚洲帝国，并且更有可能被卷入中亚的冲突而付出沉重代价。但如果苏联重新控制了拥有5200万人口、重要资源及黑海出海口的乌克兰，俄罗斯将自然而然重获建立一个跨欧亚强大帝国的资本。乌克兰丧失独立将立即影响到中欧，使波兰变为一体化欧洲东部前沿的地缘政治支轴国家。

阿塞拜疆虽然面积有限，人口不多，但具有丰富的能源资源，在地缘政治方面也十分重要。它是装满了里海盆地和中亚的财富的大瓶的瓶塞。如果阿塞拜疆完全被莫斯科控制，中亚各国就无真正的独立可言。阿塞拜疆如丧失独立，它本身非常重要的石油资源也将被俄罗斯控制。一个独立的、由不穿过俄罗斯控制的领土的石油管道同西方市场联结在一起的阿塞拜疆还将提供一条重要通道，使经济发达的石油消费国能进入能源丰富的中亚国家。几乎同乌克兰一样，阿塞拜疆和中亚的前途对于俄罗斯将成为一个什么样的国家也有重要影响。[①]

趁俄罗斯力量减弱之际，土耳其和伊朗正在里海—中亚地区建立自己的某种影响。出于这个原因，它们也可以被看作地缘战略棋手，但这两个国家都面临严重的国内问题，它们影响地区力量格局变化的能力有限。它们又互为对手，因此在某种程度上会相互抵消对方的影响。

然而土耳其和伊朗基本上属于重要的地缘政治支轴国家。土耳其稳定着黑海地区，控制着从黑海去地中海的通道，在高加索地区抗衡俄罗斯的力量，仍起着削弱穆斯林原教旨主义影响的作用，且是北约的南部支撑点。土耳其如不稳定可能将在南巴尔干引起更严重的暴力冲突，使俄罗斯更容易重新控制新独立的高加索国家。尽管伊朗对阿塞拜疆的态度不明朗，但伊朗同样能为中亚新的政治多元化进程的稳定发展提供支持。伊朗控制着波斯湾的东海岸。尽管伊朗目前仍敌视美国，但伊朗的独立能阻碍俄罗斯在波斯湾地区对美国的利益构成任何长期的威胁。

韩国也是个远东地缘政治支轴国家。它同美国的密切联系使美国能够不在日本本土过多驻军而保护日本，从而使日本不会成为一个独立和重要的军事大国。“韩国地位的任何重大变化——不管起因是统一，还是转而落入扩大中的中国势力范围，或两者兼而有之——都必然极大地改变美国在远东的作用，并因此也改变日本的作用”。此外，韩国越来越强的经济力量也使它本身成为一个更加重要的“空间”，控制这块空间越来越有价值。

① Zbigniew Brzezinski，*The Grand Chessboard：American Primacy and Its Geostrategic Imperatives*，Basic Books，1997，p. 46.

布热津斯基强调以上开列的地缘战略棋手和地缘政治支轴国家的名单并不是永久的或固定不变的。有时必须增加或删除一些国家。当然，从某些方面考虑也可将泰国、巴基斯坦，甚至哈萨克斯坦或乌兹别克斯坦列为地缘政治支轴国家，但目前就将它们中的任何一个列入名单，理由似乎还不充足。它们中任何一个的地位发生变化都是重大事件，并将引起力量分布的变化，但其触发的影响未必十分广泛。

布热津斯基认为英国既不是地缘战略棋手，也不是地缘战略支轴国家。在有关欧洲前途的重要选择方面英国正越来越成为一个局外人。英国基本上已退出了欧洲棋局。

日本的战略重要性虽然不断得到显著提升，但布热津斯基并不主张过分强调日本在亚洲地区的重要。基于权力平衡的考虑，他认为把日本作为远东的地区性大国，认为这等于是“促使中日敌对”，对东亚地区的稳定没有益处。他主张将日本在远东地区的战略作用置于美、日、中三角关系之中，其实仍然是强调美国主导，中日相互牵制但又不形成极端对立。日本不属于地缘战略棋手，但日本具有随时成为战略棋手的潜力。日本的这种潜力要求美国必须特别精心地培育美日关系。美国无须密切注视日本的外交政策，但应非常细致巧妙地鼓励日本实行自我约束。美日政治关系的任何重大削弱都会直接影响本地区的稳定。布热津斯基的深远考虑是，让中国与日本共同为美国的全球战略发挥作用，美国同日本建立密切关系固然重要，但也必须同中国建立合作关系。

众所周知，冷战时期布热津斯基的欧亚地缘战略是以遏制苏联为切入点的。他提出“三条中心战略战线”和“要害国家”的目的主要就在于以此围堵苏联，遏制其势力的扩张与蔓延。从战略取向上来讲，这种思想具有防御性。整个冷战期间的战略角斗场从柏林转到东北亚的朝鲜、越南，然后又转向了中东的波斯湾，我们看到从地缘政治的欧亚中心地带到边缘地带的游移。冷战后，布热津斯基的地缘地略又有了新的调整，从过去的固守中东波斯湾到冷战后积极争夺新独立的中亚，从过去反对北约东扩到冷战后主张推动北约东扩进程，从不主张瓦解苏联到冷战后极力主张维持欧亚大陆地缘政治多元化等均表明了布热津斯基思想从“寸土不让”到“步步紧逼”这一更具进取性的转变。这一变化既在一定程度上反映了国际社会的现实，也表明了美国争权夺利、锱铢必较的算盘。

总之，从布热津斯基的地缘战略思想中可以发现美国政府对外战略的印迹。在美国政府的对外战略中也可以看出布热津斯基地缘战略思想的影响。现实的美国对外政策没有脱离布热津斯基的思想框架，布热津斯基地缘战略思想无疑有着重要意义。

四、结　语

传统地缘政治理论对国际政治的解释遵循国际政治现实主义理论的特点：首先是强调实力带来地缘政治的扩张；其次强调大国在地缘政治棋局上的扩张意图是十分明显的，即谋取、巩固和扩大霸权；最后，随着科学技术的发展变化，这种扩张由海洋走向陆地，形成海陆对抗，有可能由陆地引向太空，形成陆空对决。显然，地缘政治强调的是扩张、对抗和争夺。

布热津斯基的地缘战略将维护其在当代世界的霸主地位放在地缘战略的“大棋盘”上审视、权衡，把横跨欧亚的这块最广袤的大陆，锁定为世界力量的中心和美国称霸全球战略的主要依托点。对美国的对外战略确实具有一定的指导意义。

布热津斯基作为当代突出的地缘政治战略家，承袭了麦金德的“世界岛”理论，强调欧亚大陆一直是世界力量的中心；而美国作为一个非欧亚大陆国家对欧亚大陆必须保持控制、发挥“仲裁”作用；美国为了维持它在全世界的领导地位，必须将其战略目标确定为防止欧亚大陆任何一个潜在对手的崛起，对美国主导亚欧大陆事务的地位构成挑战。对于美国来说，至关重要的战略手段就是继续维持多边和双边军事同盟体系，加强对亚欧大陆边缘地带的控制。

然而，美国利用海权优势力图控制亚欧大陆边缘地带，以便维持在世界上的“领导地位”的地缘战略似乎并不十分奏效，世界并没有形成一个单极主导下的稳定与和平的局面。在相互依存的国际社会中，世界已经形成一个地缘政治、地缘经济和地缘文化相互交融的文明体系。在这个体系中尽管国家间的竞争仍然存在，但已经不是传统意义上的扩张领土和争夺势力范围的得失较量的零和关系，而是在良性竞争中求得共同的安全与繁荣。国家利益的实现需要稳定的地区和全球国际关系框架，需要国家间的协调与合作，需要共同应对所面临的挑战。我们有必要寻找某种新的地缘政治的理论视角来解释现实和未来的世界政治。

布热津斯基的战略思考从逻辑上看似乎有道理，但在实践中却并非完美无缺。原因在于战略意图和能力之间的差距。试图长久地控制欧亚大陆需要耗费极其巨大的人力物力，尽管美国是全球最大的经济体，也仍然力有不及。全面控制欧亚大陆，历史上没有一个国家能够做到，同样也超越了美国的国家能力，为美国经济、军事力量所不可承受之重。[①] 布热津斯基的地缘战略思想，“可以让人更具有博弈时的战略目光和韬晦之计，可以增强搏斗者的智识和技巧，但它有严重的缺点，弄不好给你设下一个无法自拔的认识论陷阱，一个使政治家只知攻城之策、不知睦邻之善的思维螺旋”[②]。

① 程亚文：《美国前国家安全顾问布热津斯基之“过”》，《读书》2012年第10期。

② 王逸舟：《大国之策——读布热津斯基〈大棋局〉感言》，《国际经济评论》1998年第4期。

苏联解体与美国的诱引战略

苏联解体充满了戏剧性。正如美国战略家布热津斯基所描述的那样：1991年12月短短的两个星期内，苏联先是由俄国、乌克兰、白俄罗斯共和国的首脑们公然宣布解散。一个主要由俄罗斯人组成的有1.5亿人口的俄罗斯联邦成为苏联事实上的继承者，而另外1.5亿人口的其他共和国则不同程度地取得了独立的主权。2000万左右说俄语的人成了外国居民。世界上领土最大的国家1991年末的解体，在欧亚大陆正中心造成了一个“黑洞”。这就如同地缘政治学家所描述的“心脏地带”突然从世界地图上被挖走了一样。[①]

有人说，冷战体系随着苏联解体而结束，与冷战设计师乔治·凯南的预测和规划相吻合。果真如此吗？如果并不属实，那么，苏联解体的原因究竟是什么？显然，苏联解体的原因十分复杂，内外部原因都有，至今为止，仍有许多未解之谜有待破解。

本章从战略的视角而且从美国对苏冷战战略的视角来加以分析。

美国的冷战战略有其独特之处，它实现了两大目标：其一是化敌为友，把所有二战时的敌手改造成为美国需要的盟友。其二是不战而胜，主要针对苏东集团。通过一系列除战争之外的综合手段实现了对苏联影响力的限制，并造成了苏联内部的混乱，从而达到了其战略目标。

显然，从世界历史上看，瓦解一个国家绝非易事，何况是瓦解或削弱像苏联这样的超级大国和战略对手。因此，在实现对苏战略的过程中，美国又强调了以下战略原则：其一是扬长避短，软硬兼施；其二是保持战略耐心、打持久战；其三是多管齐下；其四是分而治之，使苏东集团出现分化，从而导致其解体。

从实际操作层面来看，美国对苏战略又可以归结为以下几大战略：首先是

---

① Zbigniew Brzezinski, *The Grand Chessboard: American Primacy and Its Geostrategic Imperatives*, Basic Books, 1997, p. 87.

遏制战略，其次是和平演变战略，再次是秘密战略，最后是经济战略。这四个战略相互衔接、相互配合、彼此交织。遏制战略已在其他章节论述，本文不再赘述，重点分析其他几个战略。

一、和平演变战略

温斯顿·丘吉尔曾经说过："俄国怕我们的友谊甚于我们的敌意。"[①] 而美国的做法显然就是反其道而行之。那就是通过思想、文化以及其他方面的交流和竞争，在苏东阵营内部播下不满的种子，有朝一日将结出和平演变之果。美国认为，美国对苏战略最为重要的目的是通过长期持续的施压影响对方和改变对方，如果一味孤立对方，美国将会失去对付苏联的有力武器。

具体而言，从 20 世纪 50 年代中期即 1953 年艾森豪威尔政府开始，美国对社会主义国家政策的重心渐渐从战争扼杀转移到和平演变上来。

作为和平演变政策设计师的杜勒斯在阐述东西方交流的具体目标时，特别强调西方政治经济模式和价值观念的"样板"作用。这些目标包括：（1）增进苏联人对外部世界的了解；（2）鼓励苏联的思想自由；（3）使苏联公民看到我们的宪法和法律制度所提供的个人安全的程度，从而促使他们要求更多的个人安全；（4）鼓励他们要求更多的消费品；（5）助长卫星国家的民族主义，复兴这些民族具有历史意义的传统，并提醒它们，像铁托那样勇敢地采取反抗苏联的政策可以得到巨大好处。杜勒斯最后强调，西方在提出自己的交流计划以及考虑是否接受苏联提出的计划时，都必须考虑是否有助于实现上述目标。[②]

美国的根本目标从一开始就是在铁幕上打洞，使苏联向来自西方的影响开放。另一个目标是获取关于屏障后面的情况更多的第一手观察材料："共产党经济是如何管理的，在共产主义的统治下人们有些什么想法，红色帝国的力量和弱点究竟如何等。"负责此计划的美国官员认为，这两个目标通过交换都获得了显著的进展。[③]

尼克松在《1999：不战而胜》一书中强调为了促进苏联集团内部的和平演变，要增加贸易和接触，这种接触会引起种种不受欢迎的对比，"不应当怕搞宣

① FRUS，1952－1954，Eastern Europe，Soviet Union；Eastern Mediterranean，Volume Ⅷ，p. 962.

② NSC 5607，"Statement of Policy on East-West Exchanges"，FRUS，1955－1957，Soviet Union，Eastern Mediterranean，Volume ⅩⅩⅣ，p. 245.

③ 吴健选编：《美国政府的"和平演变"战略》，福建教育出版社 1990 年版，第 70 页。

传战”，美国应当充分运用“作为西方文明基本特点的精神和文明化价值观的影响”，他还强调“实现这样一种解决办法，至少需要几代人的时间”。他还谈到苏联、波兰等国的情况，并宣传匈牙利，中国已经在很小程度上出现了和平演变。①

艾森豪威尔上台后，美国除了继续实行遏制政策和维持西方联盟的团结外，还强调必须“促进苏联共产党集团各政权之性质和政策的变化”。1955 年 1 月 27 日出台的题为《利用苏联和东欧卫星国之弱点》的 NSC 5505/1 号文件，提出了演变战略的基本原则，标志着“演变”被正式确立为美国的一项政策目标。其要点是：通过利用不满及其他困境，制造和增强民众和官僚机构对苏联政权的压力，以促进苏联政策和行为的演变。继续坚持反对苏联制度这一基本立场，继续揭露其邪恶，但强调演变而非革命。报告称要将这些原则运用于东欧卫星国。②

它的战略目标在于瓦解苏联阵营。它的含义是顺应苏东内部的渐变，利用渐变所提供的条件来加强这一变化趋势，使之逐步发展到根本改变苏东各国国家性质的地步。提出“和平演变”的背景是斯大林去世后美苏出现了有可能缓和的趋势，而苏联对核武器的掌握导致美苏在军事力量上向均势发展，美国要取得冷战的胜利必须寻找和平的途径。NSC 5505/1 号文件明确地指出：“对美国安全的基本威胁，是苏联共产主义集团及其共产主义机器——的敌对政策和敌对力量，包括正在增长的核力量。”“美国面临的基本问题是，如何在不损害美国价值观和制度或不严重削弱美国经济的前提下，应付并最终消除对美国安全的这一威胁。”为此，美国必须在两种主要政策方针之间作出选择：“摧毁苏联共产主义的力量”，或者“改变苏联共产主义集团的政策，使之朝着更符合美国安全利益的方向发展”。在可预见的未来，前一目标无法实现的情况下，“美国的政策应该以影响共产主义政权，特别是苏联政权的行为为目标”，“鼓励最终导致它们放弃扩张政策的倾向”③。

正是在这样一种判断下，艾森豪威尔政府“继续坚持反对苏联制度这一基本立场，继续揭露其邪恶，但强调演变而非革命”。在军事上，美国把重点放在

---

① 〔美〕尼克松著，王观声等译：《1999：不战而胜》，世界知识出版社 1989 年版，第 96—98 页。

② NSC 5501/1，“Exploitation of Soviet and European Satellite Vulnerabilities”，FRUS，1955－1957，Soviet Union，Eastern Mediterranean，Volume XXIV，p. 21.

③ NSC 5505/1，“Exploitation of Soviet and European Satellite Vulnerabilities” FRUS，1955－1957，Vol. 24，pp. 20－22.

"大规模报复"的威慑上，以防止苏联发动战争，而把消除苏联威胁的重点放在和平演变上。而演变的途径是"通过利用不满及其他困境，制造和增强民众和官僚机构对苏联政权的压力，以促进苏联政策和行为的演变"。并且，"将这些原则运用于东欧卫星国，适当利用在这些国家里存在的特点"①。

演变战略的一个重要前提，是认定苏东社会存在着严重的社会紧张和各种困难。对此，后来出台的关于苏东"弱点"的要点清单，内容包括社会不满（主要表现为意识形态危机）、民族矛盾、经济困境（主要表现为现行经济模式造成政治控制与经济发展之间的两难困境）、政治矛盾（包括社会阶层的分化、领导人权力斗争、决策权高度集中与体制运行效率的矛盾、党的控制权受到行业利益阶层的威胁）、军队问题以及东欧卫星国和其他共产党国家的民族主义情绪与离心倾向等。②

"演变而非革命"，确定了在短期内无法击败、搞垮苏联的条件下，美国政府开始把促使苏联和社会主义国家内部的演变、相互关系的演变作为自己的战略目标。美国意识到要实现和平演变，就需要建立、利用各种有效的渠道，使西方的影响能够合法地进入苏联和东欧国家，扩大人员、信息、文化和经济交往。其实，这是要与苏联打一场文化冷战，改变苏联和其他社会主义国家的意识形态，改变它们的政治基础，改变它们的对外政策，削弱苏联与其他社会主义国家联系的纽带。为实现这个战略目标，美国国家安全委员会还在同时制订了"美国意识形态计划"及其行动方针。从这些文件的草案中可以看出，美国从事这项战略活动具有很高的自觉性。③

很显然，"和平演变"成为美国外交战略中的一个重要内容。从冷战的结局来看，美国所实施的和平演变政策是有成效的，因为在东欧和苏联都出现了因意识形态的颠覆而导致的政权解体。美国确实达到了通过从内部改变人们的价值、信仰和意识形态的方式而搞垮对手的目的。东欧的剧变和苏联的解体并不说明美国的价值和制度是普世的，但是却说明了美国在打心理战、实施和平演变的方面确实有一套。④

---

① "Diary Entry by the President's Press Secretary (Hagerty)", FRUS, 1955—1957, Vol. XXIV, pp. 22—24.

② White House Office, National Security Council Staff Papers, Nov. 28, 1955, "List of Agreed Vulnerability Pertaining to NSC 5501/1", Box 3, pp. 1—6.

③ 周建明：《美国国家安全战略的基本逻辑：遏制战略解析》，社会科学文献出版社2009年版，第219页。

④ 张弘毅主编：《美国人权与人权外交》，人民出版社1993年版，第64页。

杜勒斯对苏战略的基本思想，是“以压促变”。它既包含遏制战略的基本目标，但又不满足于单纯的遏制。他坚信，要彻底搞垮苏联，必须在遏制的同时，全面运用经济、军事、外交、宣传和隐蔽手段等，持续不断地向其施加压力，而施压的最好时机是苏联虚弱、退让之际。杜勒斯认为，斯大林之后的苏联将长期处于虚弱状态，美国必须继续对苏联加压而不使其得到喘息之机。杜勒斯在 1955 年 6 月曾对西德总理阿登纳说，他最担心的是西方对冷战越来越感到厌倦，可能不愿在此时“有力地对苏联施压”。[①] 1956 年 6 月，即苏共二十大之后，杜勒斯仍在强调要针对苏联的弱点施加更大的压力。

杜勒斯是美国的冷战战略家。杜勒斯强调美苏斗争的实质是两种不同哲学的对抗，冷战主要是一场政治斗争、思想斗争，美国和西方的根本战略目标是要在政治上和思想上最终取胜。杜勒斯身上具有强烈的西方文明的优越感和“美国使命”感，他认为西方国家几世纪以来就是物质上、文化上和精神上的原动力……西方国家获得政治优势的主要原因是它们供给别人所需要的东西。西方的大部分优势并不是靠军人取得的，而是外交家、商人和传教士工作的结果。[②]

就冷战本身的性质而言，这的确是很值得注意的观点。从杜勒斯的演变战略开始，美国一直沿袭着对苏联的遏制、施压和诱引，直至苏联解体。

尼克松时期一方面“寻求缓和美苏紧张关系”，另一方面在缓和的同时继续推行“东欧和平演变战略”，把美国所追求的世界和平寄希望于东方集团内部出现的和平演变过程。演变战略在里根时期有了进一步发展。为了配合向团结工会提供秘密支持，里根总统命令国家安全委员会起草一份文件，文件的核心思想就是阐明美国政策的明确目的，那就是“抵消苏联的成就”，从而保持对东欧的控制。在 NSDD-32 中，罗纳德·里根明确强调，美国不会屈从于苏联支配东欧的现状。美国要努力形成一项多头战略，以削弱苏联的影响，加强本地区的自由力量。[③]

可见，美国历届政府反对共产主义与推行“和平演变战略”是贯穿其冷战战略的一条主线。从 20 世纪 50 年代至 80 年代，概括起来有以下七个方面：(1) 赞扬资本主义，攻击共产主义，竭力丑化社会主义，丑化共产党，把社会

---

① FRUS，1955—1957，Austrian State Treaty；Summit and Foreign Ministers Meetings，1955，Volume Ⅴ，p. 227.

② 〔美〕约翰·福斯特·杜勒斯著，北京编译社译：《战争或和平》，世界知识出版社 1959 年版，第 71 页。

③ NSDD-32，“U. S. National Security Strategy”，*National Security Decision Directives*，May 20，1982，https：//fas. org/irp/offdocs/nsdd/nsdd-32. pdf.

主义国家描绘成漆黑一团；（2）武装扼杀与和平演变是对待社会主义国家交替使用的两手；（3）寄希望于社会主义国家的反对势力与民主自由主义者一起来推翻共产党政权；（4）发展与社会主义国家的“联系”，影响与支持那里的和平演变进程；（5）发展贸易，经济援助，增加人员来往，开展文化学术交流；（6）根本目的是要在社会主义国家复辟资本主义，恢复1917年俄国十月革命以前的世界面貌；（7）美国要在全世界推行“自由”，在民主事业中发挥领导作用。[①]

二、秘密战略

显然，美国在对苏战略中采取了除战争之外的所有手段，包括不为人知的方式。其中就包括秘密战略。

对苏联实行遏制的过程中明确提出要使用秘密行动的是乔治·凯南。1948年5月4日，由乔治·凯南担任主任的政策规划署向国家安全委员会提交了一份题为“开展有组织的政治战”的报告。报告开宗明义地指出，美国必须进行有组织的政治战，“政治战是克劳塞维茨理论在和平时期的逻辑应用。从广义上说，政治战就是一个国家运用除战争之外的一切手段以获取其国家目标。这些行动包括公开行动和隐蔽行动两种。其范围从诸如政治结盟、经济手段（如欧洲复兴计划）以及公正宣传等公开行动到暗中支持‘友好的’外国分子、‘隐蔽’心理战及至鼓励敌对国家的地下抵抗等隐蔽行动”。可以说，凯南在这里对苏联的关系作了一个定义，即政治战，这也是对冷战这样一种有战争实质而没有战争形式的国家行为最好的定义。正是在这个定义之上，也为美国广泛地开展隐蔽行动找到了正当性。

在这个报告的基础上，美国国家安全委员会在NSC 10号文件系列中专门研究了开展秘密行动的问题。NSC 10号文件指出：“为了我们的国家安全，考虑筹划秘密行动计划。”[②] 1948年6月，杜鲁门签署了NSC 10/2号文件，扩大了中央情报局和国家安全委员会的权限，认可了心理战和国家安全委员会的秘密行动，确认“美国政府公开的外交活动必须由秘密行动来进行补充”[③]。

---

① 吴健选编：《美国政府的“和平演变”战略》，福建教育出版社1990年版，第3页。

② NSC 10，“Director of Special Studies”，FRUS，1945—1950，Emergence of the Intelligence Establishment，p. 677.

③ “Memorandum from the Assistant Executive Secretary of the National Security Council（Lay）to Director of Central Intelligence Hillenkoetter”，FRUS，1945—1950，Emergence of the Intelligence Establishment，p. 700.

美国中情局前官员约翰·珀金斯的著作《一个经济杀手的自白》也明确地指出，遏制政策效果不好，而局部战争的方式代价巨大。他主张利用经济杠杆培育战略依赖性，通过贸易、金融、贷款、能源、粮食等筹码，形成支配世界格局的新政策武器。约翰·珀金斯书中揭露的大量经济杀手内幕，以丰富翔实而又无可辩驳的事实，证明美国国际战略专家提出的隐蔽经济战争设想，是美国瓦解和破坏他国发展的利器和暗器。隐蔽战争，“这是唯一能躲过核灾难，不留一滴血就战胜苏联的方式”①。

1996 年，美国中央情报局前雇员彼得·施瓦茨撰写出版了一本著作，题为“胜利——里根政府对前苏联的秘密战略”，透露了 20 世纪 80 年代美国中央情报局雇用一大批专家，包括国际政治、经济学、心理学等方面的专家，策划瓦解苏联的秘密战略的幕后活动。施瓦茨在该书中写道，中央情报局局长凯西为了实施秘密战略，被里根总统赋予极大的权力，其权限超过历届政府的中央情报局局长，可以直接进入总统的椭圆办公室，要求外交、经济、军事部门予以合作，国际事务权限甚至与国务卿相同。②

凯西等人在里根政府第一任期即制定了针对苏联的进攻性战略，这些战略在里根政府第二任期得以实施。这项战略的主要内容包括：以隐蔽手段对波兰团结工会的活动予以财政、情报和后勤方面的支持，以确保反对派在苏联帝国的心脏得以生存；对阿富汗抵抗组织提供切实的财政与军事支持，也对穆斯林游击队提供支持，把战争引向苏联自身；通过与沙特阿拉伯合作而压低石油价格，并且限制苏联向西方出口天然气，从而发起一场使苏联的硬通货收入显著减少的战役；发动一场圆滑而详细的精神战，在苏联领导层中间煽风点火，使他们变得优柔寡断和担心害怕；发动一场包括秘密外交在内的全面的全球性战役，从而极大地减少苏联获得西方高技术的可能性；发动一场广泛散布假技术情报的战役，企图瓦解苏联的经济；开展一场具有进攻性的高技术国防建设，使苏联在经济上感到严重的压力，并且加剧其资源危机。③

这项秘密战略的关键目标就是使苏联内部分裂和苏东集团解体，脱离苏联的控制。在对待东欧问题上，里根于 1982 年 3 月签署的 NSDD-32 号指示声称，

---

① 〔美〕约翰·珀金斯著，施红慧译：《一个经济杀手的自白》，广东人民出版社 2006 年版，推荐者序，第 17 页。

② 〔美〕约翰·珀金斯著，施红慧译：《一个经济杀手的自白》，广东人民出版社 2006 年版，推荐者序，第 18 页。

③ 〔美〕施魏策尔著，殷雄译：《里根政府是怎样搞垮苏联的》，新华出版社 2001 年版，绪论，第 11—12 页。

美国将设法"抵消"苏联对东欧的控制，并且批准采取隐蔽行动和其他手段，以支持该地区的反苏组织。①

三、经济竞争战略

（一）经济战

20 世纪 70 年代的全球性扩张，已使苏联陷入空前的外交和道义上的孤立，而其安全形势并未有所改观。苏联进行全球性的扩张和干涉，但苏联的经济此时陷入了停滞状态。与美国相比，20 世纪 80 年代上半期苏联在争取保持缓和方面，基本方针没有大变，而对外扩张的势头则明显收敛。内外交困，许多问题积久而发。20 世纪 80 年代初，第十一个五年计划的实施又不理想。1981—1985 年，国民收入的年增长率、工业生产年增长率和农业生产年增长率都是苏联历史上最低的。苏联国民收入与美国的差距，从 20 世纪 70 年代末期起重新呈扩大趋势，农业尤其困难。②

在 20 世纪 70 年代，苏联的增长率从勃列日涅夫就职初期的每年 5%下降到 1979 年的 0.8%。苏联的人均年收入已经降至美国的 1/10，并且仍在下降。1990 年苏联获得粮食大丰收，但仍然受到了饥荒的威胁，因为管理和运输非常糟糕，以至于 40%的谷物都腐烂变质，或被虫子和老鼠吃掉。随着生产的下降，国家靠印刷更多纸币付账，这反而又引发了恶性通货膨胀。随着卢布贬值，俄罗斯人退回到一种原始的物物交换经济。伏特加酒成为一种流通货币。③

苏联领导层在 20 世纪 80 年代面临"资源危机"，美国充分利用苏联的危机加剧危机的破坏性。这项政策有许多形式：隐蔽外交、秘密行动、科技潮流与持续不断地增强防御力量，以及一系列向苏联经济的转动装置上撒沙子的行动。

里根总统于 1982 年 11 月批准的 NSDD-66 号指示声称，通过对苏联经济赖以生存的"战略性三位一体"的关键性资源进行攻击，进而瓦解苏联经济，这将成为美国的政策。④ 1983 年 1 月，里根草签了 NSDD-75 号指示，要求美国不

---

① NSDD-32，"U. S. National Security Strategy"，*National Security Decision Directives*，May 20，1982，https：//fas. org/irp/offdocs/nsdd/nsdd-32. pdf.

② 黄正柏：《美苏冷战争霸史》，华中师范大学出版社 1997 年版，第 273 页。

③ 〔美〕沃尔特·拉费伯尔著，牛可等译：《美国、俄国和冷战（1945—2006）》，世界图书出版公司 2011 年版，第 284 页。

④ NSDD-66，"East-West Economic Realtions & Poland-Related Sanctions"，*National Security Decision Directives*，Nov. 29，1982，https：//fas. org/irp/offdocs/nsdd/nsdd-066. htm.

要只是与苏联体制共存，而是要从根本上改变它。[①]

里根政府还出台了一份在美国历史上涉及苏联经济的最重要的文件。这份指示（NSDD-66）反映出美国对苏联经济战的战略发生了由制裁向其他关键方面的地震式转变。美国相信如果想要充分利用苏联的脆弱性，就必须与苏联展开经济战。

罗纳德·里根坚信苏联体制具有一种根本性的弱点，一直试图利用苏联的弱点，以确立美国的战略优势。虽然苏联在全球事务和军事方面野心勃勃，但也面临着国内经济与资源方面的难题。如果施加足够的压力，那么苏联将在维持其全球帝国和解决其国内难题这两者之间面临着抉择。

1982年初，里根总统和几位重要顾问开始制定一项战略，对苏联体制的基本经济与政治弱点进行攻击。里根政府认为，“遏制政策”过于被动，必须改变超级大国之间竞争的性质与范围，变数量竞争为质量竞争。如果单单进行武器数量的竞争，那么苏联就会占据优势。因此，美国如果想要打赢美苏之间的较量，必须把经济与技术都包括进去。这些想法最终体现在第75号国家安全决策（NSDD-75）文件中。

NSDD-75宣布，美国从此之后的政策就是要加重苏联的经济问题，使其经济体制陷入危机之中。通过减少苏联的收入并迫使它增加支出，从而对它的经济体制进行挤压。美国国防部部长温伯格强调，美国应该通过竞争战略迫使苏联行为效率或有效性下降，方式包括：（1）将竞争转移至特定领域，苏联要花费比美国多得多的资源才能在这些领域保持竞争力；（2）创造特定的条件，鼓励苏联大幅投资威胁性更弱的能力。[②]

（二）技术限制

以往美国认为自己的技术优势可以用来抗衡苏联在战场上的数量优势，里根政府想使这种优势更上一层楼。通过加快技术竞赛速度，扩大美国的技术优势。

核心还是探讨美国军事资源的转变，也就是从过去一味强调核武器转到重视战略武器的高技术体系，利用自己的技术优势，并把它用到极致。通过新技

① NSDD-75，“US Relations with the USSR”，*National Security Decision Directives*，January 17，1983，https：//fas.org/irp/offdocs/nsdd/nsdd-75.pdf.

② 〔美〕安德鲁·克雷佩尼维奇、马里·沃茨著，张露等译：《最后的武士：安德鲁·马歇尔与美国现代国防战略的形成》，世界知识出版社2018年版，第196页。

术研发和部署，迫使苏联不得不卷入而又注定失败的竞争。

美国认为技术创新是美国的一种独特优势，能够也应该用它来损耗苏联的经济。美国的目的就是要扭转苏联在资源方面的优势。而且要使苏联相信，苏联在与美国进行针锋相对的技术竞争中是不可能取胜的。美国如果需要以己之长击彼之短，就必须充分发挥美国经济与技术优势，从数量竞争转向质量竞争。

1982年初，卡斯帕·温伯格及其助手制订了一项绝密的国防部的五年计划，成为美国历史上在和平时期进行最大规模军事建设的指导原则。文件强调了“经济与技术战”在美国政府政策中所要发挥的重要作用。

而限制苏联的技术发展也是质量竞争的关键所在。这份纲领性文件就是要努力减少苏联采取各种手段从美国和其他非共产主义国家获得技术。该文件还概述了五角大楼要实施一项战略的意图，即通过强迫苏联参与技术竞争，从而侵蚀苏联的经济实力。这项战略的内容包括：把那些对于苏联经济至关重要的技术鉴别出来，并且制定限制其获得这类技术的政策，其中包括抢先购买以及对供应商施加压力；在武器系统方面进行投资，这样久而久之就会使苏联的武器系统过时。①

随着技术的革命性变化，两个超级大国的高技术产业基础将成为军事力量的一个决定性因素。由于技术基础薄弱。苏联最为担心的就是美国在高技术方面的竞争，但美国恰恰在这个方面开足了马力。美国的新技术研发显然加重了苏联的经济负荷。五角大楼在新技术的研究与开发方面的费用猛增。1980—1985年，美国的新武器技术研发费用几乎翻了一番。1981—1985年，苏联的国防预算增长了45%，但苏联官方认为这一增长不足以抗衡美国在高技术方面所发起的挑战。

美国断定，苏联获取西方的技术，就是他们的生命线。美国必须设法切断这条“生命线”，尤其是关键性的瓶颈技术。在中央情报局，美国成立了一个专门部门，专门追踪苏联的技术基础，监督苏联的进口情况。1983年，中情局下专门成立了技术转让情报委员会。这个委员会的唯一职责就是对苏联集团获取技术的行动进行跟踪，该委员会所收集到的数据，对于凯西来说真是一座金矿。根据这些数据，他就能够跟踪苏联试图获得哪些技术，这使他能够了解苏联的经济需求。

美国的技术限制发挥了很大作用。1975年，在美国出售给苏联的全部产成

① 〔美〕施魏策尔著，殷雄译：《里根政府是怎样搞垮苏联的》，新华出版社2001年版，第96页。

品中，高技术产品占了32.7%，销售总额达2.19亿美元。到了1983年，高技术产品的出售量下降到5.4%，销售总额只是微不足道的3900万美元。

美国还与盟国商讨进行技术限制合作，很快巴黎统筹委员会就开始实施一项联合战略。巴黎统筹委员会开始对所有具有“战略重要性”的产品和技术出口进行控制，包括先进计算机及其电子部件、光导纤维、半导体和各种冶金方法，甚至对一些不能准确确定应用范围的民用技术也进行出口控制。美国还想使巴黎统筹委员会的控制权同样适用于向第三国的出口，因为苏联特别喜欢以这种交易方式获取敏感技术。合作技术限制同样取得显著成效。到1983年秋天，美国海关调查人员在欧洲同行的协助下，没收了大约1400批非法出口货物，价值相当于2亿美元，其中许多是有助于维持苏联工业部门的关键技术。[①]

美国政府在强化高技术军备竞赛的同时，也试图限制西方向苏联出口那些能够帮助其提高竞争力的技术。

美国还认为，苏联要在新技术上与美国竞争，就必须在计算机和通信技术领域取得进步。但是，要想做到这一点，他们就必须放松对公民的政治控制，而放松控制就可能使苏联社会出现更大的混乱。因此，技术施压确实是一项十分歹毒的计划。

美国政府在限制苏联向西方出口能源方面也取得了进展。1983年春天，美国官员将一项协议强加给国际能源机构（IEA），这项协议实际上就是限制欧洲进口苏联的天然气，从而阻止西欧从苏联进口超过其能源需求量30%的能源，因此西欧将不得不转而寻找替代能源。这项协议于1983年5月在威廉斯堡的西方七国首脑会议上正式签署，它把通向苏联的潜在的巨额资金流切断了，因而是一种阻止苏联获取硬通货的策略。

在里根的坚持下，美国还采取了强硬立场，要求欧洲跟着美国切断对苏联提供石油和天然气方面的技术。美国希望不断减少并彻底切断欧洲与苏联的天然气管道项目。

美国还要求欧洲加强对苏联的信贷管制。由于西欧不仅向苏联提供了巨额贷款，而且贷款利率竟然低于市场利率，因而美国金融专家小组建议此类补贴进行控制，重新把苏联归类为“相对富裕的国家”，以取代原来的“中间借贷国”的地位。

美国的措施发挥了效用，1981年，苏联开始抛售黄金，出售量超出原有量

① 〔美〕施魏策尔著，殷雄译：《里根政府是怎样搞垮苏联的》，新华出版社2001年版，第163页。

4 倍。很显然，在美国的种种施压下，苏联在现金方面处于捉襟见肘的境地。

（三）中央情报局与经济战

中情局直接参与经济战已经是不争的事实。中情局改变了以往单纯关注苏联实力的做法，而把更多精力投入收集苏联经济弱点的信息上来，从而更好地形成以己之长击彼之短之策。

1. 利用苏联经济的脆弱性，切断苏联的资金来源

对于中情局局长凯西来说，中央情报局进行研究的最重要的领域之一就是苏联的经济问题。中情局下属相关部门每年要卖力地炮制出上千页有关这个问题的报告。

凯西每天从大量材料中分析苏联制造业的瓶颈与缺陷，每周都给里根呈送一些苏联硬通货收入升降情况的图表，并包括美国应该采取什么措施来增强美国的优势。当苏联由于陷入阿富汗危机，古巴、安哥拉和越南也成为苏联的战略负担时，凯南建议美国抓住这个机会进一步施加压力。通过长期跟踪研究，凯南发现苏联经济十分脆弱。只要切断他们的信贷，他们就会出现巨大危机。

有关苏联的“脆弱性评估报告”认为，苏联经济体制“僵化而顽固”，在资源的重新配置方面缺乏市场灵活性。更有甚者，从西方引进的技术与设备是一种为了缓减瓶颈和保持生产水平的“硬性要求”。因此，一旦把关键技术的转让途径切断，就可以使苏联经济遭到严重损害。评估报告指出：苏联获取西方技术需要硬通货，而石油是赚取硬通货的关键经济领域。如果苏联石油与天然气的产量降到最低点，那么它将不得不在广泛的领域里进口西方的设备。

1985 年，获得较低的石油价格成为美国政府的一个关键目标。美国采取的办法是降低国际石油价格。

中央情报局在 1986 年 5 月的一份题为《苏联：面临着硬通货短缺的窘境》的秘密报告中开始披露，石油价格下跌是如何摧毁苏联经济的内部结构的。这份报告的摘要指出：“能源的低价格、石油产量的下降以及美元的贬值，将极大地削弱苏联在 10 年内从西方进口设备、农产品和工业物资的能力。正值戈尔巴乔夫指望获得西方的援助以实现他的复兴经济的计划时，莫斯科获取硬通货的能力大幅度下降（很可能下降三分之一或者更多）。”①

① CIA，“USSR：Facing the Dilemma of Hard Currency Shortages”，May 1986，https：//www.cia.gov/library/readingroom/docs/CIA-RDP87T00787R000200260002-5.pdf.

苏联的硬通货风暴引起了许多其他方面的反响。由于缺乏资金，苏联的几十个大型工业项目都取消了。在西伯利亚的内尔尤戈里煤田，由于不能支付资金，从日本和美国进口的设备突然停止了。约翰·布朗股份有限公司和英国化学工业股份有限公司投资10亿美元兴建的两个化工厂也废弃了。

2. 制造假技术情报，导致苏联上当

对苏联天然气管道建设的过程中曾经用过这一招，此次就是模仿以前的做法。结果，这项故意制造假情报的计划使苏联经济的效率低下和结构缺陷进一步加剧。

中央情报局通过各种渠道，协同发表不完善的和容易引起误解的技术数据。中央情报局在海外的一些虚拟公司实际上是在向苏联官员出售被歪曲了的情报，包括燃气涡轮机的设计图纸、石油钻探技术、计算机芯片以及一些化合物，转到苏联人手中的情报一定要真假混杂，虚实结合：只有足够真实的情报，才能使苏联工程技术人员上当，并且开始消化这些情报，进而应用到他们自己的设计中去；而只有在真实的情报中间混杂足够多的假情报，才能使他们的努力最终归于失败。

在中央情报局制造民用项目的假情报时，美国国防部在军用技术方面如法炮制。五角大楼制造了六七项敏感军事技术项目的假情报，希望引起苏联人的极大兴趣。这些项目包括雕形技术、战略防御倡议和先进的战术飞机。这些行动采取了所能够采取的措施，包括向外国记者介绍情况。这些假情报包括开发时间表、样机性能、结果测试、生产时间表以及运行业绩。为了更为有效地欺骗苏联，假情报只在美国境外传播。

里根政府还把假情报当作促使苏联关注“战略防御倡议”的一种手段。美国想造成这样一种印象，即美国的技术专家所取得的实质性进展已经远远超过现有的状况。事后证明，这一做法确实奏效了。

（四）经济战与阿富汗战争

20世纪70年代末，以入侵阿富汗为标志，苏联在战略上采取扩张态势。为遏制苏联的扩张，美国的对外战略重新以苏联为主要对手，又强化了秘密行动。在卡特政府时期，卡特总统批准一项秘密行动，通过在巴基斯坦的由美国控制的情报人员和代理人向阿富汗抵抗力量提供金钱和武器。里根执政时期，进一步强化秘密行动，情报机构的秘密行动不断得到加强。中央情报局的预算每年增长20%，其幅度超过了军费的增长。根据记者蒂姆·维纳的揭露，美国政府用于秘密情报活动的开支隐藏在国防部的“黑色预算”中，这个预算到1989年已增长到360亿美元。[①]

中央情报局在埃及购买武器，在巴基斯坦情报机构的协助之下，将这些武器经由巴基斯坦运抵阿富汗。1980—1981年，向阿富汗穆斯林游击队提供的武器总价值大约为5000万美元。美国相信，苏联对阿富汗的介入越多，苏联人在阿富汗的伤亡就会更大，苏联政府的战争负担也就会越重。为达到这一目的，美国除了向阿富汗穆斯林游击队提供轻型武器、火箭炮以及一些小口径大炮之外，还向他们提供一些重型武器，包括122毫米火箭筒和榴弹炮以及毒刺导弹等，以抗衡苏联的空中优势。更为重要的是，在向穆斯林游击队提供远程武器的基础之上，美国还向他们提供卫星情报。中央情报局的间谍卫星专门被用来为穆斯林游击队提供打击目标。卫星照片使抵抗组织能够区别阿富汗和苏联军队的设施，把攻击目标从阿富汗的军事目标转到苏联的设施。他们希望对经济目标的某些攻击能够对开采矿产资源的行动进行破坏，从而阻止向苏联出口这些资源。

阿富汗战争使苏联付出了沉重的代价。苏联每年要为这场战争付出30亿～40亿美元的代价，这在很大程度上是由于西方向穆斯林游击队提供了武器装备。对外扩张又进一步加剧了苏联的经济负担，它走上了历史上扩张过度的大国的老路。苏联10万大军陷在阿富汗，死伤重大。据估计，仅援助阿富汗、古巴、越南三国，苏联每年就耗费75亿～80亿美元。而维持它的整个“第三世界帝国”，20世纪80年代初达到每年需要几百亿美元。[②]

出于维护霸权的需要，苏联不得不扩张，却又缺少实力的有力支撑，这一点被美国所利用，美国迫使苏联不断扩张，从而导致苏联更加陷于战略困境。

四、结　语

苏联为阿富汗战争耗费了巨大资源却难以自拔，经济战又将苏联拖得筋疲力尽，星球大战计划使苏联不得不仓促应战，导致雪上加霜的苏联经济终于走进了死胡同。

美国政府在遏制苏联的过程中，转变了一个思路，也就是不再从苏联可能

---

① 〔美〕杰里尔·A. 罗赛蒂著，周启朋等译：《美国对外政策的政治学》，世界知识出版社1997年版，第206页。

② 黄正柏：《美苏冷战争霸史》，华中师范大学出版社1997年版，第274页。

对美国构成的威胁入手，而是更好地利用苏联的不足，发挥和利用好美国的优势，而美国的优势是技术，动用美国的相对优势，使苏联付出巨大的成本，让苏联在竞争过程中面临的问题复杂化。

美国的逻辑是这样的，拖垮苏联，即运用高技术优势迫使苏联不得不卷入与美国的竞争，使苏联力有不逮，财政和经济难堪重负。又从阿富汗战争支持反政府武装，使苏联本已雪上加霜的国力更加困难重重。同时在分析清楚苏联脆弱性的基础上，有针对性在经济上对苏联打压，限制技术出口，同时限制苏联通过石油获取硬通货。还有就是利用苏联急于获取新技术的心态，释放假技术假情报，使苏联浪费十分有限的资金，通过长期的积累效应达到了削弱苏联的目的。

布热津斯基曾经不无自豪地指出，美国在全球力量四个具有决定性作用的方面居于首屈一指的地位。在军事方面，它有无可匹敌的在全球发挥作用的能力；在经济方面，它仍然是全球经济增长的主要火车头，即使它在有些方面已受到日本和德国的挑战（日本和德国都不具有全球性力量的其他属性）；在技术方面，美国在开创性的尖端领域保持着全面领先地位；在文化方面，美国文化虽然有些粗俗，却有无比的吸引力。[①] 美国在这四个方面都与苏联展开了全面竞争，在经济与技术方面的竞争尤其下功夫。

从冷战一开始，美国在从意识形态、世界观的高度界定来自苏联威胁的同时，就十分重视实力在与苏联对峙、遏制苏联过程中的作用。因为实力是苏联向外推行自已意识形态和建立势力范围的物质力量。而这种实力，无论是军事的、还是科技的，其基础都是经济实力。因此，在考虑如何对苏联进行遏制的同时，美国战略界对美苏之间包括经济实力在内的实力不断进行评估，对如何使用经济手段进行对苏联的遏制作了仔细的设计和实施。[②]

美国和苏联各自的强弱点不同，因而两国经历上述变化的方式也不同。实际上，从冷战的最初几年开始，在美国和苏联之间就存在着根本的不对称。冷战从来就不是一场对等的较量。即使在20世纪40年代末和50年代冷战“高潮”期间，也表现出了美苏两强根本不对称的特征。在双方的不对称中，最突

① Zbigniew Brzezinski，*The Grand Chessboard*：*American Primacy and Its Geostrategic Imperatives*，Basic Books，1997，p. 24.

② 周建明：《美国国家安全战略的基本逻辑：遏制战略解析》，社会科学文献出版社2009年版，第227页。

出的是经济。[①]

美国在经济领域具有其他任何国家所不具有的优势，包括市场、技术、创新能力、美元等。这些因素使得美国处于整个世界经济体系的顶端，即拥有经济霸权。

苏联单纯在军事上与美国竞争，而美国运用的是全面综合的实力，苏联只能甘拜下风，个中教训十分深刻。在冷战体系内，苏联主要是依靠其军事实力获得所谓超级大国地位的。苏联只是一个“不完全的超级大国”，一个有着畸形经济结构、先天不足的国家，看似十分强大，实际上有着致命的弱点。1983年，一份写给美国中情局长凯西的备忘录声称，美国经济正“走向灾难”，而且其低于2%的年均增长速度无法维持大约4%的军事开支增长速度。[②] 美国战略的阴险做法是看到了苏联的这些弱点，并不断在竞争中攻击和放大这些弱点，可以说经济和技术劣势就是苏联这个巨人的阿喀琉斯之踵。对于如何利用这些弱点，美国进行了精明的设计，采取了“三位一体”的战略：政治、经济和军事三管齐下，而其中以将苏联带入经济竞争为主线，这使得苏联脆弱经济的弱点暴露无遗。从根本上说，苏联输在经济发展不利之上，这是最为根本的原因。

苏联与美国竞争的时候，缺少经济实力，追赶的心态和狂热民族主义易于被霸权国家所利用。这里还有一个事实值得思考，1973年，安德鲁·马歇尔出任美国国防部下设的净评估办公室主任，他的核心任务是在美国国力明显下降的情况下，如何利用有限的资源赢得对苏优势。净评估中心提出了成本强加战略，即利用苏联的弱点强化领域竞争，大幅增强苏联的投入成本。1975年9月，马歇尔得出结论，认为苏联军事活动可能消耗了苏联经济产出的10%～20%。[③] 而成本强加战略就是给苏联的军事活动强加不相称的高昂成本。1976年，马歇尔提出部署B—1轰炸机的构想，因为这样美国可以从相对低廉的成本迫使苏联斥巨资用于国土防空。结果确如美国所料，为防范美军轰炸机入侵，苏联花费了1200亿美元开发和部署防空系统，导致其资源分配捉襟见肘。[④] 美国利用了

① 〔英〕理查德·克罗卡特著，王振西等译：《五十年战争：世界政治中的美国与苏联（1941—1991）》，社会科学文献出版社2015年版，第14页。

② 〔美〕安德鲁·克雷佩尼维奇、马里·沃茨著，张露等译：《最后的武士：安德鲁马歇尔与美国现代国防战略的形成》，世界知识出版社2018年版，第204页。

③ 〔美〕安德鲁·克雷佩尼维奇、马里·沃茨著，张露等译：《最后的武士：安德鲁马歇尔与美国现代国防战略的形成》，世界知识出版社2018年版，第178页。

④ 曹先玉：《成本强加，美国对华竞争战略的本质特征》，《世界知识》2019年第11期。

苏联急于竞争、渴望超越的心态，迫使苏联不断做出超出实力范围的事情，卷入实力不济的竞争。苏联正是因为卷入了与美国的军备竞赛才导致了苏联经济的重大损失。

苏联克格勃（KGB）将军奥列格·卡卢金说："美国在80年代的政策成为苏联解体的催化剂。"苏联共产党中央委员会高级官员叶夫根尼·诺维科夫认为，里根政府的政策"是苏联体制消亡的主要因素"。苏联外交部长亚历山大·别斯梅尔特内赫在美国普林斯顿大学召开的一次会议上说，诸如"战略防御倡议"之类的计划，加速了苏联的衰落。[①]

美国一方面通过施压，利用自己之长攻苏联之短，另一方面从内部诱引渗透。里外夹击，内外联动。通过外部的竞争，使苏联内部经济陷于混乱，而内部的混乱又使苏联更多把重点放在外部威胁上面，结果就是陷入更大的混乱。显然，如果苏联没有面临着美国"战略防御倡议"和国防建设、在波兰和阿富汗的地缘政治挫折、在能源出口方面遭受了数百亿美元的硬通货损失以及无法获得西方技术等综合因素所产生的累积效应，苏联或许并不会那么容易解体。

凯南的遏制理论基于下述假定：遏制会"鼓励苏联从内部爆炸"[②]。凯南强调苏联崩溃主要是内因引起的。

从根本上说，苏联之败败于内政，大国之争在于实力的比拼，而实力之本在于内政。内政稳，国不乱。国家内部丧失稳定，则国将不国。像很多帝国一样，苏联最后从内部瓦解了，其原因并不是直接的军事失败，而主要是由经济和社会问题加速引起的分崩离析。[③]

保罗·肯尼迪指出："过去500年国际对抗的历史说明，只具有军事上的安全是绝对不够的。"[④]

冷战便是突出的例证。以美苏为首的两大阵营的冷战对立，不仅涉及军事领域，同时还包括了政治制度、意识形态、经济利益等广泛内容。冷战不仅在地域上广泛扩散到全球各个角落，而且在争夺的内容与方式上也扩散到政治、经济、军事、文化等各个领域，已经演变成为两种制度、两种体制、两种意识

---

① 〔美〕施魏策尔著，殷雄译：《里根政府是怎样搞垮苏联的》，新华出版社2001年版，绪论，第1页。

② Richard Pipes, Letters to the Editor, *New York Times*, November 6, 1992, A28.

③ Zbigniew Brzezinski, *The Grand Chessboard: American Primacy and Its Geostrategic Imperatives*, Basic Books, 1997, p. 9.

④ 〔美〕保罗·肯尼迪著，陈景彪等译：《大国的兴衰》，国际文化出版社2006年版，第525页。

形态的长期对立与竞争。在冷战期间，国际政治、经济秩序、贸易制度、文化价值观念、国家制度等都被打上了战略的烙印，都被纳入国家安全战略的思考之中。[1]

这些都成为美国打败苏联的筹码。

① 王逸舟主编：《全球化时代的国际安全》，上海人民出版社 1999 年版，第 39—40 页。

“星球大战计划”与竞争法则

20 世纪 50 年代到 60 年代初，美国虽然在许多方面占有绝对优势，但苏联展现出很强的发展能力，缩小了与美国的差距，然而到了 20 世纪 80 年代初，苏联经济在各个方面都陷入了困境。

正是在苏联经济陷入困境的时候，美国提出了战略防御计划，该计划是美国利用技术优势刺激苏联不得不卷入力有不逮的竞争的战略之一。这一计划也可以说是自冷战以来一系列对苏战略中压弯苏联这只骆驼的最后一根稻草。

战略防御计划，俗称“星球大战计划”，是美国总统里根于 1983 年 3 月提出的。其主要内容是建立反弹道导弹多层次综合防御系统，用以在可能发生的核大战中拦截并击毁对方发射过来的弹道导弹。由于这一计划所设想的核大战是在外空进行的，因而又被称为“星球大战计划”。其目的是建立一种多层次、多手段、大纵深、低漏率、以天基定向能武器为主要武器的拦截洲际弹道导弹的系统，作为夺取对苏军事优势的主要手段。

战略防御计划还是美国在战略军备竞赛中的一次重大升级计划。从技术上看，如果成功，就可能打破均势，使美国获得对苏联进行“第一次打击”的可能性。它将使苏联面临新的挑战，或是投入新的耗资庞大的竞赛，拖垮经济；或是被迫对美国让步。里根曾自信地声称，美国有经济和技术优势，苏联困难很大，是经不住进行新的全面军备竞赛的。里根之所以对战略防御倡议感兴趣，主要是认为可以对苏联经济造成更大的压力。这一举措最具刺激性，因为如果苏联看到美国投入巨资，那么苏联将很可能会上当受骗。

种种迹象表明，战略防御计划是一项虚张声势的计划，而且是虚多实少。但美国正是通过对这一计划的渲染，迫使苏联作出了过当的回应，成为拖垮苏联经济的重要一击。

美国为什么推出“星球大战计划”？这个计划产生了什么影响？

一、"星球大战计划"的战略理念转变

1983年3月23日，里根宣布，他打算让美国从事一项同1972年反弹道导弹条约一致的研究计划。该计划将研究用反弹道导弹的防御措施保卫和平的可行性，强调美国和西方世界的安全不是建立在美国能以瞬息报复的威胁来遏制苏联的进攻的基础之上，而是可以在敌方的战略弹道导弹到达美国或其盟国领土之前，就将它们阻截并摧毁。由两个研究小组写成的未来安全战略研究报告探讨了战略防御对战略和政策的影响。报告的结论是，美国有效的防御系统"在减少对大规模破坏的威胁的依赖方面可起到十分重要的作用。大规模破坏的威胁变得越来越空洞，从道义方面来说越来越不能接受。一种增加对防御系统的依赖的战略可以为处理我们同苏联的长期关系奠定新的基础"[①]。

里根政府下决心坚定推动这一计划。

首先，该计划可以更好地保护美国安全。有一件事让里根受到触动。里根在1980年总统大选时参观了北美航空航天防御司令部，当他得知苏联的洲际弹道导弹只要击中距指挥中心周围几百码的地方就会摧毁该司令部，并且美国对这样的导弹攻击没有办法防御时，他产生了恐慌感。从那时起里根就下定决心要研究弹道导弹防御的可行性。核物理学家爱德华·泰勒防御弹道导弹的研究给了里根启发。[②]

既然导弹的攻击性很强，那么设计一种体系来强化对于导弹的防御就成为发展战略防御计划的动因之一。

其次，从以攻为守到攻守平衡。从表面上看，这是一个防御计划，但它暗藏杀机，可能打破现有的攻守平衡，从而形成以守为攻的优势局面。

里根有其雄心勃勃的考虑。里根认为这样一个用相互确保生存取代相互确保摧毁的方案能最终结束核军备竞赛。尽管在当时情况下进攻能力很重要，但防御能力在道义上更容易为人所接受，而且能最终真正地缓解核紧张态势。

最后，这个计划还可以带来全面的技术创新。

战略防御计划已经成为在有可能证明是关键的战略领域里进行创新的一种新型催化剂，进行战略防御计划的研究也会在诸如激光、粒子束、动能和计算

---

① 叶进、李长久编：《世界名人传记——里根》，浙江人民出版社1997年版，第141页。

② 〔英〕理查德·克罗卡特著，王振西等译：《五十年战争：世界政治中的美国与苏联（1941—1991）》，社会科学文献出版社2015年版，第391页。

机等多个领域里产生有用的副产品。这些副产品将有各种各样的其他军事用途。战略防御计划甚至可能导致常规武器在性质上发生革命性变化。[①] 技术创新将可能带来美国经济的全面复苏。

因此，简而言之，美国之所以要坚定不移地实施“星球大战计划”，其目的有二：其一是改变美国的核战争学说，以防御能力的提升来打破原有的平衡；其二是改变军事技术竞争的条件，以谋取优势。

二、战略态势的转变

里根希望在军备竞争中重新谋取优势。1981 年上台时，国内正处于战后第七次经济危机之中，国外面临苏联扩张的严重威胁，形势严峻。1985 年连任时，国内经济已见好转，同苏联争夺的态势由苏攻美守变为互有攻守的僵持局面，且美国更主动一些。从里根时期开始，就同时追求两个目标：第一，抵抗苏联的地缘政治压力，直到扩张主义的进度受到遏制并扭转为止；第二，发动重建军备方案，遏制苏联的战略优势，并且使苏联的战略优势变为战略债务。[②]

美国希望打破原有的军备竞赛的态势。长期以来，美苏军备控制没有取得预期效果，军备控制协议并没有使军备自动削减。从 1969 年限制战略武器谈判（SALT）开始之时至 20 世纪 80 年代中期这段时间里，苏联的战略核武器已经增加了数千枚，而在第一次和第二次限制战略核武器谈判（SALT Ⅰ、SALT Ⅱ）协议的限制之下，他们的增长数量还要多出上千枚。[③]

显然，这样的局面是美国不愿意看到的，苏联在竞争中谋取数量优势，在一定程度上抵消了美国的质量优势。里根希望有一种方式能够改变美国在竞争中的不利局面。

里根希望从强化防御的角度在军备竞赛中取得优势。1985 年 1 月 3 日，里根提出战略防御计划，旨在抑制苏联不断增强的战略打击能力。该计划指出，战略防御计划仍然是对苏联的威慑战略。与过去不同的是，过去是用核报复来进行威慑，现在是依靠导弹防御系统来进行威慑。[④] 里根指出：“美国的战略防

① 〔美〕兹比格涅夫·布热津斯基著，刘晓明译：《竞赛方案——进行美苏竞争的地缘战略纲领》，中国对外翻译出版公司 1988 年版，第 171 页。

② 〔美〕亨利·基辛格著，胡利平等译：《论中国》，中信出版社 2012 年版，第 714 页。

③ 〔美〕罗纳德·里根著，翻译组译：《里根自传：一个美国人的生活》，东方出版社 1991 年版，第 499 页。

④ 刘金质：《冷战史》（下），世界知识出版社 2003 年版，第 1265 页。

御计划提供了一个机会，即通过使威慑政策更加依靠战略防御，从而使其转向拥有一个更安全、更稳定的基础。这种防御不威胁任何国家，却可以从实质上加强威慑的作用，并给苏联估算其在第一次打击中达到重要军事目标的能力增加许多不确定因素。”[①] 也就是说，美国在已经形成的美苏之间的核武器的相互威慑的情况下，不仅要拥有矛，而且要拥有盾，以相应地剥夺苏联的战略优势。并且，战略防御计划不只是一个军事战略。[②]

三、战略法则的调整

美国与苏联进行长期较量的过程中，美国一直在思考的问题是，美国如何发挥以己之长克敌之短。那么，美国的优势是什么呢？它具有最为独特的优势就是技术优势。他们发现运用美国的技术优势与苏联展开竞争才可以将苏联置于被动地位。

首先，美国具有实力对比中的优势。两国实力对比是竞争施力的关键。

俾斯麦曾经宣称，俄国既不像它表现出的那样强大，也不像它看上去那么软弱[③]。布热津斯基也认为，军事力量是苏联作为全球大国地位的唯一基础。在社会经济的所有其他方面，苏联都缺乏与美国的真正竞争力。[④]

美国认为为了维持共同战略安全和常规力量的全球灵活性，美国必须利用并保护其主要的财富——技术优势。正是美国的技术优势抵消了苏联大规模的军事开支，如果没有美国的技术优势，苏联很可能已经享有决定性的战略和常规优势，以及这种优势所包含的一切影响深远的地缘政治后果。

美国经济的多样性及其对技术改进的有利作用是一笔重要的资产。但是，把这些资产运用于战略层面，则仍然必须通过强大的刺激。里根政府认为这个刺激就是战略防御计划，因为它把注意力集中到太空控制这一具有战略意义的关键问题。归根到底，战略防御计划的重要性，并不在于它是否能够提供一种全民防御或是一个有限的盾牌，以抵抗苏联可能部署的第一次打击系统，或者

---

① 梅孜编译：《美国国家安全战略报告汇编》，时事出版社 1996 年版，第 34 页。

② 周建明：《美国国家安全战略的基本逻辑：遏制战略解析》，社会科学文献出版社 2009 年版，第 146 页。

③ 〔美〕沃尔特·拉费伯尔著，牛可等译：《美国、俄国和冷战（1945—2006）》，世界图书出版公司 2011 年版，第 286 页。

④ 〔美〕兹比格涅夫·布热津斯基著，刘晓明译：《竞赛方案——进行美苏竞争的地缘战略纲领》，中国对外翻译出版公司 1988 年版，第 217 页。

换取苏联大规模削减其第一次打击力量。战略防御计划的重要性在于它是可使美国得到新的能力阻止其对手控制太空，并且在必要时确立美国在太空的优势。[①]

美国是出于竞争的思维来推出其战略的。

20世纪70年代后半期，苏联国民生产总值增长率急剧下降，这一时期只有2.7%的增长率。工业生产、投资、生产率和消费的增长率都呈下降趋势，有时甚至是负增长或者接近负增长。即使石油生产——战后促使苏联经济增长的关键因素——这一无价资源在20世纪70年代后期也停止了增长。[②]

正是在苏联经济陷入困境的时候，美国提出了“星球大战计划”。

其次，迫使对方不得不被动卷入。

如何使自身优势得到充分发挥，关键在于使对方进入自身处于战略劣势的竞争之中来。战略防御计划就是美国利用技术优势刺激苏联不得不卷入力有不逮的竞争的战略之一。

美国希望诱使苏联作出反应。

里根强调在竞争中美国必须不断向对方施压，以保持进取性。“可以预言，苏联人把我们的迟疑、犹豫和民族自信心的衰退看作是软弱，而他们则全力以赴地予以利用，把他们实现共产主义、控制世界的日程加以提前”[③]。

战略防御倡议是军事战略，也是一项经济战略。由于导弹防御系统并不成熟，在技术上也有许多问题没有解决，要真正依靠这个系统来防御苏联的导弹其可行性存疑。但是这一举措具有刺激性，“因为苏联人看到我们把大把大把的美元花在这方面，那么他们必定会上当受骗”。“战略防御计划”的提出和实施，给苏联造成了巨大的心理上的压力，也迫使苏联不得不在空间领域投入更多的战略资源，来应对战略防御计划。这个计划显然使美国在新一轮的军备竞赛中占据了优势，在整个战略态势上占据了优势。再加上一系列旨在搞垮苏联政策的实施，以及苏联领导层和战略思维上所出现的问题，搞垮苏联已只是个时间问题。从这个目的来看，战略防御计划不仅是一种强化了的威慑手段，而且确实起到了扰乱苏联的战略方向、消耗苏联有限的战略资源、促使苏联走向解体

---

① 〔美〕兹比格涅夫·布热津斯基著，刘晓明译：《竞赛方案——进行美苏竞争的地缘战略纲领》，中国对外翻译出版公司1988年版，第171—172页。

② 〔英〕理查德·克罗卡特著，王振西等译：《五十年战争：世界政治中的美国与苏联（1941—1991）》，社会科学文献出版社2015年版，第380页。

③ 〔美〕罗纳德·里根著，翻译组译：《里根自传：一个美国人的生活》，东方出版社1991年版，第234页。

的作用。[①]

而且美国提出战略防御计划是在苏联势力从波兰和阿富汗撤退之时，其战略时机的选择更显微妙。布热津斯基曾经强调让“战略防御倡议”“这个幽灵继续萦绕在克里姆林宫的上空”[②]。

种种迹象表明，战略防御计划是一项虚张声势的计划，而且是虚多实少。但美国正是通过对这一计划的渲染，迫使苏联作出了过当的回应，成为打垮苏联经济的重要一击。

而苏联也确实是从战略竞争的角度来看待美国研发战略防御计划。这个计划一方面对苏联现有的武器系统构成了挑战——苏联维持这一武器系统已经花费了昂贵的成本。另一方面，美国的这个计划还有可能打破业已形成的美苏均势。

为了在军事上取得与西方的均势，苏联已经花费了巨大的资源。但是，这种均势面临着越来越大的风险。缓和期间，苏联争得美国对美苏平等（包括军事平等）和同等安全原则的承认，现在美国要重建军事优势，自然被视作极大的威胁和严重的挑战。苏联领导人一再声明，决不允许在军事上落后，决不允许破坏现有的平衡，决心尽一切力量在军备竞赛中加以奉陪，以确保本国和盟国的防御。但实际情况却是，苏联综合国力较弱，经济增长又失去势头，自然知道真要与美国竞争的后果。因此，苏联强烈地抨击和反对美国发起新的军备竞赛，特别是抨击和反对“星球大战计划”，谴责这个计划是要“获得第一次核打击潜力”，“使苏联在美国核威胁面前解除武装”“把世界推向核深渊”，要求坚决制止空间的军事化。同时也强烈抨击“准备打核战争”的战略思想。这恰恰反映出苏联不愿意进行新一轮的全面的大规模军备竞赛，破坏已取得的均势。[③]

美国政府充分利用苏联集团内部的政治经济裂缝，从而有效地使苏联的资源危机进一步恶化。正如美国在《国防部五年计划指示》中所明确指出的那样，国防建设并不只是为了提高美国相对于苏联的军事力量，而且还要使苏联的经济实力完全衰退。这是经济战的一种形式。

---

① 周建明：《美国国家安全战略的基本逻辑：遏制战略解析》，社会科学文献出版社 2009 年版，第 147 页。

② 〔美〕兹比格涅夫·布热津斯基著，刘晓明译：《竞赛方案——进行美苏竞争的地缘战略纲领》，中国对外翻译出版公司 1988 年版，第 171 页。

③ 黄正柏：《美苏冷战争霸史》，华中师范大学出版社 1997 年版，第 276—277 页。

国防建设不是简单地增加预算，如何使用资金也是同等重要的。对于苏联来说，把高科技先进武器系统（包括“战略防御倡议”）突然纳入军备竞赛之中，这就给军备竞赛注入了一种危险的动力。“克里姆林宫在很大程度上喜欢进行一场数量上的竞赛，因为这样就可以胜过美国的技术优势。但是，当竞赛引入质量参数时，莫斯科就处于明显的劣势了，而且有力不从心之感”[①]。

美国战略防御计划的险恶用心就是利用这个计划使苏联陷入新一轮战略选择的困境：即不得不做出反应，与美国竞争，而进行这种竞争又可能会力不从心，而且在竞争中陷入更大的困境。不竞争会丧失平衡，而参与竞争又会给国力造成重大伤害。美国的目的就是使苏联丧失清晰的判断，失去理智，从而陷入疯狂的没有节制的竞争之中。这里面所具有的战略欺诈的意味也是十分明显的，即让苏联认为美国已经到了失去理智的地步了。里根战略的目的就是让苏联意识到美国将不惜代价、不顾风险与苏联竞争。因此，战略防御倡议实际上具有强烈的心理战的特性。“让苏联人认为他有点发疯了，这正是里根战略的一部分”[②]。

虽然美国的战略防御计划其设想和后来的实施效果并不吻合，但它起到了意想不到的拖垮苏联经济的作用。

事实表明，苏联确实被引入了战略竞争的战车上。

“战略防御倡议”使戈尔巴乔夫感到困惑不安，它已经成为苏联所要面临的一种严重挑战了。如果技术竞赛损耗了苏联的力量，那么地缘政治的挑战就有可能动摇苏联帝国的根基。苏联对美国的任何举动都表现出极端的敏感性。当西方科学家尚不能确认“战略防御倡议”是否能够成功的时候，苏联已经认定这一计划有可能成功，而且会对苏联的国家安全造成重大伤害，因而立即行动起来了，把资源大规模地转入军备竞赛中来。

里根发表的开发战略防御计划的声明在苏联激起了强大的冲击波。对苏联而言，可能的一种战略选择是制造更多进攻性导弹，从而加强核竞赛。另一种选择是苏联开发自身的导弹防御计划。两种选择都需要苏联投入更多资金和人力。苏联在自己的战略防御系统方面已经进行了多年的努力，花费了数十亿美元的资金，耗费了数千名科学家的心血。但是，苏联又面临着少有的技术与后勤供应问题。调动更多创造性，进行技术创新和研发又难以实现。

---

① 〔美〕施魏策尔著，殷雄译：《里根政府是怎样搞垮苏联的》，新华出版社 2001 年版，第 314 页。

② 〔美〕施魏策尔著，殷雄译：《里根政府是怎样搞垮苏联的》，新华出版社 2001 年版，第 9 页。

1986年10月，苏联总统戈尔巴乔夫在冰岛与美国前总统里根会晤时，试图以拆除所有弹道导弹为诱饵，劝说里根放弃“星球大战计划”。里根当然没有同意。但反映了苏联对美国的“星球大战计划”是十分担心的。美国中情局曾于1987年组织了一批苏联问题专家，根据当时的国际形势，推出了一份预测性报告。报告认为当时的苏联已经没有实力部署自己的导弹系统来反制美国的空基导弹防御系统，“星球大战”将使苏联陷入进退两难的境地。如果他们要跟上美国导弹防御计划的步伐，每年就要拿出数十亿美元用于军备采购，那么，其工业现代化的计划就会被拖后腿。如果苏联的经济搞不上去，国内局势就会出现动荡。因此，苏联不可能对“星球大战计划”采取针锋相对的政策。也就是说，苏联不会制定一个大规模的导弹计划来与“星球大战计划”抗衡，只能出于国家安全的考虑，采取外交攻势。

四、结 语

战略防御计划不在于技术含量，这一理念并不新奇，技术上也充满争议，但战略上的意义重大，这是美国以己之长攻对方之短的策略。因为这时候美国已经具有经济优势，而苏联经济很糟，拖垮苏联的最好办法是拖垮其经济，而拖垮其经济的最好办法是迫使苏联参加与美国的军备竞赛。这恰恰是很容易诱引苏联上钩的。在冷战时期，美国以经济优势对苏联的经济劣势，苏联陷入无法承受的困境。“今天看来，该战略性防御计划把东方阵营置于不得不采取行动的境地，因为它们所有的战略系统突然在政治和军事上变得毫无作用了。不仅如此，莫斯科也很快发现，对于此类经济和技术挑战的回应，意味着要让苏联公民业已紧张的生活状态雪上加霜。”①

有人称，战略防御计划有可能是一场骗局，目的就是诱引苏联上当受骗，从而卷入使苏联无力承受的竞争而垮台。这个说法虽然至今无法得到证实，但里根作为一个好莱坞出身的演员把战略防御计划夸大从而增加对方竞争压力的目的是可以证实的。从技术上说，这个计划存在许多难题，费用也十分高昂。由于系统计划的费用昂贵和技术难度大，许多计划中的项目最终无限期延长甚至终止，加上苏联解体，美国已经花费了近千亿美元的费用后于20世纪90年

① 〔德〕贝恩德·施特弗尔著，孟钟捷译：《冷战1947—1991：一个极端时代的历史》，漓江出版社2017年版，第380页。

代宣布中止“星球大战计划”。但发起这个计划是针对苏联，打破现有平衡、谋取美国的战略优势的目的是明确的。

虽然这个计划在技术上没有完全实现，但其潜在的战略目的却是有效的。

SDI被称为耗资空前的“上万亿美元的世纪大工程”，里根鼓吹SDI不仅能为美国带来巨大的战略利益，而且将为美国带来巨大经济利益。他认为，通过实施战略防御计划，将推动高技术的发展，提高美国的综合国力，从而使美国恢复和提高在世界经济和高技术领域的竞争能力。与此同时，将使苏联的核投资“过时”，把苏联拖入力不从心的太空武器竞赛，使苏联无法实现其振兴经济的“加速发展战略”，从而迫使苏联在政治谈判桌上作出让步。这就是“一箭三雕”的战略。①

当里根实施战略防御计划几年后，苏联最终解体了。战略防御计划虽然并不是苏联解体的根本原因，但显然也是原因之一。

当然，美国虽然取得了形式上的胜利，但也付出了惨重的代价。

冷战结束了，苏联失败了，但美国没赢。也可以说美国是杀敌一千，自损八百。

冷战设计师凯南曾说道：任何人——任何国家、任何政党、任何个人——都没有“赢得”冷战。冷战是一种长期的、代价昂贵的政治较量，是由双方对对方的意图和力量的不实际和夸大的估计而促成的。②

冷战使美国付出了8万亿美元的国防支出，夺去了近10万名美国青年男女的生命；麦卡锡时代的政治迫害损害了其他许多人的事业生活；冷战还使全美国陷入东南亚和中美洲的恐怖冲突中；冷战又在20世纪80年代引发了美国50年来最为严重的经济萧条。发展中国家到处发生血腥的冲突，“在这里美国人和俄国人——更多情况下是他们各自的代理人——相互残杀，在朝鲜、越南、中东、中美洲和阿富汗以及其他地方的战场上共有数以百万计的人丧命。在美国外交史上，这并不是最光彩的一章”③。

大国的冲突与竞争，不仅代价昂贵，而且没有赢家。合作共赢才是大国关系唯一的正道。

---

① 叶进、李长久编：《世界名人传记——里根》，浙江人民出版社1997年版，第150页。

② 〔美〕施魏策尔著，殷雄译：《里根政府是怎样搞垮苏联的》，新华出版社2001年版，第312页。

③ 〔美〕沃尔特·拉费伯尔著，牛可等译：《美国、俄国和冷战（1945—2006）》，世界图书出版公司2011年版，引言，第1页。